漢譯《維摩詰經》四種譯本比對暨研究

（全彩版）

果濱 編撰

漢譯《維摩詰經》四種譯本比對暨研究
(全彩版)

附：從《維摩詰經》中探討須菩提與維摩詰有關「乞食對話」之研究

果濱 編撰

《卷六》

大迦葉謂舍利弗：

一切「聲聞」聞是「不可思議解脫」法門，皆應「號泣」，聲震三千大千世界。一切菩薩應「大欣慶」，「頂受」此法，若有菩薩信解「不可思議解脫」法門者，一切「魔眾」，無如之何！

《卷八》

雖知「無起滅」，示彼故「有生」，悉現諸國土，如「日」無不見……

雖知諸佛國，及與眾生「空」，而常修「淨土」，「教化」於群生……

示受於「五欲」，亦復現「行禪」，令「魔心」憒亂，不能得其便……

火中生蓮華，是可謂希有，在「欲」而「行禪」，希有亦如是。

如是道無量，「所行」無有涯，「智慧」無邊際，度脫無數眾……

假令一切佛，於無量億劫，「讚歎」其功德，猶尚不能盡。

誰聞如是法，不發「菩提心」？除彼「不肖人」，癡冥「無智者」。

《卷十二》

若有「手」得是經典者，便為已得「法寶之藏」。

若有「讀誦」，解釋其義，如說修行，即為諸佛之所「護念」。

其有供養「如是人」者，當知即為供養於「佛」。

其有「書、持」此經卷者，當知其「室」，即有「如來」。

若聞是經能「隨喜」者，斯人即為取「一切智」。

《卷十三》

若「善男子、善女人」,「受持、讀誦、供養」是經者,即為供養「去、來、今」佛。

《卷十四》

佛告彌勒菩薩言：……於佛滅後末世之中，汝等當以「神力」，廣宣流布於「閻浮提」，無令斷絕。……來世中，當有「善男子、善女人」及「天龍、鬼神、乾闥婆、羅剎」等，發阿耨多羅三藐三菩提心，樂于「大法」。若使不聞如是等經，則失「善利」。

《卷十四》

彌勒菩薩白佛言……若未來世「善男子、善女人」求「大乘」者，當令「手」得如是等經，與其「念力」，使「受持、讀誦、為他廣說」。世尊！若後末世，有能受持讀誦、為他說者，當知皆是彌勒「神力」之所建立。

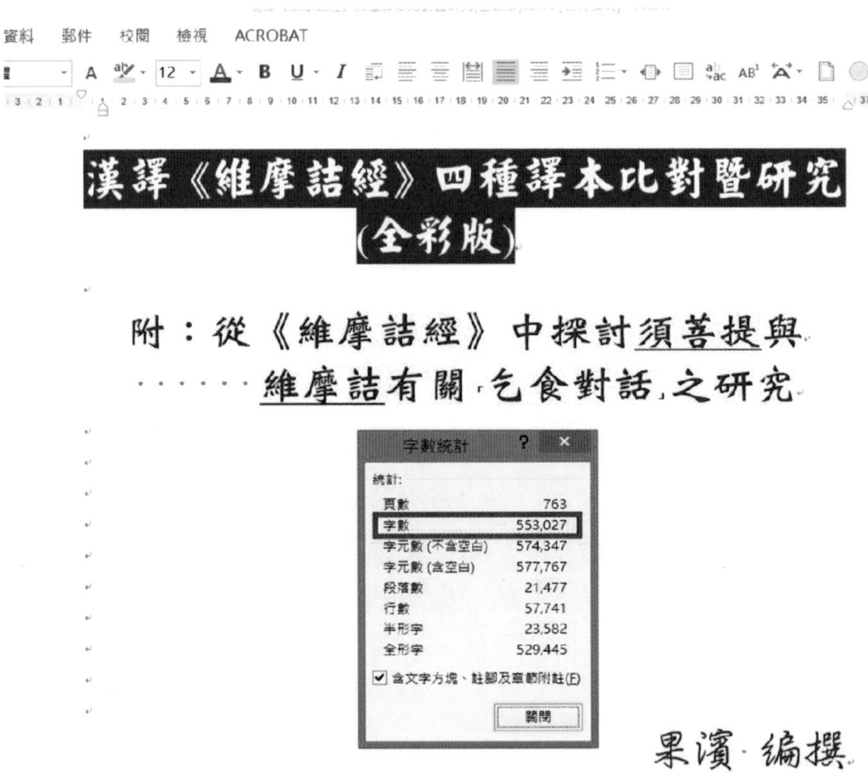

資料　郵件　校閱　檢視　ACROBAT

漢譯《維摩詰經》四種譯本比對暨研究 (全彩版)

附：從《維摩詰經》中探討須菩提與……維摩詰有關「乞食對話」之研究

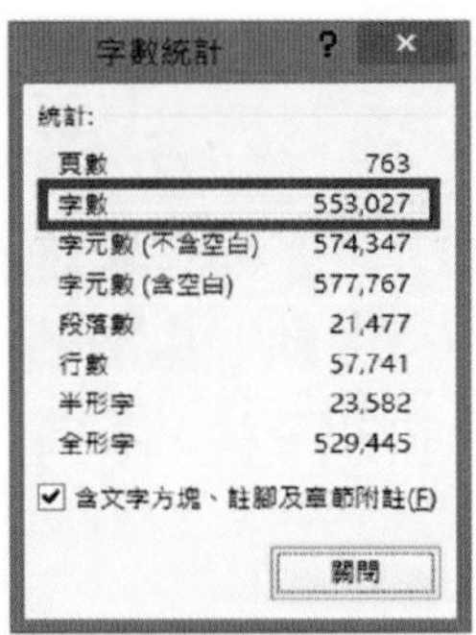

果濱 編撰

本書閱讀方法：

1 出現㊀㊁㊂㊃㊄㊅㊆㊇㊈㊉的符號，在「原始經文」中是沒有的。這只是方便「分段」，供左右兩邊詳細的參照使用。

2 其餘❶❷❸、①②③、⑴⑵⑶、㈠㈡㈢這些編號，在「原始經文」中也是沒有的，這是為了「歸納細目條文」而作的標示。

3 為了更清楚的標示內文重點，故大部份均以「 」符號段開，此乃為四種譯本參照時可以更精準的參考到其「關鍵字」上的變化。

4 至於經文中的標點符號問題，因為譯本不同，梵文原意的解釋略異，加上個人解讀也不同，故無「一定」和「完美標準」的「標點符號」，讀者可自行判讀分段。筆者在閱讀萬金川教授論文時，知道萬教授也有一份有關**《漢譯三本《維摩詰經》的點校》**之「未定稿」未發行專書，期待此本精彩的大作能早日問世，以利更多愛好《維摩詰經》的讀者。

5 每一品下面再分成數個「小段」與「小標題」，再加上「底下約有？條」的字眼，這樣方便讓您知道到底說了多少條的「法義」。此乃筆者私人的見解與整理，僅供閱讀本經者可快速掌握其要旨。

自序

本書題名為漢譯《維摩詰經》四種譯本比對暨研究(全彩版)，後面還附上末學一篇從《維摩詰經》中探討須菩提與維摩詰有關「乞食對話」之研究論文(計 3 萬 8 千多字)，整本書計有 *55* 萬 *3* 千字；是末學研究及教學《維摩詰經》多年之作。所謂的「四種」譯本如下表所示：

三國吳・支謙譯	姚秦・鳩摩羅什譯	姚秦・鳩摩羅什譯 (《龍藏》某作者所整理編譯)	唐・玄奘譯
二卷十四品	三卷十四品	三卷十四品	六卷十四品
公元 222~253 年譯	公元 406 年譯畢	公元1735～1738年集	公元 650 譯畢
《維摩詰經》 (亦名《維摩詰所說不思議法門經》、《維摩詰所說不思議法門之稱》、《佛法普入道門三昧經》)	《維摩詰所說經》 亦名 《不可思議解脫經》	《維摩詰所說大乘經》 (經文錄自福峰彩色印刷公司印的《乾隆大藏經》第三十二冊)	《說無垢稱經》

關於《乾隆大藏經》中所收錄的《維摩詰所說大乘經》內容，學界也有研究專書出版，如林純瑜《龍藏・維摩詰所說經考》(法鼓文化出版。2001 年 11 月)。對龍藏所收的《維摩詰所說大乘經》有興趣者可以參看此書。

自從《維摩詰經》的「梵本」問世後，研究此經的學者與論文件數日益增加，其研究成果也都非常的豐富，大部份的作品筆者都有拜讀與研究過，實在非常贊嘆這些教授學者對《維摩詰經》的研究貢獻。例如黃寶生《梵漢對勘維摩詰所說經》(中國社會科學出版社出版，2011 年 10 月)、日人辛嶋静志〈試探《維摩詰經》的原語面貌〉(佛光學報新一卷・第二期，2015 年 07 月)、朱慶之〈支謙譯《維摩詰經》中的一些「破格」用法〉(香港教育學院中國語言學系講座教授)、萬金川〈梵本《維摩經》的發現與文本對勘研究的文化與思想轉向〉(正觀雜誌第五十一期。2009 年 12 月)、郭朝順〈羅什譯《維摩經》詮釋傳統的形成及其問題〉(佛光學報新二卷・第一期，2016 年 1 月)、蔡耀明〈《維摩詰所說經・入不二法門品》梵文本白話翻譯及其入門條理分析〉(台灣大學哲學系教授。2016 年第三屆維摩經與東亞文化國際學術研討會)、普慧〈《維摩詰所說經》的梵本及漢譯本的戲劇文學結構〉(四川大學中國俗文化研究所教授)……等。

有關佛經「梵本」的問題，黃寶生在《梵漢對勘維摩詰所說經》中說了一個很好的觀點：「現存的所有梵文佛經抄本都會存在或多或少的文字錯亂或訛誤，已經編訂出版的校刊本也未必都能徹底予以糾正……同時，佛教梵語『方言俗語』影響，在詞彙、慣用語和句法上與『古典梵語』存在一些差異，以及經文中對一些義理的深邃思辨，都會形成梵文佛經解讀中的難點」。(頁 6)

例如玄奘的《說無垢稱經》譯本大多是忠於梵文原典的，但也有部份是屬於「增飾」語句，有些的確不屬於「增飾」，而是所據的「梵文原文」可能是不同的。如黃寶生在《梵漢對勘維摩詰所說經》中說：

或玄奘譯所據的「原文」有這些增添的詞語。(頁 111)
這一段看來並非單純的文字增飾，而是所據的「原文」不同。(頁 184)
這一段奘譯的描述比和什譯的充分，表明所據的「原文」有所不同。(頁 185)
以上四行不見於原文，而支譯和奘譯與什譯一致，可見他們依據的「原文」有這四行。(頁 22)

既然連「梵本」都有可能不是「百分之百正確」的，所以筆者建議應該還要加上「以經解經、以經證經」的方式，甚至必要時還要採「後文解前文、前文解後文」。例如在《維摩詰經》中須菩提與維摩詰彼此間的「乞食對話」，如果只從「梵文」的白話方式解讀，實在太過精簡，失去「以經解經」的「學術」比對價值，難以獲得「圓滿」的法義。如果我們另外參考與須菩提乞食故事相同的**《樂瓔珞莊嚴方便品經》、《順權方便經》**作綜合比對，再參考古德的《維摩詰經》著疏，如此就可以將須菩提與維摩詰的「乞食對話」深義中做更完整清楚的解釋。

又如《維摩詰經》第十三的〈法供養品〉，這品的內容與竺法護譯《正法華經》卷六的〈藥王如來品〉(公元 286 左右譯經)雷同，應該是「同本異譯」，而竺法護曾於公元 303 年譯有《維摩鞊經》，今不存，但在竺法護所譯的**《正法華經》〈藥王如來品〉**內容竟然與《維摩詰經》〈法供養品〉是相似的(比對內容參見本書的「第十三法供品」)。學界普遍認為竺法護譯的《正法華經》第十品的「前部內容」是混入了《維摩詰經》的〈法供養品〉內容。

又如《維摩詰經》第三的〈弟子品〉內容，佛陀派了十大聲聞弟子、彌勒菩薩光嚴童子、持世菩薩、長者子善德、文殊師利菩薩等人，前往維摩詰處「問疾」。關於「問疾」所產生的「對話法義內容」應該再參考**《佛說離垢施女經》**一經的內容，因為裡面有無垢施女(Vimaladatta 中印度舍衛國 波斯匿王之女)與八位聲聞羅漢、八位菩薩的「對話法義內容」。如與舍利弗、大目犍連、大迦葉、須菩提、富樓那、離波多、阿那律、阿難共八位聲聞羅漢。還有與文殊師利菩薩、不虛見(不迷見、無癡見)菩薩、寶英(寶幢、寶相)菩薩、棄諸惡趣(除惡、離惡趣)菩薩、棄諸陰蓋(障一切罪、除諸蓋)菩薩、光世音(觀世音)菩薩、辯積(辯聚、辯嚴)菩薩、超度無虛迹(不迷行、無癡行)菩薩共八位菩薩・裡面有精彩的「對話法義」，而可參考的經文譯本也有三種。

一、西晉・竺法護譯《佛說離垢施女經》(譯於公元 265～274)。

二、元魏・般若流支譯《得無垢女經》(一名《論義辯才法門》)(譯於公元 538～543)。

三、唐・菩提流志譯《大寶積經・聲聞品第二》(譯於公元 713)。

因此本書在每一小節的後面皆附上可「參考」用的「其他經典」當作輔證註解，至於引用的經文並沒有再加上「詳細」的頁碼出處，這是因為現在 CBETA 電子版已非常普級，所以本書已不再補上頁碼出處，可自行檢索 CBETA 電子版即知。

本書**漢譯《維摩詰經》四種譯本比對暨研究(全彩版)**，已重新將四種漢譯的《維摩詰經》作一個完整歸納整理，除了保留原有的「卷名、品名」外，另自行給每一段再細分出「小標題」，所有「難字」的「注音」及「解釋」都盡量補充進去了，也據《梵漢對勘維摩詰所說經》一書中作了「梵文原意」上的補充。您只要看到「小標題」就可知道經文的「大綱」內容，再加上「**底下約有？條**」的字眼，方便讀者知道到底說了多少條的「法義」？為了符合現代人閱讀的方便，已在每個人名、地名、法號、字號下皆劃上「底線」。

最後祈望所有研究**《維摩詰經》**的佛教四眾弟子、教授學者們，能從這本書中獲得更方便及快速的「理解」，能因本書的問世與貢獻，帶給更多後人來研究本經、講解本經。末學在教學繁忙之餘，匆匆撰寫，錯誤之處，在所難免，猶望諸位大德教授，不吝指正，爰聊綴數語，以為之序。

公元 2018 年 1 月 14　果濱序於土城楞嚴齋

目錄及頁碼

一、「維摩詰」正名篇➔正確應讀為毘摩羅詰

維摩詰的梵文轉寫為「Vimala-Kīrti」。
vi 是「**無**」意。
mala 是「**垢**」譯。
vimala 就譯為「**淨**」或「**無垢**」。
kīrti 譯為「**名**」或「**稱號**」等。
所以「Vimala-Kīrti」完整的義譯是「**無垢稱**」或「**淨名**」。
譯音部份則有：
❶「毘摩羅吉利致」。
❷「毘摩羅吉利帝」。
❸「毘摩羅詰 利帝」。
❹「鼻磨羅雞利帝」。
❺「毘摩羅詰栗致」。
❻「毘摩羅詰帝」。
❼「毘摩羅吉諦」。
❽「毘摩羅詰」。
❾「毘摩羅鞊 」。
❿「維摩詰」。
在藏經中雖然約有十種不同的稱呼譯法，但往往只簡稱為「**維摩詰**」三個字。其實整部的《維摩詰經》梵文原名為 Vimala(淨)-Kīrti(名)-Nirdeśa(說)，所以正確應譯為《維摩詰所說經》或《說無垢稱經》。

《翻譯名義集・卷一》

(1)維摩羅詰，什曰：秦言淨名。《垂裕記》(指智圓述《維摩經略疏垂裕記》)**云：淨即「真身」，名即「應身」。「真」即所證之理，「應」即所現之「身」。**

(2)生(竺道生)**曰：此云無垢稱，其晦迹**(隱居匿跡)**五欲**(喻在家白衣生活)**，**(但卻)**超然無染。清名**(清高聲名)**遐布**(傳播至遠方)**，故致斯號**(如此之名號)**。**

(3)大經(指《大般涅槃經》)**云：威德無垢稱王優婆塞。**

(4)《西域記》：毘摩羅詰。

(5)唐言：無垢稱，舊曰：淨名。然淨則「無垢」，名則是「稱」。義雖取同，名乃有異。舊曰維摩詰者，訛也。

《大唐西域記・卷第七》

(1)吠舍釐(Vaiśālī)國，周五千餘里。土地沃壤(土地肥美)，花菓茂盛，菴沒羅(āmra)菓、茂遮菓，既多且貴……

(2)宮城西北五、六里，至一伽藍，僧徒寡少，習學小乘「正量部法」。傍有「窣堵波(stūpa 塔)」，是昔如來説《毘摩羅詰經》，長者子寶積等獻「寶蓋」處……

(3)伽藍東北三四里，有窣堵波(stūpa 塔)，是毘摩羅詰(唐言無垢稱，舊曰淨名，然淨則「無垢」，名則是「稱」。義雖取同，名乃有異。舊曰維摩詰，訛略也)故宅基趾(亦作「基阯、基址」，建築物的地基)，多有靈異。

(4)去此不遠有一「神舍」，其狀壘甎(壘疊磚瓦)，傳云「積石」，即無垢稱長者「現疾説法」之處。去此不遠有「窣堵波」，長者子寶積之「故宅」也。去此不遠有「窣堵波」，是菴沒羅(āmra)女故宅，佛姨母(Mahā-prajīpatī 摩訶般闍波提，大愛道比丘尼)等諸「苾芻尼」於此證入涅槃。

玄應撰《一切經音義・卷第二十八・維摩詰所説經・卷上(八)

維摩詰(或言毘摩羅詰，亦言鼻摩羅雞利帝，此譯云無垢稱。稱者，名稱也，或為淨名者，其義一也)。

《出三藏記集・卷一》之「胡漢譯經音義同異記」云：

新舊眾經大同小異，天竺語稱維摩詰，舊譯解云無垢稱。關中(此指唐・道液集《淨名經集解關中疏》)譯云淨名，淨即無垢，名即是稱，此言殊而義均也。

僧肇《注維摩詰經・卷第一》

(1)羅什曰：維摩詰，秦言淨名，即五百童子之一也。從妙喜國(Akṣobhya 阿閦佛國)來遊此境，所應既周，將還本土。欲顯其淳德(淳厚德行)，以澤(澤被)群生……

(2)肇(僧肇)曰：維摩詰，秦言淨名，法身大士也。其權道無方，隱顯殊迹。釋彼妙喜(Akṣobhya 阿閦佛國)，現此「忍土」(娑婆世界)……

(3)竺道生曰：維摩詰者，此云無垢稱也。其晦跡(隱居匿跡)五欲(喻在家白衣生活)，超然無染。清名(清高聲名)遐布(傳播至遠方)，故致斯號(如此之名號)。

隋・吉藏造《淨名玄論・卷第二》

(1)外國稱「毘摩羅詰」。羅什、僧肇，翻為「淨名」。道生、曇詵 云「無垢稱」。

(2)真諦三藏云：具存「梵本」，應言「毘摩羅詰利帝」。「毘(vi)」為「滅」，「摩羅(mala)」云「垢」。「吉利帝(kīrti)」為「鳴」，合而言之，謂「滅垢鳴」。

(3)初從「所得」為名，次從「所離」為目。「滅」猶是「所離」，以「聲聞」天下，故稱為「鳴」。

(4)「鳴」猶「名義」耳，言雖「廣、略」，而意無異也。

❶譯音為「毘摩羅吉利致」的藏經

後魏・菩提流支譯《彌勒菩薩所問經論・卷第三》

(1)問曰：如《毘摩羅吉利致所說經》說，菩薩摩訶薩修無量行，有無量心。此「深心」者，為起何行？

(2)答曰：此「深心」者，悉能發起「求佛菩提」。一切「諸行」，是名「深心」。何以故？

(3)以此「深心」，發生一切「菩提因」故，悉能增長「諸功德力」。譬如「尸羅」，此明何義？

(4)如「持戒人」，得善根「尸羅」，一切善法無量差別，悉名「尸羅」，而「身口意」三業成就，名為「尸羅」。何以故？

(5)「身口意」業與「諸善法」為根本故，「深心」亦爾，與佛「菩提因，一切「善行」以為根本故。

❷譯音為「毘摩羅吉利帝」的藏經

龍樹菩薩造。隋・南印度達磨笈多譯《菩提資糧論・卷第一》

(1)說「般若波羅蜜」為「菩薩母」，又以「修多羅」中誦故。所謂於諸經中，作「母」名誦。彼等經中有名稱「遍諸佛國菩薩」，名毘摩羅吉利帝，說「伽他」言：(舊云維摩詰者不正)。

(2)般若波羅蜜，菩薩「仁者」母，「善方便」為父，「慈悲」以為女。

(3)復有餘經，亦如是誦。以「修多羅」量故，說「般若波羅蜜」為「菩薩母」。

❸譯音為「毘摩羅詰ㄐㄧㄝˊ利帝」的藏經

隋・吉藏造《淨名玄論・卷第二》

(1)外國稱「毘摩羅詰」。羅什、僧肇，翻為「淨名」。道生、曇詵ㄕㄣ云「無垢稱」。

(2)真諦三藏云：具存「梵本」，應言「毘摩羅詰利帝」。「毘」為「滅」，「摩羅」云「垢」。「吉利帝」為「鳴」，合而言之，謂「滅垢鳴」。

(3)初從「所得」為名，次從「所離」為目。「滅」猶是「所離」，以「聲聞」天下，故稱為「鳴」。

(4)「鳴」猶「名義」耳，言雖「廣、略」，而意無異也。

❹譯音為「鼻磨羅雞利帝」的藏經

玄應撰《一切經音義・卷第二十八・維摩詰所說經・卷上(八)

維摩詰(或言毘摩羅詰,亦言鼻摩羅雞利帝,此譯云無垢稱。稱者,名稱也,或爲淨名者,其義一也)。

❺譯音為「毘摩羅詰𡋯栗致」的藏經

隋・智顗撰《維摩經玄疏・卷第二》

(1)一云「毘摩羅詰帝隸」,此土翻為「淨名、無垢稱」。「稱」或云「歎」(什師翻也)。
(2)次家云「毘摩羅詰」,此土翻為「淨名」(肇師翻也)。
(3)後家云「毘摩羅詰栗致」,此土翻為「淨無垢稱」(光師所承三藏翻也)。

❻譯音為「毘摩羅詰帝」的藏經

《翻梵語・卷第一》

《毘摩羅詰經》(應云毘摩羅詰帝,譯曰「毘」者,无也。「摩羅」者,垢。「詰諦」者稱)

❼譯音為「毘摩羅吉諦」的藏經

《深密解脫經・卷第一》

(1)爾時聖者曇無竭菩薩摩訶薩,依於如實「第一義諦」,過諸一切世間「覺觀境界」之相,白佛言:
(2)世尊!我憶過去世,復過彼過去世,離此世界七十七恒河沙世界,過彼無量恒河沙世界已。有佛國土,號名稱世界。彼中有佛,名毘摩羅吉諦如來,住彼國土。
(3)我於爾時,遊化眾生,往彼世界。

❽譯音為「毘摩羅詰𡋯」的藏經

《善思童子經・卷上》

(1)如是我聞,一時婆伽婆,住毘耶離(Vaiśālī)城,在菴婆羅(āmra)波梨園(āmra)內,與諸聲聞「八千」比丘,一萬菩薩。如是大眾,一切悉皆「變化形服」,作諸「天身」。
(2)爾時世尊於晨朝時,著衣持鉢,將此「化眾」,前後圍遶,入毘耶離(Vaiśālī)大城之中,次第乞食。

(3)漸漸行至毘摩羅詰 離車(Licchavi 爲中印度毘舍離城 Vaiśālī 之「刹帝利」種族)之家，當於是時，毘摩羅詰 離車家內，有一童子名曰善思。

(4)是時善思在於自家重閣之上，嬭 母(乳母)抱持。時彼童子，手中秉執一莖「蓮華」翫 弄嬉戲，而彼童子，以其宿植眾善所熏，又佛世尊「神通力」故，令此童子忽然以「偈」白其嬭母，作如是言。

❾譯音為「毘摩羅鞊」的藏經

《大智度論・釋初品中羼提波羅蜜法忍義第二十五》(卷第十五)

(1)如《毘摩羅鞊經》中，法作菩薩說：「生、滅為二；不生、不滅是不二入法門」。

(2)乃至文殊尸利說：「無聞、無見，一切心滅，無說、無語，是不二入法門」。

(3)毘摩羅鞊默然無言，諸菩薩讚言：「善哉！善哉！是真不二入法門」。

❿譯音為「維摩詰」的藏經

《雜譬喻經・卷下》

「五陰」無所有(並非真實存在)，愛欲癡者，從是(指五陰)沒「生死海」，莫有出期。故維摩詰言：是身如「聚沫」，澡浴強忍。

二、毘摩羅詰在藏經中所扮演的角色

在大乘佛經中，由「居士」擔任說法的「主角」還有《勝鬘獅子吼一乘大方便方廣經》(求那跋陀羅譯)、《離垢施女經》(竺法護譯)和《阿闍世王女阿術達菩薩經》(竺法護譯)等。

勝鬘夫人(Śrīmālā 中印度舍衛國波斯匿王之女)、離垢施女(Vimaladatta中印度舍衛國波斯匿王之女)和阿術達(Asuddharta佛世時，摩揭陀國阿闍世王之女兒。十二歲即能論大道)都是出身王族的「女居士」。在早期的佛教中，婦女大多處於「受歧視」的地位，例如佛陀的姨母摩訶波闍波提(Mahā-prajāpatī)最終是才爭取到能「出家」的資格。而如今在大乘佛教中，不僅「婦女」出家已不成為問題，連在家的「女居士」也能成為「講經說法」者。

《大乘本生心地觀經・卷第四》

(1)佛大慈悲，於一時中，在毘舍離城，為無垢稱説甚深法。

(2)汝無垢稱！以「清淨心」為善業根，以「不善心」為惡業根。心清淨故，世界清淨。心雜穢故，世界雜穢。我佛法中以「心」為主，一切諸法無不由「心」。

(3)汝(指維摩詰居士)今(雖然)「在家」，(而)有大福德，(有)眾寶瓔珞，無不充足。(亦有)男女眷屬，安隱快樂。(能)成就正見，不謗三寶。

(4)以孝養心，恭敬尊親。起「大慈悲」給施孤獨，乃至螻蟻，尚不加害。

(5)「忍辱」為衣，「慈悲」為室。尊敬有德，心無憍慢。憐愍一切，猶如赤子。

(6)不貪財利，常修喜捨。供養三寶，心無厭足。為法捨身，而無悋惜。

(7)如是「白衣」(指維摩詰居士)，(身)雖不出家，已具無量無邊功德。

(8)汝(指維摩詰居士)於來世，萬行圓滿，超過三界，證大菩提。汝(指維摩詰居士)所修「心」即(是)「真沙門」、亦(是)「婆羅門」，(亦)是「真比丘」，(亦)是「真出家」。

(9)如是之人(指維摩詰居士)，此則名為「在家」(而)出家。

《佛説除蓋障菩薩所問經・卷十七》

善男子！菩薩若修十種法者，即能「在家」(而)出家。何等為十？

一者、得「無所取」。

二者、不雜亂(而)住。

三者、(能)棄背「諸境」。

四者、(能)遠離諸境一切(之)「愛著」。

五者、(能)不染諸境所有(之)「過失」。
六者、能於「如來」所設(之)「學門」，恭敬修習，加復「勤力」而無厭足。
七者、雖復少分(獲)得其「飲食、衣服、臥具、病緣醫藥」，(但)心(則)常(生)喜足(歡喜滿足)。
八者、(若)隨得「應器(pātra 缽多羅;食缽之器)、衣服」，(心亦能)離諸「取著」。
九者、厭離「諸境」，常生「怖畏」。
十者、常勤修習現前(之)「寂靜」。
善男子！菩薩若修如是十種法者，即能「在家」(而)出家。

《眾許摩訶帝經・卷十三》

(1)出家之人，當證「涅槃」，可受天上(或)人間(之)「第一供養」。若(有)人(能)「在家」(而心)出家，(乃為)真實「離欲」，亦(能)得天上(或)人間(之)供養。
(2)若是「在家」(卻)妄稱「出家」(妄稱自己已是真正的出家人)，當感「三惡道」報。

《大般涅槃經・卷第一》

爾時復有二恒河沙等諸「優婆塞」，受持「五戒」，威儀具足。其名曰威德無垢稱王優婆塞、善德優婆塞等，而為上首。

《仁王護國般若波羅蜜多經・卷上》

(1)時室羅筏國波斯匿王作是思惟：今佛現是「希有」之相，必雨「法雨」，普皆利樂。
(2)即問寶蓋、無垢稱等諸優婆塞、舍利弗、須菩提等諸大聲聞、彌勒、師子吼等諸菩薩摩訶薩言：如來所現，是何瑞相？
(3)時諸大眾，無能答者。波斯匿王等，承佛神力廣作音樂，「欲、色」諸天各奏無量天諸伎樂，聲遍三千大千世界。

《佛說大般泥洹經・卷第一》

(1)如是我聞，一時佛在拘夷城力士生地，熙連河側堅固林雙樹間，與八百億比丘前後圍繞，二月十五日臨般泥洹……
(2)欲學轉法輪，欲學大莊嚴，如是無量功德具足，等觀眾生如視一子。其名曰無垢稱王優婆塞、善德優婆塞。
(3)如是等優婆塞，於晨朝時為供養如來故。人人各作五千栴檀床帳沈水床帳，眾寶床帳天香床帳，鬱金香華床帳等。

《佛說八大菩薩經》

(1)如是我聞，一時佛在舍衛國祇樹給孤獨園，與大苾芻眾千二百五十人俱。復有八大菩薩摩訶薩，其名曰：妙吉祥菩薩摩訶薩、聖觀自在菩薩摩訶薩、慈氏菩薩摩訶薩……

(2)復有諸大菩薩摩訶薩，其名曰：無能勝菩薩摩訶薩、龍相菩薩摩訶薩、喜意菩薩摩訶薩、無垢藏菩薩摩訶薩、無垢稱菩薩摩訶薩……如是等諸大菩薩，皆來會坐。

《文殊師利寶藏陀羅尼經》(亦名《文殊師利菩薩八字三昧法》)

次說「維摩詰菩薩陀羅尼」曰(又云無垢稱菩薩)：

南麼・痌(去聲)哩也・微沫羅枳(去聲)嘌多(上聲)曳・菩地薩怛嚩野・怛儞也他(去聲)・枳(去聲)嘌底多(去聲)・薩囉麼爾寧(去聲)・囉底多(去聲)・薩囉麼爾寧(去聲)・嚩日囉羯𠼝・嚩日囉三婆(上聲)吠・嚩日囉(引)・陛諾迦𠼝・莎訶。

《佛說文殊師利法寶藏陀羅尼經》

次說「維摩詰菩薩陀羅尼」：

曩莫・阿(引)哩夜(二合)・尾麼攞吉多曳・冐地薩怛嚩(二合)野・怛儞也(二合)他(引)・言底跢・薩嚩爾・乃囉底吉底哆・薩嚩爾・嚩日囉(二合)迦𠼝・嚩日囉(二合)婆吠・嚩日囉(二合)陛娜・迦𠼝・娑嚩(二合)賀・

《佛說觀想佛母般若波羅蜜多菩薩經》

(1)誦此真言已，復作觀行。

(2)想彼佛母般若波羅蜜多菩薩右邊，有釋迦世尊、燃燈世尊、無量壽世尊……於菩薩前，復有聖觀自在菩薩、慈氏菩薩、普賢菩薩、妙吉祥菩薩……無垢稱菩薩……如是等一切菩薩摩訶薩遍滿佛剎。

(3)復有顰眉明王等，亦在菩薩前。

(4)如是聖眾一一觀想已，復想人間天上「殊妙香花」珍寶供具，以用供養「佛母般若波羅蜜多菩薩」，并諸眷屬一切菩薩。

(5)作此觀已，是人不久當成正覺。

《大方廣佛華嚴經不思議佛境界分》一卷

(1)如是我聞，一時薄伽梵，在摩揭陀國，於菩提樹下，得「阿耨多羅三藐三菩提」……

(2)時有十佛剎極微等諸佛，各各從本國土，來至於此。為欲莊嚴鞞盧遮那，為眾會故，示菩薩形。

(3)其名曰觀自在菩薩摩訶薩、曼殊室利菩薩、地藏菩薩、虛空藏菩薩、金剛藏菩薩、無垢稱菩薩……大慧菩薩、普賢菩薩摩訶薩等，而為上首。

《雜譬喻經・卷下》

「五陰」無所有(並非真實存在)，愛欲癡者，從是(指五陰)沒「生死海」，莫有出期。故維摩詰言：是身如「聚沫」，澡浴強忍。

《大方廣如來不思議境界經》

(1)如是我聞，一時佛在摩竭提國菩提樹下，成正等覺……

(2)時有十佛剎微塵等他方諸佛，為欲莊嚴毘盧遮那道場眾故，示菩薩形來在會坐。其名曰觀自在菩薩、文殊師利菩薩、地藏菩薩、虛空藏菩薩、金剛藏菩薩、維摩詰菩薩……而為上首。

(3)復有無量千億菩薩，現「聲聞」形，亦來會坐。

《佛說普門品經》

(1)法無男女，平等一體……菩薩等行，則無男女之求，如幻如化，本末如斯……一切無不降伏，有二名：「入欲」為師子王，「出欲」為維摩詰。

(2)於三界猶出，無所不入，無所不出。是以菩薩(平)等於淨穢，耳不受五音，為十方天上天下之導，造成大導，不以勞惓……於諸見如幻化，是為菩薩「平等」觀於諸法，遊於「貪婬」。

《大方等大集經・卷第十一》

(1)世尊！菩薩若有「清淨善法」，福德莊嚴，智惠莊嚴，觀二莊嚴，平等無二。以「功德」等觀「智慧」等，以「智慧」等觀「功德」等，無差別者，名「如法住」。

(2)維摩詰菩薩言：世尊！不觀於二，名「如法住」。若於法界「不壞、不別」，名「如法住」。

(3)依義菩薩言：世尊！若有菩薩依於「正義」，不依於「字」。為「正義」故，受持讀誦，廣說八萬四千法聚，「無失、無動」，名「如法住」。

《大方等大集經・卷第三十一》

(1)爾時日密菩薩摩訶薩白佛言：世尊！我能向彼(娑婆世界)宣說是咒，但於彼土生「怖畏想」。何以故？如來向者(之前)為我宣說，彼土(娑婆世界)眾生多諸弊惡，猶如生聾、生盲、生啞，隨「女人意」。世尊！若有隨順「女人意」者，當知是人永斷善根。

(2)佛言：善男子！汝今不為「現利、後利」，當為「饒益」(豐饒助益)一切眾生，但(勇敢前)往宣說，勿生疑慮。善男子！汝非彼土維摩詰耶？何故生「怖」？

(3)日密菩薩「默然」不對。

(4)(佛言：)善男子！何故「默然」？

(5)日密言：世尊！彼維摩詰即我身(即日密菩薩)是也。世尊！我於彼土(娑婆世界)現「白衣」像，為諸眾生宣說法要。

(6)或時示現婆羅門像、或刹利像、或毘舍像、或首陀像、自在天像、或帝釋像、或梵天像、或龍王像、阿修羅王像、迦樓羅王像、緊那羅王像……為調眾生故……

(7)爾時彼佛告日密言：善男子！汝今不應生怖畏想。何以故？我今當施汝等菩薩「不共法行……不斷三寶行、大慈大悲行、一切智解脫行……畢竟入涅槃行」，是名「蓮華陀羅尼」。

(8)令諸菩薩不樂「三界」，證「無相」解脫門，入「無行」解脫門。

《佛說乳光佛經》

(1)聞如是，一時佛遊維耶離(Vaiśālī)，梵志摩調，音樂樹下，與八百比丘眾千菩薩俱……時佛世尊，適「小中風」(風邪傷寒之)，當須「牛乳」……

(2)寂志瞿曇(Gautama 釋迦佛之本姓)！常自稱譽：我於天上天下最尊，悉度十方老病死。佛何因緣？自身復病也？五百梵志共說此已。

(3)爾時維摩詰來欲至佛所，道徑當過摩耶利梵志門前，因見阿難，即謂言：何為晨朝持鉢住此？欲何求索？

(4)阿難答曰：如來身「小中風」(風邪傷寒之疾)，當須牛乳。故使我來到是間。

(5)維摩詰則告阿難：莫作是語！如來至真等正覺身，若如金剛，眾惡悉已斷。但有諸善功德共會。當有何病？默然行！勿得効「外道」誹謗如來。復慎莫復語！無使諸天龍神得聞是聲……

(6)阿難！莫復使外道「異學梵志」，得聞是「不順」之言！何況世尊，身自有病，不能療愈？何能救諸老病死者？

(7)如來至真等正覺，是「法身」，非是「未脫」之身。佛為天上天下最尊，無有病。佛病已盡滅。

(8)如來身者，有無數功德，眾患已除。其病有因緣，不從爾也。

(9)阿難！勿為羞慚索乳。疾行！慎莫多言！

(10)阿難聞此，大自慚懼。聞空中有聲言：是阿難！如長者維摩詰所言，但為如來至真等正覺，出於世間，在於五濁弊惡之世故，以是緣「示現」，度脫一切十方「貪婬瞋恚愚癡之行」故。時往取乳。向者維摩詰雖有是語，莫得羞慚！

(11)阿難爾時，大自驚怪，謂為妄聽。即還，自思言：得無是「如來威神」感動所為也！

(12)於是五百梵志，聞空中聲所說如是，即無「狐疑心」，皆踊躍悉發「無上正真道意」。

《佛說陀羅尼集經・卷第十一》

(1)若人欲得供養「摩利支天」者，應用金，若銀、若赤銅、若白檀、若赤檀等。隨力所辦，作「摩利支天像」。
(2)其作像法，似「天女形」，其像左手屈臂向上。手腕當左，乳前作拳。拳中把天扇，扇如維摩詰前「天女」把扇。於扇當中作西國卍字。

《佛心經品亦通大隨求陀羅尼・卷上》
(1)聞此言音，毒心即除。雖在十方，即自求哀，發弘誓願。我乘佛教，更不敢作惡。
(2)下方世界諸「金剛藏」，聞此言音，踊出金剛座，扶持此人，安其座上。
維摩詰取「東方金剛座」，用此契力。多寶如來從下方發來，用此契力。
(3)出言即得，更無疑滯。何以故？以佛言「音遍十方」故，以此言音，同諸佛言音「無有二」故。

《佛說摩利支天經》
(1)若欲供養「摩利支」菩薩者，應用金，或銀，或赤銅，或白檀香木，或紫檀木等。刻作「摩利支菩薩」像，如天女形，可長半寸。或一寸二寸已下，於蓮花上，或立或坐。
(2)頭冠瓔珞，種種莊嚴，極令端正。左手把天扇，其扇如維摩詰前「天女」扇。右手垂下，揚掌向外。展五指，作「與願勢」。有二天女，各執白拂，侍立左右。

《菩薩善戒經・卷第一》
(1)如是我聞，一時佛在舍衛國，須達多精舍，祇陀林中，與大比丘僧五百人俱，菩薩千人。
(2)爾時世尊，即告無量諸菩薩言：誰能於此後惡世時，受持擁護「阿耨多羅三藐三菩提」？誰能護法？誰能教化一切眾生？
(3)爾時彌勒菩薩即從座起，偏袒右肩，右膝著地，長跪叉手，白佛言：世尊！我能於後惡世之中，受持擁護「阿耨多羅三藐三菩提」。能護正法，能化眾生……
(4)聖光菩薩言：世尊！我能令彼「不調者」調。
(5)維摩詰菩薩言：世尊！我能壞彼眾生「疑心」。
(6)光明菩薩言：世尊！我能閉塞「三惡道門」。

《佛說決定毗尼經》
(1)如是我聞，一時佛在舍衛國，祇陀林中給孤獨精舍，與大比丘眾千二百五十。菩薩萬人。
(2)爾時世尊，如龍王視，觀察大眾。觀大眾已，告諸菩薩：仁者！誰能於後惡世，堪忍護持正法？以諸方便，成就眾生？

(3)爾時彌勒菩薩即從坐起，偏袒右肩，右膝著地，前白佛言：世尊！我能堪忍於後世時，受持如來百千萬億那由他阿僧祇劫所集「阿耨多羅三藐三菩提」，多所利益無量眾生……

(4)日光菩薩言：我能堪忍「未淳熟」眾生，能令成熟。

(5)毘摩羅鞊菩薩言：我能堪忍充滿眾生「一切所願」。

(6)大氣力菩薩言：我能堪忍為諸眾生「閉惡道門」。

《大寶積經・卷第九十》

(1)如是我聞，一時佛在舍衛國祇樹給孤獨園，與大比丘眾，千二百五十人俱。菩薩摩訶薩五十萬人。

(2)爾時世尊，如龍象王，顧視觀察，告諸菩薩摩訶薩言：善男子！汝等誰能於後末世護持正法？攝受如來百千萬億那由他阿僧祇劫所集「阿耨多羅三藐三菩提法」？安住祕密種種「方便」，成熟眾生？

(3)爾時彌勒菩薩從座起，偏袒右肩，右膝著地，合掌白言：世尊！我能堪任於後世時，護持如來百千萬億那由他阿僧祇劫所集「阿耨多羅三藐三菩提法」……

(4)日光菩薩曰：我能堪任於諸眾生「未純熟者」，令得成熟。

(5)無垢菩薩曰：我能堪任令諸眾生「所有志樂」，皆得圓滿。

(6)斷疑菩薩曰：我能堪任度脫一切「下劣眾生」。

《大方等大集經・卷第三十五》

(1)爾時瞻波迦花色佛，告日行藏菩薩言：善男子！彼娑婆世界釋迦牟尼佛大集眾中，有一優婆塞名毘摩羅詰，是汝身不？

(2)時日行藏菩薩「默然不答」。

(3)爾時世尊復更問言：善男子！何故「默然」？

(4)如是三問，然後乃答。作如是言：如是！如是！我於彼剎，為欲教化諸眾生，故名毘摩羅詰。彼諸眾生皆謂：我是優婆塞毘摩羅詰。

(5)世尊！我於無量阿僧祇諸佛剎中，為化「眾生」，作種種身。或於餘剎，作梵王身。或作帝釋。或作炎摩、兜率、化樂、他化自在天王等身。

(6)復於餘剎，或作龍王、阿修羅王、迦樓羅王、緊那羅王、摩睺羅王，如是等身……

(7)世尊！於此剎中，有八十百千諸菩薩等，同眾禪定，行住坐臥，未曾捨離。是等菩薩，見我欲往「娑婆世界」，皆樂隨從。欲見釋迦牟尼佛及大集眾，禮拜供養，并欲聽法。

(8)而諸菩薩，有「初行者」，其心未定，而彼世界多諸「惡事」。是等菩薩，或生貪染，恐於彼處，近惡知識，心生顛倒。我甚怖畏！

(9)爾時瞻波迦華色佛，告日行藏菩薩言：善男子！勿怖勿畏！今為汝等一切菩薩說「離受」不共行、「法無相」處行、調伏地行、解脫之行、到有海岸行、三寶性久住不盡行、大慈大悲行、一切智解脫行……

(10)善男子！若有人能一心聽受此「日眼蓮華陀羅尼」，是人所有一切「貪欲」及「諸煩惱」，皆悉微薄。捨身之後，七返生天，得宿命智，不為欲染而得聖道。

(11)一切諸天皆樂供養，天上壽盡，復得七返，生於人中。

(12)雖處「欲界」，不為欲染，即於人中，得成聖果，常為一切禮拜供養。

(13)善男子！若有得聞此「陀羅尼」，乃至七遍，一心善聽者，此人命終，七返生天，獲得「五通」，為諸天師。

《大方等大集經・卷第四十八》

(1)爾時佛告彌勒菩薩摩訶薩言：於過去世「第三十一劫」，有佛出興，號毘舍浮如來、應、正遍知、明行足、善逝、世間解、無上士、調御丈夫、天人師、佛世尊。彼佛常為四眾說法。

(2)爾時有一大婆羅門，名弗沙耶若，已於過去無量佛所種諸善根，於「阿耨多羅三藐三菩提」而「不退轉」，深信具足，歸依三寶，受持五戒，離諸放逸。

(3)時弗沙耶若有弟(弟子)八人。一名弗沙金剛。二名弗沙那毘。三名弗沙闍利。四名弗沙跋摩。五名弗沙車帝。六名弗沙樹。七名弗沙毘離。八名弗沙那提……

(4)釋迦牟尼如來……與此「八弟」授「阿耨多羅三藐三菩提記」……

(5)彌勒！彼弗沙耶若婆羅門者，豈異人乎？莫作異觀，我身是也！我於爾時，為欲成熟彼八弟故……

弗沙金剛者，今羅睺羅阿修羅王是。

弗沙那毘者，今毘摩質多羅阿修羅王是。

弗沙闍利者，今波羅陀阿修羅王是。

弗沙跋摩者，今婆稚毘盧遮那阿修羅王是。

弗沙車帝者，今魔王波旬是。

弗沙樹者，今汝彌勒是，以是因緣得無礙智。一生補處，安住大乘。

弗沙毘離者，今毘摩羅詰是也。

弗沙難提者，今提婆達多是也。

《佛說大方等頂王經》(一名《維摩詰子問經》)

(1)聞如是，一時佛遊於維耶離(Vaiśālī)奈氏樹園(āmra)。與大比丘眾俱，比丘八百，菩薩一萬。一切大聖，神通已達。悉得總持，辯才無礙……

(2)爾時世尊明旦，著衣持鉢，入維耶離城(Vaiśālī)分衛(paiṇḍapātika 乞食)，至維摩詰舍。時維摩詰有子，名曰善思。(善思)明旦(將)沐浴，以香塗身，體著新衣，手執蓮華。(並)與妻室(妻子)俱上「樓閣」，觀作妓(表演歌舞或演奏音樂)相娛。

(3)(善思)宿命德本之所感應，遙見佛來，(便)與聖眾俱，入城(去)「分衛」(paiṇḍapātika 乞食)。(善思)現大瑞變，以「偈」語ㄩˋ妻(此指維摩詰之妻，亦爲善思之母)，而說「雅頌」，歌佛功德。

《善思童子經・卷上》

(1)如是我聞，一時婆伽婆，住毘耶離(Vaiśālī)城，在菴婆羅(āmra)波梨園(āmra)內，與諸聲聞「八千」比丘，一萬菩薩。如是大眾，一切悉皆「變化形服」，作諸「天身」。

(2)爾時世尊於晨朝時，著衣持鉢，將此「化眾」，前後圍遶，入毘耶離(Vaiśālī)大城之中，次第乞食。

(3)漸漸行至毘摩羅詰 離車(Licchavi 爲中印度毘舍離城 Vaiśālī 之「刹帝利」種族)之家，當於是時，毘摩羅詰 離車家內，有一童子(維摩詰之子)名曰善思。

(4)是時善思在於自家重閣之上，嬭ㄋㄞˇ母(乳母)抱持。時彼童子(維摩詰之子善思)，手中秉執一莖「蓮華」翫弄嬉戲。而彼童子(維摩詰之子善思)，以其宿植眾善所熏，又佛世尊「神通力」故，令此童子忽然以「偈」白其嬭ㄋㄞˇ母(乳母)，作如是言……

《深密解脫經・卷第一》

(1)爾時聖者曇無竭菩薩摩訶薩，依於如實「第一義諦」，過諸一切世間「覺觀境界」之相，白佛言：

(2)世尊！我憶過去世，復過彼過去世，離此世界七十七恒河沙世界，過彼無量恒河沙世界已。有佛國土，號名稱世界。彼中有佛，名毘摩羅吉諦如來，住彼國土。

(3)我於爾時，遊化眾生，往彼世界。

《彌勒菩薩所問經論・卷第三》

(1)問曰：如《毘摩羅吉利致所說經》說，菩薩摩訶薩修無量行，有無量心。此「深心」者，為起何行？

(2)答曰：此「深心」者，悉能發起「求佛菩提」。一切「諸行」，是名「深心」。何以故？

(3)以此「深心」，發生一切「菩提因」故，悉能增長「諸功德力」。譬如「尸羅」，此明何義？

(4)如「持戒人」，得善根「尸羅」，一切善法無量差別，悉名「尸羅」，而「身口意」三業成就，名為「尸羅」。何以故？

(5)「身口意」業與「諸善法」為根本故，「深心」亦爾，與佛「菩提因，一切「善行」以為根本故。

《大智度論‧卷第九釋初品中現普身第十五》

(1)如《毘摩羅詰經》中說：佛在毘耶離(Vaiśālī)國，是時佛語阿難：我身中「熱風」(中醫病症名，由風邪挾熱所致的一種病)氣發，當用牛乳。汝持我鉢乞牛乳來。」

(2)阿難持鉢，晨朝入毘耶離(Vaiśālī)，至一居士門下立。是時，毘摩羅詰在是中行，見阿難持鉢而立，問阿難：「汝何以晨朝持鉢立此？」阿難答言：「佛身小疾，當用牛乳，故我到此。」

(3)毘摩羅詰言：「止！止！阿難！勿謗如來！佛為世尊，已過一切諸不善法，當有何疾？勿使外道聞此麁語，彼當輕佛，便言：佛自疾不能救，安能救人？」

(4)阿難言：「此非我意，面受佛勅當須牛乳。」

(5)毘摩羅詰言：「此雖佛勅，是為方便，以今五惡之世故，以是像度脫一切。若未來世，有諸病比丘當從白衣求諸湯藥。白衣言：『汝自疾不能救，安能救餘人？』

(6)諸比丘言：『我等大師猶尚有病，況我等身如艸芥能不病耶？』以是事故諸白衣等以諸湯藥供給比丘，使得安隱，坐禪行道。有外道、仙人能以藥艸玄、呪術除他人病，何況如來一切智德，自身有病而不能除？汝且默然，持鉢取乳，勿令餘人異學得聞知也。」

《大智度論‧卷第十釋初品十方菩薩來第十五之餘》

問曰：更有餘大菩薩，如毘摩羅詰、觀世音、遍吉菩薩等，何以不言此諸菩薩在彼住，而但言文殊師利、善住意菩薩？

《大智度論‧卷第二十八釋初品中六神通》

又如《毘摩羅詰經》中說：「舍利弗等諸聲聞皆自說言：『我不堪任詣彼問疾。』各各自說昔為毘摩羅詰所呵」。

《大智度論‧卷第三十釋初品中善根供養》

如《毘摩羅詰經》說：「佛以足指按地，即時國土七寶莊嚴，我佛國如是。為多怨害者，現佛國異。」

《大智度論‧卷八十五釋道樹品第七十一訖第七十三品》

教化眾生故，得淨佛世界；如《毘摩羅詰‧佛國品》中說：「眾生淨故，世界清淨。」

《大智度論‧釋淨佛國土品第八十二》(卷第九十二)

「人身行」三種，福德具足，則國土清淨。內法淨故，外法亦淨。譬如面淨故，鏡中像亦淨。如《毘摩羅詰經》中說：「不殺生故人皆長壽」如是等。

《大智度論・釋七喻品第八十五》(卷第九十五)

餘處說「二法是凡夫法，不二法是賢聖法」；如《毘摩羅詰經》「不二入法門」中說。

《大智度論・釋初品中羼提波羅蜜法忍義第二十五》(卷第十五)

(1)如《毘摩羅鞊經》中，法作菩薩說：「生、滅為二；不生、不滅是不二入法門」。

(2)乃至文殊尸利說：「無聞、無見，一切心滅，無說、無語，是不二入法門」。

(3)毘摩羅鞊默然無言，諸菩薩讚言：「善哉！善哉！是真不二入法門」。

《大智度論・釋初品中禪波羅蜜第二十八》(卷第十七)

(1)復次，菩薩入深禪定，一切天人不能知其心「所依、所緣」,「見、聞、覺、知」法中，心不動。

(2)如《毘摩羅鞊經》中，為舍利弗說宴坐法：「不依身，不依心，不依三界，於三界中不得身、心，是為宴坐。」

《大智度論・釋六喻品第七十七》

譬如有「色、聲、香、觸」，人聞見則喜，復有聞「見」則瞋。味亦如是，有瞋者、有起慈心者，如《毘摩羅鞊經》說：「服食香飯，七日得道者，有不得者。」

《大智度論・釋薩陀波崙品第八十八之餘》(卷第九十八)

(1)如《毘摩羅鞊經》中說：「愛、慢等諸煩惱，皆是佛道根本。」

(2)是故女人見是事已，生愛樂心，知以福德因緣可得是事，故皆發心。

(3)因是「愛、慢」，後得清淨好心。故言「佛道根本」，譬如蓮花生「污泥」。

《大智度論・釋曇無竭品第八十九》(卷第一百)

(1)又，阿難是「六神通、三明」，共解脫五百阿羅漢師，能如是多所利益，是故囑累彌勒等諸大菩薩。佛滅度後，各各分散，至隨所應度眾生國土。

(2)彌勒還兜率天上。毘摩羅鞊、文殊師利亦至所應度眾生處。

龍樹菩薩造。隋・南印度達磨笈多譯《菩提資糧論・卷第一》

(1)說「般若波羅蜜」為「菩薩母」，又以「修多羅」中誦故。所謂於諸經中，作「母」名誦。彼等經中有名稱「遍諸佛國」菩薩，名毘摩羅吉利帝，說「伽他」言：(舊云維摩詰者不正）。

(2)般若波羅蜜，菩薩「仁者」母，「善方便」為父，「慈悲」以為女。

(3)復有餘經，亦如是誦。以「修多羅」量故，說「般若波羅蜜」為「菩薩母」。

龍樹菩薩造。隋・南印度達磨笈多譯《菩提資糧論・卷第一》

(1)「般若波羅蜜」為菩提「初資糧」，又「大果」故。「般若波羅蜜大果」勝諸「波羅蜜」。如經說：菩提心福德，及以攝受法，於空若信解，價勝十六分。

(2)《鞞羅摩經》中「大果」因緣，此中應說，以是「大果」故，「般若波羅蜜」為菩提「初資糧」。

《說無垢稱經・卷第二》

尊者迦葉！若能不捨「八邪」，入「八解脫」(aṣṭau vimokṣāḥ❶內「有色想」，觀諸色解脫❷內「無色想」，觀外色解脫❸「淨解脫身」作證，具足住解脫❹超「諸色想」，滅「有對想、不思惟」種種想，入「無邊空、空無邊處」，具足住解脫❺超一切「空無邊處」，入「無邊識、識無邊處」，具足住解脫❻超一切「識無邊處、入無所有、無所有處」，具足住解脫❼超一切「無所有處」，入「非想非非想處」，具足住解脫❽超一切「非想非非想處」，入「想受滅身作證」，具足住解脫)。以「邪」平等，入「正」平等……諸有施於尊者之食，無小果、無大果。無損減、無增益。

《佛說月上女經・卷上》

(1)爾時，世尊在毘耶離(Vaiśālī)大樹林中草茅精舍。時諸國王大臣百官，大富長者婆羅門等，居士人民遠來商客，皆悉尊重，恭敬奉侍。

(2)爾時彼城有離車(Licchavi 爲中印度毘舍離城 Vaiśālī 之「剎帝利」種族)，名毘摩羅詰，其家巨富，資財無量。倉庫豐盈，不可稱數。四足、二足諸畜生等，悉皆充溢。

(3)其人(維摩詰)有妻，(亦)名曰無垢，可憙端正，形貌姝美，女相具足。然彼婦人，於時懷妊ㄖㄣˋ，滿足九月，便生一女，姿容端正。身體圓足，觀者無厭。

(4)其女生時，有大光明，照其家內，處處充滿。如是生時，大地震動……其女當生不曾啼哭，即便舉手，合十指掌，而說偈言……然其父母見彼光故，即為立名，稱為月上。

《佛本行集經・卷第三十六》

(1)爾時天竺 波羅奈城(Vārāṇasī 中印度古王國)有四居士，大富長者，最為殊勝。

(2)善男子輩！何等為四？所謂：第一名毘摩羅(隋言無垢)。其第二者名修婆睺(隋言善臂)。第三名為富蘭那迦(隋言滿足)。第四名為伽婆跋帝(隋言牛主)。

(3)彼等從他聞耶輸陀大善男子，往沙門邊，修行梵行，聞已即作如是思惟：希有斯事！彼大沙門法行之中梵行，應當牢固不動，應當勝他。其法會集，應必第一。

《佛本行集經・卷第五十一》

(1)爾時世尊，自從出家起坐，未曾面向生地迦毘羅城，乃至未化賢友知識五比丘等，及以長老耶輸陀等親善友輩。

(2)波羅捺城(Vārāṇasī 中印度古王國)所生，有四大富長者，諸將男子，何等為四？
一、毘摩羅。二、蘇婆睺。三、富樓那。四、伽婆般帝。

《佛說轉女身經》

(1)爾時世尊知此眾會心之所念，告舍利弗言：東南方去此世界，過三十六那由他佛土，有世界名「淨住」，佛號無垢稱王如來等正覺，今現在說法。

(2)舍利弗！此女從「淨住」世界沒，來生此間，欲成就眾生，亦欲禮拜供養於我，聽說法教。

(3)佛說是已，未久之間，彼無垢稱王如來發愍念心，即以「神力」，送諸菩薩所著衣服瓔珞莊嚴，來在女前，懸虛空中，又出聲言：

(4)善女！「淨住」世界無垢稱王如來遣此衣服瓔珞與汝，汝可著之，當如此間諸菩薩等。若著衣服瓔珞莊嚴，即時皆得具五神通，汝亦應爾！

隋・吉藏《淨名玄論・卷二》

問：維摩是何位人？能真俗並觀？

答：《方便品》云：「淨名」得「無生忍」，不判其淺深，釋但「無生」並觀。凡有三說。

靈味法師云：「初地」得「無生忍」，即能「真俗」並觀。

次關中(此指唐・道液集《淨名經集解關中疏》)舊說：「七地」得「無生」，「真俗」始並。

如肇公云：「七地」施極於施，而未嘗施。戒極於戒，而未嘗戒。故「七地」並也。

江南舊云：七地雖能並觀，未能常並。至於「八地」，始得令並。

「淨名」即是「八地」以上人也。

復有人釋云：淨名、文殊，皆往古如來，現為菩薩。如《首楞嚴》云：文殊為龍種尊佛。《發迹經》云：「淨名」即「金粟ㄙˋ如來」。

隋・吉藏《維摩經義疏・卷一》

有人言：文殊師利本是龍種上尊佛。「淨名」即是「金粟ㄙˋ如來」。相傳云：金粟如來出《思惟三昧經》，今未見本。

維摩詰在藏經中所扮演的角色圖解

	維摩詰在藏經中所扮演的角色	經典出處
1	維摩詰居士。佛曰：雖白衣，但已是真沙門、真比丘。	《大乘本生心地觀經・卷第四》
2	威德無垢稱王優婆塞。	《大般涅槃經・卷第一》
3	無垢稱優婆塞。	《仁王護國般若波羅蜜多經・卷上》
4	無垢稱王優婆塞。	《佛說大般泥洹經・卷第一》
5	無垢稱菩薩摩訶薩。	《佛說八大菩薩經》
6	有「維摩詰菩薩陀羅尼」 (又云無垢稱菩薩)。	《文殊師利寶藏陀羅尼經》(亦名《文殊師利菩薩八字三昧法》)
7	有「維摩詰菩薩陀羅尼」。	《佛說文殊師利法寶藏陀羅尼經》
8	無垢稱菩薩。	《佛說觀想佛母般若波羅蜜多菩薩經》
9	無垢稱菩薩。	《大方廣佛華嚴經不思議佛境界分》
10	維摩詰居士。	《雜譬喻經・卷下》
11	維摩詰菩薩。	《大方廣如來不思議境界經》
12	維摩詰居士。	《佛說普門品經》
13	維摩詰菩薩。	《大方等大集經・卷第十一》
14	日密菩薩於此土現「白衣維摩詰」像，為諸眾生宣說法要。	《大方等大集經・卷第三十一》
15	日行藏菩薩於此土現「白衣維摩詰」像，為諸眾生宣說法要。	《大方等大集經・卷第三十五》
16	釋迦佛的前世曾為弗沙耶若婆羅門。彼婆羅門有八大弟子，其中第七弟子弗沙毘離即今之今毘摩羅詰是也。	《大方等大集經・卷第四十八》
17	維摩詰居士。	《佛說乳光佛經》
18	扇如維摩詰前「天女」把扇。	《佛說陀羅尼集經・卷第十一》
19	維摩詰取「東方金剛座」，用此契力。	《佛心經品亦通大隨求陀羅尼・卷上》
20	左手把天扇，其扇如維摩詰前「天女」扇。	《佛說摩利支天經》
21	維摩詰菩薩。	《菩薩善戒經・卷第一》
22	毘摩羅鞊菩薩。	《佛說決定毗尼經》
23	無垢菩薩。	《大寶積經・卷第九十》
24	維摩詰居士，有子名曰善思。	《佛說大方等頂王經》(一名《維

		摩詰子問經》)
25	**毘摩羅詰居士，有子名曰善思。**	《善思童子經・卷上》
26	**毘摩羅詰居士，有女名曰月上。**	《佛說月上女經・卷上》
27	**有佛國土，號名稱世界。彼中有佛，名毘摩羅吉諦如來？**	《深密解脫經・卷第一》
28	毘摩羅詰**居士**。	《大智度論•卷第九釋初品中現普身第十五》
29	毘摩羅詰**菩薩**。	《大智度論•卷第十釋初品十方菩薩來第十五之餘》 《大智度論》引用《維摩詰經》達十二次
30	毘摩羅吉利帝**菩薩，此名稱乃遍諸佛國土。**	龍樹菩薩造。隋・南印度達磨笈多譯《菩提資糧論・卷第一》
31	**有四居士，大富長者，最為殊勝。第一名**毘摩羅(隋言無垢)**。**	《佛本行集經・卷第三十六》
32	**波羅捺城**(Vārāṇasī 中印度古王國)**有四大富長者。一、毘摩羅居士。**	《佛本行集經・卷第五十一》
33	**有世界名「淨住」，佛號**無垢稱王**如來。**	《佛說轉女身經》
34	**《發迹經》**云：**「淨名」即「**金粟**如來」。**	隋・吉藏《淨名玄論・卷二》
35	**「淨名」即是「**金粟**如來」。相傳云：**金粟**如來出《思惟三昧經》，今未見本。**	隋・吉藏《維摩經義疏・卷一》

三、《維摩詰經》譯本介紹

《維摩詰經》的漢譯本，據歷代佛典目錄記載，共有七種，加上《龍藏》本署名為鳩摩羅什譯本，則有八種：

❶東漢・嚴佛調譯《古維摩詰經》。(約譯於公元 188 年)

這是《古維摩詰經》最古的第一個譯本，這個譯本是由隋・費長房依《古錄》及《朱士行漢錄》的記載來的。不過近代學者 Lamotte 拉蒙特認為「**根據一項來源可疑且不可靠得傳說**」、又說「**《古錄》傳於秦始皇在位時期**(公元前 221~208 年)……**卻能提及西元二世紀時嚴佛調之作品，殆屬難以想像**」(Etienne Lamotte 拉蒙特著，郭忠生譯《維摩詰經序論》頁 4，頁 150)。此外譚世寶(山東大學歷史文化學院)的《漢唐佛史探真》也證明《古錄》是偽作的(廣東中山大學出版社，1991 年 6 月，頁 25~32)。但據日人辛嶋静志研究的結果又說：**支謙譯《維摩詰經》很可能是東漢嚴佛調譯《古維摩詰經》(今闕)的翻版。支謙譯雖對嚴譯作了修改，但音譯詞中依然保留了許多嚴譯原文。**(詳：日本創價大學國際佛教學高等研究所教授辛嶋静志〈試探《維摩詰經》的原語面貌〉一文，佛光學報新一卷・第二期，2015 年 7 月發行，頁 92)

❷三國吳・支謙譯《維摩詰經》。(亦名《維摩詰所說不思議法門經》、《維摩詰所說不思議法門之稱》、《佛法普入道門三昧經》，約於公元 222~253 年譯)

❸西晉・竺叔蘭譯《異維摩詰經》。(約於公元 291 年譯，今不存)

❹西晉・竺法護譯《維摩鞊經》。(約於公元 303 年譯，今不存)

❺東晉・祇多蜜譯《維摩詰經》。

記載這個譯本最早的是隋・費長房的《歷代三寶記》，可是費長房並沒有直接說明是根據那個經錄，只說是「**見南來新錄**」，且此譯本是「**第三出**」(詳《大正藏》四十九冊，頁 71 下)。如果真的是「**第三出**」，則費長房所記《維摩詰經》譯本前有嚴佛調、支謙、竺叔蘭、竺法護之四個譯本就出現了矛盾了(詳《大正藏》四十九冊，頁 54 上。頁 57 下。頁 63 下。頁 65 中)，所以後來《開元釋教錄》就依據費長房《歷代三寶記》而修改為「**第五出**」(詳《大正藏》五十五冊，頁 508)。

近人譚世寶曾考辨費長房所載劉宋《眾經別錄》及法上、寶唱之《眾經目錄》是偽作(詳《漢唐佛史探眞》頁 125~139；頁 174~185；頁 191~193；頁 197~220)。若譚世寶所證明的資料是真的，那麼歷史上所謂的祇多密《維摩詰經》譯本，也可能是不存在的。

❻姚秦・鳩摩羅什譯《維摩詰所說經》(亦名《不可思議解脫經》)

❼署名為姚秦・鳩摩羅什譯《維摩詰所說大乘經》(據林純瑜《龍藏・維摩詰所說經考》

頁 104 云：本經受藏譯本《維摩詰經》影響者約 160 條➔91.95%，意思與藏譯本相符者 98 條➔56.32%，不完全相符者 62 條➔35.36%。非受藏譯本影響者約 14 條➔8.05%)

❽唐・玄奘譯《說無垢稱經》。

此外，又有西晉・竺法護譯本之刪略本《刪維摩鞊經》，及西晉支敏度將支謙、竺法護、竺叔蘭三譯本合為一本的《合維摩詰經》(約成於公元 303~306)等。今皆不存。

關於唐代以前《維摩詰經》的譯本或經本，現代日本佛教學者深浦正文從隋《長房錄》以後的經錄看法，認為有六種譯本，八種經本(詳《國譯一切經》29，頁 296~297)。

現代學者任繼愈並未明言是依何經錄所作出的統計，因為他認為譯本應該有四種，經本五種(詳《中國佛教史》第 1 卷，頁 368)。

若以日本佛教學者木村宣彰的考證，則又認為《維摩詰經》應有四個譯本，七個經本。底下僅就三種漢譯本作簡介。

❶支謙本

譯經年代據《出三藏記集・卷二》，引《綜理眾經目錄》記載，本經譯出於三國吳・孫權 黃武初至孫亮 建興中（222~253），上距嚴佛調於東漢・靈帝（168~189）譯出之《古維摩詰經》（詳費長房《歷代三寶記》），已有三、四十年。支謙譯本特色如下：

支敏度云：

越(即三國吳・支謙)**才學深徹**(精深明徹)**，內外備通，以季世**(衰敗的時代)**尚文**(崇尚文治)**，時好簡略，故其出經**(所譯出之經)**，頗從文麗**(華麗)**。然其屬辭**(撰寫譯文)**析理**(剖析事理)**，文**(有文理)**而不越**(謹遵佛典法制)**，約**(簡約)**而義顯**(義理顯著)**，真可謂深入者也。**

(詳僧佑《出三藏記集・卷七・合首楞嚴經記第十》)。

道安云：

前人出經，支讖(東漢・支婁迦讖)**、世高**(東漢・安世高)**，審**(詳細確定)**得胡本**(即梵本)**，難繫**(難以將梵本義繫託依附於漢文)**者也。叉羅**(西晉・無羅叉，又名無叉羅)**、支越**(即三國吳・支謙)**，斲**(砍)**鑿**(雕鑿文字)**之巧**(精巧)**者也。巧則巧矣。懼竅**(竅妙精巧)**成而渾沌**(模糊不明)**終矣。**

(詳僧佑《出三藏記集・卷八・摩訶鉢羅若波羅蜜經抄序第一》)

此皆謂與「前譯家」作相比對，支謙的譯經重在「精巧雕鑿文字」，算是他的優點，但同時也成為支謙翻譯經典的另一種缺點，那就是太「**巧**」反而會讓人「**渾沌**」矣。

❷鳩摩羅什本

關於鳩摩羅什譯《維摩詰經》的年代，據《出三藏記集・卷二》引《綜理眾經目錄》云：

> **《新維摩詰經》三卷，弘始八年**（公元 406），**於長安大寺出。**

此為譯《維摩詰經》的「第六出」，在鳩摩羅什此時的年代，除了竺法護《刪維摩鞊經》為「闕本」外，其他五種譯本，在「經錄」上皆未再做詳細說明，「存本」的可能性甚大，因為曾參與鳩摩羅什譯經之僧肇就說：「**支、竺所出，理滯**(阻礙)**於文**」，可見支謙、二竺(竺叔蘭、竺法護)的譯文，至少都還在。

因此，鳩摩羅什可參酌的「底本」比較多，較有可能成為「後出轉精」。如僧肇《注維摩詰經・卷一》云：

> **什**(鳩摩羅什)**以高世**(高超卓絕脫世)**之量，冥心**(潛心禪定)**真境**(眞如妙境)**，既盡「環中」**(喻靈空超脫之境)**，又善方言。時手執梵文，口自宣譯**(宣講並翻譯)**，道、俗虔虔**(恭敬)**，一言三復**(三次復誦)**，陶冶**(陶鑄法教)**精求**(精心刻求)**，務存聖意**(釋尊聖意)**；其文約**(譯文簡約)**而詣**(詣入佛理)**，其旨婉**(婉麗優美)**而彰**(彰顯)**，微遠**(微妙幽遠)**之言，於茲**(此;是)**顯然矣。**
>
> (詳《大正藏》三十八冊，頁 327b)

僧佑《出三藏記集・卷十四・羅什傳》云：

> **什**(鳩摩羅什)**持胡本**(即梵本)**，興持**(興建執持)**舊經**(前人所譯之經)**，以相讎**ㄔㄡˊ **校**(校勘)**。其新文**(新譯之文)**異**(相異)**舊**(舊譯之文)**者，義皆圓通，眾心愜**ㄑㄧㄝˋ **服**(心服)**，莫不欣讚**(欣喜讚歎)**焉。**(詳《大正藏》三十八冊，頁 101b)

從這些文句可看出鳩摩羅什不只在佛法能「**冥心真境**」，且文學造詣非常的高超，眾皆歎服，所以鳩摩羅什的譯本早被推為佛典文學之藝術精品，也成為《維摩詰經》目前最通行的譯本。

❸玄奘本

據《開元釋教錄・卷八》云：

《説無垢經》六卷，見《內典錄》，第七譯，與羅什《維摩經》等同本，永徽元年(公元 650)**二月八日，於大慈恩寺『翻經院』譯，至八月一日畢，沙門大乘光筆受。**

(詳智昇《開元釋教錄・卷八》,《大正藏》五十五冊，頁 555c)

此時除竺法護《刪維摩鞊經》早為「闕本」外，亦有竺法蘭與竺法護譯本，但「經錄」已標這二本為「闕本」。玄奘之所以再譯，可能覺得鳩摩羅什的譯本仍有需補充的地方，所以再力求完美精確。據玄奘大弟子窺基就曾說：

(《維摩詰經》)**已經六譯，既而華梵懸隔**(相差很大)**，音韻所乖**(乖離違背)**，或彷彿於遵文**(遵行梵典文義)**，而糟粕**(殘餘)**於玄旨**(玄奧深旨)**……陶甄**(喻陶冶、教化)**得失，商搉**(亦作「商榷」，商討斟酌)**詞義，載**(重)**譯此經，或遵真軌**(真正如法儀軌)**。**

(詳窺基《說無垢稱經疏・卷一》,《大正藏》第三十八冊，頁 993a)

窺基在《說無垢稱經疏》中也指出玄奘許多與羅什翻譯不同的內容，如鳩摩羅什譯經名為**《維摩詰所說經》**，玄奘則認為應該要名為**《說無垢稱經》**，還有經中各品的「譯名」及「經義」，玄奘亦有不同看法，這部份請詳閱**漢譯《維摩詰經》四種譯本比對暨研究**(全彩版)一書。

四、《維摩詰經》注本資料

現存《維摩詰經》重要的注本，除了窺基大師是依他的老師玄奘而作**《說無垢稱經疏》**外，其餘皆依鳩摩羅什本作注。鳩摩羅什譯本除了具有文字「簡潔優美」等優點外，加上玄奘譯本比較晚出，上距鳩摩羅什本約有239年。在這期間，重要的注家，除了湛然、智圓是在玄奘之後，其他都在玄奘之前。

但是湛然、智圓為「天台宗」的徒孫，智者大師早就依鳩摩羅什本而作了**《玄疏》**，湛然、智圓又依智者大師本而作**《略疏》、《略疏垂裕記》**，所以這些人全部都依鳩摩羅什譯本來作注。下面所舉的《維摩詰經》注者，均依鳩摩羅什譯本。

(1)後秦・僧肇撰《維摩詰所說經注》十卷。（《大正藏》第三十八冊）
(2)隋・智顗撰《維摩經玄疏》六卷。（《大正藏》第三十八冊）
(3)隋・智顗撰《維摩經文疏》二十八卷。（《卍續藏》第二十七、二十八冊）
(4)唐・湛然刪略《維摩經文疏》而成《維摩經略疏》十卷。（《大正藏》第三十八冊）
(5)宋・智圓就《略疏》而另作《維摩經略疏垂裕記》十卷。（《大正藏》第三十八冊）
(6)隋・吉藏撰《維摩經義疏》六卷。（《大正藏》第三十八冊）
(7)隋・吉藏撰《維摩經略疏》五卷。（《卍續藏》第二十九冊）
(8)隋・吉藏撰《淨名玄論》八卷。（《大正藏》第三十八冊）
(9)隋・慧遠撰《維摩經義記》四卷或八卷。（《大正藏》第三十八冊）
(10)唐・窺基撰《說無垢稱經疏》六卷或十二卷。（《大正藏》第三十八冊）

近人著作

(1)陳慧劍《維摩詰經今譯》。台北東大圖書公司 1992 年 9 月再版。
(2)智崇《維摩詰經現代直解》。
(3)釋智諭《維摩詰所說經講記》(上、下冊)。台北西蓮淨苑出版社 2001 年 7 月。
(4)蕭振士《維摩詰經》(今譯)。台北恩楷公司 2002 年 3 月。
(5)南懷瑾《花西滿天維摩說法》(上、下冊)。台北老古文化。2005年9月。
(6)談錫永《維摩詰經導讀》。台北全佛文化。1999。
(7)林純瑜《龍藏・維摩詰所說經考》。法鼓文化出版。2001 年 11 月。
(8)Etienne Lamotte 拉蒙特著，郭忠生譯《維摩詰經序論》。南投，諦觀出版社，1990 年 9 月。
(9)黃寶生《梵漢對勘維摩詰所說經》。中國社會科學出版社。2011 年 10 月。

五、四種譯本的「品目」名稱對照本

品數	支謙譯《維摩詰經》	鳩摩羅什譯《維摩詰所說經》	玄奘譯《說無垢稱經》	黃寶生《梵漢對勘維摩詰所說經》
第一品	佛國品	佛國品	序品	第一：佛土清淨緣起品
第二品	善權品	方便品	顯不思議方便善巧品	第二：不可思議方便善巧品
第三品	弟子品	弟子品	聲聞品	第三：聲聞和菩薩推辭問疾品
第四品	菩薩品	菩薩品	菩薩品	
第五品	諸法音品	問疾品	問疾品	第四：問疾品
第六品	不思議品	不思議品	不思議品	第五：示現不可思議解脫品
第七品	觀人物品	觀眾生品	觀有情品	第六：天女品
第八品	如來種品	佛道品	菩提分品	第七：如來種性品
第九品	不二品	入不二法門品	不二法門品	第八：入不二法門品
第十品	香積品	香積佛品	香台佛品	第九：化身取食品
第十一品	菩薩行品	菩薩行品	菩薩行品	第十：有盡無盡法施品
第十二品	見阿閦佛品	見阿閦佛品	觀如來品	第十一：取妙喜世界見阿閦如來品
第十三品	法供養品	法供養品	法供養品	第十二：托付品
第十四品	囑累彌勒品	囑累品	囑累品	

六、《維摩詰經》的梵本問題

《維摩經》的梵文原名為《Vimala-Kīrti Nirdeśa Sūtra》。梵文本的《維摩經》原本一直並未被發現過，但是在寂天(śanti-deva)的《大乘集菩薩學論》、月稱(Candranrti)的《中論釋》、蓮花戒(Kamalaśiila)的《修習次第三篇》第三本梵文佛書中，均曾「片斷式」的引用過《維摩經》。在斯坦因所蒐集的敦煌寫本中，也有「于闐文」斷片二頁，經過考證是屬於《維摩經・佛國品》中寶積奉蓋的內容(詳許洋主《梵語佛典導論》，頁277、325、372)。另外，在發現的「**粟特文**(Sogdian 粟特人與西漢時的「大月氐」是同一個民族，亦屬「東伊朗人」的一支)、**于闐文**」斷片，也經考證「相似」為鳩摩羅什《新維摩詰經》譯本的重譯本。

就在學術界普遍認為《維摩詰經》可能已經失傳時，卻於 1999 年突然現身問世，那就是日本「大正大學」綜合研究所的學者在中國西藏的「布達拉宮」發現的。在 1999 年的夏季，這個研究所的考察組獲准考察「拉薩布達拉宮」的梵文佛經抄本，就在 7 月 30 日這一天，考察組中的一位教授意外地發現在標為《智光明莊嚴經》的一包「梵文抄本」中，還含有另一部完整的《維摩詰經》梵文抄本。

在 2004 年，這個研究所出版了**《梵藏漢對照<維摩經>》**，內容包括「梵文」《維摩詰經》的「拉丁字體」轉寫本、「藏譯本」以及支謙、鳩摩羅什和玄奘的「漢譯本」，以「對照」的形式排列。其中「梵文」《維摩詰經》的「拉丁字體」轉寫完全按照「抄本」的原貌，不作任何文字改動，另又於 2006 年出版了《梵文維摩經》校訂本。而在 2011 年 10 月，由黃寶生所校訂的**《梵漢對勘維摩詰所說經》**也出版了，此由中國社會科學出版社發行。**《梵漢對勘維摩詰所說經》**一書中說：**《維摩詰所說經》的梵本原文基本上是規範的梵語，只是第一和第七品中的偈頌部分有較多的「混合梵語」，這符合早期大乘佛經的文體特點**(頁 29)。

在元世祖時期，三藏義學沙門慶吉祥等奉詔參對「蕃、漢本」大藏經，而編成《大元至元法寶勘同總錄》。在第二卷中，記載《維摩詰經》云：「**右三經**(指羅什、支謙、玄奘三譯本)**同本譯異，此經與蕃本同**」。由此可得知此經的「藏譯本」與三種漢譯本為「**同本異譯**」。(以上參見《宋版磧砂大藏經》37.1522.117c4)

至於《維摩經》的「藏文」譯本，則有九世紀初，由法戒所譯的**《聖無垢稱所說大乘經》**(《聖維摩詰教法》)，今「那塘版、德格版、拉薩版、北京版、庫倫版」等各種藏文版本《大藏經》的「甘珠爾部」均有收錄(參閱 Etienne Lamotte 拉蒙特著，郭忠生譯，《維摩詰經序論》頁 36～37)。又據拉蒙特(Lamotte)《維摩詰經序論》書中頁 35 說：**在赤松德貞國王**(公元 755～797)**時，曾編有《經論目錄》，其中收錄了另一本藏譯的《維摩經》**。

除了「藏譯本」外，亦有從「漢、藏」轉譯成「滿、蒙、英、法、德、日、泰」等譯本流傳於世。

七、十四品的內容簡介

佛國品第一	(1)本經緣起➜「八千」大比丘眾，及「三萬二千」的菩薩眾。 (2)約有 52 到 58 位的菩薩名號，及眾菩薩之德行。 (3)神祕的「七寶蓋」能遍覆三千大千世界所有山河大地，十方諸佛說法亦現於「寶蓋」中。 (4)長者子寶積歎未曾有，不可思議，故以約有「三十七」首偈頌讚佛。 (5)「直心、深心、菩提心、大乘心、一切善行、布施、持戒、忍辱、精進、禪定、智慧、四無量心、四攝法、方便、三十七道品、迴向心、除八難、守戒、修十善」等「二十」種法是菩薩所修淨土之行。 (6)大乘心➜直心➜發行➜深心➜調伏➜說行➜迴向➜方便➜成就眾生➜佛土淨➜說法淨➜智慧淨➜心淨➜功德淨➜國土淨。 (7)眾生罪故，不見如來佛土嚴淨，非如來咎也。心有高下，不依佛慧，故見此土為不淨耳。 (8)佛「足指」按地，現三千界珍寶。欲度下劣諸根，故現此娑婆眾惡不淨。
方便品第二	(1)已得「無法法忍」，辯才無礙，來自阿閦佛(無動佛)妙喜世界的維摩詰大菩薩，約具有「十六」條度眾生的「善方便」。 (2)維摩詰約有「三十五」種不可思議無量善巧方便慧門，能饒益眾生。應以何身得度者，即現何身而為說法。 (3)維摩詰身疾，故說身「無常、無強、無力、無堅、速朽」等「二十六喻」。是身皆「蘊界處」眾緣和合，如空聚也。 (4)當樂佛身「十七」種無量無邊功德，當斷一切眾生病，發無上心。
弟子品第三	(1)佛遣「智慧第一」舍利弗前往問疾。為舍利弗宣講「宴坐」的真正定義為何？不斷煩惱，亦不捨生死，而能入涅槃。 (2)佛遣「神通第一」大目犍連前往問疾。為大目犍連宣講約有「二十八」種法，離一切相，無生無滅之理。 (3)佛遣「頭陀第一」大迦葉前往問疾。為大迦葉宣講乞食應住「平等法」。諸法如幻，無自性、無他性、無熾然、無寂滅。不捨

	八邪而入八解脫，以邪相而入正法，以一食而施一切。 (4)佛遣「解空第一」須菩提前往問疾。為須菩提宣講「食平等➜法平等➜佛性平等」，及婬怒癡「不斷不即」。成一切法，離一切相。 (5)佛遣「說法第一」富樓那彌多羅尼子前往問疾。為富樓那彌多羅尼宣講「欲行大道，莫示小徑。無以大海，內於牛跡。無以日光，等彼螢火」。 (6)佛遣「論義第一」摩訶迦旃延前往問疾。為摩訶迦旃延宣講無以「生滅心行」說「實相法」，及「無常、苦、空、無我」，畢竟寂滅。 (7)佛遣「天眼第一」阿那律前往問疾。為阿那律宣講天眼乃非「有作為之行相」，亦非「無作為之行相」。真天眼者，不捨禪定三昧而見諸佛國，亦不作分別之二相觀。 (8)佛遣「持律第一」優波離前往問疾。為優波離宣講「罪性、心、諸法」皆非內、非外、非中間，以心淨故得解脫。諸法生滅不住，如幻、電，一念不住，如水中月、鏡中像。 (9)佛遣「密行第一」羅睺羅前往問疾。為羅睺羅宣講「出家」乃「無為法」，若能發「無上成佛」之大心，便是出家與受具足戒，約有「十八」條的正知正見。 (10)佛遣「多聞第一」阿難前往問疾。為阿難宣講如來身為法身，已過三界、諸漏已盡、為無為之身。如來欲度貧窮苦惱惡行諸眾生，故「示現」身有小疾。
菩薩品第四	(1)佛遣彌勒菩薩前往問疾。為彌勒菩薩宣講「授記」非過去、現在、未來。在無生無滅中，並無真實之授記。菩提者，無發亦無退，非以心得，非以身得，捨分別菩提之見。以「三十三喻」菩提相，菩提非以身證，亦非以心證也。 (2)佛遣光嚴童子前往問疾。為光嚴童子宣講「直心、發行、深心、菩提心、六度、慈悲喜捨、神通、解脫、方便、四攝、多聞、伏心、三十七道品、四諦、緣起、煩惱、眾生、諸法、降魔、三界、師子吼、力、無畏、不共法、三明、一念知一切法、行住坐臥、舉手投足」等「三十二」種法皆是道場義。 (3)佛遣持世菩薩前往問疾。為天女宣講「三十五」種「菩薩法樂」。 (4)佛遣長者子善德前往問疾。為善德宣講「三十二」種「法施之會」。

文殊師利問疾品第五	(1)佛遣文殊師利菩薩前往問疾。維摩詰為文殊師利菩薩宣講眾生病，則菩薩病。眾生病愈，菩薩亦愈。菩薩示現疾者，乃從「大悲」起。 (2)諸佛國土皆以「空」為「空」，「空性」乃無分別也。空性」當於「六十二見➜諸佛解脫➜眾生心識所行」中求。 (3)眾魔及外道皆吾侍者。彼樂生死，菩薩不捨生死。彼樂諸見，菩薩於諸見而不動。「內外諸法、我與涅槃」皆性空，平等無二，應觀「空病亦空」。 (4)「攀緣」即是病本。若無內外見➜則無攀緣➜己無疾➜眾無疾。 (5)無方便攝受妙慧，貪著禪味，是為「菩薩繫縛」。有方便攝受妙慧，無貪著，是為「菩薩解脫」。 (6)以「愛見心」莊嚴佛土，是名「無方便」攝受妙慧的一種「繫縛」。不以「愛見心」莊嚴佛土，是名「有方便」攝受妙慧的一種「解脫」。 (7)若住「貪瞋癡」而修諸善本，是名「無智慧」方便攝受的一種「繫縛」。若斷「貪瞋癡」而修諸善本，是名「有智慧」方便攝受的一種「解脫」。 (8)菩薩不住「調伏、不調伏心」。行於「三界、空、無相、無作、無起、六度、六通、四無量、禪定解脫、四念處、四正勤、四如意、五根、五力、七覺分、八聖道」等「三十九」種行，皆是菩薩行。
不思議品第六	(1)舍利弗言：只為「法」來，非為「床座」。 (2)求法者，非蘊處界求，非佛法僧求，非苦集滅道求。有求皆戲論也。 法名「清淨、寂滅、無染、無塵、無行處、無取捨、無處所、無相、不可住、非見聞覺知、無為」等「十七」種喻。求法者，應無所求。 (3)維摩詰現神通，東方須彌燈王如來，遣三萬二千「師子座」來入舍。 (4)維摩詰為「新學菩薩」說五通法，始得登師子座。聲聞眾禮須彌燈王如來後，亦得登師子座。 (5)若住「不可思議解脫」菩薩者，能以須彌內芥子，四大海水入一毛孔，而無所增減。能以「右掌」斷取三千大千世界，擲置於恒河沙世界外。能以神力集諸佛國土於一國土。取一佛土

	置右掌，飛至十方。能以神力示現「佛身、菩薩、獨覺、聲聞、梵王、帝釋」等像。 (6)聲聞眾聞此「不可思議解脫法門」，應號泣聲震三千界。諸菩薩應頂受此大法。 (7)住「不可思議解脫」菩薩者，亦有「現魔王之像」教化眾生。亦現種種像而行「求乞」，乃為試驗欲修行菩薩道之行者。
觀眾生品第七	(1)菩薩應以「三十五喻法」觀眾生。諸法本空，眾生亦空。 (2)行「寂滅、不熱、平等、無諍、不二……無誑、安樂」等「三十八種慈」，乃為真實「慈」也。諸功德與眾生為「悲」。饒益眾生，歡喜無悔為「喜」。不望果報為「捨」。 (3)諸法皆以「無住」(非內非外非中間)為本➜(因一念無明而起)顛倒想➜虛妄分別➜欲貪➜身➜善、不善法➜不善不生，善法不滅➜不生不滅➜正念➜除煩惱➜度一切眾➜等觀一切眾➜依如來功德力➜生死無畏。 (4)天女現華。華無分別，仁者自生分別。人心有畏，「非人」得便，五欲便著身。若心無畏，五欲不著身也。 (5)諸法是解脫相，言說文字亦是，皆非內、非外、非中間。 (6)佛為「增上慢」人，說離「婬、怒、癡」為解脫。若無「增上慢」，「三毒」性即是「解脫」性。 (7)維摩詰室有「八未曾有」難得之法，見者當捨「聲聞、獨覺」法。 (8)女身相，猶幻師所化之幻女，求之不可得，又如何「轉」此女身相？一切諸法非男非女、非作非不作、無在無不在。 (9)一切諸法及有情眾生，皆無真實之「沒」，亦無真實之「生」。 (10)菩提無住處，無得無證，非已得當得，非去來今，證「無所證」。
如來種品第八	(1)菩薩行於「五無間阿鼻、有間地獄、畜生、餓鬼、色、無色界」等「非道」，而能「通達」佛道。 (2)雖示行「貪瞋癡、毀禁、懈怠、亂意、諂偽、憍慢、煩惱……資生、妻妾、采女、訥鈍、邪濟」等約有「三十三」種法，而心不為彼轉。 (3)「六十二見」一切煩惱及「惡不善法」等，皆是「如來種性」。 (4)高原陸地，不生蓮華，卑濕淤泥，乃生此華。不入「煩惱大海」，則不得一切「智寶」。

	(5)凡夫聞佛法，若生起無上成佛道心，則不斷三寶，能知報佛恩。聲聞者，若不發無上「成佛」道心，則永不能「真實」的報佛恩。 (6)「智度」菩薩母，「方便」以為父，「法喜」以為妻，「慈悲心」為女，「善心誠實」男，「畢竟空寂」舍。「諸度法」等侶，「四攝」為伎女，「總持」之園苑，「無漏法」林樹。「四禪」為床座，「多聞」增智慧。「甘露法」之食，「解脫味」為漿。 (7)雖知「無起滅」，示彼故「有生」。雖知諸佛國，及與眾生「空」，而常修「淨土」，教化於群生。或示「老病死」，成就諸群生。經書「禁咒術」，工巧諸伎藝，盡現行此事，饒益諸群生。 (8)示現受「五欲」，亦復能「行禪」。火中生蓮華，是可謂希有，在「欲」而行禪，希有亦如是。或現作「婬女」，引諸「好色」者，先以「欲」鉤牽，後令入「佛智」。
入不二法門品第九	(1)法自在菩薩➜法本「不生」，今則「無滅」。 (2)德守菩薩➜若「無有我」，則「無我所」。 (3)不眴菩薩➜法「不受」，不可得，故「無取、無捨」。無作、無行，諸法無所執著。 (4)德頂菩薩➜「雜染、清淨」無二，則「無分別」。 (5)善宿菩薩➜「不動」則「無念」，則無「分別」。 (6)善眼菩薩➜「一相」即是「無相」，諸法無有「一相、異相」，亦無「無相」。 (7)妙臂菩薩➜觀心相「空」如「幻化」，無「菩薩心」、無「聲聞心」。 (8)弗沙菩薩➜不起「善、不善」，入「無相際」而通達。 (9)師子菩薩➜「有罪、無罪」二皆平等。通達諸法「無縛、無解」。 (10)師子意➜諸法平等，不起「漏、不漏」想，不著「相、無相」。 (11)淨解菩薩➜離「一切數」，心如虛空。諸法皆「清淨慧」，無所礙。 (12)那羅延菩薩➜世間「本性空寂」，「無入、無出、無流、無散」，亦不著。 (13)善慧菩薩➜生死性「本空」，無流轉、無寂滅、無縛、無解、不生、不滅。 (14)現見菩薩➜「盡」與「無盡」皆性空無盡相。「有盡」無，「無盡」亦無。 (15)普守菩薩➜「有我」尚不可得，何況「無我」。

	(16)電天菩薩→「無明」實性即是「明」。「明」與「無明」俱不可得，皆性空也。 (17)喜見菩薩→「五蘊」即是「空」，非「五蘊」滅「空」，「五蘊」性自「空」。 (18)明相菩薩→「四界」即「虛空性」。「前、中、後」際與四界皆「空」。 (19)妙意菩薩→六根與六塵，不即亦不離，不捨亦不執。 (20)無盡意菩薩→「六度」即是「迴向一切智性」，無二無別。 (21)深慧菩薩→「空」即「無相」即「無作」，則亦無「心、意、識」。「一解脫門」即是「三解脫門」。 (22)寂根菩薩→「佛」即「法」即「僧」，三寶皆「無為相」，與「虛空」等。 (23)心無礙菩薩→「身見」與「身見滅」，無二無分別。 (24)上善菩薩→身口意皆無「作相」，一切法亦無「作相」。 (25)福田菩薩→「福行、罪行、不動行」三行實性即是「空」。 (26)華嚴菩薩→見「我」實相者，不起「二法」，則無有分別識。 (27)德藏菩薩→若「無所得」，則「無取捨」。 (28)月上菩薩→「闇」與「明」無二。入「滅受想定」者，無闇、無明。 (29)寶印手菩薩→不樂「涅槃」，不厭「世間」，兩者無二，無縛、無解。 (30)珠頂王菩薩→住「正道」者，「邪、正」不起分起。除此二相，亦無二覺。 (31)樂實菩薩→諸法無「實、不實」，無「見、不見」。 (32)文殊師利→諸法「無言、無說、無示、無識」，離諸問答與戲論。 (33)維摩詰→默然無言。無有「文字語言」，絕諸戲論。
香積佛品第十	(1)眾香世界之香積佛，彼土無二乘，唯有大菩薩眾，充滿香氣。 (2)維摩詰「化」作一菩薩，往香積佛處請安世尊，並請「香食」而還。維摩詰能「化」無量菩薩，遍十方國土，施作佛事，利益無量有情。 (3)眾香世界「九百萬」菩薩欲詣娑婆，香積佛囑「莫懷輕賤劣想」。維摩詰化作「九百萬」師子之座，月蓋長者帶八萬四千人來入舍。 (4)勿以聲聞「小德小智」，稱量如來「無量福慧」。四海有竭，此飯

	無盡。 (5)眾香國土之香積佛無「文字」說法，但以「眾香」，即入「律行」，獲「德藏三昧」。娑婆眾生剛強難化，故佛為說「剛強之語」等約「三十九」種法以調伏之。 (6)娑婆眾生心如「猿猴」，需以一切「苦切之言」，乃可「入律」。 (7)釋迦佛刻意隱覆其尊貴功德，示現「調伏方便」，成熟下劣有情，以種種門，調伏攝益眾生。 (8)娑婆世界有「十事善法」，故修行「一生」功德，多於眾香世界「百千大劫」修菩薩行功德。娑婆世界諸菩薩眾，若能成就「八法」無滅毀與傷損，從此命終將生餘淨土。
菩薩行品第十一	(1)維摩詰以神力，持諸大眾并師子座，置於「右掌」，往詣釋迦佛所。 (2)維摩詰至眾香世界取香積佛「所食之餘」。凡食者，皆同彼香。此飯食勢力最少七日七夜，方漸消其香。若已得「無生法忍」者，食此飯，則至「一生補處」乃淨化解消。 (3)諸佛「阿耨多羅三藐三菩提」無有限量，「智慧辯才」不可思議。不應「測量思惟」諸菩薩不可思議神力功德。維摩詰僅「一時」所現之神力，「二乘」者於百千劫亦不能及。 (4)有盡➜「有為、有生滅法」。無盡➜「無為、無生滅法」。菩薩不滅盡「有為法」，亦不住著「無為法」。 (5)修「不捨大慈大悲、行四攝法、入生死無畏……勸請說法，得佛音聲。以大乘教，成菩薩僧」等約有「五十三」種法，皆是不滅盡「有為法」。 (6)修學「空、無相、無願、無作、觀無常、觀遠離、觀無生、觀無行、觀空性」等約「二十一」種法，皆是不住著「無為法」。 (7)宣講約「三十二」種「不住著無為」及「不滅盡有為」之法。
見阿閦佛品第十二	(1)應以「非一非異、非此非彼、非內非外。非智非境、非能識所識、非有為、非無為。無示無說、非來非去、不出不入、一切言語道斷」等約「八十四種法」而觀「如來」，此名為「正觀」如來。若作他觀，則名為「邪觀」如來。 (2)「沒」者為敗壞死亡相，「生」者為相續轉生相。菩薩雖「沒」，仍不斷善本；雖「生」，卻不增長諸惡。 (3)維摩詰來自無動佛之妙喜世界，雖生娑婆不淨佛土，為度化眾生，不與愚闇共合也。

	(4)維摩詰現神力以「右手」斷取妙喜世界移至娑婆，亦現「寶階」令忉利天與閻浮提可互相往來。 (5)維摩詰「斷取」妙喜世界至娑婆土。彼雖入此土，而眾相仍無增減，娑婆土亦無迫隘也。 (6)維摩詰神力移妙喜世界至娑婆土後，有「十四那由它」眾發願生彼界。 (7)宣講若「手」得是經典者，便為已得法寶之藏。若能「書、持」此經，其室即如同有「如來住」等約「十種」不可思議的功德。
法供養品第十三	(1)釋提桓因云：若有「受持、讀誦」如說修行者，我當「與諸眷屬」供養給事等約有「十種」不可思議的功德。 (2)若善男子、善女人「受持、讀誦、供養」是經者，即為供養「去、來、今」佛。 (3)諸佛菩提皆從「法」生，以「法」供養，乃能合「菩提之相」。 (4)大莊嚴世界中有藥王如來及寶蓋轉輪聖王。 (5)佛宣說「無常、苦、空、無我、寂滅」等約有「十八」種法，名為「法供養」。 (6)觀「十二因緣」及「四依止」等約有「十三」種法，是名為「最上法之供養」。 (7)寶蓋轉輪聖王即寶炎如來，寶蓋之「千子」即賢劫中「千佛」，月蓋比丘即釋迦佛之前生也。
囑累品第十四	(1)佛囑彌勒：未來世中，若有善男子、善女人等發心樂於大法，若不聞此經，則失諸善根利益。 (2)新學菩薩好於「雜句文飾」。久學菩薩則不畏深義，如實能入。 (3)新學菩薩有「四緣」能自我毀傷，不能獲得甚深「法忍」。 (4)信解「深法」之菩薩有「四緣」能自我毀傷，不能速證「無生法忍」。 (5)彌勒菩薩云：善男子、善女人求大乘者，當令手得此經，受持、讀誦、為他廣說。此皆是彌勒「神力」之所建立。 (6)在在處處若有此經卷，有人讀誦解說，四天王當詣其所擁護。 (7)佛囑阿難受持是經，廣宣流布。

佛國品第一

【一～1】本經緣起➜如是我聞

三國吳・支謙譯	姚秦・鳩摩羅什譯	姚秦・鳩摩羅什譯 (《龍藏》某作者所整理編譯)	唐・玄奘譯
二卷十四品	三卷十四品	三卷十四品	六卷十四品
公元 222~253 年譯	公元 406 年譯畢	公元1735～1738年集	公元 650 譯畢
《維摩詰經》 (亦名《維摩詰所說不思議法門經》、《維摩詰所說不思議法門之稱》、《佛法普入道門三昧經》)	**《維摩詰所說經》** 亦名 **《不可思議解脫經》**	**《維摩詰所說大乘經》** (底下經文錄自福峰彩色印刷公司印的《乾隆大藏經》第三十二冊)	**《說無垢稱經》**
卷上 【佛國品第一】 聞如是，一時佛遊於維耶離(Vaiśālī)奈氏樹園(āmra)，與大比丘眾俱，比丘八千。	卷上 【佛國品第一】 如是我聞，一時佛在毘耶離(Vaiśālī)菴羅樹園(āmra)，與大比丘眾八千人俱。	卷上 【佛國品第一】 如是我聞，一時佛在毘耶離(Vaiśālī)菴羅樹園(āmra)，與大比丘眾八千人俱。 (以下內容是對八千比丘的描敘，但內容完全相同於《大般若波羅蜜多經》的某一段落) **皆「阿羅漢」。諸漏已盡，無復煩惱，得真自在，心善解脫，慧善解脫，如調慧馬，亦如大龍。已作所作，已辦所辦。棄諸重擔，逮得己利，盡諸有結，正知解脫，至心自在。**	卷一 【序品第一】 如是我聞，一時薄伽梵住廣嚴城(Vaiśālī)菴羅衛林(āmra)，與大苾芻眾八千人俱。

菩薩三萬二千。	菩薩三萬二千。	菩薩三萬二千。	菩薩摩訶薩三萬二千。
註：(據林純瑜《龍藏・維摩詰所說經考》頁 104 云：本經受藏譯本《維摩詰經》影響者約 160 條➔91.95%，意思與藏譯本相符者 98 條➔56.32%，不完全相符者 62 條➔35.36%。非受藏譯本影響者約 14 條➔8.05%)			

八千比丘的祕密

《大寶積經・卷第二十六》

如是我聞，一時佛在舍衛國 祇陀林給孤獨園，與「**大比丘八千人**」俱。菩薩摩訶薩萬二千人，從無量佛土而來集會。復有三萬二千天子悉向大乘。

《大寶積經大乘方便會・第三十八之一》

如是我聞，一時佛在舍衛國 祇樹給孤獨園精舍，與「**大比丘八千人**」俱，皆學無學大聲聞眾。菩薩摩訶薩萬二千人，皆得神通，眾所知識，得陀羅尼無礙辯才。得諸法忍，無量功德皆悉成就。

《慧上菩薩問大善權經・卷上》

聞如是，一時，佛遊舍衛城 祇樹給孤獨園，與大比丘眾俱，「**比丘八千**」，諸大弟子學戒具足。菩薩萬二千，一切聖通無所不達，已得總持，辯才無量，不起法忍。

《大方廣三戒經・卷上》

如是我聞，一時佛住王舍城 祇闍崛山……爾時世尊，於是華上結跏趺坐，與「**大比丘眾八千人**」俱，其名曰：阿若憍陳如、大德曷尸波闍、大德婆賓、大德摩訶男、大德優陀耶、大德耶奢、大德富那、大德無垢、大德憍梵鉢提、大德善臂、大德優樓頻螺迦葉、伽耶迦葉、那提迦葉、摩訶迦葉、大德迦栴延、大德舍利弗、大德大目乾連，大德阿那律、須菩提、離波多、富婁那、彌多羅尼子、優波離、羅睺羅、難陀，大德阿難等。如是上首「**八千人**」俱……復有菩薩摩訶薩「**八千人**」俱。

《佛說大方廣善巧方便經・卷第一》

如是我聞，一時佛在舍衛國 祇樹給孤獨園，與「**大苾芻眾八千人**」。菩薩一萬六千人俱，是諸菩薩智慧方便，神通具足，辯才無礙，得大總持。

《佛說摩訶衍寶嚴經》(一名《大迦葉品》)
聞如是，一時佛遊王舍城 耆闍崛山中，與「大比丘眾八千人」俱。菩薩萬六千人，從諸佛國而來集此，悉志無上正真之道。

《佛說大迦葉問大寶積正法經・卷第一》
如是我聞，一時佛在王舍城 鷲峯山中，與「大比丘眾八千人」俱。菩薩一萬六千，及一生獲得無上正等正覺，種種佛刹，皆來集會。

《佛說藥師如來本願經》
如是我聞：一時「婆伽婆」遊行人間，至毘舍離國住音樂樹下，與「大比丘眾八千人」俱。菩薩三萬六千、國王、大臣、婆羅門、居士、天龍、阿修羅、揵達婆、伽樓荼、緊那羅、摩呼羅伽等，大眾圍遶於前說法。

《佛說文殊師利般涅槃經》
如是我聞，一時佛在舍衛國 祇樹給孤獨園，與「大比丘僧八千人」俱，長老舍利弗、大目揵連、摩訶迦葉、摩訶迦旃延，如是等眾上首者也。復有菩薩摩訶薩十六人等，賢劫千菩薩，彌勒為上首。復有他方菩薩千二百人，觀世音菩薩而為上首。

《大方廣如來祕密藏經・卷上》
如是我聞，一時佛住王舍城 祇闍崛山，與「大比丘僧八千人」俱。菩薩摩訶薩三萬二千。

《佛說甚深大迴向經》
如是我聞，一時佛在舍衛國 祇樹給孤獨園，與「大比丘眾八千人」俱。爾時世尊與諸大眾，前後圍遶，而為說法。

《佛語經》
如是我聞，一時婆伽婆，住毘耶離，大林樓閣上，與「大比丘眾八千人」俱。八萬四千諸大菩薩，復有學無學，無量人眾，圍繞說法。

《佛頂尊勝陀羅尼經》
稽首一切智，如是我聞，一時佛在舍衛國 祇樹給孤獨園，與「大比丘眾八千人」俱。菩薩三萬二千……復有萬二千諸釋天眾，與無量天龍、夜叉、乾闥婆、阿修羅、迦樓羅、緊那羅、摩睺羅伽、人、非人等，俱來在會。

《最勝佛頂陀羅尼淨除業障咒經》

如是我聞，一時薄伽梵在室羅筏 竹筍道場，於逝多林給孤獨園中，與「**大比丘眾八千人**」俱，皆是住「聲聞」位尊者。大阿羅漢，眾所知識，其名曰尊者舍利子、摩訶目乾連、摩訶迦葉、阿泥律陀。如是等諸「大聲聞」而為上首。

《出生無邊門陀羅尼經》

如是我聞，一時薄伽梵住毘舍離 大林重樓閣，與「**大苾芻眾八千人**」俱，眾多菩薩摩訶薩。

《十一面觀自在菩薩心密言念誦儀軌經・卷上》

如是我聞，一時薄伽梵住補陀洛山大聖觀自在宮殿中……與「**大苾芻眾八千人**」俱。復有九十九俱胝「那庾多(nayuta)」百千菩薩俱，無量百千「淨居天眾」，「自在、大自在」梵王天子而為上首。

《不空羂索神變真言經・卷第一》

如是我聞，一時「薄伽梵」，住補陀洛山 觀世音菩薩摩訶薩大宮殿中……與「**大苾芻眾八千人**」俱，皆阿羅漢，住於大智，究盡明了。踰於世間，名稱高遠，有大神通，自在無礙，頂禮佛足，右繞三匝，會座而坐。

《不空羂索咒經》

如是我聞，一時「婆伽婆」在逋多羅山頂觀世音宮殿所居之處……與「**大比丘眾八千人**」俱。復有無量首陀會天，無量百千左右圍遶。其名曰自在天眾、大自在天眾，復有若干大梵天王，及諸天子，請佛說法。

《不空羂索神咒心經》

如是我聞，一時「薄伽梵」在布怛洛迦山 觀自在宮殿……復有無邊異類禽獸。形容殊妙皆具慈心，出種種聲恒如作樂，與「**大苾芻眾八千人**」俱。九十九俱胝「那庾多(nayuta)」百千菩薩摩訶薩，無量百千淨居天眾，自在天眾、大自在天眾、大梵天王及餘天眾。無量百千，前後圍遶，聽佛說法。

《佛說灌頂拔除過罪生死得度經・卷第十二》

聞如是，一時佛遊維耶離音樂樹下，與「**八千比丘**」眾，菩薩三萬六千人俱……於是文殊師利法王子菩薩摩訶薩，承佛威神，從座而起，長跪叉手前白佛言：世尊！願為未來「像法」眾生，宣揚顯說往昔過去諸佛名字，及清淨國土莊嚴之事，願為解說，得聞法要。

《清淨毘尼方廣經》

如是我聞，一時佛住王舍城 祇闍崛山，與「**大比丘僧八千人**」俱。菩薩摩訶薩萬二千人，及「欲、色」界天淨居天子。爾時世尊與諸無量百千大眾，恭敬圍繞而演說法。

《佛說海龍王經‧卷第一》

聞如是，一時佛遊王舍城 靈鷲山，與大比丘眾俱，「**比丘八千**」，菩薩萬二千，一切大聖十方來會，眾德具足。

《佛昇忉利天為母說法經‧卷上》

聞如是，一時佛遊於忉利天上晝度樹下無垢白石，愍哀其母，度脫之故。止夏三月與大比丘眾俱，「**比丘八千**」皆阿羅漢，諸漏已盡，得大神足(神通具足)……菩薩七萬二千，一切大聖，神通已達。逮得總持，辯才無礙。

《佛說道神足無極變化經‧卷第一》

聞如是，一時佛遊於忉利天上，在「巴質樹」下，紺琉璃石。佛坐其上，為母說法，盡夏三月，與大比丘僧眾俱，「**比丘八千**」皆得羅漢，諸垢已盡，神足(神通具足)備具，能在所作。為菩薩七萬二千人，神通已達，皆得陀隣尼，悉知一切人心之所行所欲，自在遍至諸無央數佛剎。

《佛說新歲經》

聞如是，一時佛在舍衛國 祇樹給孤獨園，與大比丘眾八萬四千人俱。舍利弗、目連等，前後圍遶，聽佛說經。佛處大會，猶如須彌眾山之王……爾時世尊，見歲時到，愍念諸會……五比丘從座起，建立新歲，適立新歲。一萬比丘，得成道跡。「**比丘八千**」得阿羅漢。

《佛說菩薩投身飼餓虎起塔因緣經》

佛說是時，天龍及人，八萬四千，皆發無上平等道意，「**比丘八千**」漏盡結解，得應真道。

《菩薩瓔珞經‧卷第十三》(一名《現在經》)

爾時世尊，與文殊師利說有轉無轉時。有「**八千比丘**、三千比丘尼」，逮得本末空慧，心不退轉。復有無數眾生，聞此未曾有法，皆發無上正真道意。

《佛說十二頭陀經》
如是我聞，一時佛在舍衛國 給孤獨園精舍，與「八千比丘僧」，菩薩萬人。皆著衣持鉢，遊行乞食，食已至阿蘭若處，加趺而坐。

《十善業道經》
如是我聞，一時佛在娑竭羅龍宮，與「八千大比丘眾」、「三萬二千菩薩摩訶薩」俱。爾時世尊告龍王言：一切眾生心想異故，造業亦異，由是故有諸趣輪轉。

最多有「八百億」比丘聽佛說法

《佛說大般泥洹經・卷第一》
如是我聞。一時佛在拘夷那竭國力士生地，熙連河側堅固林「雙樹」間，與「八百億比丘」前後圍繞。二月十五日臨般泥洹……告諸眾生今當滅度。諸有疑難，皆應來問。

《阿惟越致遮經・釋果想品第十一》
賢者阿難，而說偈言：世尊所演說，假號名「泥洹」。喻之若虛空，度於無所有……爾時「五億比丘」志懷持信，即從坐起，住世尊前。叉手自歸，異口同音，而歌頌曰……復有「十億比丘」懷道迹念……復有「五十億比丘」……復有「五十八億比丘」……復有「百萬」比丘尼……復有「八百八十萬」清信士清信女……復有「六十億」姟彼諸天人，住于虛空，而雨天華。

《般舟三昧經・卷上》(一名《十方現在佛悉在前立定經》)
佛在羅閱祇摩訶桓迦憐……時佛放威神，諸比丘所在遠方，無不來者。即時「十萬比丘」俱相隨來會佛所，前為佛作禮，却坐一面。

《佛說無量門微密持經》(一名《成道降魔得一切智》)
聞如是，一時佛遊於維耶離國大樹精舍……應時精舍有「四十萬比丘」會。復現神足(神通具足)，令是天下倚行比丘，悉會精舍，稽首畢，一面住。佛復告慧見菩薩、敬首菩薩……時有「八百億」一生補處菩薩。「三百億」得無所從生「法忍」菩薩、「百億」不退轉菩薩、「六百億」信解菩薩，皆乘佛聖旨，「神足」來會。

《阿難陀目佉尼呵離陀經》

聞如是，一時佛遊於維舍離大黎樹間，有精舍名交露莊挍，與「摩呵比丘僧三十萬人」俱。時佛欲放軀命，自期三月當般泥洹……十方一切遍聞其聲。時有「百萬比丘」來會精舍。賢者舍利弗復發念言：我亦當三昧知閻浮利內比丘，所在遠近令聚，則如所念，應時皆集。及知處所。時有「四十萬比丘」來會精舍。

《不退轉法輪經・卷第三》

爾時眾中，復有「五億」法行比丘，聞說偈已。從座而起，整其衣服，俱說偈言……復有「十億」八輩比丘……復有「十億」須陀洹……復有「二百五萬」斯陀含比丘……復有「十億」阿那含……復有「三十五億」比丘，皆住四禪得阿羅漢……復有「二萬」比丘……復有「百萬比丘尼」，取須陀洹、斯陀含、阿那含、阿羅漢果想……復有「八百萬」優婆塞優婆夷……爾時虛空中，有「六十億」那由他諸天。

《佛說出生無量門持經》

如是我聞。一時佛在毘舍離 大林精舍重閣講堂……爾時大林精舍重閣講堂，有「三百萬比丘眾」會。於是世尊告現無癡菩薩文殊師利童子。

《佛說菩薩行方便境界神通變化經・卷上》

如是我聞，一時佛在優禪延國，住旃荼鉢樹提王園……與「大比丘眾十二億」俱。大德舍利弗、大目揵連……摩訶波闍波提、耶輸陀羅等，與「八億比丘尼」俱，一切成就「白淨」之法。

《大方廣入如來智德不思議經》

如是我聞。一時佛在摩竭提國寂滅道場「普光明殿」……與「大比丘眾六十二億人」俱。皆悉了達「諸法實相」，自性平等……其名曰舍利弗、大目揵連……阿難！如是等諸大弟子，而為上首，復與「六十億比丘尼」俱，皆已久集清淨白法

《大乘瑜伽金剛性海曼殊室利千臂千鉢大教王經・卷第五》

是時釋迦牟尼如來，在舍衛國中祇園精舍大道場。大會眾中有「百億」菩薩摩訶薩眾、「五萬億」聲聞緣覺眾、「八萬億」比丘、比丘尼、沙彌式叉、四部弟子眾。「五萬億」龍神八部眾、「八千億」鬼神夜叉眾。世主四天王，及諸轉輪聖王，有「七萬億」眾、「八千億」天帝、六欲諸天眾。「九萬億」大梵天王諸天眾，「四萬億」人王世主小王眾，「三萬億」善男子善女人眾。

《金光明最勝王經・卷第一》

如是我聞，一時「薄伽梵」，在王舍城 鷲峯山頂，於最清淨甚深法界。諸佛之境如來所居，與大苾芻眾「九萬八千人」，皆是阿羅漢……復有菩薩摩訶薩，百千萬億人俱，有大威德。

《大乘本生心地觀經・卷第一》

如是我聞，一時佛住王舍城 耆闍崛山中，與「大比丘眾三萬二千人」，皆是阿羅漢，心善解脫，慧善解脫。

《方廣大莊嚴經・卷第一》(《一名神通遊戲》)

如是我聞，一時佛在舍衛國 祇樹給孤獨園，與「大比丘眾萬二千人」俱，皆是大阿羅漢。

《佛說大乘無量壽莊嚴經・卷上》

如是我聞，一時佛在王舍城 鷲峯山中，與「大苾芻眾三萬二千人」俱，皆得阿羅漢，具大神通。

《佛說自誓三昧經》(獨證品第四出比丘淨行中)

聞如是，一時佛遊摩竭提界，梵志精廬大叢樹間「珓露」精舍，所止道場名曰顯颰獨證。初始得佛光影甚明，自然寶零蓮華之座，與大比丘眾，「比丘三萬二千」，皆阿羅漢，諸漏已盡。

《文殊師利普超三昧經・卷上》(一名阿闍世王品)

聞如是，一時佛遊王舍城 靈鷲山，與大比丘眾俱，「比丘三萬二千」，菩薩八萬四千。一切聖達，靡所不明。

《佛說首楞嚴三昧經・卷上》

如是我聞，一時佛在王舍城 耆闍崛山中，與「大比丘僧三萬二千人」俱，菩薩摩訶薩「七萬二千」。眾所知識，得陀羅尼，成就辯才，樂說無盡。安住三昧，而不動轉，善能了知無盡之慧，得深法忍入深法門。

《大方等無想經・卷第一》

如是我聞，一時佛在王舍城 耆闍崛山中，與「大比丘僧九萬八千」，大迦葉等而為上首，一切皆是大阿羅漢。諸漏已盡，皆得自在。

《文殊師利佛土嚴淨經・卷上》

聞如是，一時佛遊王舍城 靈鷲山，與「大比丘十萬眾」俱；及諸菩薩八萬四千，皆不退轉無所從生，逮得權慧神通無極，隨時而化救濟三界。

《大般若波羅蜜多經》 （第 1 卷-第 200 卷）卷 1 〈緣起品 1〉	《維摩詰所說大乘經》 （底下經文錄自福峰彩色印刷公司印的《乾隆大藏經》第三十二冊）
一時，薄伽梵住王舍城鷲峯山頂，與大苾芻眾，千二百五十人俱。 皆阿羅漢，諸漏已盡，無復煩惱，得真自在，心善解脫，慧善解脫，如調慧馬，亦如大龍。 已作所作，已辦所辦。棄諸重擔，逮得己利，盡諸有結，正知解脫，至心自在，第一究竟……	如是我聞，一時佛在毘耶離菴羅樹園，與大比丘眾八千人俱。 皆阿羅漢。諸漏已盡，無復煩惱，得真自在，心善解脫，慧善解脫，如調慧馬，亦如大龍。 已作所作，已辦所辦。棄諸重擔，逮得己利，盡諸有結，正知解脫，至心自在。 菩薩三萬二千。
《大般若波羅蜜多經(第 201 卷-第 400 卷)》卷 347〈囑累品 58〉 諸漏已盡，無復煩惱，得真自在，心善解脫，慧善解脫，如調慧馬，亦如大龍。已作所作，已辦所辦，棄諸重擔，逮得己利，盡諸有結，正知解脫，至心自在，第一究竟。	
《大般若波羅蜜多經(第 401 卷-第 600 卷)》卷 401〈緣起品 1〉 諸漏已盡，無復煩惱，得真自在，心善解脫、慧善解脫，如調慧馬，亦如大龍，已作所作，已辦所辦，棄諸重擔，逮得己利，盡諸有結，正知解脫，至心自在，第一究竟，	
《大般若波羅蜜多經(第 401 卷-第 600 卷)》卷 458〈實語品 65〉	

諸漏已盡，無復煩惱，得真自在，心善解脫、慧善解脫，如調慧馬，亦如大龍，已作所作，已辦所辦，棄諸重擔，逮得己利，盡諸有結，正知解脫，至心自在，第一究竟。	
《大般若波羅蜜多經(第 401 卷-第 600 卷)》卷 479〈緣起品 1〉 **諸漏已盡，無復煩惱，得真自在，心善解脫、慧善解脫，如調慧馬，亦如大龍，已作所作，已辦所辦，棄諸重擔，逮得己利，盡諸有結，正知解脫，至心自在，第一究竟。**	
《大般若波羅蜜多經(第 401 卷-第 600 卷)》卷 522〈見不動品 25〉 **諸漏已盡，無復煩惱，得真自在，心善解脫、慧善解脫，如調慧馬，亦如大龍，已作所作，已辦所辦，棄諸重擔，逮得己利，盡諸有結、正知解脫，至心自在，第一究竟。**	
《大般若波羅蜜多經(第 401 卷-第 600 卷)》卷 538〈妙行品 1〉 **諸漏已盡，無復煩惱，得真自在，心善解脫、慧善解脫，如調慧馬，亦如大龍，已作所作、已辦所辦，棄諸重擔，逮得己利，盡諸有結、正知解脫，至心自在，第一究竟。**	
《大般若波羅蜜多經(第 401 卷-第 600 卷)》卷 554〈散花品 28〉 **諸漏已盡，無復煩惱、得真自在，心善解脫、慧善解脫，如調慧馬亦如大龍，已作所作、已辦所辦，棄諸重擔、逮得己利，盡諸有結、正知解脫，至心自在、第一究竟。**	
《大般若波羅蜜多經(第 401 卷-第 600	

卷)》卷 565〈見不動佛品 24〉 **諸漏已盡無復煩惱，得真自在心善解脫、慧善解脫，如調慧馬亦如大龍，已作所作已辦所辦，棄諸重擔逮得己利，盡諸有結、正智解脫，至心自在第一究竟。**	
《大般若波羅蜜多經(第 401 卷-第 600 卷)》卷 566〈緣起品 1〉 **諸漏已盡無復煩惱，得真自在心善解脫、慧善解脫，如調慧馬亦如大龍，已作所作已辦所辦，棄諸重擔逮得己利，盡諸有結、正智解脫，到心自在第一究竟。**	

三萬二千菩薩出現在經典的情形

《佛說普曜經・卷第一》(一名《方等本起》)

聞如是。一時佛在舍衛國 祇樹給孤獨園，與大比丘眾俱。**比丘「萬二千」，菩薩「三萬二千」**，一切大聖神智以暢……其名曰慈氏菩薩……如是上首菩薩「三萬二千」。

《方廣大莊嚴經・卷第一》(《一名神通遊戲》)

如是我聞，一時佛在舍衛國 祇樹給孤獨園，與**「大比丘眾萬二千人」**俱，皆是大阿羅漢。其名曰阿若憍陳如……如是眾所知識大阿羅漢等。**菩薩摩訶薩「三萬二千人」**，皆是「一生補處」。

《佛說觀無量壽佛經》

如是我聞，一時佛在王舍城 耆闍崛山中，與「大比丘眾千二百五十人」俱，**菩薩「三萬二千」**，文殊師利法王子，而為上首。

《佛說文殊師利淨律經》

聞如是，一時佛遊羅閱祇 耆闍崛山中，與大比丘眾俱，**「比丘千二百五十」，菩薩「三萬二千」**。彼時世尊，與無央數百千之眾眷屬圍繞，而為說經。

《十善業道經》

如是我聞，一時佛在娑竭羅龍宮，與「八千大比丘」眾，「三萬二千」菩薩摩訶薩俱。

《大方廣如來祕密藏經・卷上》

如是我聞，一時佛住王舍城 祇闍崛山，與「大比丘僧八千人」俱，菩薩摩訶薩「三萬二千」。眾所知識，得陀羅尼，無礙辯才，得無生法忍，降伏魔怨，一切法中快得自在。

《佛頂最勝陀羅尼經》

如是我聞，一時佛在舍衛國 祇樹給孤獨園，與「大比丘眾八千人」俱。復有菩薩摩訶薩等……彌勒菩薩、持地菩薩摩訶薩等，如是上首「三萬二千」人俱。

《佛說淨業障經》

如是我聞，一時佛住毘舍離 菴羅樹園，與大比丘眾五百人俱，菩薩摩訶薩「三萬二千」。其名曰壞魔菩薩……文殊師利法王子。如是等「三萬二千」菩薩而為上首。

【一～2】三萬二千菩薩不可思議的德行成就。底下約有27條

三國吳・支謙譯《維摩詰經》	姚秦・鳩摩羅什譯《維摩詰所說經》	姚秦・鳩摩羅什譯《維摩詰所說大乘經》	唐・玄奘譯《說無垢稱經》
(以下是對三萬二千菩薩的讚歎)	(以下是對三萬二千菩薩的讚嘆)	(以下是對三萬二千菩薩的讚嘆)	(以下是對三萬二千菩薩的讚嘆)
⑴皆神通菩薩，一切大聖，能隨俗化。	⑴眾所知識(大眾皆已認知)，大智(大神通)本(修)行，皆悉成就。	⑴眾所知識(大眾皆已認知)，大智(大神通)本(修)行，皆悉成就。	⑴皆為一切眾望所識，大神通業，修已成辦。
⑵佛所作者皆已得作，為法城塹，護持正法。	⑵諸佛威神之所建立，為護法城，受持正法。	⑵諸佛威神之所建立，為護法城，受持正法。	⑵諸佛威德，常所加持，善護法城，能攝正法。
⑶為師子吼，十方聞聲。	⑶能師子吼，名聞十方。	⑶能師子吼，名聞十方。	⑶為大師子，吼聲敷演，美音遐振，周遍十方。
⑷眾人不請，友而安之。興隆三寶，能使不絕。	⑷眾人不請，友而安之。紹隆三寶，能使不絕。	⑷眾人不請，友而安之。紹隆三寶，能使不絕。	⑷為諸眾生，不請善友。紹三寶種，能使不絕。

⑸皆已降棄魔行、仇怨，一切所化，莫不信解。	⑸降伏魔怨，制諸外道，悉已清淨，永離(五)蓋、(十)纏。	⑸降伏魔怨，制諸外道，悉已清淨，永離(五)蓋、(十)纏。	⑸降伏魔怨，制諸外道，永離一切「障」及「蓋、纏」。
⑹皆度「死地」，脫「無罣礙」。	⑹心常安住，「無礙」解脫。	⑹心常安住，「無礙」解脫。	⑹「念、定、總持」無不圓滿，建立「無障」解脫智門。
⑺不失辯才，其「(正)念」及「(入)定」，「總持」諸寶，悉成其所。	⑺「(正)念、(入)定、總持」，辯才不斷。	⑺「(正)念、(入)定、總持」，辯才不斷。	⑺逮得一切「無斷」殊勝，「(正)念、慧」等持(samādhi 三昧)，「陀羅尼」辯。
⑻「布施、調意、自損戒、忍、精進、一心、智慧」。	⑻「布施、持戒、忍辱、精進、禪定、智慧」及「方便力」，無不具足。	⑻「布施、持戒、忍辱、精進、禪定、**智慧、方便、願、力、明智**」，無不具足。	⑻皆獲第一「布施、調伏、寂靜、尸羅、安忍、正勤、靜慮、般若、方便善巧」。
⑼善權已下，得「無所著」，不起法忍(無生法忍)。	⑼逮「無所得」，不起法忍(無生法忍)。	⑼逮「無所得」，不起法忍(無生法忍)。	⑼「妙願力智」波羅蜜多，成「無所得」，不起法忍(無生法忍)。
⑽「阿惟越致」，法輪已轉。	⑽已能隨順，轉「不退」輪。	⑽已能隨順，轉「不退」輪。	⑽已能隨轉「不退」法輪。
⑾隨「衆人相」為現「慧德」。	⑾善解法相，知「衆生根」。	⑾善解法相，知「衆生根」。	⑾咸得「無相妙印」所印，善知有情「諸根勝劣」。
⑿在諸衆為正導，以「無畏」而不動，已成「福」祐「慧」之分部。	⑿蓋(超越)諸大衆，得「無所畏」，功德智慧，以修其心。	⑿蓋(超越)諸大衆，得「無所畏」，功德智慧，以修其心。	⑿一切大衆所不能伏，而能調御，得「無所畏」，已積無盡「福智」資糧。
⒀已得相好，能自嚴飾(莊嚴寶飾)，色	⒀相好嚴身，色像第一，捨諸世間	⒀相好嚴身，色像第一，捨諸世間	⒀相好嚴身，色像第一。捨諸世間

像第一，捨世間財。	所有飾好。	所有飾好。	所有飾好。
⒁志行高妙，名稱普至。有「金剛志」，得佛聖性。	⒁名稱高遠，踰於「須彌」。深信堅固，猶若「金剛」。	⒁名稱高遠，踰於「須彌」。深信堅固，猶若「金剛」。	⒁名稱高遠，踰於「帝釋」。意樂堅固，猶若「金剛」。
⒂以法感人，為雨ㄩˋ 甘露。	⒂法寶普照，而雨ㄩˋ 甘露。	⒂**於「佛、法、僧」，「信心」不退**，法寶普照，而雨ㄩˋ甘露。	⒂於諸佛法得「不壞信」，流法寶光，澍甘露雨。
⒃曉衆言音，所說如流。其聲清淨，入「微妙法」。	⒃於衆言音，微妙第一。深入「緣起」。	⒃於衆言音，微妙第一。深入「緣起」。	⒃於衆言音，微妙第一。於深法義，廣大「緣起」。
⒄見生死本，衆厄已斷。度諸恐畏，為師子吼，不以多言。	⒄斷諸邪見「有無」二邊，無復「餘習」。演法無畏，猶師子吼。	⒄斷諸邪見「有無」二邊，無復「餘習」。演法無畏，猶師子吼。	⒄已斷「二邊」見習相續。演法無畏，猶師子吼。
⒅其講說法，乃如雷震，無有量，已過量(超越種種稱量，及不可稱量之)。	⒅其所講說，乃如雷震，無有量，已過量(超越種種稱量，及不可稱量之)。	⒅其所講說，乃如雷震，無有量，已過量(超越種種稱量，及不可稱量之)。	⒅其所講說，乃如雷震，不可稱量，過稱量境(超越種種稱量，及不可稱量之)。
⒆以「道寶」之智，導為大師。	⒆集衆「法寶」，如海導師(大海中之導師，此喻菩薩)。	⒆集衆「法寶」，如海導師(大海中之導師，此喻菩薩)。	⒆集「法寶慧」，為大導師，正直審諦，柔和微密。
⒇以知足之行，現遠「佛聲」及「法功德」。	⒇了達諸法深妙之義。	⒇**了達諸法「解脫、深妙」之義。**	⒇妙達諸法難見難知，甚深「實義」，隨入一切。
㉑博入諸道，順化衆生，說「無比」正佛之智慧。	㉑善知衆生往來所「趣」及「心所」行，近「無等等」佛自在慧。	㉑善知衆生往來所「趣」及「心所」行，近「無等等」佛自在慧。	㉑「有趣、無趣」意樂所歸，獲「無等等」佛智灌頂。
㉒以「十力、(四)無	㉒「十力、(四)無	㉒「十力、(四)無	㉒近「(十)力、(四)

畏、佛十八法」，往度「惡道」諸墮塹者。	畏、十八不共」，關閉一切諸「惡趣」門。	畏、十八不共」，關閉一切諸「惡趣」門。	無畏、不共佛法」，已除所有怖畏「惡趣」。 ㉓復超一切險穢深坑，永棄緣起金剛刀仗。（《說無垢稱經疏》云：生死緣起，難可破壞，猶如金剛，能損眾生，如刀如杖）
㉔其生「五道」，為大醫王，以「慧」以「善」救衆生病。	㉔而生「五道」以現其身，為大醫王，善療衆病。	㉔而生「五道」以現其身，為大醫王，**善療一切眾生煩惱眾病。**	㉔常思示現「諸有趣生」（此指自願受生示現於生死輪迴之道），為大醫王，善知方術。
㉕應病與藥，令得服行，無量善事皆悉得。	㉕應病與藥，令得服行，無量功德皆成就。	㉕應病與藥，令得服行，無量功德皆成就。	㉕應病與藥，愈疾施安，無量功德皆成就。
㉖無量佛國皆嚴淨（莊嚴清淨）。 無量佛慧皆修學。 明智之講皆聽聞。 明者之迹皆履行。 慧之德本隨次興。 深法之要皆已入。 三昧無量能悉成。	㉖無量佛土皆嚴淨（莊嚴清淨），其見聞者，無不蒙益。 諸有所作（所實踐的種種功德妙用），亦不唐（白白；徒然）捐。	㉖無量佛土皆嚴淨（莊嚴清淨），其見聞者，無不蒙益。 諸有所作（所實踐的種種功德妙用），亦不唐（白白；徒然）捐。	㉖無量佛土皆嚴淨（莊嚴清淨），其見聞者，無不蒙益。 諸有所作（所實踐的種種功德妙用），亦不唐（白白；徒然）捐。
㉗佛力無畏，一切具足。	㉗如是一切功德，皆悉具足。	㉗**如是無量百千那由他**(nayuta)**劫，不能盡述浩瀚功德，皆悉具足。**	㉗設經（假設經歷）無量百千俱胝「那庾多」(nayuta)劫，讚其功德，亦不能盡。

不請之友

未因「請求」而「自動」來「親近、接近、幫忙、度化」你之朋友，此指諸佛菩薩爲了救度眾生，常常非因眾生之「祈請」，即以自己的「大慈悲心」而「主動」前往需要救度的「眾生」，此即「不請之友」。

《維摩詰所說經》卷 1〈1 佛國品〉

眾人「不請」，友而安之。

《大方廣佛華嚴經》卷 20〈21 十行品〉

(1)此菩薩復生如是「增上心」：若我不令一切眾生住「無上解脫道」，而我先成「阿耨多羅三藐三菩提」者，則違我本願，是所不應。是故，要當先令一切眾生得「無上菩提、無餘涅槃」，然後成佛。

(2)何以故？非眾生請我「發心」，我自為眾生作「不請之友」，欲先令一切眾生滿足善根、成一切智。

《大乘本生心地觀經》卷 1〈1 序品〉

具足圓滿福德自在，常為眾生「不請之友」。

《大寶積經》卷 86

善知根性，應病與藥，具大福德智慧資糧，為諸眾生「不請之友」。

《勝鬘師子吼一乘大方便方廣經》卷 1

世尊！如是「攝受正法」善男子、善女人，建立大地，堪能荷負「四種重任」，普為眾生作「不請之友」，大悲安慰哀愍眾生，為世「法母」。

《佛說無量壽經》卷 1

為眾生類，作「不請之友」，荷負群生，為之重任。

《尊勝菩薩所問一切諸法入無量門陀羅尼經》

於諸佛法，無有障礙，為諸眾生「不請之友」。

《大莊嚴論經》卷 13

佛是眾生父，為於諸世界，而作「不請友」。唯有佛世尊，能有此悲心。

《大方廣佛華嚴經》卷 60〈39 入法界品〉

常能利益一切眾生，為「不請友」，恒勤守護，誓願不捨。

《大寶積經》卷 1
利益世間為「不請友」，常能衛護一切眾生，與諸有情為不捨友。

《大寶積經》卷 119
普為眾生作「不請友」，大悲利益，哀愍有情，為世「法母」。

【一～3】約有 52 到 58 位的菩薩代表名號

三國吳・支謙譯《維摩詰經》	姚秦・鳩摩羅什譯《維摩詰所說經》	姚秦・鳩摩羅什譯《維摩詰所說大乘經》	唐・玄奘譯《說無垢稱經》
其名曰：	其名曰：	其名曰：	其名：
正觀菩薩。	等觀菩薩。	等觀菩薩。	等觀菩薩。
見正邪菩薩。	不等觀菩薩。	不等觀菩薩。	不等觀菩薩。
定化王菩薩。	等不等觀菩薩。	等不等觀菩薩。	等不等觀菩薩。
法自在菩薩。	定自在王菩薩。	定自在王菩薩。	定神變王菩薩。
法造菩薩。	法自在王菩薩。	法自在王菩薩。	法自在菩薩。
光造菩薩。	法相菩薩。	法相菩薩。	法幢菩薩。
光淨菩薩。	光相菩薩。	光相菩薩。	光幢菩薩。
大淨菩薩。	光嚴菩薩。	光嚴菩薩。	光嚴菩薩。
辯積菩薩。	大嚴菩薩。	大嚴菩薩。	大嚴菩薩。
寶積菩薩。	寶積菩薩。	寶積菩薩。	寶峯菩薩。
寶掌菩薩。	辯積菩薩。	辯積菩薩。	辯峯菩薩。
寶印手菩薩。	寶手菩薩。	寶手菩薩。	寶手菩薩。
常舉手菩薩。	寶印手菩薩。	寶印手菩薩。	寶印手菩薩。
常下手菩薩。	常舉手菩薩。	常舉手菩薩。	常舉手菩薩。
常慘菩薩。	常下手菩薩。	常下手菩薩。	常下手菩薩。
常笑菩薩。	常慘菩薩。	常慘菩薩。	常延頸菩薩。
喜根菩薩。	喜根菩薩。	喜根菩薩。	常喜根菩薩。
喜王菩薩。	喜王菩薩。	喜王菩薩。	常喜王菩薩。
願至菩薩。	辯音菩薩。	辯音菩薩。	無屈辯菩薩。
虛空藏菩薩。	虛空藏菩薩。	虛空藏菩薩。	虛空藏菩薩。
寶甚持菩薩。	執寶炬菩薩。	執寶炬菩薩。	執寶炬菩薩。
寶首菩薩。	寶勇菩薩。	寶勇菩薩。	寶吉祥菩薩。
寶池菩薩。	寶見菩薩。	寶見菩薩。	寶施菩薩。

寶水菩薩。 水光菩薩。 捨無業菩薩。 智積菩薩。 燈王菩薩。 制魔菩薩。 造化菩薩。 明施菩薩。 上審菩薩。 相積嚴菩薩。 師子雷音菩薩。 石磨王菩薩。 衆香首菩薩。 衆首菩薩。 常應菩薩。 不置遠菩薩。 善意諫菩薩。 蓮華淨菩薩。 大勢至菩薩。 闚音菩薩。 梵水菩薩。 常水菩薩。 寶幢菩薩。 勝邪菩薩。 嚴土菩薩。 金髻菩薩。 珠髻菩薩。 慈氏菩薩。 濡首菩薩。 其三萬二千菩薩。 皆如此上首者也。 (以上有52位菩薩名號)	帝網菩薩。 明網菩薩。 無緣觀菩薩。 慧積菩薩。 寶勝菩薩。 天王菩薩。 壞魔菩薩。 電德菩薩。 自在王菩薩。 功德相嚴菩薩。 師子吼菩薩。 雷音菩薩。 山相擊音菩薩。 香象菩薩。 白香象菩薩。 常精進菩薩。 不休息菩薩。 妙生菩薩。 華嚴菩薩。 觀世音菩薩。 得大勢菩薩。 梵網菩薩。 寶杖菩薩。 無勝菩薩。 嚴土菩薩。 金髻菩薩。 珠髻菩薩。 彌勒菩薩。 文殊師利法王子菩薩。 如是等三萬二千人。 (以上有52位菩薩名號)	帝網菩薩。 明網菩薩。 無緣觀菩薩。 慧積菩薩。 寶勝菩薩。 天王菩薩。 壞魔菩薩。 電德菩薩。 自在王菩薩。 功德相嚴菩薩。 師子吼菩薩。 雷音菩薩。 山相擊音菩薩。 香象菩薩。 白香象菩薩。 常精進菩薩。 不休息菩薩。 妙生菩薩。 華嚴菩薩。 觀世音菩薩。 得大勢菩薩。 梵網菩薩。 寶杖菩薩。 無勝菩薩。 嚴土菩薩。 金髻菩薩。 珠髻菩薩。 **妙勝慧菩薩。** **寶德藏菩薩。** **寶嚴菩薩。** **廣願菩薩。** **寶雄菩薩。** **華德藏菩薩。** 彌勒菩薩。	帝網菩薩。 光網菩薩。 無障靜慮菩薩。 慧峯菩薩。 天王菩薩。 壞魔菩薩。 電天菩薩。 現神變王菩薩。 峯相等嚴菩薩。 師子吼菩薩。 雲雷音菩薩。 山相擊王菩薩。 香象菩薩。 大香象菩薩。 常精進菩薩。 不捨善軛菩薩。 妙慧菩薩。 妙生菩薩。 蓮花勝藏菩薩。 三摩地王菩薩。 蓮花嚴菩薩。 觀自在菩薩。 得大勢菩薩。 梵網菩薩。 寶杖菩薩。 無勝菩薩。 勝魔菩薩。 嚴土菩薩。 金髻菩薩。 珠髻菩薩。 慈氏菩薩。 妙吉祥菩薩。 珠寶蓋菩薩。 如是等上首菩薩摩

		文殊師利法王子菩薩。 如是等三萬二千人。 (以上有58位菩薩名號)	訶薩三萬二千。 (以上有56位菩薩名號)

【一～4】數萬的「梵天」諸王，及天龍八部，與四眾弟子皆來此集會

三國吳・支謙譯《維摩詰經》	姚秦・鳩摩羅什譯《維摩詰所説經》	姚秦・鳩摩羅什譯《維摩詰所說大乘經》	唐・玄奘譯《說無垢稱經》
㊀復有萬婆羅門，皆如「編髮」(喻梵天外道 śikhin 持髻)等。	㊀復有萬「梵天王」尸棄(śikhin 持髻大梵天王)等。	㊀復有萬「梵天王」尸棄(śikhin 持髻大梵天王)等。	㊀復有萬梵持髻(śikhin 大梵天王)梵王而為上首。
㊁從四方境界(四大部洲)來詣佛所而聽法，一切諸天，各與其眾俱來會聚此。	㊁從餘四天下(四大部洲)，來詣佛所，而為聽法。	㊁從餘四天下(四大部洲)，來詣佛所，**頂禮恭敬**，而為聽法。	㊁從本「無憂」(色界之初禪離苦受、二禪始離憂受、三禪離樂受、四禪離苦樂受)四大洲界，為欲瞻禮供養世尊及聽法故，來在會坐。
㊂彼「天帝」萬二千釋，從四方來，與他大尊神妙之天。	㊂復有萬二千「天帝」，亦從餘四天下，來在會坐。	㊂復有萬二千「天帝」，亦從餘四天下，來在會坐。	㊂復有萬二千「天帝」，各從餘方四大洲界，亦為瞻禮供養世尊及聽法故，來在會坐。
㊃及諸龍神、揵沓惒、阿須倫、迦留羅、甄陀羅、摩睺勒等，并其眾皆來會。	㊃并餘大威力諸天、龍神、夜叉、乾闥婆、阿脩羅、迦樓羅、緊那羅、摩睺羅伽等，悉來會坐。	㊃并餘大威力諸天、龍神、夜叉、乾闥婆、阿脩羅、迦樓羅、緊那羅、摩睺羅伽等，悉來會坐。	㊃并餘大威力諸天、龍、藥叉、健達縛、阿素洛、揭路荼、緊捺洛、莫呼洛伽、釋、梵、護世等，悉來會坐。

㊄諸比丘、比丘尼、優婆塞、優婆夷，幷其衆，皆來會坐。 ㊅彼時佛與若干百千之衆眷屬圍遶，而為說經。 ㊆其從須彌方外來者，四面雲集，一切衆會皆坐自然師子之座。	㊄諸比丘、比丘尼、優婆塞、優婆夷，俱來會坐。 ㊅彼時佛與無量百千之衆，恭敬圍繞，而為說法。 ㊆譬如須彌山王，顯于大海，安處衆寶師子之座，蔽於一切諸來大衆。	㊄諸比丘、比丘尼、優婆塞、優婆夷，俱來會坐。 ㊅彼時佛與無量百千之衆，恭敬圍繞，而為說法。 ㊆譬如須彌山王，顯于大海，安處衆寶師子之座，蔽於一切諸來大衆。	㊄及諸四衆苾芻、苾芻尼、鄔波索迦、鄔波斯迦，俱來會坐。 ㊅爾時世尊，無量百千諸來大衆，恭敬圍繞而為說法。 ㊆譬如大寶妙高山王，處于大海，巍然迥出。踞大師子勝藏之座，顯耀威光，蔽諸大衆。

【一～5】神祕的「七寶蓋」能遍覆三千大千世界所有山河大地，十方諸佛說法亦現於「寶蓋」中

三國吳・支謙譯《維摩詰經》	姚秦・鳩摩羅什譯《維摩詰所說經》	姚秦・鳩摩羅什譯《維摩詰所說大乘經》	唐・玄奘譯《說無垢稱經》
㊀於是維耶離國(Vaiśālī)，有長者子，名羅隣那竭(漢言曰寶事)。與五百長者子俱，皆有決於無上正真之道，持「七寶蓋」來詣佛所(以上共 501 個寶蓋)，稽首佛足，以其「寶蓋」共覆佛上。	㊀爾時毘耶離城(Vaiśālī)有長者子，名曰寶積(ratnakūṭa)。與五百長者子，俱持「七寶蓋」(以上共 501 個寶蓋)，來詣佛所，頭面禮足，各以其「蓋」共供養佛。	㊀爾時毘耶離城(Vaiśālī)有長者子，名曰寶積(ratnakūṭa)。與五百長者子，俱持「七寶蓋」(以上共 501 個寶蓋)，**造菴羅園**(āmra)，來詣佛所，頭面禮足，**右繞七帀**，各以其「蓋」共供養佛。	㊀時廣嚴城(Vaiśālī)有一菩薩離呫毘種(Licchavi 為中印度毘舍離城 Vaiśālī 之「剎帝利」種族)，名曰寶性(ratnakūṭa 寶積)。與離呫毘(Licchavi)五百童子，各持「一蓋」七寶莊嚴(以上共 501 個寶蓋)，往菴羅林(āmra)詣如來所。各以其「蓋」奉上世尊，奉已，頂禮世尊雙足，右繞七

			匝，却住一面。
（貳）佛之威神，令一「寶蓋」覆此三千大千佛國。於是世界諸來大衆，皆見「寶蓋」覆此三千世界。	（貳）佛之威神，令諸「寶蓋」合成一蓋，遍覆三千大千世界。而此世界廣長之相，悉於中現。	（貳）佛之威神，令諸「寶蓋」合成一蓋，遍覆三千大千世界。而此世界廣長之相，悉於中現。	（貳）佛之威神，令諸「寶蓋」合成一蓋，遍覆三千大千世界。而此世界廣長之相，悉於中現。
（參）諸須彌山、目隣山、大目隣山、雪山、寶山、黑山、鐵圍山、大鐵圍山，悉現於「寶蓋」中。	（參）又此三千大千世界諸須彌山、雪山、目真隣陀山、摩訶目真隣陀山、香山、寶山、金山、黑山、鐵圍山、大鐵圍山。	（參）又此三千大千世界諸須彌山、雪山、目真隣陀山、摩訶目真隣陀山、香山、寶山、金山、黑山、鐵圍山、大鐵圍山。	（參）又此三千大千世界，所有大寶妙高山王、一切雪山、目真隣陀山、摩訶目真隣陀山、香山、寶山、金山、黑山、輪圍山、大輪圍山。
（肆）此三千世界大海江河、川流泉源，及上日月星辰、天宮、龍宮，諸尊神宮，悉現於「寶蓋」中。	（肆）大海江河，川流泉源，及日月星辰、天宮、龍宮、諸尊神宮，悉現於「寶蓋」中。	（肆）大海江河，川流泉源，及日月星辰、天宮、龍宮、**夜叉、乾闥婆、阿脩羅、迦樓羅、緊那羅、摩睺羅伽諸宮四天王宮殿、帝王宮殿，以及城邑聚落**，悉現於「寶蓋」中。	（肆）大海江河、陂泉池沼，及百俱胝四大洲渚，日月星辰、天宮、龍宮，諸尊神宮。并諸國邑王都聚落。如是皆現此「寶蓋」中。
（伍）十方諸佛，佛國嚴淨(莊嚴清淨)，及十方佛在所說法，皆現於「寶蓋」中，悉遙見聞。	（伍）又十方諸佛，諸佛說法，亦現於「寶蓋」中。	（伍）又十方諸佛，諸佛說法，亦現於「寶蓋」中。	（伍）又十方界諸佛如來所說正法皆如響應，於此「蓋」内，無不見聞。

《大方等大集經・菩薩念佛三昧分・卷第三》

(1)無量無邊諸大菩薩摩訶薩等……聞大迦葉作「師子吼」……復多化作「大七寶蓋」，住虛空中，「覆」大迦葉頂，并覆一切「聲聞大眾」。

(2)爾時大迦葉見如是等諸「七寶蓋」，遂告阿難曰：阿難！今此眾中決定知有「大乘高行菩薩」摩訶薩，能作如是大神通事，而今復現斯大神變也。

《佛說觀佛三昧海經・卷第三》

(1)一一華葉，化為無量百千寶帳，一一帳角有七寶幢。一一幢頭有「七寶蓋」，其蓋「彌覆」東北方地「一切世界」。

(2)蓋有「五幡」純黃金成，「幡」有萬億無量寶鈴，鈴出妙音，讚歎佛名，讚歎「禮佛」，讚歎「念佛」，讚歎「懺悔」。

《普曜經・卷第五》

(1)一切諸菩薩身，普周佛土……莊嚴道場，平治其地……七重寶樓，皆悉紫金諸雜交飾。

(2)若干種品，諸寶蓮華自然化生，燒眾名香。上虛空中，立一「寶蓋」，覆於「十方諸佛國土」，生諸寶樹。諸天人民，其樹華果，悉現道場，其十方界水陸眾華，悉現道場。十方佛國菩薩道場，所可莊嚴，不可限量。

《仁王護國般若波羅蜜多經・卷上》

是時大眾波斯匿王等，聞佛語已，咸共讚言：善哉！善哉！即散無量諸妙「寶花」，於虛空中變成「寶蓋」，覆諸「大眾」，靡不周遍。

《大寶積經・卷第八》

又彼菩薩，以一「寶蓋」，覆斯三千大千世界，靡不周遍。復能內之於「一芥子」，若劫燒時，皆舉一切，著其「一掌」，斯身不大，亦不增減。

《大寶積經・卷第五十八》

(1)爾時相莊嚴星宿ㄒㄡˋ聚王菩薩白佛言：世尊！我等欲往娑婆世界，禮覲承事釋迦如來及諸菩薩，并欲聽法。

(2)佛言：可往！今正是時。

(3)爾時相莊嚴星宿ㄒㄡˋ聚王菩薩，即作是念：今我以何神通之力，往彼禮覲釋迦如來？作是念已，於虛空中化成「寶蓋」，覆此「三千大千世界」，百千萬億「珠瓔、寶幡」周匝垂布，於其「蓋」中，雨種種「花」，百千音樂，自然而奏……

(4)爾時相莊嚴星宿ㄒㄡˋ聚王菩薩，現「神變」已，與「十億」菩薩，於「一念頃」，從彼土沒，現此界中，到如來所，頂禮雙足，右遶三匝。

《大寶積經・卷第一百一十七》

(1)爾時東方去此佛國，九百二十萬佛土，世界名善變，其佛號「淨住如來」至真等正覺，現在說法。

(2)時佛左右有一菩薩，名羅陀隣那朱(晉音寶髻)，與八千菩薩俱，於其佛土忽然不現，至此「忍界」(娑婆世界)，住于「梵天」，以一「寶蓋」，覆此「三千大千忍土(娑婆世界)」，普雨天華，其色若干。

《大聖文殊師利菩薩佛刹功德莊嚴經・卷上》

(1)爾時相莊嚴星宿ㄒㄡˋ積王菩薩摩訶薩，與百俱胝菩薩從彼土沒，於「刹那頃」到娑訶世界。

(2)即時相莊嚴星宿ㄒㄡˋ積王菩薩，便作是念：今我以何神通之力，供養禮覲釋迦牟尼如來？

(3)作是念已，以「自神境通」，於虛空中化成「寶蓋」，覆此三千大千世界。百千萬億「珠瓔、寶幡」周匝垂布，於其「蓋」中，雨種種華，百千音樂，不鼓自鳴。

《大樹緊那羅王所問經・卷第二》

(1)爾時大樹緊那羅王，即以供養，散於如來上。當散花時，佛神力故，令是眾花成一「寶蓋」，覆千世界，是「寶蓋」中垂懸無量千萬億數「寶真珠貫」。

(2)一一「珠貫」出於無量萬億「光明」，一一光明出「寶蓮花」，雜色妙好，妙香適意……

(3)爾時大樹緊那羅王，作如是念：我今當作一一「寶蓋」，覆一一「佛」上。爾時是王即入三昧，名「莊嚴寶蓋」，當其入是三昧之時，有「妙寶蓋」，一一各覆諸「如來」上。

《大集大虛空藏菩薩所問經・卷第七》

爾時「波旬」，即時變化八萬四千俱胝「寶蓋」，遍覆大眾，又以種種無量天諸妙花、塗香、末香，持散佛上及諸眾會，作如是言……爾時「波旬」并其八萬四千眷屬，悉發「阿耨多羅三藐三菩提」心。

《文殊所說最勝名義經》

(1)如來妙智觀，說法自在王，以最勝法義，悉除諸諍論……能為大良藥，消除諸病苦……及張大傘蓋，為慈悲道場。

(2)蓮華「大寶蓋」，遍覆諸如來。一切佛法性，一切佛相應。

【一～6】長者子寶積歎未曾有，不可思議，故以偈讚佛。底下約有37偈

三國吳・支謙譯《維摩詰經》	姚秦・鳩摩羅什譯《維摩詰所說經》	姚秦・鳩摩羅什譯《維摩詰所說大乘經》	唐・玄奘譯《說無垢稱經》
㊀一切「魔衆」得未曾有，禮佛而立。國界若干，莫不目見。	㊀爾時一切大衆覩佛神力，歎未曾有。合掌禮佛，瞻仰尊顏，目不暫捨。	㊀爾時一切大衆覩佛神力，歎未曾有。合掌禮佛，瞻仰尊顏，目不暫捨。	㊀時諸大衆覩佛神力。歡喜踊躍，歎未曾有。合掌禮佛，瞻仰尊顏。目不暫捨，默然而住。
㊁童子寶事(ratnakūṭa)即於佛前，以偈讚曰：	㊁長者子寶積(ratnakūṭa)即於佛前，以偈頌曰：	㊁長者子寶積(ratnakūṭa)即於佛前，**合掌頂禮，右膝著地**，以偈頌曰：	㊁爾時寶性(ratnakūṭa)即於佛前，右膝著地，合掌恭敬，以「妙伽他」(gāthā)而讚佛曰：
⑴清淨金華眼明好 淨教滅意「度無極」(到彼岸)	⑴目淨脩廣如青蓮 心淨已度諸禪定	⑴目淨脩廣如青蓮 心淨已度諸禪定	⑴目淨脩廣妙端嚴 皎如青紺蓮花葉 已證第一淨意樂 勝「奢摩他」(śamatha 止)到彼岸
⑵淨除欲疑稱無量 願禮沙門寂然(寂滅之道;八正道)迹	⑵久積淨業稱無量 導衆以寂(寂滅之道;八正道)故稽首	⑵久積淨業稱無量 導衆以寂(寂滅之道;八正道)故稽首	⑵久積無邊清淨業 獲得廣大勝名聞 故我稽首大沙門 開導希夷(虛寂玄妙)寂路(寂滅之路)者
⑶既見大聖三界將 現我佛國特清明	⑶既見大聖以神變 普現十方無量土	⑶既見大聖以神變 普現十方無量土	⑶既見大聖以神變 普現十方無量土
⑷說最法言決衆疑 虛空神天得聞聽	⑷其中諸佛演說法 於是一切悉見聞	⑷其中諸佛演說法 於是一切悉見聞	⑷其中諸佛演說法 於是一切悉見聞
⑸經道講授諸法王	⑸法王法力超群生	⑸法王法力超群生	⑸法王法力超群生

以法布施解說人 ⑹法鼓道善現上義 ⑺稽首法王此極尊	常以法財施一切 ⑹能善分別諸法相 於第一義而不動 ⑺已於諸法得自在 是故稽首此法王	常以法財施一切 ⑹能善分別諸法相 於第一義而不動 ⑺已於諸法得自在 是故稽首此法王	常以法財施一切 ⑹能善分別諸法相 觀第一義摧怨敵 ⑺已於諸法得自在 是故稽首此法王

《摩訶般若波羅蜜經・卷第一》

(1)是時東方過如恒河沙等諸佛國土，其國最在邊世界名多寶，佛號寶積，今現在為諸菩薩摩訶薩說「般若波羅蜜」……

(2)寶積佛報普明言：善男子！西方度如恒河沙等諸國世界，有世界名娑婆，是中有佛，號釋迦牟尼，今現在欲為諸菩薩摩訶薩說般若波羅蜜，是其神力。

《大聖文殊師利菩薩佛剎功德莊嚴經・卷上》

(1)爾時西方去此，過九十俱胝「那庾多(nayuta)」百千佛剎，有世界名寶藏，彼土有佛，號寶積王如來、應、正等覺，今現住彼……

(2)彼寶積王如來，常於眉間毫相摩尼寶中，放大光明，遍照彼剎，日月光明，悉皆映蔽，不辨晝夜，以花開合方辨晝夜。

《佛說華手經・卷第三》

東方去此度三萬四千阿僧祇界，彼有世界名「無邊聚」，是中有佛號曰寶積。
今現在為重智菩薩摩訶薩，授阿耨多羅三藐三菩提記。

【一～7】法乃「非有非無」，隨「眾因緣」故生。無我無造無受者，善惡之業亦不亡

三國吳・支謙譯 《維摩詰經》	姚秦・鳩摩羅什譯 《維摩詰所說經》	姚秦・鳩摩羅什譯 《維摩詰所說大乘經》	唐・玄奘譯 《說無垢稱經》
⑻說名不有亦不無 以因緣故諸法生 ⑼非我不造彼不知 如佛清淨無惡形 ⑽始在佛樹力降魔 得甘露滅覺道成 ⑾以無心意而現行	⑻說法不有亦不無 以因緣故諸法生 ⑼無我無造無受者 善惡之業亦不亡 ⑽始在佛樹力降魔 得甘露滅覺道成 ⑾已無心意無受行	⑻說法不有亦不無 以因緣故諸法生 ⑼無我無造無受者 善惡之業亦不亡 ⑽始在佛樹力降魔 得甘露滅覺道成 ⑾已無心意無受行	⑻說法不有亦不無 一切皆得(待)因緣立 ⑼無我無造無受者 善惡之業亦不亡 ⑽始在佛樹降魔力 得甘露滅勝菩提 ⑾此中非心意受行

一切異學伏其名 ⑿三轉法輪於大千 受者修正質行清 ⒀天人得見從解法 為現三寶於世間 ⒁佛所說法開化人 終已無求常寂然	而悉摧伏諸外道 ⑿三轉法輪於大千 其輪本來常清淨 ⒀天人得道此為證 三寶於是現世間 ⒁以斯妙法濟群生 一受不退(任何一苦樂之受皆不生妄念恐怖亦不退心)常寂然	而悉摧伏諸外道 ⑿三轉法輪於大千 其輪本來常清淨 ⒀天人得道此為證 三寶於是現世間 ⒁以斯妙法濟群生 一受不退(任何一苦樂之受皆不生妄念恐怖亦不退心)常寂然	外道群邪所不測 ⑿三轉法輪於大千 其輪能寂本性寂 ⒀希有法智天人證 三寶於是現世間 ⒁以斯妙法濟群生 無思無怖常安寂

《勝天王般若波羅蜜經・卷一》

(1)自性皆空，無有真實，但虛名字。而行般若波羅蜜「化諸眾生」，終不為說「無業果報」。

(2)一切諸法「如夢、如幻」，「無我、無人、無眾生、無壽者、無養育」(諸法無實，沒有真實可得，自性空也)，而說「有業果報」(諸法無虛，並非完全虛妄斷滅，在眾緣和合下，「假有」仍然是存在的)。

(3)菩薩摩訶薩如是修行般若波羅蜜，「惡魔」不能得便……不見我「能行」及「所行」法，無二無別，「自性離」故，是名菩薩摩訶薩學般若波羅蜜「通達」般若波羅蜜。

《大寶積經・卷五十七・入胎藏會》

假使經百劫，所作業不亡，因緣會遇時，果報還自受。(註➔眾因緣生法，我說即是空)

《光明童子因緣經・卷四》

一切眾生所作業，縱經百千劫亦不忘，因緣和合於一時，果報隨應自當受。

《維摩詰所說經・卷上》

無我、無造、無作者(我、能造之我、能作之我，皆無實，亦無虛，不可得)，善惡之業亦不亡(業力乃無實，亦無虛，不可得)。

《摩訶般若波羅蜜・卷二十四》

世諦故，分別說「有果報」，非第一義諦。第一義中不可說「因緣果報」。

【一～8】毀譽不動如須彌，於「善、不善」，平等以「慈」

三國吳・支謙譯	姚秦・鳩摩羅什譯	姚秦・鳩摩羅什譯	唐・玄奘譯

《維摩詰經》	《維摩詰所說經》	《維摩詰所說大乘經》	《說無垢稱經》
⒂上智愍度老死畏 當禮法海德無邊	⒂度老病死大醫王 當禮法海德無邊	⒂度老病死大醫王 當禮法海德無邊	⒂度生老死大醫王 稽首無邊功德海
⒃供養事者如須彌 無戒與戒等以慈	⒃毀譽不動如須彌 於善不善等以慈	⒃毀譽不動如須彌 於善不善等以慈	⒃八法不動如山王 於善不善俱慈愍
⒄所演如空念普行 孰聞佛名不敬承	⒄心行平等如虛空 孰聞人寶(眾生人中之寶) 不敬承	⒄心行平等如虛空 孰聞人寶(眾生人中之寶) 不敬承	⒄心行如空平等住 孰不承敬此能仁 (釋迦佛)
⒅今奉能仁此慈蓋 於中現我三千世	⒅今奉世尊此微蓋 (微小的寶蓋)於中現我 三千界	⒅今奉世尊此微蓋 (微小的寶蓋)於中現我 三千界	⒅以斯微蓋(微小的寶蓋) 奉世尊於中普現 三千界
⒆諸天龍神所居宮 犍沓和等及閱叉	⒆諸天龍神所居宮 乾闥婆等及夜叉	⒆諸天龍神所居宮 乾闥婆等及夜叉	⒆諸天龍神宮殿等 故禮智見功德身
⒇以知世間諸所有 十力哀現是變化	⒇悉見世間諸所有 十力哀現是化變	⒇悉見世間諸所有 十力哀現是**變化**	⒇十力神變示世間 一切皆如光影等
㉑衆覩希有皆歎佛 稽首極尊大智現	㉑衆覩希有皆歎佛 今我稽首三界尊	㉑衆覩希有皆歎佛 今我稽首三界尊	㉑衆覩驚歎未曾有 故禮十力大智見

《佛說長阿含經・卷第八》

如來說八正法，謂「世八法」。利、衰、毀、譽、稱、譏、苦、樂。

《佛說大集法門經・卷下》

復次「八種世法」，是佛所說。謂「利、衰、毀、譽、稱、譏、苦、樂」。

《佛說太子瑞應本起經・卷上》

捨世八事，「利、衰、毀、譽、稱、譏、苦、樂」，不以傾動。

(1)利➔利乃「利益」之意，謂凡有益於我，皆稱爲利。
(2)衰➔衰即「衰滅」之意，謂凡有減損於我，皆稱爲衰。
(3)毀➔毀即「毀謗」之意，謂因惡其人，構合異語，而訕謗之。
(4)譽➔譽即「讚譽」之意，謂因喜其人，雖不對面，亦必以善言讚譽。
(5)稱➔稱即「稱道」之意，謂因推重其人，凡於眾中必稱道其善。
(6)譏➔譏即「譏誹」之意，謂因惡其人，本無其事，妄爲實有，對眾明說。
(7)苦➔苦即「逼迫」之意。謂或遇惡緣惡境，身心受其逼迫。

(8)樂➔樂即「歡悅」之意。謂或遇好緣好境，身心皆得歡悅。

《大乘離文字普光明藏經》

(1)佛在王舍城 耆闍崛山中，與大菩薩無量百千億那由他(nayuta)數，皆是大智精進善巧，證「無言法」，獲妙辯才。

(2)「是處、非處」不相違反，善調身心，具諸解脫。常遊三昧，不捨大悲。慚愧為身，智慧為首。多所饒益，如大寶洲。

(3)了知諸法「善、不善」相，不著文字而有言說。於「真、俗門」洞達無礙，深明實際，不住其中。

(4)善能分別而「無所受」，雖厭生死，常護世間。周遍十方，有大名稱。於真妙藏，寂然宴息。

(5)雖現「受身」，永出「三界」，而行諸有，勉濟眾生。平等教誨，志常賢善。平等憐愍，心無染著。

(6)能令自他，莫不「清淨」，成就如是無量功德。

《勝天王般若波羅蜜經・卷第四》

(1)菩薩摩訶薩，若人「讚歎」，不生歡喜，「毀」不瞋恚。

(2)見苦眾生則起「大悲」，若見「受樂」則生「大喜」。

《大方等大集經・卷第一》

佛讚「陀羅尼自在王」菩薩言：善哉！善哉！善男子！能問如來甚深之義……汝今至心，當為汝說………

淨「羼提」(忍)波羅蜜有三種：

一者、聞「毀」不瞋。

二者、聞「讚」不喜。

三者、若被「割截」及「奪命」時；能觀「法界」。

《佛說轉女身經》

爾時世尊告此女言：若菩薩成就四法，能「攝菩提」亦令增長……

復有四法：

一者、他毀「不瞋」。

二者、稱讚「不喜」。

三者、遭苦「能忍」。

四者、雖樂(雖然得樂)「不逸」，亦不「輕他」。是名為四。

《出曜經・卷第三十》

(1)彼習行人，持心牢固，「毀、譽」不動。見有「來者」，不孚ㄡ (相應;符合)用「歡」。設見「去者」，亦不用「憂」。

(2)若在大眾，若復離眾。心恒平等，亦無「高、下」。

(3)是故說曰：來不作「歡」，去亦不「憂」，於「聚」離「聚」，是謂「梵志」。

《出曜經・卷三》

若被毀辱，不懷「憂感」。若遇歡樂，不孚ㄡ (相應;符合)用「喜」。

《大方廣佛華嚴經・卷第二十六》

云何菩薩大勢圓滿？所謂：名稱高遠，勇猛精進，志性柔和，「毀、譽」不動。工巧藝業，無能過者。處大眾會，咸所尊重。

【一～9】佛以一音演說法，眾生隨類各得解

三國吳・支謙譯《維摩詰經》	姚秦・鳩摩羅什譯《維摩詰所說經》	姚秦・鳩摩羅什譯《維摩詰所說大乘經》	唐・玄奘譯《說無垢稱經》
	㉒大聖法王眾所歸 淨心觀佛靡不欣 ㉓各見世尊在其前 斯則神力不共法 ㉔佛以一音演說法 眾生隨類各得解 ㉕皆謂世尊同其語 斯則神力不共法 ㉖佛以一音演說法 眾生各各隨所解 ㉗普得受行獲其利 斯則神力不共法 ㉘佛以一音演說法 或有恐畏或歡喜 ㉙或生厭離或斷疑 斯則神力不共法	㉒大聖法王眾所歸 淨心觀佛靡不欣 ㉓各見世尊在其前 斯則神力不共法 ㉔佛以一音演說法 眾生隨類各得解 ㉕皆謂世尊同其語 斯則神力不共法 ㉖佛以一音演說法 眾生各各隨所解 ㉗普得受行獲其利 斯則神力不共法 ㉘佛以一音演說法 或有恐畏或歡喜 ㉙或生厭離或斷疑 斯則神力不共法	㉒眾會瞻仰大牟尼 靡不心生清淨信 ㉓各見世尊在其前 斯則如來不共相 ㉔佛以一音演說法 眾生隨類各得解 ㉕皆謂世尊同其語 斯則如來不共相 ㉖佛以一音演說法 眾生各各隨所解 ㉗普得受行獲其利 斯則如來不共相 ㉘佛以一音演說法 或有恐畏或歡喜 ㉙或生厭離或斷疑 斯則如來不共相

《雜寶藏經・卷第八》

(1)佛在舍衛國，爾時槃遮羅國(Pañcāla，為古代印度十六大國之一，位於中印度)，以五百「白鴈ㄢˋ」，獻波斯匿王。

(2)波斯匿王送著祇桓精舍，眾僧食時，人人乞食，鴈見僧聚，來在前立。佛以「一音說法」，眾生各得隨類受解。當時群鴈，亦解佛語，聞法歡喜，鳴聲相和，還於池水。

《大薩遮尼乾子所說經・卷第六》

(1)爾時薩遮尼乾子答嚴熾王言：大王！汝能為諸眾生顯發如來功德小相多有利益，汝今諦聽！我當一一分別顯說「沙門瞿ㄑㄩˊ曇(gautama 為釋迦佛的本姓)」八十種好。依彼諸好，廣宣瞿曇諸功德相，如秋滿月現眾星中，何等八十？

(2)一者、沙門瞿曇，頭相端嚴，上下相稱……七十八者、沙門瞿曇「一音說法」，令諸異類一時俱解……大王當知！是名沙門瞿曇八十種好莊嚴成就功德相身，一切聲聞、辟支佛，諸天、魔、梵、沙門、婆羅門及諸外道莫能有者。

《大方廣佛華嚴經・卷第六十》

(1)如來「一音說」，各隨所應解，滅諸煩惱垢，令住「薩婆若」(sarvajña 一切智)。

(2)如來「一音說」，或聞施戒忍，精進禪智慧，慈悲及喜捨。

(3)四念四正勤，如意諸根力，覺道止觀念，神通諸法門。

(4)如來「一音說」，八部人非人，梵釋四天王，隨類音聲解。

(5)若多貪恚癡，憍慢慳嫉結，八萬四千垢，各聞對治法。

《大般涅槃經・卷第十》

(1)復次善男子！如來常為一切眾生而作「父母」。所以者何？

(2)一切眾生種種形類，二足、四足、多足、無足。佛以「一音」而為說法，彼彼異類「各自得解」。各各歎言：如來今日為我說法，以是義故名為「父母」。

(3)復次善男子！如人生「子」，始十六月(一歲半)，雖復(與小孩)語言(談話)，(小孩)未可(完全)解了。而彼父母欲教其(小孩)語(言)，(故)先「同其音」，(然後)漸漸教學，是父母語可「不正」耶？(請問父母為了教導小孩語言，所以先採「同其音」的「兒童語言」模式，這樣的父母教學法，是為「不正確」的嗎？)

(4)不也！世尊！

(5)善男子！諸佛如來，亦復如是。隨諸眾生「種種音聲」而為說法，為令安住於「正法」故，隨所應見而為「示現」種種形像。

(6)如來如是「同彼語言」可「不正」耶？(請問如來爲了教導眾生，所以先採「同其音、合其根機」的「開示」內容，這樣的如來教學法，是爲「不正確」的嗎？)
(7)不也！世尊！何以故？
(8)如來所說如「師子吼」，隨順世間「種種音聲」，而為眾生演說妙法。

《大乘寶雲經·卷第三》
(1)何況如來於無量劫修行成就，百福莊嚴萬德具足，是處不疑不惑。
(2)如是信於如來甚深響音，復作是念：聞佛如來，了別機性，諸根利鈍，所化眾生聞以「一音說法」，隨類各各得解，斷其疑心。善根成熟者，而前化之，一一眾生作如是解。

《佛說寶雨經·卷第六》
(1)云何菩薩得深信如來，知有情「意樂」而「調伏」之？
(2)謂：諸菩薩如是思惟：聞於如來能知一切有情意樂、種種隨眠、種種勝解。「一音說法」皆令調伏，各隨意解，斷除疑惑，成熟有情。
(3)一一有情如是思惟：各謂如來「獨為我」故，演說妙法。
(4)如來於此，實無「分別」我為「能說」、有情為「所化」，惟此「真實」，非為虛妄。
(5)菩薩能於彼法之中得「無猶豫」，是名菩薩深信如來，知有情「意樂」而「調伏」之。

《大法炬陀羅尼經·卷第十八》
諸佛世尊但「一音說」，令彼眾生隨類各解，斯是如來神力加持，故得爾耳。

《大寶積經·卷第六十二》
(1)遶佛三匝，手執眾寶，以散如來，復以偈頌，而讚歎曰：
(2)諸眾皆集牟尼所，淨心瞻仰如來面，一切現前覩世尊，斯則如來不共相。
(3)佛以「一音演說」法，種種隨心各皆解，世尊說應「眾生機」，斯則如來不共相。
(4)佛以「一音演說」法，眾生隨類各得解，稱意所欲知其義，斯則如來不共相。
(5)佛以「一音演說」法，或有修進或調伏，或有獲得無學果，斯則如來不共法。

《佛說大乘菩薩藏正法經·卷第十六》
(1)蒙光照觸調伏生，此是勝尊不共法。
(2)佛以「一音演說」法，隨眾生意悉能聞。
(3)如聲對響理相應，此是勝尊不共法。

《佛說海意菩薩所問淨印法門經・卷第一》

(1)隨諸眾生心意願，如來各各為開示。我知如來大威神，故從本土來斯剎。

(2)佛以「一音演說」法，隨諸眾生各知解。乃至眾生差別音，如來普為隨宜說。

(3)一切眾生意差別，如塵如沙尚可數。牟尼種種妙音聲，量等虛空不可數。

【一～10】不著世間如蓮華，常善入於空寂行

三國吳・支謙譯 《維摩詰經》	姚秦・鳩摩羅什譯 《維摩詰所說經》	姚秦・鳩摩羅什譯 《維摩詰所說大乘經》	唐・玄奘譯 《說無垢稱經》
	㉚稽首十力大精進 稽首已得無所畏 ㉛稽首住於不共法 稽首一切大導師 ㉜稽首能斷眾結縛 稽首已到於彼岸 ㉝稽首能度諸世間 稽首永離生死道 ㉞悉知眾生來去相 善於諸法得解脫 ㉟不著世間如蓮華 常善入於空寂行 ㊱達諸法相無罣礙 ㊲稽首如空無所依	㉚稽首十力大精進 稽首已得無所畏 ㉛稽首住於不共法 稽首一切大導師 ㉜稽首能斷眾結縛 稽首已到於彼岸 ㉝稽首能度諸世間 稽首永離生死道 ㉞悉知眾生來去相 善於諸法得解脫 ㉟不著世間如蓮華 常善入於空寂行 ㊱達諸法相無罣礙 ㊲稽首如空無所依 **淨除一切染著因** **不可思議勝功德**	㉚稽首十力諦勇猛 稽首已得無怖畏 ㉛稽首至定不共法 稽首一切大導師 ㉜稽首能斷眾結縛 稽首已住於彼岸 ㉝稽首普濟苦群生 稽首不依生死趣 ㉞已到有情平等趣 善於諸趣心解脫 ㉟牟尼如是善修空 猶如蓮花不著水 ㊱一切相遣無所遣 一切願滿無所願 ㊲大威神力不思議 稽首如空無所住

《大方廣佛華嚴經・卷第六》

(1)如來十力無所畏，及佛十八不共法。最勝無量諸功德，以此妙法度眾生。

(2)說法教誡及神足(神通具足)，住持自在神通力。菩薩示現斯功德，以此濟度諸群生。

(3)如是方便無有量，隨順世間度眾生。不著世間如「蓮華」，能令眾生大歡喜。

《文殊師利問經・卷下》

(1)佛告文殊師利：譬如兩手和合，能出音聲。為從左手生？為從右手生？

(2)若從左手生，常應有聲；右手亦然。何以故？二手常有故。一手無聲，合故有聲。如是，佛從世間出，不著世間，如「蓮華」從「水」生，不為「水」所著。
(3)如手合有聲，亦有、亦無，亦現、不現，可取、不可取。如水中月，如來、正遍知亦復如是。

《別譯雜阿含經・卷第七》

若有一愛，便生一憂悲苦惱。若無愛者，是則無有「憂悲苦惱」，離於塵垢。如池「蓮華」不著於「水」。

《方廣大莊嚴經・卷第一》(一名《神通遊戲》)

佛心無染，猶如「蓮華」，不著於水，名稱高遠，遍於十方。

《佛本行集經・卷第一》

(1)最勝最妙，無與等者，智慧第一，名稱遠聞。
(2)雖受利養，而心無染，猶如蓮華，不著於水。世尊名號，說法音聲，於世間中，最上最勝，更無過者。

《佛母寶德藏般若波羅蜜經・卷下》

(1)菩薩所修之功德，三摩地行而相應。雖同凡夫住「欲界」，猶如「蓮華」不著「水」。
(2)菩薩度脫於眾生，圓滿淨土波羅蜜。不求生於「無色界」，而求菩提波羅蜜。

《大方廣總持寶光明經・卷第四》

見諸「如來」化亦然，如是神變導諸有。彼以種種方便行，善言誘喻諸眾生。
譬如「蓮華」不著「水」，隨意造作差別行。

《普賢菩薩行願讚》

(1)所有一切群生語，皆以諸音而說法。妙波羅蜜常加行，不於菩提心生迷。
(2)所有眾罪及障礙，悉皆滅盡無有餘。於業煩惱及魔境，世間道中得解脫。
(3)猶如「蓮華」不著「水」，亦如日月不著空。諸惡趣苦願寂靜，一切群生令安樂。

【一～11】五百長者子皆已發無上道心，願聞「佛國土清淨」之法

三國吳・支謙譯	姚秦・鳩摩羅什譯	姚秦・鳩摩羅什譯	唐・玄奘譯

《維摩詰經》	《維摩詰所說經》	《維摩詰所說大乘經》	《說無垢稱經》
㊀童子寶事(ratnakūṭa)說此「偈」，讚佛已，以恭肅敬意長跪叉手，白佛言：	㊀爾時長者子寶積(ratnakūṭa)說此「偈」已，白佛言：	㊀爾時長者子寶積(ratnakūṭa)說此「偈」已，白佛言：	㊀爾時寶性(ratnakūṭa)說此「伽他」，讚世尊已，復白佛言：
㊁此五百童子皆有決於「無上正真之道」，願聞得「佛國土清淨」，惟佛解說如來「佛國清淨」之行。	㊁世尊！是五百長者子，皆已發「阿耨多羅三藐三菩提」心，願聞得「佛國土清淨」，唯願世尊說「諸菩薩(修學)淨土之行」。	㊁世尊！是五百長者子，皆已發「阿耨多羅三藐三菩提」心，願聞得「佛國土清淨」，唯願世尊說「諸菩薩(修學)淨土之行」。	㊁如是五百童子菩薩，皆已發趣「阿耨多羅三藐三菩提」。彼咸問我「嚴淨(莊嚴清淨)佛土」，唯願如來哀愍，為說「淨佛土相」。云何菩薩修(學)「淨佛土」？作是語已。

【一～12】於「虛空」之地，並不能造宮室，欲取清淨佛國土，應隨眾生根器而盡量饒益之

三國吳・支謙譯《維摩詰經》	姚秦・鳩摩羅什譯《維摩詰所說經》	姚秦・鳩摩羅什譯《維摩詰所說大乘經》	唐・玄奘譯《說無垢稱經》
㊀於是佛告寶事(ratnakūṭa)曰：童子！諦聽！善思念之，吾當為汝解說如來、(及諸)菩薩(修學)佛國清淨(之行)。	㊀佛言：善哉！寶積(ratnakūṭa)！乃能為諸菩薩，問於「如來淨土」之行。諦聽！諦聽！善思念之，當為汝說！	㊀佛言：善哉！寶積(ratnakūṭa)！乃能為諸菩薩，問於「如來淨土」之行。諦聽！諦聽！善思念之，**當為汝說淨土之行**！	㊀佛言：寶性(ratnakūṭa)！善哉！善哉！汝今乃能為諸菩薩請問「如來淨佛土」相，及問菩薩修(學)「淨佛土」。汝今諦聽！善思念之，當為汝等分別解說！
㊁於是寶事與諸大眾受教而聽。	㊁於是寶積及五百長者子受教而聽。	㊁於是寶積及五百長者子受教而聽。	㊁於是寶性及諸菩薩咸作是言：善哉！世尊！唯願為說，我等今者皆希

			聽受。
㊂佛言：童子！蚑行(蟲行貌)喘息(呼吸)人物之土，則是菩薩(所修學、所嚴淨)佛國。所以者何？	㊂佛言：寶積！眾生之類(即)是菩薩(所修學、所嚴淨)佛土。所以者何？	㊂佛言：寶積！眾生之類(即)是菩薩(所修學、所嚴淨)佛土。所以者何？	㊂爾時世尊告眾菩薩：諸有情土(即)是為菩薩(所)嚴淨(莊嚴清淨)佛土。所以者何？ 諸善男子！
❶菩薩欲教化眾生，是故攝取佛國。	❶菩薩隨所(度)化(不同根機)眾生而(攝)取佛土。	❶菩薩隨所(度)化(不同根機)眾生而(攝)取佛土。	❶一切菩薩(應)隨諸(不同根機)有情(而)增長「饒益」(豐饒助益)，即便(能)攝受嚴淨(莊嚴清淨)佛土。
❷❸欲使佛國人民盡奉「法律」，故取佛國。	❷❸隨所(應)「調伏」眾生而(攝)取佛土。	❷❸隨所(應)「調伏」眾生而(攝)取佛土。	❷隨諸(不同根機)有情，(而)發起種種「清淨功德」，即便(能)攝受嚴淨(莊嚴清淨)佛土。 ❸隨諸有情，應以如是嚴淨佛土而(令眾生)得「調伏」，即便(能)攝受如是佛土。
❹欲使佛國人民入「佛上智」，故取佛國。	❹隨諸眾生，應以何國(何種佛國土的眾生而令)入「佛智慧」而取佛土。	❹隨諸眾生，應以何國(何種佛國土的眾生而令)入「佛智慧」而取佛土。	❹隨諸有情，應以如是嚴淨佛土(而令眾生)悟入「佛智」，即便(能)攝受如是佛土。
❺欲使佛國人民見「聖典之事」而以發意，故取佛國。	❺隨諸眾生，應以何國(何種佛國的眾生而令生)起「菩薩根」而取佛土。	❺隨諸眾生，應以何國(何種佛國的眾生而令生)起「菩薩根」而取佛土。	❺隨諸有情，應以如是嚴淨佛土(而令眾生)起「聖根」行，即便(能)攝受如是佛土。
㊃所以者何？(菩	㊃所以者何？菩	㊃所以者何？菩	㊃所以者何？諸

薩)欲導利一切人民(皆起)「令生佛國」。	薩(欲)取於淨國(清淨佛國的原因)，皆為「饒益」(豐饒助益)諸衆生故。	薩(欲)取於淨國(清淨佛國的原因)，皆為「饒益」(豐饒助益)諸衆生故。	善男子！菩薩攝受嚴淨佛土(的原因是)，皆為有情增長「饒益」(豐饒助益)，(故菩薩)發起種種清淨功德。
㊄譬如有人欲處(虛)空中，造立宮室，終不能成！	㊄譬如有人，欲於「空地」(指虛空)造立宮室，(而欲達)隨意無礙。若於「虛空」，終不能成！	㊄譬如有人，欲於「**虛空**」**莊嚴量度，終不能成。若欲莊嚴量度佛國者，亦復如是，不能成就！**	㊄諸善男子！譬如有人欲於「空地」(指虛空)造立宮室，或復莊嚴，(而欲達)隨意無礙。若於「虛空」，終不能成！
㊅如是童子！菩薩欲度人民故，願取佛國，願取「佛國」者，非於「空」(指虛空)也。	㊅菩薩如是，為成就衆生故，願「取佛國」，願「取佛國」者，非於「空」(指虛空)也。	㊅**惟有菩薩達諸法性「本無」，猶如「虛空」，如是饒益**(豐饒助益)**眾生，即能成就嚴淨**(莊嚴清淨)**國土。**	㊅菩薩如是，(雖)知一切法皆如「虛空」。唯為「有情」，(需)增長饒益(令)生「淨功德」，即便攝受如是「佛土」，攝受如是「淨佛土」者，非於「空」也(菩薩雖知諸法如虛空，但亦不落斷滅空，爲眾生故，仍攝受眾生歸淨佛土也)。

《大方廣佛華嚴經・卷三十七》

(1)爾時<u>金剛藏</u>菩薩，告<u>解脱月</u>菩薩言：佛子！菩薩摩訶薩！具足「第六地」行已，欲入「第七遠行地」，當修十種方便慧，起殊勝道。何等為十？所謂：

①雖善修「空、無相、無願三昧」→**而**「慈悲不捨」**眾生。**

②雖得「諸佛平等法」→**而樂**「常供養佛」**。**

③雖入「觀空智門」→**而**「勤集福德」**。**

④雖「遠離」三界→**而**「莊嚴」三界**。**

⑤**雖畢竟寂滅諸煩惱焰→而能為一切眾生，起滅「貪瞋癡」煩惱焰。**

⑥**雖知諸法如幻、如夢、如影、如響、如焰、如化、如水中月、如鏡中像，自性無二→而「隨心作業」，無量差別。**

⑦雖知一切國土，猶如「虛空」→而能以清淨妙行，「莊嚴佛土」。
⑧雖知諸佛法身，本性「無身」→而以相好，「莊嚴其身」。
⑨雖知諸佛音聲性空寂滅，不可言說→而能隨一切眾生，出種種差別清淨音聲。
⑩雖隨諸佛了知三世；唯是一念→而隨眾生意解分別，以種種相、種種時、種種劫數，而修諸行。

(2)菩薩以如是「十種方便慧」，起殊勝行，從「第六地」入「第七地」。入已，此行常現在前，名為「住第七遠行地」。

《大寶積經・卷十五》
若菩薩憶念，此應離惡知識，應：
(1)初住→「修信」。
(2)二住→「修智」。
(3)三住地→多修「信解」。
(4)四住地→「久修行」。
(5)五住地→「修淨信解」。
(6)六住地→修「平等心」。
(7)七住地→「第一義解」。
(8)第八住地→「修莊嚴佛土」。
(9)第九住地→「授持」。
(10)十住地住→「不顛倒」。

【一～13】「直心、深心、菩提心、大乘心、一切善行」等是菩薩所修淨土之行

三國吳・支謙譯《維摩詰經》	姚秦・鳩摩羅什譯《維摩詰所說經》	姚秦・鳩摩羅什譯《維摩詰所說大乘經》	唐・玄奘譯《說無垢稱經》
童子當知！ ❶❸菩薩以「無求」於國故，於佛國得道，以不言我教，詔人民，(皆得來)生于佛土。	寶積當知！ ❶❸「直心」(純直無染之真心)是菩薩(所修學)淨土，菩薩成佛時，(若有)「不諂」眾生，(皆得)來生其國。	寶積當知！ ❶❸「直心」(純直無染之真心)是菩薩(所修學)淨土，菩薩成佛時，(若有)「不諂」眾生，(皆得)來生其國。	復次寶性！汝等當知。 ❶發起無上「菩提心」土，是為菩薩(所)嚴淨佛土。 ❷菩薩證得大菩提時，一切「發趣大乘」有情，(皆得)

			來生其國。(是故修學)純意(純直無染之心意)樂土，是為菩薩(所)嚴淨佛土。
❹❺菩薩以「善性」於國故，於佛國得道，能成「衆善」，為人重任，(皆得來)生于佛土。	❹❺「深心」(真誠深信不疑之心)是菩薩淨土，菩薩成佛時，(若有)「具足功德」衆生，(皆得)來生其國。	❹「深心」(真誠深信不疑之心)是菩薩淨土，菩薩成佛時，(若有)「具足功德」衆生，(皆得)來生其國。	
		❺「**善行**」**是菩薩淨土，菩薩成佛時，**(若有)「**修善行**」**眾生，**(皆得)**來生其國。**	❸菩薩證得大菩提時，所有「不諂不誑」有情，(皆得)來生其國。(是故修學)「善加行土」，是為菩薩(所)嚴淨佛土。
❷菩薩「弘其道意」故，於佛國得道，恒以「大乘」正立人民，得有佛土。	❷「菩提心」是菩薩淨土，菩薩成佛時，(若有)「大乘」衆生，(皆得)來生其國。	❷「**大乘心**」是菩薩淨土，菩薩成佛時，(若有)「大乘」衆生，(皆得)來生其國。	❹菩薩證得大菩提時，發起住持「妙善加行」一切有情，(皆得)來生其國。(是故修學)「上意樂土」，是為菩薩(所)嚴淨佛土。 ❺菩薩證得大菩提時，具足成就「善法」有情，(皆得)來生其國。(是故)「修布施土」，是為菩薩(所)嚴淨(莊嚴清淨)佛土。

《大方廣佛華嚴經・卷第六十》

善男子！菩薩有十種生處，何等為十？所謂：

(1)菩提心，是菩薩生處，生菩薩家故。

(2)正直心，是菩薩生處，生善知識家故。
(3)安住諸地，是菩薩生處，生諸波羅蜜家故。
(4)出生大願，是菩薩生處，生菩薩行家故。
(5)大悲，是菩薩生處，生四攝家故。
(6)真實觀法，是菩薩生處，生般若波羅蜜家故。
(7)摩訶衍，是菩薩生處，生方便波羅蜜家故。
(8)教化眾生，是菩薩生處，生菩提家故。
(9)智慧方便，是菩薩生處，生無生法忍家故。
(10)隨順諸法，是菩薩生處，生三世諸佛家故。

【一～14】「布施、持戒、忍辱、精進、禪定、智慧」六度等是菩薩所修淨土之行

三國吳・支謙譯《維摩詰經》	姚秦・鳩摩羅什譯《維摩詰所說經》	姚秦・鳩摩羅什譯《維摩詰所說大乘經》	唐・玄奘譯《說無垢稱經》
❻菩薩「布施」為國故，於佛國得道，一切「布施」；施諸人民，(皆得來)生于佛土。	❻「布施」是菩薩淨土，菩薩成佛時，(若有)一切能捨(布施)眾生，(皆得)來生其國。	❻「布施」是菩薩淨土，菩薩成佛時，(若有)一切能捨(布施)眾生，(皆得)來生其國。	❻菩薩證得大菩提時，「一切能捨財法」有情，(皆得)來生其國。(是故)「修淨戒土」，是為菩薩(所)嚴淨佛土。
❼菩薩「持戒」為國故，於佛國得道，周滿所願，以「十善行」合聚人民，(皆得來)生于佛土。	❼「持戒」是菩薩淨土，菩薩成佛時，(若有)行「十善道」滿願眾生，(皆得)來生其國。	❼「持戒」是菩薩淨土，菩薩成佛時，(若有)行「十善道」滿願眾生，(皆得)來生其國。	❼菩薩證得大菩提時，圓滿成就「十善業道」意樂有情，(皆得)來生其國。(是故)「修安忍土」，是為菩薩(所)嚴淨佛土。
❽菩薩「忍辱」為國故，於佛國得道，有「三十二相」而自嚴飾(莊嚴淨飾)，以其「忍行」	❽「忍辱」是菩薩淨土，菩薩成佛時，(若有)「三十二相」莊嚴眾生，其身柔和，(皆	❽「忍辱」是菩薩淨土，菩薩成佛時，(若有)具「三十二相」**莊嚴之因，正直安忍眾**	❽菩薩證得大菩提時，「三十二相」莊嚴，其身堪忍，柔和寂靜有情，(皆得)來生其

調正人民，(皆得來)生于佛土。	得)來生其國。	生，其身柔和，(皆得)來生其國。	國。(是故)「修精進土」，是為菩薩(所)嚴淨佛土。
❾菩薩「精進」為國故，於佛國得道，以「諸德本」善修勤力合聚人民，(皆得來)生于佛土。	❾「精進」是菩薩淨土，菩薩成佛時，(若有)勤修「一切功德」衆生，(皆得)來生其國。	❾「精進」是菩薩淨土，菩薩成佛時，(若有)勤修「一切功德」衆生，(皆得)來生其國。	❾❿菩薩證得大菩提時，諸善「勇猛精進」有情，(皆得)來生其國。(是故)「修靜慮土」，是為菩薩(所)嚴淨佛土。
❿菩薩「禪思」為國故，於佛國得道，以「知所念」正安人民，(皆得來)生于佛土。	❿「禪定」是菩薩淨土，菩薩成佛時，(若有)「攝心不亂」衆生，(皆得)來生其國。	❿「禪定」是菩薩淨土，菩薩成佛時，(若有)「攝心不亂」衆生，(皆得)來生其國。	
⓫菩薩「智慧」為國故，於佛國得道，能以「正導」成就人民，(皆得來)生于佛土。	⓫「智慧」是菩薩淨土，菩薩成佛時，(若有)「正定」衆生，(皆得)來生其國。	⓫「智慧」是菩薩淨土，菩薩成佛時，(若有)「正定」衆生，(皆得)來生其國。	⓫菩薩證得大菩提時，具足成就「正念、正知、正定」有情，(皆得)來生其國。(是故)「修般若土」，是為菩薩(所)嚴淨佛土。

《佛說魔逆經》

天子(須深天子)**又問：菩薩忍辱為何等類？**

其魔(此魔波旬乃乘文殊菩薩之神力而化現爲「佛像」爲眾說法)**報曰：**

菩薩忍辱有十二事。何謂十二？

(1)志性忍辱，而無瑕疵。

(2)其意忍辱，心不懷害。

(3)忍辱無諂，不欺眾生。

(4)忍辱愍窮哀傷一切「貧於智慧、不及道者」。

(5)修忍辱事，所行如言，則不退轉。

(6)其空忍者，離於一切「猶豫邪見」。

(7)專惟法忍，導御諸法。

(8)深妙忍者，不計「吾我」。

(9)柔順法忍，而從歸趣，眾賢聖慧。
(10)諦忍者，不亂「緣起」。
(11)不錯亂忍，順從一切眾生之心。
(12)意不起忍，因便逮得「無所從生法忍」。
是為菩薩十二事忍。

【一～15】「四無量心、四攝法、方便、三十七道品、迴向心」等是菩薩所修淨土之行

三國吳・支謙譯《維摩詰經》	姚秦・鳩摩羅什譯《維摩詰所説經》	姚秦・鳩摩羅什譯《維摩詰所說大乘經》	唐・玄奘譯《說無垢稱經》
⑫菩薩行「四等心」為國故，於佛國得道，「慈悲喜護」護諸人民，(皆得來)生于佛土。	⑫「四無量心」是菩薩淨土，菩薩成佛時，(若有)成就「慈悲喜捨」眾生，(皆得)來生其國。	⑫「四無量心」是菩薩淨土，菩薩成佛時，(若有)成就「慈悲喜捨」眾生，(皆得)來生其國。	⑫菩薩證得大菩提時，一切已入「正定」有情，(皆得)來生其國。(是故修學)「四無量土」，是為菩薩(所)嚴淨佛土。
⑬菩薩行「四恩」(❶布施攝❷愛語攝❸利行攝❹同事攝)為國故，於佛國得道，惠施仁愛，利人等利，一切救濟，合聚人民，(皆得來)生于佛土。	⑬「四攝法」(❶布施攝❷愛語攝❸利行攝❹同事攝)是菩薩淨土，菩薩成佛時，(若有)「解脫所攝」眾生，(皆得)來生其國。	⑬「四攝法」(❶布施攝❷愛語攝❸利行攝❹同事攝)是菩薩淨土，菩薩成佛時，(若有)「解脫所攝」眾生，(皆得)來生其國。	⑬菩薩證得大菩提時，常住「慈悲喜捨」有情，(皆得)來生其國。(是故修學)「四攝事土」(❶布施攝❷愛語攝❸利行攝❹同事攝)，是為菩薩(所)嚴淨佛土。
⑭菩薩行「善權方便」故，於佛國得道，一切行權，攝人為善，(皆得來)生于佛土。	⑭「方便」是菩薩淨土，菩薩成佛時，(若有)於一切法「方便無礙」眾生，(皆得)來生其國。	⑭「方便」是菩薩淨土，菩薩成佛時，(若有)於一切法「方便無礙」眾生，(皆得)來生其國。	⑭菩薩證得大菩提時，諸有「解脫所攝」有情，(皆得)來生其國。(是故修學)「巧方便土」，是為菩薩(所)嚴淨佛土。

⓯菩薩行「三十七道品」之法故，於佛國得道，以「根(五根)、力(五力)、覺(七覺支)、意(四念處)」勉進人民，(皆得來)生于佛土。	⓯「三十七道品」是菩薩淨土，菩薩成佛時，(若具有)「念處(四念處)、正勤(四正勤)、神足(四如意足)、根(五根)、力(五力)、覺(七覺支)、道(八正道)」眾生，(皆得)來生其國。	⓯「三十七道品」是菩薩淨土，菩薩成佛時，(若具有)「念處(四念處)、正勤(四正勤)、神足(四如意足)、根(五根)、力(五力)、覺(七覺支)、道(八正道)」眾生，(皆得)來生其國。	⓯菩薩證得大菩提時，「善巧觀察諸法」有情，(皆得)來生其國。(是故)「修三十七菩提分土」，是為菩薩(所)嚴淨佛土。
⓰菩薩「分流法化」故，於佛國得道，一切「示現賢善」之行，(皆)得見佛土。	⓰「迴向心」是菩薩淨土，菩薩成佛時，(皆)得一切具足功德國土。	⓰「迴向心」是菩薩淨土，菩薩成佛時，(皆)得一切具足功德國土。	⓰菩薩證得大菩提時，通達一切「念住(四念處)、正斷(四正勤)、神足(四如意足)、根(五根)、力(五力)、覺支(七覺支)、道支(八正道)」圓滿有情，(皆得)來生其國。(是故)「修迴向土」，是為菩薩(所)嚴淨佛土。

【一～16】「除八難、守戒、修十善」等是菩薩所修淨土之行

三國吳・支謙譯《維摩詰經》	姚秦・鳩摩羅什譯《維摩詰所說經》	姚秦・鳩摩羅什譯《維摩詰所說大乘經》	唐・玄奘譯《說無垢稱經》
⓱菩薩說「除八難」故，於佛國得道，一切為斷「惡道眾難」而有佛土。	⓱說「除八難」是菩薩淨土，菩薩成佛時，國土無有「三惡八難」。	⓱說「除八難」是菩薩淨土，菩薩成佛時，國十無有「三惡八難」。	⓱菩薩證得大菩提時，其國具足眾德莊嚴，善說「息除八無暇土」，是為菩薩(所)嚴淨佛土。

⑱菩薩「自覺」，「不譏」彼受故，於佛國得道，斷諸「邪受」而有佛土。	⑱自守「戒行」，「不譏」彼闕，是菩薩淨土。菩薩成佛時，國土無有「犯禁」之名。	⑱自守「戒行」，「不譏」彼闕，是菩薩淨土。菩薩成佛時，國土無有「犯禁」之名。	⑱菩薩證得大菩提時，其國永離「惡趣」無暇。自守「戒行」，「不譏」彼土(疑作失字？)，是為菩薩(所)嚴淨佛土。
⑲⑳菩薩淨修「十善」之行故，於佛國得道；	⑲⑳「十善」是菩薩淨土，菩薩成佛時；	⑲⑳「十善」是菩薩淨土，菩薩成佛時；	⑲菩薩證得大菩提時，其國無有「犯禁」之名。「十善業道」極清淨土，是為菩薩(所)嚴淨佛土。 ⑳菩薩證得大菩提時，
(其國中所有眾生) ①而不離偶(幸運)。 ②大財梵行。 ③誠諦之語。 ④免于惡道。 ⑤言以柔軟。 ⑥不別(不離)眷屬。 ⑦恒與善俱。 ⑧無有嫉、慢，除「忿怒」意。 ⑨以「正見」誨人，生于佛土。	(其國中所有眾生) ①命不中夭。 ②大富梵行。 ③所言誠諦。 ④常以軟語。 ⑤眷屬不離。 ⑥善和諍訟。 ⑦言必饒益(豐饒助益)。 ⑧不嫉、不恚。 ⑨(具)「正見」眾生，(皆得)來生其國。	(其國中所有眾生) ①命不中夭。 ②大富梵行。 ③所言誠諦。 ④常以軟語。 ⑤眷屬不離。 ⑥善和諍訟。 ⑦言必饒益(豐饒助益)。 ⑧不嫉、不恚。 ⑨(具)「正見」眾生，(皆得)來生其國。	(其國中所有眾生) ①壽量決定。 ②大富梵行。 ③所言誠諦。 ④常以軟語。 ⑤眷屬不離。 ⑥善宣密意。 ⑦離諸貪欲。 ⑧心無瞋恚。 ⑨(具)「正見」有情，(皆得)來生其國。

八難

(一)在地獄難，眾生因惡業所感，墮於地獄，長夜冥冥而受苦無間，不得見佛聞。

(二)在餓鬼難，餓鬼有三種：

(1)業最重之餓鬼，長劫不聞漿水之名。

(2)業次重之餓鬼，唯在人間伺求蕩滌膿血糞穢。

(3)業輕之餓鬼，時或一飽，加以刀杖驅逼，填河塞海，受苦無量。

(三)在畜生難，畜生種類不一，亦各隨因受報，或為人畜養，或居山海等處，常受鞭打殺害，或互相吞噉，受苦無窮。

(四)在長壽天難，此天以五百劫為壽，即色界第四禪中之無想天。無想者，以其心想不行，如冰魚蟄蟲，外道修行多生其處，而障於見佛聞法。

(五)在邊地之鬱單越難，鬱單越，譯為勝處，生此處者，其人壽千歲，命無中夭，貪著享樂而不受教化，是以聖人不出其中，不得見佛聞法。

(六)盲聾瘖瘂難，此等人雖生中國(指古印度中部摩竭陀國一帶)，而業障深重，盲聾瘖瘂，諸根不具，雖值佛出世，而不能見佛聞法。

(七)世智辯聰難，謂雖聰利，唯務耽習外道經書，不信出世正法。

(八)生在佛前佛後難，謂由業重緣薄，生在佛前佛後，不得見佛聞法。

【一～17】大乘心→直心→發行→深心→調伏→説行→迴向→方便→成就眾生

三國吳・支謙譯《維摩詰經》	姚秦・鳩摩羅什譯《維摩詰所説經》	姚秦・鳩摩羅什譯《維摩詰所説大乘經》	唐・玄奘譯《説無垢稱經》
如是童子！	如是，寶積！	如是，寶積！	諸善男子！
	❶❷菩薩(若能)隨其「直心」(純直無染之真心)，則能「發行」。	❶菩薩(若能)隨「**大乘心**」，**則能**「**直心**」(純直無染之真心)。	❶如是菩薩，(若能)隨發「菩提心」，則有「純淨意樂」。
		❷(若能)**隨其**「**直心**」，則能「發行」。	❷(若能)隨其「純淨意樂」，則有「妙善加行」。
❸❹菩薩已應「此行」，便有「名譽」。	❸(若能)隨其「發行」，則得「深心」。	❸(若能)隨其「發行」，則得「深心」。	❸(若能)隨其「妙善加行」，則有「增上意樂」。
	❹(若能)隨其「深心」，則意「調伏」。	❹(若能)隨其「深心」，則意「調伏」。	❹(若能)隨其「增上意樂」，則有「止息」。
❺已有「名譽」，便	❺(若能)隨意「調	❺(若能)隨意「調	❺(若能)隨其「止

生「善處」。 ❻已生「善處」，便受其「福」。 ❼已受其「福」，便能「分德」。 ❽已能「分德」，便行「善權」。	伏」，則如「說行」。 ❻(若能)隨如「說行」，則能「迴向」。 ❼(若能)隨其「迴向」，則有「方便」。 ❽(若能)隨其「方便」，則「成就」眾生。	伏」，則如「說行」。 ❻(若能)隨如「說行」，則能「迴向」。 ❼(若能)隨其「迴向」，則有「方便」。 ❽(若能)隨其「方便」，則「成就」眾生。	息」，則有「發起」。 ❻(若能)隨其「發起」，則有「迴向」。 ❼(若能)隨其「迴向」，則有「寂靜」。 ❽(若能)隨其「寂靜」，則有「清淨有情」。

大乘心➜直心➜發行➜深心➜調伏➜說行➜迴向➜方便➜成就眾生➜佛土淨➜說法淨➜智慧淨➜心淨➜功德淨➜國土淨

【一～18】成就眾生➜佛土淨➜說法淨➜智慧淨➜心淨➜功德淨➜國土淨

三國吳・支謙譯 《維摩詰經》	姚秦・鳩摩羅什譯 《維摩詰所說經》	姚秦・鳩摩羅什譯 《維摩詰所說大乘經》	唐・玄奘譯 《說無垢稱經》
❾已行「善權」，則「佛國淨」。 ❿已「佛國淨」，則「人物淨」。 ⓫已「人物淨」，則有「淨智」。	❾(若能)隨「成就」眾生，則「佛土淨」。 ❿(若能)隨「佛土淨」，則「說法淨」。 ⓫(若能)隨「說法淨」，則「智慧淨」。	❾(若能)隨「成就」眾生，則「佛土淨」。 ❿(若能)隨「佛土淨」，則「說法淨」。 ⓫(若能)隨「說法淨」，則「智慧淨」。	❾(若能)隨其「清淨有情」，則有「嚴淨佛土」。 ❿(若能)隨其「嚴淨佛土」，則有「清淨法教」。 ⓫(若能)隨其「清淨法教」，即有「清淨妙福」。 ⓬(若能)隨其「清淨妙福」，則有「清淨妙慧」。
⓭已有「淨智」，則有「淨教」。	⓭(若能)隨「智慧淨」，則其「心	⓭(若能)隨「智慧淨」，則其「心	⓭(若能)隨其「清淨妙慧」，則有「清

	淨」。	淨」。	淨妙智」。 ⑭(若能)隨其「清淨妙智」，則有「清淨妙行」。 ⑮(若能)隨其「清淨妙行」，則有「清淨自心」。
⑯已有「淨教」，則受「清淨」。	⑯(若能)隨其「心淨」，則一切「功德淨」。	⑯(若能)隨其「心淨」，則一切「功德淨」。	⑯(若能)隨其「清淨自心」，則有「清淨諸妙功德」。
㊀如是童子！菩薩欲使「佛國清淨」，當以「淨意」作如應行。	㊀是故寶積！若菩薩欲得「淨土」，當「淨其心」。	㊀是故寶積！若菩薩欲得「淨土」，當「淨其心」。	㊀諸善男子！是故菩薩若欲勤修「嚴淨佛土」，先應方便「嚴淨自心」。
㊁所以者何？菩薩以「意淨」故，得「佛國淨」。	㊁隨其「心淨」，則「佛土淨」。	㊁隨其「心淨」，則「佛土淨」。	㊁所以者何？隨諸菩薩「自心嚴淨」，即得如是「嚴淨佛土」。

【一～19】眾生罪故，不見如來佛土嚴淨，非如來咎也

三國吳・支謙譯《維摩詰經》	姚秦・鳩摩羅什譯《維摩詰所說經》	姚秦・鳩摩羅什譯《維摩詰所說大乘經》	唐・玄奘譯《說無垢稱經》
㊀賢者舍利弗承佛威神心念是語：以「意淨」故，得佛國「淨」。我世尊本為菩薩時(釋迦佛)，「意」豈「不淨」，而是佛國不淨若此？	㊀爾時舍利弗承佛威神作是念：若菩薩「心淨」，則佛土淨者。我世尊(釋迦佛)本為菩薩時，「意」豈「不淨」，而是佛土不淨若此？	㊀爾時舍利弗承佛威神作是念：若菩薩「心淨」，則佛土淨者。我世尊(釋迦佛)本為菩薩時，「意」豈「不淨」，而是佛土不淨若此？	㊀爾時舍利子承佛威神作如是念：若諸菩薩「心嚴淨」故，佛土「嚴淨」。而我世尊(釋迦佛)行菩薩時，「心」不「嚴淨」故，是佛土雜穢若此？
㊁佛知其意，即報言：云何？舍利弗！我日月淨，不	㊁佛知其念，即告之言：於意云何？日月豈不淨	㊁佛知其念，即告之言：於意云何？日月豈不淨	㊁佛知其念，即告之言：於意云何？世間日月豈不

見色者，豈日月過耶？ ㊂(舍利弗)對曰：不也！非日月過。 ㊃佛言：此舍利弗！咎在衆人無有智慧，不見如來佛國嚴淨(莊嚴清淨)，非如來咎。 ㊄此舍利弗！我(釋迦佛)佛國淨，汝又未見。	耶？而盲者不見。 ㊂(舍利弗)對曰：不也！世尊！是盲者過，非日月咎。 ㊃(佛言：)舍利弗！衆生罪故，不見如來佛土嚴淨(莊嚴清淨)，非如來咎。 ㊄舍利弗！我(釋迦佛)此土淨，而汝不見。	耶？而盲者不見。 ㊂(舍利弗)對曰：不也！世尊！是盲者過，非日月咎。 ㊃(佛言：)舍利弗！衆生罪故，不見如來佛土嚴淨(莊嚴清淨)，非如來咎。 ㊄舍利弗！我(釋迦佛)此土淨，而汝不見。	淨耶？而盲者不見。 ㊂(舍利弗)對曰：不也！是盲者過，非日月咎。 ㊃佛言：如是衆生罪故，不見世尊佛土嚴淨(莊嚴清淨)，非如來咎。 ㊄舍利子！我(釋迦佛)土嚴淨(莊嚴清淨)，而汝不見。

《大般若波羅蜜多經・卷第五百六十九》

(1)爾時眾中，有一天子名曰光德，即從座起，偏覆左肩，右膝著地，合掌向佛白言：世尊！諸佛菩薩應居「淨土」，云何世尊(釋迦佛)出現於此「穢惡」充滿「堪忍世界」？

(2)佛告光德：天子當知！諸佛如來所居之處，皆無「雜穢」即是淨土。

(3)於是(釋迦)如來以神通力，令此三千大千世界，地平如掌，琉璃所成，無諸「山陵、堆阜、荊棘」，處處皆有「寶聚、香花、軟草、泉池、八功德水、七寶階陛、花果草木」，咸說：「菩薩不退法輪」，無諸「異生、聲聞、獨覺」。雖有菩薩從十方來，不聞餘聲，唯常聞說甚深「般若」波羅蜜多……

(4)爾時，光德見斯事已踊躍歡喜，讚歎佛言：甚奇！世尊！希有！善逝！如來所說，真實不虛，諸佛如來所居之處，皆無「雜穢」，即是「淨土」。如佛所說，其義無二，有情「薄福」，見「淨」為「穢」。

《勝天王般若波羅蜜經・卷第三》

(1)爾時，眾中有一天子，名曰光德，即從坐起，偏袒右肩，右膝著地，合掌向佛，頭面作禮，白佛言：世尊！諸佛菩薩應遊「淨土」，「娑婆世界」是不清淨，云何世尊(釋迦佛)出現此土？

(2)爾時，佛告光德天子：諸佛如來所居之處無有「穢土」。

(3)於是世尊(釋迦佛)，即以「神力」現此三千大千世界，地平如掌，琉璃所成，無諸山陵、堆阜ㄈㄨˋ、荊蕀，處處「寶聚」，香華軟草，流泉浴池，八功德水，七寶階砌，樹木華果，咸說：「菩薩不退法輪」。

(4)無有凡夫，唯見十方諸「大菩薩」。不聞餘音，唯聞「般若」波羅蜜聲。處處蓮華，大如車輪，青紅赤白，一一華中皆有菩薩結「跏趺坐」。

(5)即見如來於大眾中，為諸菩薩說甚深法，無量百千釋梵護世前後圍遶，供養恭敬尊重讚歎：希有世尊！希有世尊！所說無虛，真實不二。如世尊說，諸佛住處，實無「穢土」，眾生「薄福」，而見「不淨」。

《大般涅槃經・卷二十四》

(1)佛言：善男子……若使世界「不淨」充滿，諸佛世尊於中出者，無有是處。

(2)善男子！汝今莫謂諸佛出於「不淨」世界，當知是心「不善狹劣」。

(3)汝今當知！我(釋迦佛)實不出「閻浮提界」。

(4)譬如有人說言：此界(娑婆世界)「獨有日月」，他方世界「無有日月」，如是之言，無有義理。若有菩薩發如是言：此(釋迦)佛世界「穢惡不淨」，他方佛土「清淨嚴麗」，亦復如是。

(5)善男子！西方去此「娑婆世界」，度「三十二」恒河沙等諸佛國土，彼有世界名曰「無勝」。彼土何故名曰「無勝」？其土所有「嚴麗」之，事皆悉平等，無有差別，猶如西方「安樂世界」，亦如東方「滿月世界」。

(6)我於彼土「出現」於世，為化眾生故，於「此界閻浮提」中現「轉法輪」，非但我身獨於此中現「轉法輪」，一切諸佛亦於此中而「轉法輪」。

(7)以是義故，諸佛世尊非不修行如是「十事」。

(8)善男子！慈氏菩薩以誓願故，當來之世令「此世界」清淨莊嚴。

(9)以是義故，一切諸佛所有世界「無不嚴淨」。

《大般涅槃經・卷第三十二》

(1)善男子！譬如良醫，知病說藥，病者不服，非醫咎也。

(2)善男子！如有施主，以其所有，施一切人，有不受者，非施主咎。

(3)善男子！譬如日出，幽冥皆明，盲聾之人，不見道路，非日過也。

(4)善男子！如恒河水，能除渴乏，渴者不飲，非水咎也。

(5)善男子！譬如大地，普生果實，平等無二，農夫不種，非地過也。

(6)善男子！如來普為一切眾生廣開分別十二部經，眾生不受，非如來咎。

(7)善男子！若修道者，即得阿耨多羅三藐三菩提。

(8)善男子！汝言眾生悉有「佛性」，應得阿耨多羅三藐三菩提如磁石者。善哉！善哉！以有「佛性」因緣力故，得阿耨多羅三藐三菩提。若言不須修聖道者，是義不然。

(9)善男子！譬如有人，行於曠野，渴乏遇井，其井幽深，雖不見水，當知必有。是人方便求覓罐綆汲取則見。

(10)佛性亦爾，一切眾生雖復有之，要須修習「無漏聖道」然後得見。

《妙法蓮華經·卷第四》

(1)爾時十方諸佛，各告眾菩薩言：善男子！我今應往「娑婆世界」釋迦牟尼佛所，並供養「多寶如來」寶塔。

(2)時「娑婆世界」即變「清淨」，琉璃為地，寶樹莊嚴，黃金為繩，以界八道，無諸聚落、村營、城邑、大海、江河、山川、林藪。燒大寶香，曼陀羅華遍布其地，以寶網幔，羅覆其上，懸諸寶鈴。唯留此會眾，移諸天人，置於他土。

(3)是時，諸佛各將一大菩薩以為侍者，至「娑婆世界」，各到寶樹下。一一寶樹，高五百由旬，枝、葉、華、果，次第莊嚴，諸寶樹下皆有師子之座，高五由旬，亦以大寶而校飾之。

(4)爾時諸佛各於此座結「跏趺坐」。如是輾轉遍滿三千大千世界，而於釋迦牟尼佛一方所分之身，猶故未盡。

《妙法蓮華經·卷第五》

(1)阿逸多！若善男子、善女人，聞說壽命長遠，深心信解，則為見佛常在耆闍崛山，共大菩薩、諸聲聞眾，圍繞說法。

(2)又見此娑婆世界，其地「琉璃」，坦然平正，閻浮檀金，以界八道。寶樹行列，諸臺樓觀，皆悉寶成。其菩薩眾，咸處其中。若有能如是觀者，當知是為「深信解相」。

【一～20】心有高下，不依佛慧，故見此土為不淨耳

三國吳·支謙譯《維摩詰經》	姚秦·鳩摩羅什譯《維摩詰所說經》	姚秦·鳩摩羅什譯《維摩詰所說大乘經》	唐·玄奘譯《說無垢稱經》
㊀編髮(śikhin)梵志謂舍利弗言：惟賢者莫呼是(釋迦)佛國以為不淨。	㊀爾時螺髻(śikhin)梵王語舍利弗：勿作是意；謂此(釋迦)佛土以為不淨。 ㊁所以者何？	㊀爾時螺髻(śikhin)梵王語舍利弗：勿作是意；謂此(釋迦)佛土以為不淨。 ㊁所以者何？	㊀爾時持髻(śikhin)梵王語舍利子：勿作是意；謂此(釋迦)佛土為不嚴淨(莊嚴清淨)。 ㊁所以者何？如是(釋迦)佛土最極嚴淨(莊嚴清淨)。

			㊂舍利子言：大梵天王！今此(釋迦)佛土嚴淨云何？
㊃我(螺髻梵王)見釋迦文佛國嚴淨(莊嚴清淨)，譬如彼「清淨天宮」。	㊃我(螺髻梵王)見釋迦牟尼佛土清淨，譬如(他化)「自在天宮」。	㊃我(螺髻梵王)見釋迦牟尼佛土清淨，譬如(他化)「自在天宮」。	㊃持髻(śikhin)梵言：唯(發語詞)舍利子！譬如「他化自在天宮」有無量寶功德莊嚴。我見世尊釋迦牟尼佛土嚴淨(莊嚴清淨)，有無量寶功德莊嚴，亦復如是。
㊄舍利弗言：我見此中(釋迦佛國)亦有雜糅，其大陸地則有黑山、石沙，穢惡充滿。	㊄舍利弗言：我見此土(釋迦佛國)丘陵坑坎、荊蕀沙礫、土石諸山，穢惡充滿。	㊄舍利弗言：我見此土(釋迦佛國)丘陵坑坎、荊棘沙礫、土石諸山，穢惡充滿。	㊄舍利子言：大梵天王！我見此土(釋迦佛國)其地高下、丘陵坑坎、毒刺沙礫、土石諸山，穢惡充滿。
㊅編髮(śikhin)答曰：賢者(舍利弗)以聞雜惡之意，不倚「淨慧」視(釋迦)佛國耳。	㊅螺髻(śikhin)梵言：仁者(舍利弗)！心有高下，不依佛慧，故見此土(釋迦佛國)為不淨耳！	㊅螺髻(śikhin)梵言：仁者(舍利弗)！心有高下，不依佛慧，故見此土(釋迦佛國)為不淨耳！	㊅持髻梵言：唯(發語詞)大尊者(舍利弗)！心有高下，不嚴淨故，謂「佛智慧意樂」亦爾，故見(釋迦)佛土為不嚴淨(莊嚴清淨)。
㊆當如菩薩等「意」清淨，倚佛智慧，是以見(釋迦)佛國皆清淨。	㊆舍利弗！菩薩於一切衆生，悉皆平等，深心清淨，依佛智慧，則能見此(釋迦)佛土清淨。	㊆舍利弗！菩薩於一切衆生，悉皆平等，深心清淨，依佛智慧，則能見此(釋迦)佛土清淨。	㊆若諸菩薩，於諸有情其心平等，功德嚴淨。謂「佛智慧意樂」亦爾，便見(釋迦)佛土最極嚴淨。

《如來莊嚴智慧光明入一切佛境界經‧卷上》

(1)文殊師利！依眾生「心有高下中」故，見如來有「高下中」，而實如來無「高下中」。文殊師利！如來無如是心。

(2)此眾生有「下信心」，我示「下形色」。
此眾生有「中信心」，我示「中形色」。
此眾生有「上信心」，我示「上形色」。

(3)文殊師利！如來說法亦復如是。文殊師利！如來無如是心。

(4)此眾生有「下信心」，我為說「聲聞法」。
此眾生有「中信心」，我為說「辟支佛法」。
此眾生有「上信心」，我為說「大乘法」。文殊師利！如來無如是心。

(5)此眾生信「布施」故，我為說「檀」波羅蜜。
此眾生信「持戒」故，我為說「尸」波羅蜜。
此眾生信「忍辱」故，我為說「羼提」波羅蜜。
此眾生信「精進」故，我為說「毘梨耶」波羅蜜。
此眾生信「禪定」故，我為說「禪」波羅蜜。
此眾生信「智慧」故，我為說「般若」波羅蜜。

【一～21】佛足指按地，現三千界珍寶。欲度下劣諸根，故現眾惡不淨

三國吳・支謙譯《維摩詰經》	姚秦・鳩摩羅什譯《維摩詰所說經》	姚秦・鳩摩羅什譯《維摩詰所說大乘經》	唐・玄奘譯《說無垢稱經》
㊀於是佛即以「足指」案地，此三千大千世界皆為震動，若干百千珍寶積嚴(堆積莊嚴)，處處校飾。	㊀於是佛以「足指」按地，即時三千大千世界，(出現)若干百千珍寶嚴飾(莊嚴淨飾)。	㊀於是佛以「足指」按地，即時三千大千世界，(出現)若干百千珍寶嚴飾(莊嚴淨飾)。	㊀爾時世尊知諸大衆心懷猶豫，便以「足指」按此大地，即時三千大千世界(出現)無量百千妙寶莊嚴。
㊁譬如衆寶羅列淨好如來境界，無量嚴淨於是悉現，一切「魔衆」歎未曾有，而皆自見坐(於)寶蓮華。	㊁譬如寶莊嚴佛，無量功德寶莊嚴土，一切「大衆」歎未曾有，而皆自見坐(於)寶蓮華。	㊁譬如寶莊嚴佛，無量功德寶莊嚴土，一切「大衆」歎未曾有，而皆自見坐(於)寶蓮華。	㊁譬如功德寶莊嚴佛無量功德寶莊嚴土，一切「大衆」歎未曾有，而皆自見坐(於)寶蓮華。
㊂佛告舍利弗：	㊂佛告舍利弗：	㊂佛告舍利弗：	㊂爾時世尊告舍

汝且觀是佛國嚴淨？ ㊃對曰：唯然！(原)本所「不見」，本所「不聞」，今(已知見此)佛國土「好淨」悉現。 ㊄然舍利弗！我佛國如是，為當度「不肖人」故，如來隨此「多怒害者」(而顯)現佛國異(差異)。 ㊅譬如諸天同「金鉢」食，其福多者，舉手自淨。 ㊆如是舍利弗！若人意清淨者，便自見諸佛佛國清淨。	汝且觀是佛土嚴淨？ ㊃舍利弗言：唯然，世尊！(原)本所「不見」，本所「不聞」，今(已知見此)佛國土「嚴淨」悉現。 ㊄佛告舍利弗：我佛國土常淨若此，為欲度斯「下劣人」故，「示」是衆惡不淨土耳！ ㊅譬如諸天，共「寶器」食，隨其福德，飯色有異。 ㊆如是舍利弗！若人心淨，便見此土功德莊嚴。	汝且觀是佛土嚴淨？ ㊃舍利弗言：唯然，世尊！(原)本所「不見」，本所「不聞」，今(已知見此)佛國土「嚴淨」悉現。 ㊄佛告舍利弗：我佛國土常淨若此，為欲度斯「下劣人」故，「示」是衆惡不淨土耳！ ㊅譬如諸天，共「寶器」食，隨其福德，飯色有異。 ㊆如是舍利弗！**隨眾生所修清淨心量，見佛國功德莊嚴各異。**	利子：汝見如是衆德莊嚴淨佛土不？ ㊃舍利子言：唯然，世尊！(原)本所「不見」，本所「不聞」，今(已知見)此佛土「嚴淨」悉現。 ㊄告舍利子：我佛國土常淨若此，為欲成熟「下劣有情」，是故「示現」無量過失雜穢土耳。 ㊅舍利子！譬如「三十三天」(忉利天)共「寶器」食，隨業所招，其食有異。 ㊆如是舍利子！無量有情，生一佛土，隨心淨穢，所見有異。若人心淨，便見此土無量功德妙寶莊嚴。

《小品般若波羅蜜經・卷第九》

(1)阿難！如是學者，無依止者，為作依止。如是學者，諸佛所許，諸佛所讚。諸佛如是學已，能以「足指」震動三千大千世界。

(2)阿難！諸佛學是般若波羅蜜，於過去、未來、現在一切法中，得無礙知見。

(3)阿難！是故般若波羅蜜，最上最妙。

《大般若波羅蜜多經・卷第四百五十八》

(1)慶喜當知！若諸菩薩摩訶薩眾及諸如來、應、正等覺「住此學」中，能以「右手」、若(或)「右足指」，舉取三千大千世界，「擲置」他方，或還本處。其中有情「不知不覺、無損無怖」。

(2)所以者何？甚深般若波羅蜜多功德威力不思議故。

《大般若波羅蜜多經·卷第五百二十二》

(1)慶喜當知！諸佛、菩薩學此學已，住此學中，能以「右手」、若(或)「右足指」，舉取三千大千世界，「擲置」他方或還本處。其中有情「不知不覺、無損無怖」。

(2)所以者何？甚深般若波羅蜜多功德威力不可思議。

《佛說佛母出生三法藏般若波羅蜜多經·卷第二十三》

(1)阿難！諸佛如來、應供、正等正覺，學是法已，能以「足指」按地，震動三千大千世界，乃至舉足、下足，皆悉能現諸神通相，何以故？諸佛具足無量無數勝功德故。

(2)又復，阿難！諸佛學是般若波羅蜜多故，於過去未來現在一切法中得無礙知見。

(3)是故，阿難！我說般若波羅蜜多學，最上最大最勝最妙、無上中無上、無等無等等。

《妙法蓮華經·卷第四》

(1)若接「須彌」擲置他方無數佛土，亦未為難。

(2)若以「足指」動大千界，遠擲他國，亦未為難。

(3)若立「有頂」(有頂天，指色究竟天或指非想非非想處天)，為眾演說無量餘經，亦未為難。

(4)若佛滅後，於惡世中，能說此經，是則為難。

(5)假使有人，手把虛空，而以遊行，亦未為難。

(6)於我滅後，若自書持，若使人書，是則為難。

(7)若以大地，置「足甲」上，昇於梵天，亦未為難。

(8)佛滅度後，於惡世中，暫讀此經，是則為難。

(9)假使劫燒，擔負乾草，入中不燒，亦未為難。

(10)我滅度後，若持此經，為一人說，是則為難。

(11)若持八萬四千法藏、十二部經，為人演說。令諸聽者，得六神通，雖能如是，亦未為難。

(12)於我滅後，聽受此經，問其義趣，是則為難。

《大寶積經·卷第十九》

(1)舍利弗！時有比丘白不動菩薩言：大士！若此誠心不退，至言無妄者，願以「足指」搖動大地。

(2)時不動菩薩以佛威神及本願善根力故，令彼大地六種搖動。

《佛說方等般泥洹經・卷下》

(1)於是世尊，於師子床上，右脇倚臥，如師子無恐懼。大尊雄周觀十方，以「足指」案地，六返震動，十方境界。

(2)佛即如其像三昧正受，一一「毛孔」出恒邊沙等數之光明，一一光明炤恒沙等佛國，一一光明，終不相錯。

(3)以是之數，一切諸毛孔，各各放恒邊沙數之光明，放已即如其像三昧正受，令一切人眼還得佛眼，皆見諸佛國土所有。

《大方等無想經・卷第五》

(1)復次善男子，若有菩薩住是「三昧」，能以「足指」一毛，舉此恒河沙等「三千大千」諸大世界，高至上方無量世界，令諸眾生「無有怖畏往反」之想。而今他方一切悉見為化度故，乃至十方亦復如是。

(2)世尊！如是三昧，乃為無量無邊功德之所成就。是故佛說「普為三世」。

《佛說七女經》

(1)佛爾時便感動放威神，於座上以「足指」按地，三千大千剎土皆為大動，光明照十方，百歲枯樹皆生華菓，諸空溝澗皆自然有水，箜篌樂器不鼓自鳴。

(2)婦女珠環皆自作聲，盲者得視，聾者得聽，瘂者得語，傴ㄩˇ者得伸，拘躃ㄅㄧˋ(同「躄」)者得愈，手足病者得愈，狂者得正。

(3)被毒者毒不為行，拘閉者悉得解脫，百鳥狸獸皆相和悲鳴。

《佛說未曾有正法經・卷第五》

(1)爾時妙吉祥菩薩哀愍城中一切人民，為利樂故，以「足指」按地，即時大地皆作「吠瑠璃色」，清淨光潔內外映徹。

(2)是時城中若男若女一切人民，皆悉得見妙吉祥菩薩及諸大眾無所障礙。譬如清淨圓鏡，照其面像，一切人民瞻菩薩相，亦復如是。

《佛說無崖際總持法門經》

(1)當知諸法廣大無有崖際，若菩薩已得此陀隣尼門，悉能總持一切諸佛之法，能以「神足」(神足通)飛到十方一切世界，供養無量諸佛世尊……

(2)皆悉能得一切菩薩方便之力，能以「足指」振動十方諸佛世界，其中眾生「無能覺知」而生恐怖。

(3)一念之頃，能知三世一切諸法無所罣礙，皆悉平等無不通達。

《佛說方等般泥洹經・卷下》

(1)於是佛便「三昧」,「右足大指」放億那術百千光明,一一光明端化作億百千蓮華,一一蓮華上化作億百千座,一一座上有一化如來坐說法,一一如來令億那術百千人,立不起滅地。

(2)時佛復以「左足大指」放億那術百千光明,「十足指」放十億那術百千光明,「十手指」放十億那術百千光明,兩膝放二億那術百千光明,兩臏放二億那術百千光明,陰馬藏放億那術百千光明,齊中放億那術百千光明,兩肩肘放二億那術百千光明……

《四童子三昧經・卷下》

(1)爾時世尊作是念已,倚右脇臥,猶如師子,心無所畏,觀察十方一切大眾,猶大龍象。

(2)如是觀已,即以「右足」第一「拇指」,按此大地出大音聲,六種震動遍十方界,示現無礙不思議光,照曜十方。

《寶星陀羅尼經・卷第五》

爾時世尊住城門下,以「右足指」觸城門閫(門檻)，應時無間一切「三千大千世界」普皆震動,及此三千大千世界所有釋、梵、日月、護世、大自在天……乃至「阿迦尼吒」天宮已來,所有眾生得「大滋味」,色貌光澤。

【一～22】佛現莊嚴淨土,寶積等五百長者子皆得「無生法忍」。佛攝神足,世界還故

三國吳・支謙譯《維摩詰經》	姚秦・鳩摩羅什譯《維摩詰所說經》	姚秦・鳩摩羅什譯《維摩詰所說大乘經》	唐・玄奘譯《說無垢稱經》
㊀當佛現此佛土嚴淨之時,八萬四千人發「無上正真道意」。長者子寶事并「五百童子」皆得「柔順法忍」(anulomikī-dharma-kṣānti 思惟柔順忍,慧心柔軟,已能	㊀當佛現此國土嚴淨之時,寶積所將「五百長者子」皆得「無生法忍」,八萬四千人皆發「阿耨多羅三藐三菩提心」。	㊀當佛現此國土嚴淨之時,寶積所將「五百長者子」皆得「無生法忍」,八萬四千人皆發「阿耨多羅三藐三菩提心」。	㊀當佛現此嚴淨土時。寶性所將「五百童子」,一切皆得「無生法忍」,八萬四千諸有情類,皆發「無上正等覺心」。

隨順眞理。初、二、三地爲信忍，四、五、六地爲順忍，七、八、九地爲無生忍。又八地以上皆爲無功用地)。 ㈡佛現「神足」(神通具足)於是國土，莫不欣然，各得其所。「弟子行」(聲聞乘)者，天與人三萬二千人。遠塵離垢，諸法「法眼」生。其八千人「漏盡」意解。	㈡佛攝「神足」(神通具足)，於是世界還復如故。求「聲聞乘」者三萬二千，諸天及人，知「有為法」皆悉無常，遠塵離垢，得法眼淨。八千比丘，不受諸法，「漏盡」意解。	㈡佛攝「神足」(神通具足)，於是世界還復如故。求「聲聞乘」者三萬二千，諸天及人，知「有為法」皆悉無常，遠塵離垢，得法眼淨。八千比丘，不受諸法，「漏盡」意解。	㈡時佛世尊即攝「神足」(神通具足)，於是世界還復如故。求「聲聞乘」三萬二千，諸天及人，知「有為法」皆悉無常，遠塵離垢，得法眼淨。八千苾芻，永離「諸漏」，心善解脫。

《放光般若經・卷第十五》

(1)佛言：阿難！不如我弟子說般若波羅蜜一日教諸菩薩。若不能一日，日中可。不能至日中，食時可。不能至食時，彈指頃。其福勝度爾所羅漢。所以者何？

(2)一菩薩之德，出過一切諸羅漢、辟支佛上。何以故？

(3)是菩薩自欲成阿耨多羅三耶三菩，復勸助安慰一切眾生，復欲令成阿耨多羅三耶三菩。阿難，行六波羅蜜、三十七品至薩云然，增益功德，成阿耨多羅三耶三菩，終不中還。

(4)說是般若波羅蜜時……爾時佛於是大眾之中而現「神足變化」，令是會者大眾皆見「阿閦如來」，彼大眾圍遶，而為說法。眾大會譬如大海，皆是羅漢……

(5)彼會羅漢，「德」皆如是，及諸菩薩摩訶薩數不可計，其「德」巍巍不可稱量。

(6)佛攝「神足」已，忽然不現。

方便品第二

【二～1】已得「無法法忍」，辯才無礙，諸佛咨嗟的維摩詰居士。底下約有16條

三國吳・支謙譯 《維摩詰經》	姚秦・鳩摩羅什譯 《維摩詰所說經》	姚秦・鳩摩羅什譯 《維摩詰所說大乘經》	唐・玄奘譯 《說無垢稱經》
【善權品第二】	【方便品第二】	【方便品第二】	【顯不思議方便善巧品第二】
是時維耶離(Vaiśālī)大城中。有長者名曰維摩詰(漢言無垢稱)，	爾時毘耶離(Vaiśālī)大城中，有長者名維摩詰，	爾時毘耶離(Vaiśālī)大城中，有長者名維摩詰，	爾時廣嚴城(Vaiśālī)中有大菩薩離呫毘種(Licchavi)，名無垢稱，
⑴⑵在先佛已造行修善本。	⑴已曾供養無量諸佛。 ⑵深植善本。	⑴已曾供養無量諸佛。 ⑵深殖善本。	⑴已曾供養無量諸佛。 ⑵於諸佛所，深植善根。
⑶得「法忍」，已得辯才。	⑶得「無生忍」，辯才無礙。	⑶得「無生忍」，辯才無礙。	⑶得妙辯才，具「無生忍」。
⑷神通不戲。	⑷遊戲神通，逮諸總持。	⑷遊戲神通，逮諸總持。	⑷逮諸總持，遊戲神通。
⑸得無所畏，降魔勞怨。	⑸獲無所畏，降魔勞怨(魔有塵勞與仇怨之力，能害行者)。	⑸獲無所畏，降魔勞怨(魔有塵勞與仇怨之力，能害行者)。	⑸獲無所畏，摧魔怨力。
⑹深入微妙，出於智度無極(波羅蜜)。	⑹入深法門，善於智(智慧)度(波羅蜜)。	⑹入深法門，善於智(智慧)度(波羅蜜)。	⑹入深法門，善於智(智慧)度(波羅蜜)。
⑺善權方便，博入諸道，令得所願。	⑺通達方便，大願成就。	⑺通達方便，大願成就。	⑺通達方便，大願成滿。
⑻⑼人(眾生)根(根器)名得生而具足。造成大道所作事勝。	⑻明了眾生「心之所趣」。 ⑼又能分別「諸根」利鈍。	⑻明了眾生「心之所趣」。 ⑼又能分別「諸根」利鈍。	⑻明了有情「意樂」及「行」。 ⑼善知有情「諸根」勝劣。

⑽⑾⑿佛聖善行，皆已得立。	⑽久於佛道，心已純淑(美善)。 ⑾決定大乘。 ⑿諸有所作，能善思量。	⑽久於佛道，心已純淑(美善)。 ⑾決定大乘。 ⑿諸有所作，能善思量。	⑽智度成辦，說法淳熟。 ⑾於大乘中，決定修習。 ⑿於所作業，能善思量。
⒀覺意如海，而皆已入。	⒀住「佛威儀」，心大如海(進入如同大海的殊勝智慧)。	⒀住「佛威儀」，心大如海(進入如同大海的殊勝智慧)。	⒀住「佛威儀」，入心慧海。
⒁諸佛諮ㄗ嗟ㄐㄧㄝ(讚嘆)。	⒁諸佛諮ㄗ嗟ㄐㄧㄝ(讚嘆)。	⒁諸佛諮ㄗ嗟ㄐㄧㄝ(讚嘆)。	⒁諸佛諮ㄗ嗟ㄐㄧㄝ(讚嘆)，稱揚顯說。
⒂「弟子(聲聞)、釋、梵、世主」所敬。	⒂「弟子(聲聞)、釋、梵、世主」所敬。	⒂「弟子(聲聞)、釋、梵、世主」所敬。	⒂「釋、梵、護世」常所禮敬。
⒃欲度人故，居維耶離(Vaiśālī)，矜行權道。	⒃欲度人故，以「善方便」，居毘耶離(Vaiśālī)。	⒃欲度人故，以「善方便」，居毘耶離(Vaiśālī)。	⒃為欲成熟諸有情故，以「善方便」居廣嚴城(Vaiśālī)。

《佛說首楞嚴三昧經・卷上》

爾時佛告堅意菩薩：首楞嚴三昧，非初地、二地、三地、四地、五地、六地、七地、八地、九地菩薩之所能得。唯有住在「十地菩薩」，乃能得是「首楞嚴三昧」。

何等是「首楞嚴三昧」。謂：

❶修治心，猶如虛空。

❷觀察現在眾生諸心。

❸分別眾生「諸根利鈍」。

❹決定了知眾生「因果」。

❺於諸業中，知「無業報」。

❻入種種樂欲，入已不忘。

❼現知無量種種諸性。

❽常能遊戲華音三昧，能示眾生金剛心三昧，一切禪定自在隨意。

❾普觀一切所至諸道。

❿於宿命智，得無所礙。

⓫天眼無障。

⓬得漏盡智，非時不證。

⑬於「色、無色」，得「等入智」。
⑭於一切色，示現遊戲。
⑮知諸音聲，猶如響相。
⑯隨順入「念慧」。
⑰能以善言，悅可眾生。
⑱隨應說法。
⑲知「時、非時」。
⑳能轉諸根。
㉑說法不虛。
㉒順入「真際」。
㉓善能攝伏眾生之類。
㉔悉能具足「諸波羅蜜」。
㉕威儀進止，未曾有異。
㉖破諸「憶想、虛妄、分別」。
㉗不壞法性，盡其邊際。
㉘一時現身，住一切佛所。
㉙能持一切佛所說法。
㉚普於一切諸世間中「自在變身」，猶如影現。
㉛善說諸乘度脫眾生，常能護持「三寶」不絕。
㉜發大莊嚴，盡未來際，而心未曾有疲惓想。
㉝普於一切「諸所生處」常能現身，隨時不絕。
㉞於諸生處，示有所作。
㉟善能成就一切眾生。
㊱善能識知一切眾生。
㊲一切二乘不能測量。
㊳善能具知諸音聲分。
㊴能使一切諸法熾盛。
㊵能使一劫作「阿僧祇劫」。
㊶阿僧祇劫使作「一劫」。
㊷能使「一國」入「阿僧祇國」。
㊸「阿僧祇國」使入「一國。
㊹無量佛國入一「毛孔」。
㊺「一切眾生」示入「一身」。
㊻了諸「佛土」同如「虛空」。

㊼身能遍至「無餘佛土」。
㊽使一切身入於「法性」，皆使「無身」。
㊾一切法性通達「無相」。
㊿善能了知一切方便。
51一音所說，悉能通達一切「法性」。
52演說一句，能至無量阿僧祇劫。
53善觀一切法門差別。
54知善「同、異、略、廣」說法。
55善知出過一切「魔道」。
56放大方便，智慧光明。
57身口意業，智慧為首。
58無行神通，常現在前。
59以「四無礙智」能令一切眾生歡喜。
60現神通力，遍一切法性。
61能以攝法，普攝眾生。
62解諸世間眾生語言。
63於如幻法，無有所疑。
64一切生處，遍能自在。
65所須之物，隨意無乏。
66自在示現一切眾生。
67於善惡者，皆同福田。
68得入一切「菩薩密法」。
69常「放光」照無餘世界。
70其智深遠，無能測者。
71其心猶如地水火風。
72善於諸法「章句、言辭」而轉法輪。
73於如來地，無所障礙。
74自然而得「無生法忍」。
75得「如實」心，諸煩惱垢所不能污。
76使一切水入「一毛孔」，不嬈水性。
77修集無量「福德善根」。
78善知一切「方便迴向」。
79善能變化遍行一切諸菩薩行。
80佛一切法，心得安隱。

81已得捨離「宿業」本身。
82能入諸佛「秘密法藏」。
83示現自恣「遊戲」諸欲。
84聞無量法，具足「能持」。
85求一切法，心無厭足。
86順諸世法，而不染污。
87於無量劫為人說法，皆令謂如「從旦至食」。
88示現種種「癃殘、跛蹇、聾盲、瘖瘂」以化眾生。
89百千密跡金剛力士，常隨護侍。
90自然能觀知諸「佛道」。
91能於一念，示現「無量無數劫壽」。
92現行一切「二乘儀法」，而內不捨「諸菩薩行」。
93其心善寂，空無有相。
94於「眾伎樂」現自娛樂，而內不捨「念佛三昧」。
95若見、若聞及觸共住，皆能成就無量眾生。
96能於念念示成佛道，隨本所化，令得解脫。
97示現「入胎、初生」。
98出家成就佛道。
99轉於法輪。
100入大滅度，而不永滅。

【二～2】維摩詰能入諸三界一切俗事，但卻不著三界一切俗事。底下約有35條

三國吳・支謙譯《維摩詰經》	姚秦・鳩摩羅什譯《維摩詰所說經》	姚秦・鳩摩羅什譯《維摩詰所說大乘經》	唐・玄奘譯《說無垢稱經》
❶「資財」無量，救攝(攝護增益於)貧民。	❶「資財」無量，攝(攝護增益於)諸貧民。 ➔布施	❶「資財」無量，攝(攝護增益於)諸貧民。 ➔布施	❶具「無盡財」，攝益(攝護增益於)貧窮、無依無怙。
❷(能)以善方便，攝諸「惡戒」。	❷「奉戒」清淨，攝諸毀禁(毀棄禁戒)。 ➔持戒	❷「奉戒」清淨，攝諸毀禁(毀棄禁戒)。 ➔持戒	❷具「清淨戒」，攝益一切有犯、有越。
❸(能)以「忍調行」，攝諸恚、怒。	❸(能)以「忍調行」，攝諸恚、怒。	❸(能)以「忍調行」，攝諸恚、怒。	❸(能)以「調順忍」，攝益瞋恨、暴嫉

	➔忍辱	➔忍辱	(暴戾嫉妒)、楚毒(酷刑痛苦)。
❹(身處)白衣，(但以)「精進」攝懈怠者。	❹(能)以「大精進」，攝諸懈怠。 ➔精進	❹(能)以「大精進」，攝諸懈怠。 ➔精進	❹(能)以「大精進」，攝益一切懈怠懶惰。
❺「禪定」正受，攝迷惑意。	❺一心「禪寂」(禪定寂滅)，攝諸亂意。 ➔禪定	❺一心「禪寂」(禪定寂滅)，攝諸亂意。 ➔禪定	❺安住「靜慮」(禪定)，正念解脫等持(samādhi 三昧)等至(samāpatti 三摩缽地)，攝益一切諸有亂心。
❻得「智慧律」，攝諸邪智。	❻以「決定慧」，攝諸無智。 ➔智慧	❻以「決定慧」，攝諸無智。 ➔智慧	❻以「正決擇」，攝益一切妄見惡慧。
❼雖為「白衣」，奉持沙門「至賢之行」。	❼雖為「白衣」，奉持沙門「清淨律行」(應指戒之心，非爲戒之相)。	❼雖為「白衣」，奉持沙門「清淨律行」(應指戒之心，非爲戒之相)。	❼雖為「白衣」，而具沙門「威儀功德」。
❽「居家」為行，不止「無色」。	❽雖處「居家」，不著「三界」。	❽雖處「居家」，不著「三界」。	❽雖處「居家」，不著「三界」。
❾有「妻子婦」，自隨所樂，常修梵行。	❾示有「妻子」，常修梵行。	❾示有「妻子」，常修梵行。	❾示有「妻子」，常修梵行。
❿雖有「家屬」，常如閑居。	❿現有「眷屬」，常樂遠離。	❿現有「眷屬」，常樂遠離。	❿現有「眷屬」，常樂遠離。
⓫現相「嚴身」。	⓫雖服「寶飾」，而以相好嚴身。	⓫雖服「寶飾」，而以相好嚴身。	⓫雖服「寶飾」，而以相好莊嚴其身。
⓬被服「飲食」，內常如「禪」。	⓬雖復「飲食」，而以「禪悅」為味。	⓬雖復「飲食」，而以「禪悅」為味。	⓬雖現「受食」，而以「靜慮」等至(samāpatti 三摩缽地)為味。
⓭若在「博弈、戲樂」，輒以度人。	⓭若至「博弈(弈棋、圍棋、賭博)、戲	⓭若至「博弈(弈棋、圍棋、賭博)、戲	⓭雖同樂著「博弈、嬉戲」，而實

	處」，輒以度人。	處」，輒以度人。	恒為成熟有情。
⑭（就算）受諸「異道」，（仍）導以佛教，不離「聖典」。	⑭（就算）受諸「異道」，（仍）不毀正信。	⑭（就算）受諸「異道」，（仍）不毀正信。	⑭雖（雖然）稟（受）一切「外道」軌儀（法軌儀制），而於「佛法意樂」（仍）不壞。
⑮因（親近；順應）諸世間（之）俗教善語，（但仍）以法樂ㄌㄜˋ而樂ㄧㄠˋ之。	⑮雖明「世典」，（而仍）常樂ㄧㄠˋ佛法。	⑮雖明「世典」，（而仍）常樂ㄧㄠˋ佛法。	⑮雖明一切「世間書論」，而（仍能）於內苑（宮內園苑；皇宮之內。此喻正法花園）賞玩ㄨㄢˋ「法樂」。
⑯（於）一切見敬（人所見之處皆受敬重），（常受）為供養中最（殊勝第一）。	⑯（於）一切見敬（人所見之處皆受敬重），（常受）為供養中最（殊勝第一）。	⑯（於）一切見敬（人所見之處皆受敬重），（常受）為供養中最（殊勝第一）。	⑯雖現（於）一切邑會（都邑百姓聚集）眾中，而恒最為說法（之）上首。
⑰（於）所有耆ㄑㄧˊ舊，能喜世間，（對於）一切治生（治理生計）諧ㄒㄧㄝˊ偶（和合）。	⑰（能）執持「正法」，攝諸長幼（喻或老或少，老少皆咸宜），（對於）一切治生（治理生計）諧ㄒㄧㄝˊ偶（和合）。	⑰（能）執持「正法」，攝諸長幼（喻或老或少，老少皆咸宜），（對於）一切治生（治理生計）諧ㄒㄧㄝˊ偶（和合）。	⑰為隨「世教」，於尊卑等（喻或老或少），所作事業（日常生活的治理生計），示（現）無與乖（乖違）。
⑱雖獲「俗利」，不以喜悅。	⑱雖獲俗利（世俗利益），不以喜悅。	⑱雖獲俗利（世俗利益），不以喜悅。	⑱雖不希求「世間財寶」，然於俗利（仍）示（現）有所（熟）習。
⑲（於）遊諸四衢ㄑㄩˊ（四通八達之路），（能令眾生）普持法律（佛法戒律）。	⑲（於）遊諸四衢ㄑㄩˊ（四通八達之路），（能）饒益（豐饒助益）眾生。	⑲（於）遊諸四衢ㄑㄩˊ（四通八達之路），（能）饒益（豐饒助益）眾生。	⑲為（利）益含識（含靈識眾生），（故）遊諸市衢ㄑㄩˊ（城市街衢）。
⑳（能）入于「王藏」（國王府藏；國家庫藏）。	⑳（能）入治ㄓˋ政法（政事國法），救護一切。	⑳（能）入治ㄓˋ正（古同「政」）法，救護一切。	⑳為護群生，理諸王務（朝廷政事）。
㉑（若有）諸講法（聚）眾（之處），輒身往	㉑（雖）入（於）講「論」（教法之）處，（能）導	㉑（雖）入（於）講「論」（教法之）處，（能）導	㉑（雖）入（於）講「論」（教法之）處，（能）導

視，(令眾生)不樂𡌕小道(小乘)。	以「大乘」。	以「大乘」。	以「大乘」。
㉒(若有)諸「好學者」，輒身往勸，誘開童蒙(幼童愚蒙)。	㉒(能)入諸「學堂」，誘開(誘導開闡)童蒙(幼童愚蒙)。	㉒(能)入諸「學堂」，誘開(誘導開闡)童蒙(幼童愚蒙)。	㉒(能)入諸「學堂」，誘開(誘導開闡)童蒙(幼童愚蒙)。
㉓(或)入諸婬種(賣婬種姓;古印度四姓最卑的「首陀羅」種姓)，(示)除其「欲怒」。	㉓(或)入諸「婬舍」，(而)示「欲之過」。	㉓(或)入諸「婬舍」，(而)示「欲之過」。	㉓(或)入諸「婬舍」，(而)示「欲之過」。
㉔(或)入諸「酒會」，能(令眾生建)立其志(正念心志)。	㉔(或)入諸酒肆(酒店酤肆)，能(令眾生建)立其志(正念心志)。	㉔(或)入諸酒肆(酒店酤肆)，能(令眾生建)立其志(正念心志)。	㉔為令建立「正念正知」，(故或)遊諸「伎樂」(歌舞倡伎)。

《大方等大集經‧卷第十一》

(1)善男子！菩薩摩訶薩行如是法，不為煩惱之所染污，「不著」三界。菩薩摩訶薩行善方便功德力故，雖「行三界」，身心「不污」。

(2)善男子！譬如長者，唯有一子，心甚愛念。其子遊戲，誤墜「圊廁」，時母見已，惡穢「不淨」。父後見之，呵責其母，即便入廁，牽之令出，出已淨洗。「愛」因緣故，忘其「臭穢」。

(3)善男子！長者父母，喻於「聲聞、緣覺、菩薩」。「廁」喻「三界」。「子」喻「眾生」。「母」不能拔，喻「聲聞、緣覺」。「父」能拔濟，喻諸「菩薩」。「愛」因緣者，喻於「大悲」。菩薩摩訶薩具「善方便」入於三界，不為三界之所「染污」。

(4)是故道有二種。一者「聲聞」。二者「菩薩」。「聲聞道」者，厭於三界。「菩薩道」者，不厭三界。

(5)善男子！菩薩修集「空」、無「相、願」，雖行諸「有」，不墮於「有」。既不墮「有」，復不「取證」。「行三界」者，是名「方便」。「不取證」者，是名「智慧」……

《佛說除蓋障菩薩所問經‧卷十七》

善男子！菩薩若修十種法者，即能「在家」(而)出家。何等為十？

一者、得「無所取」。

二者、不雜亂(而)住。

三者、(能)棄背「諸境」。

四者、(能)遠離諸境一切(之)「愛著」。
五者、(能)不染諸境所有(之)「過失」。
六者、能於「如來」所設(之)「學門」，恭敬修習，加復「勤力」而無厭足。
七者、雖復少分(獲)得其「飲食、衣服、臥具、病緣醫藥」，(但)心(則)常(生)喜足(歡喜滿足)。
八者、(若)隨得「應器(pātra 缽多羅;食缽之器)、衣服」，(心亦能)離諸「取著」。
九者、厭離「諸境」，常生「怖畏」。
十者、常勤修習現前(之)「寂靜」。
善男子！菩薩若修如是十種法者，即能「在家」(而)出家。

《眾許摩訶帝經・卷十三》

(1)出家之人，當證「涅槃」，可受天上(或)人間(之)「第一供養」。若(有)人(能)「在家」(而心)出家，(乃為)真實「離欲」，亦(能)得天上(或)人間(之)供養。
(2)若是「在家」(卻)妄稱「出家」(妄稱自己已是真正的出家人)，當感「三惡道」報。

《方廣大莊嚴經・卷第四》

(1)爾時「菩薩」過七日已，起「大悲心」思惟方便，欲度眾生，告諸大臣，而說頌曰：
蓮花生長淤泥中，不為淤泥之所染。王者「德」感於眾庶，方為一切之所宗。
(2)世間無量諸眾生，當於我所證「甘露」，是故「示有妻子」等，非為五欲之所染。

《大方等無想經・卷第六》

(1)復次善男子，菩薩摩訶薩住是三昧，能於三千大千世界，隨諸眾生種種所行，處處現身。
(2)或閻浮提，現「處母胎」，一切眾生實見菩薩「處在母胎」，而是菩薩實不在胎(胎中住)。
(3)或閻浮提現「出母胎」，眾生亦見菩薩「出胎」，而是菩薩實不出胎。
(4)或閻浮提現初「剃髮」，造制「周羅」(cāḍa 出家剃髮之際，保留於頭頂之少許頭髮)，一切眾生皆見如是，而於菩薩實無是相。
(5)或閻浮提現詣「學堂」，習諸「技藝、書疏、算計」，一切眾生皆見菩薩始初習學，而是菩薩已於過去無量劫中悉修學已。
(6)或閻浮提現行如「人師子(佛之德號)、白鵝(「沙門瞿曇」有八十種好，其中第六十七為「動足去步如白鵝王」)」，一切眾生皆見菩薩現行如「人師子、白鵝」，而是菩薩都無此相。
(7)或閻浮提示有「妻子、五欲」相樂，一切眾生皆見是相，而是菩薩已於昔劫久遠離之，惟以「法樂」而自娛樂。
(8)或閻浮提示「大小便」，一切眾生亦見是相，而此菩薩得「真法身」，非雜食身，云何而有大小便利？咀嚼楊枝，著衣洗手，履踐革屣，執持傘蓋，身服纓絡，飲食飢渴，生老病死，行「檀波羅蜜」，得「轉輪王」、奴婢僕從、男女大小……

(9)善男子！菩薩摩訶薩雖作如是「隨順世間」種種諸行，為欲度脫，終不生於「眾生之相」，常修法相，何以故？

(10)是三昧力故，菩薩摩訶薩「無有著處」，不著「聲聞」、不著「緣覺」，為欲憐愍一切世間度眾生故，在在處處「隨其所樂」而「現其身」。

(11)是故菩薩修習「無相」見於「無相」，若人能見如是「無相」，是名「正見」。

《佛說首楞嚴三昧經・卷上》

(1)佛告堅意：菩薩住「首楞嚴三昧」。

(2)不復受戒，於戒不動。為欲化導諸眾生故，現「受持戒行」諸威儀。

(3)示有所犯，滅除過罪。而內清淨，常無闕失。

(4)為欲教化諸眾生故，生於欲界作「轉輪王」，諸婇女眾，恭敬圍遶。

(5)現有「妻子」，五欲自恣，而內常在「禪定淨戒」。

(6)善能了見「三有」(三界)過患。

(7)堅意！是名菩薩住「首楞嚴三昧」尸(戒律)波羅蜜本事果報。

【二～3】應以何身得度者，即現何身而為說法

三國吳・支謙譯《維摩詰經》	姚秦・鳩摩羅什譯《維摩詰所說經》	姚秦・鳩摩羅什譯《維摩詰所說大乘經》	唐・玄奘譯《說無垢稱經》
㉕入「長者」種，正長者意，能使樂法。	㉕若在「長者」(梵文原意指商人或富豪)，(則爲)長者中尊，(能)為說勝法。	㉕若在「長者」(梵文原意指商人或富豪)，(則爲)長者中尊，(能)為說勝法。	㉕若在「長者」(梵文原意指商人或富豪)，(則爲)長者中尊，(能)為說勝法。
㉖入「居士」種，正居士意，能除其(居士)貪。	㉖若在「居士」，(則爲)居士中尊，(能)斷其(居士)貪著。	㉖若在「居士」，(則爲)居士中尊，(能)斷其(居士)貪著。	㉖若在「居士」，(則爲)居士中尊，(能)斷其(居士)貪著。
㉗入「君子種」(kṣatriya→地主、王種、田主)，正君子意，能使忍和。	㉗若在「剎利」(kṣatriya→地主、王種、田主)，(則爲)剎利中尊，(能)教以忍辱。	㉗若在「剎利」(kṣatriya→地主、王種、田主)，(則爲)剎利中尊，(能)教以忍辱。	㉗若在「剎帝利」(kṣatriya→地主、王種、田主)，(則爲)剎帝利中尊，(能)教以忍辱。
㉘入「梵志種」	㉘若在「婆羅門」	㉘若在「婆羅門」	㉘若在「婆羅門」

(brāhmaṇa→淨行、淨志)，正梵志意，使行高遠。	(brāhmaṇa→淨行、淨志)，(則爲)婆羅門中尊，(能)除其我慢。	(brāhmaṇa→淨行、淨志)，(則爲)婆羅門中尊，(能)除其我慢。	(brāhmaṇa→淨行、淨志)，(則爲)婆羅門中尊，(能)除其我慢。
㉙入「人臣」中，正群臣意，為作端首，使入正道。	㉙若在「大臣」，(則爲)大臣中尊，(能)教以正法。	㉙若在「大臣」，(則爲)大臣中尊，(能)教以正法。	㉙若在「大臣」，(則爲)大臣中尊，(能)教以正法。
㉚入「帝王子」，能正其意，以孝寬仁，率化薄俗。	㉚若在「王子」，(則爲)王子中尊，(能)示以忠孝(據梵文原意指「摒棄對宮廷享受和王權上的貪求」)。	㉚若在「王子」，(則爲)王子中尊，(能)示以忠孝(據梵文原意指「摒棄對宮廷享受和王權上的貪求」)。	㉚若在「王子」，(則爲)王子中尊，(能)示以忠孝(據梵文原意指「摒棄對宮廷享受和王權上的貪求」)。
㉛入「貴人」中，能為雅樂，化正(教化導正)宮女。	㉛若在「內官」(宮中的女官屬)，(則爲)內官中尊(重要官員)，(能)化正(教化導正)宮女(據梵文原意指「婦女與公主」)。	㉛若在「內官」(宮中的女官屬)，(則爲)內官中尊(重要官員)，(能)化正(教化導正)宮女(據梵文原意指「婦女與公主」)。	㉛若在「內官」(宮中的女官屬)，內官中尊，(能)化正宮女(據梵文原意指「婦女與公主」)。
㉜入「庶人」中，軟意愍傷(憐愍傷惜)，為興福力(福祐資力)。	㉜若在「庶民」，(則爲)庶民中尊，(能)令(庶民)興福力(福祐資力)。	㉜若在「庶民」，(則爲)庶民中尊，(能)令(庶民)興福力(福祐資力)。	㉜若在「庶人」，(則爲)庶人中尊，(能)修相似(共同的；普遍的)福(之)殊勝意樂。
㉞入「帝釋」中，正帝釋意，為自在者，示現無常。	㉝若在「梵天」，(則爲)梵天中尊，(能)誨(梵天)以勝慧(殊勝之慧)。	㉝若在「梵天」，(則爲)梵天中尊，(能)誨(梵天)以勝慧(殊勝之慧)。	㉝若在「梵天」，(則爲)梵天中尊，(能)示諸梵衆「靜慮」差別(殊勝與否之差別)。
㉝入「梵天」中，正梵天意，能現梵天殊勝之慧。	㉞若在「帝釋」，(則爲)帝釋中尊，(能爲帝釋)示現無常。	㉞若在「帝釋」，(則爲)帝釋中尊，(能爲帝釋)示現無常。	㉞若在「帝釋」，(則爲)帝釋中尊，(能)示現自在(神奇的威力)，悉皆無常。
㉟入「四天王」，正天王意，能使擁護一切天下。	㉟若在「護世」(四大天王)，(則爲)護世中尊，(能)護諸衆	㉟若在「護世」(四大天王)，(則爲)護世中尊，(能)護諸衆	㉟若在「護世」(四大天王)，(則爲)護世中尊，(能)守護一

如是長者維摩詰，不可稱數善權方便，無所不入。其以權道(權巧變通之道)，現身有「疾」。	生。 長者維摩詰，以如是等無量方便饒益(豐饒助益)衆生。其以方便，現身有「疾」。	生。 長者維摩詰，以如是等無量方便饒益(豐饒助益)衆生。其以方便，現身有「疾」。	切利益安樂。 是無垢稱，以如是等不可思議無量善巧方便慧門，饒益(豐饒助益)有情，其以方便，現身有「疾」。

【二～4】維摩詰身疾，為說身「無常、無強、無力、無堅、速朽」之法

三國吳・支謙譯《維摩詰經》	姚秦・鳩摩羅什譯《維摩詰所說經》	姚秦・鳩摩羅什譯《維摩詰所說大乘經》	唐・玄奘譯《說無垢稱經》
㊀以其疾故，「國王、大臣、長者、居士」，群臣太子，并餘衆輩，從而問疾者，無數千人。	㊀以其疾故，「國王、大臣、長者、居士、婆羅門」等，及諸王子并餘官屬，無數千人，皆往問疾。	㊀以其疾故，「國王、大臣、長者、居士、婆羅門」等，及諸王子并餘官屬，無數千人，皆往問疾。	㊀以其疾故，「國王、大臣、長者、居士、婆羅門」等，及諸王子并餘官屬，無數千人，皆往問疾。
㊁其往者，維摩詰輒為說，是四大身為死亡法。言： ㊂諸仁者！是身「無常、為無強、為無力、為無堅」，	㊁其往者，維摩詰因以身疾，廣為說法： ㊂諸仁者！是身「無常、無強、無力、無堅」，速朽之法，不可信也！	㊁其往者，維摩詰因以**四大違和身體**，廣為說法： ㊂諸仁者！是身「無常、無強、無力、無堅」，速朽之法，不可信也！	㊁時無垢稱因以身疾廣為說法，言： ㊂諸仁者！是四大種所合成身，「無常、無強、無堅、無力」。朽故迅速，不可保信。
㊃為苦、為老、為病、為多痛畏。	㊃為苦、為惱，衆病所集。	㊃為苦、為惱，衆病所集。	㊃為苦、為惱，衆病之器，多諸過患變壞之法。

【二～5】是身有二十六喻，皆「蘊界處」眾緣和合，如空聚也

三國吳・支謙譯《維摩詰經》	姚秦・鳩摩羅什譯《維摩詰所說經》	姚秦・鳩摩羅什譯《維摩詰所說大乘經》	唐・玄奘譯《說無垢稱經》
諸仁者！如此身，明智者所不怙ㄏㄨˋ。	諸仁者！如此身，明智者所不怙ㄏㄨˋ（依怙憑靠）。	諸仁者！如此身，明智者所不怙ㄏㄨˋ（依怙憑靠）。	諸仁者！如此之身，其聰慧者所不為怙ㄏㄨˋ。
❶是身如聚沫，澡浴強忍。	❶是身如聚沫（積聚泡沫），不可撮ㄘㄨㄛ摩（撮取摩觸）。	❶是身如聚沫（積聚泡沫），不可撮ㄘㄨㄛ摩（撮取摩觸）。	❶是身如聚沫（積聚泡沫），不可撮摩。
❷是身如泡，不得久立。	❷是身如泡，不得久立。	❷是身如泡，不得久立。	❷是身如浮泡，不得久立。
❸是身如野馬（陽焰），「渴愛」疲勞。	❸是身如炎（陽焰），從「渴愛」生。	❸是身如焰（陽焰），從「渴愛」生。	❸是身如陽焰，從諸煩惱「渴愛」所生。
❹是身如芭蕉，中無有堅。	❹是身如芭蕉，中無有堅。	❹是身如芭蕉，中無有堅。	❹是身如芭蕉，都無有實。
		***是身如汲水輪，筋骨虛妄聯絡。**	
❺是身如幻，轉受報應。	❺是身如幻，從顛倒起。	❺是身如幻，從顛倒起。	❺是身如幻，從顛倒起。
❻是身如夢，其現恍惚。	❻是身如夢，為虛妄見。	❻是身如夢，為虛妄見。	❻是身如夢，為虛妄見。
❼是身如影，行照而現。	❼是身如影，從業緣現。	❼是身如影，從業緣現。	❼是身如影，從業緣現。
❽是身如響，因緣變失。	❽是身如響，屬諸因緣。	❽是身如響，屬諸因緣。	❽是身如響，屬諸因緣。
❾是身如霧，意無靜相。	❾是身如浮雲，須臾變滅。	❾是身如浮雲，須臾變滅。	❾是身如雲，須臾變滅。
❿是身如電，為分散法。	❿是身如電，念念不住。	❿是身如電，念念不住。	❿是身如電，念念不住。
⓫是身無主，為如地。	⓫是身無主，為如地。	⓫是身無主，為如地。	⓫是身無主，為如地。
⓬⓭是身非身，為如火。	⓬⓭是身無我，為如火。	⓬⓭是身無我，為如火。	⓬是身無我，為如水。 ⓭是身無有情，為

			如火。
⑭是身非命，為如風。	⑭是身無壽，為如風。	⑭是身無壽，為如風。	⑭是身無命者，為如風。
⑮是身非人，為如水。	⑮是身無人，為如水。	⑮是身無人，為如水。	⑮是身無有「補特伽羅」(pudgala 人、眾生、數取趣)與虛空等。
⑯是身非有，四大為家。	⑯是身不實，四大為家。	⑯是身不實，四大為家。	⑯是身不實，四大為家。
⑰是身為空，「無我、無性、無命、無人」。是身「無我」，「我者」轉離。	⑰是身為空，離「我、我所」。	⑰是身為空，離「我、我所」。	⑰是身為空，離「我、我所」。
⑱是身如束薪，筋纏而立。	⑱是身無知，如草木瓦礫。	⑱是身無知，如草木瓦礫。	⑱是身無知，如草木等。
⑲是身非真，但巧風合。	⑲是身無作，風力所轉。	⑲是身無作，風力所轉。	⑲是身無作，風力所轉。
⑳是身為荒，不淨腐積。	⑳是身不淨，穢惡充滿。	⑳是身不淨，穢惡充滿。	⑳是身不淨，穢惡充滿。
㉑是身為「虛偽覆」速朽，為磨滅(消磨毀滅)法。	㉑是身為虛偽，雖假以澡浴衣食，必歸磨滅(消磨毀滅)。	㉑是身為虛偽，雖假以澡浴衣食，必歸磨滅(消磨毀滅)。	㉑是身虛偽，雖假覆蔽(覆蓋掩蔽)，飲食將養，必歸磨滅(消磨毀滅)。
㉒是身為災，一增百病。	㉒是身為災，百一病惱。	㉒是身**如**災，**具四百四病所集**。	㉒是身多患，四百四病之所集成。
㉓是身老為怨，以老苦擾。	㉓是身如丘井(空井；枯井)，為老所逼。	㉓是身如丘井(空井；枯井)，為老所逼。	㉓是身易壞，如水「隧級」(《一切經音義》云：掘地通路曰隧，隧→徑也……延道也。級→階次也。案西域井如此方「古井」也……舊經言「丘井」者，非當梵名)，常為朽老之所逼

			迫(逼促催迫)。
㉔是身為窮道，為要當死。	㉔是身無定，為要當死。 ㉕㉖是身如毒蛇、如怨賊、如空聚(空無人住的聚落)，(五)陰、(十八)界諸(十二)入，所共合成。	㉔是身無定，為要當死。 ㉕㉖是身如毒蛇、如怨賊、如空聚(空無人住的聚落)，(五)陰、(十八)界諸(十二)入，所共合成。	㉔是身無定，為要當死。 ㉕是身如怨害，周遍毒蛇之所充滿。 ㉖是身如空聚(空無人住的聚落)，諸「(五)蘊、(十八)界、(十二)處」所共合成。

汲水輪

《大般涅槃經・卷十二》

(1)復次善男子！菩薩摩訶薩聖行者，觀察是身從頭至足，其中唯有「髮毛爪齒」不淨垢穢，皮肉筋骨、脾腎心肺、肝膽腸骨、生熟二藏(大略的說：「心、肺、肝、胃、脾、腎」等的「呼吸、循環及主生命」系統均可稱爲「生臟」。若縮小範圍的說：「生臟」即指「胃臟」。而「大、小腸、直腸、消化系統、排泄系統」均可稱爲「熟臟」。若縮小範圍的說：「熟臟」即指「直腸」)、大小便利、涕唾目淚、肪膏腦膜、骨髓膿血、腦胲諸脈。

(2)菩薩如是專念觀時，誰有是我？我為屬誰？住在何處？誰屬於我？

(3)復作是念：骨是我耶？離骨是耶？菩薩爾時除去皮肉，唯觀白骨。

(4)復作是念：骨色相異，所謂青黃、赤白及以鴿色，如是骨相亦復非我，何以故？

(5)我者亦非「青黃、赤白」及以鴿色。

(6)菩薩繫心作是觀時，即得斷除一切「色欲」。

《佛說轉女身經》

(1)此身虛偽，血肉所成，不久壞滅。

(2)此身如廁，九孔流出種種不淨。

(3)此身愚癡之人於中起著，而恆四大所成。

(4)此身諸陰，猶如怨家。

(5)此身虛偽，中無堅實，如「空聚落」(空無人住的聚落)。

(6)此身無主，從父母生，復以行業而嚴飾之。

(7)此身不淨，純盛臭穢。

(8)此身即是尿屎之器，不久棄捐，無可貪處。

(9)此身歸死，出息入息，必當斷故。

(10)此身無我，如草木瓦石。

(11)此身無作者，從因緣生。

(12)此身是眾鳥、狼、狗、野干之食，棄塚間故。

(13)此身是苦聚，常為四百四病之所困故。

(14)此身恆為風寒、冷熱等分眾病之所壞散，恆以藥力得存立故。

(15)此身不知恩，以飲食養之，無止足故。

(16)此身無知，內無作者故。

(17)此身是「後邊」(眾生若能修到「眾苦所依身」的「最後邊」，則成「阿羅漢」。因「阿羅漢」之「三界惑業」已盡，更不會再次受生，故此「色身」爲阿羅漢的「最後邊」)，必當死故。

《佛說無畏授所問大乘經・卷上》

爾時世尊告無畏授等五百長者言：菩薩摩訶薩，以無數種相觀察於身，何等無數？

(1)所謂此身「不實緣法」合集，如極微聚，從頂至足，次第破壞，彼九竅門，及諸毛孔，不淨流溢，猶如蟻聚，蛇毒止中，蛇毒違害。

(2)如怨敵如猿猴，多所損惱。

(3)如極惡友，常起諍競(競爭；爭論)。

(4)身如聚沫，不可撮摩(撮取摩觸)。

(5)又如水泡，旋有即壞(快速擁有，立即毀壞)。

(6)又如陽焰，渴愛所生。

(7)又如芭蕉，中無堅實。

(8)又如幻化，從虛妄起。

(9)又如王者，多種教令(經常下達多種的「五欲享樂」之教條法令)。

(10)又如怨對(同「怨懟」，怨恨不滿)，常來伺便(等待合適的時機一到，身體如怨恨)。

(11)又如盜賊，無有信義(例如吃甲藥，就不一定能治得了甲病，故無有信義，皆歸無常)。

(12)又如殺者，極難調制。

(13)如惡知識，常不歡喜。

(14)如破法者，隱沒慧命。

(15)又如邪朋(朋黨，朋比爲奸之義。喻六根如六朋黨，狼狽爲奸的做壞事)，減失善法。

(16)又如空聚(空無人住的聚落)，離於主宰(控制)。

(17)又如瓦器，終歸破壞。

(18)如小便坑，不淨充滿。

(19)如大便處，常多滓ㄗˇ穢(滓汙染穢)。

(20)又如食噉諸不淨鬼，及蛆蟲狗等，樂(處於)臭穢中。

(21)又如廣積穢物，遠聞其臭。

(22)如惡瘡疱ㄆㄠ，難合(密合)其竅(孔竅)，痛不可忍。

(23)又如毒箭，入身酸楚(酸疼痛楚)。

(24)如惡家主，難為侍養(侍候供養)。

(25)又如「朽舍」及如「漏船」，雖假修治(修補治理)，旋歸散壞。

(26)又如坯ㄆㄧ(還沒有燒過的磚瓦、陶器；土坯)器，難為固惜(堅固與惜護)。

(27)又如惡友，常假將護(身體需常假借很多外力來保護，以免受惡友之患)。

(28)如河岸樹，風所動搖。

(29)如大河流，終歸死海。

(30)又如客舍，多種違惱(違害苦惱)。

(31)如無主舍，無所攝屬(攝統隸屬)。

(32)如巡警人，常專撿察(常巡邏調查、稽查外在的六塵、五欲)。

(33)及如邊方(國家邊地之方)，多所侵嬈。
(34)如積沙處，漸當減下。
(35)如火蔓延。
(36)如海難渡。
(37)如地難平。
(38)如蛇置篋ㄑㄧㄝˋ（囊篋），隨生損害。
(39)又如嬰兒，常須存愛(心存珍愛之思)。
(40)又如破器，無所堪用。
(41)如惡方處，常虞(憂慮)壞亂。
(42)如雜毒食，常當遠離。
(43)如求乞人，得種種物，得已旋棄。
(44)又如大車，負(荷)極重等。
唯諸智者，於法覺了，應如是知。

《修行道地經・卷第六》
身則「本無」，五十五事無可貪者，亦無處所，於是頌曰……
何謂五十五事？
(1)是身如聚沫，不可手捉。
(2)是身如海，不厭五欲(於五欲的享樂中不覺滿足、不會厭離)。
(3)是身如江，歸於淵海，趣老病死。
(4)是身如糞，明智所捐。
(5)是身如沙城，疾就磨滅。
(6)是身如邊土(國家邊地之土)，多覩怨賊。
(7)是身如鬼國，無有將護(調養護理;衛護)。
(8)是身如骨背，肉塗血澆。
(9)是身如髓，筋纏而立。
(10)是身如窮士(貧窮之寒士)，(爲)淫怒癡(之)處。
(11)是身如曠野，愚者為惑。
(12)是身如嶮ㄒㄧㄢˇ道，常失善法。
(13)是身如塼ㄓㄨㄢ（《一切經音義》云卷：燒土墼ㄐㄧ也。指未曾燒過的瓦)冢ㄓㄨㄥˇ（墳墓），百八愛所立。
(14)是身如裂器，常而穿漏。
(15)是身如畫瓶，中滿不淨。
(16)是身如溷ㄏㄨㄣˋ（廁所;污物;糞便;便溺），九孔常流。
(17)是身如水「瀆」(溝渠;江河大川;泛濫)，悉為瑕穢。

(18)是身如幻，以惑愚人，不識正諦。
(19)是身如蒜，燒毒身心。
(20)是身如朽屋，敗壞飲食。
(21)是身如大舍，中多蟲種。
(22)是身如孔，淨穢出入。
(23)是身如萎華，疾至老耄。
(24、25)是身如露、如車，與「無常」俱，是身不得久立。
(26)是身如瘡，不淨流出。
(27)是身如盲，不見色本。
(28)是身如宅，「四百四病」之所居止。
(29)是身如注漏，諸「瑕穢」眾垢所趣。
(30)是身如篋ㄑㄧㄝˋ（囊篋），（爲）毒蛇（之）所處。
(31)是身如空拳（不是眞拳，只是空拳般的脆弱而已），以欺小兒。
(32)是身如塚ㄓㄨㄥˇ，人見恐畏。
(36)是身如蛇，瞋火常燃。
(34)是身如「癲國」，十八結（十八界）所由。
(35)是身如故殿（故舊宮殿），（爲）死魅所牽（爲牽制）。
(36)是身如銅錢，外現「金塗」，（內則爲）「皮革」所裹。
(37)是身如「空聚」（空無人住的聚落），六情（六根）所居。
(38)是身如餓鬼，常求飲食。
(39)是身如野象，懷老病死。
(40)是身如死狗（般的臭穢），（故）常覆蓋之。
(41)是身如敵，心常懷怨。
(42)是身如芭蕉樹，而不堅固。
(43)是身如破船，「六十二見」(dvāṣaṣṭi dṛṣṭayaḥ 古印度外道所執著之 62 種錯誤見解)為之所惑。
(44)是身如「婬蕩舍」，不擇善惡。
(45)是身如朽閣（朽壞的閣樓），傾壞善想。
(46)是身如喉痺ㄅㄧˋ（病症名，喉頭髮炎），穢濁在內。
(47)是身無益，中外（皆）有患。
(48)是身如塚ㄓㄨㄥˇ，而無有主，為婬怒癡所害。
(49)是身無救，常遭危敗。
(50)是身無護，眾病所趣。
(51)是身無歸，死命所逼。
(52)是身如琴，因絃有聲（故若無神識，則亦無身也）。

(53)是身如「鼓皮木」裹覆，計之本空。
(54)是身如坏(土丘)，無有堅固。
(55)是身如灰城，風雨所壞，歸老病死。
以是五十五事，觀身瑕穢，是身(皆充滿)欺詐，懷無(沒有不是懷著)「返復」(變化無常)。

《根本說一切有部毗奈耶・卷四十九》
(1)汝將可厭骨鎖身，周遍筋脈相纏縛。元由精血所成就，依他活命來輕我。
(2)皮囊不淨常充滿，晝夜入出無停息。九孔恆流瘡不差，縱橫穢氣鎮盈軀。
(3)若使諸人悟知此，如我識汝身不淨。譬如夏廁不可近，棄之遠去心無著。
(4)由彼盲冥無慧日，常被愚癡醫所履。為此心迷愛樂汝，猶如老象溺深泥。

鳩摩羅什譯《禪法要解經・卷上》
目連爾時說偈言：
(1)汝身骨幹立，皮肉相纏裹。不淨內充滿，無一是好物。
(2)皮囊盛屎尿，九孔常流出。如鬼無所直，何足以自貴。
(3)汝身如行廁，薄皮以自覆。智者所棄遠，如人捨廁去。
(4)若人知汝身，如我所厭惡。一切皆遠離，如人避屎坑。
(5)汝身自嚴飾，華香以瓔珞。凡夫所貪愛，智者所不惑。
(6)汝是不淨聚，集諸穢惡物。如莊嚴廁舍，愚者以為好。
(7)汝脅肋著脊，如椽依棟住。五藏在腹內，不淨如屎篋。
(8)汝身如糞舍，愚夫所保愛。飾以珠瓔珞，外好如畫瓶。
(9)若人欲染空，終始不可著。汝欲來嬈我，如蛾自投火。
(10)一切諸欲毒，我今已滅盡。五欲已遠離，魔網已壞裂。
(11)我心如虛空，一切無所著。正使「天欲」來，不能染我心。

【二～6】當樂佛身無量無邊功德，當斷一切眾生病，發無上心。底下約有17條

三國吳・支謙譯 《維摩詰經》	姚秦・鳩摩羅什譯 《維摩詰所說經》	姚秦・鳩摩羅什譯 《維摩詰所說大乘經》	唐・玄奘譯 《說無垢稱經》
㊀諸仁者！此可患厭，當發清淨不婬之行，如佛法身吾等當學。	㊀諸仁者！此可患厭，當樂佛身。所以者何？	㊀諸仁者！此可患厭，當樂佛身。所以者何？	㊀諸仁者！ 於如是身應生厭離。 於如來身應起欣

			樂。所以者何？
①佛法身者從「福祐」(福德護祐)生。	①佛身者即「法身」也。	①佛身者即「法身」也。	①如來身者，無量「善法」共所集成。
②佛身者從「智」生。	②從無量「功德智慧」生。	②從無量「功德智慧」生。	②從修無量殊勝「福德智慧」所生。
③從「戒品、定品、慧品、解品、度知見品」生。	③從「戒、定、慧、解脫、解脫知見」生。	③從「**布施**、戒、定、慧、解脫、解脫知見」生。	③從修無量勝「戒、定、慧、解脫、解脫知見」所生。
④從「慈、悲、喜、護」生。	④從「慈、悲、喜、捨」生。	④從「慈、悲、喜、捨」生。	④從修「慈、悲、喜、捨」所生。
⑤從「布施、調意自損」生。從「忍辱仁愛柔和」生。從「強行精進」功德生。從「禪解定意正受」生。從「智度無極聞德」生。	⑤從「布施、持戒、忍辱、柔和、勤行精進、禪定、解脫、三昧、多聞、智慧」諸波羅蜜生。	⑤從「布施、持戒、**善業**、忍辱、柔和、勤行精進、禪定、解脫、**等修**、三昧、多聞、智慧」諸波羅蜜生。	⑤⑥從修「布施、調伏、寂靜、戒忍、精進、靜慮、解脫、等持(samādhi 三昧)、等至(samāpatti 三摩缽地)般若、方便願力智」生。
⑥從「善權方便智謀」生。	⑥從「方便」生。	⑥從「方便」生。	
⑦從一切諸「度無極」(到彼岸)生。			⑦從修一切到彼岸生。
	⑧從「六通」生。	⑧從「六通」生。	⑧修「六通」生。
	⑨從「三明」(三事通達無礙之智明：❶宿命智證明❷生死智證明❸漏盡智證明)生。	⑨從「三明」(三事通達無礙之智明：❶宿命智證明❷生死智證明❸漏盡智證明)生。	⑨修「三明」(三事通達無礙之智明：❶宿命智證明❷生死智證明❸漏盡智證明)生。
⑩從「三十七道品」生。	⑩從「三十七道品」生。	⑩從「三十七道品」生。	⑩修「三十七菩提分」生。
⑧⑨從「神通」生。			

⑪從「止、觀」生。 ⑫⑬從「十力」生。從「四無所畏」生。從佛「十八法」生。 ⑭從斷一切惡法生，從一切善法合會生。 ⑮從「諦」生。 ⑯從「誠」生。 ⑰從不可計「清淨行為」成如來身。	⑪從「止、觀」生。 ⑫⑬從「十力、四無所畏、十八不共法」生。 ⑭從斷一切不善法，集一切善法生。 ⑮從「真實」生。 ⑯從「不放逸」生。 ⑰從如是無量「清淨法」生如來身。	⑪從「止、觀」生。 ⑫⑬從「十力、四無所畏、十八不共法」生。 ⑭從斷一切不善法，集一切善法生。 ⑮從「真實」生。 ⑯從「不放逸」生。 ⑰從如是無量「清淨法」生如來身。	⑪修「止、觀」生。 ⑫從修「十力、四無畏」生。 ⑬從修「十八不共法」生。 ⑭從斷一切不善法，集一切善法生。 ⑮⑯從修「諦實、不放逸」生。 ⑰從修無量「清淨業」生。
㊁如是仁者！當自勗ㄒㄩˋ勉，欲除一切病者，當發行「大道」。	㊁諸仁者！欲得佛身，斷一切衆生病者，當發「阿耨多羅三藐三菩提心」。	㊁諸仁者！欲得佛身，斷一切衆生病者，當發「阿耨多羅三藐三菩提心」。	㊁諸仁者！如來之身功德如是，汝等皆應發心求證。汝等欲得如是之身，息除一切有情病者，當發「阿耨多羅三藐三菩提心」。
㊂如是<u>維摩詰</u>為諸「問疾者，如應說法，令無數千人發「無上正真道意」。	㊂如是長者<u>維摩詰</u>為諸「問疾者」，如應說法，令無數千人皆發「阿耨多羅三藐三菩提心」。	㊂如是長者<u>維摩詰</u>為諸「問疾者」，如應說法，令無數千人皆發「阿耨多羅三藐三菩提心」。	㊂是<u>無垢稱</u>為諸集會來「問疾者」，如應說法，令無數千人皆發「阿耨多羅三藐三菩提心」。

《佛說大乘菩薩藏正法經・卷七》

(1)佛身「無漏」，諸漏已盡。佛身無為，不墮諸數，如虛空身，無等等身，一切三界量勝之身。

(2)又如來身者，不可喻身，無所喻身。清淨無垢，離諸染污。

(3)自性光明，非先際可觀，非後際可觀，非現在可觀。

(4)非種族可觀，非色可觀，非相可觀，非隨形妙好可觀。

(5)非心可觀，非意可觀，非識可觀。非見可觀，非聞可觀，非念可觀，非表了可觀。
(6)非蘊可觀，非處可觀，非界可觀。非生可觀，非住可觀，非滅可觀。
(7)非取可觀，非捨可觀。非出離可觀，非行可觀。
(8)非顯色可觀，非狀貌可觀，非形色可觀。
(9)非來可觀，非去可觀。非戒可觀，非定可觀，非慧可觀。
(10)非解脫可觀，非解脫知見可觀。非有相可觀，非離相可觀。
(11)非法相可觀，非諸相成辦可觀。非無所畏可觀，非無礙解可觀。
(12)非神通可觀，非大悲可觀，非不共佛法成辦可觀。
(13)諸佛出現，如幻、如焰、如水中月，自性妙身、空、無相、無願。
(14)無際岸身、無種類身、無積聚身、無分別身、無依止身、無別異身。
(15)已得善住不動轉身。無色、非色自性身。
(16)無受、非受。無想、非想。無行、非行。無識、非識自性身。
(17)無實、無生，非大種身。未曾有、未曾有業身。
(18)非眼所生，不從色中出，亦非在外。
(19)非耳依止，不從聲中出，亦非在外。
(20)非鼻所嗅，不從香中出，亦非在外。
(21)非舌了別，不從味中出，亦非在外。
(22)非身和合，不從觸中出，亦非在外。
(23)非心所轉，非意所轉，非識所轉，亦非不轉，亦非隨轉。
(24)得安住「無動」等虛空身。

《大方廣佛華嚴經・卷第五十五》

(1)佛子！菩薩摩訶薩見一切佛，聞所說法生大歡喜，不著自身，不著「佛身」，解如來身「非實非虛、非有非無、非性非無性、非色非無色、非相非無相、非生非滅」，實無所有，亦不壞有。何以故？
(2)不可以「一切性相」而取著故。

弟子品第三

《佛說離垢施女經》中無垢施女(Vimaladatta 中印度舍衛國 波斯匿王之女)與八位聲聞羅漢、八位菩薩的「對話」內容研究

1 無垢施女與「智慧第一」的舍利弗對話	一、無垢施女與文殊師利菩薩的對話
2 無垢施女與「神通第一」的大目犍連對話	二、無垢施女與不虛見(不迷見、無癡見)菩薩的對話
3 無垢施女與「頭陀第一」的大迦葉對話	三、無垢施女與寶英(寶幢、寶相)菩薩的對話
4 無垢施女與「解空第一」的須菩提對話	四、無垢施女與棄諸惡趣(除惡、離惡趣)菩薩的對話
5 無垢施女與「說法第一」的富樓那對話	五、無垢施女與棄諸陰蓋(障一切罪、除諸蓋)菩薩的對話
6 無垢施女與「坐禪第一」的離波多對話	六、無垢施女與光世音(觀世音)菩薩的對話
7 無垢施女與「天眼第一」的阿那律對話	七、無垢施女與辯積(辯聚、辯嚴)菩薩的對話
8 無垢施女與「多聞第一」的阿難對話	八、無垢施女與超度無虛迹(不迷行、無癡行)菩薩的對話

西晉・竺法護譯 《佛說離垢施女經》 (譯於公元 265～274)	元魏・般若流支譯 《得無垢女經》 (一名《論義辯才法門》) (譯於公元 538～543)	唐・菩提流志譯 《大寶積經・聲聞品第二》 (譯於公元 713)
㊀一時佛在舍衛國 祇樹給孤獨園，與大比丘眾俱，比丘千人皆阿羅漢，諸漏已盡，逮得已辦……如是等菩薩具足萬人。	㊀一時婆伽婆，住舍婆提城 祇陀樹林給孤獨園，與大比丘眾千二百五十人俱，皆是阿羅漢，諸漏已盡，無復煩惱，心得自在……諸大菩薩十千人……	㊀如是我聞，一時佛遊舍衛國 祇樹給孤獨園，與大比丘眾千人俱。皆是阿羅漢，諸漏已盡，無復煩惱，於諸法中皆得自在。所作已辦，捨於重擔，逮得己利，盡諸有結。得正智解脫，心得善解脫，慧得善解脫。其心調伏如大象王，心得自在，到於彼岸……如是等菩薩摩訶薩萬二千人俱。
㊁爾時賢者舍利弗、大目揵連、大迦葉、須菩提、	㊁爾時尊者舍利弗、尊者大目揵連、尊者摩訶迦	㊁爾時大德舍利弗、大德目犍連、大德摩訶迦

邠耨文陀弗、離越、阿那律、阿難等。 ㊂溥首童真、不虛見、寶英、棄諸惡趣、棄諸陰蓋、光世音、辯積、超度無虛迹。 ㊃時此「八菩薩」及「八弟子」，明旦著衣持鉢，入城「分衛(paiṇḍapātika 乞食)」…… ㊄于時城中王波斯匿(Prasenajit)，有女名曰維摩羅達(晉言離垢施 Vimaladatta)，厥(其)年十二，端正殊妙，見者咸悅，第一潔白，色如妙華……	葉、尊者須菩提、尊者富樓那、彌多羅尼子、尊者離婆多、尊者阿泥樓大、尊者阿難陀，此如是等八大聲聞。 ㊂文殊師利童子菩薩、除惡菩薩、寶幢菩薩、不迷見菩薩、障一切罪菩薩、觀世自在菩薩、辯聚菩薩、不迷行菩薩。 ㊃此「八菩薩」摩訶薩等，并(八)「大聲聞」，於晨朝時，著衣持鉢被服袈裟，相與欲入舍婆提城為乞食故…… ㊄時憍薩羅(Kośalā 拘舍羅國)，波斯匿王有女，名得無垢(Vimaladatta)，已曾親近無量諸佛，久種善根，供養多佛，解甚深法，得五神通，天眼遠見，清淨過人……彼女端正姿媚少雙，甚可愛樂。妙色具足，父母意念，一切婇女、一切人民皆悉樂見，年始十二……	葉、大德須菩提、大德富樓那彌多羅尼子、大德離越、大德阿那律、大德阿難。 ㊂及文殊師利法王子、無癡見菩薩、寶相菩薩、離惡趣菩薩、除諸蓋菩薩、觀世音菩薩、辯嚴菩薩、無癡行菩薩。 ㊃如是等「八大菩薩」及「八大聲聞」。晨朝執持「衣鉢」，欲入舍衛城乞食…… ㊄爾時城內波斯匿王(Prasenajit)女，名曰無垢施(Vimaladatta)。始年八歲，顏貌端嚴，世所希有……

無垢施女與「智慧第一」的舍利弗對話(與《維摩詰經》有對應到)

西晉・竺法護譯 《佛説離垢施女經》	元魏・般若流支譯 《得無垢女經》	唐・菩提流志譯 《大寶積經・聲聞品第二》
㊀於是離垢施謂舍利弗： 唯問，賢者！智慧之事，	㊀爾時得無垢女，知父(波斯匿王 Prasenajit)默然，即語尊者舍利弗言：	㊀爾時無垢施女謂舍利弗言：

當以答我！		
㊁所言智慧，歎於耆年，「智慧」最尊。	㊁大德舍利弗！我欲「問難ㄋㄢˋ」（詰問辯難），願慈念我。佛說大德，「智慧」人中最為第一。	㊁大德！我欲少有所問，願為解說，以憐愍故。世尊記仁者，「智慧」中最為第一。
㊂其智慧者，為「有為」乎？若「無為」耶？	㊂大德！何者「智慧」？彼智慧者，為「常、無常」？	㊂此慧是「有為」耶？是「無為」耶？
㊃假使「有為」，則為「起生滅壞」之事，虛偽之法。	㊃若是「常」者，如佛所說，一切諸法皆悉無常。佛如是說，則是妄說、迷惑說法。	㊃若是「有為」，虛誑非實法。
㊄設「無為」者，離於三相，以是之故，為「無所起」。	㊄若是「無常」，彼法「不生」。若法「不生」，彼法則「無」。	㊄若是「無為」，「無為法」者，則「無有生」，「無生」之法，則「無有起」。
㊅設「無所起」，則無「合會」。其智慧者，悉無所有。	㊅為何所說？則不憶念說智慧法。以何義故？佛說「大德智慧」，人中最為第一？	㊅以「無起」故，大德智慧則「無所有」。
㊆時，舍利弗默無以報。	㊆尊者舍利弗默然不答。	㊆舍利弗即便默然。
㊇大目連曰： 仁，舍利弗！當時（在那個當時之下）發遣（研討；處理）離垢施問？	㊇爾時尊者大目犍連問於尊者舍利弗言： 何故默然，不答女「難」（詰問辯難）？	㊇大德目犍連謂舍利弗言： 大德！何為不答無垢施女所問？
㊈舍利弗答曰： 女所寤者，不問「有為」及與「無為」，（彼女所）講「無所起」，（乃）不可「言聲」以答發遣（研討；處理）。	㊈尊者舍利弗言： 女不問我「無常」之法，（竟反）問「不生」法，故我不答。	㊈舍利弗答目犍連言： 此女不問「有為」之法，乃問「第一義諦」，「第一義」中則「無言說」，是故不可以「言」而答。

無垢施女與「神通第一」的大目犍連對話（與《維摩詰經》有對應到）

西晉·竺法護譯 《佛說離垢施女經》	元魏·般若流支譯 《得無垢女經》	唐·菩提流志譯 《大寶積經·聲聞品第二》
㊀離垢施女問大目連： 世尊歎賢者，「神足」為最耆年。 ㊁云何立「眾人想」現神足乎？為「法想」耶？ ㊂若立「人想」現神足者，人虛無實，神足亦空。 ㊃欲以「法想」，法「無所造」。其無所造，彼無所獲。以「無所獲」，則「無所想」。 ㊅大目揵連默無言報。 ㊆大迦葉曰： 仁，大目連！以時(以在當時之下)「發遣」(研討;處理)女之所問？ ㊇目連答曰： 女之所問，不以「想念」(妄想分別之念)，(其實所謂)無有「想說」，無作、無念，(此)唯「諸如來、眾菩薩」等乃能「發遣」(研討;處理)。	㊀爾時得無垢女，問於尊者大目連言： 大德目連！佛說大德，「神通」人中最為第一。 ㊁大德為「住眾生想」故，「示現」神通？為「住法想」，示現神通？ ㊂若「住眾生想」示現神通者，眾生既無，云何大德「示現神通」？ ㊃若「住法想」示現神通，法「無分別」，大德亦爾，無所分別。 ㊄既「無分別」，云何大德示現神通？ ㊅尊者目連默然不答。 ㊆爾時尊者富樓那彌多羅尼子問於尊者大目連言： 何故默然，不答女難？ ㊇尊者目連言： 女不問我「分別」，(竟反)問我「無分別、不取、不分別」如來菩提道，是故我不答。	㊀時無垢施女謂目犍連言： 世尊記大德，於「神足」人中最為第一。 ㊁大德！乘「神足」時，為「眾生想」耶？為「作法想」耶？ ㊂若「住眾生想」者，眾生「無實」，彼神足亦「無實」。 ㊃若「住法想」者，法「無變異」，若「無變異」，則「無所得」，若「無所得」，則「無分別」。 ㊅大德目犍連即便默然。 ㊆摩訶迦葉謂目犍連言： 大德！何為不答無垢施女所問？ ㊇目犍連言： 此女不問「分別神足」，(其實)諸如來菩提(之)「無作、無分別」(以上皆屬第一義諦)，此則「不可言說」。
	爾時得無垢女問於尊者富樓那彌多羅尼子言： 大德富樓那！佛說大德，「說法」人中最為第一。	

	大德！為「受持」說法，為「不受持」說法？ 若「受持」說法，則與一切「愚癡凡夫」等無有異。何以故？一切愚癡凡夫「受持」。 大德！如是不離一切「愚癡凡夫法」。 若「不受持」說法，法既「無物」，云何大德「說法」人中最為第一？ 尊者富樓那彌多羅尼子默然不答。 爾時尊者摩訶迦葉問於尊者富樓那彌多羅尼子言：何故默然，不答女難？ 尊者富樓那彌多羅尼子言： 女不問我「世諦」之義，(竟反)問我「真諦」，故我不答。	

無垢施女與「頭陀第一」的大迦葉對話(與《維摩詰經》有對應到)

西晉・竺法護譯 《佛說離垢施女經》	元魏・般若流支譯 《得無垢女經》	唐・菩提流志譯 《大寶積經・聲聞品第二》

㊀離垢施女問大迦葉： 佛歎耆年「知足」第一。	㊀爾時得無垢女問於尊者大迦葉言：	㊀時無垢施女謂摩訶迦葉言： 世尊記大德，「頭陀」人中最為第一。
㊁云何迦葉？假使住於「八思議門」(八背捨、八惟無、八惟務、八解脫)而「禪三昧」，愍哀眾人，起行「分衛(paiṇḍapātika 乞食)」。所受食者(所受他人之布食)，若(有眾生)一杓 供此人(已得八解脫者)之等，悉當(得)生天(之報)！	㊁大德摩訶迦葉！大德入「八解脫」(aṣṭau vimokṣāḥ❶內「有色想」，觀諸色解脫❷內「無色想」，觀外色解脫❸「淨解脫身」作證，具足住解脫❹超「諸色想」，滅「有對想、不思惟」種種想，入「無邊空、空無邊處」，具足住解脫❺超一切「空無邊處」，入「無邊識、識無邊處」，具足住解脫❻超一切「識無邊處、入無所有、無所有處」，具足住解脫❼超一切「無所有處」，入「非想非非想處」，具足住解脫❽超一切「非想非非想處」，入「想受滅身作證」，具足住解脫)，入已復出，為人說法。於何人邊，乃至微少，受(他人布施之)一瓢 食。彼諸(布)施者，皆得生天(之報)！	㊁又復大德！憐愍眾生故，入「八解脫」(八背捨、八惟無、八惟務、八思議門)已，而受施(接受他人布施)，乃至一念而受他施(他人布施)。
㊂	㊂彼(眾生)於(汝這位)大德，云何而施(報答施主之恩)？	㊂
為以「身」事畢「眾祐」(於眾生有所祐助之恩)乎？ 若以「心」了？	為(以)「身」淨施(報答彼恩)？ 為(以)「心」淨施(報答彼恩)？ 為(以)「身心」淨施(報答彼恩)？	以「身」報(報答施主恩)耶？ 以「心」報(報答施主恩)耶？
㊃設以「身」者，身則屬外，不可以「身」而了事矣！有計「身」者，譬如草木牆壁瓦石，以是之故，不可了別。	㊃若(以)「身」淨施，身則「無知、無覺、不動」，如草如木，如壁如土，彼身如是，(故)不能(獲得)淨施。	㊃若以「身」報(報答施主恩)，身性「無記」，喻如草木、牆壁、瓦礫等無異，是故不能必報施恩(報答施主恩)。
㊄設用「心」者，心無所	㊄若(以)「心」淨施，心	㊄若以「心」報(報答施主

住，以故不了。 ㉖設以「身心」在於外者，則無所有，不可用了。 ㉗迦葉默然。 ㉘須菩提曰： 唯，大迦葉！當時發遣女之所問？ ㉙迦葉答曰： 今女所問，悉「無所受」，則應「本際」(法之本際，即第一義諦)。以是之故，不可發遣。	則「如幻」，不暫時住，(亦)不能(獲得)淨施。 ㉖若彼(以)「身心」內外俱淨，如是「身心」，(亦)不得淨施。「身心」無物，云何(能獲得)淨施？ ㉗尊者大迦葉默然不答。 ㉘爾時尊者須菩提問於尊者大迦葉言： 何故默然，不答女難？ ㉙尊者大迦葉言： 女不問我「取法」，(竟反)問我「不取法」，是故我不答。女問我「實際」(法之實相，此指第一義諦)，是故我不答。	恩)，心「念念不停」，亦不能報(報答施主恩)。 ㉖若除「身心」，則「無為法」，若「無為法」，誰能報(報答施主恩)者？ ㉗摩訶迦葉即便默然。 ㉘大德須菩提謂摩訶迦葉言： 何為不答無垢施女所問？ ㉙摩訶迦葉答須菩提言： 此女所問，(是)問「法真際」(法之眞際，即第一義諦)，此理不可以「言」宣答。

vikalpana「淨施」又稱「說淨」。
甲比丘受乙之「布施之物」，甲比丘沒有「直接」受納，再將該物「逆施」轉贈給乙。或又將物品「轉施」與丙，然後再受乙或丙之「返還」歸贈，此時的甲比丘便可獲得「該物」。
甲比丘即稱爲「淨施」。乙或丙，則稱爲「淨施者」。
「淨施」係爲除去比丘對財物之貪欲而行之「權宜」之計，乃爲表現出家人以「少欲知足」爲生活原則。

無垢施女與「解空第一」的須菩提對話(與《維摩詰經》有對應到)

西晉・竺法護譯 《佛說離垢施女經》	元魏・般若流支譯 《得無垢女經》	唐・菩提流志譯 《大寶積經・聲聞品第二》
㊀離垢施女問須菩提： 佛歎耆年，在於「閑居」，行空第一。 ㊁其「空法」者，為「有	㊀爾時得無垢女問於尊者須菩提言： 大德須菩提！佛說大德「阿蘭」(araṇya 無諍處)若行最為第一。 ㊁大德！「阿蘭若」者，	㊀時無垢施女謂須菩提言： 世尊記大德，於「無諍」人中最為第一。 ㊁此「無諍行」，入「有

所說」？歟「有形」乎？	為「有物修」？為「有法修」？	性」耶？入「如性」耶？
㊂設欲說法，法無「起相」，亦無「滅相」。	㊂若「有物修」，則是「無常」。	㊂若入「如性」，「如」非「生相」，「如」非「滅相」。
㊃其有「不起不滅相」者，彼則「平等」。 其「平等」者，則為「調定」。 其「調定」者，則為「無本」。 其「無本」者，亦「無所作」。 「無所作」者，則無「言說」。 已無「言說」，則無「心念」。 其無「心念」，則無「真實」。	㊃若「有法修」，法「無生相」，法「無滅相」。 法若「不生不滅相」者，彼則「平等」。 彼若「平等」，則「非平等」。 彼若「真如」，則「非真如」，不動不轉。 若「不動轉」，彼「不得說」。 若「不得說」，彼「不思議」。 若「不思議」，彼「不可說」。 若「不可說」，彼則「無物」。	㊃若不「生相」，若非「滅相」，則是「平等」。 若是「平等」，則是「如」爾。 若是「如」爾，則是「無作」。 若是「無作」，則「無言說」。 若「無言說」，則「不可思議」。 若「不可思議」，則「不可宣表」。
㊄設「無所有」，則不有「實」。	㊄若「無物」者，彼則「無實」。	㊄若在「有性」，「有性」(皆是)虛誑。
㊅其不有「實」，則是聖賢之所歎詠。	㊅若「無實」者，聖人不說。	㊅若見「虛誑」，非聖所行。
㊆須菩提默，無以加報。	㊆尊者須菩提默然不答。	㊆大德須菩提即便默然。
㊇邠耨(邠耨文陀弗或富那曼陀弗多羅，譯曰滿嚴飾子或滿見子或富樓那)曰： 須菩提！以時發遣女之所問？	㊇爾時尊者離波多問於尊者須菩提言： 何故默然，不答女難？	㊇富樓那彌多羅尼子謂須菩提言： 何不答無垢施女所問？
㊈須菩提曰： 不當於此有所說也！默然為安。所以者何？ 女之所問，無「放逸」事。 「有所說」者，則墮短乏，有計「法界」。無有「言說」，斯歸於「空」。	㊈尊者須菩提言： 乃至「無有少法」可說，默然為樂！女問如是「不戲論法」，諸有「言說」，皆是「不善」。「不言說界」是「阿蘭若」(aranya 無諍處)行。	㊈須菩提答富樓那言： 我於理「不應有答」，唯有「默然」是我樂處！此女所問，問「無戲論法」，若「有言說」，則生「過患」。法性「無說」，是「無諍行」。

無垢施女與「說法第一」的富樓那對話(與《維摩詰經》有對應到)

西晉・竺法護譯 《佛説離垢施女經》	元魏・般若流支譯 《得無垢女經》	唐・菩提流志譯 《大寶積經・聲聞品第二》
	【本段原文並非置於此，為對照用，故複製到此】	
㊀離垢施女問邠耨曰： 佛歎賢者，講法最尊。	㊀爾時得無垢女問於尊者富樓那彌多羅尼子言： 大德富樓那！佛説大德，「說法」人中最為第一。	㊀時無垢施女謂富樓那言： 世尊記大德，於「說法」人中最為第一。
㊁耆年以何因緣說法？	㊁大德為「受持」說法(喻依文解義→三世佛冤)？為「不受持」説法(喻離經一字→即同魔說)？	㊁若說法時，說「有境界法」耶？「無境界法」耶？
㊂設「無因緣」則無所益。若以「因緣」講說法者，則與「愚癡凡夫」同等。所以者何？ 「愚癡凡夫」與因緣俱，是故賢者不離「愚癡凡夫」之法。	㊂若「受持」說法，則與一切「愚癡凡夫」等無有異。 何以故？一切愚癡凡夫「受持」(喻依文解義→三世佛冤)。 大德！如是不離一切「愚癡凡夫法」。	㊂若說「有境界法」，則與凡夫等。所以者何？以凡夫說「有境界法」故。 是以大德，不離「凡夫法」。
㊃設「無因緣」，無有「形類」，云何說法？無緣對故。	㊃若「不受持」說法(喻離經一字→即同魔說)，法既「無物」，云何大德「說法」人中最為第一？	㊃若「無境界」，則「無所有」，若「無所有」，何名「說法」人中最為第一？
㊄邠耨(邠耨文陀弗或富那曼陀弗多羅，譯曰滿嚴飾子或滿見子或富樓那)默然。	㊄尊者富樓那彌多羅尼子默然不答。	㊄富樓那即便默然。
㊅離越(Revata 離婆多)日： 賢者！以時發遣女之所問？	㊅爾時尊者摩訶迦葉問於尊者富樓那彌多羅尼子言： 何故默然，不答女難？	㊅大德離越謂富樓那言： 大德！何為不答無垢施女所問？
㊆邠耨答曰： 今女所問，不用「習俗」，(竟	㊆尊者富樓那彌多羅尼子言：	㊆富樓那答離越言： 此女不問「有為」，問「第

反)問「究竟度」。「究竟度」(此指第一義諦)者，則無「言趣」，亦不可說。	女不問我「世諦之義」，(竟反)問我「真諦」(此指第一義諦)，故我不答。	一義」。「第一義」中則「無言說」，是故無理可答。

無垢施女與「坐禪第一」的離波多對話(與《維摩詰經》沒有對應到)

西晉・竺法護譯 《佛說離垢施女經》	元魏・般若流支譯 《得無垢女經》	唐・菩提流志譯 《大寶積經・聲聞品第二》
㊀離垢施女問離越曰： 佛歎耆年，「行禪」最尊。	㊀爾時得無垢女問於尊者離波多言： 大德離波多！佛說大德「坐禪」人中最為第一。	㊀時無垢施女謂離越言： 世尊記大德，於「行禪」人中最為第一。
㊁為以何「心」依倚於禪？ 為「不用」心？	㊁大德！為心「依止」禪？ 為心「不依止」禪？	㊁大德！禪時，依「有心禪」耶？「無心禪」耶？
㊂設「用心」者，心則如「幻」，虛無所有，其「三昧定」亦無所有。	㊂若「心依止」禪，心則「如幻」不實分別。若當如是「不實」，「分別」則不實，依止「禪三昧」則「不實」。	㊂若依「心」入禪，心如「幻化」不實，此「定」亦復「不實」。
㊃設以「無心」，一切外處，諸屋宮殿、草木枝葉，悉得「三昧」。所以者何？斯物「無心」。	㊃若「無心念禪」，一切「死人」亦得歡喜，諸「草木、壁波羅賒樹」皆應「三昧」。何以故？以彼諸物皆「無心」故。	㊃若「無心」入禪，諸外法「草木、枝葉、花果」等亦應得禪。所以者何？以彼同「無心」故。
㊄離越默然。	㊄尊者離波多默然不答。	㊄大德離越即便默然。
㊅阿那律曰： 賢者！以時發遣女問？	㊅爾時尊者阿泥樓大問於尊者離波多言： 何故默然，不答女難？	㊅大德阿那律謂離越言： 何不答無垢施女所問也？
㊆離越答曰： 女之所講，問「佛境界」，則非「弟子」之所發遣。	㊆尊者離波多言： 得無垢女，問「佛境界」，彼非「聲聞」之所能答。	㊆離越答阿那律言： 此女所問「諸佛行處」，是非「聲聞」所答。
㊇女問離越： 云何？賢者！「聲聞法」異	㊇得無垢曰： 於意云何？「如來法界、	㊇時無垢施女言： 「諸佛法、聲聞法」有「異」

「如來」異乎？ 設以「差別」，其「無為者」則當殊別，一切賢聖悉「無為」矣！ 其「無為」者，則「無所生」。 其「無所生」，則無有「二」。 其「無二」者，不可名(為有)「二」。 ㉈(離越)何故説此？(故)寂無以報。	聲聞法界」，有「別異」耶？ 若「異」法界，則「壞」法界。若法界「壞」，法界則「二」。 法界「不二」，得言「真如」。 如是「真如」，得言「不二」。 如是「真如」，如是「不二」，不得言勝(誰勝？誰別異)。 ㉈大德(離波多)何以作如是説？(指問「佛境界」，彼非「聲聞」之所能答)	耶？ 若是有「異」，「無為」(則)有「二」耶？諸賢聖皆行「無為」，「無為」之法則「無有生」。 若「無有生」，則是「無二」。 若是「無二」，則是「如」爾。 「如」爾「無二」。 ㉈是故大德離越，何為作是説耶？(指問「諸佛行處」，是非「聲聞」所答)

無垢施女與「天眼第一」的阿那律對話(與《維摩詰經》有對應到)

西晉・竺法護譯 《佛説離垢施女經》	元魏・般若流支譯 《得無垢女經》	唐・菩提流志譯 《大寶積經・聲聞品第二》
㊀離垢施女問阿那律： 佛歎耆年，「天眼」最尊。	㊀爾時得無垢女，問於尊者阿泥樓大言： 大德阿泥樓大！佛説大德「天眼」人中最為第一。	㊀時無垢施女謂阿那律言： 世尊記大德，於諸「天眼」人中最為第一。
㊁云何，賢者！因以天眼「有所見」乎？為「無見」耶？	㊁大德！天眼為「有物見」？為「無物見」？	㊁大德！以「天眼」所見，為「有物」耶？為「無物」耶？
㊂設「有所見」則為「有常」。	㊂若「有物見」，則墮「常見」。	㊂若見「有物」，則為見「常」。
㊃設「無所見」則墮「斷滅」。	㊃若「無物見」，則墮「斷見」。	㊃若見「無物」，則為見「斷」。
㊄所見「無形」，為「有別」耶？	㊄	㊄若「離二邊」，則為「無見」。
㊅阿那律默然。	㊅尊者阿泥樓大默然不答。	㊅大德阿那律即便默然。
㊆阿難言曰： 賢者！以時發遣女問？	㊆爾時尊者阿難陀問於尊者阿泥樓大言： 何故默然，不答女難？	㊆大德阿難謂阿那律言： 何為不答無垢施女所問？

㉮阿那律曰： 女之所問，除(除非是具有)猛智慧(者)，(否)則不可以「言說」答之，(故以)默然為安。	㉮尊者阿泥樓大言： 女懷「智慧問」，是故我不答。	㉮阿那律答阿難言： 此女所問為「壞假名」(破壞「假名有」之法)，是故不可以「假名」而答。

無垢施女與「多聞第一」的阿難對話(與《維摩詰經》有對應到)

西晉・竺法護譯 《佛說離垢施女經》	元魏・般若流支譯 《得無垢女經》	唐・菩提流志譯 《大寶積經・聲聞品第二》
㊀離垢施女問阿難曰： 佛歎賢者，「博聞」最尊。	㊀爾時得無垢女問於尊者阿難陀言： 大德阿難陀！佛說大德於「多聞」中最為第一。	㊀時無垢施女謂阿難言： 世尊記大德，於「多聞」人中最為第一。
㊁今仁博聞，斯為何謂？「義」何所趣？為用「嚴飾」？	㊁大德！何物得言「多聞」？ 為「有義知」？為「究竟知」？	㊁此「多聞」法，為是「實義」耶？為是「文字」耶？
㊂設以「義」者，義「無言說」。 其「無言說」，不以「耳識」而分別之。 耳「無所識」，不能分別。 不能「別」者，則「無有言」。	㊂若「有義知」，義「無言語」，不可言說，非「耳識知」，彼「非可見」。	㊂若是「實義」，義「不可說」。若「不可說」法，則非「耳識」所知。 若非「耳識」所知，復「不可說」。
㊃假以「嚴飾」，如世尊言：當歸「正義」，莫取「嚴飾」！	㊃若「究竟知」，然世尊說：當聽於「義」，莫聽「文字」！如是不聽。	㊃若以「文字」，世尊說：「言」依於「了義」，不依「文字」！
㊄是故賢者，不以「博聞」而為要也。	㊄大德阿難！云何多聞？	㊄是故大德阿難，亦非「多聞」，亦非「了義」。
㊅阿難默然。	㊅尊者阿難默然不答。	㊅大德阿難即便默然。
㊆文殊師利曰： 仁者阿難！以時發遣女之所問？	㊆爾時文殊師利童子問於尊者阿難陀言： 何故默然，不答女難？	㊆文殊師利法王子謂大德阿難言： 何為不答無垢施女所問也？
㊇阿難答曰：	㊇尊者阿難陀言：	㊇阿難言：

今女所問，呵「文字說」，而為「博聞」，不可發遣。問於「要義」，要義「無心」；「無心、無處」，非是「學者」所可言議。 ㊈唯如「法王」及「度無極」（到彼岸者）。	一切「文字性」離，如響，女問我「字」，故我不答。女問「平等」；「無心、離心」，此義乃非「學人」境界，云何得說？ ㊈仁者！當問「如來法王」。	此女所問「多聞」離於「文字」，此則不可以「音聲」而答。 問於「平等」，平等「非心」，「離心相」故，此非「學地人」法，我何能答耶？ ㊈此是「諸如來法王」至「彼岸處」。

無垢施女與文殊師利菩薩的對話

西晉・竺法護譯 《佛說離垢施女經》	元魏・般若流支譯 《得無垢女經》	唐・菩提流志譯 《大寶積經・聲聞品第二》
㊀離垢施女問文殊師利： 佛歎仁者，於諸菩薩「信解深妙」最第一尊。	㊀爾時得無垢女問於童子文殊師利言： 文殊師利！佛說仁者善解如來「甚深解脫」，如是菩薩摩訶薩中最為第一。	㊀爾時無垢施女謂文殊師利法王子言： 世尊記汝，於「深解」菩薩中最為第一。
㊁以「十二緣深」故深乎？為以「自然深」故深耶？	㊁彼「因緣法」云何甚深？ 為「深」故甚深？ 為「自體」甚深？	㊁汝為以「十二因緣深」為深耶？ 為以「真深」為深耶？
㊂設以「緣起」為「深妙」者，又其「緣起」則「無所行」。所以者何？ 其「緣起」者，無來無去，不可別知「眼」之所識，不可別知「耳、鼻、口、身、意識之所趣，唯「緣起」者，無所習行。	㊂若彼「因緣深」故「甚深」，則彼「因緣」，無人「和合」。何以故？ 如是因緣「不去、不來」，非「眼識」見，乃至非是「意識」所知。不二「和合」，因緣而生。	㊂若以「十二因緣深」為深，無有眾生成「十二因緣深」者，所以者何？ 以十二因緣「無來、無去」故，非「眼識」所知，非「耳、鼻、舌、身、意識」所知。 此中「十二因緣」非是「行法」。
㊃假使「自然深」故深者，則其「自然」，無有自然，達自然者，亦「無所有」。	㊃若「自體」甚深，彼「甚深體」，則非「可示」。	㊃若以「真深」為深，「真深」則「非深」，亦無得「真深」者。

㈤文殊答曰： 「本際」深妙，故曰為「深」。	㈤文殊師利言： 「實際」之義，甚深，甚深！	㈤文殊師利答無垢施女言： 以「始際深」故深。
㈥其女報曰： 本際「無際」，以是之故，其「二慧」者，為無有慧。	㈥得無垢言： 文殊師利！以彼「實際」非「實際」故，如是彼「智」則「非是智」。	㈥無垢施女問文殊師利言： 「始際」則「非際」，是故汝知亦「非知」。
㈦文殊師利曰： 若「無智」者，則為「顛倒」，其「本際」者，「假有言」耳。	㈦文殊師利言： 無有「言語」，得「實際」者。	㈦文殊師利答無垢施女言： 以「無知」得「無得」故，言「始際」耳。
㈧其女報曰： 其「無智」者，亦「無顛倒」，此之謂也。度於「言說」，亦「不可得」而「無顛倒」。	㈧得無垢言： 文殊師利！若「無所得」，則「無言語」，出過「言語」，故「無所得」。	㈧無垢施女問文殊師利言： 「無得」之中，無有「言分」，過「言語道」，無有「所說」。
㈨文殊師利曰： 吾以「假言」而說此耳。	㈨文殊師利言： 若爾，云何為他人「說」？	㈨文殊師利答無垢施女言： 說「假文字」說耳。
㈩其女報曰： 如來菩薩超出「言說」，不可以「言」而有所暢。	㈩得無垢言： 文殊師利！如來「菩提」出過「言語」，彼「不可說」。 文殊師利默然不言。	㈩無垢施女語文殊師利言： 諸「佛菩提」，過「字句言說」，是故「菩提」則「不可說」。

無垢施女與不虛見(不迷見、無癡見)菩薩的對話

西晉・竺法護譯 《佛說離垢施女經》	元魏・般若流支譯 《得無垢女經》	唐・菩提流志譯 《大寶積經・聲聞品第二》
㈠離垢施女問不虛見： 向族姓子而自說言：「令城中人悉得無上正真之道，男女大小其有以眼見光明	㈠爾時得無垢女問不迷見菩薩言： 善男子！如不迷見如是說言：「我心安住觀察如色。	㈠爾時無垢施女謂無癡見菩薩言： 汝善男子作是言：我作是念：「詣舍衛城，願令城中

者，皆覩如來究竟正覺」。	如是若入舍婆提城，何等眾生堪任菩提？婦女丈夫，若男若女，眼見我者皆見我身如佛身色」。	眾生必定應得阿耨多羅三藐三菩提者，其所見物盡是如來像，又令決定於阿耨多羅三藐三菩提」。
(貳)云何，如來有「色身」乎？ 為「法身」耶？	(貳)此事云何？仁者！為示「如來色身」？為示「法身」？	(貳)若見如來時，為「色身觀」耶？為用「法身觀」耶？
(參)設「法身」者，則無形像，若使有見如「色身」者，則不見佛。	(參)若示「色身」，彼諸眾生不見「佛身」。若見「佛身」，則違佛語。	(參)若以「色身觀」者，則「不見佛」。
(肆)如世尊云：「其有見我色，若以音聲聽。斯為愚邪見，此人不見佛」。	(肆)佛說偈言：「若以色見我，若以聲求我，彼人行邪道，則不能見我」。	(肆)如世尊說：「若見我色身，聞我音聲者，彼人邊見，非為見我」。
(伍)設以「法身」，法身「不可見」。所以者何？ 其「法身」者，以捨「眼識」，無所造作，「習俗」之事不可得見。	(伍)若示「法身」，而佛「法身」非可「示現」。 何以故？ 如來「法身」出過「眼識」，彼「不能見」。	(伍)若以「法身」，「法身」不可見，所以者何？ 「法身」離「見聞」，不可取故，是以不可「見聞」。
(陸)不虛見默然。	(陸)不迷見菩薩默然不答。	(陸)時無癡見菩薩，即便默然。
(柒)寶英曰： 以時發遣女之所問？	(柒)爾時寶幢菩薩問不迷見菩薩言： 何故默然，不答女難？	(柒)寶相菩薩謂無癡見菩薩言： 善男子！何故不答無垢施女所問？
(捌)不虛見曰： 女問「無類」，不可發遣。	(捌)不迷見菩薩言： 女問我「無物」，是故我不答。	(捌)無癡見菩薩言： 無垢施女所問「無性法」，此「無性法」不可說，是故不答。
(玖)女報不虛見： 我不問「類」，亦不問「無類」。	(玖)得無垢曰： 我非「無物」問，「無物」不得問。我說「學法」應如是知。	(玖)無垢施女言： 善男子！我不問「無性法」，「無性法」不可問。學已而答，則無有礙。
(拾)時不虛見以此言辭，	(拾)不迷見菩薩默然不	

寂無所對。	言。	

無垢施女與寶英(寶幢、寶相)菩薩的對話

西晉・竺法護譯 《佛說離垢施女經》	元魏・般若流支譯 《得無垢女經》	唐・菩提流志譯 《大寶積經・聲聞品第二》
㊀離垢施女問寶英曰：如今向者族姓子云:「令其城中往古諸藏悉自然現，滿中眾寶」。	㊀爾時得無垢女問寶幢菩薩言： 善男子！仁如是說:「我心安住觀察如色。如是若入舍婆提城，一切善寶滿藏悉開」。	㊀爾時無垢施女謂寶相菩薩言： 善男子！汝言我當作是念:「詣舍衛城，願令城中一切種族居家，寶藏湧出具足七寶」。
㊁仁！如是者，持寶來乎？此為「何致」而至是「見」？	㊁此事云何？仁者如是何所「憶念」？ 為當「有心」希望福德？ 為當「無心」希望福德？	㊁汝「施寶」之心，為「有染著」耶？「無染著」耶？
㊂法「無衣食」，設「倚衣食」，則與「愚癡凡夫」俱同，所以「愚癡凡夫」常倚衣食。	㊂若當「有心」希望福德，仁者則與「愚癡凡夫」等無有異。 何以故？「愚癡凡夫」皆有「希望愛著心」故。	㊂若「有染著」，則與凡愚同，所以者何？以凡夫有「愛著」故。
㊃設「無衣食」,「無衣食」者，不倚世間所有「眾珍寶」。	㊃若當「無心」希望福德，是則「無心希望積聚」。	㊃若「無愛著」,「無愛著」中無有「施寶」。
㊄寶英默然。	㊄寶幢菩薩默然不答。	㊄時寶相菩薩即便默然。

無垢施女與棄諸惡趣(除惡、離惡趣)菩薩的對話

西晉・竺法護譯 《佛說離垢施女經》	元魏・般若流支譯 《得無垢女經》	唐・菩提流志譯 《大寶積經・聲聞品第二》

㊀離垢施女問棄諸惡趣曰： 向族姓子作是言曰：「令其城中一切眾人犯地獄罪，悉使其人令現在世殃釁輕微，棄捐諸惡不可思議」。	㊀爾時得無垢女問除惡菩薩言： 善男子！仁如是說：「我心安住觀察如色。如是若入舍婆提城，若彼眾生有惡業行應受報者，彼見法故，現世輕受」。	㊀時無垢施女謂離惡趣菩薩： 善男子！汝言我作是念：「詣舍衛城，願令城中若有眾生應墮惡趣者，盡使現世輕受速脫苦惱」。
㊁如佛所言：「人所犯罪，會當受之不可得脫」。 ㊂若不可脫，云何欲令無智使罪輕微？	㊁此事云何？ 如佛所說：「業不思議」。 ㊂仁說：不能「違佛所言」。 若仁不能「思議業」者，云何得知未來「重業」，現世「輕受」？	㊁如來說：「業不可思議」。 ㊂此不可思議業，可「速斷」耶？ 若可斷者，則違如來所說，若不知云何而能輕受(且能)「速斷」。
㊃諸法「無主」，欲令有主；自有所作，欲令無作。	㊃一切諸法皆「空無主」，仁今云何言「得法王」？ 若仁能令「重業作輕」，則「違佛語」。	㊃若「能斷」者，於「無主法」中，汝則是主。 若(既然)「能斷」者，亦當能「不斷」。
㊄棄諸惡趣曰： 當以「誓願」，令罪「微輕」。	㊄除惡菩薩言： 我以「願力」，能令如是「重受之業」作「輕受業」。	㊄離惡趣菩薩答無垢施女言： 我以「願力」故，能令「輕受」速斷。
㊅其女報曰： 又，族姓子！諸法平等，不可以「願」而使「動轉」。 假使能者，一一諸人所興誓願，心自念言：「我皆當度一切眾生至般泥洹」。 設使所願「必能成者」，則當「能制」，令其所願而「不退轉」。	㊅得無垢曰： 無有人能「願力迴轉」，若能「轉」者，一一如來本皆有願：「一切眾生，我皆悉令得大涅槃」。 非「願力」成此門，應知如是「願力」不能迴轉。	㊅無垢施女問離惡趣菩薩言： 善男子！諸法如性，不可以「願力」而受。
㊆棄諸惡趣默無言報。	㊆除惡菩薩默然不言。	㊆時離惡趣菩薩即便默然。

無垢施女與棄諸陰蓋(障一切罪、除諸蓋)菩薩的對話

西晉・竺法護譯 《佛說離垢施女經》	元魏・般若流支譯 《得無垢女經》	唐・菩提流志譯 《大寶積經・聲聞品第二》
㊀離垢施女問棄諸陰蓋曰： 向族姓子興此念言：「令城中人悉無塵勞眾結之縛，除五陰蓋」。	㊀爾時得無垢女問障一切罪菩薩言： 善男子！仁如是說：「我心安住觀察如色。如是若入舍婆提城，一切人民五蓋不障」。	㊀爾時無垢施女謂除諸蓋菩薩： 善男子！汝言我當作是念：「願令舍衛城中眾生盡除五蓋，汝作是念」。
㊁仁！所三昧可定意者，欲使眾人不增「五蓋」。於意云何？ 三昧「屬己」？「屬他人」耶？	㊁此事云何？ 若仁「禪定」能令眾生「五蓋」不障，一切諸法皆「空無主」。	㊁入是「定」已，能令眾生不為「五蓋」所覆，於此「定」中，「己自在」耶？「他自在」耶？
㊂設使「屬己」，一切諸法皆悉「無為」，亦無「合會」。 云何仁者；以「三昧定」令一切人不著「五蓋」？	㊂㊃如是「仁」不是「仁」，「我」不是「我」，云何能與他人作恩？	㊂若「己自在」，無由及彼，一切諸法「無至彼者」，云何汝入「禪定」；去他「五蓋」？
㊃設「屬他人」，不能於他而造「恩德」。		㊃若「他自在」，則不能利益於他。
㊄棄諸陰蓋曰： 當以「慈心」而療治此。	㊄障一切罪菩薩言： 先修「慈心」。	㊄除諸蓋菩薩答無垢施女言： 此行以「慈」為首。
㊅其女報曰： 一切諸佛皆行「慈心」，亦有佛土，一切眾生故「長」不盡。	㊅得無垢言： 一切諸佛「大慈心」行，有佛土中諸眾生等「蓋縛所惱」。	㊅無垢施女問除諸蓋菩薩言： 諸佛皆行「慈行」。 善男子！叵ㄆㄛˇ(不可)有佛因「眾生」；不以「五蓋」為患者耶？

㊼棄諸陰蓋默無言也。	㊼障一切罪菩薩默然不言。	㊼除諸蓋菩薩即便默然。

無垢施女與光世音(觀世音)菩薩的對話

西晉・竺法護譯 《佛說離垢施女經》	元魏・般若流支譯 《得無垢女經》	唐・菩提流志譯 《大寶積經・聲聞品第二》
㊀離垢施女問光世音曰： 向族姓子而發此言：「令其城中所居人民，閉在牢獄使得解脫，諸有繫囚自然得出，諸有恐懼得無所畏」。	㊀爾時得無垢女問於聖者觀世自在菩薩言： 善男子！仁如是說：「我心安住觀察如色，如是若入舍婆提城，隨何眾生繫縛執掌，欲被殺者即得解脫，無有怖畏得無所畏」。	㊀時無垢施女謂觀世音菩薩： 善男子！汝言我當作是念：「願令舍衛城中眾生牢獄繫閉速得解脫，臨當死者即得濟命，恐怖之者即得無畏」。
㊁所療治者，有「陰受」乎？ 為「無所受」？	㊁此事云何？仁為「取修」？ 為「不取修」？	㊁夫言畏者，是「有取」耶？ 「無取」耶？
㊂設「有所受」，則屬「愚夫」，以故不應無有「受陰」也。	㊂若「取修」者，「愚癡人」取，是則不可。	㊂若是「有取」者，凡愚之人亦復「有取」，是故不然。
㊃若「無所受」，則「無所作」。其「無所作」，不能成就。	㊃若「不取修」，則非「無常」，若非「無常」，則不可取。	㊃若是「無取」，則「無所施」，「無施法」中，何得有除？
㊄光世音默。	㊄觀世自在菩薩默然不答。	㊄觀世音菩薩即便默然。
㊅辯積曰： 以時發遣女之所問？	㊅爾時辯聚菩薩問觀世自在菩薩言： 何故默然，不答女難？	㊅辯嚴菩薩謂觀世音菩薩： 善男子！何為不答無垢施女之所問耶？
㊆光世音曰： 女之所問「不起不滅」，以是之故，不可發遣。	㊆觀世自在菩薩言： 女不問我「生法」，不問我「滅法」。問我「不生不滅法」，是故我不答。	㊆觀世音菩薩言： 此女不問「生滅法」，是故不可答。

㊇女又報曰： 於光世音所之云何「不起不滅」？寧有問乎？ ㊈答曰： 「不起不滅」，彼無「文說」。 ㊉女又報曰： 「無文字說」，則為智者，因示「文字」而有所講。不著「文字」，無所罣礙。無所罣礙，則為「法界」。以是之故，曉了法者，便「無所著」。	㊇得無垢曰： 觀世自在！仁何不問；何處「不生不滅」？ ㊈觀世自在菩薩言： 得無垢女，何處「不生不滅」？無「少字轉行」。 ㊉得無垢曰： 若「不轉行」，則一切法「無有少字」，非黠慧人，「字轉行說」，不著「名字」，法界無障礙，故彼心「不著」。 觀世自在菩薩默然不言。	㊇無垢施女問觀世音菩薩言： 叵有是「無生無滅」問耶？ ㊈觀世音答無垢施女曰： 「無生無滅」中，乃無「文字言說」。 ㊉無垢施女問觀世音言： 諸智慧者，於「無文字」假說「文字」，然「不著文字」，法性無礙，是故慧者「不礙文字」。

無垢施女與辯積(辯聚、辯嚴)菩薩的對話

西晉・竺法護譯 《佛説離垢施女經》	元魏・般若流支譯 《得無垢女經》	唐・菩提流志譯 《大寶積經・聲聞品第二》
㊀離垢施女問辯積曰： 向族姓子而發此言：「令其城中一切人民，目覩我者又我所見，悉得辯才，使諸妓樂，轉共談語」。 ㊁仁之「辯才」，巍巍若斯！以何等「念」而興立乎？ 為於是「立」而起「生」乎？ ㊂設以「生念」而興立者，一切眾生皆興「立念」。以是之故，不至「寂	㊀爾時得無垢女問辯聚菩薩言： 善男子！仁如是說：「我心安住觀察如色，如是若入舍婆提城，何等惡心眾生，慈心相向，遞共讚詠，音聲語説皆得辯才」。 ㊁此事云何？仁此「辯才」起；為「有因緣」起？為「無因緣」起？ ㊂若「有因緣」起，一切無常皆「因緣」起，若如是者，不得「寂靜」。	㊀時無垢施女謂辯嚴菩薩： 善男子！汝言我當作是念：「願令舍衛城中眾生其見我者皆得辭辯，以諸妙偈互相問答」。 ㊁善男子！汝此所施「辭辯」者，以「覺」起耶？ ㊂若以「覺」起者，一切「有為」皆由「覺觀」而起，是故「非寂靜」。

然」。 ㊃若以「所生」得成就者，則虛妄矣！ ㊄若「不興念」，則「無所作」，「無所作」者，無寂不定。	㊃若「無因緣」起，如是「無實」，則不得言「有辯才」起。	㊃若以「愛起」者，所施則虛。
㊅辯積答曰： 我屬所願，為「初發心眾人」之故，示願之矣。假使有人來見我者，悉得「辯才」。	㊅辯聚菩薩言： 我從「初發菩提心」來，常作是願：「若諸眾生得見我者，皆得辯才」。	㊅辯嚴菩薩答無垢施女言： 此是我「初發菩提心」時，願其見我者，皆得「辭辯」，以諸「妙偈」互相問答。
㊆女又報曰： 族姓子！其「初發心」有行處耶？ 設使「有」者，則為「常見」。若「無所有」，不當謂之為「導御」矣！悉離諸行。	㊆得無垢曰： 善男子！仁為「有心」辯才？ 為「無心」辯才？ 若「有心」辯才，則墮「常過」。 若「無心」辯才，彼諸言語。仁！云何說仁「不實語」？	㊆時無垢施女問辯嚴菩薩言： 善男子！汝今即有「發菩提心願」耶？ 若即「有」者，則是「常見」。若今「無」者，不可以施彼，是故所「願」則虛。
㊇辯積默然。	㊇辯聚菩薩默然不言。	㊇時辯嚴即便默然。

無垢施女與超度無虛迹(不迷行、無癡行)菩薩的對話

西晉・竺法護譯 《佛說離垢施女經》	元魏・般若流支譯 《得無垢女經》	唐・菩提流志譯 《大寶積經・聲聞品第二》
㊀離垢施女問超度無虛迹曰： 向族姓子而自謂言：「令其城中所有人民，我自所覩、敢察我者，見不虛妄，至於無上正真之道」。	㊀爾時得無垢女問不迷行菩薩言： 善男子！仁如是說：「我心安住觀察如色。如是若入舍婆提城，隨何眾生，眼見我者，一切不退阿耨多	㊀爾時無垢施女謂無癡行菩薩： 善男子！汝言我作是念：「願令舍衛城中，若有眾生其見我者，得無癡見，決定於阿耨多羅三藐三菩

	羅三藐三菩提」。	提」。
㊁云何佛道為「有」？為「無」？	㊁此事云何？何者菩提？ 彼菩提者，為有？為無？	㊁此菩提為是「有」耶？為是「無」耶？
㊂假使「有」者，則是「有為」，便「可受取」。	㊂若言「有」者，仁則著「常」。	㊂若是「有」者，是「有為菩提」執於「邊見」。
㊃設「無為」者，無實不諦，不可「受持」。		㊃若是「無」者，則是「虛妄」，亦墮「邊見」。
㊄超度無虛迹曰： 所謂道者，「慧聖」之辭。	㊄不迷行菩薩曰： 言「菩提」者，智者言語，說言「菩提」。	㊄時無癡見菩薩答無垢施女言： 此「菩提」者，名之為「智」。
㊅女又報曰： 其聖慧者，有所「起」耶？而復為行「寂然事」乎？	㊅得無垢曰： 彼智云何？為當「生體」？為「寂靜體」？	㊅無垢施女問無癡見菩薩言： 此智名為「生」耶？ 為「無生」耶？
㊆假「有所起」，是為「思惟不順」之事，則當成於「有為慧」矣！ 行「有為慧」，便成「愚癡冥冥之識」所可分別。	㊆若彼「生體」，生皆無常。 若皆「無常」，則「不正念」。 若皆「無常」是「正念」者，一切癡人皆應「正念」。	㊆若名為「生」，則非是「善順思惟」所生，是「有為智」凡愚所知。
㊇若以「寂然」，則「無顛倒」，則無返復。 以「無返復」，是則「菩薩、弟子、緣覺、如來至真」無有「思想」。	㊇若「寂靜體」，彼「無所得」。 若「無所得」，彼不「分別」。 此或佛說、或菩薩說、或阿羅漢說、或凡夫說。何以故？	㊇若名「無生」，「無生」中「無所有」。 若「無所有」，則「無分別」。 「菩薩、聲聞、辟支佛」諸如來菩提，無有「分別」。
㊈「愚騃」之夫乃「想道」耳，不謂「智者」。	㊈「菩提道」者，則「無分別」。「愚癡凡夫」則「有分別」。 「有分別」者，非是「黠慧」。	㊈「凡愚」之人「分別菩提」。 「智慧」之人，則「無分別」。
㊉超度無虛迹默然無言。	㊉不迷行菩薩默然不言。	㊉時無癡見菩薩即便默然。

無垢施女與「解空第一」的須菩提對話(重新對話，做個「總結」)

西晉・竺法護譯 《佛説離垢施女經》	元魏・般若流支譯 《得無垢女經》	唐・菩提流志譯 《大寶積經・聲聞品第二》
㊀於是賢者須菩提謂大弟子及諸菩薩： 便從是還，不須「入城」復行「分衛」。所以者何？	㊀爾時尊者須菩提等諸大聲聞，彼諸菩薩，如是説言： 我今迴還，不須入彼舍婆提城而行乞食。何以故？	㊀爾時大德須菩提謂諸大德聲聞并諸大菩薩言： 諸大德，我等宜還，不須入舍衛城乞食。所以者何？
㊁是應「分衛」飲食供饌，離垢施女向者説法，我等聽受，今日則當以「法」為食！	㊁朝日已得「妙好法食」，即爾滿足，我既從彼得無垢女聞「勝妙法」，我於朝日得「法食」足。	㊁無垢施女所説即是「智者法食」，我等今日樂於「法食」，不須「摶食」。
㊂時女答曰： 唯，須菩提！向者所説「無舉無下」。仁者云何有所志願？而懷「想念」？欲詣精舍，而處遊居。	㊂爾時得無垢女語尊者須菩提言： 大德須菩提！「不取不捨」是聲聞法。仁等今者為何所「求」？何所「憶念」？	㊂無垢施女問須菩提言： 如説諸法「無上、無下」，於此法中，當有何「求」？而「行乞」耶？
㊃唯，須菩提！沙門之行，出所止處，無有「放逸」，不樂「自恣」。	㊃大德須菩提！「無戲論」者是「聲聞法」，若「著戲論」，非「聲聞法」。	㊃大德！「不戲論法」是比丘所行，不可樂於「戲論」。
㊄沙門之法而「無所著」，其「無所著」，則「無恚恨」。 不「懷恨」者，則「無所行」。 「無所行」者，「賢聖」之謂。	㊄大德須菩提！「無依止者」是「聲聞法」，聖人境界非是「依止」。非「依止」者，不發動搖。	㊄此是「無依之法」，非「依止者」所行，賢聖所行，無有「退轉」。

《須真天子經・卷第二》

(1)於是須真天子謂諸大弟子：仁者所狐疑，可問文殊師利。

(2)長老摩訶迦葉前問文殊師利言：菩薩云何行「八惟務」(aṣṭau vimokṣāḥ 八解脱)禪？

(3)文殊師利答迦葉言：菩薩於「八惟務」禪本無，無所造立禪。「無恚禪」等禪，是菩薩禪。

(4)迦葉復問：文殊師利！云何作是説？

(5)文殊師利答迦葉言：唯，迦葉！身本無，無造立於三界者，便起愛欲。已了「離欲」，是故知身「本無」，於三界「無所造」，於欲「無所想」，已知「空」而立禪。

如是，迦葉！而作此說：「八惟務」禪本無，無所造立禪。「無恚禪」等禪，則菩薩禪。

(6)於是迦葉默而無言。

(1)賢者舍利弗復問文殊師利：文殊師利！云何菩薩得「無礙慧」？

(2)文殊師利答迦葉言：菩薩於諸礙，而無「恚恨」，於諸罣礙，而無「制著」，一切「愛欲」而皆見知，而不捨離。所以者何？養護一切故，是故菩薩得「無礙慧」。

(1)賢者摩訶目犍連復問：文殊師利！云何菩薩而得「神足」(神通具足)？

(2)文殊師利答迦葉言：唯，目犍連！菩薩於「無為」而無所受，度脫一切而降盡之，不於「有為」有所受。所以者何？將護一切故，是故菩薩得「大神足」。

(1)長老須菩提復問：文殊師利！云何菩薩得知「他法行」？

(2)文殊師利答迦葉言：唯，須菩提！菩薩於一切「他異法」悉了知之，心於「道事」而不厭，常樂「三昧」而無足，諸所作為而示現，是故菩薩得知「他法行」。

(1)賢者分耨文陀尼子(邠耨文陀弗或富那曼陀弗多羅，譯曰滿嚴飾子或滿見子或富樓那)復問：云何菩薩博採「眾義」說明「慧法」？

(2)文殊師利答迦葉言：唯，分耨！菩薩悉示一切諸根，隨所樂喜而說其德，「無常、苦、空、非身」之義，各令得其所。無數生死百千劫，持是法義而遍教授，無有滅盡。其智如是，是故菩薩博採「眾義」說明「慧法」。

(1)賢者離越復問文殊師利：文殊師利！云何菩薩如「常樂禪」？

(2)文殊師利答迦葉言：唯，離越！菩薩習「三摩越」(samaya)悉知諸法，於諸「亂意」者，而起「大哀」，令發無央數行，不禪無所樂，是故菩薩得禪。

(1)賢者憂波離復問：文殊師利！云何菩薩得「持法藏」？

(2)答言：唯，憂波離！菩薩悉知諸法奧藏，從本已來「泥日」，離愛欲者，已應「法藏」教授一切，為示「愛欲」令覺知之。於「愛欲」中令起「道意」，是故菩薩得「法奧藏」。

(1)賢者阿那律復問：文殊師利！云何菩薩得「天眼徹視」？

(2)文殊師利答迦葉言：唯，阿那律！菩薩於十方諸色，悉照見已，有「色習」者，而為示現於「一切法」，悉示現「無所著」，令尋跡而得出，是為菩薩得「天眼徹視」。

(1)賢者薄鳩盧復問：文殊師利！云何菩薩得「諸根寂定」？
(2)文殊師利答迦葉言：菩薩於一切界「視如佛界」，於「佛界」視如諸界「無所有」，是故菩薩得「諸根寂定」。

(1)賢者鴦掘魔復問：文殊師利！云何菩薩得利「諸根」？
(2)文殊師利答迦葉言：菩薩視諸「逆惡」等之如道，是故菩薩得利「諸根」。

(1)賢者摩訶迦旃延復問：文殊師利！云何菩薩得「分別知眾經方便」？
(2)文殊師利答迦葉言：菩薩得四等無盡。何等為四？
一者、義。
二者、法。
三者、次第。
四者、報答。
是為四，以一絕句，於百千劫廣為一切分別演教，如是教不近「有為」、不有所染，已淨無所却。如是教於諸法界不動轉，於一切受而為作受。是故菩薩得「分別知眾經方便」。

(1)賢者摩訶拘絺 復問：文殊師利！云何菩薩得「義、法、次第、報答」四事？
(2)文殊師利答迦葉言：菩薩於「寂然法」得此，以「義」等教授，以住於「法」。
以「法」等教授於所為，常歡喜而無恨。
以「次第」等教授，而響不可護持。
以「報答」等教授。
是故菩薩得「義、法、次第、報答」。

(1)賢者羅雲(羅睺羅)復問：文殊師利！云何菩薩得「淨其戒」？
(2)文殊師利答迦葉言：唯，羅雲(羅睺羅)！菩薩以「淨戒三昧」，捨戒犯戒，將養一切，是故菩薩而得「淨戒」。

(1)賢者阿難復問：文殊師利！云何菩薩而得「博聞」？
(2)文殊師利答迦葉言：菩薩一切諸佛所說，樂欲聽聞，已聞則受其義，聞已皆持，所聞便以教授，是為菩薩而得「博聞」。

(3)於是諸大弟子歡喜「默然」……

(4)**諸大弟子言**：吾等尚不能了知「一法」……若車轂⺍ (輪輻)隱地，其處受水，吾等之類，其譬如是。譬如大海，其水廣長，無有邊幅，深難得底。於「聲聞、辟支佛」中，「菩薩」為尊。

【三～1】佛遣「智慧第一」舍利弗前往問疾

三國吳・支謙譯《維摩詰經》	姚秦・鳩摩羅什譯《維摩詰所說經》	姚秦・鳩摩羅什譯《維摩詰所說大乘經》	唐・玄奘譯《說無垢稱經》
【弟子品第三】	【弟子品第三】	【弟子品第三】	卷二 【聲聞品第三】
㊀於是長者維摩詰自念：寢疾于床，念佛在心。	㊀爾時長者維摩詰自念：寢疾于床，世尊大慈，寧不垂愍？	㊀爾時長者維摩詰自念：寢疾于牀，世尊大慈，寧不垂愍？**遣人慰問**(安慰問候)**耶？**	㊀時無垢稱作是思惟：我嬰(纏；絆)斯疾，寢頓于床，世尊大悲，寧不垂愍？而不遣人來問我疾？
㊁佛亦悅可是長者，便告賢者舍利弗：汝行詣維摩詰問疾。	㊁佛知其意，即告舍利弗：汝行詣維摩詰問疾。	㊁佛知其意，即告舍利弗：汝行詣維摩詰問疾。	㊁爾時世尊知其所念，哀愍彼故，告舍利子：汝應往詣無垢稱所問安其疾。
㊂舍利弗白佛言：我不堪任(不夠資格；不堪適任)詣彼問疾，所以者何？	㊂舍利弗白佛言：世尊！我不堪任(不夠資格；不堪適任)詣彼問疾。所以者何？	㊂舍利弗白佛言：世尊！我不堪任(不夠資格；不堪適任)詣彼問疾。所以者何？	㊂時舍利子白言：世尊！我不堪任(不夠資格；不堪適任)詣彼問疾。所以者何？
㊃憶念我昔常「宴坐」(於)他樹下。	㊃憶念我昔，曾於林中「宴坐」(pratisaṃlayana 又作「燕坐」，即「安禪、坐禪」之異名)樹下。	㊃憶念我昔，曾於林中「宴坐」(pratisaṃlayana 又作「燕坐」，即「安禪、坐禪」之異名)樹下。	㊃憶念我昔，於一時間，在大林中「宴坐」(於)樹下。

《須真天子經・卷第二》

(1)天子復問文殊師利：菩薩「貢高」，欲令他人「稱譽」耶？

(2)文殊師利答迦葉言：欲將「導」一切故。如是，天子！

(3)天子復問文殊師利：云何如是？

(4)文殊師利答迦葉言：天子！是故菩薩「方便」稱譽佛乘、毀弟子乘……欲令一切皆發「道意」，不欲使人起「小道意」……不欲令人「貪樂」故也。如是，天子！欲令菩薩「發大乘」、「滅弟子乘」故。

(5)天子復問文殊師利：得無「過」耶？

(6)文殊師利答迦葉言：天子！稱譽「摩尼、琉璃、水精」甚淨，無所沾污。寧復「過」乎？

(7)天子報言：所說無「過」！

(8)文殊師利答迦葉言：如是，天子！菩薩「稱譽大乘」，「毀弟子乘」，不增不減也。

天子！譬如長者子稱譽「轉輪聖王」功德，毀呰ㄗˇ國中「諸貧乞者」，豈有不可？

(9)天子言：無不可也！文殊師利！自如所說耳！

(10)文殊師利答迦葉言：如是！天子！菩薩「稱譽大乘」而「毀呰ㄗˇ弟子乘」者，而無所損。

(11)佛爾時讚歎文殊師利言：善哉！善哉！文殊師利！如是所說為「甚快」也。何以故？

文殊師利！「稱譽大乘、毀弟子乘」，毀弟子乘，則毀一切乘矣。所以然者？其「大乘」者，皆生「一切乘」故。

《大般若波羅蜜多經・卷第五百八十八》

(1)爾時世尊告舍利子：汝能如是安住「妙智」，謂「如實知」如是菩薩取著「淨戒」，有所毀犯，如是菩薩不取著戒，無所毀犯。

(2)時舍利子便白佛言：我信如來、應、正等覺所說妙法起如是智，非我自能作如是說，如我解佛所說義者：

(3)諸菩薩眾若暫起心，「欣讚」聲聞或獨覺地，應知毀犯「菩薩淨戒」。

(4)諸菩薩眾若暫起心，「厭毀」聲聞或獨覺地，應知毀犯「菩薩淨戒」。

所以者何？

(5)若諸菩薩「欣讚」聲聞或獨覺地，便於彼地「心生愛著」，不能趣求一切智智，於菩薩戒有所毀犯。

(6)若諸菩薩「厭毀」聲聞或獨覺地，便於彼地「心生輕蔑」，即障所求一切智智，於菩薩戒有所毀犯。

(7)是故菩薩於二乘地，不應「欣讚」，亦不「厭毀」。

(8)若諸菩薩於二乘地，心「不恭敬」或生「愛著」，當知皆是行於「非處」。
(9)若諸菩薩行於非處，應知名為「犯戒菩薩」，亦名「取著淨戒相」者，不能證得「一切智智」。
(10)是故菩薩於二乘地，但應「遠離」、不應「讚、毀」。
(11)若諸菩薩於二乘地「不遠離」者，定不能得所求「無上正等菩提」。

【三～2】宴坐的真正定義為何？不斷煩惱，亦不捨生死，而能入涅槃

三國吳・支謙譯 《維摩詰經》	姚秦・鳩摩羅什譯 《維摩詰所說經》	姚秦・鳩摩羅什譯 《維摩詰所說大乘經》	唐・玄奘譯 《說無垢稱經》
㊎時維摩詰來謂我言：	㊎時維摩詰來謂我言：	㊎時維摩詰來謂我言：	㊎時無垢稱來到彼所，稽首我足，而作是言：
〈唯(發語詞)，舍利弗！不必是「坐」為「宴坐」也。	〈唯(發語詞)，舍利弗！不必是「坐」為「宴坐」也。	〈唯(發語詞)，舍利弗！不必是「坐」為「宴坐」也。	〈唯(發語詞)，舍利子！不必是「坐」為「宴坐」也。
❶賢者！坐當如法坐，(大乘菩薩能)不於三界現「身、意」，是為(真正之)「宴坐」。	❶夫「宴坐」者，(大乘菩薩能)不於三界現「身、意」，是為(真正之)「宴坐」。	❶夫「宴坐」者，(大乘菩薩能)不於三界現「身、意」，是為(真正之)「宴坐」。	❶夫「宴坐」者，(大乘菩薩能)不於三界而現「身、心」，是為(真正之)「宴坐」。
❹不於「內意」有所住，亦不於「外」作二觀，是為「宴坐」。	❷(大乘菩薩能)不起(不必出離)滅定(滅盡定)，而(仍能)現諸「威儀」，是為(真正之)「宴坐」。 (一是入或住滅盡定，另一是出或起滅盡定)	❷(大乘菩薩能)不起(不必出離)滅定(滅盡定)，而(仍能)現諸「威儀」，是為(真正之)「宴坐」。 (大乘菩薩能不離開「滅盡定」而展現出種種的威儀)	❷(大乘菩薩能)不起(不必出離)滅定(滅盡定)，而(仍能)現諸「威儀」，是為(真正之)「宴坐」。
❷(大乘菩薩能恒)立於「禪」，不(不必出離)「滅意」(滅盡定)；(仍能)現諸身，是為「宴坐」。	❸(大乘菩薩能)不捨(所證所得的種種)道法，而(仍能)現「凡夫事」，是為(真正之)「宴坐」。	❸(大乘菩薩能)不捨(所證所得的種種)道法，而(仍能)現「凡夫事」，是為(真正之)「宴坐」。	❸(大乘菩薩能)不捨一切所證得相(法相；實相；道法)，而(仍能)現一切異生(凡夫)諸法，是為(真正

	❹心不住內，亦不在外，是為「宴坐」。	❹心不住內，亦不在外，是為「宴坐」。	之)「宴坐」。❹心不住內，亦不行外，是為「宴坐」。
❺(大乘菩薩能)於「六十二見」而不動(此喻不必斷離)，(亦能)於「三十七品」而(修)觀行。	❺(大乘菩薩能)於諸見(即外道的六十二見)不動(此喻不必斷離)，而(仍能)修行(佛法之)「三十七品」，是為「宴坐」。	❺(大乘菩薩能)於諸見(即外道的六十二見)不動(此喻不必斷離)，而(仍能)修行(佛法之)「三十七品」，是為「宴坐」。	❺(大乘菩薩雖)住(佛法之)「三十七菩提分」法，而(仍能)不離於「一切見趣」(即外道的六十二見)，是為「宴坐」。
❻(大乘菩薩能)於「生死勞垢」而不造(造就;成就，亦指不會被煩惱所建立)，在「禪行」如「泥洹」。 ㊁若賢者如是坐、如是立，是為明曉如來坐法。〉 ㊂時我，世尊！(我)聞是法，默然止，不能加報。故(舍利弗)我不任詣彼問疾。	❻(大乘菩薩能)不斷「煩惱」而入「涅槃」，是為「宴坐」。 ㊁若能如是坐者，佛所印可。〉 ㊂時我(當時聽完維摩詰說法完後的我)，世尊！(我)聞說是語已，默然而止，不能加報。故(舍利弗)我不任詣彼問疾。	❻(大乘菩薩能)不斷「煩惱」而入「涅槃」，是為「宴坐」。 ㊁若能如是坐者，佛所印可。〉 ㊂時我(當時聽完維摩詰說法完後的我)，世尊！(我)聞說是語，默然而止，不能加報。故(舍利弗)我不任詣彼問疾。	❻(大乘菩薩雖)不捨「生死」，而(仍能)無煩惱，雖證「涅槃」而「無所住」，是為「宴坐」。 ㊁若能如是而「宴坐」者，佛所印可。〉 ㊂時我，世尊！(我)聞是語已，默然而住，不能加報。故(舍利弗)我不任詣彼問疾。

《大方廣佛華嚴經・卷第十一》

(1)佛子！何等為菩薩摩訶薩「第六」善現行？此菩薩成就寂滅，「身、口、意」業無所有、無所示現，「身、口、意」業，無縛、無脫。

(2)「身、口、意」業，無縛、無脫，諸所示現「無所依、無所住」……是名菩薩摩訶薩第六善現行。

《大方廣佛華嚴經・卷第四十七》

佛子！諸佛世尊有十種無量不可思議佛三昧。何等為十？所謂：

❶一切諸佛恒在正定，於一念中遍一切處，普為眾生廣說妙法。
❷一切諸佛恒在正定，於一念中遍一切處，普為眾生說無我際。
❸一切諸佛恒住正定，於一念中遍一切處，普入三世。
❹一切諸佛恒在正定，於一念中遍一切處，普入十方廣大佛刹。
❺一切諸佛恒在正定，於一念中遍一切處，普現無量種種佛身。
❻一切諸佛恒在正定，於一念中遍一切處，隨諸眾生種種心解，現「身、語、意」。
❼一切諸佛恒在正定，於一念中遍一切處，說一切法離欲真際。
❽一切諸佛恒住正定，於一念中遍一切處，演說一切緣起自性。
❾一切諸佛恒住正定，於一念中遍一切處，示現無量世、出世間廣大莊嚴，令諸眾生常得見佛。
❿一切諸佛恒住正定，於一念中遍一切處，令諸眾生悉得通達一切佛法、無量解脫，究竟到於無上彼岸。
是為十。

➔凡夫在於「欲、色」兩界，受「色形果」，名為現「身」。
若在「無色界」，則受「心法果」說，是為現「意」。
「菩薩」了知三界虛妄，但是「心」作，故不於「三界」地中而現「身、意」，其「身心」已超越三界的束縛。
「如來」則可遊於三界，隨諸眾生而隨時皆可現「身、意」。

➔菩薩能安「心」於「真境」，「識」不外馳，故連「心」亦可「不現」也。
「法身」大士，可超於「三界」，故可「身、心」俱隱，此為「禪定」之極境。
「聲聞」人之「身」，雖亦能入「滅盡定」，能令「心」隱，但其「身」猶「現」也。
大乘菩薩「法身」之「宴坐」，乃「身、意」俱滅，不復現「身、意」於「三界」。「身、意」具「性空」，方是「真坐禪」。
舍利弗猶有「世報」的「生身」及「意根」，故認為人間是「煩擾」的，所以選擇「宴坐」於「樹林」之下。
舍利弗未能達到「身、意」俱「不現」之境界，故遭維摩詰之訶斥。

《維摩詰所說經》記載維摩詰曾訶斥舍利弗的「宴坐」修行法。那真正的「宴坐」道理及功德又如何

《維摩詰所說經》(一名《不可思議解脫・上卷》)

(1)佛知其意，即告舍利弗：汝行詣維摩詰問疾。

(2)舍利弗白佛言：世尊！我不堪任詣彼問疾。所以者何？

(3)憶念我昔，曾於林中「宴坐」(pratisaṃlayana 又作「燕坐」，即「安禪、坐禪」之異名)樹下，時維摩詰來謂我言：唯，舍利弗！不必是「坐」為「宴坐」也。

❶夫「宴坐」者，不於三界現「身、意」，是為「宴坐」。

❷不起「滅定」(不起於「滅盡定」即指不離於「滅盡定」，不必出離於「滅盡定」，因大乘菩薩常在「定」中)而(仍能)現諸「威儀」，是為「宴坐」。

❸不捨「道法」(無上佛道之法)而現「凡夫事」，是為「宴坐」。

❹心不住「內」，亦不在「外」，是為「宴坐」。

❺於「諸見」(外道六十二邪見)不動，而修行「三十七品」，是為「宴坐」。

❻不斷「煩惱」而入「涅槃」，是為「宴坐」。

(4)若能如是坐者，佛所印可。

(5)時我(舍利弗我)，世尊！聞說是語(我舍利弗聞維摩詰之法語)已，默然而止，不能加報！故我不任詣彼問疾。

《大薩遮尼乾子所說經・卷第七》

(1)滅一切「受、想」，入「滅盡定」行者，如是見「想」如陽焰、「受」如泡。「想」即是「受」，「受」即是「想」。

(2)無知者、無壽者，能如是見，得脫於「縛」，名為「解脫」。

《菩薩從兜術天降神母胎說廣普經・卷第一》

(1)佛告分別身觀菩薩曰：汝入「滅盡定」時，頗見「眼」觀「色」，乃至「意」觀「法」不？

(2)身觀菩薩白佛言：不也！世尊！所以者何？「滅盡定」中「無生、無滅」。

(3)佛告身觀菩薩：如是！如是！如汝所言。眼觀色，「色」非我色，我非彼「色」。「識」非我識，我非彼「識」，乃至「聲、香、味、觸、法」，亦復如是。「法」非我法，「我」非彼法……菩薩觀淨「六塵」淨，道亦清淨。

《佛說除蓋障菩薩所問經・卷第四》

(1)滅諸「想、受」，離諸發悟名「滅盡定」。如是等法，是為菩薩善了「止觀」。

(2)云何是「不著禪相」？謂：若菩薩雖入「滅定」，亦不樂著「寂滅」，即能俱時發起「慈心」，悉離「怨親、違順」等境，運心廣大。

(3)先於一方起「慈」無量行，普遍觀察，作解脫已。南西北方、四維上下，亦復如是。「慈」心起已，「悲、喜、捨」心，亦悉如前。

(4)遠離「怨親、違順」等境，運心廣大。周遍十方，起「悲、喜、捨」無量之行。普遍觀察，悉作解脫。
(5)菩薩如是即能起「五神通」，亦不以自足，不著「禪相」，而復進求上法，圓滿菩提勝行。是為菩薩「不著禪相」。

《佛說寶雨經・卷第二》
(1)諸菩薩遠離「能緣想受心」故，名住「滅定」，雖入彼定，終不「樂著」。
(2)出彼定已，與「慈心」俱，捨「怨憎心」，遠「損害想」，廣大無量，平等無二，極善修習，於一方面意解遍滿，入定而住，諸餘三方、四維、上下周遍世間。
(3)與悲心俱，捨怨憎心，離損害意，廣大無量，平等無二，極善修習，於一方面無邊世界意解遍滿，入定而住，諸餘三方、四維、上下周遍世間。
(4)菩薩與喜心俱，捨怨憎心，離損害意，廣大無量，平等無二，極善修習，於一方面意解周遍，入定而住，諸餘三方、四維、上下周遍世間。
(5)菩薩與捨心俱，離怨憎心，捨損害意，廣大無量，平等無二，極善修習，於一方面意解周遍，入定而住，諸餘三方、四維、上下周遍世間。

《寶雲經・卷第二》
(1)滅諸「想受」是名「滅定」。菩薩雖入「滅定」，而不捨「教化眾生」，亦不永樂「滅定」以為寂靜。
(2)不捨「滅定」，而能慈悲普覆眾生，於「滅定」中，乃至(生)起「悲、喜、捨」心，亦復如是。

《仁王護國般若波羅蜜多經・卷下》
(1)復次，「遠行地」(第七地菩薩)菩薩摩訶薩，修「無生忍」，證「法無別」，斷諸業果「細現行相」，住於「滅定」，起殊勝行。
(2)雖常「寂滅」，廣化眾生，示入「聲聞」，常隨佛智。示同「外道」，示作「魔王」，隨順世間而常出世。
(3)於十阿僧祇劫，行百萬三昧，善巧方便廣宣法藏，一切莊嚴皆得圓滿。

《佛說海意菩薩所問淨印法門經・卷第五》
(1)爾時世尊重說頌曰：此法善淨復明亮，本無「和合」與「空」等。無住無滅無起生，是印隨攝於佛印……此所說言無分別，不假勤力隨解脫……
(2)善修「意業」常無障，一刹那心世悉知。不起「滅定」(而仍能)現威儀，魔不能知菩薩意。

(3)「聲聞、緣覺」不能測，菩薩甚深心意道。不生自他「損害心」，無高無礙「智平等」。

《大方等大集經・卷第十六》

(1)菩薩知一切法「無二」故，知「生死性」與「涅槃性」等(平等)。知「涅槃性」與「一切法性」等(平等)。知「一切法性」與「無性」等故，亦不恃不著。

(2)知一切諸法，過去際、未來際「無自性」。以定力故，誓願力故，不起於「定」(不離開「禪定」)，而(仍)能「現一切所作」。

《大智度論・釋初品中禪波羅蜜第二十八》(卷第十七)

復次，菩薩以「禪波羅蜜力」得神通，一念之頃，不起於「定」(不離開「禪定」)，(而仍)能供養十方諸佛，華香、珍寶種種供養。

《大智度論釋・初品中善根供養義第四十六》(卷第三十)

若菩薩持戒清淨具足，無所分別「持戒、破戒」，於一切諸法「畢竟不生」……欲受行「甚深禪定」，無所依止，定亂不異。不起於「定」(不離開「禪定」)而(仍)能「變身無量」，遍至十方說法度人。

《阿毘達磨大毘婆沙論・卷第一百五十四》

(1)契經中說住「滅定」者，不為火所燒、水所漂、毒所中、刃所害、他所殺。

(2)問：何故住「滅定」者，有如是勝利？

(3)尊者世友作如是說：由此「滅定」是「不害法」故，住此者非「害」所害。

(4)有說：此定有「大威德」，為諸「威德天神」護之，故不可害。

(5)有說：得「靜慮」者，「靜慮」境界，具「神通」者，「神通」境界。俱不思議，故不可害。

(6)有說：此定「無心」、非「無心」者，有生有死，故不可害等……

(7)有說：身及衣，俱不燒者，皆由「滅定力」故……

(8)有說：從「滅定」起者，「威儀」寂靜，來往「語言」，衣著飲食，皆悉詳審……

(9)有說：住「滅定」者，諸食皆斷。若施從此起者，則為「施無食」者……住「滅定」者，一切皆無。是故施從此起者，則為施於「無食者」食。由此因緣，或得「現果」，或得「大果」。

(10)有說：若有施「從此定」起者，則為施到「涅槃還來者」食，以此定「似」涅槃故。

(11)謂如入「無餘依涅槃」界者，滅一切「有所緣法」心、心所法，不起不滅。住「滅定」者，亦滅一切「有所緣法」。心、心所法不起不滅，故「似涅槃」。是故施「從此定」起者，則為施到「涅槃還來者」食。

《中阿含經・卷第五十八》

(1)復問曰：賢聖！若「死」及入「滅盡定」者。有何差別？

(2)法樂比丘尼答曰：死者壽命滅訖，溫暖已去，諸根敗壞。比丘入「滅盡定」者，「壽」不滅訖，「暖」亦不去，「諸根」不敗壞……

(3)復問曰：賢聖！若入「滅盡定」及入「無想定」者。有何差別？

(4)法樂比丘尼答曰：比丘入「滅盡定」者，「想」及「知」滅。入「無想定」者，「想、知」不滅……

(5)復問曰：賢聖！若從「滅盡定」起，及從「無想定」起者。有何差別？

(6)法樂比丘尼答曰：比丘從「滅盡定」起時，不作是念：我從「滅盡定」起。
比丘從「無想定」起時，作如是念：我為「有想」，我為「無想」……

(7)復問曰：賢聖！比丘入「滅盡定」時，作如是念：我入「滅盡定」耶？

(8)法樂比丘尼答曰：比丘入「滅盡定」時，不作是念：我入「滅盡定」。然本如是修習心，以是故如是趣向……

(9)復問曰：賢聖！比丘從「滅盡定」，作如是念：我從「滅盡定」起耶？

(10)法樂比丘尼答曰：比丘從「滅盡定」起時，不作是念：我從「滅盡定」起。然因此身及六處緣命根，是故從定起……

(11)復問曰：賢聖！比丘從「滅盡定」起已，心何所樂？何所趣？何所順耶？

(12)法樂比丘尼答曰：比丘從「滅盡定」起已。心樂離、趣離、順離。

《月燈三昧經・卷第六》

童子！菩薩摩訶薩(若能)住於「宴坐」，(則能)有十種利益。何等為十？

一者：其心「不濁」。

二者：住「不放逸」。

三者：諸佛「愛念」。

四者：信「正覺」行。

五者：於「佛智」不疑。

六者：知「恩」。

七者：不謗「正法」。

八者：善能「防禁」(防備禁戒，以免犯戒)。

九者：到「調伏地」。

十者：證「四無礙」(據《俱舍論・卷二十七》載「法、義、詞、辯」等四個「無礙解」)。

童子！是為菩薩摩訶薩住於「宴坐」十種利益。

《大乘寶雲經・卷第五》

善男子！菩薩摩訶薩具足「十法」，唯「一坐」食。**何等為十？**

(1)**所謂坐於「菩提道場」，一切魔兵為作恐怖而坐不動。**

(2)於「出世座」**而坐不動。**

(3)於「出世慧」**而坐不動。**

(4)於「出世智」**而坐不動。**

(5)於「空三昧」**而坐不動。**

(6)覺了「諸法」**而坐不動。**

(7)於「八正道」**而坐不動。**

(8)於「真實際」**而坐不動。**

(9)於「如如」**中而坐不動。**

(10)於「一切智」**而坐不動。**

所言「一坐」，**唯是**「法座」，**是故名為**「一坐」**食也。**

善男子！如是菩薩見是十法，唯「一坐」**食。**

《大乘寶雲經・卷第五》

善男子！菩薩摩訶薩具足十法「宴坐」不臥，**何等為十？**

(1)所謂不為苦身故，而坐不眠。

(2)不為惱心故，不為眠。

(3)所牽故，不萎身坐。

(4)菩薩摩訶薩凡「坐」不眠。

(5)但為滿足菩提諸行。

(6)為「一心」故。

(7)為向「正道」故。

(8)為「坐道場」故。

(9)為「利眾生」故。

(10)為滅一切「煩惱」故，坐而不臥。

善男子！如是菩薩具是十法常坐不臥。

➔大乘菩薩者，恒在「寂滅之定」中，常入於「滅盡定」之境，而亦能現「無量變化」之「身」以度化眾生。

小乘者，若入「滅盡定」之境，則形同「枯木」，無「運用」之能事。

➔「二乘聲聞」修道者，必捨「凡夫事」。菩薩則不需捨「凡夫事」。

「二乘聲聞」者，未得「法空」，故見「煩惱」而有「可畏」，執需「斷盡」，方能入聖。「大乘菩薩」者，已得「法空」，故知「凡俗」之事亦如「夢幻泡影」，故反以執「凡夫事」作為方便攝化眾生的教法。如《維摩詰》經文卷八【八～1】云：若菩薩行於「非道」，是為「通達」佛道。

《大智度論・釋往生品第四之上》(卷三十八)

小乘法中，不說法身菩薩祕奧深法，無量不可思議神力；多說「斷」結使，直取「涅槃法」。

【三～3】佛遣「神通第一」大目犍連前往問疾

三國吳・支謙譯《維摩詰經》	姚秦・鳩摩羅什譯《維摩詰所說經》	姚秦・鳩摩羅什譯《維摩詰所說大乘經》	唐・玄奘譯《說無垢稱經》
㊀佛告賢者大目犍連：汝行詣維摩詰問疾。	㊀佛告大目犍連：汝行詣維摩詰問疾。	㊀佛告大目犍連：汝行詣維摩詰問疾。	㊀爾時世尊告大目連：汝應往詣無垢稱所，問安其疾。
㊁目犍連白佛言：我不堪任(不夠資格；不堪適任)詣彼問疾。所以者何？	㊁目連白佛言：世尊！我不堪任(不夠資格；不堪適任)詣彼問疾。所以者何？	㊁目連白佛言：世尊！我不堪任(不夠資格；不堪適任)詣彼問疾。所以者何？	㊁時大目連白言：世尊！我不堪任(不夠資格；不堪適任)詣彼問疾。所以者何？
㊂憶念我昔為諸少年「居士」說法。	㊂憶念我昔入毘耶離(Vaiśālī)大城，於里巷中為諸「居士」說法。	㊂憶念我昔入毘耶離(Vaiśālī)大城，於里巷中為諸「居士」說法。	㊂憶念我昔，於一時間，入廣嚴城(Vaiśālī)，在四衢道(歧路；岔路)，為諸「居士」演說法要。

《菩薩念佛三昧經・卷第二》

(1)爾時阿難問目連言：世尊說汝於聲聞中「神通變化」為最第一，今此通變非爾為耶？目連答言：長老阿難！汝問何緣有是神通？如此變化，非我所為！

(2)長老阿難！我所能者，以此三千大千世界內置「口」中，無一眾生生「覺知想」。復次阿難！我遊梵天，發言音響，遍聞大千。

(3)如是阿難！我在佛前作「師子吼」，能以「須彌」內置「口」中，若經一劫，若過一

劫。

(4)阿難！我又住彼「炎天」(夜摩天)，言語音聲，此間世界皆悉聞知。

(5)長老阿難！我能移於「天神堂閣」，置「閻浮提」而不動搖。

(6)又告：阿難！我能降伏惡性毒害，難陀龍王、優鉢難陀諸龍王等，又能摧靡弊魔波旬。

(7)復次，阿難！我往東方，過三千大千，還住第三世界之中，彼有大城號曰寶門，凡有六萬億千家屬，令彼家家皆見我身，復能使此諸眾生等，聞說無常苦空之音。

(8)復次，阿難！我實有此諸妙神通，未曾「示現」。我今處在蓮花之座，悉見諸方一一方分，有阿僧祇無數如來，皆名釋迦牟尼世尊，處處僧坊 右脇而臥。覩佛刹土有如是相，猶我「天眼」見千世界，若斯相貌，是誰神通？

(9)時目揵連，即說偈言……

《大般涅槃經・卷第二十四》

(1)菩薩修行《大涅槃經》所得神通，不與「聲聞、辟支佛」共。

(2)云何名為不與「聲聞、辟支佛」共？「二乘」所作神通變化，一心作一，不得眾多。

(3)菩薩不爾，於一心中則能具足「現五趣身」。所以者何？以得如是《大涅槃經》之勢力故，是則名為昔所不得，而今得之。

【三～4】法無我人眾生壽者，非因非緣，離一切相，無生無滅。底下約有28條

三國吳・支謙譯《維摩詰經》	姚秦・鳩摩羅什譯《維摩詰所說經》	姚秦・鳩摩羅什譯《維摩詰所說大乘經》	唐・玄奘譯《說無垢稱經》
時維摩詰來謂我言：	時維摩詰來謂我言：	時維摩詰來謂我言：	時無垢稱來到彼所，稽首我足，而作是言：
〈賢者！莫為「居家白衣」說法；如賢者所說。欲說法者，當為如法。	〈唯，大目連！為「白衣居士」說法，不當如仁者所說。夫說法者，當如法說。	〈唯，大目連！為「白衣居士」說法，不當如仁者所說。夫說法者，當如法說。	〈唯，大目連！為諸「白衣居士」說法，不當應如尊者所說。夫說法者應如法說。
			時我問言：云何名為「如法」說耶？彼即答言：

❷如法者，離人垢。	❷法無衆生，離衆生垢故。	❷法無衆生，離衆生垢故。	❶法無有我，離我垢故。
❶以不我(無我)，為離染塵。	❶法無有我，離我垢故。	❶法無有我，離我垢故。	❷法無有情，離情塵故。
❸不有命，為離生死。	❸法無壽命，離生死故。	❸法無壽命，離生死故。	❸法無命者，離生死故。
❹不處人為，本末斷如滅相。	❹法無有人，前後際(前世與來世)斷故。	❹法無有人，前後際(前世與來世)斷故。	❹法無「補特伽羅」(pudgala 人、眾生、數取趣)，前後際斷故。
不以婬為無罣礙，至不老為諸作斷。	❺法常寂然，滅諸相故。	❺法常寂然，滅諸相故。	❺法常寂然，滅諸相故。
	❻法離於相，無所緣故。	❻法離於相，無所緣故。	❻法離貪著，無所緣故。
以隨食為離諸損，而一切救如空等，為無「適莫」(適→過多強求;心所好、所厚。莫→缺少疏忽;心所厭、所薄。「無適莫」指維持「中道」,無有好惡、親疏、厚薄)。	❼法無名字，言語斷故。	❼法無名字，言語斷故。	❼法無文字，言語斷故。
	❽法無有說，離「覺、觀」(尋伺。覺→粗略思考。觀→細心思惟)故。	❽法無有說，離「覺、觀」(尋伺。覺→粗略思考。觀→細心思惟)故。	❽法無譬說，遠離(如)一切波浪(般的妄)思故。
	❾法無形相，如虛空故。	❾法無形相，如虛空故。	❾法遍一切，如虛空故。
	❿法無戲論，畢竟空故。	❿法無戲論，畢竟空故。	❿法無有顯，無相、無形，遠離一切行動事故。
⓫以無吾，為除「吾作」(我所)。	⓫法無「我、所」，離「我、所」故。	⓫法無「我、所」，離「我、所」故。	⓫法無「我、所」，離「我、所」故。
⓬以無識心，為離識心。	⓬法無分別，離諸識故。	⓬法無分別，離諸識故。	⓬法無了別，離「心識」故。
⓭以無倫，為無有比。	⓭法無有比(無相比較)，無相待故。	⓭法無有比(無相比較)，無相待故。	⓭法無有比(無相比較)，無相待故。
⓮以因緣相，為入無等。	⓮法不屬因，不在緣故。	⓮法不屬因，不在緣故。	⓮法不屬因，不在緣故。
⓯以法情正學正諸	⓯法同法性，入諸	⓯法同法性，入諸	⓯法同法界，等入

情。 ⑯以「如」事入，應無所入。 ⑰億誠信而皆為立，終始不動。 ⑱不動則六無倚。 ⑲不望於衆人，當來無住。 ⑳「空」為正止、「無相」為惟行、「無願」為離淵。 ㉑不自舉、不自容。 ㉔為離起分而無「家」。 ㉕「眼、耳、鼻、口、身、心」已過，無所住。 ㉘亦不「無心住」，心得無智，為離衆行法。	法故。 ⑯法隨於「如」，無所隨故。 ⑰法住「實際」，諸邊(永遠;完全)不動故。 ⑱法無動搖，不依六塵故。 ⑲法無去來，常不住故。 ⑳法順空，隨無相，應無作。 ㉑法離好醜。 ㉒法無增損。 ㉓法無生滅。 ㉔法無「所歸」(所執著的一個歸藏之處)。 ㉕法過「眼、耳、鼻、舌、身、心」。 ㉖法無高下。 ㉗法常住不動。 ㉘法離一切觀行。	法故。 ⑯法隨於「如」，無所隨故。 ⑰法住「實際」，諸邊(永遠;完全)不動故。 ⑱法無動搖，不依六塵故。 ⑲法無去來，常不住故。 ⑳法順空，隨無相，應無作。 ㉑法離好醜。 ㉒法無增損。 ㉓法無生滅。 ㉔法無「所歸」(所執著的一個歸藏之處)。 ㉕法過「眼、耳、鼻、舌、身、心」。 ㉖法無高下。 ㉗法常住不動。 ㉘法離一切觀行。	一切真法界故。 ⑯法隨於「如」，無所隨故。 ⑰法住「實際」，畢竟不動故。 ⑱法無動搖，不依六境故。 ⑲法無去來，無所住故。 ⑳法順空，隨無相，應無願。 ㉒遠離一切增減思故。 ㉓法無取捨，離生滅故。 ㉔法無「執藏」(所執著的一個歸藏之處)。 ㉕超過一切「眼、耳、鼻、舌、身、意」道故。 ㉖㉗法無高下，常住不動故。 ㉘法離一切分別所行，一切「戲論」畢竟斷故。

《大方廣佛華嚴經・卷三十七》

(1)**佛子！菩薩摩訶薩，以如是十種相觀諸「緣起」，**知「無我、無人、無壽命」**，自性空。**

(2)無作者、無受者，**即得「空解脫門」現在前。**

《十住斷結經・卷八》

佛告舍利弗，一切眾生「無我、人相」。諸法本淨，諸法無形。無著「斷」法，諸法「無壞」。觀了佛土，悉無所有。

《楞嚴經・卷二》

(1)五陰、六入、十二處、十八界皆「非因緣、非自然」……

(2)佛言：阿難！我說「世間」諸「因緣相」，非第一義……

(3)十方諸有漏國及諸眾生，同是「覺明」(本覺妙明之心)無漏妙心，「見、聞、覺、知」虛妄病緣，和合「妄生」，和合「妄死」。若能遠離諸「和合」緣及「不和合」，則復滅除諸生死因……

(4)阿難！汝雖先悟「本覺妙明(勝妙明淨)」，性非「因緣」，非「自然性」；而猶未明如是「覺元」非「和合」生(非一也)及「不和合」(非異也)。

《大般若波羅蜜多經・卷第三百八十二》

(1)善現(須菩提)！「因緣」本性；無縛無脫。

(2)「等無間緣、所緣緣、增上緣」本性，亦無縛無脫。

(3)「因緣」本性；無縛無脫，則「非因緣」。

(4)「等無間緣、所緣緣、增上緣」；本性亦無縛無脫，則"非"「等無間緣、所緣緣、增上緣」。何以故？

(5)「因緣」乃至「增上緣」；畢竟「淨」故。

《入楞伽經・卷第十》

如刀「不自割」，指亦「不自指」。如心「不自見」，其事亦如是。

非「他」、非「因緣」，「分別」、「分別事」。

《無量義經》

(1)大哉大悟大聖主，無垢、無染、無所著……永斷夢妄思想念，無復諸大「陰、界、入」。

(2)其身「非有」亦「非無」。「非因、非緣、非自他」。

《大乘舍黎娑擔摩經》

(1)復次舍利子白言：以何故名為「十二緣」？菩薩告言：以「有因有緣」名「十二緣」。

(2)舍利子！是法亦「非因、非緣」，亦非「不因緣」，又從「緣有」。

(3)子今略說其相，如來出生，及不出生，是「因緣法」，常住平等。

《大乘瑜伽金剛性海曼殊室利千臂千鉢大教王經・卷第七》
菩薩志求佛法，於心地智眼觀，照本源根本。自性中本來「空慧」，「非因非緣」，亦非「無緣」。亦非「有因」，亦非「無因」……

【三～5】說法者，無說無示。聽法者，無聞無得。如幻士為幻人說法

三國吳・支謙譯《維摩詰經》	姚秦・鳩摩羅什譯《維摩詰所說經》	姚秦・鳩摩羅什譯《維摩詰所說大乘經》	唐・玄奘譯《說無垢稱經》
㊀賢者！為如此，何說為說法？	㊀唯，大目連！法相如是，豈可說乎？	㊀唯，大目連！法相如是，豈可說乎？	㊀唯，大目連！法相如是，豈可說乎？ ㊁夫說法者，一切皆是增益損減。其聽法者，亦復皆是增益損減。
㊂法說者，為「等句」。聞者，當「等聞」。說不如「等句」者，彼為「非說」為「非聞」為未出。	㊂夫說法者，無說無示。其聽法者，無聞無得。	㊂夫說法者，無說無示。其聽法者，無聞無得。	㊂若於是處「無增無減」，即於是處都「無可說」，亦「無可聞」，無所了別。
㊃譬如「幻士」為「幻人」說法，當建是意以為說法。	㊃譬如「幻士」為「幻人」說法，當建是意，而為說法。	㊃譬如「幻士」為「幻人」說法，當建是意，而為說法。	㊃尊者目連！譬如「幻士」為「幻化者」宣說諸法。住如是心乃可說法。
㊄隨人「本德」所應，當善見為「現智」。	㊄當了眾生「根有利鈍」，善於「知見」，無所罣礙。	㊄當了眾生「根有利鈍」，善於「知見」，無所罣礙。	㊄應善了知一切有情「根性」差別。妙慧觀見，無所罣礙。
㊅以「大悲」不癡妄，為成大乘。於佛有反復，內性清淨，不斷三寶，樂	㊅以「大悲心」讚于大乘，念報佛恩，不斷三寶，然後說法。〉	㊅以「大悲心」讚于大乘，念報佛恩，不斷三寶，然後說法。〉	㊅「大悲」現前，讚說大乘，念報佛恩。意樂清淨，法詞善巧。為三寶

以是說法說。〉			種，永不斷絕，乃應說法。〉
㊆(維摩詰)說是法時。世尊！八百居士發「無上正真道意」。	㊆維摩詰說是法時，八百居士發「阿耨多羅三藐三菩提心」。	㊆維摩詰說是法時，八百居士發「阿耨多羅三藐三菩提心」。	㊆世尊！彼大居士(維摩詰)說此法時，於彼眾中八百居士皆發「無上正等覺心」。
㊇(大目犍連)我無此辯，是故不任詣彼問疾。	㊇(大目犍連)我無此辯，是故不任詣彼問疾。	㊇(大目犍連)我無此辯，是故不任詣彼問疾。	㊇時(大目犍連)我，世尊！默無能辯，故我不任詣彼問疾。

《大般若波羅蜜多經·卷第三百五十四》

(1)善現！是菩薩摩訶薩若作是念，則為退失甚深般若波羅蜜多。何以故？

(2)善現！如來於法「無知、無覺、無說、無示」。所以者何？諸法實性不可「知覺」、不可「施設」，云何得「有知覺」說示一切法者？

(3)若言「實有知覺」說示一切法者，無有是處。

《大般若波羅蜜多經·卷第三百七十八》

(1)善現！無所得者，謂菩薩摩訶薩於如是一切法，無行、無得、無說、無示。

(2)謂菩薩摩訶薩於「色」，無行、無得、無說、無示；於受、想、行、識，無行、無得、無說、無示。何以故？

(3)「色自性」乃至「識自性」皆不可行、得、說、示故。

(4)菩薩摩訶薩於「眼」處，無行、無得、無說、無示；於耳、鼻、舌、身、意處，無行、無得、無說、無示。何以故？

(5)「眼處自性」乃至「意處自性」，皆不可行、得、說、示故。

(6)菩薩摩訶薩於「色處」，無行、無得、無說、無示；於聲、香、味、觸、法處，無行、無得、無說、無示。何以故？

(7)「色處自性」乃至「法處自性」，皆不可行、得、說、示故。

(8)菩薩摩訶薩於「眼界」，無行、無得、無說、無示；於耳、鼻、舌、身、意界，無行、無得、無說、無示。何以故？

(9)「眼界」自性乃至「意界」自性，皆不可行、得、說、示故。

(10)菩薩摩訶薩於「色界」，無行、無得、無說、無示；於聲、香、味、觸、法界，無行、無得、無說、無示。何以故？

(11)「色界」自性乃至「法界」自性，皆不可行、得、說、示故。

(12)菩薩摩訶薩於「眼識界」，無行、無得、無說、無示；於耳、鼻、舌、身、意識界，無行、無得、無說、無示。何以故？

(13)「眼識界」自性乃至「意識界」自性，皆不可行、得、說、示故。

(14)菩薩摩訶薩於「眼觸」，無行、無得、無說、無示；於耳、鼻、舌、身、意觸，無行、無得、無說、無示。何以故？

(15)「眼觸」自性乃至「意觸」自性，皆不可行、得、說、示故。

《佛說佛母出生三法藏般若波羅蜜多經・卷第二》

(1)須菩提言：依般若波羅蜜多。舍利子！當如實知，彼一切法「無依止」故，諸波羅蜜多亦復如是。

(2)若菩薩摩訶薩聞此甚深般若波羅蜜多時，應作是念：「無說、無示，無聞、無得」。心無所動，無所求相、無所持相，當知是菩薩摩訶薩行無數般若波羅蜜多行不離是念。

《佛說佛母出生三法藏般若波羅蜜多經・卷第八》

(1)佛言：不也！須菩提！般若波羅蜜多，無說、無示、無聞、無得，非「蘊、處、界」有所見相。何以故？

(2)彼一切法離種種性，而「蘊、處、界」即般若波羅蜜多。何以故？

(3)由「蘊、處、界」空故、離故、寂滅故，般若波羅蜜多亦空、亦離、亦寂滅。而般若波羅蜜多與「蘊、處、界」無二無二分、無相、無分別。

《仁王護國般若波羅蜜多經・卷上》

善男子！若有修習般若波羅蜜多，說者、聽者，譬如「幻士」，無說、無聽。法同法性，猶如虛空，一切法皆如也。

【三～6】佛遣「頭陀第一」大迦葉前往問疾

三國吳・支謙譯《維摩詰經》	姚秦・鳩摩羅什譯《維摩詰所說經》	姚秦・鳩摩羅什譯《維摩詰所說大乘經》	唐・玄奘譯《說無垢稱經》
㊀佛告賢者大迦葉：汝行詣維摩詰問疾。	㊀佛告大迦葉：汝行詣維摩詰問疾。	㊀佛告大迦葉：汝行詣維摩詰問疾。	㊀爾時世尊告迦葉波：汝應往詣無垢稱所，問安其疾。

㊁迦葉白佛言：我不堪任(不夠資格;不堪適任)詣彼問疾。所以者何？	㊁迦葉白佛言：世尊！我不堪任(不夠資格;不堪適任)詣彼問疾。所以者何？	㊁迦葉白佛言：世尊！我不堪任(不夠資格;不堪適任)詣彼問疾。所以者何？	㊁大迦葉波白言：世尊！我不堪任(不夠資格;不堪適任)詣彼問疾。所以者何？
㊂憶念我昔於「貧聚」而行乞。	㊂憶念我昔，於「貧里」而行乞。	㊂憶念我昔，於「貧里」而行乞。	㊂憶念我昔，於一時間，入廣嚴城(Vaiśālī)遊「貧陋巷」而循乞食。

《菩薩念佛三昧經・卷第二》

(1)時大迦葉亦在眾中，阿難心念：是大迦葉，威德具足「神通自在」，今者變化，將非是耶？

(2)於是阿難問迦葉言：此之「靈奇」是大德乎？

(3)迦葉答言：斯神化相，非我所為，吾以「智力」悉能分別顯示一切。

(4)長老阿難！我今住於世尊之前，作師子吼，能以三千大千世界，其中諸水江河溪壑泉源池沼，百千萬億無量巨海，一切水聚吸置口中悉使枯涸，令諸水性魚龍之屬，都不覺知亦無惱害。

(5)長老阿難！汝今當知，我於佛前諸天世人、梵魔沙門一切眾中，師子正説無畏之言。我力能吹「須彌山王、大轉輪山、雪山山王」，乃至三千大千世界，一切諸山皆成微塵。依此山者都不覺知。

(6)長老阿難！我能如是，得此「自在神通」之力。

(7)復次阿難！我又能吹三千大千諸世界中，一時皆成「猛炎熾火」，譬如劫燒將盡之時，一切眾生亦不覺知，又無燒害熱惱之者，又不生念燒剎土想，我神力相具足如是。

(8)長老阿難！吾住此間，「天眼」遠矚東方世界，億百千剎諸佛國土，始處處燒終同「一火」，我既見已，心生念言：今當示現「神通變化」，即如其相，以「三昧力」住此世界，過於東方億百千剎。能以「一氣」吹彼猛火，悉令俱滅，火既滅已，從三昧起，復更發大炎盛之火。

(9)長老阿難！我神通相，及「波羅蜜」如是滿足。若有人天生疑不信，世尊今者，右脅而臥，若從「定」起，汝可往問，唯佛如來能知此耳。

(10)世尊于時於「靜室」中遙語阿難：大德迦葉説「師子吼」，汝善受持！

《出曜經・卷九》

(1)爾時尊者大迦葉在耆闍崛山中，然大迦葉生長「豪族」，身體柔軟，食則「甘細」(美味細緻;精緻之食)，不曾麤(粗劣)䵃(《一切經音義・卷三十一》云:《考聲》云「大麥」也。俗亦呼「青稞」為「䵃」)，意所開化，多愍「貧窮」。

(2)至「貧家」乞，得食「麤惡」，食便生「疾」，「內風」(腹脹病。有時會伴隨「腹痛、嘔吐、噯氣、便秘、腹瀉、發熱、肛門排氣增加」)變動，遂成「暴下」(急性腹瀉)。

(3)是時世尊告大目連：汝今隨我問諸「疾人」(指大迦葉此時正患「急性腹瀉症」)。

(4)(大目連)對曰：如是！

(5)世尊即將目連詣耆闍崛山，時大迦葉獨坐閑房，無有「瞻病之人」，如來即往詣大迦葉窟。

(6)迦葉見佛，欲從坐起。爾時世尊告大迦葉曰：汝今「抱患」，但坐勿起，吾自有坐，具隨。

《增壹阿含經・卷五》

爾時，尊者大迦葉住阿練若，到時乞食，不擇貧富，一處一坐，終不移易，樹下，露坐，或空閑處，著五納衣，或持三衣，或在塚間，或時一食，或正中食，或行頭陀，年高長大。

《增壹阿含經・卷二十二》

女復以偈報曰：頭陀行第一，恒愍貧窮者，如來與半坐，最大迦葉是。

《賢愚經・卷三》

(1)爾時國中，有一婆羅門，居貧窮困，乏於錢穀，勤加不懈，衰禍遂甚，方宜理盡，衣食不供，便行問人：今此世間，作何等行，令人現世蒙賴其福？

(2)有人答言：汝不知耶？今佛出世，福度眾生，祐利一切，無不得度。

(3)如來復有四尊弟子，摩訶迦葉、大目犍連、舍利弗、阿那律等斯四賢士，每哀貧乏，常行福利，苦厄眾生。

《賢愚經・卷六》

摩訶迦葉，清儉知足，常行頭陀，愍諸廝賤，賑濟貧乏。

《雜譬喻經・卷下》

(1)昔佛在天王釋，數下供養三尊，唯摩訶迦葉獨不肯受。何以故？本願但欲度「貧窮人」故。於是「天帝」作權方便，「夫人」俱下，作「貧家」公嫗，弊草屋下。

(2)時摩訶迦葉入城「分衛」，天帝「公嫗ㄩˋ」迎為作禮，自說：寒貧，願受麤食！
(3)迦葉可之。

《佛說伅真陀羅所問如來三昧經・卷上》

(1)「伅ㄊㄨㄣˊ 真陀羅」(Kinnara 歌神；音樂天神)在其中央，同時鼓琴……比丘、比丘尼。優婆塞、優婆夷。諸一一尊，比丘及新發意菩薩。其在會者，諸天龍鬼神一切。自於坐皆「踊躍」，陂ㄆㄛ 峨(傾側不穩)其身，而欲「起舞」。
(2)提無離菩薩問：尊「聲聞」已離「諸欲」，悉得「八惟務禪」(aṣṭau vimokṣāḥ 八解脫)，盡見「四諦」，何緣復「舞」？
(3)諸尊「聲聞」答言：吾等不得自在，用是「琴聲」，於坐不能忍其「音」，亦不能制其心令堅住。
(4)提無離菩薩問摩訶迦葉言：仁者！年尊而知厭足，自守如戒，為諸天及人之所敬愛。云何不能自制「身舞」，若如小兒？
(5)摩訶迦葉言：譬若隨「藍風」一起時，諸樹名「大樹」，而不能自制。所以者何？其身不堪「伅ㄊㄨㄣˊ 真陀羅」王「琴聲」，譬若如隨「藍風」起時。以是故，吾等而不能「自制」……諸聲聞之所有，今悉為是「音」而「覆蔽」。
(6)提無離菩薩復謂摩訶迦葉：觀諸「阿惟越致(不退轉菩薩)」所作為，聞是琴聲，而「無動」者。其有智人，聞是奈何，而不發「阿耨多羅三藐三菩提心」。諸聲聞之所有威神之力，皆悉為「琴聲」而所「覆蔽」，是音不能動搖諸「摩訶衍」(大乘)。伅真陀羅王，所有伎樂八萬四千音聲，皆悉「佛威神」之所接，亦「伅真陀羅」本願福之所致……

✕出家人之戒律乃「不持樂器」

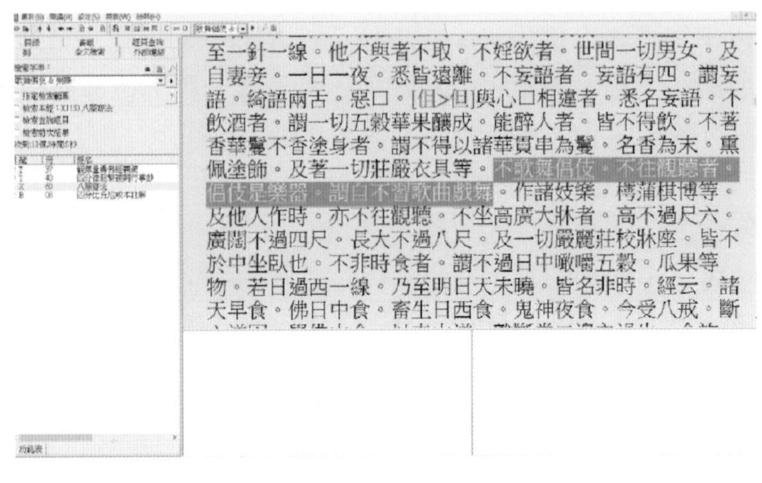
至一針一線。他不與者不取。不婬欲者。世間一切男女。及自妻妾。一日一夜。悉皆遠離。不妄語者。妄語有四。謂妄語。綺語兩舌。惡口。[但>但]與心口相違者。悉名妄語。不飲酒者。謂一切五穀華果釀成。能醉人者。皆不得飲。不著香華鬘不香塗身者。謂不得以諸華貫串為鬘。名香為末。熏佩塗飾。及著一切莊嚴衣具等。不歌舞倡伎。不往觀聽者。倡伎是樂器。謂自不習歌曲戲舞。作諸妓樂。樗蒲棋博等。及他人作時。亦不往觀聽。不坐高廣大牀者。高不過尺六。廣闊不過四尺。長大不過八尺。及一切嚴麗莊校牀座。皆不於中坐臥也。不非時食者。謂不過日中噉嚼五穀。瓜果等物。若日過西一線。乃至明日天未曉。皆名非時。經云。諸天早食。佛日中食。畜生日西食。鬼神夜食。今受八戒。斷

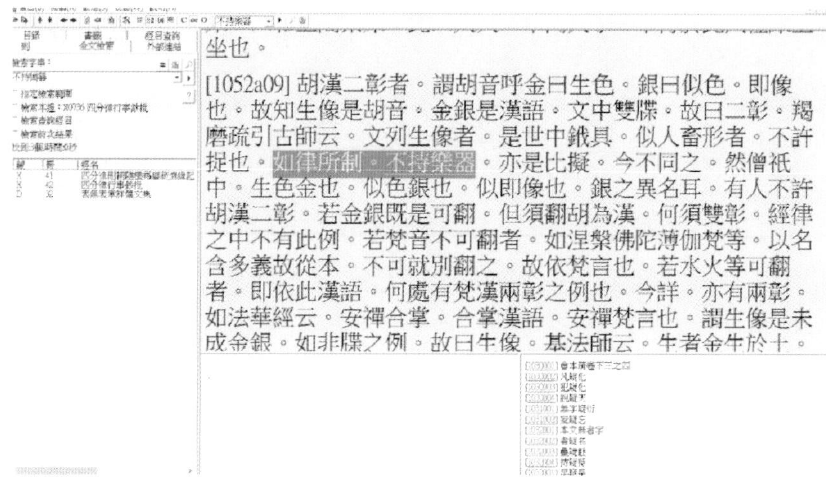
坐也。

[1052a09] 胡漢二彰者。謂胡音呼金曰生色。銀曰似色。即像也。故知生像是胡音。金銀是漢語。文中雙牒。故曰二彰。羯磨疏引古師云。文列生像者。是世中鈍具。似人畜形者。不許捉也。如律所制。不持樂器。亦是比擬。今不同之。然僧祇中。生色金也。似色銀也。似即像也。銀之異名耳。有人不許胡漢二彰。若金銀既是可翻。但須翻胡為漢。何須雙彰。經律之中不有此例。若梵音不可翻者。如涅槃佛陀薄伽梵等。以名含多義故從本。不可就別翻之。故依梵言也。若水火等可翻者。即依此漢語。何處有梵漢兩彰之例也。今詳。亦有兩彰。如法華經云。安禪合掌。合掌漢語。安禪梵言也。謂生像是未成金銀。如非牒之例。故曰生像。基法師云。生者金生於十。

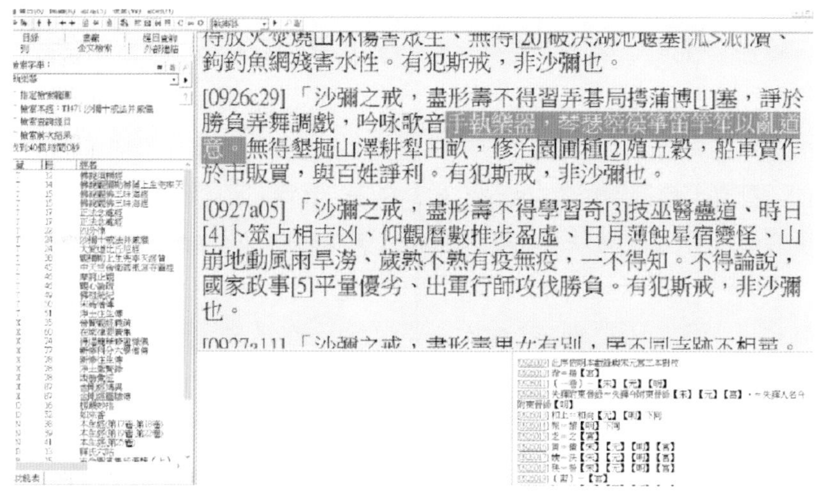
得放火焚燒山林傷害眾生、無得[20]破決湖池堰塞[泒>派]瀆、鉤釣魚網殘害水性。有犯斯戒，非沙彌也。

[0926c29]「沙彌之戒，盡形壽不得習弄碁局摴蒱博[1]塞，諍於勝負弄舞調戲，吟咏歌音手執樂器，琴瑟箜篌箏笛笙竿以亂道意。無得墾掘山澤耕犁田畝，修治園圃種[2]殖五穀，船車賈作於市販買，與百姓諍利。有犯斯戒，非沙彌也。

[0927a05]「沙彌之戒，盡形壽不得學習奇[3]技巫醫蠱道、時日[4]卜筮占相吉凶、仰觀曆數推步盈虛、日月薄蝕星宿變怪、山崩地動風雨旱澇、歲熟不熟有疫無疫，一不得知。不得論說，國家政事[5]平量優劣、出軍行師攻伐勝負。有犯斯戒，非沙彌也。

[0927a11]「沙彌之戒，盡形壽男女有別，居不同

《大智度論・初品總說如是我聞釋論第三》(卷第二)

(1)諸天雖有「福德」神力，諸「結使」不滅故，心不清淨，心不清淨故，神力亦少。

(2)「聲聞、辟支佛」，雖「結使」滅，心清淨，「福德」薄故，「力勢」少。

(3)佛二法滿足，故稱勝一切人。餘人；不勝一切人。

《大般涅槃經・卷第二十五》

如「欲界」眾生，一切皆有「初地味禪」，若修、不修，常得成就，遇「因緣」故，即便得之。

【三～7】乞食應住平等法。諸法如幻，無自性、無他性、無熾然、無寂滅

三國吳・支謙譯 《維摩詰經》	姚秦・鳩摩羅什譯 《維摩詰所說經》	姚秦・鳩摩羅什譯 《維摩詰所說大乘經》	唐・玄奘譯 《說無垢稱經》
時維摩詰來謂我言：	時維摩詰來謂我言：	時維摩詰來謂我言：	時無垢稱來到彼所，稽首我足，而作是言：
〈如賢者！有「大哀」，捨大姓，從「貧」乞。	〈唯，大迦葉！有「慈悲心」，而不能普(普遍皆施)。捨豪富，從「貧」乞。	〈唯，大迦葉！有「慈悲心」，而不能普(普遍皆施)。捨豪富，從「貧」乞。	〈唯，大迦葉！雖有「慈悲」，而不能普。捨於豪富，從于「貧」乞。
	迦葉！	迦葉！	尊者迦葉！
❶當知以「等法」施，普施於所行。	❶住「平等法」，應次行乞食。	❶住「平等法」，應次行乞食。	❶住「平等法」，應次行乞食。
❷已能不食，哀故從乞。	❷為「不食」(爲欲達「涅槃」之「無食」，故不得不「乞食」以存命行道)故，應行乞食。	❷為「不食」(爲欲達「涅槃」之「無食」，故不得不「乞食」以存命行道)故，應行乞食。	❷為「不食」故，應行乞食。
	❸❹為壞「和合相」(五蘊和合身;摶食諸相)故，應取揣(通「摶」字)食。	❸❹為壞「和合相」(五蘊和合身;摶食諸相)故，應取摶食。	❸為欲壞彼於「食執」(食物貪執)故，應行乞食。 ❹為欲(接)受他所「施食」故，應行乞食。
	❼為「不受」(無所受之心)故，應受彼食。	❼為「不受」(無所受之心)故，應受彼食。	
❺如不以言，若住「空聚」。	❺以「空聚」(空無人住的聚落)想，入於聚落。	❺以「空聚」(空無人住的聚落)想，入於聚落。	❺以「空聚」想，入於聚落。
❻所入聚中，欲度「男女」。所入城邑，知其種姓，輒詣劣家所(而)			❻為欲成熟「男女大小」，(故乞食而)入諸城邑，(令眾生能)趣佛家想，(故)

行乞。 ❼於諸法「無所受」(無所受之心)。			詣乞食家。 ❼為「不受」(無所受之心)故，應受彼食。
❽若見色如盲等。 所聞聲如響等。 所嗅香如風等。 所食味不以識。 得細滑無更樂。 ❾於識法「如幻」。	❽所見色與盲等。 所聞聲與響等。 所嗅香與風等。 所食味不分別。 受諸觸如智證。 ❾知諸法如幻相，無「自性」、無「他性」。本自「不然」(即不燃，不熾燃)，今則無滅。	❽所見色與盲等。 所聞聲與響等。 所齅香與風等。 所食味不分別。 受諸觸如智證。 ❾知諸法如幻相，無「自性」、無「他性」。本自「不然」(即不燃，不熾燃)，今則無滅。	❽所見色與盲等。 所聞聲與響等。 所嗅香與風等。 所食味不分別。 受諸觸如智證。 ❾知諸法如幻相，無「自性」、無「他性」、無「熾然」、無「寂滅」。

1 為「不食」故，應行乞食

「不食」即涅槃之法。涅槃法乃無「生死、寒暑、飢渴」之患。
為欲達「涅槃」之「無食」，故不得不「乞食」以存命行道。

《大寶積經・卷第四十八》

(1)**復次舍利子！**「法身」菩薩摩訶薩，不由食「摶 食」故，身得安住。
(2)雖復了知一切飲食「本無所有」，愍眾生故而「現」受食。
(3)雖「現」食之情，無耽著。**於其自身，未曾顧戀。何以故？**
(4)「**法身**」**之力，無退無減**，不以「飲食」安住其身。

2 為「壞和合相」故，應取「揣 食」

「九食」指「段食、觸食、思食、識食」與「禪悅食、法喜食、願食、念食、八解脫食」。
「前四食」為「世間之食」，能長養生死之色身。「後五食」則為「出世間之食」，能資益「法身」之慧命。

《增壹阿含經》卷 41〈45 馬王品〉

爾時，彼佛告諸比丘，說如此妙法：
夫觀食有九事：四種人間食，五種出人間食。
云何四種是人間食？
一者、摶食。
二者、更樂食。
三者、念食。
四者、識食。
是謂世間有四種之食。
彼云何名為五種之食，出世間之表？
一者、禪食。
二者、願食。
三者、念食。
四者、八解脫食。
五者、喜食。
是謂名為五種之食。
如是，比丘！九種之食，出世間之表，當共專念，捨除四種之食，求於方便辦五種之食。如是，比丘！當作是學。

(1)段食：用手去握食物，或捏成丸子的方式而食，此為印度人的食法。用口、舌、鼻去享用食物，將食物一段段、一分分的吃掉。如吃普通食物中之「飯、麵、魚、肉」等。後者如飲用「酥、油、香氣」及諸「飲料」等。

(2)觸食：以「觸」之心所為體，對「所觸之境」，生起「喜樂之愛」，而長養身者，此為有漏之「根、境、識」和合所生。例如「觀看戲劇」終日不食亦不感到饑餓；又如「孔雀、鸚鵡」等生卵畢，則時時「親附、覆育、溫暖」之，令生「樂觸」，卵則受此溫熱而得資養，故又稱「溫食」。人之「衣服、洗浴」等，亦為「觸食」。或是人與人之間用「擁抱」方式而令對方獲得精神溫暖而有存活的動力。

(3)思食：眾生以「第六意識」的思念之食。如魚、龜等到陸地生卵後，以細沙覆之，若卵能「思母不忘」，便不腐壞，若「不思母」，即便腐壞。或是人類的「望梅止渴、精神食糧」等都是屬於「思食」。

(4)識食：眾生皆以「第八阿賴耶識」為主體，從廣義上來說，一切眾生皆需以「識」為食，否則無法存活。從狹義上來說，「無色界」及「地獄」的眾生一定需以「識」

為主食。

(5)禪悅食：以修習禪法、禪定為主，進而獲得禪定之一種「禪悅」之食。

(6)法喜食：以聽聞法義而獲得歡喜的一種「法喜」之食。

(7)願食：以發大弘誓之願，欲度盡一切眾生，進而勤修習、斷煩惱的一種「大願」之食。

(8)念食：經常「憶念」所修習的「出世善法」，心存堅固道心，隨時「護念」不忘的一種「念食」。

(9)八解脫食：修習出世的聖道，能斷煩惱，並獲得「八解脫」的一種「解脫」之食。

《無所有菩薩經・卷第四》

(1)爾時世尊知彼菩薩心之所念，告無所有菩薩摩訶薩言：善男子！**汝今應為此諸菩薩摩訶薩等說「五陰聚和合身」事，汝今應為此等菩薩顯示「五陰和合」之身。**

(2)此等聞已，當壞「我見」，更復當近於「佛菩提」。

《大方廣佛華嚴經・卷第十六》

爾時，真實慧菩薩承佛威力，普觀十方而說頌言：

……離諸「和合相」，是名無上覺。**現在非「和合」，去來亦復然。**

一切法無相，是則佛真體。若能如是觀，諸法甚深義，則見一切佛，法身真實相。

《大方廣佛華嚴經・卷第三十三》

(1)復次，善男子！菩薩有十種法，具足圓滿，則得成就依常乞食。**何等為十？**

一者、慈心攝取。

二者、次第行乞。

三者、不自生惱。

四者、成就知足。

五者、普共分食。

六者、不嗜美食。

七者、飲食知量。

八者、疾得善法。

九者、願滿善根。

十者、離「和合相」……

(2)菩薩為欲圓滿一切「菩提分法」諸善根故，又應遠離取「和合相」。離是相已，離於「我執」，成就「無我」，乃至自身內外血肉、一切財物，不生悋惜，能與眾生共所受用。

(3)善男子！是為菩薩具足十法，圓滿成就，依常「乞食」妙行功德。

《大寶積經・卷第二十二》

菩薩善智者，修離「和合」行。能離於「和合」，斯行攝於道。

《佛說除蓋障菩薩所問經・卷第十三》

又善男子，菩薩若修十種法者，常行乞食，何等為十？

一者、為欲攝受有情，故行乞食。

二者、次第而行乞食。

三者、不生疲倦，而行乞食。

四者、喜足而行乞食。

五者、為欲分布，而行乞食。

六者、不耽著故，而行乞食。

七者、善知量故，而行乞食。

八者、為令善品得現前故，而行乞食。

九者、令得圓滿諸善根故，而行乞食。

十者、離(五蘊和合)身想故，而行乞食……

善男子！菩薩若修如是十種法者，即常行乞食。

《大乘本生心地觀經・卷第五》

(1)復次智光菩薩，出家佛子常行「乞食」，應捨「身命」，不斷是心。所以者何？一切有情皆依「食」住，是以「乞食」利益無窮。

(2)汝等當知！出家菩薩常行「乞食」有十勝利。云何為十？

一者、常行乞食以自活命，出入自由，不屬佗故。

二者、行乞食時，先説「妙法」，令起善心，然後自食。

三者、為「不施人」(不發心布施者)，發大悲心。為説「正法」，令起「捨心」而生勝福。

四者、依佛教行，增長「戒品」。福德圓滿，智慧無窮。

五者、常行乞食，於「七、九慢」，自然消滅。眾所恭敬，是良福田。

六者、於乞食時，當得如來「無見頂相」，應受世間廣大供養。

七者、汝等佛子隨學此法，住持三寶，饒益有情。

八者、於乞食時，不得為「求食」故，起希望心。讚歎一切男子、女人。

九者、行乞食時，須依「次第」。不應分別「貧、富」之家。

十者、常行乞食，諸佛歡喜。得一切智，最為良緣。

(3)智光菩薩！我為汝等略說如是十種利益，若廣分別無量無邊。汝等比丘及未來世，求佛道者，應如是學。

3 為「不受」故應受彼食

應以「無所受心」而受彼食，以「無所受心」方能達「涅槃」之境。

4 以「空聚」想入於聚落

《大方廣佛華嚴經・卷第四十二》

觀「陰」(五陰)如「幻界」、如「毒蛇」，入如「空聚」(空無人住的聚落)。

《度世品經・卷第五》

觀於「五陰」，猶如幻化。察於四種，如毒蛇虺。視諸衰「入」，亦如「空聚」(空無人住的聚落)。

《大寶積經・卷第九十六》

應觀此身無量過患。微塵積集生住異滅。念念遷流九漏瘡門。猶如毒蛇所住窟穴。其中無主，如「空聚落」(空無人住的聚落)。

《聖善住意天子所問經・卷中》

「五陰」如幻化，內外入「空聚」(空無人住的聚落)。

《菩薩念佛三昧經・卷第五》

是「身」如「空聚」(空無人住的聚落)，眾賊之所止。

《佛說巨力長者所問大乘經・卷中》

諸大菩薩身心清淨，「四大、五蘊」色身「空聚」(空無人住的聚落)，畢竟非實。

➔或應以「空聚想」入於「聚落」而乞食，故勿見「貧」或「富」想，以達「平等」之境。

所見色與盲等。所聞聲與響等。所嗅香與風等。所食味不分別。受諸觸如智證

《維摩詰經・卷九》【九～１９】
若知「眼性」；於色「不貪、不恚、不癡」，是名「寂滅」。

《大般若波羅蜜多經・卷第四十二》
(1)佛告善現：我還問汝，隨汝意答。善現！於意云何？「色」與「幻」有「異」不？「受、想、行、識」與「幻」有「異」不？
(2)善現答言：不也！世尊！何以故？「色」不異「幻」，「幻」不異「色」。「色」即是「幻」，「幻」即是「色」，「受、想、行、識」亦復如是。

《大方等大集經・卷第十七》
(1)以菩薩「六波羅蜜道」不與一切「聲聞、辟支佛」共故。此道一切諸佛皆所稱歎，從諸如來口出成就方便。
(2)菩薩能知一切法「實性」者，能住「出世間」六波羅蜜聖道。云何為住？……
(3)是菩薩知色「無常」，而行布施。知「色」苦。知「色」無我。知「色」鈍。知「色」無智。
知「色」如幻。知「色」如水中月。知「色」如夢。知「色」如影。知「色」如響。
知「色」如旋火輪。知「色」無我。知「色」無眾生。知「色」無命。知「色」無人。
知「色」無主。知「色」無養。知「色」空。知「色」無相。知「色」無願。知「色」無作。
知「色」無生。知「色」無起。知「色」無出。知「色」無形。知「色」寂靜。知「色」離。
知「色」無終。知「色」無成。知「色」與虛空等。知「色」如「涅槃性」，而行布施。
(4)菩薩如是行施時，以「施」離故，知「色」亦離。
以「色」離故，知「施」亦離。
以「色、施」離故，知「願」亦離。
以「願」離故，知「色、施」亦離。
以「色、施、願」離故，知「菩提」亦離。
以「菩提」離故，知「色、施、願」離，而知一切法同「菩提性」。
(5)善男子！是為菩薩「出世間」檀波羅蜜，「受、想、行」亦如是。

《大方等大集經・卷第十七》

(1)知識「無常」，應行布施。知「識」苦。知「識」無我。知「識」鈍。知「識」無智。
知「識」如幻。知「識」如野馬。知「識」如水中月。知「識」如夢。知「識」如影。
知「識」如響。知「識」如旋火輪。知「識」無我。知「識」無眾生。知「識」無命。
知「識」無人。知「識」無主。知「識」無養。知「識」如空。知「識」無相。知「識」無願。
知「識」無作。知「識」無生。知「識」無起。知「識」無出。知「識」無形。知「識」寂靜。
知「識」離。知「識」無終。知「識」無成。知「識」與虛空等。
知「識」如「涅槃性」而行布施。
(2)菩薩如是行布施時，以「施」離故，知「識」亦離。
以「識」離故，知「施」亦離。
以「識、施」離故，知「願」亦離。
以「願」離故，知「識、施」亦離。
以「識、施、願」離故，知「菩提」亦離。
以「菩提」離故，知「識、施、願」亦離，而知「一切法」同「菩提性」。
(3)善男子！是為菩薩「出世間」檀波羅蜜。

《大寶積經・卷第一百一十二》
(1)心常貪色。如蛾投火。
(2)心常貪聲。如軍久行樂勝鼓音。
(3)心常貪香。如猪憙樂不淨中臥。
(4)心常貪味。如小女人樂著美食。
(5)心常貪觸。如蠅著油。
(6)如是迦葉！求是「心相」，而不可得。若不可得，則非過去、未來、現在。
(7)若非「過去、未來、現在」，則「出三世」。若出三世，非有非無。
(8)若「非有非無」，即是「不起」。若「不起」者，即是「無性」。
(9)若「無性」者，即是「無生」。若「無生」者，即是「無滅」。
(10)若「無滅」者，則「無所離」。若「無所離」者，則「無來無去、無退無生」。
(11)若「無來無去、無退無生」，則無「行業」。若無「行業」，則是「無為」。
(12)若「無為」者，則是一切諸聖根本。

《佛說大迦葉問大寶積正法經・卷第三》
(1)心如蛾眼，恒貪燈焰色故。
(2)心著於聲，如貪戰鼓聲故。

(3)心如猪犬，於其不淨貪香美故。
(4)心如賤婢，貪食殘味故。
(5)心能貪觸，如蠅著羶ㄢ(羊身上的腺味)器故。
(6)迦葉！心不可求，求不能得。

《諸法無行經・卷上》
(1)文殊師利！「觸」是「種性」。
(2)世尊！云何「觸」為「種性」？
(3)文殊師利！「觸」如「虛空」，其性自離，無觸無合。一切法亦如是。
(4)善「壞身」故，離於「觸相」，「觸者」不可得故，是故「觸」是「種性」。

《正法念處經・卷第六十二》
(1)復次沙門婆羅門，及餘世間，如實觀「觸」。如此「觸」者，非有「自性」，「無常」敗壞，「變易」之法。
(2)如是「觸」者，空無所有，無堅無實。「先無」今有，已有「還無」。
(3)若能如是，如實觀「觸」，於「過去觸」不生「係念」。不愛、不樂，於「觸」不求，隨何等「觸」，來「觸」其身。
(4)離「貪欲觸」，是名知足。

知諸法如幻相，無「自性」、無「他性」

《大般若波羅蜜多經・卷第三百九十八》
(1)佛告善現：豈一切法先有後無？然一切法「非有、非無」，無自性、無他性。先既「非有」，後亦「非無」。自性常空，無所怖畏。
(2)應當如是教授教誡「初業菩薩」，令其信解諸法自性「畢竟皆空」。

《大般若波羅蜜多經・卷第三百七十二》
(1)善現！若諸神通有少自性，或復他性為自性者，我本修行菩薩行時，不應通達一切神通，皆以「無性」為自性已，發起種種自在神通。以諸神通「無自、他性」，但以「無性」為自性故。
(2)我本修行菩薩行時，通達神通皆以「無性」為自性已，能令心發起神境智證通，亦令心發起「天耳、他心、宿住隨念、天眼智證通」，於諸境界自在無礙。

【三～8】不捨「八邪」而能入「八解脫」，以「邪相」而能入「正法」，以一食而亦能普施一切。布施者，無大福、無小福，亦無大果、無小果，一切平等

三國吳・支謙譯《維摩詰經》	姚秦・鳩摩羅什譯《維摩詰所說經》	姚秦・鳩摩羅什譯《維摩詰所說大乘經》	唐・玄奘譯《說無垢稱經》
㊀如今耆年，已過(越過;解脫)「八邪」(八邪支;八邪法;八正道之對稱)，(而入)「八解」(八種定力能擺脫對色界無色界的貪著)正受，以「正定」越「邪定」。以是所乞，敬一切人，亦以奉敬諸佛賢聖，然後自食。	㊀迦葉！若能不捨「八邪」(八邪支;八邪法;八正道之對稱)，(而)入「八解脫」(aṣṭau vimokṣāḥ❶內「有色想」，觀諸色解脫❷內「無色想」，觀外色解脫❸「淨解脫身」作證，具足住解脫❹超「諸色想」，滅「有對想、不思惟」種種想，入「無邊空、空無邊處」，具足住解脫❺超一切「空無邊處」，入「無邊識、識無邊處」，具足住解脫❻超一切「識無邊處、入無所有、無所有處」，具足住解脫❼超一切「無所有處」，入「非想非非想處」，具足住解脫❽超一切「非想非非想處」，入「想受滅身作證」，具足住解脫)，以「邪相」(而)入「正法」。以「一食」(而亦能)施一切，供養諸佛，及眾賢聖，然後可食。	㊀迦葉！若能不捨「八邪」(八邪支;八邪法;八正道之對稱)，(而)入「八解脫」(aṣṭau vimokṣāḥ❶內「有色想」，觀諸色解脫❷內「無色想」，觀外色解脫❸「淨解脫身」作證，具足住解脫❹超「諸色想」，滅「有對想、不思惟」種種想，入「無邊空、空無邊處」，具足住解脫❺超一切「空無邊處」，入「無邊識、識無邊處」，具足住解脫❻超一切「識無邊處、入無所有、無所有處」，具足住解脫❼超一切「無所有處」，入「非想非非想處」，具足住解脫❽超一切「非想非非想處」，入「想受滅身作證」，具足住解脫)，以「邪相」(而)入「正法」。以「一食」(而亦能)施一切，供養諸佛，及眾賢聖，然後可食。	㊀尊者迦葉！若能不捨「八邪」(八邪支;八邪法;八正道之對稱)，(而)入「八解脫」，以「邪平等」(而)入「正平等」。以「一摶食」(而亦能)施于一切，供養諸佛及眾賢聖，然後可食。
①如是食者，為非「眾勞」，亦非「無勞」。	①如是食者，非「有煩惱」，非「離煩惱」。	①如是食者，非「有煩惱」，非「離煩惱」。	①如是食者非「有雜染」，非「離雜染」。
②不有「定意」，亦	②非「入定意」，非	②非「入定意」，非	②非「入靜定」，非

無「所立」。 ③不在「生死」，不住「滅度」。	「起定意」。 ③非住「世間」，非住「涅槃」。	「起定意」。 ③非住「世間」，非住「涅槃」。	「出靜定」。 ③非住「生死」，非住「涅槃」，爾乃可食。
④如賢者，食所乞與者，為非「無福」、亦非「大福」。為非「耗減」、亦非「長益」。 是為正依「佛道」，不依「弟子(聲聞)之道」。	④其有(布)施者，無「大福」、無「小福」，不為「益」、不為「損」。 是為正入「佛道」，不依「聲聞」。	④其有(布)施者，無「大福」、無「小福」，不為「益」、不為「損」。 是為正入「佛道」，不依「聲聞」。	④諸有施於尊者之食，無「小果」、無「大果」，無「損減」、無「增益」。趣入「佛趣」，不趣「聲聞」。
(貳)賢者！如是為，不以「癡妄」食「國中施」。〉	(貳)迦葉！若如是食，為「不空」(不會空白徒然)食「人之施」也。〉	(貳)迦葉！若如是食，為「不空」(不會空白徒然)食「人之施」也。〉	(貳)尊者迦葉！若能如是而食於食，為「不空」(不會空白徒然)食「他所施食」。〉
(參)時我，世尊！聞其說是至「未曾有」，一切菩薩當為作禮。	(參)時我，世尊！聞說是語，得「未曾有」，即於一切菩薩，深起敬心，復作是念：	(參)時我，世尊！聞說是語，得「未曾有」，即於一切菩薩，深起敬心，復作是念：	(參)時我，世尊！聞說是語，得「未曾有」，即於一切諸菩薩等，深起敬心。
(肆)斯有家名(在家名士;在家大士)，乃以此辯，勸發「道意」。	(肆)斯有家名(在家名士)，辯才智慧乃能如是！其誰聞此；不發「阿耨多羅三藐三菩提心」？	(肆)斯有家名(在家名士)，辯才智慧乃能如是！**其誰不發「阿耨多羅三藐三菩提心」**？	(肆)甚奇！世尊！斯有家士(在家名士)，辯才智慧乃能如是！誰有智者，得聞斯說；而不發於「阿耨多羅三藐三菩提心」？
(伍)吾從是來，希(希罕)復立人為「弟子(聲聞)、緣一覺(緣覺)」行。每事勸人	(伍)(大迦葉)我從是來，不復勸人以「聲聞、辟支佛」(爲趣求之)行。是故不任詣	(伍)(大迦葉)我從是來，不復勸人以「聲聞、辟支佛」(爲趣求之)行。是故不任詣	(伍)我從是來，不勸有情，求諸「聲聞、獨覺」等乘。唯教發心趣求「無

學「無上正真之道」。故(大迦葉)我不任詣彼問疾。	彼問疾。	彼問疾。	上正等菩提」。故(大迦葉)我不任詣彼問疾。

不捨「八邪」，入「八解脫」，以「邪相」入「正法」

➔若迦葉以「破八邪」而入「八解脫」，但只得「小乘」之「法喜」禪悅。
大乘菩薩知「法性平等」，故能不捨「八邪」而入「八解脫」，此即為「大乘」之「法喜」禪悅。

八邪行

為「八正道」之對稱。即「身、語、意」等所犯之八種「誤謬」。又作「八邪支、八邪法」，略稱「八邪」。即：

(1)邪見，指不信因果、功德、父母、聖人等之見解。
(2)邪志，又作邪思惟，指欲、恚、害等之思惟。
(3)邪語，指妄語、兩舌、惡口、綺語等。
(4)邪業，指殺生、不與取、邪淫等。
(5)邪命，指不如法之生活。
(6)邪方便，又作邪精進，指為惡事所作之方便精勤。
(7)邪念，指不如法之觀念。
(8)邪定，指非正定之定。

以上八者，乃「凡夫外道」所常行，追求「涅槃者」，悉皆捨離。

八解脫(aṣṭau vimokṣāḥ)

謂依「八種定力」而捨卻對「色界」與「無色界」之貪欲。又作「**八背捨、八惟無、八惟務**」。

八者即：❶內「有色想」，觀諸色解脫。❷內「無色想」，觀外色解脫。❸「淨解脫身」作證，具足住解脫。❹超「諸色想」，滅「有對想、不思惟」種種想，入「無邊空、空無邊處」，具足住解脫。❺超一切「空無邊處」，入「無邊識、識無邊處」，具足住解脫。❻超一切「識無邊處、入無所有、無所有處」，具足住解脫。❼超一切「無所有處」，入「非想非非想處」，具足住解脫。❽超一切「非想非非想處」，入「想受滅身作證」，具足住解脫

(1)內「有色想」，觀諸色解脫，為除內心之「色想」，於外諸色，修「不淨觀」。

➔依「初禪」與「第二禪」，治「顯色」之貪。

(2)內「無色想」，觀外色解脫，內心之「色想」雖已除盡，但因「欲界」貪欲難斷，故觀「外不淨」之相，令生厭惡，以求斷除。

➔依「初禪」與「第二禪」，治「顯色」之貪。

(3)淨解脫身，作證具足住，為試練「善根」成滿，棄捨「前」之「不淨觀心」，於「外色境」之「淨相」修觀，令煩惱不生，身證「淨解脫」，具足安住。

➔依「第四禪」修淨觀，皆以「無貪」為性。

(4)超諸色想，滅「有對想、不思惟」種種想，入「無邊空、空無邊處」，具足住解脫，盡滅「有對」之色想，修「空無邊處」之行相而成就之。

➔依「空無邊處定」之「定善」為性。

(5)超一切「空無邊處」，入「無邊識、識無邊處」，具足住解脫，棄捨「空無邊」的心，修「識無邊」之「相」而成就之。

➔依「識無邊處定」之「定善」為性。

(6)超一切「識無邊處」，入「無所有、無所有處」，具足住解脫，棄捨「識無邊」的心，修「無所有之相」而成就之。

➔依「無所有處定」之「定善」為性。

(7)超一切「無所有處」，入「非想非非想處」，具足住解脫，棄捨「無所有」的心，無有「明勝」想，住「非無想之相」並成就之。

➔依「非想非非想處定」之「定善」為性。

(8)超一切「非想非非想處」，入「想受滅身」作證，具足住解脫，厭捨「受、想」等，入滅一切「心、心所法」之「滅盡定」。

➔依「有頂地」，以滅「有所緣心」為性。

《大般涅槃經・卷第二》

(1)汝諸比丘！勿以「下心」，而生知足。

(2)汝等今者！雖得出家，於此「大乘」，(竟)不生貪慕。

(3)汝諸比丘！身雖得服「袈裟染衣」，其心猶未得「染大乘清淨之法」。

(4)汝諸比丘！雖行乞食，經歷多處，初未曾「乞大乘法食」。

(5)汝諸比丘！雖除鬚髮，未為「正法」，除諸「結使」。

(6)汝諸比丘！今當真實教勅汝等，我今現在大眾和合，「如來法性」真實不倒，是故汝等應當精進，攝心勇猛，摧諸「結使」。

《勝思惟梵天所問經・卷第六》

(1)信一切法悉「平等」故，是名菩薩禪定精進。

(2)信一切法「不分別」故，是名菩薩般若精進。
(3)梵天！菩薩如是信於諸法「不增不減、不邪不正」，而常「布施」，不求果報……修行「般若」無所取相。梵天！菩薩成就如是法忍。

《大般涅槃經・卷第二十七》

「聲聞、緣覺」見一切「空」，不見「不空」，乃至見一切「無我」，不見於「我」。以是義故，(聲聞、緣覺)不得「第一義空」。不得「第一義空」故，不行「中道」。

《佛說廣博嚴淨不退轉輪經・卷第二》

(1)復次阿難！云何如來說菩薩摩訶薩名為「八人」？
(2)阿難當知！菩薩摩訶薩，已過(越過;解脫)「八邪」，(而)修「八解脫」，不著「八正」(八正道)。過凡夫法，而無所住。

《度世品經・卷第五》

菩薩行法有十事。何謂為十？化諸愚戇，至心慇懃……遵奉道慧，以法為念，越「八邪地」，入「八正路」。順從八等……樂一味業，好寂為本。無思無想。入於已地……是為菩薩十修光業。

《觀察諸法行經・卷第三》

菩薩得此三摩地。何者為九？喜王！彼謂此菩薩捨九瞋事，超九眾生住處。成就「九次第定」。過「八邪倒」，入「八正」中。離「八不閑」，證「八解脫」……此九法具足，菩薩得此三摩地。

《大方廣佛華嚴經・卷第四十二》

(1)佛子！菩薩摩訶薩有十種明了法。何等為十？所謂：
(2)隨順世間明了法，為欲長養一切世間凡夫善根故。
(3)無礙不壞信明了法，解法真性，信行人故。
(4)安住法界明了法，解法行人故。
(5)遠離「八邪」，向「八正道」明了法，解「八人」(八忍位)故……
(6)佛子！是為菩薩摩訶薩十種明了法。若菩薩摩訶薩安住此法，則得一切諸佛無上大智慧明了法。

《大方等大集經・卷第七》

復有八法，菩薩具足得是三昧。何等為八？

一者：修集八正道分。
二者：離「八邪道」。
三者：遠離「八難」。
四者：具足「八大人覺」。
五者：具「八解脫」。
六者：具「八勝處」。
七者：專念菩提。
八者：斷煩惱習。

《優婆塞戒經・卷第二》
云何福田淨？受施之人，**遠離**「八邪」，**名**「福田淨」。

➔若有「煩惱」而食者，此皆屬「凡夫」。若能遠離「煩惱」而食者，則屬於「二乘」。若能達「非有煩惱、非離煩惱」，則屬於「菩薩大乘法身」之食。

以「一食」施一切，供養諸佛，及眾賢聖

《樂瓔珞莊嚴方便品經》(亦名《轉女身菩薩問答經》)。
復次大德須菩提！如來缽食，施「一切僧」，**而是缽食無增無減。**

非「入定意」，非「起定意」

➔「小乘」行者「入定」時，則不食。食時，則不能「入定」。「菩薩」法身大士則可「終日食」，而終日皆「恆在定」中。

《阿毘達磨大毘婆沙論・卷第一百五十四》
住「滅定」者，「諸食」皆斷。

姚秦・曇摩耶舍譯《樂瓔珞莊嚴方便品經》(亦名《轉女身菩薩問答經》)
「入滅定」者，除諸「受、想」(故亦不必食)。(但若)起滅定已，身(即需)有「長養」。

《佛說濡首菩薩無上清淨分衛經・卷下》
(1)世尊聖眾都無「食」念，亦不復想有「食之事」……**都無想念，解空清淨。曉了如此，**是不復有「求食」之「識」，**如其凡夫未達者也。**

(2)**又諸如來無上正覺及普世賢聖之等，有「大慈悲」喜護之心，惠施仁愛愍念眾生，使興於世耳。唯欲濟度「五道」勤苦故，現入郡國縣邑聚落行受「分衛」，而彼眾聖已「離諸食」，不食於食……**

(3)**諸佛世尊，以於諸食而悉明了，都無復「雜食」之想……**

《樂瓔珞莊嚴方便品經》(亦名《轉女身菩薩問答經》)

(1)**復次大德須菩提！如來世尊常「定」不起，亦行「乞食」。**

(2)**是時，多諸威德「釋、梵、護世」，見於如來而「行乞食」，**(其實如來仍)**於「定」不動……為眾生故，進行「乞食」，非「為食」也。**

其有布施者，無「大福」、無「小福」，不為「益」、不為「損」。是為正入「佛道」，不依「聲聞」

➔「受施者」若能以「平等心」去受食，則「布施者」亦可得「平等心」之福報。

➔「受施者」若能以「無大果、無小果」之心去「受食」，則「布施者」亦可得「無大果、無小果」之「真實無為」之福報。

➔「布施者」若能以「無大果、無小果」之心去行布施食物，則「受施者」亦可得「無大果、無小果」之「真實無為」之福報。

《佛說未曾有正法經・卷第五》

(1)**爾時大王即持其氎**(毛布)**，詣於尊者大迦葉所。作如是言：尊者迦葉！於聲聞中耆年有德，佛所稱讚「頭陀」第一，願受我此上妙細氎，滿我施心。**

(2)**迦葉答曰：大王！有「所見相」**(凡有著相者、有所見之相者)**，非我所受**(都不是我所能接受的供養)**。**

如我受者(我所能接受的供養是)**：**

❶**不斷「貪瞋癡」**(不離貪瞋癡)**，無所染著**(不即貪瞋癡)**。**

❷**乃至「無明」有「愛」，而悉「不斷」**(不斷十二因緣)**，亦不與俱**(不即十二因緣)**。**

❸**無「見苦、斷集、證滅、修道」。**(不即四諦之修，亦不離四諦之修)

❹**不見佛、不聞法、不入眾數。**(不見佛不聞法不入僧，亦不離佛法僧)

❺**非「盡智**(斷盡煩惱時所生之自信智，屬「無漏智」)**、無生智」可得可證。**(無「盡智」可得，無「無生智」可證。亦不離得「盡智」、證「無生智」)

❻**無「施者」、無「受者」。**

❼**無「大果」、無「小果」。**

❽**無「輪迴」可厭，無「涅盤」可證。**

❾**諸法清淨，離一切相。**

如是施者(若能達上述所說之境界者，他要布施東西給我的話)，而可受之。

(3)王即持氎 欲被 其(指迦葉)身，迦葉亦復「隱身不現」。

(4)但聞聲曰：若有「能見身」(有色身可見)者，當可施之(你就可以布施給他)。

(5)如是大王，於五百「大聲聞」所，持氎 奉施，(五百大聲聞)亦各不受，(皆)「隱身」不現。

(6)爾時大王即作是念：今此「菩薩、聲聞」皆不受我所施之氎 。我今持往後宮，施其夫人及諸眷屬，彼應當受。

(7)作是念已，持氎 入宮而欲施之，是時大王不見「夫人」，復思施彼「宮嬪眷屬」亦復不見。如是漸次觀察所有「宮城殿宇」，皆悉不現，同彼「虛空」。

(8)是時大王復作是念：今此上妙細氎 ，無復所施(沒有人可以布施)？

(9)作是念已，欲持此氎 自被 於身，其王即時亦自「不見其身」。但聞空中聲曰：若有「能見身者」(假若有「身相」可見的對象)，當可施之！

(10)大王！當自觀身，「色相」今何所在？如「自」觀身，不見其相，觀「他」亦然。「自、他」之相俱不可得。若如是見者，即見「真實法」。

(11)「真實法」者，離一切見，以離諸見故，即住「平等法」。

(12)是時大王聞空中聲已，離「有相」心，斷「疑惑想」，如從睡覺，而得醒寤。

《佛說象腋 經》

(1)舍利弗言：世尊！若其「布施」(布施者)無「大果、大報」，云何名為「世福田」(世間的眞實福田)也？

(2)佛言：舍利弗！非「小果想」，非「大果想」，是施「不生」(布施之法並沒有眞實之生處)……舍利弗！於「無盡田(無盡的第一義諦福田)」，不取(不執取)「果報」，不與(不給與)「果報」。是故舍利弗！「非大報、非小果」是「世福田」(世間的眞實福田)。

(3)舍利弗言：世尊！云何是「世福田」，(而)不得「果報(有眞實可得的果報)」？

(4)佛言舍利弗：汝意云何，若為「涅槃」(你認爲「涅槃」)，(能)有「果報(有眞實可得的果報)」不？

(5)舍利弗言：無也！世尊！若(布)施(是)為「涅槃」，(能獲)得「果報(有眞實可得的果報)」者，一切聖人不名「無為」。

(6)佛即讚言：善哉！善哉！舍利弗！以是事故，施「世福田」，無有果報(沒有眞實可得的果報)」……

(7)舍利弗言：世尊！知一切法猶如「幻性」……如來演說一切諸法猶如「幻性」。如「幻性者」，即是「不實」(並非是眞實的)……無有一法而是「實」者。

(8)爾時佛復讚舍利弗：善哉！善哉！舍利弗！如是！如是！……若一切眾生無有「實想」(眞實存在之想)，是名具足於「不實智」(指能證得「一切皆無眞實相」的一種智慧也)。是故舍利弗！施(布施者)「無果報」(沒有眞實的果報)，能得具足滿於「不實智」……

(9)**佛言：……何等是「不實」**(並非是眞實的)**者？我見、眾生見、命見、人見、斷見、常見。有「不實」**(並非是眞實的)**者，**(例如有)**佛想、法想、僧想、涅槃想。**

(10)**舍利弗！若心動搖，「戲論」總務，皆是「不實」……具「不實智」，而疾得於「無生法忍」。**

《文殊師利所說摩訶般若波羅蜜經‧卷上》

(1)佛告文殊師利：汝欲使如來為「無上福田」耶？

(2)文殊師利言：如來是「無盡福田」、是「無盡相」，「無盡相」即「無上福田」。

(3)非「福田」，非「不福田」，是名「福田」。

(4)無有「明、闇、生、滅」 等相，是名「福田」。

(5)**若能如是解「福田相」，深植善種，亦無增減。**

《大方廣佛華嚴經‧卷第三十一》

以諸如來，常為眾生作救護，歸依如來；雖復入於涅槃，猶為眾生作「無上福田、無盡福田」；令一切眾生，長養「善根」，具足成就一切功德。

《大悲經‧卷第一》

阿難！若復天人、阿修羅等，給侍供養「聲聞、緣覺」。若減一劫，若滿一劫。若復給侍供養「如來」，於一念頃，其福多彼。

《摩訶般若波羅蜜經‧卷第二十七》

(1)**善男子！佛說諸法如幻如夢。若有眾生如實知，是人不分別諸法「若來若去、若生若滅」。若不分別諸法「若來若去、若生若滅」，則能知佛所說諸法實相。**

(2)**是人行「般若波羅蜜」，近阿耨多羅三藐三菩提，名為「真佛弟子」，不虛妄「食人信施」，是人應受供養，為世間福。**

《小品般若波羅蜜經‧卷第八》

(1)**一心修習「般若波羅蜜」故，能淨報「施恩」，亦近「薩婆若」**(sarvajña 一切智)。

(2)**是故菩薩，**若欲不空(不會空白徒然)食「國中施」，若欲利益一切眾生，若欲示一切眾生正道，若欲解一切眾生牢獄繫縛，若欲與一切眾生慧眼，常應修行，應「般若波羅蜜」念。

《摩訶般若波羅蜜經‧卷第十八》

須菩提！若菩薩摩訶薩欲不虛(不會空白徒然)食「國中施」，欲示眾生三乘道，欲為眾生作大明，欲拔出三界牢獄，欲與一切眾生眼，應常行「般若波羅蜜」。

【三～9】佛遣「解空第一」須菩提前往問疾

三國吳・支謙譯《維摩詰經》	姚秦・鳩摩羅什譯《維摩詰所說經》	姚秦・鳩摩羅什譯《維摩詰所說大乘經》	唐・玄奘譯《說無垢稱經》
㊀佛告長老須菩提：汝行詣維摩詰問疾。	㊀佛告須菩提：汝行詣維摩詰問疾。	㊀佛告須菩提：汝行詣維摩詰問疾。	㊀爾時世尊告大善現：汝應往詣無垢稱所，問安其疾。
㊁須菩提白佛言：我不堪任(不夠資格；不堪適任)詣彼問疾。所以者何？	㊁須菩提白佛言：世尊！我不堪任(不夠資格；不堪適任)詣彼問疾。所以者何？	㊁須菩提白佛言：世尊！我不堪(不夠資格；不堪適任)任詣彼問疾。所以者何？	㊁時大善現白言：世尊！我不堪(不夠資格；不堪適任)任詣彼問疾。所以者何？
㊂憶念我昔，入其舍，欲乞食。	㊂憶念我昔，入其舍，從乞食。	㊂憶念我昔，入其舍，從乞食。	㊂憶念我昔，於一時間，入廣嚴城(Vaiśālī)而行乞食，次入其舍。

《大方等大集經・菩薩念佛三昧分卷第四》

(1)爾時阿難復作是念，彼尊者須菩提，善修「無諍行」，於一切法已到彼岸。有大威德，具足神通，或能為是不思議變。我今應當問其作不？

(2)時彼阿難如是念已，而復白彼須菩提言：大德！我親從佛聞如是說，我諸「聲聞」大弟子中「解空第一」，則須菩提其人也。是不思議大莊嚴事，將非大德之所作乎？

(3)時須菩提答阿難曰：阿難！世尊雖說我修「無諍、空行」第一，然是神通，非我能作，所以者何？

(4)我念一時入於三昧，如此三千大千世界弘廣若斯，置「一毛端」往來旋轉，如「陶家輪」(古印度燒製陶瓦器之家，將「土坯ㄆ、泥坯」置於「車輪轉盤」的器具上，只要手或腳輕觸「輪盤」，就能運轉自如，常喻爲「易如反掌、輕舉無礙、輪轉不停」意)，當爾之時，無一眾生有驚懼心，亦不覺知「己之所處」。

(5)阿難！我念往昔於如來前，欲作如是大師子吼，白言：世尊！如此三千大千世界寬廣如是，我能以口「微氣一吹」皆令散滅，復令其中所有眾生「不驚不迫、無往來想」。

(6)**阿難！我於爾時在世尊前，**已曾示現如是「神通」。

(7)**阿難！我念一時復於佛前作師子吼，白言：世尊！我今能以如此三千大千世界，**其間所有一切眾生，皆悉安置「一指節端」，上至「有頂」(非想非非想處天)，然後還來，住於本處，令彼眾生「寂然無聲」，不相逼迫，無往返想。

(8)**阿難！**我念一時「宴坐三昧」，見彼東方現前則有「六萬」諸佛，如是南西北方、四維上下無量無邊百千世界，各有六萬諸佛世尊，昔所未見今皆見知。

(9)**阿難！我於彼時住「閻浮提」，以是「定心」，復發「神力」，至須彌頂天帝釋邊。**攝取一掬「栴檀末香」，往彼無量諸世界中，供養向時爾許如來應供等正覺，彼彼世界諸眾生等，皆悉明了。

(10)**見我住是閻浮提界，供養承事彼諸世尊，**知我是此娑婆世界釋迦牟尼如來應供等正覺，聲聞大弟子上座須菩提，於「空、無諍」三昧門中最第一者。

(11)阿難！我到如是神通彼岸，具足成就神通波羅蜜。

(12)**阿難！今此眾中若天若人若梵若魔若沙門婆羅門等，於我所說尚有疑心，彼若能問我師世尊，今在寂定自當證知。**

(13)**爾時佛神力故，於虛空中出大音聲，命阿難曰：阿難！如是！如是！如上座須菩提向師子吼，汝如是持。**

(14)**時彼天人梵魔沙門婆羅門阿修羅等，見聞是已身毛皆竪，發希有心得未曾有，作如是言：甚為希有！實未曾覩如是大事，**乃至世尊諸弟子等，尚有如是勝妙神通大威德力，何況諸佛所有三昧神通境界？而可思量？而可宣說？

(15)**爾時尊者須菩提，見諸世間天人梵魔沙門婆羅門生希有已，為重明此義以偈頌曰……**

《菩薩念佛三昧經・卷第二》

(1)**爾時阿難心生念言：**此須菩提阿蘭若行，最為第一，而無等雙，今是大德在此會中，世尊常說此須菩提，能作種種無量神通。

(2)**阿難即問須菩提言：**如是變化，將非汝耶？

(3)**答言：長老！非我所為，**我能常樂「不捨閑處」，如彼定心，入此三昧，以是三千大千世界，置「一毛端」極微之分，「周迴旋轉」如「陶家輪」(古印度燒製陶瓦器之家，將「土坯ㄆ、泥坯」置於「車輪轉盤」的器具上，只要手或腳輕觸「輪盤」，就能運轉自如，常喻爲「易如反掌、輕舉無礙、輪轉不停」意)，其中眾生無覺知者。

(4)**長老阿難！我於佛前，能「師子吼」正說無畏。**吾以「一氣」吹此「三千大千世界」，悉令燒盡，不使眾生有「熱惱想」。

(5)**我曾示現如此「神變」，**能在佛前說「師子吼」。以此大千世界眾生，置「一指端」，上昇「虛空」。彼此寂然，無諸音聲。不相觸礙，及覺知者……

(6)長老阿難！我如定心，如其相貌，作神通行。住此「閻浮」須彌山頂，釋提桓因所居天宮，撮取一把「栴檀末香」，俱時遍散十方諸佛，紛綸彌漫，以用供養……
(7)長老阿難！我之神通，如是相貌，究竟彼岸。若此人天於我「生疑」，有不信者往問世尊，如來自當知此三昧。
(8)時佛神力於虛空中，震大音聲，告阿難言：如須菩提正說「師子無畏」之音，汝可受持。
(9)時諸人天梵魔沙門、一切閻浮阿修羅等，既得法利，生希有心。驚愕毛竪，歎言：奇哉！「聲聞」神變乃能如此，豈況如來種種神力？無數「三昧」真實者哉？
(10)時須菩提知諸人天已得法利，即說偈言……

【三～10】食平等➜法平等➜佛性平等。於婬怒癡中能「不斷不即」。需做到十點境界，才可取食

三國吳・支謙譯 《維摩詰經》	姚秦・鳩摩羅什譯 《維摩詰所說經》	姚秦・鳩摩羅什譯 《維摩詰所說大乘經》	唐・玄奘譯 《說無垢稱經》
時維摩詰取我鉢盛滿飯，謂我言：	時維摩詰取我鉢盛滿飯，謂我言：	時維摩詰取我鉢盛滿飯，謂我言：	時無垢稱為我作禮，取我手鉢盛滿美食，而謂我言：
〈設使賢者！ 於食「等」者，諸法得「等」。 諸法「等」者，得衆施「等」。 如是行乞，為可取彼。若賢者！	〈唯，須菩提！ 若能於食「(平)等」者，諸法亦「(平)等」。 諸法「(平)等」者，於食亦「(平)等」。 如是行乞，乃可取食。若須菩提！	〈唯，須菩提！ 若能於食「(平)等」者，諸**佛性**亦「(平)等」。 諸**佛性**「(平)等」者，於食亦「(平)等」。 如是行乞，乃可取食。若須菩提！	〈尊者善現！ 若能於食以平等性，而入一切法平等性。以一切法平等之性，入于一切佛平等性。其能如是，乃可取食。尊者善現！
❶不絕「婬怒癡」，亦不與俱。	❶不斷「婬怒癡」，亦不與俱。	❶不斷「婬怒癡」，亦不與俱。	❶若能不斷「貪恚愚癡」，亦不與俱(亦不被彼所染)。
❷一切常，若不知己「身」(身見)，已得「一行」為非不明。	❷不(破)壞於「身」(身見)，而(能)隨「一相」。(既能不壞五蘊之「身見」，又能進入最高的	❷不(破)壞於「身」(身見)，而(能)隨「一相」。(既能不壞五蘊之「身見」，又能進入最高的	❷不(破)壞「薩迦耶見」(sat-kāya-dṛṣṭi 有身見；僞身見；身見)，(而能)入「一

	「一相」涅槃之道)	「一相」涅槃之道)	趣道」(唯一的道路，指可依隨一行道，而不執著有身)。
❸非趣有「愛」，非得「明(慧明)、度(度脫)」。	❸不滅「癡愛」，起於「明(慧明)、脫(解脫)」。	❸不滅「癡愛」，**起於「解脫」**。	❸不滅「無明」，幷諸有「愛」，而起「慧明」及以「解脫」。
❹亦非「極罪」(五逆重罪相)正解已解。	❹(能)以「五逆相」(五逆重罪相)而得解脫。	❹(能)以「五逆相」(五逆重罪相)而得解脫。	❹能以「無間」(五逆重罪相)平等法性，而入「解脫」平等法性。
❺不解、不縛。 ❻不「四諦」見，非不見「諦」。 ❼不得道。	❺亦不解、不縛。 ❻不見「四諦」，非不見「諦」。 ❼非得果，非不得果。	❺亦不解、不縛。 ❻不見「四諦」，非不見「諦」。 ❼非得果，非不得果。	❺無脫、無縛。 ❻不見「四諦」，非不見「諦」。 ❼非得果。
❽不凡人，不凡法語。 ❾不為真，非不真。 ❿一切無法行，離法之想。	❽非凡夫，非離凡夫法。 ❾非聖人，非不聖人。 ❿雖成就一切法，而離諸法相。 乃可取食。	❽非凡夫，非離凡夫法。 ❾非聖人，非不聖人。 ❿雖成就一切法，而離諸法相。 乃可取食。	❽非「異生」，非離「異生」法。 ❾非「聖」，非「不聖」。 ❿雖成就一切法，而離諸法想。 乃可取食。

不壞於身，而隨一相

《維摩詰經・卷九》【九～２３】經文云：

(1)心無礙菩薩曰：「身(身見)、身滅(身見滅)」為二。

(2)「身(身見)」即是「身滅(身見滅)」。所以者何？

(3)「見身」實相者，不起「見身(身見)」及「見滅身(身見滅)」，「身(身見)」與「滅身(身見滅)」；無二無分別。

(4)於其中「不驚、不懼」者，是為入「不二」法門。

《大般若波羅蜜多經・卷第三百四十一》

譬如「薩迦耶見」(身見),普能攝受「六十二見」(dvāṣaṣṭi dṛṣṭayaḥ 古印度外道所執著之 62 種錯誤見解)。甚深「般若波羅蜜多」亦復如是,含容一切「波羅蜜多」。

《大乘理趣六波羅蜜多經・卷第十》

菩薩摩訶薩於「俗」不「染」,觀「真」不「住」,「一相」平等,是則名為菩薩摩訶薩「諦善巧智」。

《大集大虛空藏菩薩所問經・卷第六》

(1)爾時光莊嚴梵王白佛言:甚奇世尊!能以「三句義」說一切法。時大虛空藏菩薩摩訶薩告光莊嚴梵天言:……

(2)「欲」(喻色者)者,(即)是「離欲」(喻空性)句,以「離欲」(喻空性)性,即是「欲」(喻色者)故。一切佛法亦同是性。

(3)「嗔」者,(即)是「離嗔」句,以「離嗔」性,即是「嗔」故。一切佛法亦同是性。

(4)「癡」者,(即)是「離癡」句,以「離癡」性,即是「癡」故。一切佛法亦同是性。

(5)乃至「身見」者,(即)是「無身見」句,以無「身見」性,即是「身見」故。一切佛法亦同是性。

(6)「色」者,(即)是「無色」句,以「無色」性,即是「色」故。一切佛法亦同是性。

(7)如是「受、想、行、識」。「識」者是「無識」句,以無「了別」性,即是「識」故。一切佛法亦同是性。如是廣說「處、界、十二緣生」。

(8)「無明」者,即是「明」句,以「明」性,即是「無明」故。一切佛法亦同是性。

(9)乃至「生」者,(即)是「不生」句,以「不生」性,即是「生」故。一切佛法亦同是性。

(10)「一切法」句者,(即)是「無法」句,以「無法」性,即是「諸佛法」故。一切佛法亦同是性。

(11)梵王!是為「一句」(能)攝「一切法」。若菩薩入此法門者,則於「一句」(而能)入一切佛法。

《諸法無行經・卷下》

(1)文殊師利!云何是事;名「不動相」?

(2)世尊!一切諸佛(能)安住(於)「身見」性中,於一切法中(得)「不退、不畏、不動」,畢竟安住。以「不住」法故,(故能)通達知「身見」無生、無起、無性故。

(3)是故一切諸佛皆(皆能)成就「身見」,名「不動相」。

姚秦・曇摩耶舍(約西元 405 年~418 譯經)譯《樂瓔珞莊嚴方便品經》(亦名《轉

女身菩薩問答經》)

須菩提白佛言：世尊！我今欲往王舍大城次第乞食。

佛言：須菩提！汝知是時，世尊聽已，時大德須菩提！即便入於王舍大城次第乞食，至異長者家，到已在中門所，默住乞食。

是時家中有一女人，從內而出，端正第一，盛色美妙，極為端嚴，有大威德。

以諸瓔珞而自嚴飾，是諸珍寶互相振觸，有妙音聲。

既至外已，語大德須菩提：大德何緣中門而立？

須菩提言：姊！我乞食故，在門而住。

女言：大德須菩提！汝今故有「乞食想」耶？大德須菩提！猶故未知於「食想」耶？

須菩提言：姊！我知「食想」，而是身者，由「父母不淨」之所聚集，飲食長養，是故不能離「食」而住。

女言：大德須菩提！汝今不證(不是已經證)於「無明」滅？乃至(已經)證「生老死」滅耶？

須菩提言：姊！我(已經)證滅已。

女言：大德須菩提！滅中(既然已經「證滅」了，還)有「身食長養」耶？

須菩提言：姊！滅更無法(既然已經「證滅」了，所以當然也沒有「法」可得了)。

女言：大德，若其滅已，更無有法(可得)，大德須菩提！云何而言「身食長養」？

須菩提言：姊！「入滅定」者，除諸「受、想」。(若)「起」滅定已，身(仍需)有「長養」。

女言：大德須菩提！而是滅者(你所謂的「入滅盡定」)，(還有)有「生滅」耶？

須菩提言：姊！而是滅者「無生無滅」，是畢竟滅。

女言：大德須菩提！若其是滅「畢竟滅」者，云何「養身」？

須菩提言：姊！世尊(說)「聲聞」遊行乞食「長養身」故。

女言：大德須菩提！世尊說汝行「無諍第一」？

須菩提言：姊！如汝所言。

女言：大德須菩提！「無諍」者，有行？非行(無行)耶？

須菩提言：姊！是「無諍」者，無行(無有行)、非行(非無行)。

女言：大德須菩提！何故「乞食」？

須菩提言：姊！我乞食者，不為「長身」而行乞食，為羸ㄌㄟˊ(衰病；瘦弱)命故，(為了達到)除諸「受」故，我行乞食。

女言：大德須菩提！汝今故為諸「受」牽耶？

須菩提言：我今不為(已經不為)諸「受」所牽(縛)，以除「受」(但為了除「受」)故，我行乞食。

女言：大德須菩提！所行「無諍」，差互不等，何以故？

行於「無諍」，無有「受」苦。

而是「無諍」，非「身、心」相應。

而是「無諍」，不生「樂、非樂」。

而是「無諍」，不生「諍訟」。

大德須菩提！世尊說汝行「無諍第一」，何因緣故「無諍」？說「無諍」？

須菩提言：**姊！**「無諍」者，無諸「境界」，離於「欲塵」。

女言：**大德須菩提！**而是「無諍」能「離欲」耶？

須菩提言：**姊！是「無諍」者，不能「離欲」。**

女言：**大德須菩提！何因緣故，汝說「無諍」能離「欲塵」？**

須菩提言：**姊！**以「言說」故，名為「無諍」。

女言：**大德須菩提！夫「無諍」者，寧可說耶？**

須菩提言：**姊！**是「無諍」者，不可言說。

女言：**大德須菩提！若其「無諍」不可「言說」，以何等故說名「無諍」？**

須菩提言：**姊！**如來世尊為「聲聞」弟子「假名字說」。

女言：**大德須菩提！**若有「假名」即有「諍訟」，若有「諍訟」即有「顛倒」，若有「顛倒」，非「沙門法」。

須菩提言：**姊！何等是「沙門法」？**

女言：**大德須菩提！**

❶無有「文字」，無有「諍訟」，無有「顛倒」，是沙門法。

❷亦不分別「是法、非法」，是沙門法。

❸又不分別「憶想、不憶想」，是沙門法。

❹離一切著，是沙門法。

❺非「境界」、非「不境界」，是沙門法。

❻非染非縛、非「不染縛」，是沙門法。

❼無「心」，離「意、識」，是沙門法。

❽知足是沙門法。

❾少欲斷貪，是沙門法。

❿離諸「悕望」，非「動」非「發」，非「不動發」，是沙門法。

⓫離一切境界，無所取故，是沙門法。

⓬離於陰魔，無所染著，是沙門法。

⓭斷結使魔，更不生故，是沙門法。

⓮遠離死魔，無諸動搖，是沙門法。

⓯思惟不親，近於天魔，是沙門法。

⓰一切「法空」，無有污染，是沙門法。

⑰無相，離一切相，是沙門法。
⑱無願、無執著，是沙門法。
⑲不行三界，離一切想，是沙門法。
⑳守護諸根，是沙門法。
㉑遠離諸入，是沙門法。
㉒善自調伏，離諸戲論，是沙門法。
㉓寂靜無起，是沙門法。
㉔無所愛著，亦無起發，是沙門法。
㉕無我我所，無高無下，是沙門法。
㉖離觸無染，是沙門法。
㉗遠離世法，是沙門法。
㉘善知於陰，解趣法性，是沙門法。
㉙諸界無界，無所親近，無所礙故，是沙門法。
㉚離有為法，是沙門法。
㉛諸法如虛空，是沙門法……

爾時大德須菩提生希有心，作如是念：而此女人其辯如是，是「如來化」，必定無疑！
爾時是女知大德須菩提心心所念，說如是言：大德須菩提！汝作是思惟：而此女人是「如來化」，必定無疑！

大德！如是！如是！如汝所思，何以故？

如來「知如」，我亦「知如」，以是義故「如來化」我。
若如來「覺如」，我亦「覺如」，以是義故，如來化我。
若如來「色如」，我亦「色如」，以是義故，如來化我。
若如來「受想行識如」，我亦「受想行識如」，以是義故，如來化我。
若如來「如一切眾生如」若「我如」，是如一如，以是義故，如來化我。
若如來「如一切法如」若「我如」，是如一如，以是義故，如來化我。
若如來「如無不如」，我「如無不如」，是如常「如無不如」，以是義故，如來化我。
是如來「如」無生無滅，我「如」亦爾「無生無滅」，以是義故，如來化我……

爾時大德須菩提言：姊當為我說，汝云何得如是辯也？
女言：**大德須菩提！**若有人問「如來所化」汝是誰耶？而是所化，當云何答？
須菩提言：姊！無所答也。
女言：**大德須菩提！**一切諸法亦復如是，皆是化相，如是知已，則無所答……

爾時女語大德須菩提：汝不「乞食」？欲「不食」耶？

須菩提言：姊！我於今日聞是「法」足，不欲於食。

姊！貪於「飲食」，則生「憂愁」，非是求法。

求「利養讚歎」，非是求法。

求「安樂身」，非是求法。

護惜「心身命」，非是求法。

乃至受於「讚歎善哉」，非是求法……

女言：大德須菩提！汝如是求，則盡「諸漏」，得「無漏心」。若如是趣，是趣「解脫」，是趣「法性」。

爾時大德須菩提言：姊！汝「趣大乘」無有疑也，如「行相貌」必定「趣向無上大乘」！

女言：大德須菩提！汝知「大乘」耶？說「行相貌」？

須菩提言：姊！若諸聲聞，不聞「大乘」諸「行相貌」不能知說。

姊！我今請汝說「大乘行」所有「相貌」？

女言：大德須菩提！夫「大乘」者，名「無一異」……大乘者名曰「大智」，天龍、夜叉、乾闥婆，智慧大丈夫之所恭敬，以是「緣」故，名為「大乘」。

是無盡智，無生滅故。

是不斷智，不斷佛種(大乘成佛之種性)故。

是攝取智，不斷法種故。

是守護智，不斷僧種故。

是廣博智，教化無量諸眾生故。

是善持智，無斷絕故。

是善作業智，六波羅蜜故。

是善攝智，四攝法故。

是善相應智，親近以聖道故。

是善調智，正念菩提心不忘失故。

是善安止智，大悲心故。

是善趣智，一切智故。

是離諸怖智，降諸魔故。

是離闇智，大慧炬故。

是大財智，成就一切諸善根故。

是恭敬智，諸天及世所恭敬故。

是無降伏智，一切外道故。

是難解智一切聲聞緣覺人故。

是清淨智，不信人故。
是慈愍智，瞋害人故。
是能施智，慳惜人故。
是持戒智，破戒人故。
是忍辱智，瞋恚人故。
是精進智，懈怠人故。
是禪定智，亂心人故。
是大慧智，無智人故。
是大富智，貧窮人故。
是安樂智，苦惱人故。
是歡喜智，聰慧人故。
以是事故，名曰「大乘」。

爾時大德須菩提言：姊！善説「大乘」諸行相貌。
女言：大德須菩提！我若一劫若過一劫，讚説「大乘」不得邊際。
大德須菩提！是大乘無量諸「行相貌」亦復無量。
須菩提言：姊！汝呵責我，大德須菩提何故乞食？
姊！「如來法王」亦復乞食，汝可呵責「如來乞食」耶？
女言：大德須菩提！汝知如來以何方便，而行「乞食」，汝不能説！
須菩提言：姊！如來世尊以何方便而行「乞食」？
女言：大德須菩提！佛見成就於「二十事」無過患故，而行乞食。何等二十？

1 示現色身，故如來乞食。若有眾生見如來身具「三十二相」，是諸眾生見此色相，發於無上正真道心，是名如來見成就「初無過患」故，而行乞食。
2 復次大德須菩提！如來入於村邑聚落國城王宮，盲者見色，聾者聞聲，亂得正念，裸者得衣，飢者得食，渴者得飲。無有眾生為「貪欲、瞋恚、愚癡」所逼。爾時眾生各生慈心起「父母想」，是諸眾生見於如來入村邑聚落國城王宮，發於無上正真道心，見是義故，如來乞食。
3 復次大德須菩提！如來入村邑聚落國城王宮，天龍夜叉乾闥婆等，釋梵護世，欲供養故從如來行。爾時諸人以佛力故，見諸天龍夜叉乾闥婆釋梵護世供養於佛，是諸眾生見如來身有如是事，生驚怪心歎未曾有，發於無上正真道心，見是義故，如來乞食。
4 復次大德須菩提！無量眾生以封邑錢財國位自在，而生放逸憍慢貢高，見如來乞食生如是念，捨轉輪王位出家成道，捨於憍慢從貧下賤而行乞食。我等亦應

調伏憍慢貢高之心，如是見已，發於無上正真道心，見是義故，如來乞食。

5復次大德須菩提！如來行乞威德，威德諸天，觀見如來之身，無飢渴逼亦非羸瘦，唯為憐愍諸眾生故而行乞食，我等亦當為眾生故而行乞食。如是見已發於無上正真道心，見是義故，如來乞食。

6復次大德須菩提！有諸眾生懈怠懶惰不往佛所，然欲見如來右繞禮拜，是故如來入村邑聚落國城王宮。是等眾生自然得見於佛如來，既得見已心生喜悅，是等眾生，得喜悅已，即發無上正真道心，見是義故，如來乞食。

7復次大德須菩提！若有眾生眼得見佛即得無癡，乃至一念見於如來，是諸眾生次第漸漸乃至涅槃，為作因緣以能發生，是因緣故，如來乞食。見是義故，如來乞食。

8復次大德須菩提！如來入於村邑聚落國城王宮，閉繫眾生即得解脫。是諸眾生即生是念：以如來力故我得解脫，是諸眾生於如來所生知恩心，發於無上正真道心，見是義故，如來乞食。

9復次大德須菩提！有善男子、善女人，聞讚歎如來所有功德，心生歡喜，生如是念：我等云何當供佛食？又家有女，為父母所護，或為兄弟姊妹所護，或為姑嫜夫主守護，是等不得奉施佛食？是故如來入村邑聚落國城王宮，見如來已心生歡喜，踊躍悅豫受於安樂，施佛食已發於無上正真道心，見是義故，如來乞食。

10復次大德須菩提！四護世王奉如來鉢如來手持，若貧眾生欲少惠施，見如來鉢滿，有大富封邑，欲多惠施，見佛鉢未滿。如是等人，欲足滿佛鉢，既奉施已，發於無上正真道心，見是義故，如來乞食。

11復次大德須菩提！如來鉢食，施一切僧，而是鉢食「無增、無減」。爾時多諸天龍、夜叉、乾闥婆、阿修羅、迦樓羅、緊那羅、摩睺羅伽，見如來鉢有是神力，發於無上正真道心，見是義故，如來乞食。

12復次大德須菩提！如來鉢盛正非正食,百千種味味味各別,不相和同如別異器，是一鉢盛亦復如是。是時多諸天龍、夜叉、乾闥婆、阿修羅、迦樓羅、緊那羅、摩睺羅伽，見於如來如是神力，發於無上正真道心，見是義故，如來乞食。

13復次大德須菩提！如來身者是一合體,其內不空猶如金剛。是如來身無生熟藏，無大小便，亦行乞食，見其食時而食不入。爾時威德威德釋梵護世，見如來身真實法性及神通力，發於無上正真道心，見是義故，如來乞食。

14復次大德須菩提！若有眾生若多、若少、若妙、非妙，施如來已，福無邊際，乃至涅槃，見是義故，如來乞食。

15復次大德須菩提！如來世尊常「定」不起，亦行乞食。是時多諸威德威德釋梵護世，見於如來而行乞食於定不動，是等生念必定無疑。為眾生故，進行乞食，非為食也，見是神力，發於無上正真道心，見是義故，如來乞食。

１６復次大德須菩提！如來若當不行乞食。若當不食，或有諸人佛法出家，生如是念：我等亦當不行乞食，亦應不食。是等便當飢渴羸瘦，不能得於過人智慧，見是義故，如來乞食。

１７復次大德須菩提！善攝聖種故，如來乞食。見是義故，如來乞食。

１８復次大德須菩提！憐愍來世諸比丘故，如來乞食。後末世時，諸不信敬婆羅門等及諸長者，當說是言：汝等世尊不行乞食，何故汝等行乞食也？若如來乞食，是婆羅門諸長者等，當作是念：汝等世尊本行乞食，何故汝等不行乞食？我等應施，又諸如來法應行乞，讚歎乞食，見是義故，如來乞食。

１９復次大德須菩提！若長者長者子諸大豪貴，於佛法出家，生於慚恥不能乞食，作是念言：云何我等豪族大家，既出家已，當於家家而行乞食？如是等人，隨學大德威德如來而行乞食。見是義故，如來乞食。

２０復次大德須菩提！如來隨於一切世行，何以故？隨在在處處諸眾生熟，是在在處處，如來隨行。如來亦無飢渴所逼，無貪無著亦無戲弄，亦無惡求無所聚集。

大德須菩提！如向所說及餘諸事，如來見是「無量方便」而行乞食。

大德須菩提！見此「二十無過患事」，如來乞食。

女言：大德須菩提！能如是方便行「乞食」耶？如是大悲，如是清淨，應受供耶？

須菩提言：姊！我無力也。

姊！猶如兔猫、諸野干等，不能莊嚴作師子獸王，作師子行，作師子吼。

姊！諸「聲聞、緣覺」亦復如是，不能示現「如來威儀」方便大悲。

是女說此「如來乞食」方便之時，家內眷屬及諸餘家，入聽法者二百八十人，發於無上正真道心。

爾時大德須菩提又問女言：姊！汝之「夫主」今何所在？

女言：大德須菩提！我之「夫主」非止一耶。何以故？

大德須菩提！若有眾生意於「樂欲莊嚴方便」得調伏者，皆我「夫主」。

須菩提言：姊！「樂莊嚴方便者」為何如也？

女言：若有眾生須諸「樂欲」，我施眾生諸所「樂欲」，然後勸發無上道心。

須菩提言：姊！如來不聽樂「一切欲」！

女言：大德須菩提！如佛所說，汝等比丘所有衣鉢，飲食、臥具、病瘦、醫藥。若親里家，或所乞家，所居住處，親友和尚、阿闍黎所，親近供養增諸善根，滅諸惡法，比丘是我所聽。

須菩提言：姊！如是！如是！如汝所說。

女言：大德須菩提！以是事故，如來聽樂於「一切欲」。

須菩提言：姊！有幾眾生，以此「樂欲莊嚴方便」之所調伏？

女言：大德須菩提！能數三千大千世界所有「色相」得其邊際，若數於我「莊嚴方便」，已調眾生，不得「邊際」。

須菩提言：姊！與「樂欲眾生」為何如也？

女言：大德須菩提！

若有眾生樂向「梵世」，我與是等一切眾生無量「諸禪」，禪喜樂已，然後勸發無上道心。

或有眾生樂趣向於「釋提桓因」，與是眾生「帝釋樂」已，然後勸發無上道心。

若有眾生樂向「護世」，我與眾生「護世樂」已，然後勸發無上道心。

若有眾生樂向天龍、夜叉、乾闥婆、阿修羅、迦樓羅、緊那羅、摩睺羅伽樂。我與「天樂」乃至「摩睺羅伽樂」，然後勸發無上道心。

若有眾生志意樂向「轉輪王國」，我與「轉輪王國樂」已，然後勸發無上道心。

若有眾生樂「小國王」，我亦施與「小國王樂」，然後勸發無上道心。

若有眾生樂向「長者、刹利、婆羅門、毘舍首陀」，我與「長者、刹利、婆羅門、毘舍首陀樂」已，然後勸發無上道心。

若有眾生樂向「色、聲、香、味、觸」樂，我與「色、聲、香、味、觸」樂，然後勸發無上道心。

若有眾生樂向「華香、末香、塗香、幢幡、寶蓋」及諸衣服，我與「華香、末香、塗香、幢幡、寶蓋、衣服」樂已，然後勸發無上道心。

若有眾生樂向「金銀、琉璃、頗梨」諸珍寶等，我與「金銀、琉璃、玻瓈、珍寶」等樂，然後勸發無上道心。

若有眾生樂向「鼓貝、箜篌、簧吹、簫笛、歌舞、音樂」等樂。大德須菩提！我隨如是諸眾生等所有「悕望」所求所樂，一切給與，然後勸發無上道心。

須菩提言：姊！是「五欲」者，障礙聖道，云何「五欲」調伏眾生？

爾時門外二長者子，已為此女「樂莊嚴方便」之所調伏。

是二長者子即語大德須菩提言：

大德！汝今不應以自「智慧分別」選擇「菩薩智慧」。

大德！猶如小燈，一吹即滅，大德須菩提學「聲聞乘」。

善男子、善女人！「小智慧」照亦復如是。起一欲想，尋即滅失。

大德須菩提！於意云何？若「劫燒」時，大火炎聚，若口一吹，能令滅不？

須菩提言：善男子、善女人！若以百千大海之水，亦不能滅，況一口吹！

大德須菩提！菩薩「功德智慧」照明亦復如是，恒沙等劫受「五欲樂」，亦不能滅菩薩「功德智慧照明」……

大德須菩提！五欲「無根」，亦無「住處」，是「一切智」，亦復如是，無「本住處」……

爾時須菩提言：姊！汝以「樂莊嚴方便」為調誰耶？善男子耶？善女人耶？

女言：大德須菩提！若不以此「樂莊嚴方便」，不能教化一切眾生。

大德須菩提！女人之心多「貪樂」著，非男子也。

大德！我以「樂莊嚴方便」多調伏「女」，非「男子」也。

須菩提言：姊！汝是「女身」，云何調「女」？

爾時是女，「神力」化身，如三十二「盛壯男子」，端正妙色，白淨鮮潔，威德第一，以種種瓔珞自莊嚴已，語大德須菩提：以如是「色身」調伏「女人」。

須菩提言：汝今是女？為是男耶？

答曰：大德須菩提！汝是「凡夫」？為是「學」(有學位)耶？

須菩提言：善男子！我非「凡夫」，亦非是「學」(有學位)。

即復答言：我亦如是，非「男」、非「女」。

須菩提言：若「非男、非女」，汝持何名？

答言：大德須菩提！汝非「凡夫」，亦非是「學」，云何持名？

爾時大德須菩提作如是念：深智大菩薩，我應當答云「是羅漢」……

爾時是「善男子」，現本「女形」，衣服莊嚴，語大德須菩提：大德小待，我持「食」來！

爾時是女，即入家中，持「百味食」來，語大德須菩提：

大德須菩提！❶非離欲、非不離欲。非離於瞋、非不離瞋。非離於癡、非不離癡。非離結使、非不離結使。汝受此食。

大德須菩提！❷汝汝不知「苦」、不斷於「集」，不證於「滅」、不修「道」者。受於此食。

大德須菩提！❸汝若不修於「四念處」，不修「四正勤」，不修「四如意足」，不修「五根」，不修「五力」，不修「七覺」，不修「八聖道」。汝受此食。

大德須菩提！❹汝不起「身見」，(亦能)得「一道心」。受於此食。

大德須菩提！❺汝滅「無明」，證「明」解脫。

進於諸「行」，證於「無為」。

不行於「識」，更無有「生」，得於解脱。
不增長「名色」，過於三界。
「六入」非入，知「空解脱」。
不受於「觸」，修「無相」解脱。
不見「受」故，證「無願」解脱。
無有「愛」故，知解於「如」。
「取」不動故，知於「無生」。
知「有」非集，知「生」無生，知「老死」無去。
知「十二緣」(乃)無生、無貪。汝受此食。

大德須菩提！❻汝「不見(不執;不著)佛、不聞於法、不親近僧」。受於此食。
大德！❼若知「五逆」，等同「法性」。受於此食。
大德！❽不此命終(能不在此處命終)，非餘處生(亦能不至餘處受生)。受於此食。
大德！❾若「貪」平等，同(於)「無諍」平等。若「瞋」平等，同(於)「無諍」平等。若「癡」平等，同(於)「無諍」平等。受於此食。
大德！❿汝不過(不越過)「凡夫地」，(亦)不成(不成就)「聖地」。受於此食。
大德！⓫汝不從「明」入「明」。不墮「生死」，亦不「涅槃」。又「不實語」，亦「不妄語」。受於此食。
大德！⓬汝盡「無盡」，不分別「無盡」。於「陰、界、入」亦不動搖。思「無所依」，又「無諍訟」。於諸眾生，而無所礙。於一切法，心無繫縛。受於此食。
大德！⓭汝所為出家，不得是法(不執著是法。兩者不即不離)。受於此食。
大德！⓮汝「出家」願，不是願入「涅槃」。受於此食。
若大德須菩提！⓯(證得)「無諍」，(則)地獄亦(屬)「無諍」。
大德須菩提！⓰(若)不取「應供」。受於此食。
大德須菩提！⓱若人於汝起「應供」(之)想，是人(則等同)誹謗於須菩提。
大德！⓲汝非(真實之)「應供」，亦不「畢施」(畢竟之布施)，不住「應供」。
大德！若成此法，受於此食。

爾時大德須菩提於中門外，七過動身，申於右手，語是女言：姊！為我善說成就是法。
時女歎言：善哉！善哉！大德須菩提！即授與食。

授與食已，說如是言：大德須菩提！如是應供「平等受食」，世所難遇。若(有)「憍慢」故，許(硬許可為)是「平等」，(如此所謂的)清淨受供，(則將)墮於地獄。

爾時天女問大德須菩提言：大德須菩提！此「女」何緣說如是法？汝何不答？
須菩提言：天女！汝意云何，「幻人」能說是因？非因耶？
天女言：不也！大德須菩提！
須菩提言：如是！如是！如汝所說，諸法如幻，我何言答？天女！若諸眾生「言說虛實」同我「平等」，何以故？是諸「言說」，如「幻」平等……

爾時大德須菩提持所「乞食」，出王舍城，聞是法故，心生歡喜，不甘(不再甘美;不再享受)於食。
時大德須菩提心念此食，當施於誰？隨施食處，令不失果？

爾時有菩薩名不污一切法，知大德須菩提心所思念，即詣大德須菩提所，到已，語大德須菩提言：此食施我，(則可)不失果報！
須菩提言：善男子，汝「安住戒」耶？
答言：大德須菩提！(我)不受諸法，中(亦)無「持戒、破戒」。
大德須菩提！我殺、盜、婬、妄語、兩舌、麁語、綺語、貪瞋、邪見。

爾時大德須菩提思其所說，知此「善男子」所得言辯，我今當問所說「因緣」。
須菩提言：善男子！何因緣故，說如是語？
爾時不污一切法菩薩向大德須菩提而說偈言……

西晉・竺法護譯《順權方便經・卷下》

註：《順權方便經》(Strīvivarta-vyākaraṇa-sūtra)，又稱《順權方便品經》、《轉女身菩薩經》、《轉女菩薩所問授決經》，為西晉・竺法護所譯。本經重點在於釋尊之弟子「須菩提」與一「大乘女菩薩」間之對答，內容係闡明大乘之微妙法。西晉・竺法護譯曾於公元 303 年翻譯《維摩鞊經》(今不存)。故全經承受《維摩經》之思想甚為濃厚。本經之異譯本有姚秦・曇摩耶舍譯之《樂瓔珞莊嚴方便品經》一卷。

(1)此女人端正姝好，色像第一。人適(遇)見之，無不坦然(心安平定無慮)。
(2)時彼女人謂須菩提：賢者所歸，禮習「乞匃𠯆」(行乞也)，莫餘「分衛」，我當相施。
(3)時彼女人自入其舍出「百味食」，謂須菩提：
(4)賢者受斯「分衛」供具。
❶勿以懷欲、亦莫離欲。乃應服食。
❷勿懷怒癡、亦勿與俱。勿離塵勞，亦莫與俱。
假使賢者須菩提！❸不斷「苦集」，不造「盡證」惟道之行。乃受「分衛」。

❹亦不奉行「四意止、四意斷、四神足、五根、五力、七覺意、八正道行」。乃受「分衛」。

❺若不以「明」，亦非「無明」而造立證。

「行、色名、識、六入習」，更「痛、愛、取、有、生、老、病、死」無大苦患。

合與不合，無有識著，漏盡意解。若干「名色」無有形像。

以度「三界」，超越「六情」。曉了空行，志存脫門。習無所生，而無妄想。不得痛痒，而所志願。

證於脫門，以暢本無。不逮愛欲，不念所受。亦無所生，已無所生。了諸所生，分別有無。老病無言，曉十二品。如是應受「分衛」之業。

❻若使賢者，不隨凡夫，無賢聖俱，(平)等法不斷。乃應受食。

❼若不有生，亦無終沒，行空之業，(平)等於「貪婬、瞋恚、愚癡」，亦等於「空」。乃應受食。

❽若以賢者，不越凡地，不處賢聖。若無光炎，亦不闇昧。不度所生，不得生死，不至滅度。言不誠信，亦無虛妄。乃應受食。

❾於諸所盡，而無所盡。不合不散。於「陰」諸「種」，衰入不動。以無所著，行寂禪思。常於眾生，心不懷害。遊一切法，而無所縛。乃應受食。

❿所以本時「出家」已得，成就如法，等施出家學業。亦以斯等，得至滅度。乃應受食。

⓫若須菩提！行空無義，無欲之業，順從空矣。不勤行空，甚宜眾祐。乃應受食。

⓬若以興發眾祐之想，輒隨欺詐，不從大聖。若使賢者不畢「眾祐」，亦不耗損。奉行法義，無有進退。乃應受食。

(5)爾時，須菩提申其右臂稽首為禮，宣傳此言：如今者姊所言至誠，當奉行斯，如女所言，為我身演平等之辭。這說是已，便受「分衛」。

(6)時女以食施須菩提，頒宣斯教(理)，(並)**謂須菩提：唯且賢者，**(為何)**眾祐**(眾多的福祐)**難致**(難以獲致)**，乃能遵是**(要遵守「平等無二」如是的道理)，(才去接)**受等「分衛」。又此世人多有自大**(之心)，(故)**棄**(修學)**斯「平等」**(平等無二之心)**，緣**(由)**是之故，**(將來可能)**故墮「地獄」。不以清淨**(所以不可以用這種「不清淨的心」去受供養)，(必須)**心懷「篤信」而受「分衛」。**

《維摩詰經・卷六》【六～二】經文云：

(1)夫求法者，不著「佛」求，不著「法」求，不著「(僧)眾」求。

(2)夫求法者，無「見苦」求，無「斷集」求，無造「盡證、修道」之求。

(3)所以者何？法無「戲論」，若言我當「見苦、斷集、證滅、修道」，是則「戲論」，非求法也。

玄奘譯《説無垢稱經‧卷三》【三～2】經文云：

不捨「生死」而無煩惱，雖證「涅槃」而「無所住」，是為宴坐。

鳩摩羅什譯《維摩詰所説經‧卷五》【五～9】經文云：

説身「有苦」，不説樂於「涅槃」。

玄奘譯《説無垢稱經‧卷五》【五～21】經文云：

若處觀察「涅槃」所行，而不畢竟「寂滅」所行，是則名為菩薩所行。

玄奘譯《説無垢稱經‧卷六》【六～3】經文云：

諸求法者，不求「貪染」。所以者何？法無「貪染」，離諸「貪染」。若於「諸法」乃至「涅槃」，少有「貪染」，是求「貪染」，非謂求法。

玄奘譯《説無垢稱經‧卷八》【八～4】經文云：

雖復現處「般涅槃」趣，而常不捨「生死相續」。
雖復示現得「妙菩提」，轉大法輪，入「涅槃」趣，而復勤修諸「菩薩行」相續無斷。

玄奘譯《説無垢稱經‧卷九》【九～29】經文云：

若諸菩薩了知「涅槃」及與「生死」。不生「欣、厭」，則無有二。

玄奘譯《説無垢稱經‧卷十一》【十一～17】經文云：

雖觀涅槃畢竟「寂滅」，而不畢竟墮於「寂滅」。

➔「邪、正」雖殊，其性不二。豈有「佛法僧」之如來三寶是獨「尊」；而「六師外道」為獨「卑」？
故雖於「佛法僧」中，而能「不著、不執」；亦能於「六師外道」中，而「不離、不墮」。

若能同彼「六師外道」之修，甚至能跟隨「六師外道」而出家，亦能隨著「六師外道」而一同墮落，而自己仍能「不動於心」，亦不以為「有異」者。則已達「邪正平等」之心，能至此境界，乃可取食也。

《持人菩薩經・卷第三》

(1)**佛告持人……何謂「正定」？見「一切定」皆為「邪定」。所以者何？……**

(2)所謂「正定」？於一切定而「無所著」……以如是者「無想、不想、不想、無想」，乃曰「正定」。

(3)「無正、無邪」，一切「無望」，以斷諸「想」，並滅眾「希」，乃曰「正定」。

(4)所云「定」者，無「正、邪」定，心無所生，不「正」無「邪」，無「正定」，無「邪定」……**佛言：持人！如是**菩薩曉了道義。

《佛說華手經・卷第六》

(1)**「聲聞、辟支佛」人不能通達「諸佛菩提」**……一切「聲聞、辟支佛」人無如是「智」。**是故**「佛智」名為「無等」，餘無及故。

(2)**復次是「智」**，等無「邪、正」，故名「平等」。

《佛說無希望經》

(1)**佛告文殊……一切諸法，亦復如是，則無所「行」，亦無「造證」。猶如虛空，無有「闇冥」亦無「明耀」……**

(2)**諸法如是**，普無齊限，不可捉持，**猶如虛空。**無有「正路」，亦無「邪徑」。**諸法如是**「無路、無徑」，亦無「邪、正」，**猶如虛空……**

(3)「不學」聲聞，「不志」緣覺，「不著」諸佛。無上大乘諸法如是。

《阿差末菩薩經・卷第五》

(1)「邪、正」無二，無所悕望，悉無所行。**於一切法，逮致自然。**其相究竟，猶如「虛空」，是謂為「法」……

(2)**若入於此法門義者，觀「一切法」皆為「道法」……是諸菩薩「四歸之義」**(指一曰取「義」不取「識」。二曰歸「慧」不取「所識」。三曰歸於「要經」而不「迷惑」。四曰自歸於「法」而不取「人」)**而不可盡。**

【三～11】「邪、正」雖殊，其性不二。不著於佛法僧、亦不墮六師外道。若能同彼外道出家而修，甚隨之俱墮落，仍「不動心」，不以為「異」者。則已達「邪正平等」之境，乃可取食也

三國吳・支謙譯 《維摩詰經》	姚秦・鳩摩羅什譯 《維摩詰所說經》	姚秦・鳩摩羅什譯 《維摩詰所說大乘經》	唐・玄奘譯 《說無垢稱經》
(若能)不見佛、不聞法。	若須菩提！(若能)不見佛、不聞法。	若須菩提！(若能)不見佛、不聞法，不敬僧。	若尊者善現！(若能)不見佛、不聞法、不事僧。
是亦有(外道六)師： ①不蘭迦葉 (Pūraṇa-kāśyapa) ②摩訶離瞿耶婁 (Maskarī-gośālī-putra) ④阿夷耑基耶今離 (Ajita-keśakambala) ⑤波休迦旃先 (Kakuda-kātyāyana) ③比盧特 (Sañjaya-vairaṭī-putra) ⑥尼揵子 (Nirgrantha-jñāta-putra) 等，	彼外道六師： ①富蘭那迦葉 (Pūraṇa-kāśyapa) ②末伽梨拘賒梨子 (Maskarī-gośālī-putra) ③刪闍夜毘羅胝子 (Sañjaya-vairaṭī-putra) ④阿耆多翅舍欽婆羅 (Ajita-keśakambala) ⑤迦羅鳩馱迦旃延 (Kakuda-kātyāyana) ⑥尼犍陀若提子 (Nirgrantha-jñāta-putra) 等，	彼外道六師： ①富蘭那迦葉 (Pūraṇa-kāśyapa) ②末伽梨拘賒梨子 (Maskarī-gośālī-putra) ③刪闍夜毗羅胝子 (Sañjaya-vairaṭī-putra) ④阿耆多翅舍欽婆羅 (Ajita-keśakambala) ⑤迦羅鳩馱迦旃延 (Kakuda-kātyāyana) ⑥尼犍陀若提子 (Nirgrantha-jñāta-putra) 等，	彼外道六師： ①滿迦葉波。 (Pūraṇa-kāśyapa) ②末薩羯離瞿舍離子 (Maskarī-gośālī-putra) ③想吠多子 (Sañjaya-vairaṭī-putra) ④無勝髮 (Ajita-keśakambala) ⑤羯犎迦衍那 (Kakuda-kātyāyana) ⑥離繫親子， (Nirgrantha-jñāta-putra)
又賢者！彼(外道六)師(之)說。	(以上外道六師皆)是汝之師。	(以上外道六師皆)是汝之師。	(以上外道六師皆)是尊者師。
(汝皆能)倚為道，從是師者。	(汝皆能)因其(外道六師而)出家。(若)彼(六)師所墮，汝亦隨(之而)墮，(而無有異心)。乃可取食。	(汝皆能)因其(外道六師而)出家。(若)彼(六)師所墮，汝亦隨(之而)墮，(而無有異心)。乃可取食。	(汝皆能)依之出家。(若)彼六師墮，(則)尊者亦(隨之而)墮，(而無有異心)。乃可取食。

「邪、正」雖殊，其性不二。豈有「佛法僧」之如來三寶是獨「尊」；而「六師外道」為獨「卑」？
故雖於「佛法僧」中，而能「不著、不執」；亦能於「六師外道」中，而「不離、不墮」。若能同彼「六師外道」之修，甚至能跟隨「六師外道」而出家，亦能隨著「六師外道」而一同墮落，而自己仍能「不動於心」，亦不以為「有異」者。則已達「邪正平等」之心，能至此境界，乃可取食也。

【三～12】入「邪見」而能致「彼岸」；入「彼岸」而能不住、不著「彼岸」。入「八難」而能致「無難」；入「無難」而能不住、不著「無難」。若能自知「不修學大乘菩薩平等無二之法，會招致種種過失」，則可食也

三國吳・支謙譯《維摩詰經》	姚秦・鳩摩羅什譯《維摩詰所說經》	姚秦・鳩摩羅什譯《維摩詰所說大乘經》	唐・玄奘譯《說無垢稱經》
㊀(如果你的修行是)為住諸見，為墮「邊際」，(就)不及「佛處」。	㊀若須菩提！(如果你的修行是)入諸「邪見」，(就)不到「彼岸」。	㊀若須菩提！(如果你的修行是)入諸「邪見」，(就)不到「彼岸」。	㊀若尊者善現！(如果你的修行是)墮諸「見趣」，而不至「中邊」。
㊁為歸「八難」，為在「衆勞」。	㊁(若)住於「八難」，(就)不得(獲證)「無難」。	㊁(若)住於「八難」，(就)不得(獲證)「無難」。	㊁(若)入「八無暇」，(就)不得(獲證)「有暇」。
㊂不信之垢，不得離「生死之道」。	㊂(若)同於「煩惱」，(就一定會遠)離清淨法。	㊂(若)同於「煩惱」，(就一定會遠)離清淨法。	㊂(若)同諸「雜染」，(就一定會遠)離於清淨。
㊃然其於衆人，亦為他人想。若賢者！為他人想如彼者，則非「祐除」(給予；賜予)也。	㊃汝(所謂已獨)得「無諍」三昧，(則)一切衆生亦(可)得是定。(那麼)其(布)施(於)汝者，(則)不名「福田」。(因爲二乘者，仍有法執，無法至「平等無二」之境)	㊃汝(所謂已獨)得「無諍」三昧，(則)一切衆生亦(可)得是定。(那麼)其(布)施(於)汝者，(則)不名「福田」。(因爲二乘者，仍有法執，無法至「平等無二」之境)	㊃若諸有情所得(之)「無諍」，尊者亦得(所謂的「無諍」之法)。(如此布施於汝者)而不名為「清淨福田」。
㊄㊅其施賢者，為還衆魔共一手；	㊄(如此則)供養汝者，(亦將會)墮三惡	㊄(如此則)供養均者，(亦將會)墮三惡	㊄諸有「布施」尊者之食，(亦將會)墮

作衆勞侶。	道。(因為二乘無法至「平等無二」之境)	道。(因為二乘無法至「平等無二」之境)	諸惡趣。
	㊅(汝若能)為與「衆魔」共一手;作諸勞侶(塵勞伴侶)。汝(若能)與「衆魔」及諸「塵勞」,(平)等無有異。	㊅(汝若能)為與「衆魔」共一手;作諸勞侶(塵勞伴侶)。汝(若能)與「衆魔」及諸「塵勞」,(平)等無有異。	㊅而以尊者,(若能)為與「衆魔」共連一手,將諸煩惱作其伴侶。(因為)一切「煩惱」自性,即(等同)是尊者(之)自性。
㊆於一切人,若影想者,其作如謗諸「佛」、毀諸「經」。	㊆(汝無法修至「平等無二」之境,則)於一切衆生而(生)有「怨心」,(甚至造)謗諸「佛」、毀於「法」(之罪業)。	㊆(汝無法修至「平等無二」之境,則)於一切衆生而(生)有「怨心」,(甚至造)謗諸「佛」、毀於「法」(之罪業)。	㊆(汝無法修至「平等無二」之境,則)於諸有情(生)起「怨害想」,(甚至)謗于諸「佛」,(或)毀一切「法」。
㊇不依「衆」(僧數),終不得「滅度」矣。	㊇(汝終)不入(菩薩賢聖之)衆數(僧數),(亦)終不得(證)「滅度」。	㊇(汝終)不入(菩薩賢聖之)衆數(僧數),(亦)終不得(證)「滅度」。	㊇(汝終)不預(入菩薩賢聖之)僧數,畢竟無有(證)「般涅槃」時。
㊈當以如是,行取乞耶。〉	㊈汝若如是,乃可取食。〉(若能自知「不修學大乘平等無二之法,會招致種種過失」,則可以取此飯食也)	㊈汝若如是,乃可取食。〉(若能自知「不修學大乘平等無二之法,會招致種種過失」,則可以取此飯食也)	㊈若如是者,乃可取食。〉

➔能入諸「外道邪見」而致「佛道解脫」之「彼岸」嗎?菩薩乘者,能通達「邪道」而達佛道也。

➔能入「佛道解脫」之「彼岸」,而又能「不住、不著、不到」彼岸嗎?

➔能住於「八難」而致「無難」之「解脫」嗎?菩薩乘者,能通達「非道」而達佛道也。

➔能住「無難」之「解脫」,而又能「不住、不著」彼「無難」之解脫嗎?

➔能同於「煩惱」而得證「離煩惱」嗎?菩薩乘者,能通達「煩惱」即是菩提也。

➔能住「離煩惱」,而又能「不住、不著」彼「離煩惱」之清淨法嗎?

【3~11】云:若能同彼「六師外道」之修,甚至能跟隨「六師外道」而出家,亦

能隨著「六師外道」而一同墮落，而自己仍能「不動於心」，亦不以為「有異」者。則已達「邪正平等」之心，能至此境界，乃可取食也。

➔但是若無法達到此境，則任意的以「六師外道」為師，甚至隨彼出家，則會永入「邪見」，無法到達解脫之「彼岸」。既是「邪見」，則住於「八難」，無法「離難」。亦同彼「六師外道」煩惱染著，永無解脫，遠離了清淨佛法。

➔須菩提若能自知「無平等心」之過失。
若能自知「不修學大乘菩薩平等無二之法，即同彼外道眾魔」之過失。
則可以「取此飯食」也。

➔眾生皆有「佛性」，亦有「無諍」三昧之「性」。但若有「無諍三昧」之相或「法執」，則供養汝者，便無法得到「真實無為」之福田。
甚至供養「有分別、有法執」之「聲聞乘」者，恐有墮三惡道之餘。
如此若不發心去「修學大乘菩薩平等無二之法」者，終不得證入「賢聖眾數」，故終不能證得「滅度」或「涅槃」。

➔須菩提若能自知「不修學大乘平等無二之法，會招致種種過失」，則可以「取此飯食」也。

【三～13】諸法如幻，不應有懼。不即亦不離諸「言說相」

三國吳・支謙譯 《維摩詰經》	姚秦・鳩摩羅什譯 《維摩詰所說經》	姚秦・鳩摩羅什譯 《維摩詰所說大乘經》	唐・玄奘譯 《說無垢稱經》
㊀時我，世尊！得此惘然，不識是何言？當何說？便置鉢，出其舍。	㊀時我，世尊！聞此語茫然，不識是何言？不知以何答？便置鉢，欲出其舍。	㊀時我，世尊！**聞此茫然**，不識是何言？不知以何答？便置鉢，欲出其舍。	㊀時我，世尊！得聞斯語，猶拘重闇，迷失諸方，不識是何言？不知以何答？便捨自鉢，欲出其舍。
㊁維摩詰言：〈唯，須菩提！取鉢勿懼。云何？賢者！如來以「想」而	㊁維摩詰言：〈唯，須菩提！取鉢勿懼。於意云何？如來所作「化	㊁維摩詰言：〈唯，須菩提！取鉢勿懼。於意云何？如來所作「化	㊁時無垢稱即謂我言：〈尊者善現！取鉢勿懼，於意云何？

言說乎！何為以懼？〉 我言：不也！	人」，若以是事詰，寧有懼不？〉 我言：不也！	人」，若以是事詰，寧有懼不？〉 我言：不也！	若諸如來所作化者，以是事詰，寧有懼不？〉 我言：不也！
㊂維摩詰言：〈想為「幻」而自然。賢者不曰：一切法、一切人，皆「自然」乎！	㊂維摩詰言：〈一切諸法，如幻化相，汝今不應有所懼也。所以者何？	㊂維摩詰言：〈一切諸法，如幻化相，汝今不應有所懼也。所以者何？	㊂無垢稱言：〈諸法性相，皆如幻化。一切有情及諸言說，性相亦爾。
㊃至於智者，不以眼著，故無所懼。	㊃一切言說，不離是「相」，至於智者，不著文字，故無所懼。 何以故？	㊃一切言說，不離是「相」，至於智者，不著文字，故無所懼。 何以故？	㊃諸有智者，於「文字」中，不應執著，亦無怖畏。所以者何？ 一切言說皆「離性相」。何以故？
㊄悉捨文字，於字為解脫。	㊄文字「性」離，無有文字，是則解脫。	㊄文字「性」離，無有文字，是則解脫。	㊄一切文字，「性相」亦離，都非文字，是則解脫。
㊅解脫相者則諸法也。〉	㊅解脫相者，則諸法也。〉	㊅解脫相者，則諸法也。〉	㊅解脫相者，即一切法。〉
㊆當其世尊！(維摩詰)說是語時，「二百」天人得「法眼淨」。	㊆維摩詰說是法時，「二百」天子得「法眼淨」。	㊆維摩詰說是法時，「二百」天子得「法眼淨」，「**五百**」**天子皆獲**「**法忍**」。	㊆世尊！彼大居士(維摩詰)說是法時，「二萬」天子遠塵離垢，於諸法中得「法眼淨」，「五百」天子得「順法忍」(anulomikī-dharma-kṣānti 思惟柔順忍，慧心柔軟，已能隨順眞理。初、二、三地為信忍，四、五、六地為順忍，七、八、九地為無生忍。又八地以上皆為無功用地)。
㊇故(須菩提)我不	㊇故(須菩提)我不	㊇故(須菩提)我不	㊇時我默然，頓

任詣彼問疾。	任詣彼問疾。	任詣彼問疾。	喪言辯，不能加對。故(須菩提)我不任詣彼問疾

《十住斷結經・卷第八》

諸佛世尊遊諸方界，為一切眾生講說言教。實無「名號」，強為「假號」。實無「文字」，強為「文字」。實無「法性」，而說「法性」。

【三～14】佛遣「說法第一」富樓那彌多羅尼子前往問疾

三國吳・支謙譯《維摩詰經》	姚秦・鳩摩羅什譯《維摩詰所說經》	姚秦・鳩摩羅什譯《維摩詰所說大乘經》	唐・玄奘譯《說無垢稱經》
㊀佛告頒耨文陀尼子：汝行詣維摩詰問疾。	㊀佛告富樓那彌多羅尼子：汝行詣維摩詰問疾。	㊀佛告富樓那彌多羅尼子：汝行詣維摩詰問疾。	㊀爾時世尊告滿慈子：汝應往詣無垢稱所，問安其疾。
㊁頒耨白佛言：我不堪任(不夠資格;不堪適任)詣彼問疾。所以者何?	㊁富樓那白佛言：世尊！我不堪任(不夠資格;不堪適任)詣彼問疾。所以者何?	㊁富樓那白佛言：世尊！我不堪任(不夠資格;不堪適任)詣彼問疾。所以者何?	㊁時滿慈子白言：世尊！我不堪任(不夠資格;不堪適任)詣彼問疾。所以者何?
㊂憶念我昔在他方大樹下，為「阿夷行」(nava-yāna-saṃprasthita;ādikarmika 新發意)比丘說「死畏」之法。	㊂憶念我昔於大林中，在一樹下為諸「新學」(nava-yāna-saṃprasthita;ādikarmika 新發意)比丘說法(此處指講「小乘佛法」)。	㊂憶念我昔於大林中，在一樹下為諸「新學」(nava-yāna-saṃprasthita;ādikarmika 新發意)比丘說法(此處指講「小乘佛法」)。	㊂憶念我昔，於一時間，在大林中，為諸「新學」(nava-yāna-saṃprasthita;ādikarmika 新發意)苾芻說法(此處指講「小乘佛法」)。

《大方便佛報恩經・卷第六》

(1)**問**：若佛「知」而能說，「聲聞、緣覺」依「知」而能說，何不稱「佛」耶？

(2)**答曰**：不爾！佛知說「俱盡」。二乘知「說於法」；有所「不盡」。

(3)復次，佛解一切法，盡能作名。二乘不能。

(4)復次，佛得「無邊法」，能「無邊說」。二乘不能。
(5)復次，有「共、不共」，二乘所得「共」，佛所得「不共」。
(6)「聲聞」所得，「三乘」同知。「中乘」所得，「二乘」共知。唯「佛」所得，二乘「不知」，獨佛自知。
(7)復次，「函大」蓋亦大，「法大」法相無邊，佛以「無邊智」知，說「無邊法」。二乘智「有邊」，故不稱「法相」。
(8)復次，有「根、義」。「根」者，「慧」根。「義」者，「慧」所緣法。佛「根義」俱滿，「慧所緣法」，無有不盡。二乘「根義」，二俱不滿。
(9)復次，佛得「如實智」名，於一切法相「如實了」故。二乘知法「不盡」源底，兼有所不周，是以不得稱「如實智」。
(10)以是種種義故，二乘不得稱佛……凡二乘凡夫，自說得法。或樂靜默，或入禪定，或以餘緣，祕惜不說。
(11)佛所得法，以慈悲力故，樂為「他說」。復次，云何？以破「三毒」故，得稱世尊。

《寶雲經・卷第三》

善男子！菩薩復有十法，名為「說法」法師。何等為十？
(1)修習佛法而能說法，亦不見法而「能修習」。亦不見法「能斷結使」而為說法，亦不見「所斷結使」。亦不見法「厭惡、離欲、寂滅」，作如是說。法亦不得「厭惡」，亦不得「離欲」，亦不得「寂滅相」。
(2)得「須陀洹果」說法，不見有「須陀洹相」。
(3)得「斯陀含果」說法，不見有「斯陀含相」。
(4)得「阿那含果」說法，不見有「阿那含相」。
(5)得「阿羅漢果」說法，不見有「阿羅漢相」。
(6)得「辟支佛果」說法，不見有「辟支佛相」。
(7)斷除「著我」說法，亦不見我，不見著。
(8)見「業果報」說法，亦不見「業果報相」。何以故？
(9)菩薩觀諸「假名」，不必依「法」。「名」中無「法」，「法」中無「名」，但以「世俗」假設名字，流布世間。
(10)「世諦」故，而有「假名」，於「第一義諦」觀之則「無」，悉是虛妄誑惑凡夫。
善男子！具此十事，是名菩薩「說法」法師。

《菩薩念佛三昧經・卷第二》

(1)時阿難心生念言：是富樓那彌多羅尼子，「說法」人中最為第一，今在此會有大神德，決定諸法，得到彼岸，如是神通，將非己耶？

(2)我今當問，即便白言：唯，富樓那！如是瑞相，大德為乎？

(3)答言：非也！長老阿難！我之神通調伏利益諸眾生故，力能示現以「手掌」摩此之「三千大千世界」，不令眾生有傷損者。若有眾生樂「神通力」，示現「翻覆」大千世界。譬如勇健巨力丈夫，以「指」撿取「迦利沙槃(kārṣāpaṇa 古印度之貨幣名)」，上下拋擲，不以為難。我以右手「轉側」三千大千世界，亦復如是，無一眾生有惱害者。

(4)長老阿難！若此三千大千水界，我以「手指」一點取之，悉著「口」中，亦無眾生生「知覺想」，我於佛前作此神通。

(5)長老阿難！於夜初分，我以清淨勝妙「天眼」，於此三千大千世界，歷觀諸方，何者眾生，於法疑滯，當為除斷。即以「天眼」觀諸方時，處處見有四方世界，其土廣大，無數眾生迷於「正法」。

(6)長老阿難！我心念言，不起此座，往彼「破疑」，即如三昧清淨寂定，調和柔潤正直之心，斷彼眾生於法疑惑，我於會中演說法時，一一眾生謂在其前。

(7)長老阿難！夜即初分，四方各有無數千眾，悉得安住於「聖法」中，三萬眾生皆受「禁戒」，六萬眾生「歸依三寶」，從三昧起。我如是相神通變化，悉能斷除眾生疑惑。

(8)長老阿難！我能安住於此世界，以「淨天眼」見於北方除怨國界，從此佛土過三萬剎，有一眾生於法疑惑，是世界中佛般涅槃，應聲聞法之所化度，我心念言當斷其惑，不往彼處即於此坐，遙令眾生自然調順……不信受者，如來起時，自可往問。

(9)即於是時「佛神力」故，虛空之中出大音聲：阿難！汝今如是受持，如富樓那師子正說。時諸人天阿修羅等，皆歎奇哉！實為希有！「聲聞」神通相貌如此，豈況如來真境界乎？

(10)時諸人天作此讚已，富樓那彌多羅尼子，即於眾中，而說偈言……

【三～15】欲行大道，莫示小徑。無以大海，內於牛跡。無以日光，等彼螢火

三國吳・支謙譯《維摩詰經》	姚秦・鳩摩羅什譯《維摩詰所說經》	姚秦・鳩摩羅什譯《維摩詰所說大乘經》	唐・玄奘譯《說無垢稱經》
㊀時維摩詰來謂我言： 〈欲何置此人，何以教此比丘？	㊀時維摩詰來謂我言： 〈唯，富樓那！先當入「定」，觀此人	㊀時維摩詰來謂我言： 〈唯，富樓那！先當入「定」，觀此人	㊀時無垢稱來到彼所，稽首我足，而作是言： 〈唯，滿慈子！先當入「定」，觀苾芻

	「心」，然後說法。	「心」，然後說法。	「心」，然後乃應為其說法。
①無乃「反戾」此「摩尼之心」，是已為下正行。	①無以「穢食」置於寶器，當知是比丘「心之所念」。	①無以「穢食」置於寶器，當知是比丘「心之所念」。	①無以「穢食」置於寶器。應先了知是諸苾芻有何「意樂」？
	②無以「琉璃」，同彼「水精」(水晶珠)。	②無以「琉璃」，同彼「水精」(水晶珠)。	②勿以無價「吠琉璃寶」，同諸危脆；賤「水精珠」(水晶珠)。
㊁	㊁	㊁	㊁尊者滿慈！
❶又不當以不視「人根」(眾人根器)，而說其意也。	❶汝不能知眾生「根源」，無得(只)發起(授)以「小乘法」。	❶汝不能知眾生「根源」，無得(只)發起(授)以「小乘法」。	❶勿不觀察諸有情類「根性差別」；(而只)授以「少分根(小乘法)」所受法。
❷當取使無瘡ㄔㄨㄤ(瘡害減損)，莫便內坏ㄏㄨㄞˋ(古通「壞」)於竈ㄗㄠˋ(陶竈)。	❷彼(眾生本)自無瘡ㄔㄨㄤ(瘡害減損)，勿傷之也。	❷彼(眾生本)自無瘡ㄔㄨㄤ(瘡害減損)，勿傷之也。	❷彼(眾生本)自無瘡ㄔㄨㄤ(瘡害減損)，勿傷之也。
❸在「大生死」，可使入迹。 莫專導以「自守」之。	❸欲行大道，莫示小徑。 ❺無以大海，內於牛跡。 ❹無以日光，等(同)彼螢火。	❸欲行大道，莫示小徑。 ❺無以大海，內於牛跡。 ❹無以日光，等彼螢火。 ❻**無以須彌，內於芥子。** ❼**無以獅吼，誨之狐鳴。**	❸欲行大道，莫示小徑。 ❹無以日光，等彼螢火。 ❺無以大海，內於牛跡。 ❻無以妙高山王，內於芥子。 ❼無以大師子吼，同「野干」(狐狸)鳴。
㊂又此賢者！諸比丘在「大道」已有「決」，(富樓那你)如何	㊂富樓那！此比丘(已)久發「大乘心」，(於累世修行菩提)	㊂富樓那！此比丘(已)久發「大乘心」，(於累世修行菩提)	㊂尊者滿慈子！是諸苾芻皆於「往昔」(已)發趣「大乘

忘其「道意」？而(對他)發起以「弟子行」(小乘法之行)乎？〉	中(忽)忘此意，(富樓那你)如何(只)以「小乘法」而教導之？ ㊃我觀「小乘」智慧微淺，猶如盲人，不能分別一切衆生「根之利鈍」。〉	中(忽)忘此意，(富樓那你)如何(只)以「小乘法」而教導之？ ㊃我觀「小乘」智慧微淺，猶如盲人，不能分別一切衆生「根之利鈍」。〉	心」，(於累世)祈菩提中(忽)忘是意，(富樓那你)如何(只)示以「聲聞乘法」？ ㊃我觀「聲聞」智慧微淺，過於生盲，無有「大乘」。觀諸有情「根性妙智」，不能分別一切有情「根之利鈍」。

【三～16】聲聞人不知眾生根性差別，非常在「定」中，故不應隨意為他人說法

三國吳・支謙譯《維摩詰經》	姚秦・鳩摩羅什譯《維摩詰所說經》	姚秦・鳩摩羅什譯《維摩詰所說大乘經》	唐・玄奘譯《說無垢稱經》
㊀是時維摩詰即如其像「三昧正受」，念是(此新學)比丘宿命，(果然此新學比丘)已於五百佛立德本，在「無上正真道」，已「分布」(迴向)因其道意，而為解說。	㊀時維摩詰即入「三昧」，令此(新學)比丘自識「宿命」，(果然此新學比丘)曾於五百佛所植衆德本，迴向「阿耨多羅三藐三菩提」。	㊀時維摩詰即入「三昧」，令此(新學)比丘自識「宿命」，(果然此新學比丘)曾於五百佛所殖衆德本，迴向「阿耨多羅三藐三菩提」。	㊀時無垢稱便以如是勝「三摩地」，令諸苾芻隨憶無量「宿住差別」(種種宿命的差別)，(果然此新學比丘)曾於過去五百佛所種諸善根，積習無量殊勝功德，迴向「無上正等覺心」。
	㊁(新學比丘)即時豁然，還得本心。	㊁(新學比丘)即時豁然，還得本心。	㊁(新學比丘)隨憶如是「宿住事」已，(其)求菩提心，還現在前。
㊂即時諸(新學)比丘稽首禮維摩詰足。(維摩詰)已為說如是法，皆得不退	㊂於是諸(新學)比丘稽首禮維摩詰足。時維摩詰因為說法，(故新學比丘能)	㊂於是諸(新學)比丘稽首禮維摩詰足。時維摩詰因為說法，(故新學比丘能)	㊂(新學比丘)即便稽首彼大士(維摩詰)足。時無垢稱因為說法，(故)令(新學比

轉。	於「阿耨多羅三藐三菩提」，不復退轉。	於「阿耨多羅三藐三菩提」，不復退轉。	丘)於「無上正等菩提」，不復退轉。
㊍自從是來，(富樓那)我念： 「弟子」(聲聞)未觀察「人」者，(故)不可(隨意)為說法。所以者何？	㊍(富樓那)我念： 「聲聞」不觀(無法深入觀見)人根(眾生根器)，(故)不應(隨意爲他)說法。	㊍(富樓那)我念： 「聲聞」不觀(無法深入觀見)人根(眾生根器)，(故)不應(隨意爲他)說法。**所以者何？**	㊍時(富樓那)我，世尊！作如是念：諸「聲聞」人，不知有情「根性」差別。不(明)白如來(微妙深法)，不應輒爾(隨意)為他說法。所以者何？
㊄(聲聞)不能常「定」，「意根」原知本德；如佛世尊。故(富樓那)我不任詣彼問疾。	㊄是故(富樓那我)不任詣彼問疾。	㊄**「聲聞」不能如「如來」安住「法性」，常處清淨，亦復不能分別眾生根器「利、鈍」故**。是故(富樓那我)不任詣彼問疾。	㊄諸「聲聞」人，不知有情「諸根勝劣」，非常在「定」；如佛世尊(一樣恒在「定」中)。故(富樓那)我不任詣彼問疾。

《大寶積經・卷第一百二》

爾時世尊告大迦葉言：迦葉！汝今不應諮問是事，何以故？如是境界，非諸「聲聞緣覺」所知。若我說是「光明義」者，一切世間天人、阿修羅，皆當驚疑，入「迷沒處」，**是故汝今不應問也。**

《大方等無想經・卷第二》

世尊！如來正覺不可思議，憐愍眾生亦不可思議，所說祕密難可圖度，**諸佛世尊**三昧之王，大船師王，**不可稱計不可數量**，如是境界非諸「聲聞緣覺」所知。

《大般若波羅蜜多經・卷第五百七十一》

(1)佛告最勝：天王當知！若菩薩摩訶薩行深「般若波羅蜜多」。

得「妙智門」，則能悟入一切有情「諸根利鈍」。

得「妙慧門」，則能分別諸法句義。

得「總持門」，了達一切語言音聲。

得「無礙門」，能說諸法畢竟無盡。

(2)天王當知！是菩薩摩訶薩行深「般若波羅蜜多」得如是門。

《大般涅槃經・卷第十七》

(1)「聲聞、緣覺」不能畢竟知「辭知義」，無「自在智」知於境界，無有「十力、四無所畏」，不能畢竟度於「十二因緣」大河。

(2)不能善知眾生「諸根利鈍」差別，未能永斷「二諦疑心」。不知眾生種種諸心「所緣境界」。不能善說「第一義空」，是故二乘無「四無礙」。

《思益梵天所問經・卷第三》

(1)答言：若說法，不違「佛」、不違「法」、不違「僧」，是名「說法」。

(2)若知「法」即是「佛」，「離相」即是「法」，「無為」即是「僧」，是名「聖默然」。

(3)又，善男子！因「四念處」有所說，名為「說法」。

(4)於一切法「無所憶念」，名「聖默然」。因「四正勤」有所說，名為「說法」。

(5)以諸法等(平等)，不作「等」、不作「不等」，名「聖默然」。因「四如意足」有所說，名為「說法」。

(6)若不起「身、心」，名「聖默然」。因「五根、五力」有所說，名為「說法」。

(7)若不隨他語有所信，為不取不捨，故分別諸法，一心安住，無念念中，解一切法。常「定」性，斷一切「戲論」，名「聖默然」。

(8)因「七菩提分」有所說，名為「說法」。

(9)若常行捨心，無所分別，無增無減，名「聖默然」。

(10)因「八聖道分」有所說，名為「說法」。

(11)若知說法相如「栰」喻，不依「法」、不依「非法」，名「聖默然」。

(12)善男子！於是「三十七助道法」若能「開解、演說」，名為「說法」。

(13)若「身證」是法，亦不離「身見法」，亦不離「法見身」。於是觀中不見「二相」、不見「不二相」，如是現前「知見」，而亦不見，名「聖默然」。

(14)又，善男子！若不妄想著「我」，不妄想著「彼」，不妄想著「法」有所說，名為「說法」。

(15)若至「不可說相」，能離一切言說音聲，得「不動處」，入「離相心」，名「聖默然」。

(16)又，善男子！若知一切眾生「諸根利鈍」而教誨之，名為「說法」。

(17)常入於「定」，心不散亂，名「聖默然」。

(18)等行言：如我解文殊師利所說義，一切「聲聞、辟支佛」無有「說法」，亦無「聖默然」，所以者何？不能了知一切眾生「諸根利鈍」，亦復不能常在於「定」。

(19)文殊師利！若有真實問：「何等是世間說法者？何等是世間聖默然者？」則當為說「諸佛」是也。所以者何？

(20)諸佛善能分別一切眾生「諸根利鈍」，亦常在「定」。

【三～17】佛遣「論義第一」摩訶迦旃延前往問疾

三國吳・支謙譯《維摩詰經》	姚秦・鳩摩羅什譯《維摩詰所說經》	姚秦・鳩摩羅什譯《維摩詰所說大乘經》	唐・玄奘譯《說無垢稱經》
㊀佛告長老迦旃延：汝行詣維摩詰問疾。	㊀佛告摩訶迦旃延：汝行詣維摩詰問疾。	㊀佛告摩訶迦旃延：汝行詣維摩詰問疾。	㊀爾時世尊告彼摩訶迦多衍那：汝應往詣無垢稱所，問安其疾。
㊁迦旃延白佛言：我不堪任(不夠資格；不堪適任)詣彼問疾。所以者何？	㊁迦旃延白佛言：世尊！我不堪任(不夠資格；不堪適任)詣彼問疾。所以者何？	㊁迦旃延白佛言：世尊！我不堪任(不夠資格；不堪適任)詣彼問疾。所以者何？	㊁迦多衍那白言：世尊！我不堪任(不夠資格；不堪適任)詣彼問疾。所以者何？
㊂憶念昔者，佛為兩比丘粗現「軌迹」已，便入「室」。	㊂憶念昔者，佛為諸比丘略說「法要」。	㊂憶念昔者，佛為諸比丘略說「法要」。	㊂憶念我昔，於一時間，佛為苾芻略說「法」已，便入「靜住」。
㊃吾於後為其說經中要，言「無常之義、苦義、空義、非身之義」。	㊃我即於後，敷演其義，謂「無常義、苦義、空義、無我義、寂滅義」。	㊃我即於後，敷演其義，謂「無常義、苦義、空義、無我義、寂滅義」。	㊃我即於後分別決擇「契經」(經)句義。謂「無常義、苦義、空義、無我義、寂滅義」。

【三～18】無以「生滅心行」說「實相法」。無常、苦、空、無我，畢竟寂滅

三國吳・支謙譯《維摩詰經》	姚秦・鳩摩羅什譯《維摩詰所說經》	姚秦・鳩摩羅什譯《維摩詰所說大乘經》	唐・玄奘譯《說無垢稱經》
㊀時維摩詰來謂我言： 〈唯，迦旃延！無	㊀時維摩詰來謂我言： 〈唯，迦旃延！無	㊀時維摩詰來謂我言： 〈唯，迦旃延！無	㊀時無垢稱來到彼所，稽首我足，而作是言： 〈唯，大尊者迦多

以待「行有起之義」為說法也。	以「生滅心行(虛妄心識所行)」說「實相法」。	以「生滅心行(虛妄心識所行)」說「實相法」。	衍那，無以「生滅分別心行」說「實相法」。所以者何？
㊁若賢者！都「不生不增」，生「不起不滅」，是為「無常」義。	㊁迦旃延！諸法畢竟「不生不滅」，是「無常」義。	㊁迦旃延！諸法畢竟三世「不生不滅」，是「無常」義。	㊁諸法畢竟，非「已生」、非「今生」、非「當生」。非「已滅」、非「今滅」、非「當滅」義，是「無常」義。
㊂五陰「空無所起」，以知是是「苦」義。	㊂五受陰(五蘊)，洞達「空」；無所起，是「苦」義。	㊂五受陰(五蘊)，洞達「空」；無所起，是「苦」義。	㊂洞達五蘊，畢竟「性空」；無所由起，是「苦」義。
	㊃諸法究竟「無所有」，是「空」義。	㊃諸法究竟「無所有」，是「空」義。	㊃諸法究竟「無所有」，是「空」義。
㊄於「我、不我」而不二，是「非身」義。	㊄於「我、無我」而不二，是「無我」義。	㊄於「我、無我」而不二，是「無我」義。	㊄知「我、無我」無有二，是「無我」義。
㊃㊅「不然(即不燃，不熾燃)、不滅」，為都滅「終、始」，「滅」(寂滅)是為「空」義。〉	㊅法本「不然」(即不燃，不熾燃)，今則「無滅」，是「寂滅」義。〉	㊅法本「不然」(即不燃，不熾燃)，「**自他、俱**」**空**，今則無滅，是「寂滅」義。〉	㊅無有「自性」，亦無「他性」。本無「熾然」，今無「息滅」。無有寂靜、畢竟寂靜、究竟寂靜，是「寂滅」義。〉
㊆彼(維摩詰)說是時，其比丘本漏意解。	㊆(維摩詰)說是法時，彼諸比丘心得解脫。	㊆(維摩詰)說是法時，彼諸比丘心得解脫。	㊆(維摩詰)說是法時，彼諸苾芻「諸漏」永盡，心得解脫。
㊇故(摩訶迦旃延)我不任詣彼問疾。	㊇故(摩訶迦旃延)我不任詣彼問疾。	㊇故(摩訶迦旃延)我不任詣彼問疾。	㊇時我，世尊！默然無辯。故(摩訶迦旃延)我不任詣彼問疾。

《大方等大集經・卷第二十七》

(1)法無歡喜，不動轉故。法無有苦，不味著故。法無燋熱，本寂滅故。

(2)法無解脫，性捨離故。法無有身，離色相故。法無受相，無有我故。
(3)法無結縛，寂無相故。法相無為，無所作故。法無言教，無識知故。
(4)法無始終，無取捨故。法無安止，無處所故。法無有作，離受者故。
(5)法無有滅，本無生故。心數思惟，所緣住法。不取其相，不生分別。
(6)不受不著、不然不滅、不生不出，法性平等，猶如虛空。過於「眼色、耳聲、鼻香、舌味、身觸、心法」，是名菩薩念佛三昧。

《佛說海意菩薩所問淨印法門經・卷第七》
(1)又此精進，知一切一切法無能作、無所作。
(2)又此精進，知法無觀、無不觀。
(3)又此精進，知一切法無止息、無熾然。
(4)又此精進，知一切法無所護、無不護。
(5)又此精進，知一切法無集、無散。

【三～19】佛遣「天眼第一」阿那律前往問疾

三國吳・支謙譯《維摩詰經》	姚秦・鳩摩羅什譯《維摩詰所說經》	姚秦・鳩摩羅什譯《維摩詰所說大乘經》	唐・玄奘譯《說無垢稱經》
㊀佛告長老阿那律：汝行詣維摩詰問疾。	㊀佛告阿那律：汝行詣維摩詰問疾。	㊀佛告阿那律：汝行詣維摩詰問疾。	㊀爾時世尊告大無滅(Aniruddha 阿那律)：汝應往詣無垢稱所，問安其疾。
㊁阿那律白佛言：我不堪任(不夠資格；不堪適任)詣彼問疾。所以者何？	㊁阿那律白佛言：世尊！我不堪任(不夠資格；不堪適任)詣彼問疾。所以者何？	㊁阿那律白佛言：世尊！我不堪任(不夠資格；不堪適任)詣彼問疾。所以者何？	㊁時大無滅白言：世尊！我不堪任(不夠資格；不堪適任)詣彼問疾。所以者何？
㊂憶念我昔，於他處「經行」，見有梵天，名淨復淨，與千梵俱來詣我。稽首作禮問我言：幾何阿那律！天眼所見？	㊂憶念我昔，於一處「經行」，時有梵王，名曰嚴淨，與萬梵俱放淨光明，來詣我所，稽首作禮問我言：幾何阿那律！天眼所	㊂憶念我昔，於一處「經行」，時有梵王，名曰嚴淨，與萬梵俱放淨光明，來詣我所，稽首作禮問我言：幾何阿那律！天眼所	㊂憶念我昔，於一時間，在大林中一處「經行」，時有梵王名曰嚴淨，與萬梵俱放大光明，來詣我所，稽首作禮而問我言：尊者

	見？	見？	無滅(Aniruddha 阿那律)！所得天眼，能見幾何？
㊉我答言： 仁者！吾視三千大千佛國，如於掌中觀「寶冠」(āmra)耳。	㊉我即答言： 仁者！吾見此釋迦牟尼佛土三千大千世界，如觀掌中「菴摩勒果」(āmra)。	㊉我即答言： 仁者！吾見此釋迦牟尼佛土三千大千世界，如觀掌中「菴摩勒果」(āmra)。	㊉時我答言： 大仙！當知，我能見此釋迦牟尼三千大千佛之世界，如觀掌中「阿摩洛果」(āmra)。

【三～20】天眼乃非「有作為之行相」，亦非「無作為之行相」

三國吳・支謙譯《維摩詰經》	姚秦・鳩摩羅什譯《維摩詰所說經》	姚秦・鳩摩羅什譯《維摩詰所說大乘經》	唐・玄奘譯《說無垢稱經》
㊀時維摩詰來謂我言：	㊀時維摩詰來謂我言：	㊀時維摩詰來謂我言：	㊀時無垢稱來到彼所，稽首我足，而作是言：
〈云何賢者！眼為「受身相」耶？「無受相」耶？	〈唯，阿那律！天眼所見，為「作相」(有作爲之行相)耶？「無作相」(無作爲之行相)耶？	〈唯，阿那律！天眼所見，為「作相」(有作爲之行相)耶？「無作相」(無作爲之行相)耶？	〈尊者無滅！所得天眼為「有行相」(有作爲之行相)？為「無行相」(無作爲之行相)？
㊁假使有「受身相」，則與「外五通」等。 若「無受相」，「無受相」者，「無計數」，則不有見。	㊁假使「作相」(有作爲之行相)，則與「外道五通」等。 若「無作相」(無作爲之行相)，即是「無為」，不應有見。〉	㊁假使「作相」(有作爲之行相)，則與「外道五通」等。 若「無作相」(無作爲之行相)，即是「無為」，不應有見。〉	㊁若「有行相」(有作爲之行相)，即與「外道五神通」等。 若「無行相」(無作爲之行相)，即是「無為」，不應有見。
			㊂云何尊者所得天眼能有見耶？〉
㊃(阿那律)我時默然。	㊃世尊！(阿那律)我時默然。	㊃世尊！(阿那律)我時默然。	㊃時(阿那律)我，世尊！默無能對。

【三～21】真天眼者，不捨禪定三昧而見諸佛國，亦不作分別之二相觀

三國吳・支謙譯《維摩詰經》	姚秦・鳩摩羅什譯《維摩詰所說經》	姚秦・鳩摩羅什譯《維摩詰所說大乘經》	唐・玄奘譯《說無垢稱經》
(壹)彼諸梵聞其(維摩詰)言，至「未曾有」，即為作禮而問言：世孰復有「天眼」？	(壹)彼諸梵聞其(維摩詰)言，得「未曾有」，即為作禮而問曰：世孰有「真天眼」者？	(壹)彼諸梵聞其(維摩詰)言，得「未曾有」，即為作禮而問曰：世孰有「真天眼」者？	(壹)然彼諸梵聞其(維摩詰)所說，得「未曾有」，即為作禮而問彼言：世孰有得「真天眼」者？
(貳)維摩詰言：〈有佛世尊，常在「三昧」，禪志不戲，悉見諸佛國，不自稱說。〉	(貳)維摩詰言：〈有佛世尊，得真天眼，常在「三昧」，悉見諸佛國，不以「二相」。〉(天眼乃非「有作爲之行相」，亦非「無作爲之行相」)	(貳)維摩詰言：〈有佛世尊，得真天眼，常在「三昧」，悉見諸佛國，不以「二相」。〉(天眼乃非「有作爲之行相」，亦非「無作爲之行相」)	(貳)無垢稱言：〈有佛世尊，得真天眼，不捨「寂定」，見諸佛國。不作「二相」及種種相。〉(天眼乃非「有作爲之行相」，亦非「無作爲之行相」)
(參)於是衆中「五百」梵，具足發「無上正真道意」已，皆忽然不現。	(參)於是嚴淨梵王及其眷屬「五百」梵天，皆發「阿耨多羅三藐三菩提心」。禮維摩詰足已，忽然不現！	(參)於是嚴淨梵王及其眷屬「五百」梵天，皆發「阿耨多羅三藐三菩提心」。禮維摩詰足已，忽然不現！	(參)時彼梵王「五百」眷屬，皆發「無上正等覺心」。禮無垢稱，欻然不現。
(肆)故(阿那律)我不任詣彼問疾。	(肆)故(阿那律)我不任詣彼問疾。	(肆)故(阿那律)我不任詣彼問疾。	(肆)故(阿那律)我不任詣彼問疾。

《大般若波羅蜜多經・卷第五百六十八》

(1)如來「天眼」最勝清淨。一切世界、一切有情，色相差別，及餘物類種種不同，如來皆見，如觀掌中「阿摩洛果」。諸人、天眼所不能及。

(2)如來「天耳」最勝清淨。一切有情音聲差別，及餘物類所有音聲，一念悉聞，解了其義。如來復有「淨他心智」。一切世界、一切有情，一一思惟作業受果，無邊差別。佛四威儀，於一念頃，皆悉了知。何以故？

(3)佛常在「定」，無「散亂」故。

《大方等大集經・卷第三》

(1)「如來天眼」能見十方諸佛世界，無有邊際，猶如虛空。無有限量，猶如法界……一切五通「聲聞、緣覺」及諸菩薩所不能見。

(2)**「如來天眼」成就如是無量功德**，以「天眼」故，觀諸眾生，誰應為「佛之所化度」。誰復應為「聲聞、緣覺」之所化度。

(3)**若應從「佛」而得度者，如來即為「示現」其身，其餘眾生悉無見者。是名如來「第九之業」。**

【三～22】佛遣「持律第一」優波離前往問疾

三國吳・支謙譯《維摩詰經》	姚秦・鳩摩羅什譯《維摩詰所說經》	姚秦・鳩摩羅什譯《維摩詰所說大乘經》	唐・玄奘譯《說無垢稱經》
㊀佛告長老優波離：汝行詣維摩詰問疾。	㊀佛告優波離：汝行詣維摩詰問疾。	㊀佛告優波離：汝行詣維摩詰問疾。	㊀爾時世尊告優波離：汝應往詣無垢稱所，問安其疾。
㊁優波離白佛言：我不堪任(不夠資格；不堪適任)詣彼問疾。所以者何？	㊁優波離白佛言：世尊！我不堪任(不夠資格；不堪適任)詣彼問疾。所以者何？	㊁優波離白佛言：世尊！我不堪任(不夠資格；不堪適任)詣彼問疾。所以者何？	㊁時優波離白言：世尊！我不堪任(不夠資格；不堪適任)詣彼問疾。所以者何？
㊂憶念昔者，有兩比丘，「未踐迹」(犯戒)以為恥。將詣如來，過問我言：	㊂憶念昔者，有二比丘犯「律行」，以為恥，不敢問佛，來問我言：	㊂憶念昔者，有二比丘犯「律行」，以為恥，不敢問佛，來問我言：	㊂憶念我昔，於一時間，有二苾芻犯「所受戒」，深懷媿恥，不敢詣佛。來至我所，稽首我足，而謂我言：
㊃吾賢者！「未踐迹」(犯戒)，誠以為恥，欲往見佛，願賢者解其「意」。	㊃唯，優波離！我等犯律，誠以為恥，不敢問佛，願解「疑悔」，得免斯咎。	㊃唯，優波離！我等犯律，誠以為恥，不敢問佛，願解「疑悔」，得免斯咎。	㊃唯，優波離！今我二人，違越律行，誠以為恥，不敢詣佛。願解「憂悔」(憂愁懊悔)，得免斯咎。

㈤吾則為之現說法語。	㈤我即為其如法解說。	㈤我即為其如法解說。	㈤我即為其如法解說，令除「憂悔」(憂愁懊悔)，得清(除)所犯，示現勸導(規勸開導)，讚勵(讚頌勵勉)慶慰(慶賀慰問)。

《根本說一切有部毘奈耶雜事・卷第三十三》

(1)時本勝苾芻，身亡之後，焚燒既畢，「十二眾尼」收其餘骨，於廣博處，造「窣堵波」，以妙繒、綵幢，蓋花鬘置於塔上，栴檀香水而為供養……

(2)後於異時，有一「羅漢」苾芻，名劫卑德，與五百門徒，遊行人間，至室羅伐，路在塔邊。若阿羅漢「不觀察」時，不知前事，遙見彼塔，作如是念：誰復於此，新造如來爪髮之塔？我行禮敬。即便往就。

(3)時彼二尼，見其至已，與土及水，令洗手足，授與香花，讚唄前行，引五百人，旋「繞其塔」，禮已而去。

(4)去塔不遠，尊者鄔波離(Upāli，優婆離，持戒第一)，於一樹下「宴坐」而住，見而問曰：具壽劫卑德！應可「觀察」，禮誰塔耶？

(5)(劫卑德阿羅漢)便作是念：具壽鄔波離！何故令我「存念」觀誰塔耶？即便「觀察」，見其塔內有本勝苾芻骸骨。由彼(指劫卑德阿羅漢)尚有「瞋習氣」故，便生「不忍」，却迴報言：具壽鄔波離！仁(尊稱他人)住於此，佛法疱ㄆㄠˋ(古同「皰」)生，捨而不問(指你不問佛法深義，竟然要我看塔內是誰的骸骨，這種就像是皮膚上長出水泡般的皮毛小事一般)！鄔波離聞，默然不對。

(6)時(劫卑德)阿羅漢告諸門徒曰：具壽！汝等若能敬受「大師教法」者，宜可共往。(汝等應)於甎ㄓㄨㄢ聚處，人持一「甎」，毀破其塔。時眾門徒，既奉師教，各取一甎，於少時間，悉皆毀壞。

(7)二「苾芻尼」見是事已，失聲啼哭，速往告彼諸「餘尼眾」。時「十二眾尼」，及餘「未離欲」尼，既聞「毀塔」，高聲大哭：今日我兄(師兄即本勝法師)，始為命過。

(8)時吐羅難陀苾芻尼便問二尼：小妹！誰向彼說？(是誰跟劫卑德阿羅漢說這邊有本勝法師的塔廟的？)

(9)答言：大姊！彼是「客僧」(指劫卑德阿羅漢)，無由得知。(應該是)尊者鄔波離，(他於)不遠而住，向客人(指劫卑德阿羅漢)說。

(10)時吐羅難陀尼報言：小妹！我纔聞說，即知是彼先剃髮人(鄔波離在俗家時曾經是佛陀的理髮師)，有斯惡行；雖復出俗(出家)，(他的)本性不移，宜可(用)苦(對)治，令其失壞。如世尊說「壞徒眾者，眾不應留」。我今宜去(對治鄔波離)，豈得捨之(捨棄這種機會)！(於是便)發「大瞋恚」，便持「利刀、鐵錐、木鑽」，往(鄔波離)尊者所，欲斷其命。

(11)時鄔波離「遙見」諸尼，疾疾而來，便作是念：觀此諸尼，形勢忽速，必有「異意」，欲害於我，宜可「觀察」。即便「入定」，觀見諸尼，各懷「瞋恚」，欲來相害。
(12)于時(鄔波離)尊者，情生忽速，不以「神力」加被「大衣」，便即「斂心」，入「滅盡定」。
(13)諸尼既至，以刀亂斫，鐵錐、木鑽，遍體鑱刺。爾時尊(鄔波離)者由「定力」故，更無「喘息」，與死不殊。
(14)諸尼議曰：我等已殺「惡行怨家」，報讎既了，宜可歸寺。作此語已，捨之而去。
(15)時具壽鄔波離，從「定」而出，見「衣」損壞，即還住處……
(16)阿難陀以事白佛，佛言……諸「苾芻尼」繫屬「苾芻」……從今已去，諸「苾芻尼」若入「僧寺」，應須白知「守門苾芻」，方可得入……
(17)尼入寺時，當如是白：聖者當觀，我欲入寺。「守門苾芻」應問尼言：姊妹！汝不懷障難，持刀錐者，聽入。若不白知，入僧寺者，得「越法罪」……
(18)佛言：若「苾芻尼」有過，「苾芻」僧伽未與歡喜，輒為「教誡」，得「越法罪」。

【三～23】「罪性、心、諸法」皆非內、非外、非中間，以心淨故得解脫

三國吳・支謙譯《維摩詰經》	姚秦・鳩摩羅什譯《維摩詰所說經》	姚秦・鳩摩羅什譯《維摩詰所說大乘經》	唐・玄奘譯《說無垢稱經》
㊀時維摩詰來謂我言： 〈唯，優波離！莫釋以所誨，而詭其行也。	㊀時維摩詰來謂我言： 〈唯，優波離！無重增(加重增加)此二比丘罪，當直除滅(當直接從「心性」上去除滅他們憂悔所犯的罪)，勿擾其心。所以者何？	㊀時維摩詰來謂我言： 〈唯，優波離！無重增(加重增加)此二比丘罪，當直除滅(當直接從「心性」上去除滅他們憂悔所犯的罪)，勿擾其心。所以者何？	㊀時無垢稱來到彼所，稽首我足，而作是言： 〈唯，優波離！無重增(加重增加)此二苾芻罪，當直除滅(其)憂悔(憂愁懊悔)所犯(之罪)，勿擾其心。所以者何？
㊁又賢者！「未踐迹」(罪性;犯罪)者，不「內」住、不「外」計、亦不從「兩間」得。所以者何？	㊁彼罪性不在「內」、不在「外」、不在「中間」。	㊁彼罪性不在「內」、不在「外」、不在「中間」。	㊁彼罪性不住「內」、不出「外」、不在「兩間」。
㊂此本為如來	㊂如佛所說：	㊂如佛所說：	㊂如佛所說：

意：欲為勞(煩惱)，人執勞。 惡意已解，意得依者。亦不「內」、不「外」、不從「兩間」得。 ㊃如其「意」然，「未迹」(罪性)亦然，「諸法」亦然，「轉者」亦然。 ㊄如優波離！「意之淨」，以「意淨」意為解，寧可復污，復使淨耶？〉 我言：不也！	心垢，故衆生垢。 心淨，故衆生淨。 心亦不在「內」、不在「外」、不在「中間」。 ㊃如其「心」然，「罪垢」亦然，「諸法」亦然，不出於「如」(指皆同不在「內、外、中間」的那種「眞如」之理)。 ㊄如優波離！以「心相」得解脫時，寧有垢不？〉 我言：不也！	心垢，故衆生垢。 心淨，故衆生淨。 心亦不在「內」、不在「外」、不在「中間」。 ㊃如其「心」然，「罪垢」亦然，「諸法」亦然，不出於「如」(指皆同不在「內、外、中間」的那種「眞如」之理)。 ㊄如優波離！以「心相」得解脫時，寧有垢不？〉 我言：不也！	心雜染，故有情雜染。 心清淨，故有情清淨。 如是心者，亦不住「內」，亦不出「外」，不在「兩間」。 ㊃如其「心」然，「罪垢」亦然。如「罪垢」然，「諸法」亦然，不出於「如」(指皆同不在「內、外、中間」的那種「眞如」之理)。 ㊄唯，優波離！汝「心本淨」，得解脫時，此本「淨心」，曾有染不？〉 我言：不也！

《大寶積經・卷第一百五》

(1)爾時會中有五百菩薩，已得「四禪」，成就「五通」。然是菩薩依「禪坐」起，雖未得「法忍」，亦不誹謗。

(2)時諸菩薩「宿命通」故，自見往昔所行「惡業」，或殺父、殺母、殺阿羅漢。或毀佛寺、破塔壞僧，彼等明見如是「餘業」，深生憂悔，常不離心。於「甚深法」不能證入。我心「分別」，彼罪「未忘」，是故不能獲「深法忍」。

(3)爾時世尊為欲除彼五百菩薩「分別心」故，即以「威神」覺悟文殊師利。

(4)文殊師利「承佛神力」，從座而起。整理衣服，偏袒右髆，手執「利劍」，直趣世尊，欲行逆害時。

(5)佛遽告文殊師利言：汝住！汝住！不應造逆！勿得害我！我必被害，為「善」被害。何以故？文殊師利從本已來，無我、無人、無有丈夫。但是內心見有「我、人」，「內心」起時，彼已害我，即名為害。

(6)時諸菩薩聞佛說已，咸作是念：一切諸法，悉如「幻化」，是中無我、無人、無衆生、無壽命、無丈夫、無摩奴闍、無摩那婆、無父無母、無阿羅漢、無佛、無法、無僧，無有是「逆」，無「作逆」者，豈有墮「逆」？所以者何？

(7)今此文殊師利，聰明聖達智慧超倫，諸佛世尊稱讚。此等已得無礙「甚深法忍」。已曾供養無量百千億那由他(nayuta)諸佛世尊，於諸佛法，巧分別知，能說如是「真實之法」，於諸如來等念恭敬，而忽「提劍」欲逼如來？世尊遽告：且住！且住！文殊師利！汝無害我。

(8)若必害者，應當「善」害。所以者何？是中若有一法「和合集聚」(若有一法是真實和合集聚的話)，決定成就，得名為佛、名法、名僧、名父、名母、名阿羅漢。定「可取」者，則不應「盡」。

(9)然而，今此一切諸法「無體、無實、非有非真」，虛妄顛倒，空如幻化。

(10)是故於中，無人得罪，無罪可得。誰為「殺者」？而得受「殃」？

(11)彼諸菩薩如是觀察明了知已，即時獲得「無生法忍」，歡喜踊躍。

《大般涅槃經・卷第三十二》

(1)善男子！譬如眾生，造作諸業，若善若惡「非內、非外」，如是業性「非有、非無」。亦復非是「本無」今有，非「無因」出。

(2)非此作此受，此作彼受。彼作彼受、無作無受。時節和合，而得果報。

《大方等大集經・卷第十八》

(1)而第一實義中，無有一法「可淨、可污」。

(2)汝等當知！諸「煩惱」者，無方無處、「非內、非外」。

(3)以「不善」順思惟故，便生煩惱。
「善」順思惟，故則「無煩惱」。
「增減」不等，則生煩惱。「無增減」者，則「無煩惱」。
「虛偽妄想」，便是煩惱。無有「妄想」，則「無煩惱」。

(4)是故我言：如實知「邪見」，則是「正見」。而「邪見」亦不即是「正見」，能「如實知」者，則無「虛妄、增減、取著」，是故名為「正見」。

《坐禪三昧經・卷下》

(1)「無明」亦爾，云何可住？是故無明「非內、非外、非兩中間」，不從前世來，亦不往後世。非東西、南北、四維上下來，無有實法。

(2)「無明」性爾，了「無明」性，則變為「明」。一一推之，「癡」不可得。云何「無明」緣「行」？

(3)如虛空「不生不滅、不有不盡」，本性清淨。「無明」亦如是，「不生不滅、不有不盡」本性清淨，乃至「生」緣「老死」亦爾。

《清淨毘尼方廣經》

(1)若以「聖智」知於「煩惱」,「虛妄詐偽」是無所有,無主無我,無所繫屬。無來處、去處。無方、非無方。「非內、非外」非「中」可得。

(2)「無聚、無積、無形、無色」,如是名為「知」於「煩惱」。

《寂調音所問經》(一名《如來所說清淨調伏》)

(1)菩薩若復以「智」如是知「煩惱」微小,虛誑不堅牢。「空」無主、無我、無所屬。無所從來,去無所至,無方處。「非內、非外」,非兩「中間」。

(2)非「積聚」物,無色無形、無相無貌、無處所。如是煩惱「究竟滅」。

【三～24】諸法生滅不住,如幻、電,一念不住,如水中月、鏡中像

三國吳・支謙譯《維摩詰經》	姚秦・鳩摩羅什譯《維摩詰所說經》	姚秦・鳩摩羅什譯《維摩詰所說大乘經》	唐・玄奘譯《說無垢稱經》
㊀維摩詰言:〈如「性淨」與「未迹」(罪性)。	㊀維摩詰言:〈一切眾生「心相無垢」,亦復如是。	㊀維摩詰言:〈一切眾生「心相無垢」,亦復如是。	㊀無垢稱言:〈一切有情「心性本淨」,曾無有染,亦復如是。
	㊁唯,優波離!	㊁唯,優波離!	㊁唯,優波離!
❶一切「諸法」、一切「人意」,從「思」有「垢」。	❶「妄想」是(煩惱)垢。	❶「妄想」是(煩惱)垢。	❶若「有分別」、有「異分別」,即有煩惱。
❷❸❹❺❻以「淨」觀「垢」,無「倒」與「淨」,亦「我垢」等。	❷「無妄想」是淨(自性清淨)。	❷「無妄想」是淨(自性清淨)。	❷若「無分別」、無「異分別」,即性清淨。
	❸「顛倒」是垢。	❸「顛倒」是垢。	❸若「有顛倒」,即有煩惱。
	❹「無顛倒」是淨。	❹「無顛倒」是淨。	❹若「無顛倒」,即性清淨。
	❺「取我」是垢。	❺「取我」是垢。	❺若有「取我」,即成雜染。
	❻「不取我」是淨。	❻「不取我」是淨。	❻若「不取我」,即性清淨。

㊂「穢濁」與「淨性」,「淨性」與「起分」,一「無所住」。	㊂優波離! 一切法「生滅」不住,如幻、如電,諸法不相「待」,乃至一念「不住」。	㊂優波離! 一切法「生滅」不住,如幻、如電,諸法不相「待」,乃至「一念不住」。	㊂唯,優波離! 一切法性「生滅」不住,如幻、如化、如電、如雲。一切法性不相「顧待」,乃至一念亦「不暫住」。
㊃㊄又一切法可知見者,如「水月形」。 一切諸法從「意」生形。	㊃㊄諸法皆「妄見」,如夢、如炎、如「水中月」、如「鏡中像」,以「妄想」生。	㊃㊄諸法皆「妄見」,如夢、如燄、如「水中月、」如「鏡中像」,	㊃一切法性皆「虛妄見」,如夢、如焰、如健達婆城(Gandharvapura)。 ㊄一切法性皆「分別心」所起影像,如「水中月」、如「鏡中像」。
㊅其知此者,是為「奉律」。 ㊆其知此者,是為「善解」。〉	㊅其知此者,是名「奉律」。 ㊆其知此者,是名「善解」。〉	㊅**以「妄想」知此者**,是名「奉律」。 ㊆其知此者,是名「善解」。〉	㊅如是知者,名「善持律」。 ㊆如是知者,名「善調伏」。〉

《放光般若經・卷一》

(1)所說「如幻、如夢、如響、如光、如影、如化、如水中泡、如鏡中像、如熱時炎、如水中月」。

(2)**常以此法,用悟一切。**

《大般若波羅蜜多經・卷十一》

(1)**復次,善現!**譬如「幻事、夢境、響、像、陽焰、光影、若尋香城、變化事」等。

(2)但是「假名」,如是名「假」,不生不滅……

(3)**如是一切,但有「假名」。**

(4)此諸「假名」,「不在內、不在外、不在兩間」,不可得故。

【三～25】唯除如來,未有聲聞及菩薩有如維摩詰之慧辯

三國吳・支謙譯《維摩詰經》	姚秦・鳩摩羅什譯《維摩詰所說經》	姚秦・鳩摩羅什譯《維摩詰所說大乘經》	唐・玄奘譯《說無垢稱經》
㊀於是兩比丘言：	㊀於是二比丘言：	㊀於是二比丘言：	㊀時二苾芻聞說是已，得「未曾有」，咸作是言：
㊁上智哉！是優波離所不及也，(優波離是)持佛上律(最爲其上)，而不能說。	㊁上智哉！是優波離所不能及，(優波離是)「持律」之上(最爲其上)，而不能說。	㊁上智哉！是優波離所不能及，(優波離是)「持律」之上(最爲其上)，而不能說。	㊁奇哉！居士(維摩詰)！乃有如是殊勝「慧辯」，是優波離所不能及。佛說「持律」(優波離)最為其上，而不能說。
㊂我答言：自捨「如來」，未有「弟子」(聲聞)及「菩薩」辯才析疑，如此聰明者也！	㊂我即答言：自捨「如來」，未有「聲聞」及「菩薩」能制其樂說之辯，其「智慧明達」，為若此也！	㊂我答言：**爾輩勿泛視維摩詰也，何以故？**自捨「如來」，未有「聲聞」及「菩薩」能制其樂說之辯，其「智慧明達」，為若此也！	㊂我即告言：汝勿於彼起「居士想」。所以者何？唯除「如來」，未有「聲聞」及「餘菩薩」而能制此大士(維摩詰)「慧辯」。其「慧辯明」，殊勝如是！
㊃兩比丘「疑」解，便發「無上正真道意」。	㊃時二比丘，「疑悔」即除，發「阿耨多羅三藐三菩提心」。	㊃時二比丘，「疑悔」即除，發「阿耨多羅三藐三菩提心」。	㊃時二苾芻，「憂悔」(憂愁懊悔)即除，皆發「無上正等覺心」。
㊄復言曰：令一切人得「辯才之利」皆如是。	㊄作是願言：令一切衆生皆得是「辯」(殊勝慧辯)。	㊄作是願言：令一切衆生皆得是「辯」(殊勝慧辯)。	㊄便為作禮，而發願言：當令有情，皆得如是「殊勝慧辯」。
㊅故(優波離)我不任詣彼問疾。	㊅故(優波離)我不任詣彼問疾。	㊅故(優波離)我不任詣彼問疾。	㊅時我，默然，不能加對。故(優波離)我不任詣彼問疾。

【三～26】佛遣「密行第一」羅睺羅前往問疾

三國吳・支謙譯 《維摩詰經》	姚秦・鳩摩羅什譯 《維摩詰所說經》	姚秦・鳩摩羅什譯 《維摩詰所說大乘經》	唐・玄奘譯 《說無垢稱經》
㊀佛告賢者羅云：汝行詣維摩詰問疾。	㊀佛告羅睺羅：汝行詣維摩詰問疾。	㊀佛告羅睺羅：汝行詣維摩詰問疾。	㊀爾時世尊告羅怙羅：汝應往詣無垢稱所，問安其疾。
㊁羅云白佛言：我不堪任(不夠資格；不堪適任)詣彼問疾。所以者何？	㊁羅睺羅白佛言：世尊！我不堪任(不夠資格；不堪適任)詣彼問疾。所以者何？	㊁羅睺羅白佛言：世尊！我不堪任(不夠資格；不堪適任)詣彼問疾。所以者何？	㊁時羅怙羅白言：世尊！我不堪任(不夠資格；不堪適任)詣彼問疾。所以者何？
㊂憶念昔時，諸長者子來禮我足，問我言：	㊂憶念昔時，毘耶離(Vaiśālī)諸長者子，來詣我所，稽首作禮，問我言：	㊂憶念昔時，**離匝毗耶氏**(Vaiśālī)**諸長者子**，來詣我所，稽首作禮，問我言：	㊂憶念我昔，於一時間，有諸童子離呫毘種(Licchavi)，來詣我所，稽首作禮，而問我言：
㊃羅云！汝佛之子，捨「轉輪王」，出家為道。其出家者，有何「榮冀」(榮耀期冀之功利)？	㊃唯，羅睺羅！汝佛之子，捨「轉輪王」位，出家為道。其出家者，有何等利(殊勝的利益)？	㊃唯，羅睺羅！汝佛之子，捨「轉輪王」位，出家為道。其出家者，有何等利(殊勝的利益)？	㊃唯，羅怙羅！汝佛之子，捨「轉輪王」位，出家為道。其出家者，為有何等功德勝利(殊勝的利益)？
㊄我即為如事，說沙門之「榮冀」(榮耀期冀之功利)。	㊄我即如法，為說出家「功德之利」。	㊄我即如法，為說出家「功德之利」。	㊄我即如法，為說出家「功德勝利」。

《菩薩念佛三昧經・卷第二》

(1)爾時阿難心生念言：此羅睺羅是佛之子，有大威德「神通自在」，今亦在此大眾之中，如是變化，將非己耶？

(2)阿難即便問羅睺羅：汝於「戒學」得到彼岸，此之神通，汝所為乎？

(3)羅睺答言：非我所作！

(4)長老阿難！我如是相，種種百千「威德神力」，隨意自在為「佛之子」，或隱或顯，未曾憶念，不甞在前，亦未示現。

(5)長老阿難！我能以此三千大千世界之中，百億四天下百億日月，百億大海百億須彌，百億大小轉輪之山，如是廣大諸餘山等，以「四神足」置「一毛端」，不令眾生有傷損者。於四天下不相逼迫，彼此去來，亦無妨礙。吾之神通自在如此。

(6)長老阿難！我能以此三千大千一切水界，大海江河溪澗池沼，以一毛孔啑 置口中，源流派別，本相分明，其中眾生適性不改，水之盈竭亦不覺知。

(7)長老阿難！我住此土，如定心相，入此三昧，見東北方難生如來，我在此剎白淨王所，撮取一把「栴檀末香」，供養彼剎一切諸佛。其香芬烈，乃至十方難生世尊化作「臺觀」，高十由延，七寶所成，即在此處燒眾天香。

(8)復於臺上化作「寶蓋」，其蓋足高，億千由延，縱廣正等百千由延，彼世界中一切眾生，皆共幻作栴檀樓閣，其樓上高百千由延，縱廣正等五千由延，如是無量在寶臺中，各各莊嚴不相障礙。

(9)長老阿難！瑞相如是，我於聲聞具波羅蜜，或有生疑不能信者。世尊若起，自可往問，我師子吼，如來證知。時羅睺羅即說偈言……

【三～27】出家乃「無為法」，故無利、無功德。離六十二見，處於涅槃。底下約有18條

三國吳・支謙譯《維摩詰經》	姚秦・鳩摩羅什譯《維摩詰所說經》	姚秦・鳩摩羅什譯《維摩詰所說大乘經》	唐・玄奘譯《說無垢稱經》
時維摩詰來謂我言：	時維摩詰來謂我言：	時維摩詰來謂我言：	時無垢稱來到彼所，稽首我足，而作是言：
〈羅云！說沙門之「榮冀」(榮耀期冀之功利)，不當如賢者所說。所以者何？	〈唯，羅睺羅！不應說出家「功德之利」。所以者何？	〈唯，羅睺羅！不應說出家「功德之利」。所以者何？	〈唯，羅怙 羅！不應如是宣說出家「功德勝利(殊勝的利益)」。所以者何？
❶匪「榮」、匪「冀」故，為沙門為道者。	❶無「利」、無「功德」，是為出家。	❶無「利」、無「功德」，是為出家。	❶無有「功德」，無有「勝利」，是為出家。
	❷「有為法」者，可說有「利」、有「功德」。	❷「有為法」者，可說有「利」、有「功德」。	❷唯，羅怙 羅！「有為法」中，可得說有「功德勝

			利」。
	❸夫出家者，為「無為法」。「無為法」中，無「利」、無「功德」。	❸夫出家者，為「無為法」。「無為法」中，無「利」、無「功德」。	❸夫出家者，為「無為法」。「無為法」中不可說有「功德勝利」。
❹ ❺ 羅云！離「此、彼、中」，迹於「泥洹」。	❹羅睺羅！夫出家者，無「彼」、無「此」，亦無「中間」。	❹羅睺羅！夫出家者，無「彼」、無「此」，亦無「中間」。	❹唯，羅怙ㄏㄨˋ羅！夫出家者，無「彼」、無「此」，亦無「中間」。
	❺離「六十二見」(dvāṣaṣṭi dṛṣṭayaḥ 古印度外道所執著之 62 種錯誤見解)，處於「涅槃」。	❺離「六十二見」(dvāṣaṣṭi dṛṣṭayaḥ 古印度外道所執著之 62 種錯誤見解)，處於「涅槃」。	❺遠離「諸見」。無色、非色，是「涅槃」路。
❻受諸「明智」，招諸「聖賢」。	❻「智者」所受，「聖」所行處。	❻「智者」所受，「聖」所行處。	❻「智者」稱讚，「聖」所攝受。
❼降伏「衆魔」，入「五道」。	❼降伏「衆魔」，度「五道」。	❼降伏「衆魔」，度「五道」。	❼降伏「衆魔」，超越「五趣」。
❽淨「五眼」，受「五力」，立「五根」。	❽淨「五眼」，得「五力」，立「五根」。	❽淨「五眼」，得「五力」，立「五根」。	❽淨修「五眼」，安立「五根」，證獲「五力」。
	❾不惱於「彼」，離衆「雜惡」。	❾不惱於「彼」，離衆「雜惡」。	❾不惱於「彼」，離諸「惡法」。
❿度「彼岸」，化「異學」。	❿摧諸「外道」，超越「假名」。	❿摧諸「外道」，超越「假名」。	❿摧衆「外道」，超越「假名」。
⓫為「正導」，拯「淤泥」。	⓫出「淤泥」，無「繫著」。	⓫出「淤泥」，無「繫著」。	⓫出(染)欲(之)「淤泥」，無所「繫著」。
⓬為無「我」、無「彼受」。	⓬無「我所」，無「所受」。	⓬無「我所」，無「所受」。	⓬無所攝受，離「我、我所」。
⓭無起「隨順」。			⓭無有「諸取」，已斷「諸取」。
⓮絕諸「忿亂」。	⓮無「擾亂」。	⓮無「擾亂」。	⓮無有「擾亂」，已斷「擾亂」。

⑮降己「志」，護彼「意」。 ⑰滅「種姓」。 ⑯開「大學」。 為是故作沙門。〉	⑮內懷「喜」(了解自心)，護彼「意」。 ⑯隨「禪定」。 ⑰離「衆過」。 若能如是，是真出家。〉	⑮內懷「喜」(了解自心)，護彼「意」。 ⑯隨「禪定」。 ⑰離「衆過」。 若能如是，是真出家。〉	⑮善調「自心」，善護「他心」。 ⑯隨順「寂止」，勤修「勝觀」。 ⑰離一切惡。 ⑱修一切善。 若能如是名真出家。〉

《文殊師利問經・卷下》

爾時文殊師利白佛言：世尊！一切諸功德不與「出家」心等。何以故？「住家」無量過患故，「出家」無量功德故。

佛告文殊師利：如是！如是！如汝所說。一切諸功德，不與「出家」心等。何以故？

(1)「住家」無量過患故，「出家」無量功德故。

(2)住家者有障礙，出家者無障礙。

(3)住家者攝受諸垢，出家者離諸垢。

(4)住家者行諸惡，出家者離諸惡。

(5)住家者是塵垢處，出家者除塵垢處。

(6)住家者溺欲淤泥，出家者離欲淤泥。

(7)住家者隨愚人法，出家者遠愚人法。

(8)住家者不得正命，出家者得正命。

(9)住家者多怨家，出家者無怨家。

(10)住家者多苦，出家者少苦。

(11)住家者是憂悲惱處，出家者歡喜處。

(12)住家者是惡趣梯，出家者是解脫道。

(13)住家者是結縛處，出家者是解脫處。

(14)住家者有怖畏，出家者無怖畏。

(15)住家者有彈罰，出家者無彈罰。

(16)住家者是傷害處，出家者非傷害處。

(17)住家者有熱惱，出家者無熱惱。

(18)住家者有貪利苦，出家者無「貪利」苦。

(19)住家者是憒閙處，出家者是寂靜處。

(20)住家者是慳悋處，出家者非慳悋處。

(21)住家者是下賤處，出家者是高勝處。

(22)住家者為煩惱所燒，出家者滅煩惱火。
(23)住家者常為他，出家者常為自。
(24)住家者小心行，出家者大心行。
(25)住家者以苦為樂，出家者出離為樂。
(26)住家者增長棘刺，出家者能滅棘刺。
(27)住家者成就小法，出家者成就大法。
(28)住家者無法用，出家者有法用。
(29)住家者多悔恪，出家者無悔恪。
(30)住家者增長血淚乳，出家者無血淚乳。
(31)住家者三乘毀呰，出家者三乘稱嘆。
(32)住家者不知足，出家者常知足。
(33)住家者魔王愛念，出家者令魔恐怖。
(34)住家者多放逸，出家者無放逸。
(35)住家者是輕蔑處，出家者非輕蔑處。
(36)住家者為人僕使，出家者為僕使主。
(37)住家者是生死邊，出家者是涅槃邊。
(38)住家者是墜墮處，出家者無墜墮處。
(39)住家者是黑闇，出家者是光明。
(40)住家者縱諸根，出家者攝諸根。
(41)住家者長憍慢，出家者滅憍慢。
(42)住家者是低下處，出家者是清高處。
(43)住家者多事務，出家者無所作。
(44)住家者少果報，出家者多果報。
(45)住家者多諂曲，出家者心質直。
(46)住家者常有憂，出家者常懷喜。
(47)住家者如刺入身，出家者無有刺。
(48)住家者是疾病處，出家者無疾病。
(49)住家者是衰老法，出家者是少壯法。
(50)住家者為放逸死，出家者為慧命。
(51)住家者是欺誑法，出家者是真實法。
(52)住家者多所作，出家者少所作。
(53)住家者多飲毒，出家者飲醍醐。
(54)住家者多散亂，出家者無散亂。
(55)住家者是流轉處，出家者非流轉處。

(56)住家者如毒藥，出家者如甘露。
(57)住家者愛別離，出家者無別離。
(58)住家者多重癡，出家者深智慧。
(59)住家者樂塵穢法，出家者樂清淨法。
(60)住家者失內思惟，出家者得內思惟。
(61)住家者無歸依，出家者有歸依。
(62)住家者無尊勝，出家者有尊勝。
(63)住家者無定住處，出家者有定住處。
(64)住家者不能作依，出家者能作依。
(65)住家者多瞋恚，出家者多慈悲。
(66)住家者有重擔，出家者捨重擔。
(67)住家者無究竟事，出家者有究竟事。
(68)住家者有罪過，出家者無罪過。
(69)住家者有過患，出家者無過患。
(70)住家者有苦難，出家者無苦難。
(71)住家者流轉生死，出家者有齊限。
(72)住家者有穢污，出家者無穢污。
(73)住家者有慢，出家者無慢。
(74)住家者以財物為寶，出家者以功德為寶。
(75)住家者多災疫，出家者離災疫。
(76)住家者常有退，出家者常增長。
(77)住家者易可得，出家者難可得。
(78)住家者可作，出家者不可作。
(79)住家者隨流，出家者逆流。
(80)住家者是煩惱海，出家者是舟航。
(81)住家者是此岸，出家者是彼岸。
(82)住家者纏所縛，出家者離纏縛。
(83)住家者作怨家，出家者滅怨家。
(84)住家者國王所教誡，出家者佛法所教誡。
(85)住家者有犯罪，出家者無犯罪。
(86)住家者是苦生，出家者是樂生。
(87)住家者是淺，出家者是深。
(88)住家者伴易得，出家者伴難得。
(89)住家者婦為伴，出家者定為伴。

(90)住家者是罥網，出家者破罥網。
(91)住家者傷害為勝，出家者攝受為勝。
(92)住家者持魔王幢幡，出家者持佛幢幡。
(93)住家者是此住，出家者彼住。
(94)住家者增長煩惱，出家者出離煩惱。
(95)住家者如刺林，出家者出刺林。
文殊師利！若我毀訾住家，讚嘆出家，言滿虛空，說猶無盡。
文殊師利！此謂「住家」過患、「出家」功德。

《佛說華手經・卷第九》
即時如來而說偈言：
(1)雖不服「染衣」，(但)心無所「染著」，則於佛法中，是名真出家。
(2)雖不除「飾好」，能(已能)斷「諸結縛」，心(中)「無縛、無解」，是名真出家。
(3)雖不(刻意持)受「禁戒」，(但)心(已)常離「諸惡」，開「定、慧、德行」，是名真出家。
(4)(表面上看似)雖不受持「法」，(但)能壞「諸法」故，(已能)離一切「法相」，是名真出家。

【三～28】佛世難值、「無難」難逢、得人身難，故勸出家。若發「無上成佛」之大心，便是出家與受具足戒

三國吳・支謙譯《維摩詰經》	姚秦・鳩摩羅什譯《維摩詰所說經》	姚秦・鳩摩羅什譯《維摩詰所說大乘經》	唐・玄奘譯《說無垢稱經》
㊀當教是諸童子：	㊀於是維摩詰語諸長者子： 〈汝等於正法中，宜共「出家」。所以者何？	㊀於是維摩詰語諸長者子： 〈汝等於正法中，宜共「出家」。所以者何？	㊀時無垢稱告諸童子： 〈汝等今者於善說法「毘奈耶」(律藏)中，宜共「出家」。所以者何？
㊁〈此自然法，佛興難值！〉	㊁佛世難值！〉	㊁「無難」難逢，「人身」難得，佛世難值！〉	㊁佛出世難，離「無暇(八難處)」難，得「人身」難。具足「有暇(有閑暇可修行佛道處)」第一最難。〉
㊂諸童子言：(維摩詰)居士！我聞	㊂諸長者子言：(維摩詰)居士！我聞	㊂諸長者子言：(維摩詰)居士！我聞	㊂諸童子言：唯，(維摩詰)大居

佛不教人「違親」為道。 ㊃維摩詰言：〈然（而）！當觀清淨發「菩薩意」，已應行者，可得「去家」堅固之志〉。 ㊄即時「三十二」長者子。皆發「無上正真道意」。 ㊅故（羅睺羅）我不任詣彼問疾。	佛言，父母不聽，不得出家。 ㊃維摩詰言：〈然（而）！汝等便發「阿耨多羅三藐三菩提心」，是即「出家」，是即「具足」（據梵文原意指受「具足戒」）〉。 ㊄爾時「三十二」長者子，皆發「阿耨多羅三藐三菩提心」。 ㊅故（羅睺羅）我不任詣彼問疾。	佛言，父母不聽，不得出家。 ㊃維摩詰言：〈然（而）！汝等便發「阿耨多羅三藐三菩提心」，是即「出家」，是即「具足」（據梵文原意指受「具足戒」）〉。 ㊄爾時「三十二」長者子，皆發「阿耨多羅三藐三菩提心」。 ㊅故（羅睺羅）我不任詣彼問疾。	士！我聞佛說父母不聽，不得出家。 ㊃無垢稱言：〈汝等童子，但發「無上正等覺心」，勤修正行，是即「出家」，是即受「具」（受具足戒）成「苾芻性」。〉 ㊄時「三十二」離呫毒 (Licchavi) 童子，皆發「無上正等覺心」，誓修正行。 ㊅時我，默然，不能加辯。故（羅睺羅）我不任詣彼問疾。

《佛說海意菩薩所問淨印法門經・卷第十五》

大王當知！「出家菩薩得二十種廣大善利，是即圓滿彼一切智無上勝利。何等為二十？

一者：棄捨王之所有富貴受用，得無「我、我所」大利。

二者：樂出家已，而能出離煩惱大利。

三者：被服袈裟，得心無雜染大利。

四者：於其聖種生歡喜已，即能圓具長養大利。

五者：修行頭陀功德斷除多欲，得離染大利。

六者：戒蘊清淨已生天人中，得斯大利。

七者：不捨菩提心，得圓滿六波羅蜜多大利。

八者：居寂靜處，得離憒鬧大利。

九者：心無愛著，得思惟法樂大利。

十者：修習禪支，得心調暢大利。

十一者：勤求多聞，得大慧大利。

十二者：離諸慢故，得大智大利。

十三者：少求少事故，得決擇聖法大利。
十四者：於一切眾生心平等故，得大慈大利。
十五者：起解脫一切眾生心故，得大悲大利。
十六者：不惜身命故，得護持正法大利。
十七者：心輕安故，得神通大利。
十八者：常念佛故，得大利。
十九者：常所伺察深固法故，得無生法忍大利。
二十者：積集一切勝功德故，速成一切智大利。
大王！此如是等二十種法，是即出家功德勝利。諸出家菩薩不為難得。
是故大王！汝今宜應於最上法中淨信出家。

【三～29】佛遣「多聞第一」阿難前往問疾

三國吳・支謙譯《維摩詰經》	姚秦・鳩摩羅什譯《維摩詰所說經》	姚秦・鳩摩羅什譯《維摩詰所說大乘經》	唐・玄奘譯《說無垢稱經》
㊀佛告賢者阿難：汝行詣維摩詰問疾。	㊀佛告阿難：汝行詣維摩詰問疾。	㊀佛告阿難：汝行詣維摩詰問疾。	㊀爾時世尊告阿難陀：汝應往詣無垢稱所，問安其疾。
㊁阿難白佛言：我不堪任(不夠資格;不堪適任)詣彼問疾。所以者何？	㊁阿難白佛言：世尊！我不堪任(不夠資格;不堪適任)詣彼問疾。所以者何？	㊁阿難白佛言：世尊！我不堪任(不夠資格;不堪適任)詣彼問疾。所以者何？	㊁時阿難陀白言：世尊！我不堪任(不夠資格;不堪適任)詣彼問疾。所以者何？
㊂憶念昔時，世尊身「小中風」(風邪傷寒之疾)，當用牛湩(乳汁)。	㊂憶念昔時，世尊身「小有疾」(稍為有點兒小疾病)，當用牛乳。	㊂憶念昔時，世尊身「小有疾」(稍為有點兒小疾病)，當用牛乳。	㊂憶念我昔，於一時間，世尊身現「少有所疾」，當用牛乳。
㊃我時晨朝，入維耶離，至「大姓梵志」門下住。	㊃我即持鉢，詣「大婆羅門」家門下立。	㊃我即持鉢，詣「大婆羅門」家門下立。	㊃我於晨朝整理常服，執持衣鉢，詣廣嚴城(Vaiśālī)「婆羅門」家，佇立門下，從乞牛乳。

【三～30】如來身為法身，已過三界、諸漏已盡、為無為之身

三國吳・支謙譯《維摩詰經》	姚秦・鳩摩羅什譯《維摩詰所說經》	姚秦・鳩摩羅什譯《維摩詰所說大乘經》	唐・玄奘譯《說無垢稱經》
㊀時維摩詰來謂我言：	㊀時維摩詰來謂我言：	㊀時維摩詰來謂我言：	㊀時無垢稱來到彼所，稽首我足，而作是言：
〈賢者阿難！何為晨朝持鉢住此？〉	〈唯，阿難！何為晨朝持鉢住此？	〈唯，阿難！何為晨朝持鉢住此？	〈唯，阿難陀！何為晨朝持鉢在此？〉
㊁我言：居士！佛身「小中風」（風邪傷寒之疾），當用牛湩（乳汁）。故我來到此。	㊁我言：居士！世尊身「小有疾」（稍爲有點兒小疾病），當用牛乳，故來至此。	㊁我言：居士！世尊身「小有疾」（稍爲有點兒小疾病），當用牛乳，故來至此。	㊁我言：居士！為世尊身，少有所疾（稍爲有點兒小疾病）。當用牛乳，故來至此。
㊂維摩詰言：	㊂維摩詰言：	㊂維摩詰言：	㊂時無垢稱而謂我言：
〈止！止！唯，阿難！莫作是語！	〈止（快別這麼說）！止！阿難！莫作是語！	〈止（快別這麼說）！止！阿難！莫作是語！	〈止！止！尊者！莫作是語！勿謗世尊，無以「虛事」誹謗如來。所以者何？
㊃如來身者，金剛之數，眾惡已斷，諸善普會，當有何病？	㊃如來身者，金剛之體，諸惡已斷，眾善普會，當有何疾？當有何惱？	㊃如來身者，金剛之體，諸惡已斷，眾善普會，當有何疾？當有何惱？	㊃如來身者，金剛合成，一切惡法并習永斷，一切善法圓滿成就。當有何疾？當有何惱？
㊄默往，阿難！勿謗如來，慎莫復語。無使「大尊神妙」之天，得聞此也，他方佛國，諸	㊄默往（別再說了，快快離開）！阿難！勿謗如來，莫使「異人」聞此麤言，無令「大威德」諸天，	㊄默往（別再說了，快快離開）！阿難！勿謗如來，莫使「異人」聞此麤言，無令「大威德」諸天，	㊄唯，阿難陀，默還所止！莫使「異人」聞此麤言，無令「大威德」諸天，及餘佛土諸來

會菩薩且得聞焉。	及他方淨土諸來菩薩，得聞斯語。	及他方淨土諸來菩薩，得聞斯語。	菩薩，得聞斯語。
㊅且夫，阿難！轉輪聖王用「本德」故，尚得「自在」。豈況一切施德於人，而為如來「至真等正覺」無量福會，普勝者哉！	㊅阿難！轉輪聖王，以「少福」故，尚得「無病」。豈況如來無量福會，普勝者哉！	㊅阿難！轉輪聖王，以「少福」故，尚得「無病」。豈況如來無量福會，普勝者哉！	㊅唯，阿難陀，轉輪聖王成就「少分」所集善根，尚得「無病」。豈況如來無量善根福智圓滿；而當有疾？定無是處。
㊆行矣！阿難！勿為羞恥，莫使「外道、異學」聞此麁言。	㊆行矣(快快離開吧)！阿難！勿使我等受斯恥也。「外道梵志」(婆羅門外道的修行者)若聞此語，當作是念：	㊆行矣(快快離開吧)！阿難！勿使我等受斯恥也。**四種**「**外道**梵志」若聞此語，當作是念：	㊆唯，阿難陀，可速默往，勿使我等受斯鄙恥。若諸「外道婆羅門」(婆羅門外道的修行者)等，聞此麁言，當作是念：
㊇「何名我師？自疾不能救，安能救諸疾人所欲？」	㊇「何名為師？自疾不能救，而能救諸疾人？」	㊇「何名為師？自疾不能救，而能救諸疾人？」	㊇「何名為師？自身有疾，尚不能救。云何能救諸有疾乎？」
㊈疾行！莫復宣言。	㊈可密速去(快速偷偷離去)，勿使人聞。	㊈可密速去(快速偷偷離去)，勿使人聞。	㊈可密速去，勿使人聞。
㊉當知，阿難！ ❶如來「法身」，非「思欲」(邪思染欲之)身。 ❷佛為世尊，過諸「世間」。 ❸佛身「無漏」，諸漏已盡。 ❹❺佛身「無數」(無爲)，衆行已除。	㊉當知，阿難！ ❶諸如來身，即是「法身」，非「思欲」(邪思染欲之)身。 ❷佛為世尊，過於「三界」。 ❸佛身「無漏」，諸漏已盡。 ❹❺佛身「無為」，不墮諸數。	㊉當知，阿難！ ❶諸如來身，即是「法身」，**非依「食」身**，非「思欲」(邪思染欲之)身。 ❷佛為世尊，過於「三界」。 ❸佛身「無漏」，諸漏已盡。 ❹❺佛身「無為」，不墮諸數。	㊉又，阿難陀！ ❶如來身者即是「法身」，非「雜穢」身。 ❷是「出世」身，世法不染。 ❸是「無漏」身，離一切漏。 ❹是「無為」身，離諸有為。

			❺出過衆數，諸數永寂。
其病有以？〉	如此之身，當有何疾？當有何惱？〉	如此之身，當有何疾？〉	如此佛身，當有何疾？〉

《佛説乳光佛經》

(1)聞如是，一時佛遊維耶離(Vaiśālī)，梵志摩調，音樂樹下，與八百比丘眾千菩薩俱……時佛世尊，適「小中風」，當須「牛乳」……

(2)寂志瞿曇(Gautama 釋迦佛之本姓)！常自稱譽：我於天上天下最尊，悉度十方老病死。佛何因緣？自身復病也？五百梵志共說此已。

(3)爾時維摩詰來欲至佛所，道徑當過摩耶利梵志門前，因見阿難，即謂言：何為晨朝持鉢住此？欲何求索？

(4)阿難答曰：如來身「小中風」(風邪傷寒之疾)，當須牛乳。故使我來到是間。

(5)維摩詰則告阿難：莫作是語！如來至真等正覺身，若如金剛，眾惡悉已斷。但有諸善功德共會。當有何病？默然行！勿得効「外道」誹謗如來。復慎莫復語！無使諸天龍神得聞是聲……

(6)阿難！莫復使外道「異學梵志」，得聞是「不順」之言！何況世尊，身自有病，不能療愈？何能救諸老病死者？

(7)如來至真等正覺，是「法身」，非是「未脫」之身。佛為天上天下最尊，無有病。佛病已盡滅。

(8)如來身者，有無數功德，眾患已除。其病有因緣，不從爾也。

(9)阿難！勿為羞慚索乳。疾行！慎莫多言！

(10)阿難聞此，大自慚懼。聞空中有聲言：是阿難！如長者維摩詰所言，但為如來至真等正覺，出於世間，在於五濁弊惡之世故，以是緣「示現」，度脫一切十方「貪婬瞋恚愚癡之行」故。時往取乳。向者維摩詰雖有是語，莫得羞慚！

(11)阿難爾時，大自驚怪，謂為妄聽。即還，自思言：得無是「如來威神」感動所為也！

(12)於是五百梵志，聞空中聲所說如是，即無「狐疑心」，皆踊躍悉發「無上正真道意」。

《大方廣佛華嚴經・卷三十一》

(1)佛子！一切諸佛，具足成就「細密法身」。

(2)諸佛法身境界無量，一切世間所不能知，於三界中無所染污。隨因緣應一切普現，非實非虛，平等清淨。非去非來，無為無壞。清淨常住，一相無相。

(3)是法身相，非處非方，一切身身，自在無量。妙色無量，攝一切身。作種種身，

隨方便身。普照一切，具足智藏。而無種種分別，其身充滿無餘世界，說一切法界雖動非動。

(4)清淨法身，非有非無。非方便，非不方便。隨眾生所應，悉能示現。非滅非不滅，亦非不現，而化眾生。

【三～31】如來欲度貧窮苦惱惡行諸眾生，故「示現」身有小疾

三國吳・支謙譯《維摩詰經》	姚秦・鳩摩羅什譯《維摩詰所說經》	姚秦・鳩摩羅什譯《維摩詰所說大乘經》	唐・玄奘譯《說無垢稱經》
㊀時我，世尊！大自慚懼，得無近佛而過(過失錯誤)聽？即聞空中聲曰：	㊀時我，世尊！實懷慚愧，得無(豈不;莫非)近佛(最接近佛)而謬聽(誤聽佛理)耶？即聞空中聲曰：	㊀時我，世尊！實懷慚愧，得無(豈不;莫非)近佛(最接近佛)而謬聽(誤聽佛理)耶？即聞空中聲曰：	㊀時我，世尊！聞是語已，實懷慚愧，得無近佛而謬聽耶？即聞空中聲曰：
㊁是阿難！如(維摩詰)居士之所言：但為佛興於五濁之世故，以是像(指佛示現小疾病之法)「開解」一切「貪貧之行」。	㊁阿難！如(維摩詰)居士言：但為佛出五濁惡世，「現行」斯法(指佛示現小疾病之法)，度脫衆生。	㊁阿難！如(維摩詰)居士言：但為佛出五濁惡世，「現行」斯法(指佛示現小疾病之法)，度脫衆生。	㊁汝阿難陀！如(維摩詰)居士言：世尊真身，實無諸疾。但以如來出五濁世，為欲化導「貧窮苦惱惡行」有情；「示現」斯事(指小疾病)。
㊂便行！阿難！取湩(乳汁)莫慚。	㊂行矣(去取乳吧)！阿難！取乳勿慚。	㊂行矣(去取乳吧)！阿難！取乳勿慚。	㊂行矣！阿難陀！取乳勿慚。
㊃故(阿難)我不任詣彼問疾。	㊃世尊！維摩詰智慧辯才，為若此也。是故(阿難我)不任詣彼問疾。	㊃世尊！維摩詰智慧辯才，為若此也。是故(阿難我)不任詣彼問疾。	㊃時我，世尊！聞彼大士辯說如是，不知所云，默無酬對。故(阿難)我不任詣彼問疾。
㊄㊅如是上首五百「弟子」(聲聞)，皆	㊄㊅如是五百「大弟子」(大聲聞)，	㊄㊅如是五百「大弟子」(大聲聞)，	㊄如是世尊！一一別告(個別告訴)五

說本所作，一切向佛稱述維摩詰之美言。	各各向佛說其本緣，稱述維摩詰所言，皆曰：(我等五百大聲聞弟子皆)不任詣彼問疾！	各各向佛說其本緣，稱述維摩詰所言，皆曰：(我等五百大聲聞弟子皆)不任詣彼問疾！	百「聲聞」諸大弟子，汝應往詣無垢稱所，問安其疾。 ㊫是諸「聲聞」，各各向佛說其本緣，讚述大士無垢稱言，皆曰：(我等五百大聲聞弟子皆)不任詣彼問疾！

《大寶積經・卷第二十八》

(1)善男子！云何菩薩摩訶薩善解「如來祕密」之教？

(2)善男子！菩薩摩訶薩於諸經中所有「隱覆」甚深密義，於彼說中「如實善知」。

(3)善男子！何等是為「如來密教」？……

(4)如言阿難：我患「背痛」。此不應爾。

(5)語諸比丘「我今老弊」，汝可為我推覓「侍者」。此不應爾。

(6)語目連言：汝可往問耆婆醫王，我所有患，當服何「藥」。此不應爾……

(7)佉㖿陀羅刺刺「如來足」，此不應爾……

(8)善男子！如來昔日入舍衛城，於奢犁耶婆羅門村，周遍乞食，「空鉢」而出。此不應爾……

(9)如來昔在毘蘭多國，受毘蘭若婆羅門請，三月安居而「食麥」者。此不應爾……

(10)爾時淨無垢寶月王光菩薩摩訶薩言：世尊！如來何故，昔告阿難：我患「背痛」？

(11)佛言：善男子！我觀後世「憐愍」眾生作如是說，言「我背痛」，令諸病者，作如是知：佛「金剛身」，尚有「背痛」。何況我等及其餘者？以是事故，我說此言。

(12)而諸「愚人」如實取之，謂佛「有病、有背痛」等，則便自壞，亦令他壞。

《維摩詰所說經・卷二》

菩薩為眾生故入生死，有生死則有病；若眾生得離病者，則菩薩無復病。

清・智操說《寒松操禪師語錄・卷十八》

病僧

淨埽維摩丈室幽，閒觀榻外物無留，棲身幻示三分病，

對客常將一默酬，藥煮清泉香乍爇，柴添活火燄初收，
安心自得安閒法，何必耆婆向世求？

修行人，帶著三分病來修行。才是正確的！

隨時體悟「**色身無常、諸法無我**」---就是佛的教誨~

「**菩薩為眾生故入生死，有生死則有病**」
佛菩薩依著「願力」而「入生死」去救護眾生，有時必須也要「示現」與眾生「共同的業力」，如此眾生才能感受到「佛菩薩」的存在，所以即便是「乘願再來」的佛菩薩，也會有與「凡夫」相同的「生老病死」現象。

如果一切眾生都能悟道解脫，同證如來清淨法身，此時的佛菩薩當然也會回歸《楞嚴經》上說的「**于其自住三摩地中，見與見緣，并所想相，如虛空花，本無所有**」。佛菩薩也就沒有所謂「病痛、生滅」的現象了。因為「**若眾生得離病者，則菩薩無復病**」。

但話說回來，從小乘經典上來說，佛陀有諸多「病痛」是千真萬確的。但也因為這樣，所以我們眾生一定能成佛，也就是佛陀跟我們凡夫一樣，經歷生老病死，結婚小孩、病痛，最終一定可以成佛。

如果佛陀的人生，永遠是「示現、神化、神通」。沒有生老病死，結婚小孩、病痛，然後他就成佛了，你對「往生」或「成佛」還會有「信心」嗎？

但到了大乘經典，對佛菩薩的「病痛」，在解釋上就不同了，就會說佛菩薩的生老病死都是「示現」的，有特殊「因緣」的。佛已成佛，不可能會有這些問題的，請大家勿造口業、毀謗如來，因為如來已成就「金剛不壞身」。

但如來在成佛之後，還是有「示現」病痛的，這是在「說法」給眾生的，在度化眾生用的，主要是讓眾生能從「自己的病痛」中獲得「安穩」及「無怨無悔」。因為當眾生看到佛陀跟自己一樣也有「病痛」，就不會有「怨悔」了，同時也能對「自己也能成佛」生起更多的信心！

《大寶積經・卷第二十八》

(1)我觀後世「憐愍」眾生作如是說，言「我背痛」，令諸病者，作如是知：佛「金剛身」，尚有「背痛」。何況我等及其餘者？以是事故，我說此言。
(2)而諸「愚人」如實取之，謂佛「有病、有背痛」等，則便自壞，亦令他壞。

《長阿含經・卷四》
是身如泡沫，危脆誰當樂？佛得「金剛」身，猶為「無常」壞。
諸佛金剛體，皆亦歸「無常」；速滅如少雪，其餘復何冀？

《般泥洹經・卷二》
生者要死，形骸ℱ歸土，所有萬物，一切「無常」。

從眾多的經典來看，釋迦牟尼佛的確常有「背痛」毛病，其次是「頭痛」與「腹痛」，所以我們的身體也一樣逃不掉「無常」的束縛。佛如果永遠都不「示現」生病的話，那眾生又如何「廣種福田」呢？

《長阿含經・卷二》
如來即起，著衣持鉢，詣一樹下，告阿難：敷座，吾患「背痛」，欲於此止。
對曰：唯然。尋即敷座。

《長阿含經・卷三》
中路止一樹下，告阿難言：吾患「背痛」，汝可敷座。對曰：唯然！尋即敷座，世尊止息。

《佛說大方廣善巧方便經・卷四》
如來一時謂迦葉言：我患「背痛」，汝可為我說「七覺支法」。

《長阿含經・卷八》
世尊於夜，多說法已，告舍利弗言：今者四方諸比丘集，皆共精勤，捐除「睡眠」，吾患「背痛」，欲暫止息，汝今可為諸比丘說法。
對曰：唯然！當如聖教。

《中阿含經・卷二十二》
彼時世尊告曰：舍梨子！汝為諸比丘「說法」如法，我患「背痛」，今欲「小息」。
尊者舍梨子即受佛教：唯然！世尊！

《增壹阿含經・卷十八》

云何？舍利弗！堪任與諸比丘說「妙法」乎？我今「脊痛」，欲小「止息」。
舍利弗對曰：如是。世尊！

《雜阿含經・卷四十四》

爾時，世尊患「背痛」，告尊者優波摩(即優波摩那尊者)：汝舉「衣鉢」已，往至天，作婆羅門舍。

《出曜經・卷二》

佛說此已，告目連曰：吾患「脊痛」，還詣靜室，汝今專意與梵志論，兼與來會永除狐疑。
對曰：如是！世尊！

《長阿含經・卷二》

(1)於後「夏安居」中，佛身「疾」生，舉體「皆痛」，佛自念言：我今疾生，舉身痛甚，而諸弟子，悉皆「不在」，若取「涅槃」，則非我宜。今當「精勤」自力，以留「壽命」。
(2)爾時，世尊於靜室出，坐清涼處。阿難見已，速疾往詣，而白佛言：今觀尊顏，疾如有損。

《相應部經典・卷四十六》

爾時，世尊住王舍城之竹林迦蘭陀迦園。其時，世尊為患「重疾病」而困苦。

《長部經典・卷十六》

(1)世尊於此入「雨安居」時，忽患激痛之「痢病」，幾乎近於絕命。時，世尊注心「正念、正知」，忍受而無訴苦之言。
(2)爾時，世尊如是思惟：若我不告弟子，不教示諸比丘而入滅者，與我不相應。我今依堅強之「精進」，忍耐此病，以留住彼「壽命」。
(3)爾時，世尊依堅強精進，「忍耐」此病，以留彼壽命，於是世尊「病癒」。

《相應部經典・卷四十七》

時世尊入「雨安居」後，忽起「重病」，轉為將「致死」之「劇痛」。於此，世尊住於「正念、正知」而不沮喪。

《自說經》　--病從口入，為萬病之源啊--

(1)世尊……食鐵匠子淳陀(Cunda，又作准陀、淳陀、周那，為佛在世時中印度的一位鐵匠，他是最後供養佛陀食物的人。這個食物有說是「木耳」類的一種菌類，似乎有毒。近世西洋學者根據巴利文《大般涅槃經》之記載，謂純陀所供養佛陀者乃為「豬肉」)之供養，世尊引起「激病」，「血痢」而起近死，強痛之程度，於此，世尊「正念、正智」，「忍耐」而無苦……

(2)世尊如是言阿難：阿難！為我持水來，我甚渴。阿難！我欲飲水……

(3)尊者阿難近之，則水流「清澄」而無濁。尊者阿難云：實不可思議，實為未曾有。

(4)如來有大神力，有大威力。此河為「車輪」所斷，水淺「混亂」，續有「濁流」，然我接近，則水流「清澄」無濁。

(5)以「鉢」持水，近世尊……請如來飲水！請善逝飲水！於是世尊飲水。

《長部經典(第 15 卷-第 23 卷)》卷 16

(1)爾時，世尊食鐵匠子准陀之供食時，患重症之「痢疾」，痢血痛極，幾近於死。其時，世尊攝「正念、正智」，忍耐而令苦痛消除……

(2)世尊告尊者阿難曰：然，阿難！我甚渴，阿難！我想飲水，汝去取「水」與我！

《十誦律・卷三十九》

(1)佛初成「阿耨多羅三藐三菩提」時，「估客」(商人)施酥「乳糜」，佛食已，腹「內風」發。

(2)時「釋提桓因」見佛患「風」(腹脹病)……取好「訶梨勒」(印度產之果樹)，來奉上佛，作是言：……願佛「受食」，可除「風病」……

(3)佛即服此「訶梨勒」，「風病」即除。

《太子瑞應本起經・卷二》

(1)「賈人」(商人)聞佛名，皆喜……即和「麨蜜」(炒熟的「米粉」，或「麥粉」和以「蜜糖」類的食品)，俱詣樹下，稽首上佛……佛受「麨蜜」……

(2)時「麨蜜」冷(已經冷掉，沒有重新加熱)，佛腹「內風」(腹脹病。有時會伴隨「腹痛、嘔吐、噯氣、便秘、腹瀉、發熱、肛門排氣增加」)起。

(3)帝釋(Śakra-Devānām-indra 天帝釋、帝釋天、天主、因陀羅、即俗謂「玉皇大帝」)即知，應時到閻浮提界上，取藥果，名「呵梨勒」，來白佛言：是果「香美」可服，最除「內風」。

(4)佛便食之，「風」即除去。

《佛說興起行經》

(1)佛語舍利弗：汝知我云何「頭痛」？舍利弗！我初得頭痛時，語阿難曰：以「四升」

鉢，盛滿「冷水」來。

(2)阿難如教，持來，以指抆ㄨㄣˋ額上，汗渧ㄉㄧˋ水中，水即尋消滅。猶如終日炊空大釜，投一渧ㄉㄧˋ水，水即燋燃。「頭痛」之熱，其狀如是。

《大寶積經・卷一百〇八》

(1)善男子！如來於諸「苦本」，已到其邊(已達到圓滿之邊際)。如來知是「眾生心」所念故，坐舍耶樹下「自言頭痛」。

(2)善男子！吾於爾時尋向阿難說我「頭痛」，時有「斷見」三千天子，復有無量「好殺生」者，皆共集會。為彼「斷見」天子及「好殺」者，「示現業障」故作是言。

(3)吾以眼見「他殺生」，心隨喜故，今得頭痛。說是法已，七千人天皆得調伏，是名「如來方便」。

菩薩品第四

【四～1】佛遣彌勒菩薩前往問疾

三國吳・支謙譯《維摩詰經》	姚秦・鳩摩羅什譯《維摩詰所說經》	姚秦・鳩摩羅什譯《維摩詰所說大乘經》	唐・玄奘譯《說無垢稱經》
【菩薩品第四】	【菩薩品第四】	【菩薩品第四】	【菩薩品第四】
㊀於是佛告彌勒菩薩：汝行詣維摩詰問疾。	㊀於是佛告彌勒菩薩：汝行詣維摩詰問疾。	㊀於是佛告彌勒菩薩：汝行詣維摩詰問疾。	㊀爾時世尊告慈氏菩薩摩訶薩言：汝應往詣無垢稱所，問安其疾。
㊁彌勒白佛言：我不堪任(不夠資格；不堪適任)詣彼問疾。所以者何？	㊁彌勒白佛言：世尊！我不堪任(不夠資格；不堪適任)詣彼問疾。所以者何？	㊁彌勒白佛言：世尊！我不堪任(不夠資格；不堪適任)詣彼問疾。所以者何？	㊁慈氏菩薩白言：世尊！我不堪任(不夠資格；不堪適任)詣彼問疾。所以者何？
㊂憶念我昔，(曾)於「兜術天」(tuṣita)上，為諸天人講法語，說菩薩大人「不退轉地」之行。	㊂憶念我昔，(曾)為「兜率天王」(tuṣita)及其眷屬，說「不退轉地」之行。	㊂憶念我昔，(曾)為「兜率天王」(tuṣita)及其眷屬，說「不退轉地」之行。	㊂憶念我昔，(曾)於一時間，為「覩史多天王」(tuṣita 兜率天王)及其眷屬，說諸菩薩摩訶薩等「不退轉地」所有法要。

【四～2】授記非過去、現在、未來。在無生無滅中，並無真實之授記

三國吳・支謙譯《維摩詰經》	姚秦・鳩摩羅什譯《維摩詰所說經》	姚秦・鳩摩羅什譯《維摩詰所說大乘經》	唐・玄奘譯《說無垢稱經》
㊀時維摩詰來謂我言：	㊀時維摩詰來謂我言：	㊀時維摩詰來謂我言：	㊀時無垢稱來到彼所，稽首我足，而作是言：

〈卿彌勒！在「一生補處」，世尊所莂(授記)「無上正真道」者。為用何「生」得？	〈彌勒！世尊授「仁者」記(授記)，一生(一生補處)當得「阿耨多羅三藐三菩提」。為用何「生」？得「授記」乎？	〈彌勒！世尊授「仁者」記(授記)，一生(一生補處)當得「阿耨多羅三藐三菩提」。為用何「生」？得「授記」乎？	〈尊者慈氏！唯佛世尊授「仁者」記(授記)，「一生所繫」(一生補處)當得「無上正等菩提」。為用何「生」？得「授記」乎？
(貳)彌勒！決用過去耶？當來耶？現在耶？	(貳)過去耶？未來耶？現在耶？	(貳)過去耶？未來耶？現在耶？	(貳)過去耶？未來耶？現在耶？
過去者，生盡。 未來，無對。 現在，無住。	若過去生，過去生已滅。 若未來生，未來生未至。 若現在生，現在生無住。	若過去生，過去生已滅。 若未來生，未來生未至。 若現在生，現在生無住。	若過去生，過去生已滅。 若未來生，未來生未至。 若現在生，現在生無住。
(參)(肆)如佛說：冥生比丘！曰：是生、是老、是病、是死、是終、是始，及「未生」與「當生」，此兩者非「無生」耶？ 由是論之，不從「無生」得最「正覺」。然則何用記？	(參)如佛所說：比丘！汝今即時，亦生、亦老、亦滅。	(參)如佛所說：比丘！汝今即時，亦生、亦老、**亦變、亦滅、亦遊**。	(參)如世尊說：汝等苾芻，剎那剎那具「生老死」，即沒即生。
	(肆)若以「無生」得授記者，「無生」即是「正位」(涅槃；聖道)。於「正位」中，亦無「受記」，亦無得「阿耨多羅三藐三菩提」。	(肆)若以「無生」得授記者，「無生」即是「正位」(涅槃；聖道)。於「正位」中，亦無「受記」，亦無得「阿耨多羅三藐三菩提」。	(肆)若以「無生」得授記者，「無生」即是所入「正性」(涅槃；聖道)。於此「無生」所入性中，無有「授記」，亦無證得「正等菩提」。
(伍)彌勒！	(伍)云何彌勒受一生記乎？	(伍)云何彌勒受一生記乎？	(伍)云何慈氏得授記耶？
決從「如」"起"耶？	為從「如」"生"得受記耶？	為從「如」"生"得受記耶？	為依「如」"生"得授記耶？
從「如」"滅"耶？	為從「如」"滅"得受記耶？	為從「如」"滅"得受記耶？	為依「如」"滅"得授記耶？

	㉖若以「如」"生"得受記者，「如」(乃)無有「生」。 ㉗若以「如」"滅"得受記者，「如」(乃)無有「滅」。	㉖若以「如」"生"得受記者，「如」(乃)無有「生」。 ㉗若以「如」"滅"得受記者，「如」(乃)無有「滅」。	㉖若依「如」"生"得授記者，「如」(乃)無有「生」。 ㉗若依「如」"滅"得授記者，「如」(乃)無有「滅」。
㉘夫「如」者，不起、不滅。			㉘(故於)「無生、無滅」真如理中，無有(眞實之)「授記」。

《大方等陀羅尼經・初分餘・卷二》

(1)舍利弗問文殊師利言：若一切法「性空」者，如來以何法「授」我等阿耨多羅三藐三菩提記耶？

(2)文殊師利答舍利弗言：如來以「如如性」授汝等記。

(3)舍利弗言：如文殊師利所說中，無有「如性」，汝今語我：如來以「如如性」授汝等記。

(4)文殊師利答舍利弗言：如來授記，「不即」是「如」，「不離」是「如」。

(5)舍利弗言：如上所記，無有「形相」，而今此法有「形相」無？

(6)文殊師利言：不「有」、不「無」、不離「一」、不離「二」、不離「色」、不即「色」。

(7)舍利弗言：且置此事。我近問汝：文殊師利！如來三十二相有「形相」無？

(8)文殊師利言：「不即」形相、「不離」形相，是三十二相。

(9)舍利弗言：如來授我等三菩提記，寧「虛妄」乎？

(10)文殊師利言：「不即」是虛妄，「不離」是虛妄。

(11)舍利弗言：當云何求？

(12)文殊師利言：「如如性」中求。

(13)舍利弗言：此「如如性」當於何求？

(14)文殊師利言：於如來「真諦」中求。

(15)舍利弗言：如來「真諦」當於何求。

(16)文殊師利言：於「如如性」中求。

(17)舍利弗言：「即」是如乎？「不即」如乎？

(18)文殊師利言：「不即不離」，即是「如性」。

(19)舍利弗言：「即」是如乎，「不即」如乎？

(20)文殊師利言：「即」亦是如，「不即」亦如。「不即不離」，是名「如性」。

(21)爾時舍利弗不識是何言，不知以何答。默然而還，去詣本坐處。
(22)爾時佛告文殊師利法王子言：善哉！善哉！佛子！快說是語如「授記法」，夫「授記者」，應如是「觀」是法性，名為「授記」。

➔授記者，即非授記，是名授記也。

《大方等陀羅尼經・初分餘・卷二》云：

(1)爾時舍利弗問文殊師利法王子言：世尊弘慈無量，「授」我等聲聞大弟子「記」已，不久當得「阿耨多羅三藐三菩提」，成「一切智」……
(2)文殊師利！於汝意云何？我等當得「阿耨多羅三藐三菩提」不？
(3)文殊師利語舍利弗：於汝意云何？猶如枯樹更生枝不？猶如山水還本處不？猶如石片更還合不？如燋ㄐㄧㄠ 穀種更生芽不？如沸蘇中可種子不？如是諸事為可得不？
(4)舍利弗言：不也！文殊師利！如上諸事實不可得。
(5)文殊師利言：若不可得者，汝云何問我「當得阿耨多羅三藐三菩提記」，心生歡喜？
(6)是「授受記法」，無有形、形相，無有言語，無有去來，無有喜悅，無「有得相」，乃「無言語」，無有「妄想」分別諸法，於「授記法」應作如是相，可得「如性」。
(7)夫「授記法」，如虛空「無色」，亦如虛空「無形」，如浮雲「無實」，如風「無體」。如空以聞聲，不見其形。如水聚沫，無有實處。如野馬焰，乾闥婆城。
(8)當知如是諸法「無有實處」。
(9)夫菩薩摩訶薩「授記法」，應如是「觀諸法相」。
(10)若能如是觀者，乃名受「阿耨多羅三藐三菩提」記。

《勝天王般若波羅蜜經・卷五・無所得品第八》

(1)爾時，眾中有一菩薩摩訶薩，名須真胝ㄓ 白言：如來為大王「授記」乎？
(2)勝天王答善思惟菩薩言：善男子！我授記如「夢相」。
(3)又問：大王！如此「授記」當得何法？
(4)答曰：善男子！佛授我記，竟「無所得」。
(5)又問：「無所得」者為是何法？
(6)答曰：不得「眾生、壽者、人、養育」，「陰、界、入」，悉無所得。
若善、不善，若染、若淨，若有漏、若無漏，若世間、若出世間，若有為、若無為，若生死、若涅槃，悉無所得。
(7)又問：若「無所得」，用「授記」為？
(8)答曰：善男子！「無所得」故，則得「授記」。

【四～3】眾生、諸法、聖賢、彌勒皆「如」也，眾生本具

涅槃相

三國吳・支謙譯《維摩詰經》	姚秦・鳩摩羅什譯《維摩詰所說經》	姚秦・鳩摩羅什譯《維摩詰所說大乘經》	唐・玄奘譯《說無垢稱經》
①一切人皆「如」也。 ②一切法亦「如」也。 ③衆聖賢亦「如」也。 ④至於彌勒亦「如」也。	①一切衆生皆「如」也。 ②一切法亦「如」也。 ③衆聖賢亦「如」也。 ④至於彌勒亦「如」也。	①一切衆生皆「如」也。 ②一切法亦「如」也。 ③衆聖賢亦「如」也。 ④至於彌勒亦「如」也。	①一切有情皆「如」也。 ②一切法亦「如」也。 ③一切聖賢亦「如」也。 ④至於慈氏亦「如」也。
㊀所記莂(授記)「無上正真道」者，則一切人為得決矣！所以者何？ ㊁「如」者，不稱為「己」，亦無「他」稱說。	㊀若彌勒得「受記」者，一切衆生亦應受記。所以者何？ ㊁夫「如」者，不二、不異。	㊀若彌勒得「受記」者，一切衆生亦應受記。所以者何？ ㊁夫「如」者，不二、不異。	㊀若尊者慈氏得「授記」者，一切有情亦應如是而得授記。所以者何？ ㊁夫「真如」者，非「二」所顯，亦非種種「異性」所顯。
㊂如彌勒成「最正覺」者，一切人民亦當從「覺」。所以者何？	㊂若彌勒得「阿耨多羅三藐三菩提」者，一切衆生皆亦應得。所以者何？	㊂若彌勒得「阿耨多羅三藐三菩提」者，一切衆生皆亦應得。所以者何？	㊂若尊者慈氏當證「無上正等菩提」，一切有情亦應如是，當有所證。所以者何？
㊃一切人民當從「覺道」故，如彌勒「滅度」者，一切人民亦當「滅度」。所以者何？	㊃一切衆生即「菩提相」。若彌勒得滅度者，一切衆生亦應滅度。所以者何？	㊃一切衆生即「菩提相」。若彌勒得滅度者，一切衆生亦當滅度。所以者何？	㊃夫「菩提」者，一切有情等所隨覺。若尊者慈氏當「般涅槃」，一切有情亦應如是當有「涅槃」。所以者何？ ㊄非一切有情不「般涅槃」(若一切有情

㊣如來者不捨「衆人」;獨「滅度」也,必當「滅度」諸凡夫故。	㊣諸佛知一切衆生「畢竟寂滅」,即「涅槃相」,不復更滅。	㊣**諸佛本來「寂滅」,不復更滅。為度一切眾生故,**(而乃示)**現「涅槃相」。**	不般涅槃,則諸如來便不般涅槃)。佛說「真如」為「般涅槃」。 ㊣以佛觀見一切有情,本性「寂靜」,即「涅槃相」,故說「真如」為「般涅槃」。

《摩訶般若波羅蜜經・卷二十七》

(1)**爾時曇無竭菩薩**(Dharmodgata 又作法喜菩薩、法基菩薩、寶基菩薩、法尚菩薩、法勇菩薩)**摩訶薩語薩陀波崙菩薩**(Sadāprarudita 又作普慈菩薩、常悲菩薩)**言:**

(2)**善男子!**諸佛無所從來,無所從來去,亦無所至。**何以故?**

(3)諸法「如」不動相,諸法「如」即是佛。

(4)**善男子!「無生法」,無來、無去。**「無生法」即是佛。

(5)**「無滅法」,無來、無去。**「無滅法」即是佛。

(6)**「實際法」,無來、無去。**「實際法」即是佛。

(7)**「空」,無來、無去。**「空」即是佛。

(8)**善男子!「無染」,無來、無去。**「無染」即是佛。

(9)**「寂滅」,無來、無去。**「寂滅」即是佛。

(10)**「虛空性」,無來、無去。**「虛空性」即是佛。

(11)**善男子!離是諸法,更無佛。**諸佛「如」,諸法「如」,一「如」無分別。

(12)**善男子!是「如」**常一,**無二、無三。出諸數法,無所有故。**

《佛說內藏百寶經》

(1)佛亦「無所從來」,去亦「無所至」。

(2)住「如」,**本無。隨世間習俗而「入」。**

(3)呼佛為「出、入」,「示現」如是。

《大方等大集經・卷十三》

(1)「如來」者能隨於「如」,隨於「如」者,即隨「眾生」。

(2)隨眾生者,即是隨順「一切諸法」。

(3)隨一切法,即是「不出、不滅、不住」。

(4)**若法**「不出、不滅、不住」,**即是**「無為」。

(5)是故說言「無為」之法有三種相，所謂「無出、無滅、無住」。以是義故名為「無為」。

《勝天王般若波羅蜜經・卷三》

(1)大王！所言「如」者，名為「不異、無變、不生、無諍、真實」。
(2)以「無諍」故，說名「如如」。

《大方廣佛華嚴經・卷五十五》

(1)菩薩了知一切諸法，三世平等，「如如」不動，「實際、無住」。
(2)不見有一眾生「已受化、今受化、當受化」。

《無所有菩薩經・卷二》

(1)諸善男子！一切諸法，猶如幻化。無有真實，分別所作。
(2)諸法實體，「如如」不動，無有顛倒。

《放光般若經・卷十二》

(1)諸天子報須菩提言：佛從「如」生，無去無來。
(2)須菩提「如」亦不來，亦不去……
(3)佛之「如」者，則為一切「諸法」之「如」……
(4)佛之「如」，「無作、無為」，亦「無所有」。
(5)須菩提「如」，亦復如是，如佛之「如」，無所罣礙。
(6)諸法之「如」，亦「無所礙」。

《佛說佛母出生三法藏般若波羅蜜多經・卷十七》

(1)爾時尊者須菩提白佛言：世尊！「阿耨多羅三藐三菩提」者是何義？
(2)佛言：須菩提！「阿耨多羅三藐三菩提」者，即「如如」義。
(3)「如如」者，「無所增、無所減」。
(4)菩薩摩訶薩於是法中「應如實住」，「如理作意」修習相應，是菩薩即近「阿耨多羅三藐三菩提」，即成就「阿耨多羅三藐三菩提」無所增減。

《佛說幻士仁賢經》

(1)「如」者，「無壞」。
(2)「如」者，「無動」。
(3)「如」者，「無想念」。
(4)「如」者，「無所起」。

(5)「如」者，「無行」。
(6)「如」者，「無二」。
(7)「如來」本無，亦復如是。

《大方等大集經．卷十七》
(1)若見「因緣」則見「法」。
(2)若見「法」者，則「見如來」。
(3)若「見如來」者，則見「如」。
(4)若見「如」者，則不滯於「斷」，亦不執於「常」。
(5)若「不常、不斷」者，即「無生、無滅」。

《大威德陀羅尼經．卷十三》
(1)何者「如如」？「如如」者，無有「變異」，猶如「虛空」。
(2)無有「說處」，無「詐諂」者。
(3)無「言語」者，無有「濁」者，無「攀緣」者，無有「縛」者。
(4)如來之體，狀如「虛空」，不可以「名字說」。何以故？
(5)如「前」如來，「未來」亦然，「現在」亦然。
(6)如來體性，今如是說，其如來者「三世平等」，以是義故，名為「如來」。
(7)亦「無去處」，故名「如來」。
(8)復「無處可來」，故名「如來」為「如來」也。

【四～4】菩提者，無發亦無退，非以心得，非以身得。捨分別菩提之見

三國吳．支謙譯《維摩詰經》	姚秦．鳩摩羅什譯《維摩詰所說經》	姚秦．鳩摩羅什譯《維摩詰所說大乘經》	唐．玄奘譯《說無垢稱經》
㊀卿彌勒！與天人談莫為「非時」。	㊀是故，彌勒！無以此法「誘」諸天子。	㊀是故，彌勒！無以此法「誤誘」諸天子。	㊀是故，慈氏！勿以此法「誘」諸天子。勿以此法「滯」諸天子。
㊁佛者，無「往」，亦無「還返」。	㊁實無「發」阿耨多羅三藐三菩提心者，亦無「退者」。	㊁實無「發」阿耨多羅三藐三菩提心者，亦無「退者」。	㊁夫菩提者，無有「趣求」，亦無「退轉」。
㊂若彌勒！此諸	㊂彌勒！當令此	㊂彌勒！當令此	㊂尊者慈氏！當

天人念「欲見道」，則為「穿行道」。 ㊃不從「身」，不從「正覺」，亦不從「意」也。	諸天子，捨於「分別菩提」之見。所以者何？ ㊃菩提者，不可以「身」得，不可以「心」得。	諸天子，捨於「**執著分別**菩提」之見。所以者何？ ㊃菩提者，不可以「身」得，不可以「心」得。	令此諸天子捨於「分別菩提」之見。所以者何？ ㊃夫菩提者，非「身」能證，非「心」能證。

《佛說莊嚴菩提心經》一卷

(1)「菩提心」者，非「有」、非「造」，離於「文字」。

(2)「菩提」即是「心」，「心」即是「眾生」，若能如是解，是名「菩薩修菩提心」。

《外道問聖大乘法無我義經》

(1)智者於一切時……恒觀「菩提之心」，靈明廓澈，「無自性」，無罣礙，亦「無所住」，一切皆空，亦復遠離一切「戲論」。

(2)外道！「菩提心相」，不硬不軟，不熱不冷，無觸無執。

(3)又「菩提心相」，非長非短，不圓不方，不肥不瘦。

(4)又「菩提心相」，不白不黑，不赤不黃，非色非相。

(5)彼「菩提心」，不作相，非顯耀，無性，無纏縛，由如虛空而無色故。「菩提心相」而「離觀察」。

(6)外道！而汝不知「菩提心相」與「般若」波羅蜜多而相應故。

(7)又「菩提心相」，自性清淨，無物無喻，不可覩視，是最上句。

(8)又「菩提心相」，非諸物像，無相似者。如水成漚，雖覩非有，如幻化，如陽焰。喻如泥團作諸坯器。眾名雖具，咸成戲論。

(9)貪瞋癡等亦幻化有，「一味空」故，如電之住，刹那不見。

(10)觀彼「般若」波羅蜜多及作「諸善」，亦復如是。

(11)至於談笑嬉戲，歌舞歡樂，飲食愛欲，一切如夢。有情諸行，畢竟體空，心喻空……

行「般若」行，恒若此觀，了一切性，自然解脫，得最上句。

(12)諸佛所說「無上菩提」由斯生出，當作是觀。

(13)作此觀者得「最上涅槃」，乃至往昔造作諸過，咸悉「除滅」，生無量「德」。而於此生「不染諸過」，專精觀行，決定成就。

《如來莊嚴智慧光明入一切佛境界經・卷下》

(1)文殊師利！菩提「無身、無為」，何者是「無身」？何者是「無為」？

(2)文殊師利！「無身」者，所謂「非眼識」知，非「耳鼻舌身意識」知。
(3)文殊師利！若非「心、意、意識」知。彼「無為」，言「無為」者，「不生、不住、不滅」，是故言三世「清淨無為」。……
(4)文殊師利！「菩提」者不可以「身」得，不可以「心」得。何以故？
(5)文殊師利！身者：頑癡，「無覺無心」，譬如草木、牆壁、土塊、影像。
(6) 心者：如幻，「空無所有」，不實不作。
(7)文殊師利！「身、心」如實，覺名為「菩提」。依世間名字「非第一義」。何以故？
(8)文殊師利！菩提「非身、非心、非法、非實、非不實、非諦、非不諦。不可如是說。
(9)文殊師利！不可以一切法說「菩提」。何以故？
(10)文殊師利！菩提「無住處」可說。
(11)文殊師利！譬如虛空，無住處可說，「無為、無生、無滅」。菩提亦如是，「無住、無為、無生、無滅」可說。
(12)文殊師利！譬如一切世間之法，若求其「實」，不可得說。
(13)文殊師利！菩提亦如是，以一切法說「菩提實」，亦不可得。何以故？
(14)文殊師利！「實法」中無名字章句可得。何以故？不生不滅故。
(15)文殊師利！言「菩提」者，名「不可取、不可依」。
(16)文殊師利！何者「不可取」？何者「不可依」？
(17)文殊師利！
如實知「眼」不可取。不見「色」，名為「不可依」。
如實知「耳」不可取。不聞「聲」，名為「不可依」。
如實知「鼻」不可取。不聞「香」，名為「不可依」。
如實知「舌」不可取。不知「味」，名為「不可依」。
如實知「身」不可取。不覺「觸」，名為「不可依」。
如實知「意」不可取。不見諸「法」，名為「不可依」。
(18)文殊師利！如是如來。
「不取、不依」名證菩提。如是證菩提。
不取「眼」，不見「色」，是故不住「眼識」。
不取「耳」，不聞「聲」，是故不住「耳識」。
不取「鼻」，不聞「香」，是故不住「鼻識」。
不取「舌」，不知「味」，是故不住「舌識」。
不取「身」，不覺「觸」，是故不住「身識」。
不取「意」，不知「法」，是故不住「意識」。
(19)文殊師利！如來不住「心、意、意識」，是故得名如來應正遍知。

《大方等大集經・卷第二》

(1)善男子！夫「菩提」者，不可以「身」得，不可以「心」得。何以故？「身、心」如「幻」故。

(2)若能了知身心「真實」(真實的面目是如「幻」也)，是名「菩提」。為流布故，名為「菩提」，而其「性相」實不可說。

(3)善男子！夫「菩提」者，不可說「身」，不可說「心」。

(4)不可說「法」，不可說「非法」。

(5)不可說「有」，不可說「無」。

(6)不可說「實」，不可說「空」。何以故？性「不可說」故。

(7)「菩提」者，無有住處。不可宣說，猶如「虛空」。為真實知一切諸法，不可宣說。

(8)「字」中無「法」，「法」中無「字」，為流布故，故可宣說。

(9)一切凡夫不知「真實」，是故如來於此眾生而起「大悲」，演說「正法」為令知故。

(10)善男子！夫「菩提」者，「無取、無緣」。云何「無取」？云何「無緣」？

(11)知眼「真實」，名為「無取」。知眼「無境」，名為「無緣」，乃至了知「意」之真實，名為「無取」。知意「無境」名為「無緣」。

(12)如來世尊以如是義，知於菩提「無取著」，故名為「無取」。無「屋宅」，故名為「無緣」。「眼識」不住於彼「色」中，名「無屋宅」，乃至「意識」亦復如是。

《集諸法寶最上義論・卷上》

(1)如妙吉祥菩薩言：菩提者，不可以「身」得，不可以「心」得。

(2)若「無心」即「無身」，「身心離」故「無為、無作、如幻、如化」，若如是說為菩提者。

(3)諸佛說此是為「菩提」，能入諸佛「平等」境界，是故乃可名「智莊嚴」，而不莊嚴彼「一切智」。「一切智性」不可得故。

(4)菩提「無生」亦復「無滅」，不一、不異。非此、非彼。諸佛如來咸作是說。

【四～5】「三十三喻」菩提相，非以身證，非以心證

三國吳・支謙譯《維摩詰經》	姚秦・鳩摩羅什譯《維摩詰所說經》	姚秦・鳩摩羅什譯《維摩詰所說大乘經》	唐・玄奘譯《說無垢稱經》
❶「都滅」哉，佛一切「如化」。	❶「寂滅」是菩提，滅「諸相」故。	❶「寂滅」是菩提，滅「諸相」故。	❶「寂滅」是菩提，一切有情，一切法相；皆「寂滅」故。

❷「無比」哉，佛一切「造業」。	❷「不觀」(梵文原意指不攀緣)是菩提，離「諸緣」故。	❷「不觀」(梵文原意指不攀緣)是菩提，離「諸緣」故。	❷「不增」(不增益)是菩提，一切「所緣」；不「增益」故。
❸「無為」哉，佛一切「不惑」。	❸「不行」是菩提，無(起心)「憶念」故。	❸「不行」是菩提，無(起心)「憶念」故。	❸「不行」是菩提，一切戲論，一切「作意」；皆「不行」故。
❹「已斷」哉，佛一切「遠離」。	❹「斷」是菩提，捨「諸見」故。	❹「斷」是菩提，捨「諸見」故。	❹「永斷」是菩提，一切「見趣」；皆「永斷」故。
❺「無欲」哉，佛於「諸受」盛。	❺「離」是菩提，離「諸妄想」故。	❺「離」是菩提，離「諸妄想」故。	❺「捨離」是菩提，一切「取著」；皆「捨離」故。
❻「不雜」哉。			❻「離繫」是菩提，永離一切「動亂法」故(梵文原意指遠離一切激動、驕傲、騷動即是菩提)。
❼佛都以「一智」兼。			❼「寂靜」是菩提，一切「分別」永寂靜故。
❽「樂」哉，佛衆所「思樂」。	❽「障」是菩提，障「諸願」故。	❽「障」是菩提，障「諸願」故。	❽「廣大」是菩提，一切「弘願」不測量故(廣大無邊不可側量)。
❾「無言」哉，佛諸著「不著」。	❾「不入」是菩提，「無貪著」故。	❾「不入」是菩提，「無貪著」故。	❾「不諍」是菩提，一切執著，一切「諍論」；皆「遠離」故。
	❼「順」是菩提，順於「如」故。	❼「順」是菩提，順於「如」故。	
❿「住」哉，佛以「法情」住。	❿「住」是菩提，住「法性」故。	❿「住」是菩提，住「法性」故。	❿「安住」是菩提，住「法界」故。
⓫「普入」哉，佛「自然如」也。	⓫「至」是菩提，至「實際」故。	⓫「至」是菩提，至「實際」故。	⓫「隨至」是菩提，隨「真如」故。

⑫「不二」哉，佛「二法」已離。	⑫「不二」是菩提，離「意法」故。	⑫「不二」是菩提，離「意法」故。	⑫「不二」是菩提，「差別法性」皆遠離故。
⑬「立」哉，佛「積誠信」。			⑬「建立」是菩提，「實際所立」故。
⑭「等」哉，佛「如空」等。	⑭(平)「等」是菩提，等「虛空」故。	⑭(平)「等」是菩提，等「虛空」故。	⑭「平等」是菩提，一切「眼色」，乃至「意法」，皆悉平等如「虛空」故。
⑮「無數」(無爲)哉，佛離「起分處」。	⑮「無為」是菩提，「無生、住、滅」故。	⑮「無為」是菩提，「無生、住、滅」故。	⑮「無為」是菩提，「生、住、異、滅」；畢竟「離」故。
⑯「知彼」哉，佛「衆意行」知。	⑯「知」是菩提，了「衆生心行」故。	⑯「知」是菩提，了「衆生心行」故。	⑯「遍知」是菩提，一切有情「所有心行」；皆「遍知」故。
⑰「上」哉，佛諸入(諸六根)「不會」(喻六根無門可入可染著)。	⑰「不會」(喻六根無門可入可染著)是菩提，諸入(諸六根)「不會」(無門可入)故。	⑰「不會」(喻六根無門可入可染著)是菩提，諸入(諸六根)「不會」(無門可入)故。	⑰「無門」(喻六根無門可入可染著)是菩提，「內六處」(諸六根)等；所「不雜」故。
⑱「不會」哉，佛「近獄勞(煩惱)」斷。	⑱「不合」是菩提，離「煩惱習」故。	⑱「不合」是菩提，離「煩惱習」故。	⑱「無雜」是菩提，一切煩惱「相續習氣」；永遠「離」故。
⑲「聖師」哉，佛以「無比化」將導一切。	⑲「無處」是菩提，「無形色」故。	⑲「無處」是菩提，「無形色」故。	⑲「無處」是菩提，於「真如」中，一切「方處」所遠離故。
		⑳**「無住」是菩提。不離「真如」，亦「不住」故。**	⑳「無住」是菩提，於一切處「不可見」故。
㉑「非現名」哉，佛	㉑「假名」是菩提，	㉑「假名」是菩提，	㉑「唯名」是菩提，

已「諦見」。	「名字空」故。	「名字空」故。	此菩提名「無作用」故。
㉒「無色」哉，佛「淨穢」已離。	㉒「如化」(如幻化)是菩提，「無取捨」故。	㉒「如化」(如幻化)是菩提，「無取捨」故。	㉒「無浪」(無心意識之「識浪」)是菩提，一切「取捨」永遠離故。
㉓「順」哉，佛本性「已清」。	㉓「無亂」是菩提，「常自靜」故。	㉓「無亂」是菩提，「常自靜」故。	㉓「無亂」是菩提，常「自靜」故。
	㉔「善寂」是菩提，「性清淨」故。	㉔「善寂」是菩提，「性清淨」故。	㉔「善寂」是菩提，「本性淨」故。
㉕「明」哉，佛「自然已淨」。			㉕「明顯」是菩提，自性「無雜」故。
㉖「無受」哉，佛「衆網」已裂。	㉖「無取」是菩提，離「攀緣」故。	㉖「無取」是菩提，離「攀緣」故。	㉖「無取」是菩提，「離攀緣」故。
㉗「不多」哉，佛「諸法等覺」。	㉗「無異」是菩提，「諸法等」故。	㉗「無異」是菩提，「諸法性等」故。	㉗「無異」是菩提，隨覺「諸法平等性」故。
㉘「無喻」哉，佛「色好」已捨。	㉘「無比」是菩提，無可「喻」故。	㉘「無比」是菩提，無可「喻」故。	㉘「無喻」是菩提，一切「比況」(相比對照)；永遠「離」故。
㉙「妙」哉，佛所覺；甚遠〉。	㉙「微妙」是菩提，諸法「難知」故。〉	㉙「微妙」是菩提，諸法「難知」故。	㉙「微妙」是菩提，極難「覺」故。
		㉚**「空性」是菩提，普遍諸法故。**	㉚「遍行」是菩提，自性「周遍」；如「虛空」故。
			㉛「至頂」是菩提，至一切法「最上首」故。
			㉜「無染」是菩提，一切世法「不能染」故。
		㉝**是以菩提，不可以「身」得，不可**	㉝如是菩提，非「身」能證，非

		以「心」得，所以者何？身如「草」、如「木」、如「壁」、如「路」、如「影」故。心「無相、無記、無倚、無見」故。〉	「心」能證。〉
㊀當其，世尊！(維摩詰)說是法時，彼諸天衆二百天人，皆得「不起法忍」。 ㊁故(彌勒菩薩)我不任詣彼問疾。	㊀世尊！維摩詰說是法時，二百天子得「無生法忍」。 ㊁故(彌勒菩薩)我不任詣彼問疾。	㊀世尊！維摩詰說是法時，二百天子得「無生法忍」。 ㊁故(彌勒菩薩)我不任詣彼問疾。	㊀世尊！彼大居士(維摩詰)說此法時，於天衆中，二百天子得「無生法忍」。 ㊁時我，默然，不能加辯。故(彌勒菩薩)我不任詣彼問疾。

《大乘同性經・卷上》(亦名《一切佛行入智毘盧遮那藏說經》)

復次楞伽王，汝若欲求「菩提」之者須如是知。

言菩提者，但有「名字言語」，謂「菩提」耳。何以故？楞伽王！

(1)「無有」是菩提。

(2)「無根」是菩提。

(3)「無住」是菩提。

(4)「無垢」是菩提。

(5)「無塵」是菩提。

(6)「無我」是菩提。

(7)「不可捉」是菩提。

(8)「無色」是菩提。

(9)「無形」是菩提。

(10)「無此」是菩提。

(11)「無彼」是菩提。

(12)「無憂」是菩提。

(13)「無惱」是菩提。

(14)「無著」是菩提。
(15)「無染」是菩提。
(16)「無邊」是菩提。
(17)「無為」是菩提。
(18)「無濁」是菩提。
(19)「已過一切根」是菩提。
(20)「除一切憶想念」是菩提。
(21)「已過一切有行」是菩提。
(22)「無底」是菩提。
(23)「難知」是菩提。
(24)「甚深」是菩提。
(25)「無字」是菩提。
(26)「無相」是菩提。
(27)「寂靜」是菩提。
(28)「清淨」是菩提。
(29)「無上」是菩提。
(30)「無譬喻」是菩提。
(31)「無求」是菩提。
(32)「無斷」是菩提。
(33)「不壞」是菩提。
(34)「無破」是菩提。
(35)「無思惟」是菩提。
(36)「無物」是菩提。
(37)「無為」是菩提。
(38)「無見」是菩提。
(39)「無害」是菩提。
(40)「無明」是菩提。
(41)「無流注」是菩提。
(42)「常住」是菩提。
(43)「虛空」是菩提。
(44)「無等等」是菩提。
(45)「不可說」是菩提。
(46)楞伽王！欲求菩提者，若「不求法」是求菩提。何以故？
(47)楞伽王！若「無有」著，得證阿耨多羅三藐三菩提。

(48)又無「我相、眾生相、命相、人相、畜養相、眾數相、作相、受相、知相、見相」，**乃可得證阿耨多羅三藐三菩提。**

(49)若不得「世諦相」者，不執著「法」，不執著「陰(五陰)、界(十八界)」，乃至不執著「諸佛菩薩」。**乃可得證阿耨多羅三藐三菩提。**

(50)何以故？楞伽王！「無所執」著，即是菩提。

(51)若不執著「物」，若不執著「常」，若不執著「斷」者，於「未來世」證成菩提。**所以者何？**

楞伽王！一切諸法「後際」(未來)滅故。(前際、中際、後際皆不可得也)

【四～6】佛遣光嚴童子前往問疾

三國吳・支謙譯《維摩詰經》	姚秦・鳩摩羅什譯《維摩詰所說經》	姚秦・鳩摩羅什譯《維摩詰所說大乘經》	唐・玄奘譯《說無垢稱經》
㊀佛告光淨童子：汝行詣維摩詰問疾。	㊀佛告光嚴童子：汝行詣維摩詰問疾。	㊀佛告光嚴童子：汝行詣維摩詰問疾。	㊀爾時世尊告光嚴童子：汝應往詣無垢稱所，問安其疾。
㊁光淨白佛言：我不堪任(不夠資格；不堪適任)詣彼問疾。所以者何？	㊁光嚴白佛言：世尊！我不堪任(不夠資格；不堪適任)詣彼問疾。所以者何？	㊁光嚴白佛言：世尊！我不堪任(不夠資格；不堪適任)詣彼問疾。所以者何？	㊁光嚴童子白言：世尊！我不堪任(不夠資格；不堪適任)詣彼問疾。所以者何？
㊂憶念我昔，出維耶離(Vaiśālī)大城，時維摩詰方入城，我即為作禮而問言：(維摩詰)居士！所從來？	㊂憶念我昔，出毘耶離(Vaiśālī)大城，時維摩詰方入城，我即為作禮而問言：(維摩詰)居士！從何所來？	㊂憶念我昔，出毗耶離(Vaiśālī)大城，時維摩詰方入城，**為我作禮，我即問言**：(維摩詰)居士！從何所來？	㊂憶念我昔，於一時間，出廣嚴城(Vaiśālī)，時無垢稱方入彼城，我為作禮問言：(維摩詰)居士！從何所來？
㊃(維摩詰)答我言：吾從「道場」(指修行覺悟菩提的道場)來。	㊃(維摩詰)答我言：吾從「道場」(指修行覺悟菩提的道場)來。	㊃(維摩詰)答我言：吾從「道場」(指修行覺悟菩提的道場)來。	㊃(維摩詰)彼答我言：從「妙菩提」(指修行覺悟菩提的道場)來。
㊄我問：「道場」者，何所是？	㊄我問：「道場」者，何所是？	㊄我問：「道場」者，何所是？	㊄我問：(維摩詰)居士！「妙菩提」者，為何所是？

【四～7】「直心、發行、深心、菩提心、六度」皆是道場義也。底下約有32條

三國吳・支謙譯《維摩詰經》	姚秦・鳩摩羅什譯《維摩詰所說經》	姚秦・鳩摩羅什譯《維摩詰所說大乘經》	唐・玄奘譯《說無垢稱經》
言：く	答曰：く	答曰：く	即答我言：く
❶道場者，「無生」之心是，檢(限制；約束)一「惡意」故。	❶「直心」(純直無染之真心)是道場，「無虛假」故。	❶「直心」(純直無染之真心)是道場，「無虛假」故。	❶「淳直(淳厚直率)意樂」是妙菩提，由此意樂「不虛假」故。
❷「淳淑」(仁厚善良)之心是，「習增上」故。	❷「發行」(發起加行)是道場，「能辦事」故。	❷「發行」(發起加行)是道場，「能辦事」故。	❷「發起加行」是妙菩提，諸「所施」為「能成辦」故。
❸「聖賢」之心是，「往殊勝」故。	❸「深心」是道場，「增益功德」故。	❸「深心」是道場，「增益功德」故。	❸「增上意樂」是妙菩提，究竟證會「殊勝法」故。
❹「道意」之心是，「不忘捨」故。	❹「菩提心」是道場，「無錯謬」故。	❹「菩提心」是道場，「無錯謬」故。	❹「大菩提心」是妙菩提，於一切法「無忘失」故。
❺「布施」之心是，「不望報」故。	❺「布施」是道場，「不望報」故。	❺「布施」是道場，「不望報」故。	❺「清淨布施」是妙菩提，不悕世間「異熟果」故。
❻「持戒」之心是，「得願具」故。	❻「持戒」是道場，「得願具足」故。	❻「持戒」是道場，「得願具足」故。	❻「固守淨戒」是妙菩提，「諸所願求」皆圓滿故。
❼「忍辱」之心是，「不亂衆人」故。	❼「忍辱」是道場，於諸衆生「心無礙」故。	❼「忍辱」是道場，於諸衆生「心無礙」故。	❼「忍辱柔和」是妙菩提，於諸有情「心無恚」故。
❽「精進」之心是，「無退意」故。	❽「精進」是道場，「不懈退」故。	❽「精進」是道場，「不懈怠」故。	❽「勇猛精進」是妙菩提，熾然勤修「無懈退」故。
❾「禪思」之心是，「意行出」故。	❾「禪定」是道場，「心調柔」故。	❾「禪定」是道場，「心調柔」故。	❾「寂止靜慮」是妙菩提，其「心調

⑩「智慧」之心是，「慧眼見」故。	⑩「智慧」是道場，「現見諸法」(因為智慧能現證一切法相)故。	⑩「智慧」是道場，「現見諸法」(因為智慧能現證一切法相)故。	順」有「堪能」故。⑩「殊勝般若」是妙菩提，現見「一切法性相」故。

「直心、發行、深心、菩提心、六度」皆是道場義也。

「慈悲喜捨、神通、解脫、方便、四攝」皆是道場義也。

「多聞、伏心、三十七道品、四諦、緣起、煩惱、眾生、諸法」皆是道場義也。

「降魔、三界、師子吼、十力、四無畏、十八不共法、三明、一念知一切法」皆是道場義也。

菩薩以無量「波羅蜜」教化眾生，行住坐臥、舉手投足皆是道場義。

《諸法無行經・卷下》
(1)**世尊！**一切眾生皆是「道場」，是「不動相」。
(2)**文殊師利！云何是事名「不動相」？世尊！道場者有何義？**
(3)**文殊師利！**一切法「寂滅相、無生相、無所有相、不可取相」，是名「道場」義。
(4)**世尊！一切眾生不入此「道場」耶？**
(5)**佛言：如是！如是！**
(6)**是故，**世尊！一切眾生皆是「道場」，名「不動相」。

【四～8】「慈悲喜捨、神通、解脫、方便、四攝」皆是道場義也

三國吳・支謙譯《維摩詰經》	姚秦・鳩摩羅什譯《維摩詰所說經》	姚秦・鳩摩羅什譯《維摩詰所說大乘經》	唐・玄奘譯《說無垢稱經》
⑪「慈」心則是，為「等意」故。	⑪「慈」是道場，「等眾生」故。	⑪「慈」是道場，「等眾生」故。	⑪「慈」是妙菩提，於諸有情「心平等」故。
⑫「悲」心則是，為	⑫「悲」是道場，「忍	⑫「悲」是道場，「忍	⑫「悲」是妙菩提，

「忍苦」故。	疲苦」故。	疲苦」故。	於諸「疲苦」；能忍受故。
⓭「喜」心則是，以「法樂人」故。	⓭「喜」是道場，「悅樂法」故。	⓭「喜」是道場，「悅樂法」故。	⓭「喜」是妙菩提，恒常領受「法苑樂」故。
⓮「護」心則是，為隨導「捨著」故。	⓮「捨」是道場，「憎愛」斷故。	⓮「捨」是道場，「憎愛」斷故。	⓮「捨」是妙菩提，永斷一切「愛恚」等故。
⓯「神通」之心是，得「六通」故。	⓯「神通」是道場，成就「六通」故。	⓯「神通」是道場，成就「六通」故。	⓯「神通」是妙菩提，具「六神通」故。
⓰「惟務」之心是，無「恚怒」故。	⓰「解脫」是道場，能「背捨」(背離與棄捨妄想的一種解脫)故。	⓰「解脫」是道場，能「背捨」(背離與棄捨妄想的一種解脫)執著故。	⓰「解脫」是妙菩提，離「分別」(妄想)動故。
⓱「滅心」則是，度人民故。	⓱「方便」是道場，「教化」眾生故。	⓱「方便」是道場，「教化」眾生故。	⓱「方便」是妙菩提，「成熟」有情故。
⓲「四恩」(❶布施攝❷愛語攝❸利行攝❹同事攝)之心是，「合聚人」故。	⓲「四攝」(❶布施攝❷愛語攝❸利行攝❹同事攝)是道場，「攝眾生」故。	⓲「四攝」(❶布施攝❷愛語攝❸利行攝❹同事攝)是道場，「攝眾生」故。	⓲「攝事」(❶布施攝❷愛語攝❸利行攝❹同事攝)是妙菩提，「攝諸有情」故。

【四～9】「多聞、伏心、三十七道品、四諦、緣起、煩惱、眾生、諸法」皆是道場義也

三國吳・支謙譯《維摩詰經》	姚秦・鳩摩羅什譯《維摩詰所說經》	姚秦・鳩摩羅什譯《維摩詰所說大乘經》	唐・玄奘譯《說無垢稱經》
⓳「多聞」之心是，從「受成」故。	⓳「多聞」是道場，如「聞行」故。	⓳「多聞」是道場，如「聞行」故。	⓳「多聞」是妙菩提，起「真實行」故。
⓴「不生」之心是，如「自然觀」故。	⓴「伏心」是道場，「正觀諸法」故。	⓴「伏心」是道場，「正觀諸法」故。	⓴「調伏」是妙菩提，「如理觀察」故。

㉑「道品法」心是，不著數、不墮欲故。	㉑「三十七品」是道場，捨「有為法」(及「無爲法」)故。	㉑「三十七品」是道場，**捨諸「有為、無為」法故**。	㉑「三十七種菩提分法」是妙菩提，棄捨一切「有為法」(及「無爲法」)故。
㉒「諦」心則是，諸世間報，已「不積」故。	㉒「四諦」是道場，「不誑」世間故。	㉒「四諦」是道場，「不誑」世間故。	㉒一切「諦實」是妙菩提，於諸有情「不虛誑」故。
㉓「緣起」之心是，以「不明」不可盡至於「老死」；皆無盡故。	㉓「緣起」是道場，「無明」乃至「老死」；皆「無盡」故。	㉓「緣起」是道場，「無明」乃至「老死」；**皆「盡」**(據梵文原意作「滅盡」義)**故**。	㉓「十二緣起」是妙菩提，「無明」不盡，乃至「老死憂苦熱惱」；皆「不盡」故。
㉔「衆勞」(煩惱)之靜是，佛從是，「最正覺」故。	㉔「諸煩惱」(據梵文原意作「平息煩惱」義)是道場，知「如實」故。	㉔「**離**諸煩惱」是道場，知「如實」故。	㉔「息諸煩惱」是妙菩提，如實現「證真法性」故。
㉕「衆生」之心是，以「人物自然」故。	㉕「衆生」是道場，知「無我」故。	㉕「衆生」是道場，知「無我」故。	㉕「一切有情」是妙菩提，皆用「無我」為自性故。
㉖「諸法」之心是，從「空」最正覺故。	㉖「一切法」是道場，知「諸法空」故。	㉖「一切法」是道場，知「諸法空」故。	㉖「一切諸法」是妙菩提，隨覺一切皆「性空」故。

【四～１０】「降魔、三界、師子吼、十力、四無所畏、不共法、三明、一念知一切法」皆是道場義也

三國吳・支謙譯《維摩詰經》	姚秦・鳩摩羅什譯《維摩詰所説經》	姚秦・鳩摩羅什譯《維摩詰所説大乘經》	唐・玄奘譯《說無垢稱經》
㉗「伏諸魔心」是，以「不傾動」故。	㉗「降魔」是道場，「不傾動」故。	㉗「降魔」是道場，「不傾動」故。	㉗「降伏魔怨」是妙菩提，一切魔怨「不傾動」故。
㉘「三界之場」是，雖處「不墮欲」故。	㉘「三界」是道場，「無所趣」故。	㉘「三界」是道場，「無所趣」故。	㉘「不離三界」是妙菩提，遠離一切「發趣事」故。
㉙「師子座場」是，	㉙「師子吼」是道	㉙「師子吼」是道	㉙「大師子吼」是妙

善勝「無畏」故。	場，「無所畏」故。	場，「無所畏」故。	菩提，能善決擇；「無所畏」故。
㉚「(十)力、(四)無畏場」是，一切「無難」故。	㉚「(十)力、(四)無畏、(十八)不共法」是道場，無「諸過」故。	㉚「(十)力、(四)無畏、(十八)不共法」是道場，無「諸過」故。	㉚「諸(十)力、無(四)畏、(十八)不共佛法」是妙菩提，普於一切「無訶厭」(不受訶責和厭惡)故。
㉛「三達之智」(三事通達無礙之智明：❶宿命智證明❷生死智證明❸漏盡智證明)是，「無餘罣礙」故。	㉛「三明」(三事通達無礙之智明：❶宿命智證明❷生死智證明❸漏盡智證明)是道場，「無餘礙」故。	㉛「三明」(三事通達無礙之智明：❶宿命智證明❷生死智證明❸漏盡智證明)是道場，「無餘礙」故。	㉛「三明」(三事通達無礙之智明：❶宿命智證明❷生死智證明❸漏盡智證明)鑒照是妙菩提，離諸煩惱，獲得「究竟無餘智」故。
㉜「一意」覺「場」是，「一切智」普具故。	㉜「一念」知「一切法」是道場，成就「一切智」故。	㉜「一念」知「一切法」是道場，成就「一切智」故。	㉜「一剎那心」覺一切法「究竟無餘」是妙菩提，「一切智智」圓滿證故。

【四～11】菩薩以無量「波羅蜜」教化眾生，行住坐臥、舉手投足皆是道場義

三國吳・支謙譯《維摩詰經》	姚秦・鳩摩羅什譯《維摩詰所説經》	姚秦・鳩摩羅什譯《維摩詰所說大乘經》	唐・玄奘譯《說無垢稱經》
㊀如是，仁者！菩薩若應諸「度無極」(波羅蜜多)。	㊀如是，善男子！菩薩若應(應用；運用)諸「波羅蜜」教化衆生。	㊀如是，善男子！菩薩若應(應用；運用)諸「波羅蜜」教化衆生。	㊀如是，善男子！若諸菩薩。「真實發趣」具足相應。「波羅蜜多」具足相應。「成熟有情」具足相

			應。 「一切善根」具足相應。 「攝受正法」具足相應。 「供養如來」具足相應。
㊁如應「化人」，如應「受法」已，得本祠護，不墮欲者。是為一切從「佛心」來，立於「一切佛法」矣！〉	㊁諸有所作，舉足下足。 當知皆從「道場」來，住於「佛法」矣！〉	㊁諸有所作，舉足下足。 當知皆從「道場」來，住於「佛法」矣！〉	㊁諸有所作，往來進止，舉足下足。 一切皆從「妙菩提」來。 一切皆從「諸佛法」來。 安住「一切諸佛妙法」！〉
㊂當其，世尊！(維摩詰)說是語時，有五百天與人，發「無上正真道意」。	㊂(維摩詰)說是法時，五百「天、人」，皆發「阿耨多羅三藐三菩提心」。	㊂(維摩詰)說是法時，五百「天、人」，皆發「阿耨多羅三藐三菩提心」。	㊂世尊！彼(維摩詰)大居士說是法時。五百「天、人」，皆發「無上正等覺心」。
㊃故(光嚴童子)我不任詣彼問疾。	㊃故(光嚴童子)我不任詣彼問疾。	㊃故(光嚴童子)我不任詣彼問疾。	㊃時我(光嚴童子)，默然，不能加辯。故(光嚴童子)我不任詣彼問疾。

【四～12】佛遣持世菩薩前往問疾

三國吳・支謙譯《維摩詰經》	姚秦・鳩摩羅什譯《維摩詰所說經》	姚秦・鳩摩羅什譯《維摩詰所說大乘經》	唐・玄奘譯《說無垢稱經》
㊀佛告持人(Jagatīṃ-dhara 持世)菩薩：汝行詣維摩詰問疾。	㊀佛告持世(Jagatīṃ-dhara 持人)菩薩：汝行詣維摩詰問疾。	㊀佛告持世(Jagatīṃ-dhara 持人)菩薩：汝行詣維摩詰問疾。	㊀爾時世尊告持世(Jagatīṃ-dhara 持人)菩薩，汝應往詣無垢稱所，問安其

			疾。
㊁持人白佛言：我不堪任(不夠資格；不堪適任)詣彼問疾。所以者何？	㊁持世白佛言：世尊！我不堪任(不夠資格；不堪適任)詣彼問疾。所以者何？	㊁持世白佛言：世尊！我不堪任(不夠資格；不堪適任)詣彼問疾。所以者何？	㊁持世菩薩白言：世尊！我不堪任(不夠資格；不堪適任)詣彼問疾。所以者何？
㊂憶念我昔，自於「室」住。時「天魔波旬」從(帶著)玉女萬二千，狀如「帝釋」，鼓樂弦歌，來詣我室。稽首我足，與其眷屬共供養我已，於一面住。	㊂憶念我昔，住於「靜室」。時「魔波旬」從(帶著)萬二千天女，狀如「帝釋」，鼓樂絃歌，來詣我所。與其眷屬，稽首我足，合掌恭敬，於一面立。	㊂憶念我昔，住於「靜室」。時「魔波旬」從(帶著)萬二千天女，狀如「帝釋」，鼓樂絃歌，來詣我所。與其眷屬，稽首我足，合掌恭敬，於一面立。	㊂憶念我昔，於一時間，在自「住處」。時「惡魔怨」從(帶著)萬二千諸天女等，狀如「帝釋」。鼓樂絃歌來至我所。與其眷屬，稽首我足，作諸天樂供養於我。合掌恭敬，在一面立。
㊃(持世)我意謂是「天帝釋」，讚言： 善來！拘翼(Kauśika)！雖福應有，不當自恣。一切欲樂，當觀「非常」(無常)，無「強」多失，當修德本。	㊃(持世)我意謂是「帝釋」，而語ㄩ之言： 善來！憍尸迦(Kauśika。忉利第三十三天之主)！雖福應有，不當自恣。當觀五欲「無常」，以求善本，於「身、命、財」而修「堅法」。(指修習捨棄「身、命、財」三「無常法」，進而能獲得「精華堅固不壞」之法。獲金剛不壞之堅固身、法身慧命之堅固命、無盡法財之堅固財)	㊃(持世)我意謂是「帝釋」，而語ㄩ之言： 善來！憍尸迦(Kauśika。忉利第三十三天之主)！雖福應有，不當自恣。當觀五欲「無常」，以求善本，於「身、命、財」而修「堅法」。(指修習捨棄「身、命、財」三「無常法」，進而能獲得「精華堅固不壞」之法。獲金剛不壞之堅固身、法身慧命之堅固命、無盡法財之堅固財)	㊃(持世)我時意謂「真是帝釋」，而語ㄩ之言： 善來！憍尸迦(Kauśika)！雖福應有，不當自恣。當勤觀察諸欲戲樂皆悉「無常」，於「身、命、財」當勤修習，證「堅實法」。(指修習捨棄「身、命、財」三「無常法」，進而能獲得「精華堅固不壞」之法。獲金剛不壞之堅固身、法身慧命之堅固命、無盡法財之堅固財)
㊄魔言： (持世)正士！受是取此萬二千女，可備	㊄(魔波旬)即語ㄩ我言： (持世)正士！受是萬	㊄(魔波旬)即語ㄩ我言： (持世)正士！受是萬	㊄(魔波旬)即語我言： 唯，(持世)大正士！

掃灑？ 陸(持世)我言： 拘翼(Kauśika)！無以此「妖蠱之物」要(邀請;招待;布施)「我釋迦弟子」，此非我宜！	二千天女，可備掃灑？ 陸(持世)我言： 憍尸迦！無以此「非法之物」要(邀請;招待;布施)「我沙門釋子」，此非我宜！	二千天女，可備掃灑？ 陸(持世)我言： 憍尸迦！無以此「非法之物」要(邀請;招待;布施)「我沙門釋子」，此非我宜！	可受此女，以備供侍？ 陸(持世)我即答言： 止！憍尸迦！無以如是「非法之物」而要施(邀請;招待;布施)「我沙門釋子」，此非我宜所！

【四～13】魔波旬現「帝釋」像，與維摩詰居士一萬二千玉女

三國吳・支謙譯《維摩詰經》	姚秦・鳩摩羅什譯《維摩詰所說經》	姚秦・鳩摩羅什譯《維摩詰所說大乘經》	唐・玄奘譯《說無垢稱經》
壹時維摩詰來謂(持世)我言： 〈族姓子！莫於是起「污意」，是為魔來嬈固(擾亂蠱惑)汝耳。非「帝釋」也！〉 貳維摩詰言： 〈波旬！以此與我，如我應受，莫與釋迦弟子。〉 參魔即恐懼，念：維摩詰必不助我？	壹(持世)所言未訖，時維摩詰來謂(持世)我言： 〈非「帝釋」也，是為魔來嬈固(擾亂蠱惑)汝耳！〉 貳(維摩詰)即語魔言： 〈是諸女等，可以與我，如我應受。〉 參魔即驚懼，念：維摩詰將無惱我？	壹(持世)所言未訖，時維摩詰來謂(持世)我言： 〈非「帝釋」也，是為魔來嬈固(擾亂蠱惑)汝耳！〉 貳(維摩詰)即語魔言： 〈是諸女等，可以與我，如我應受。〉 參魔即驚懼，念：維摩詰將無惱我？	壹(持世)言未訖時，無垢稱來到彼所，稽首我足，而謂(持世)我言： 〈非「帝釋」也，是「惡魔怨」嬈汝故耳。〉 貳時無垢稱語惡魔言： 〈汝今可以此諸天女「迴施」於我，是我「在家白衣」所宜，非諸「沙門釋子」應受。〉 參時「惡魔怨」即便驚怖，念：無垢稱將無惱我？

㊃(魔波旬)欲「隱形」去，而不能隱。(就算)盡現其神，了不得去。	㊃(魔波旬)欲「隱形」去，而不能隱。(就算)盡其神力，亦不得去。	㊃(魔波旬)欲「隱形」去，而不能隱。(就算)盡其神力，亦不得去。	㊃(魔波旬)欲「隱形」去，(卻)為無垢稱「神力」所持，而不能隱。(就算)盡其神力種種方便，亦不能去。
㊄而聞空中聲曰：波旬！以(一萬二千)玉女與之(維摩詰)，乃可得去。	㊄即聞空中聲曰：波旬！以(一萬二千)女與之(維摩詰)，乃可得去。	㊄即聞空中聲曰：波旬！以(一萬二千)女與之(維摩詰)，乃可得去。	㊄即聞空中聲曰：汝「惡魔怨」，應以(一萬二千)天女施此(維摩詰)居士，乃可得還自所「天宮」。
㊅魔以畏故，強與玉女(給維摩詰)。	㊅魔以畏故，俛ㄈㄨˇ仰(喻短暫快速)而與(維摩詰)。	㊅魔以畏故，俛ㄈㄨˇ仰(喻短暫快速)而與(維摩詰)。	㊅是「惡魔怨」以怖畏故，俛ㄈㄨˇ仰(喻短暫快速)而與(維摩詰)。
㊆維摩詰言： 〈魔以女(施)與我，今汝(玉女)當發「無上正真道意」。〉	㊆爾時維摩詰語ㄩˋ諸女言： 〈魔以汝等(施)與我，今汝(玉女)皆當發「阿耨多羅三藐三菩提心」。〉	㊆爾時維摩詰語ㄩˋ諸女言： 〈魔以汝等(施)與我，今汝(玉女)皆當發「阿耨多羅三藐三菩提心」。〉	㊆時無垢稱語ㄩˋ諸女言： 〈是「惡魔怨」以汝施我，今諸姊等當發「無上正等覺心」。〉
㊇諸玉女言：其已如是從道之教，發大道意者。當何以自娛樂？	㊇即隨所應(相應之道法)，(維摩詰)而為說法，令發道意。	㊇即隨所應(相應之道法)，(維摩詰)而為說法，令發道意。	㊇即隨所應(相應之道法)，(維摩詰)為說種種隨順成熟「妙菩提法」。令其趣向「正等菩提」。
㊈(維摩詰)答言：〈汝等便發「無上正真道意」，有「樂ㄌㄜˋ法之樂」可以自娛，汝等得之，不復樂ㄌㄜˋ「欲樂」也。〉	㊈(維摩詰)復言：〈汝等已發「道意」，有「法樂」可以自娛，不應復樂ㄌㄜˋ「五欲樂」也。〉	㊈(維摩詰)復言：〈汝等已發「道意」，有「法樂」可以自娛，不應復樂ㄌㄜˋ「五欲樂」也。〉	㊈(維摩詰)復言：〈姊等已發「無上正等覺心」，有「大法苑樂」可以自娛，不應復樂ㄌㄜˋ「五欲樂」也。〉

【四～14】樂於佛法僧，離五欲，觀五蘊如怨賊、四大如毒蛇、六入為空聚。底下約有35條法樂

三國吳・支謙譯《維摩詰經》	姚秦・鳩摩羅什譯《維摩詰所說經》	姚秦・鳩摩羅什譯《維摩詰所說大乘經》	唐・玄奘譯《說無垢稱經》
即問(維摩詰)：何謂「法樂」？	天女即問(維摩詰)：何謂「法樂」？	天女即問(維摩詰)：何謂「法樂」？	諸天女言：唯，(維摩詰)大居士！云何名為「大法苑樂」？
維摩詰言：	(維摩詰)答言：	(維摩詰)答言：	無垢稱言：
〈	〈	〈	〈「法苑樂」者，謂：
❶樂於喜「不離佛」。	❶樂常「信佛」。	❶樂常「信佛」。	❶於諸佛，「不壞淨」(恒常保持清淨而不被破壞)樂。
❷樂於「諦聞法」。	❷樂欲「聽法」。	❷樂欲「聽法」。	❷於正法中，「常聽聞」樂。
❸樂常「供養(僧)衆」。	❸樂「供養(僧)衆」。	❸樂「供養(僧)衆」。 *樂謙下、禮賢。	❸於和合衆，「勤敬事」樂。
❹樂不倚「三界」(既不倚三界，即同於離三界之義)。		❹樂超脫「三界」。	❹於其「三界」，「永出離」樂。
❺樂於三界「不嫉」。(喻於五欲之樂皆無貪享或嫉妬心，故應離五欲之樂)	❺樂「離五欲」。	❺樂「離五欲」。	❺於諸「所緣」(喻五欲之樂)，「無依住」樂。
❻樂知欲「無常」。	❻樂觀「五陰」，如「怨賊」。	❻樂觀「五陰」，如「怨賊」。	❻於諸「蘊」(五蘊)中，觀察「無常」，如「怨害」樂。
❼樂觀「種」(四大種，	❼樂觀「四大」，如	❼樂觀「四大」，如	❼於諸「界」(十八界)

即四大)為「毒蛇」。	「毒蛇」。 ❽樂觀「內入」(六根+六塵=十二處),如「空聚」。	「毒蛇」。 ❽樂觀「內入」(六根+六塵=十二處),如「空聚」。	中,「無倒」(無顛倒;正確)觀察,如「毒蛇」樂。 ❽於諸「處」(六根+六塵=十二處)中,「無倒」觀察,如「空聚」樂。

《佛說超日明三昧經・卷上》

何謂法樂?

(1)曉知無我、無人、無壽、無命。
(2)五通(五眼通)、六達(六神通)、十二部經。
(3)講讀諷誦「菩薩道法」。
(4)於七法財,不以為厭。
(5)四恩之行,行四等心,慈悲喜護。
(6)六度無極,眾善之行。
(7)無毀害心,蚑行喘息人物之類。
(8)以為國土,不自稱譽,不毀其餘。
(9)其心悽悽,常志一切。
(10)天神龍鬼,人民大小覩斯人。莫不興意,而為善德。是謂法樂……

何謂法樂?

(1)樂於佛法,不好俗法。
(2)樂聞經典,不思世談。
(3)樂供養眾,不為俗黨。
(4)但樂三寶,不志三垢。
(5)樂度三處,不為霑污。
(6)樂觀四大,為地水火風,不計我許。
(7)樂安人物,不為危害。
(8)樂施所有,不為慳悋。
(9)樂奉禁戒,不毀所遵。
(10)樂忍於辱,不失德本。
(11)樂精進力,不為罪根。
(12)樂禪一心,不為亂意。
(13)樂深智慧,不為愚惑。

(14)樂化塵勞，不為垢濁。
(15)樂佛國淨，不厭開化。
(16)樂嚴道法，不為非法。
(17)樂三脫門，離空相願。
(18)樂無為法，不樂俗為。
(19)樂入深法，不為失節。
(20)志樂欣喜，離怒不諦。
(21)樂自然法，亦不捨人。
(22)樂習善友，遠世親厚。
(23)樂常志道，不造迷惑。
(24)樂講正議，不為俗典。
(25)樂慕菩薩，不為聲聞。
(26)樂求正覺，不為緣覺。
(27)樂向大道，不為細術。
(28)樂存八等，不為八邪。
(29)樂六十二慧，不為身墮六十二見(dvāṣaṣṭi dṛṣṭayaḥ 古印度外道所執著之 62 種錯誤見解)。
(30)樂無上法，不為下劣。
(31)樂大乘業，棄羅漢法。
是為法樂。

《維摩詰所說經》 姚秦・鳩摩羅什譯	《佛說超日明三昧經・卷上》 西晉・聶承遠譯
天女即問(維摩詰)：何謂「法樂」？ (維摩詰)答言： ❶樂常「信佛」。 ❷樂欲「聽法」。 ❸樂「供養眾」。 ❺樂「離五欲」。 ❻樂觀「五陰」，如「怨賊」。 ❼樂觀「四大」，如「毒蛇」。 ❽樂觀「內入」(六入)，如「空聚」。	何謂法樂？ (1)樂於佛法，不好俗法。 (2)樂聞經典，不思世談。 (3)樂供養眾，不為俗黨。 (4)但樂三寶，不志三垢。 (5)樂度三處，不為needs污。 (6)樂觀四大，為地水火風，不計我許。
❾樂隨護「道意」。 ❿樂「饒益」眾生。 ⓫樂「敬養」師。	(7)樂安人物，不為危害。

⑫樂廣「行施」。 ⑬樂「堅持戒」。 ⑭樂「忍辱柔和」。 ⑮樂勤集「善根」。 ⑯樂禪定「不亂」。 ⑰樂「離垢」明慧。 ⑱樂「廣菩提心」。	(8)樂施所有，不為慳悋。 (9)樂奉禁戒，不毀所遵。 (10)樂忍於辱，不失德本。 (11)樂精進力，不為罪根。 (12)樂禪一心，不為亂意。 (13)樂深智慧，不為愚惑。
⑲樂「降伏」眾魔。 ⑳樂斷諸「煩惱」。 ㉑樂「淨佛國土」。 ㉒㉓樂成就「相好」故，修諸「功德」。 ㉔樂「莊嚴」道場。 ㉕樂聞「深法」不畏。	(14)樂化塵勞，不為垢濁。 (15)樂佛國淨，不厭開化。 (16)樂嚴道法，不為非法。
㉖樂「三脫門」(三解脫門➔空、無相、無願)。 ㉘不樂「非時」(指聲聞者乃採「非時取證」而住小果，即未成佛果，僅於「中路」便取證)。 ㉙樂「近同學」(親近同修學佛法者)。 ㉚樂於「非同學」(非同修學佛法者)中，心無「恚礙」。 ㉜樂將護(衛護)「惡知識」。 ㉛樂親近「善知識」。 ㉞樂「心喜清淨」。 ㉟樂修「無量道品」之法。 是為菩薩「法樂」。	(17)樂三脫門，離空相願。 (18)樂無為法，不樂俗為。 (19)樂入深法，不為失節。 (20)志樂欣喜，離怒不諦。 (21)樂自然法，亦不捨人。 (22)樂習善友，遠世親厚。 (23)樂常志道，不造迷惑。 (24)樂講正議，不為俗典。 (25)樂慕菩薩，不為聲聞。 (26)樂求正覺，不為緣覺。 (27)樂向大道，不為細術。 (28)樂存八等，不為八邪。 (29)樂六十二慧，不為身墮六十二見(dvāṣaṣṭi dṛṣṭayaḥ 古印度外道所執著之62種錯誤見解)。 (30)樂無上法，不為下劣。 (31)樂大乘業，棄羅漢法。 是為法樂。

【四～15】樂於「道意、菩提心」及「六度」波羅蜜

三國吳・支謙譯《維摩詰經》	姚秦・鳩摩羅什譯《維摩詰所說經》	姚秦・鳩摩羅什譯《維摩詰所說大乘經》	唐・玄奘譯《說無垢稱經》
❾樂隨護「道意」。	❾樂隨護「道意」。	❾樂隨護「道意」。	❾於「菩提心」，「堅守」護樂。
❿樂「安諸」人物。	❿樂「饒益」(豐饒助益)眾生。	❿樂「饒益」(豐饒助益)眾生。	❿於諸有情，「饒益事」樂。
⓫樂以「禮」敬人。	⓫樂「敬養」師。	⓫樂「敬養」師。	⓫於諸師長，「勤供侍」樂。
⓬樂「施諸所有」。	⓬樂廣「行施」。	⓬樂廣「行施」。	⓬於「惠施」中，離「慳貪」樂。
⓭樂奉「真人戒」。	⓭樂「堅持戒」。	⓭樂「堅持戒」。	⓭於「淨戒」中，無「慢緩」樂。
⓮樂「忍調不忍」。	⓮樂「忍辱柔和」。	⓮樂「忍辱柔和」。	⓮於「忍辱」中，堪「調順」樂。
⓯樂「精進力」，知行德本。	⓯樂勤集「善根」。	⓯樂勤集「善根」。	⓯於「精進」中，習「善根」樂。
⓰樂禪善行。	⓰樂禪定「不亂」。	⓰樂禪定「不亂」。	⓰於「靜慮」中，知「無亂」樂。
⓱樂「智慧」淵。	⓱樂「離垢」明慧。	⓱樂「離垢」明慧。	⓱於「般若」中，「離惑明」樂。
⓲樂「廣宣佛」。	⓲樂「廣菩提心」。	⓲樂「廣菩提心」。	⓲於「菩提」中，「廣大妙」樂。

【四～16】降伏眾魔煩惱，相好莊嚴、道場莊嚴、聞深法不驚不怖

三國吳・支謙譯《維摩詰經》	姚秦・鳩摩羅什譯《維摩詰所說經》	姚秦・鳩摩羅什譯《維摩詰所說大乘經》	唐・玄奘譯《說無垢稱經》
⓳樂「抑制」魔。	⓳樂「降伏」眾魔。	⓳樂「降伏」眾魔。	⓳於眾魔怨，能「摧伏」樂。
⓴樂化「塵勞」。	⓴樂斷諸「煩惱」。	⓴樂斷諸「煩惱」。	⓴於諸煩惱，能「遍知」樂。

㉑樂「佛國淨」。	㉑樂「淨佛國土」。	㉑樂「淨佛國土」。	㉑於諸佛土，「遍修治」樂。
㉒㉓樂以「相好」合會教化。	㉒㉓樂成就「相好」故，修諸「功德」。	㉒㉓樂成就「相好」故，修諸「功德」。	㉒於「相」隨好莊嚴身中，極「圓滿」樂。 ㉓於其「福、智」二種資糧，「正修習」樂。
㉔樂「嚴」道場。	㉔樂「莊嚴」道場。	㉔樂「莊嚴」道場。	㉔於「妙菩提」，具「莊嚴」樂。
	㉕樂聞「深法」不畏。	㉕樂聞「深法」不畏。	㉕於「甚深法」，無「驚怖」樂。

【四～17】樂於三脫門、般涅槃。親近善知識、心喜清淨，樂修無量道品

三國吳・支謙譯《維摩詰經》	姚秦・鳩摩羅什譯《維摩詰所說經》	姚秦・鳩摩羅什譯《維摩詰所說大乘經》	唐・玄奘譯《說無垢稱經》
㉖樂「三脫門」。	㉖樂「三脫門」(空、無相、無願)。	㉖樂「三脫門」(空、無相、無願)。	㉖於「三脫門」(三空、無相、無願)，「正觀察」樂。
㉗樂「泥洹道」。			㉗於「般涅槃」，「正攀緣」樂。
㉘樂入深法，不樂「非時」(指聲聞者乃採「非時取證」而住小果，即未成佛果，僅於「中路」便取證)。	㉘不樂「非時」(指聲聞者乃採「非時取證」而住小果，即未成佛果，僅於「中路」便取證)。	㉘不樂「非時」涅槃。(指聲聞者於「中路」即取涅槃，而並無成佛果之正時)	㉘不於「非時」而觀察樂。
	㉙樂「近同學」(親近同修學佛法者)。	㉙樂「近同學」(親近同修學佛法者)。	㉙於「同類」生(同修學佛法類)，見其功德，「常親近」樂。
㉚樂習「自然人」，(《摩訶般若波羅蜜經》	㉚樂於「非同學」(非同修學佛法者)中，心	㉚樂於「非同學」(非同修學佛法者)中，心	㉚於「異類」生(非同修學佛法類)，不見

云：云何是般若波羅蜜爲不可思議事故起？……所謂諸佛法、如來法、自然人法、一切智人法)不樂「忿不諦」(《佛說超日明三昧經》云：志樂欣喜，離忿不諦)。	無「恚礙」。	無「恚礙」。	「過失」，「無憎恚」樂。
㉛樂習「善友」。			㉛於諸善友，樂「親近」樂。
㉜樂遠(梵文原意指避開或回避)「惡友」。	㉜樂將護(衛護；避護；愍護；寬護；容護)「惡知識」(惡友)。(《大薩遮尼乾子所說經》云：愍念心。他惡來加，能忍將護，不生異相故……將護惡知識，供養善知識)	㉜樂將護(衛護；避護；愍護；寬護；容護)「惡知識」(惡友)。	㉜於諸惡友，樂「將護」(衛護；避護；愍護；寬護；容護)樂。(《大乘理趣六波羅蜜多經》云：樂將護惡人，亦當常遠離，崇重於賢善，是名眞智慧)
	㉛樂親近「善知識」(善友)。	㉛樂親近「善知識」(善友)。	
			㉝於巧方便，「善攝受」樂。
㉞樂於「好喜」。	㉞樂「心喜清淨」。	㉞樂「心喜清淨」。 ㉝**樂以「方便」引導眾生。**	㉞於諸法中，「歡喜信」樂。
㉟樂「無量道品」之法。	㉟樂修「無量道品」之法。	㉟樂修「無量道品」之法。	㉟於不放逸，修習一切菩提分法「最上妙」樂。
是為菩薩「樂法之樂」而以自娛。〉	是為菩薩「法樂」。〉	是為菩薩「法樂」。〉	如是諸姊！是為菩薩「大法苑樂」，此「法苑樂」諸大菩薩常住其中，汝等當樂。勿樂「欲樂」(五欲之樂)。〉

【四～18】諸玉女得「法樂」，不復樂五欲

三國吳・支謙譯 《維摩詰經》	姚秦・鳩摩羅什譯 《維摩詰所說經》	姚秦・鳩摩羅什譯 《維摩詰所說大乘經》	唐・玄奘譯 《說無垢稱經》
㊀於是「波旬」謂諸玉女： 我欲與汝，俱還天上。	㊀於是「波旬」告諸女言： 我欲與汝，俱還天宮。	㊀於是「波旬」告諸女言： 我欲與汝，俱還天宮。	㊀時「惡魔怨」告天女曰： 汝等可來，今欲與汝，俱還天宮。 ㊁諸女答言：惡魔汝去！我等不復與汝俱還。所以者何？
㊂曰： 以我等與此(維摩詰)居士「樂ㄠˋ 法之樂」，我等甚樂。非復樂ㄠˋ 「欲樂」也。	㊂諸女言： 以我等與此(維摩詰)居士「有法樂」，我等甚樂，不復樂ㄠˋ「五欲樂」也。	㊂諸女言： 以我等與此(維摩詰)居士「有法樂」，我等甚樂，不復樂ㄠˋ「五欲樂」也。	㊂汝以我等施此(維摩詰)居士，云何更得與汝等還(返還天宮)？我等今者樂ㄠˋ 「法苑樂」，不樂ㄠˋ 「欲樂」，汝可獨還！
㊃波旬言： 可捨居士(居士可捨)此諸玉女？(若能)以其所有，(而)施於彼者，是為(真正之大)菩薩。	㊃魔言： (維摩詰)居士！可捨此女？(能將自己)一切所有，(而)施於彼者，是為(真正之大)菩薩。	㊃魔言： (維摩詰)居士！可捨此女？(能將自己)一切所有，(而)施於彼者，是為(真正之大)菩薩。	㊃時「惡魔怨」白無垢稱： 唯，(維摩詰)大居士！可捨此女？(能將自己)一切所有，心「不耽著」而「惠施」者，是為菩薩摩訶薩也。
㊄維摩詰言： 〈我已捨矣！汝(你可帶諸玉女)便將去，使一切人遵承「法行」，所願皆得。〉	㊄維摩詰言： 〈我已捨矣！汝(你可帶諸玉女)便將去，令一切眾生得「法願」具足。〉	㊄維摩詰言： 〈我已捨矣！汝(你可帶諸玉女)便將去，令一切眾生得「法願」具足。〉	㊄無垢稱言： 〈吾已捨矣！汝可(你可帶諸玉女)將去，當令汝等一切有情「法願」滿足。〉

【四～１９】維摩詰為諸玉女宣說「無盡燈」法。菩薩令諸眾生發菩提心，而己之菩提無有窮盡，亦無退減

三國吳‧支謙譯《維摩詰經》	姚秦‧鳩摩羅什譯《維摩詰所說經》	姚秦‧鳩摩羅什譯《維摩詰所說大乘經》	唐‧玄奘譯《說無垢稱經》
㊀諸玉女即作禮而問言：我當云何止(還止居住)於「魔天」？(然後如何修行呢？)	㊀於是諸女問維摩詰：我等云何，止(還止居住)於「魔宮」？(然後如何修行呢？)	㊀於是諸女問維摩詰：我等云何，止(還止居住)於「魔宮」？(然後如何修行呢？)	㊀時諸天女禮無垢稱，而問之言：唯，(維摩詰)大居士！我等諸女(歸)還至「魔宮」，云何修行？
㊁維摩詰言：〈諸姊！有天名曰「無盡常開法門」，當從彼受。〉	㊁維摩詰言：〈諸姊！有法門名「無盡燈」，汝等當學。	㊁維摩詰言：〈諸姊！有法門名「無盡燈」，汝等當學。	㊁無垢稱言：〈諸姊！當知有妙法門名「無盡燈」，汝等當學。〉
㊂何謂「無盡常開法門」者？			㊂天女復問：云何名為「無盡燈」耶？
㊃〈譬如一燈，燃百千燈，冥者皆明，明終不盡。	㊃〈「無盡燈」者，譬如一燈，燃百千燈，冥者皆明，明終不盡。	㊃〈「無盡燈」者，譬如一燈，燃百千燈，冥者皆明，明終不盡。	㊃答言：〈諸姊！譬如一燈然百千燈，冥者皆明，明終不盡，亦無退減。
㊄如是，諸姊！夫「一菩薩」以道開導百千菩薩。	㊄如是，諸姊！夫「一菩薩」開導百千眾生，令發「阿耨多羅三藐三菩提心」。	㊄如是，諸姊！夫「一菩薩」開導百千眾生，令發「阿耨多羅三藐三菩提心」。	㊄如是，諸姊！夫「一菩薩」勸發建立百千俱胝「那庾多」(nayuta)眾，趣求「無上正等菩提」。
㊅其「道意」者，終不盡耗，而復增益。於是功德，不以導彼彼故，而有盡耗。	㊅於其「道意」亦不滅盡，隨所說法，而自「增益」一切善法。	㊅於其「道意」亦不滅盡，隨所說法，而自「增益」一切善法。	㊅而此菩薩「菩提之心」，終無有盡，亦無退減，轉更「增益」。
㊆是故名曰「無	㊆是名「無盡燈」	㊆是名「無盡燈」	㊆如是為他「方

盡常開法門」也。	也。	也。	便善巧」宣說正法，於諸善法，轉更增長。終無有盡，亦無退減。諸姊！當知此妙法門名「無盡燈」，汝等當學。
㊇汝等(諸姊)當從其受，魔界無數天子、玉女，未有可此「道意」如汝等者，於如來為有「返復法」(意報佛恩也)。〉	㊇汝等(諸姊)雖住魔宮，以是「無盡燈」，令無數天子、天女，發「阿耨多羅三藐三菩提心」者，為「報佛恩」，亦大饒益(豐饒助益)一切眾生。〉	㊇汝(諸姊)等雖住魔宮，以是「無盡燈」，令無數天子、天女，發「阿耨多羅三藐三菩提心」者，為「報佛恩」，亦大饒益(豐饒助益)一切眾生。〉	㊇(諸姊)雖住魔宮，當勸無量天子、天女發「菩提心」。汝等即名知「如來恩」，真實酬報，亦是饒益(豐饒助益)一切有情。〉
㊈為一切人說已，魔與眷屬皆去。	㊈爾時天女，頭面禮維摩詰足，隨魔還宮，忽然不現。	㊈爾時天女，頭面禮維摩詰足，隨魔還宮，忽然不現。	㊈是諸天女，恭敬頂禮無垢稱足，時無垢稱捨「先制持惡魔神力」，令「惡魔怨」與諸眷屬「忽然不現」，還於本宮。
㊉維摩詰所，感動如是。世尊！故(持世菩薩)我不任詣彼問疾。	㊉世尊！維摩詰有如是自在神力，智慧辯才，故(持世菩薩)我不任詣彼問疾。	㊉世尊！維摩詰有如是自在神力，智慧辯才，故(持世菩薩)我不任詣彼問疾。	㊉世尊！是無垢稱有如是等自在神力，智慧辯才變現說法，故(持世菩薩)我不任詣彼問疾。

【四～２０】佛遣長者子善德前往問疾

三國吳・支謙譯《維摩詰經》	姚秦・鳩摩羅什譯《維摩詰所說經》	姚秦・鳩摩羅什譯《維摩詰所說大乘經》	唐・玄奘譯《說無垢稱經》
㊀佛告長者子善見(sudatta)：	㊀佛告長者子善德(sudatta)：	㊀佛告長者子善德(sudatta)：	㊀爾時世尊告長者子蘇達多

汝行詣維摩詰問疾。 ㊁善見白佛言：我不堪任(不夠資格；不堪適任)詣彼問疾。所以者何？ ㊂憶念我昔，在諸父舍，盛祀「大祠」，至于七日。	汝行詣維摩詰問疾。 ㊁善德白佛言：世尊！我不堪任(不夠資格；不堪適任)詣彼問疾。所以者何？ ㊂憶念我昔，自於父舍，設「大施會」(盛大的祭祀法會)，供養一切沙門、婆羅門，及諸外道、貧窮、下賤、孤獨、乞人。期滿七日。	汝行詣維摩詰問疾。 ㊁善德白佛言：世尊！我不堪任(不夠資格；不堪適任)詣彼問疾。所以者何？ ㊂憶念我昔，自於父舍，設「大施會」，供養一切沙門、婆羅門，及諸外道、貧窮、下賤、孤獨、乞人。期滿七日。	(sudatta)言：汝應往詣無垢稱所，問安其疾。 ㊁時蘇達多白言：世尊！我不堪任(不夠資格；不堪適任)詣彼問疾。所以者何？ ㊂憶念我昔，自於父舍，七日七夜作「大祠會」(盛大的祭祀法會)，供養一切沙門、婆羅門，及諸外道、貧窮、下賤、孤獨、乞人。而此「大祠」期滿七日。

【四～21】「法施之會」乃無前無後，一時供養一切眾生，即是圓滿法施

三國吳・支謙譯《維摩詰經》	姚秦・鳩摩羅什譯《維摩詰所說經》	姚秦・鳩摩羅什譯《維摩詰所說大乘經》	唐・玄奘譯《說無垢稱經》
㊀時維摩詰來入祠壇。謂我言：〈長者子！不當「祀祠」如眾人祠，當祀「法祠」。何用是「思欲祠」為？〉 ㊁我問：何如為「法之祠祀」？ ㊂維摩詰言：	㊀時維摩詰來入會中，謂我言：〈長者子！夫「大施會」，不當如汝所設，當為「法施之會」，何用是「財施會」為？〉 ㊁我言：(維摩詰)居士！何謂「法施之會」？ ㊂(維摩詰)答曰：	㊀時維摩詰來入會中，謂我言：〈長者子！夫「大施會」，不當如汝所設，當為「法施之會」，何用是「財施會」為？〉 ㊁我言：(維摩詰)居士！何謂「法施之會」？ ㊂(維摩詰)答曰：	㊀時無垢稱來入會中，而謂我言：〈唯，長者子！夫「祠會」者，不應如汝今此所設。汝今應設「法施祠會」，何用如是「財施祠」為？〉 ㊁我言：(維摩詰)居士！何等名為「法施祠會」？ ㊂(維摩詰)彼答我

〈其為祠者，無本行故，敬侍眾人，是即「法祠」。〉	〈「法施會」者，無前無後(沒有先後的時間問題，也沒有所謂七天的上限問題)，一時供養一切眾生，是名「法施之會」。〉	〈「法施會」者，無前無後(沒有先後的時間問題，也沒有所謂七天的上限問題)，一時供養一切眾生，是名「法施之會」。〉	言：〈「法施祠」者，無前無後(沒有先後的時間問題，也沒有所謂七天的上限問題)，一時供養一切有情，是名圓滿「法施祠會」。

「法施之會」乃無前無後，一時供養一切眾生，即是圓滿法施。

慈、悲、喜、捨」皆是「法施之會」。

「六度」波羅蜜皆是「法施之會」。

勸修「空、無相、無願」等皆是「法施之會」。

勸修「淨命、調伏心、深心、多聞、無諍法」等皆是「法施之會」。

修「福、智、慧」，斷煩惱、得一切智慧等皆是「法施之會」。

《正法念處經・卷第三十一》

(1)若為「財物」故，與人說法，不以「悲心」利益眾生而取財物，是名「下品」之法施也。是「下法施」，不以「善心」為人說法，唯為「財利」，不能自身如說修行，是名「下施」。

(2)若以「說法」而得「財物」，或用飲酒，或與女人共飲共食，如伎兒法，自賣求財，如是法施，**其果甚少**……是等「法施之人」，生於天上，作「智慧鳥」，能說偈頌，是則名曰「下法施」也。

(3)**云何名為**「中法施」**耶？**為「名聞」故，為「勝他」故，為欲勝「餘大法師」故。為人說法，或以「妬心」為人說法。**如是法施，得報亦少。生於天中，受「中果報」。或**生人中，如是帝釋天王……是則名曰「中法施」也。

(4)**云何名為**「上法施」**耶？**以「清淨心」，為欲增長眾生智慧，而為說法。不為「財利」，為令「邪見」諸眾生等，住於「正法」。

(5)**如是法施**，自利利人，無上最勝，乃至涅槃，其福不盡。是則名曰「上法施」也……

(6)「下法施」，說布施法，不說「智慧」。

「中法施」者，說於「持戒」。

「上法施」者，說於「智慧解脫」。

(7)「下智慧」者，為人說法，少人解悟，說「布施」法，唯說「布施」，不說餘法……

(8)云何名曰「中法施」耶？說於「持戒」相應之法，以修其心，是「中智慧」……

(9)云何名為「上法施」耶？說智(慧)功德，以修思心，不求恩惠。唯為利他，而演說法，說「欲」過惡，欲味繫縛，「出離」為樂，令邪見者，住於正法，說於清淨離垢之法，是「上法施」。

「下等」的法施者，只說「布施」一法，不說「智慧」。

「中等」的法施者，只說「持戒」一法，不說「解脫與智慧」。

「最上等」的法施者，既會說布施、持戒，更要說「智慧與解脫」。

所以對人說：「你要一直布施的法」。其實這算是「下等的法施」。

如果一直說：「只需要持戒即可，其餘的都不必學」。其實這算是「中等的法施」。

「最上等」的法布施者，都叫人要「布施、持戒」外，還要教人「智慧」與「如何解脫輪迴」。

【四～22】「慈、悲、喜、捨」皆是「法施之會」。底下約有32條

三國吳・支謙譯《維摩詰經》	姚秦・鳩摩羅什譯《維摩詰所說經》	姚秦・鳩摩羅什譯《維摩詰所說大乘經》	唐・玄奘譯《說無垢稱經》
為之柰何？ 〈謂：	曰：何謂也？ 〈謂：	曰：何謂也？ 〈謂：	其事云何？ 〈謂：
❶為「佛事」，(而)不斷「慈」。	❶以(為)「菩提」，(生)起於「慈心」。	❶以(為)「菩提」，(生)起於「慈心」。	❶以無上「菩提」行相，引發(生起)「大慈」。
❷為「人事」，(而)不斷「悲」。	❷以(為)「救眾生」，(生)起「大悲心」。	❷以(為)「救眾生」，(生)起「大悲心」。	❷以諸有情「解脫」行相，引發(生起)「大悲」。
❸為「法事」，(而)不斷「喜」。	❸以(為)「持正法」，(生)起於「喜心」。	❸以(為)「持正法」，(生)起於「喜心」。	❸以諸有情「隨喜」行相，引發(生起)「大喜」。
❹為「慧力」，(而)	❹以(為)「攝智慧」，	❹以「(為)攝智慧」，	❹以「攝正法、攝

不斷「護」。	(而)行於「捨心」。	(而)行於「捨心」。	智」行相，引發(生起)「大捨」。

【四～23】「六度」波羅蜜皆是「法施之會」

三國吳・支謙譯《維摩詰經》	姚秦・鳩摩羅什譯《維摩詰所說經》	姚秦・鳩摩羅什譯《維摩詰所說大乘經》	唐・玄奘譯《說無垢稱經》
❺為「布施」，(而)不斷「檀」。	❺以(爲)攝「慳貪」，(生)起「檀」波羅蜜。	❺以(爲)攝「慳貪」，(生)起「檀」波羅蜜。	❺以善「寂靜調伏」行相，引發「布施」波羅蜜多。
❻「戒」化人，(而)不斷「戒」。	❻以(爲)化「犯戒」，(生)起「尸」羅波羅蜜。	❻以(爲)化「犯戒」，(生)起「尸」羅波羅蜜。	❻以化「犯禁」有情行相，引發「淨戒」波羅蜜多。
❼知「非我」，(而)不斷「忍」。	❼以(爲)「無我法」，(生)起「羼提」(忍辱)波羅蜜。	❼以(爲)「無我法」，(生)起「羼提」(忍辱)波羅蜜。	❼以一切法「無我」行相，引發「堪忍」波羅蜜多。
❽「身意行」，(而)不斷「精進」。	❽以(爲)「離身心相」，(生)起「毘梨耶」(精進)波羅蜜。	**❾以(爲)「菩提相」(此指七覺支)，(生)起「毗梨耶」(精進)波羅蜜。**	❽以「善遠離身」心行相，引發「精進」波羅蜜多。
❾惟「道事」，(而)不斷「禪思」(禪定)。	❾以(爲)「菩提相」(此指七覺支)，(生)起「禪」(禪定)波羅蜜。	**❽以(爲)「離身心相」，(生)起「禪」(禪定)波羅蜜。**	❾以其最勝「覺支」(七覺支)行相，引發「靜慮」(禪定)波羅蜜多。
❿為「博聞」，(而)不斷「智慧」。	❿以(爲)「一切智」，(生)起「般若」波羅蜜。	❿以(爲)「一切智」，(生)起「般若」波羅蜜。	❿以聞「一切智智」行相，引發「般若」波羅蜜多。

【四～24】勤修「空、無相、無願」等皆是「法施之會」

三國吳・支謙譯《維摩詰經》	姚秦・鳩摩羅什譯《維摩詰所說經》	姚秦・鳩摩羅什譯《維摩詰所說大乘經》	唐・玄奘譯《說無垢稱經》
⓫若無施，(而)不斷惟「空」。	⓫(爲)「教化」眾生，而(生)起於「空」。	⓫(爲)「教化」眾生，而(生)起於「空」。	⓫以「化」一切眾生行相，引發「修

			空」。
⑫行「俗數」中，(而)不斷「無相」。	⑫(為)不捨「有為法」，而(生)起「無相」。	⑫(為)不捨「有為法」，而(生)起「無相」。	⑫以治「一切有為」行相，引發「無相」。
⑬在所「墮生」，(而)不斷「無願」。	⑬(為)示現「受生」，而(生)起「無作」(梵文原意指無願)。	⑬(為)示相「受生」，而(生)起「無願」。	⑬以故作意「受生」行相，引發「無願」。
⑭「護持」正法，(而)不斷力行。	⑭(為)「護持」正法，(生)起「方便力」。	⑭(為)「護持」正法，(生)起「方便力」。	⑭以「善攝受正法」行相，引發「大力」。
⑮以「恩」(❶布施攝❷愛語攝❸利行攝❹同事攝)會人，(而)不斷「壽命」。	⑮以(為)度眾生，(生)起「四攝法」(❶布施攝❷愛語攝❸利行攝❹同事攝)。	⑮以(為)度眾生，(生)起「四攝法」(❶布施攝❷愛語攝❸利行攝❹同事攝)。	⑮以「善修習攝事」(❶布施攝❷愛語攝❸利行攝❹同事攝)行相，引發「命根」(有情眾生之命)。
⑯知人「如如」，(而)不斷「謙敬」。	⑯以「敬事」一切，(生)起「除慢法」。	⑯以(為)「敬事」一切，(生)起「除慢法」。	⑯以如一切有情(之)「僕隸敬事」行相，引發「無慢」。
⑰堅其「德本」，(而)不斷「命、財」。	⑰於「身、命、財」，起「三堅法」。(指捨棄「身、命、財」三「無常法」，進而獲金剛不壞之堅固身、法身慧命之堅固命、無盡法財之堅固財)	⑰於「身、命、財」，起「三堅法」(指捨棄「身、命、財」三「無常法」，進而獲金剛不壞之堅固身、法身慧命之堅固命、無盡法財之堅固財)。	⑰以「不堅實」貿易(之)一切「堅實」行相，引發證得堅「身、命、財」。
⑱為「六思念」(念佛、念法、念僧、念戒、念施、念天)，(而)不斷其「念」。	⑱於「六念」(念佛、念法、念僧、念戒、念施、念天)中，(生)起「思念法」。	⑱於「六念」(念佛、念法、念僧、念戒、念施、念天)中，(生)起「思念法」。	⑱以其「六種隨念」(念佛、念法、念僧、念戒、念施、念天)行相，引發「正念」。
⑲行「六堅法」(與眾生需有六種的「和同愛	⑲於「六和敬」(與眾生需有六種的「和同愛	⑲於「六和敬」(與眾生需有六種的「和同愛	⑲以修「淨妙」諸法(與眾生需有六種的「和

敬」，身和敬、口和敬、意和敬、戒和敬、見和敬、利和敬)，(而)不斷「學意」。	敬」，身和敬、口和敬、意和敬、戒和敬、見和敬、利和敬)，(生)起「質直心」。	敬」，身和敬、口和敬、意和敬、戒和敬、見和敬、利和敬)，(生)起「質直心」。	同愛敬」，身和敬、口和敬、意和敬、戒和敬、見和敬、利和敬)行相，引發「意樂」。

【四～25】勸修「淨命、調伏心、深心、多聞、無諍法」等皆是「法施之會」

三國吳・支謙譯《維摩詰經》	姚秦・鳩摩羅什譯《維摩詰所說經》	姚秦・鳩摩羅什譯《維摩詰所說大乘經》	唐・玄奘譯《說無垢稱經》
⑳修「正受」，(而)不斷「淨命」。	⑳正行「善法」，(生)起於「淨命」。(比丘遠離四種「邪命法」而以清淨的方式活命，即「八正道」中之「正命」)	⑳正行「善法」，(生)起於「淨命」。(比丘遠離四種「邪命法」而以清淨的方式活命，即「八正道」中之「正命」)	⑳以勤修習「正行」行相，引發「淨命」。
㉑行「好喜」，(而)不斷「習真」。	㉑「心淨」歡喜，(生)起近「賢聖」。	㉑「心淨」歡喜，(生)起近「賢聖」。	㉑以「淨歡喜親近」行相，引發親近承事「聖賢」。
㉒「斷意」不生，(而)不斷「愚人」。	㉒不「憎惡人」，(生)起「調伏心」。	㉒不「憎惡人」，(生)起「調伏心」。	㉒以「不憎恚非聖」行相，引「調伏心」。
㉓為「沙門」，(而)不斷「正性(涅槃、聖道)」。	㉓以「出家法」，(生)起於「深心」。	㉓以「出家法」，(生)起於「深心」。	㉓以「善清淨出家」行相，引發「清淨增上意樂」。
㉔善「諷受」，(而)不斷「聞德」。	㉔以「如說行」(如此說而起修行)，(生)起於「多聞」。	㉔以「如說行」(如此說而起修行)，(生)起於「多聞」。	㉔以常「修習中道」(據梵文原意作「修行」，非指「中道」義)行相，引發方便「善巧多聞」。
㉕「山澤」受法，(而)不斷「閑居」。	㉕以「無諍法」，(生)起「空閑處」。	㉕以「無諍法」，(生)起「空閑處」。	㉕以「無諍法」通達行相，引發常居「阿練若處」。
㉖念生「佛慧」，(而)	㉖趣向「佛慧」，(生)	㉖趣向「佛慧」，(生)	㉖以正趣求「佛智」

不斷「宴坐」。 ㉗為「一切勞」，(而)不斷「賢者」。	起於「宴坐」。 ㉗解「眾生縛」，(生)起「修行地」(修行的各種階段)。	起於「宴坐」。 ㉗解「眾生縛」，(生)起「修行地」。	行相，引發「宴坐」。 ㉗以正息除一切有情「煩惱」行相，引發善修「瑜伽師地」(瑜伽師亦指「修行者」)。

【四～26】修「福、智、慧」，斷煩惱、得一切智慧等皆是「法施之會」

三國吳・支謙譯《維摩詰經》	姚秦・鳩摩羅什譯《維摩詰所說經》	姚秦・鳩摩羅什譯《維摩詰所說大乘經》	唐・玄奘譯《說無垢稱經》
㉘行地嚴飾(莊嚴淨飾)相，及「佛國」，(而)不斷「分部福行」。	㉘以具相好，及「淨佛土」，(生)起「福德業」。	㉘以具相好，及「淨佛土」，(生)起「福德業」。	㉘以具相好，成熟有情「莊嚴清淨佛土」行相，引發廣大「妙福」資糧。
㉙隨眾人「行」而為說法，(而)不斷「分部智慧」。	㉙知一切眾生「心念」，如應說法，(生)起於「智業」。	㉙知一切眾生「心念」，如應說法，(生)起於「智業」。	㉙以知一切有情「心行」，隨其所應說法行相，引發廣大「妙智」資糧。
	㉚知一切法，不取不捨，入「一相門」(唯一的實相法門)，(生)起於「慧業」。	㉚知一切法，不取不捨，入「一相門」(唯一的實相法門)，(生)起於「慧業」。	㉚以於諸法「無取、無捨」，「一正理門」(唯一的實相法門)悟入行相，引發廣大「妙慧」資糧。
㉛斷眾勞厄「諸不善法」，(而)不斷分部「一切德本」。	㉛斷一切煩惱、一切障礙、一切不善法，(生)起「一切善業」。	㉛斷一切煩惱、一切障礙、一切不善法，(生)起「一切善念」。	㉛以斷一切「煩惱習氣」諸不善法障礙行相，引發證得「一切善法」。

㉜「一切智覺」、一切善法，具足不斷。以「道品正法」懷來一切，是為「法之祠祀」。	㉜以得「一切智慧」、「一切善法」，(生)起於一切「助佛道法」。	㉜以得「一切智慧」、「一切善法」，(生)起於一切「助佛道法」。	㉜以隨覺悟「一切智智」，一切善法資糧行相。引發證得一切所修「菩提分法」。
菩薩立「法祠」者，為得祠祀，最偶(幸運)之福，為世間上。〉	如是，善男子！是為「法施之會」。若菩薩住是「法施會」者，為大施主，亦為一切世間福田。〉	如是，善男子！是為「法施之會」。若菩薩住是「法施會」者，為大施主，亦為一切世間福田。〉	汝善男子！如是名為「法施祠會」。若諸菩薩安住如是「法施祠會」，名大施主，普為世間天人供養。〉

【四～27】善德聞法，供瓔珞於維摩詰；轉供「最貧賤乞人」及光明世界難勝如來

三國吳・支謙譯《維摩詰經》	姚秦・鳩摩羅什譯《維摩詰所說經》	姚秦・鳩摩羅什譯《維摩詰所說大乘經》	唐・玄奘譯《說無垢稱經》
㊀當其，世尊！(維摩詰)說是法時，梵志衆中二百婆羅門，發「無上正真道意」。	㊀世尊！維摩詰說是法時，婆羅門衆中二百人，皆發「阿耨多羅三藐三菩提心」。	㊀世尊！維摩詰說是法時，婆羅門衆中二百人，皆發「阿耨多羅三藐三菩提心」。	㊀世尊！彼大居士(維摩詰)說此法時，梵志衆中二百梵志，皆發「無上正等覺心」。
㊁(善德長者子)我時甚自雅奇，得與「正士高行者」會，便解頸百千珠瓔，以上之(供養維摩詰)。不肯取。	㊁(善德長者子)我時心得清淨，歎未曾有！稽首禮維摩詰足，即解瓔珞價直百千，以上之(供養維摩詰)。不肯取。	㊁(善德長者子)我時心得清淨，歎未曾有！稽首禮維摩詰足，即解瓔珞價直百千，以上之(供養維摩詰)。不肯取。	㊁(善德長者子)我於爾時，歎未曾有！得淨歡喜。恭敬頂禮彼大士足，解寶瓔珞價直百千，慇懃奉施(供養維摩詰)。彼不肯取。
㊂我言：(維摩詰)取是，如有所悅(可悅之人)，自可與之。	㊂我言：(維摩詰)居士！願必納受，隨意所與。	㊂我言：(維摩詰)居士！願必納受，隨意所與。	㊂我言：(維摩詰)大士！哀愍我故，願必納受。若自不

			須，(隨你)心所信處(可信之處;可信之人)，隨意施與。
㊃維摩詰乃取珠瓔，分作兩分。仍如祠舍，持一分與諸「下劣國中貧者」。又持一分奉彼頭波變如來至真等正覺。	㊃維摩詰乃受瓔珞，分作二分。持一分施此會中一「最下乞人」，持一分奉彼難勝如來。	㊃維摩詰乃受瓔珞，分作二分。持一分施此會中一「最下乞人」，持一分奉彼難勝如來。	㊃時無垢稱乃受瓔珞，分作二分。一分施此大祠會中「最可厭毀、貧賤乞人」。一分奉彼難勝如來。
㊄(維摩詰以神力令眾)并見其衆及國土，頭波變(漢言:固受)其國名炎氣，皆見珠瓔懸(於)彼佛上，變成彼佛，珠交露棚。	㊄(維摩詰以神力令)一切衆會皆見光明國土難勝如來。又見珠瓔在彼佛上，變成「四柱寶臺」，四面嚴飾(莊嚴淨飾)，不相障蔽。	㊄(維摩詰以神力令)一切衆會皆見光明國土難勝如來。又見珠瓔在彼佛上，變成「四柱寶臺」，四面嚴飾(莊嚴淨飾)，不相障蔽。	㊄(維摩詰)以「神通」力，令諸大衆皆見他方陽焰世界難勝如來。又見所施一分珠瓔，在彼佛上成「妙寶臺」，四方「四臺」，等分間飾，種種莊嚴，甚可愛樂。

《大方廣十輪經・卷第七》

(1)復次善男子！若成就「十輪菩薩」摩訶薩，從初發心，一切「五欲」皆悉捨離，勝於一切「聲聞、辟支佛」人，亦能為彼「二乘」而作福田。何等為十？

(2)常行布施，所謂飲食、衣服、象馬、輦輿，乃至己身手足、頭目、髓腦、耳鼻、皮骨、血肉，一一皆捨。

(3)若行施時，不著軀命。亦不為己求世間法、出世間樂，恒念度脫一切眾生。修大慈悲，巧方便智。

(4)如是「心」施於諸眾生，為令一切皆得「安樂」故施，為滅一切眾生「結使」故施。

(5)不受「後有」(來生受報)故施，不「麁心」故施，無「嫉妬」故施，乃至(於)「最下乞人」亦如是施。

(6)不為「受報」故施，不求「聲聞、辟支佛」故施。求「一切種智」故施，乃至一人，亦常如是修行於施，是名菩薩摩訶薩「心施」，成就初輪莊嚴法施。

【四～28】平等布施「最下乞人」，猶如「如來福田之想」，

則名為具足法施

三國吳・支謙譯《維摩詰經》	姚秦・鳩摩羅什譯《維摩詰所說經》	姚秦・鳩摩羅什譯《維摩詰所說大乘經》	唐・玄奘譯《說無垢稱經》
㊀既見是「化」(指維摩詰以神力,令諸大眾皆見難勝如來),又聞其言:	㊀時,維摩詰現「神變」(指維摩詰以神力,令諸大眾皆見難勝如來)已,又作是言:	㊀時,維摩詰現「神變」(指維摩詰以神力,令諸大眾皆見難勝如來)已,又作是言:	㊀現如是等「神變」(指維摩詰以神力,令諸大眾皆見難勝如來)事已,復作是言:
〈如是仁人施者,得近「如來」,而上「達嚫」(dakṣiṇā 財施)不以想。施貧亦「等」,無若干念。有「大悲意」,不望其報,惠此「法祠」為具足已。〉	〈若施主「(平)等心施」一「最下乞人」,猶如「如來福田之相」,無所「分別」。(同)等于大悲,不求果報,是則名曰「具足法施」。〉	〈若施主「(平)等心施」一「最下乞人」,猶如「如來福田之相」,無所「分別」。(同)等於大悲,不求果報,是則名曰「具足法施」。〉	〈若有施主,以「平等心」,施此會中「最下乞人」,猶如「如來福田之想」,無所「分別」,其心平等。大慈大悲,普施一切,不求果報,是名圓滿「法施祠ㄘˊ 祀ㄙˋ」。〉
㊁國中「貧人」見是(維摩詰之)「變化」,聞彼佛語,皆發「無上正真道意」。	㊁城中一「最下乞人」,見是(維摩詰之)「神力」,聞其所說,皆發「阿耨多羅三藐三菩提心」。	㊁城中一「最下乞人」,見是(維摩詰之)「神力」,聞其所說,皆發「阿耨多羅三藐三菩提心」。	㊁時「此乞人」見彼(維摩詰之)「神變」,聞其所說,得不退轉增上意樂,便發「無上正等覺心」。
㊂故(善德長者子)我不任詣彼問疾!	㊂故(善德長者子)我不任詣彼問疾!	㊂故(善德長者子)我不任詣彼問疾!	㊂世尊!彼(維摩詰)大居士具如是等「自在神變」,無礙辯才。故(善德長者子)我不任詣彼問疾!
㊃如是一切菩薩等,各稱其所說,不任詣彼!	㊃如是諸菩薩各各向佛說其本緣,稱述維摩詰所言,皆曰:不任詣彼問疾!	㊃如是諸菩薩各各向佛說其本緣,稱述維摩詰所言,皆曰:不任詣彼問疾!	㊃如是,世尊!一一別告諸大菩薩,令往居士無垢稱所,問安其疾。是諸菩薩各各向佛

			說其本緣，讚述大士無垢稱言，皆曰：不任詣彼問疾！

《大方廣佛華嚴經‧卷第四十一》

佛子！菩薩摩訶薩有十種「淨施」。何等為十？所謂：

(1)「平等心」施，無惡眾生故。

(2)「隨意」施，滿一切願故。

(3)「無亂心」施，「不退轉」故。

(4)「隨」應供施，分別了知「福伽羅」(pudgala 人、眾生、數取趣)故。

(5)「不選擇」施，不求「果報」故。

(6)一向(一心專向)施，於一切物「心無著」故。

(7)「內、外」一切施，究竟清淨故。

(8)「迴向菩提」施，遠離「有為、無為」故。

(9)教化成熟「眾生」施，乃至「道場」不捨離故。

(10)三種圓滿清淨施，「施者、受者、財物」平等清淨如虛空故。

佛子！是為菩薩摩訶薩十種「淨施」；若菩薩摩訶薩安住此施，則得一切諸佛無上清淨大施。

《得無垢女經》(一名《論義辯才法門》)

諸菩薩摩訶薩成就四法，得「大富樂」。何等為四？

一者、平等心施。

二者、施不望報。

三者、心開(真心開悟)多信(具足信心)。

四者、能知眾生心行。

文殊師利問疾品第五

【五～1】佛遣文殊師利菩薩前往問疾

三國吳・支謙譯《維摩詰經》	姚秦・鳩摩羅什譯《維摩詰所說經》	姚秦・鳩摩羅什譯《維摩詰所說大乘經》	唐・玄奘譯《說無垢稱經》
【諸法言品第五】	卷中 【文殊師利問疾品第五】	卷中 【文殊師利問疾品第五】	卷三 【問疾品第五】
㊀佛復告文殊師利(漢言:濡首)：汝詣維摩詰問疾。	㊀爾時佛告文殊師利：汝行詣維摩詰問疾。	㊀爾時佛告文殊師利：汝行詣維摩詰問疾。	㊀爾時佛告妙吉祥言：汝今應詣無垢稱所，慰問其疾。
㊁文殊師利白佛言：世尊！	㊁文殊師利白佛言：世尊！	㊁文殊師利白佛言：世尊！	㊁時妙吉祥白言： 世尊！
	❶彼上人(維摩詰)者，難為訓ㄔㄡˊ對(應對：對答)。	❶彼上人(維摩詰)者，**心意深妙**。	❶彼大士(維摩詰)者，難為酬ㄔㄡˊ對(應對：對答)。
❷彼維摩詰雖優婆塞，入深法要。	❷深達實相，善說法要。	❷深達實相，善說法要。	❷深入法門，善能辯說。
❸其德至淳，以「辯才」立，「智」不可稱。	❸「辯才」無滯，「智慧」無礙。	❸**通達真俗**，「辯才」無滯，「智慧」無礙。「**悲憫、慈視**」**一切眾生**。	❸住妙「辯才」，「覺慧」無礙。
❹一切「菩薩法式」悉聞。	❹一切「菩薩法式」悉知。	❹一切「**菩薩萬行**」悉知。	❹一切「菩薩所為事業」，皆已成辦。
❺諸佛「藏處」，無不得入。	❺諸佛「祕藏」，無不得入。	❺諸佛「祕藏」，無不得入。	❺諸大菩薩及諸如來「祕密之處」，悉能隨入。
❻進御「眾魔」，降之以德。	❻降伏「眾魔」。	❻降伏「眾魔」。	❻善攝「眾魔」，巧便無礙。

		⑩遊戲神通。	
		⑪其「慧方便」，皆已得度。	
		❼已獲甚深「不二」法性。	❼已到最勝「無二、無雜」；法界所行「究竟彼岸」。
		❽種種演說「一真實相」。	❽能於「一相莊嚴法界」，說「無邊相莊嚴」法門。
		❾了達一切眾生「根器」。	❾了達一切有情「根行」。
⑩務行權慧，非徒戲食。	⑩遊戲神通。		⑩善能「遊戲」最勝神通。
	⑪其「慧方便」，皆已得度(通達)。	**⑪隨示「方便」，度脫眾生。**	⑪到(達)「大智慧巧方便」趣。
			⑫已得一切「問答決擇」；無畏自在。
		⑬以如是故，難為酬對。	⑬非諸下劣「言辯詞鋒」所能抗對。
㊂然猶復求「依佛住者」，欲於其中，開度十方。	㊂雖然，當「承佛聖旨」，詣彼問疾。	㊂雖然，當「承佛聖旨」，詣彼問疾。	㊂雖然，我當「承佛威神」，詣彼問疾。若當至彼，隨己力能，與其談論。

【五～2】維摩詰以神力「空」其室，盡除一切及諸侍者。唯置一床，以疾而臥

三國吳・支謙譯《維摩詰經》	姚秦・鳩摩羅什譯《維摩詰所說經》	姚秦・鳩摩羅什譯《維摩詰所說大乘經》	唐・玄奘譯《說無垢稱經》

㊀於是「眾菩薩、大弟子(大聲聞)、釋、梵、四天王」皆念：	㊀於是眾中「諸菩薩、大弟子(大聲聞)、釋、梵、四天王」等，咸作是念：	㊀於是眾中「諸菩薩、大弟子(大聲聞)、釋、梵、四天王」等，咸作是念：	㊀於是眾中有「諸菩薩」及「大弟子(大聲聞)、釋、梵、護世諸天子」等，咸作是念：
㊁今得文殊師利與維摩詰二人共談，不亦具足「大道說」哉！	㊁今二大士，文殊師利、維摩詰共談，必(定)說「妙法」！	㊁今二大士，文殊師利、維摩詰共談，必(定)說「妙法」！	㊁今二菩薩皆具甚深廣大勝解，若相抗論，決定宣說「微妙法教」。我等今者，為聞法故，亦應相率，隨從詣彼。
㊂即時「八千菩薩、五百弟子(聲聞)、百千「天、人」，同意欲行。	㊂即時「八千菩薩、五百聲聞、百千「天、人」皆欲隨從。	㊂即時「八千菩薩、五百聲聞、百千「**天子、天女**」皆欲隨從。	㊂是時眾中「八千菩薩、五百聲聞」，無量百千「釋、梵、護世諸天子」等，為聞法故，皆請隨往。
㊃於是文殊師利與「諸菩薩、大弟子」(大聲聞)，及「諸天、人眷屬」圍遶，俱入維耶離(Vaiśālī)大城。	㊃於是文殊師利與「諸菩薩、大弟子眾」(大聲聞)及「諸天、人」，恭敬圍繞，入毘耶離(Vaiśālī)大城。	㊃於是文殊師利與「諸菩薩、大弟子眾」(大聲聞)及「諸天、人」，恭敬圍繞，入毘耶離(Vaiśālī)大城。	㊃時妙吉祥與「諸菩薩、大弟子眾(大聲聞)、釋、梵、護世」及「諸天子」，咸起恭敬，頂禮世尊，前後圍繞，出菴羅林(āmra)，詣廣嚴城(Vaiśālī)，至無垢稱所，欲問其疾。
㊄長者維摩詰心念：今文殊師利與大眾俱來！	㊄爾時長者維摩詰心念：今文殊師利與大眾俱來！	㊄爾時長者維摩詰心念：今文殊師利與大眾俱來！	㊄時無垢稱心作是念：今妙吉祥與諸大眾俱來問疾！ ㊅我今應以己之神力「空」其室內，除去一切「床座、

			資具(資生之具)」及「諸侍者、衛門人」等。唯置一床，現疾而臥。
㊆吾將立「空」室，合座為「一座」，以疾而臥。	㊆即以神力「空」其室內，除去「所有」及「諸侍者」。唯置「一床」，以疾而臥。	㊆即以神力「空」其室內，除去「所有」及「諸侍者」。唯置「一床」，以疾而臥。	㊆時無垢稱作是念已，應時即以大神通力，令其室「空」，除諸所有。唯置「一床」，現疾而臥。
㊇文殊師利既入其舍，見其室「空」，除去所有，更寢「一床」。	㊇文殊師利既入其舍，見其室「空」，無諸所有，獨寢「一床」。	㊇文殊師利既入其舍，見其室「空」，無諸所有，獨寢「一床」。	㊇時妙吉祥與諸大衆俱入其舍，但見室「空」，無諸「資具、門人、侍者」，唯無垢稱獨寢「一床」。

【五～3】不來而來，不見而見，不聞而聞。非已、未去。非已、未來。非已、未見。非已、未聞

三國吳・支謙譯《維摩詰經》	姚秦・鳩摩羅什譯《維摩詰所説經》	姚秦・鳩摩羅什譯《維摩詰所說大乘經》	唐・玄奘譯《說無垢稱經》
㊀維摩詰言：勞乎(勞駕您來)！文殊師利！	㊀時維摩詰言：善來！文殊師利！	㊀時維摩詰言：善來！文殊師利！	㊀時無垢稱見妙吉祥，唱言：善來！
不面在昔，辱來相見。	不來(之)相而來，不見(之)相而見。	不來(之)相而來，不**相**(之)**見**而見。	不來而來，不見而見，不聞而聞。
	㊁文殊師利言：如是，居士！若來已，更不來。若去已，更不去。所以者何？	㊁文殊師利言：如是，居士！若來已，更不來。若去已，更不去。所以者何？	㊁妙吉祥言：如是，居士！若已來者，不可復來。若已去者，不可復去。所以者何？

	來者，無所從來。 去者，無所至。 所可見者，更不可見。	來者，無所從來。 去者，無所至。 所可見者，更不可見。	非(真實有)已來者，可「施設」(假名稱為)來。 非(真實有)已去者，可「施設」(假名稱為)去。 其已見者，不可復見。 其已聞者，不可復聞。
㊂文殊師利言：如何？(維摩詰)居士！ ❶忍斯種作疾？ ❷❸❹寧有損？ ❺不至增乎？	㊂且置是事，(維摩詰)居士！ ❶是疾寧可忍不？ ❷❸❹療治有損？ ❺不至增乎？	㊂且置是事，(維摩詰)居士！ ❶是疾寧可忍不？ ❷❸❹療治有損？ ❺不至增乎？	㊂且置是事，(維摩詰)居士！ ❶是疾寧可忍不？ ❷命(身命)可濟不？ ❸界(四大)可調不？ ❹病可療不？ ❺可令是疾不至增乎？
㊃世尊慇懃，致問無量(致敬之言雖少，但問候之意是無量的)，興起輕利，遊步強耶？居士！ ③是病何所正立？ ④其生久如(多久)？ ⑤當何時滅？	㊃世尊慇懃，致問無量(致敬之言雖少，但問候之意是無量的)，居士！ ③是疾何所因起？ ④其生久如(多久)？ ⑤當云何滅？	㊃世尊慇懃，致問無量(致敬之言雖少，但問候之意是無量的)，居士！ ③是疾何所因起？ ④其生久如(多久)？ ⑤當云何滅？	㊃世尊慇懃，致問無量(致敬之言雖少，但問候之意是無量的)，居士！ ①此疾少得痊不？ ②動止氣力稍得安不？ ③今此病源從何而起？ ④其生久如(多久)？ ⑤當云何滅？

【五～4】眾生病，則菩薩病。眾生病愈，菩薩亦愈。菩薩疾者，從「大悲」起

三國吳・支謙譯《維摩詰經》	姚秦・鳩摩羅什譯《維摩詰所說經》	姚秦・鳩摩羅什譯《維摩詰所說大乘經》	唐・玄奘譯《說無垢稱經》
㊀維摩詰言：	㊀維摩詰言：	㊀維摩詰言：	㊀無垢稱言：

〈是生久矣！從「癡」有「愛」，則我病生。	〈從「癡」有「愛」，則我病生。	〈從「癡」有「愛」，則我病生。	〈如諸有情，「無明」有「愛」，生來既久。我今此病生，亦復爾，遠從「前際生死」以來。
㊁用一切人病，是故我病。 若一切人得不病者，則我病滅。	㊁以一切衆生病，是故我病。 若一切衆生病滅，則我病滅。	㊁以一切衆生病，是故我病。 **若一切眾生得不病者，則我病滅**。	㊁有情既病，我即隨病。 有情若愈，我亦隨愈。
㊂所以者何？欲建立衆人故，菩薩入「生死」為之病。	㊂所以者何？菩薩為衆生故，入生死，有「生死」則有病。	㊂所以者何？菩薩為衆生故，入生死，有「生死」則有病。	㊂所以者何？一切菩薩依諸有情「久流生死」，由依「生死」，便即有病。
㊃使一切人皆得「離病」，則菩薩無復病。	㊃若衆生得「離病」者，則菩薩無復病。	㊃若衆生得「離病」者，則菩薩無復病。	㊃若諸有情得「離疾苦」，則諸菩薩無復有病。
㊄譬如長者，有一子得病，以其病故，父母諸父為之生疾。其子病愈，父母亦愈。	㊄譬如長者，唯有一子，其子得病，父母亦病。若子病愈，父母亦愈。	㊄譬如長者，唯有一子，其子得病，父母亦病。若子病愈，父母亦愈。	㊄譬如世間長者居士，唯有一子，心極憐愛。見常歡喜，無時暫捨。其子若病，父母亦病。若子病愈，父母亦愈。
㊅菩薩如是，於一切人，愛之若子。 彼人病，我則病。 彼不病，則不病。	㊅菩薩如是，於諸衆生，愛之若子。 衆生病則菩薩病。 衆生病愈，菩薩亦愈。	㊅菩薩如是，於諸衆生，愛之若子。 衆生病則菩薩病。 衆生病愈，菩薩亦愈。	㊅菩薩如是，愍諸有情，猶如一子。 有情若病，菩薩亦病。 有情病愈，菩薩亦愈。
㊆又言：菩薩病，何所立？菩薩病者，以「大悲」立。〉	㊆又言：是疾，何所因起？菩薩疾者，以「大悲」起。〉	㊆又言：是疾，何所因起？菩薩疾者，以「大悲」起。〉	㊆又言：是疾，何所因起？菩薩疾者，從「大悲」起。〉

《大般涅槃經・卷第十》

(1)爾時世尊……諸善男子！自修其心，慎莫放逸。我今「背疾」，舉體皆痛，我今欲臥，如彼小兒及常患(此背疾之)者。

(2)汝等文殊！當為「四部」廣說大法，今以此法，付囑於汝。乃至迦葉、阿難等來。復當付囑如是正法。

(3)爾時如來說是語已，為欲「調伏」諸眾生故，現身「有疾」，右脇而臥，如彼病人。

《大乘本生心地觀經・卷第五》

爾時世尊重說偈言：

智光比丘汝善聽，出家所服「無垢藥」。菩薩妙行此為先，眾生有病如己病。

以「大悲」恩救眾苦，復用「慈心」施安樂。最上妙藥與佗人，前人所棄而自服。

菩薩不擇貴賤藥，但療眾病令安隱。

【五～5】諸佛國土皆以「空」為「空」，「空性」乃無分別也

三國吳・支謙譯《維摩詰經》	姚秦・鳩摩羅什譯《維摩詰所説經》	姚秦・鳩摩羅什譯《維摩詰所說大乘經》	唐・玄奘譯《說無垢稱經》
㊀	㊀	㊀	㊀
文殊師利言： 何以空無「供養」？	文殊師利言： 居士！此室，何以空無「侍者」？	文殊師利言： 居士！此室，何以空無「侍者」？	妙吉祥言： 居士！此室何以都空，復無「侍者」？
維摩詰言： 諸佛土與此舍皆「空如空」。	維摩詰言： 諸佛國土亦復皆「空」。	維摩詰言： 諸佛國土亦復皆「空」。	無垢稱言： 一切佛土亦復皆「空」。
㊁	㊁	㊁	㊁
又問： 何謂為「空」？	又問： 以何為「空」？	又問： 以何為「空」？	問： 何以「空」？
答曰： 「空」於「空」。	答曰： 以「空空」(以空爲空)。	答曰： 以「空空」(以空爲空)。	答： 以「空空」(以空爲空)。

㊂ 又問： 「空」何為「空」？ 答曰： 空「無思」(無分別也)是為「空空」。	㊂ 又問： 「空」何用「空」？(既然是「以空爲空」，那何必再用「空」呢) 答曰： 以「無分別」，「空」故「空」。	㊂ 又問： 「空」何用「空」？(既然是「以空爲空」，那何必再用「空」呢) 答曰： 以「無分別」，「空」故「空」。	㊂ 又問： 此「空」為是誰「空」？(既然是「以空爲空」，那這個「空」是爲誰而「空」呢) 答曰： 此空「無分別」空。(這個「空」就是無分別的「空」)
㊃ 又問： 「空」復誰為？ 答曰： 「思想」(分別)者也，彼亦為「空」。	㊃ 又問： 「空」可「分別」耶？ 答曰： 「分別」亦「空」。	㊃ 又問： 「空」可「分別」耶？ 答曰： 「分別」亦「空」。 **「空」不解「空」**。(空性是不可用「思惟分別」去解釋它的)	㊃ 又問： 「空性」可分別耶？ 答曰： 此「能分別」亦「空」。 所以者何？ 「空性」不可「分別」為「空」。(「空性」是一種無分別的空也)

《大寶積經・卷第二十四》

空以「自性空」，於「空」無所取，以「無所取」故，能知一切法。

《菩薩瓔珞經・卷第八》

時長老阿若拘隣復白佛言：若善男子、善女人，「分別」空慧，心不染「空」。(若)於「空」求「空」，(則)生「顛倒」想。

《寶星陀羅尼經・卷第二》

復次善男子！云何空(乃)「無分別」？所謂：一切三世、三界，「陰、界、入」等因緣果報，所緣之法「無起、無依」。無有「生相」，不取、不捨。

《佛說大乘流轉諸有經》

爾時世尊欲重宣此義，說伽他曰：

(1)諸法唯「假名」，但依「名字」立，離於「能詮語」，(故)「所詮」不可得……

(2)諸法「名」本無，妄以「名」詮「名」。諸法皆「虛妄」，但從「分別」(而)生。此「分別」亦「空」，於「空」妄(生)「分別」。

【五～6】「空性」當於「六十二見→諸佛解脫→眾生心識所行」中求

三國吳・支謙譯《維摩詰經》	姚秦・鳩摩羅什譯《維摩詰所說經》	姚秦・鳩摩羅什譯《維摩詰所說大乘經》	唐・玄奘譯《說無垢稱經》
㊀ 又問： 「空」者當於何求？ 答曰： 「空」者，當於「六十二見」中求。	㊀ 又問： 「空」當於何求？ 答曰： 當於「六十二見」中求。(dvāṣaṣṭi dṛṣṭayaḥ 古印度外道所執著之62種錯誤見解)	㊀ 又問： 「空」當於何求？ 答曰： 當於「六十二見」中求。(dvāṣaṣṭi dṛṣṭayaḥ 古印度外道所執著之 62 種錯誤見解)	㊀ 又問： 此「空」當於何求？ 答曰： 此「空」當於「六十二見」中求。
㊁ 又問： 「六十二見」當於何求？ 答曰： 當於「如來解脫」中求。	㊁ 又問： 「六十二見」當於何求？ 答曰： 當於「諸佛解脫」中求。	㊁ 又問： 「六十二見」當於何求？ 答曰： 當於「諸佛解脫」中求。	㊁ 又問： 「六十二見」當於何求？ 答曰： 當於「諸佛解脫」中求。
㊂ 又問： 「如來解脫」者，當於何求。 答曰：	㊂ 又問： 「諸佛解脫」當於何求？ 答曰：	㊂ 又問： 「諸佛解脫」當於何求？ 答曰：	㊂ 又問： 「諸佛解脫」當於何求。 答曰：

當於眾人「意行」(心意所行)中求。	當於一切眾生「心行」(心識所行)中求。	當於一切眾生「心行」(心識所行)中求。	當於一切有情「心行」(心識所行)中求。

《佛說魔逆經》

又問：文殊！仁者則為是「如來」乎？

答曰：天子！其「無本」者，無來無去，無所周旋，吾所「由來」，亦復如是。以是之故，吾為「如來」。

「所來」亦「如」，如佛「所來」，吾亦如之。以是之故，吾為「如來」。

如「如來住」，吾「住」亦如。以是之故，吾為「如來」。

如來「無本」(無來無去;空性;性空)，文殊師利亦復「無本」，故曰「無本」。以是之故，吾為「如來」。

(1)(大光天子)**又問：文殊！其「無本」者，當從何求？**

(2)(文殊菩薩)**答曰：天子！**其「無本」(無來無去;空性;性空)者，當於「六十二見」(dvāṣaṣṭi dṛṣṭayaḥ 古印度外道所執著之62種錯誤見解)中求。

(3)**又問：「六十二見」當於何求？**

(4)(文殊菩薩)**答曰：**當於「如來解脫」中求，不壞「瞋法」而求之矣！

(5)**又問：如來解脫，不壞「瞋法」，當於何求？**

(6)(文殊菩薩)**答曰：**當於眾生「志行」(心志意行)中求。

(7)**又問：眾生「志行」當於何求？**

(8)(文殊菩薩)**答曰：**當於如來「聖慧」中求。

(9)**又問：如來「聖慧」當於何求？**

(10)(文殊菩薩)**答曰：**當於眾生「諸根」(諸多根器)各異，「分別原際」而於中求。

(11)**又問：文殊師利！**今者所說，吾不能了。其不解者，不能「分別」，則當愕然！

(12)(文殊菩薩)**答曰：**「如來之慧」(乃)無能「分別」！

(13)**又問：何故？**

(14)(文殊菩薩)**答曰：**「如來慧」者，(乃)無所罣礙，亦無「想念」，不可逮得，無有「言辭」，亦「無所行」，無「心、意、識」，離於「言教」。**以是之故，**無「能知」者，不可「分別」。

(15)**又問：文殊！**設「如來慧」不可分別，諸「聲聞眾」云何曉了？**何因「菩薩」而得住於「不退轉地」？**

(16)(文殊菩薩)**答曰：天子！**如來至真(常用)「善權方便」，因時(機)頒宣「文字」之說。又其「慧者」，(實)無有「文字」。

譬如不從「水」中而生「火」矣，「鑽木求火」及照「陽燧」乃(能)出「火」耳！

(17)如來若此，威神聖旨，道慧無邊，廣分別說「本無之慧」，無有能知「如來聖慧」。

《佛說海龍王經・卷第三》

(1)海龍王有女，號名寶錦離垢錦，端正姝好，容顏英艷……

(2)迦葉問女：佛法當於何求？

(3)(女)答曰：當於「六十二見」(dvāṣaṣṭi dṛṣṭayaḥ 古印度外道所執著之 62 種錯誤見解)中求。

(4)又問：「六十二見」當於何求？

(5)(女)答曰：當於「如來解脫」中求。

(6)又問：「如來解脫」者，當於何求？

(7)(女)答曰：當於「五逆」中求。

(8)又問：「五逆」當於何求？

(9)(女)答曰：當於「度知見(解脫知見)」求。

(10)又問：此言何謂？

(11)女答曰：無縛無脫、無取無捨，此為「本淨」，是為諸法之「深教言」，非若干言。

(12)又問女：是之「言教」，不違「如來言」乎？

(13)女答曰：是「真諦言」，不為違失「如來之教」。所以者何？

如「如來之道」而無所得，亦不可持，亦無言說。

一切所言，皆「音聲」耳，(需)曉了「道本」，亦無「音聲」。

唯，仁者！解道(乃)「寂然無跡」，以名(之)跡，(而)自愛(名之)跡。

(14)迦葉又問：假使道(為)「無跡」，如是比相，云何(得)成最正覺？

(15)(女)答曰：亦不從「身」、亦不從「意」(而)得最正覺。所以者何？身心「自然」乃(能)成道耳！其自然者，都「無所覺」。吾則是道，不以為道(而)成「最正覺」。

【五～7】眾魔及外道皆吾侍者。彼樂於「生死」，菩薩則不捨「生死」。彼樂諸見，菩薩於諸見而不動

三國吳・支謙譯《維摩詰經》	姚秦・鳩摩羅什譯《維摩詰所說經》	姚秦・鳩摩羅什譯《維摩詰所說大乘經》	唐・玄奘譯《說無垢稱經》
㊀又仁(文殊菩薩)所問「何無供養」？ ㊁一切「眾魔」皆是吾「養」(侍者)，彼「諸轉者」(外道)，亦	㊀又仁(文殊菩薩)所問「何無侍者」？ ㊁一切「眾魔」及「諸外道」，皆吾「侍」也。	㊀又仁(文殊菩薩)所問「何無侍者」？ ㊁一切「眾魔」及「諸外道」，皆吾「侍」也。	㊀又仁(文殊菩薩)所問「何無侍者」？ ㊁一切「魔怨」及「諸外道」皆吾「侍」也。

吾養也。 ㊂所以者何？ 魔行者，受「生死」。 生死者則菩薩「養」(侍者)。 彼「轉者」(外道)受諸見(六十二外道邪見)。 菩薩於諸見(指六十二外道邪見)「不傾動」(據梵文原意作「不離開；不移動」)。	㊂所以者何？ 衆魔者，樂「生死」。 菩薩於生死而「不捨」。 外道者，樂「諸見」(六十二外道邪見)。 菩薩於諸見(指六十二外道邪見)而「不動」(據梵文原意作「不離開；不移動」)。	㊂所以者何？ 衆魔者，樂「生死」。 菩薩於生死而「不捨」。 外道者，樂「諸見」(六十二外道邪見)。 菩薩於諸見(指六十二外道邪見)而「不動」(據梵文原意作「不離開；不移動」)。	㊂所以者何？ 一切魔怨欣讚「生死」。 一切外道欣讚「諸見」(六十二外道邪見)。 菩薩於中(指六十二外道邪見)皆「不厭棄」。 ㊃是故「魔怨」及「諸外道」皆吾侍者。

【五～8】吾病乃「無形無色相」，非與身合、亦非與心合；但亦不離身心。病非屬於四大，亦不離四大

三國吳・支謙譯《維摩詰經》	姚秦・鳩摩羅什譯《維摩詰所說經》	姚秦・鳩摩羅什譯《維摩詰所說大乘經》	唐・玄奘譯《說無垢稱經》
㊀ 文殊師利言： 居士所疾，為何等「類」？ 答曰： 仁者！我病「不現」，不可見。	㊀ 文殊師利言： 居士所疾，為何等「相」？ 維摩詰言： 我病「無形」，不可見。	㊀ 文殊師利言： 居士所疾，為何等「相」？ 維摩詰言： 我病「無形」，不可見。	㊀ 妙吉祥言： 居士此病，為何等「相」？ 答曰： 我病都「無色相」，亦不可見。
㊁ 又問： 云何是病，與「身」合？「意」合乎？	㊁ 又問： 此病(與)「身」合耶？ (與)「心」合耶？	㊁ 又問： 此病(與)「身」合耶？ (與)「心」合耶？	㊁ 又問： 此病為(與)「身」相應？為(與)「心」相應？

答曰： 我病「身」合者，身為「地」。 「意」合者，意為「幻法」。	答曰： (病)非(與)「身」合，(因)身「相離」故。(→不即) (病)亦非(與)「心」合，(因)心如「幻」故。(→不即)	答曰： (病)非(與)「身」合，(因)身「相離」故。(→不即) (病)亦非(與)「心」合，(因)心如「幻」故。(→不即)	答曰： 我病非(與)「身」相應，(因)身「相離」故。(→不即) (病)亦(與)「身」相應，(但身)如影像故。(→不離) (病)非(與)「心」相應，(因)心「相離」故。(→不即) (病)亦(與)「心」相應，(但心)如「幻化」故。(→不離)
㊂參 又問： 四種「地種、水種、火種、風種」，何等種病？	㊂參 又問： 「地大、水大、火大、風大」，於此四大，何大之病？	㊂參 又問： 「地大、水大、火大、風大」，於此四大，何大之病？	㊂參 又問： 「地界、水、火、風界」，於此四界，何界之病？
答曰： 是「種」者，一切人所習也。	答曰： 是病非「地大」，亦不離「地大」。「水、火、風大」亦復如是。 而衆生病，從「四大」起，以其有病，是故我病。	答曰： 是病非「地大」，亦不離「地大」。「水、火、風大」亦復如是。 而衆生病，從「四大」起，以其有病，是故我病。	答曰： 諸有情身皆「四界」起，以彼有病，是故我病。 然此之病非即「四界」，界性「離」故。

【五～9】說身乃「無常、有苦、無我、空寂」，而慰喻有疾菩薩。底下約有10條

三國吳・支謙譯	姚秦・鳩摩羅什譯	姚秦・鳩摩羅什譯	唐・玄奘譯

《維摩詰經》	《維摩詰所說經》	《維摩詰所說大乘經》	《說無垢稱經》
云何？文殊師利！菩薩觀諸疾意，又以何「習」(慰喻)於「有疾」菩薩？	爾時文殊師利問維摩詰言：菩薩應云何「慰喻」(撫慰曉喻)有疾菩薩？	爾時文殊師利問維摩詰言：菩薩應云何「慰喻」(撫慰曉喻)有疾菩薩？	無垢稱言：菩薩應云何「慰喻」(撫慰曉喻)有疾菩薩，令其歡喜？
文殊師利言：	維摩詰言：	維摩詰言：	妙吉祥言：
❶於「非常身」，不以(急證二乘之)「泥洹」。	❶說身「無常」，(而)不說(急)「厭離」於身。(色身雖是無常，但不需急求厭離。(1)不觀無常，亦不厭離者，凡夫也。(2)觀無常而急厭離者，二乘也。(3)觀無常，仍不厭離者，菩薩道也)	❶說身「無常」，(而)不說(急)「厭離」於身。(色身雖是無常，但不需急求厭離。(1)不觀無常，亦不厭離者，凡夫也。(2)觀無常而急厭離者，二乘也。(3)觀無常，仍不厭離者，菩薩道也)	❶示身「無常」，而不勸(急)「厭離」於身。
❷常現「不婬」，在身「有苦」。不以「泥洹」，安而喜之。	❷說身「有苦」，不說樂於「涅槃」。(色身雖是有苦，但不需急求小乘之涅槃觀)	❷說身「有苦」，不說樂於「涅槃」。(色身雖是有苦，但不需急求小乘之涅槃觀)	❷示身「有苦」，而不勸樂於「涅槃」。
❸現於「非身」，為衆人「導」。	❸說身「無我」，而說「教導」衆生。(色身雖是無我，但仍需儘量教導度化眾生)	❸說身「無我」，不說「不導」衆生。(色身雖是無我，但仍需儘量教導度化眾生)	❸示身「無我」，而勸「成熟」有情。
❹身之「空寂」，不以「永寂」為現本作。	❹說身「空寂」，不說「畢竟寂滅」。(色身雖是空寂，但不需急求小乘之畢竟寂滅)	❹說身「空寂」，不說「畢竟寂滅」。(色身雖是空寂，但不需急求小乘之畢竟寂滅)	❹示身「空寂」，而不勸修「畢竟寂滅」。

【五～10】以「饒益眾生、念於淨命、起大精進、作醫王」諸法，而慰喻有疾菩薩

三國吳・支謙譯《維摩詰經》	姚秦・鳩摩羅什譯《維摩詰所說經》	姚秦・鳩摩羅什譯《維摩詰所說大乘經》	唐・玄奘譯《說無垢稱經》
	❺說悔「先罪」(先世罪業)，而不說「入於過去」。(不言罪有永遠的恒常性，罪能從未來移至現在，或從現在而轉移入過去)	❺說悔「先罪」(先世罪業)，而不說「入於過去」。(不言罪有永遠的恒常性，罪能從未來移至現在，或從現在而轉移入過去)	❺示悔「先罪」(先世罪業)，而不說「罪有移轉」。(不言罪有永遠恒常的移轉性，能從未來轉移到現在，或從現在而轉移入過去)
❻恒悲彼疾，不自計疾。	❻以己之疾，愍於彼疾。(視民如傷;生起同理心;同體大悲心)	❻以己之疾，愍於彼疾。(視民如傷;生起同理心;同體大悲心)	❻勸以己疾，愍諸有情，令除彼疾。
❼以識「宿命」，導利人物，而無所惑。	❼當識「宿世」無數劫苦(累世輪迴，色身受累劫諸苦難)。當念饒益(豐饒助益)一切衆生。	❼當識「宿世」無數劫苦(累世輪迴，色身受累劫諸苦難)。當念饒益(豐饒助益)一切衆生。	❼勸念「前際」(累世輪迴)所受衆苦，饒益(豐饒助益)有情。
❽念「善本」，修「淨命」，不望彼。	❽憶所修福，念於「淨命」。(比丘遠離四種「邪命法」而以清淨的方式活命，即「八正道」中之「正命」)	❽憶所修福，念於「淨命」。(比丘遠離四種「邪命法」而以清淨的方式活命，即「八正道」中之「正命」)	❽勸憶所修無量「善本」，令修「淨命」。
❾常「精進」。	❾勿生「憂惱」，常起「精進」。	❾勿生「憂惱」，常起「精進」。	❾勸勿「驚怖」，「精勤」堅勇。
❿為「醫王」，滅衆病。	❿當作「醫王」，療治衆病。	❿當作「醫王」，療治衆病。	❿勸發弘願，作「大醫王」，療諸有情。 ⓫「身、心」衆病，令永寂滅。
是為菩薩能與「疾者」相「習」(慰喻)。	菩薩應如是「慰喻」(撫慰曉喻)「有疾」菩薩，令其歡喜。	菩薩應如是「慰喻」(撫慰曉喻)「有疾」菩薩，令其歡喜。	菩薩應如是「慰喻」(撫慰曉喻)「有疾」菩薩，令其歡喜。

【五～11】病從前世妄想顛倒來，無有實法。四大假合

為身，由「我想我執」起

三國吳‧支謙譯 《維摩詰經》	姚秦‧鳩摩羅什譯 《維摩詰所說經》	姚秦‧鳩摩羅什譯 《維摩詰所說大乘經》	唐‧玄奘譯 《說無垢稱經》
㊀文殊師利又問： 何謂菩薩「有疾」；其「意」不亂？	㊀文殊師利言： 居士！「有疾」菩薩云何「調伏」其心？	㊀文殊師利言： 居士！「有疾」菩薩云何「調伏」其心？	㊀妙吉祥言： 「有疾」菩薩，云何「調伏」其心？
㊁維摩詰言： 菩薩疾者，意知：是「前未近之罪」住「欲處」故，是病皆為「不誠之思」在「衆勞」故。 又問：疾者，自於其「法」都不可得。	㊁維摩詰言： 有疾菩薩應作是念： 今我此病，皆從前世「妄想顛倒」諸煩惱生，無有實法，誰受病者？(誰爲能受病？誰爲所受病？)	㊁維摩詰言： 有疾菩薩應作是念： 今我此病，皆從前世「妄想顛倒」諸煩惱生，無有實法，誰受病者？(誰爲能受病？誰爲所受病？)	㊁無垢稱言： 有疾菩薩應作是念：今我此病，皆從前際「虛妄顛倒分別」煩惱所起業生，身中都無一法真實，是誰可得而受此病？
㊂所以者何？如是病者，但倚「四大」，又此諸大，為都「無主」，是所倚亦「無我」。	㊂所以者何？「四大」合故，假名為「身」。四大「無主」，身亦「無我」。	㊂所以者何？「四大」合故，假名為「身」。四大「無主」，身亦「無我」。	㊂所以者何？「四大」和合，假名為「身」。大中「無主」，身亦「無我」。
㊃是病無「我」專「著」，兩無專「著」。	㊃又此病起，皆由「著我」。是故於「我」，不應生「著」。	㊃又此病起，皆由「著我」。是故於「我」，不應生「著」。	㊃此病若起，要由「執我」。是中不應妄生「我執」，當了此「執」是病根本。
㊄得病本者，必知「精進」，無「我、人」想。	㊄既知病本，即除「我想」及「衆生想」。	㊄既知病本，即除「我想」及「衆生想」。	㊄由此因緣，應除一切「有情、我」想。

《大方廣佛華嚴經‧卷第十一》

(1)長者告言：善男子！菩薩初學修「菩提」時，當知「病」為最大障礙。若諸眾生身有「疾病」，心則「不安」，豈能修習諸波羅蜜？

(2)是故，菩薩「修菩提」時，先應療治「身」所有疾……

(3)善男子！菩薩若欲治諸病者，先當審觀諸「病因」起？品類、增損，無量無邊，我今為汝說其少分。

(4)善男子！一切眾生因「四大種」和合為身，從「四大」身，能生四病。

所謂：「身病、心病、客病」及「俱有病」。

言「身病」者，風、黃、痰、熱，而為其主。

言「心病」者，顛狂心亂，而為其主。

言「客病」者，刀杖所傷，動作過勞，以為其主。

「俱有病」者，「飢渴、寒熱、苦樂、憂喜」而為其主。

(5)其餘品類，展轉相因，能令眾生受「身心苦」。

(6)善男子！如是眾病，貧賤人少，多「勞役」故。富貴人多，過「優樂」(嬉戲和娛樂)故。

(7)善男子！一切眾生皆以無量「極微大種」聚集成身，猶如大海「眾微水滴」。

(8)如是人身「毛」及「毛孔」各「三俱胝」(億)，「三俱胝」(億)蟲之所依住。

(9)以是諦觀，皮膚穿漏(指破敗有漏孔之穿透處)、兩眼睛內、手足掌中、脂膏集處，「毛蟲」不生。其餘身分，間(間隙)無空缺。

(10)善男子！又觀此身唯「五大性」。何等為五？所謂：「堅、濕、煖、動」及「虛空」性。

(11)所言「堅」者，所謂：

身骨三百六十及諸「堅礙」，皆「地大」性。

凡諸「濕潤」，皆「水大」性。

一切暖觸，皆「火大」性。

所有動搖，皆「風大」性。

凡諸竅隙，皆「空大」性。

然彼四大，皆多「極微」，於空界中，互相「依住」。

(12)「極微」自性，微細難知，除佛菩薩，餘無能見。

(13)善男子！如是「五大」和合成身，如世「倉篅」(倉庫，一種盛糧食的圓囤)，終歸敗散。如是身器由「業」所持，非「自在天」之所能作，亦非「自性」及「時方(時空方位，指虛空)」等。

(14)譬如陶師，埏埴(和泥製作陶器)成器，內盛「臭穢」，「彩畫」嚴飾，誑惑愚夫。

(15)又如「四蛇」置之一篋，如是「四大和合」為身。一大不調，百一病起。是故，智者應觀此身如「養毒蛇」，如持「坏器(用泥土塡補成的器具)」。

(16)善男子！汝復應知「內身、外器」，皆「四大」成……

(17)善男子！我今為汝已說諸「病」隨時增長。如是「身病」，從「宿食」(❶指積食之症。❷指未能消化的食物。❸留存過夜的食物。❹夜餐)生。

(18)若諸眾生能於飲食「知量、知足」，量其老少，氣力強弱，時節寒熱，風雨燥濕。

身之勞逸，應自審察，無失其宜。能令眾病，無因得起。

《大般涅槃經・卷十二》

(1)云何為病？病謂：四大毒蛇，互不調適，亦有二種：

一者、身病。

二者、心病。

(2)身病有五：

一者、因水。

二者、因風。

三者、因熱。

四者、雜病。

五者、客病。

(3)「客病」有四：(產生「客病」的四種原因)

一者、非分強作。(不適合自己本份的事，或自己能力不足的事，仍然勉強去作，造成「過勞」而得病。譬如有人去從事「24 小時營業」，結果造成「過勞」而病死)

二者、忘誤墮落。(因爲自己精神不濟，發生遺忘失誤的事情，或因失去注意力而墮落，於是造成身體種種病症)

三者、刀杖瓦石。(被意外的「刀杖」所傷而病，或被「瓦石」擊落而得病)

四者、鬼魅所著。(被非人鬼魅附身所造成的「病痛」)

(4)「心病」亦有四種：

一者、踊躍(即 high 過頭，太過激動)。

二者、恐怖。

三者、憂愁。

四者、愚癡。

(5)復次善男子，「身、心」之病凡有三種。何等為三？

一者、業報(業力感召之報)。

二者、不得遠離「惡對」(邪惡種種的對應，如環境、惡友等)。

三者、時節代謝(春夏秋冬時節之病)。

(6)生如是等「因緣、名字」，受分別病。

「因緣」者，「風」等諸病。

「名字」者，「心悶、肺脹、上氣、咳逆、心驚、下痢」。

受「分別」者，「頭痛、目痛、手足」等痛，是名為病。

【五～12】「內外諸法、我與涅槃」皆性空，平等無二。應觀「空病」亦空

三國吳・支謙譯《維摩詰經》	姚秦・鳩摩羅什譯《維摩詰所說經》	姚秦・鳩摩羅什譯《維摩詰所說大乘經》	唐・玄奘譯《說無垢稱經》
㊀為「起」法相，身為法數(色身乃眾緣和合之法)。「法起」則起，「法滅」則滅。	㊀當「起」(生起)法想，應作是念：但以衆法，「合」成此身(色身乃眾緣和合之法)，起唯「法起」，滅唯「法滅」。	㊀當「起」法想，應作是念：但以衆法，「合」成此身(色身乃眾緣和合之法)，起唯「法起」，滅唯「法滅」。	㊀「安住」法想，應作是念：衆法「和合」共成此身(色身乃眾緣和合之法)，生滅流轉，生唯「法生」，滅唯「法滅」。
㊁「法轉轉」不相念、不相知。 起者，不言我起。 滅者，不言我滅。	㊁又此法者，各不相知。 起時，不言我起。 滅時，不言我滅。	㊁又此法者，各不相知。 起時，不言我起。 滅時，不言我滅。	㊁如是諸法「展轉」相續，互不相知，竟無「思念」。 生時，不言我生。 滅時，不言我滅。
㊂知「法想」者，將養其意，而「無所住」。	㊂彼「有疾」菩薩為「滅」法想，當作是念：	㊂彼「有疾」菩薩為「滅」法想，當作是念：	㊂「有疾」菩薩應正了知如是「法想」：
㊃若以「法想」，「受報」大止。已「離病」者，我不為是。	㊃此「法想」者，亦是「顛倒」。「顛倒」者，是即「大患」，我應離之。	㊃此「法想」者，亦是「顛倒」。「顛倒」者，是即「大患」，我應離之。	㊃我此「法想」即是「顛倒」。夫「法想」者，即是「大患」，我應除滅。亦當除滅一切有情如是「大患」。
㊄何謂「斷」病?謂：「我作、非我作」悉斷。	㊄云何為「離」？離「我、我所」。	㊄云何為「離」？離「我、我所」。	㊄云何能「除」如是「大患」？ 謂：當除滅「我、我所」執。
㊅何謂是「我作、非我作」斷？ 謂：己自「無欲」。	㊅云何離「我、我所」？ 謂：「離二法」。	㊅云何離「我、我所」？ 謂：「離二法」。	㊅云何能除「我、我所」執？ 謂：離二法。
㊆何謂己自「無	㊆云何「離二	㊆云何「離二	㊆云何「離二

欲」? 謂：內無「習行」。	法」? 謂：不念「內、外」諸法，行於「平等」。	法」? 謂：不念「內、外」諸法。	法」? 謂：內法、外法，畢竟不行。
㊱何謂「內無習行」? 謂：「等」不動、不可動。		㊱**云何不念「內、外」諸法?** **謂：遠離動淆散亂**，行於「平等」。	㊱云何「二法畢竟不行」? 謂：觀平等，無動無搖，無所觀察。
㊴何謂為「等」? 謂：「我」等、「泥洹」等。所以者何?	㊴云何「平等」? 謂：「我」等、「涅槃」等。	㊴云何「平等」? 謂：「我」等、「涅槃」等。	㊴云何「平等」? 謂：「我、涅槃」二俱「平等」。
㊵此二(我與涅槃)皆「空」。	㊵所以者何?「我」及「涅槃」，此二(我與涅槃)皆「空」。	㊵所以者何?「我」及「涅槃」，此二(我與涅槃)皆「空」。	㊵所以者何?二(我與涅槃)性「空」故。
⑴何名為「空」? 所「言」為「空」。	⑴以何為「空」? 但以「名字」故「空」。	⑴以何為「空」? 但以「名字」故「空」。	⑴此二(我與涅槃)既無，誰復為「空」?但以「名字」，假說為「空」。
⑵二者(我與涅槃)如是，「凡、聖」道成，皆從「平等」，「病」亦不異。	⑵如此二法(我與涅槃)，無(眞實之)「決定性」，得是「平等」。無有餘病，唯有「空病」，「空病」亦「空」。	⑵如此二法(我與涅槃)，無(眞實之)「決定性」，得是「平等」。無有餘病，唯有「空病」，「空病」亦「空」。	⑵此二(我與涅槃)不實，平等見已，無有餘病，唯有「空病」。應觀如是「空病」亦「空」。
			⑶所以者何?如是「空病」；畢竟空故。

《大般若波羅蜜多經・卷第五百六十七》

(1)天王當知！諸菩薩摩訶薩行深般若波羅蜜多，能如實知「(十)力、(四)無所畏、不共法」空。

(2)亦如實知諸「戒、定、慧、解脫、解脫智見蘊」空。
(3)亦如實知「內空、外空」及「內外空、空空、大空、勝義等空」。
(4)雖知諸法無不皆「空」，而知「空相」亦不可得。不取「空相」，不起「空見」，不執「空相」，不依止「空」。
(5)菩薩如是，不取著故，於「空」不墮。

《摩訶般若波羅蜜經・卷第五》

何等為「空空」？一切法空，是「空」亦「空」，非常、非滅故。

《佛說廣博嚴淨不退轉輪經・卷第三》

捨「有所得」，住「無所得」，知一切空。此「空」亦「空」，通達無相，以離諸「相」，離一切「想」。

《金剛三昧經》

大力菩薩言：云何「三空」？佛言：三空者，「空相」亦空，「空空」亦空，「所空」亦空。如是等空，不住「三相」。

《十住斷結經・卷第七》

菩薩入虛空際定意正受，觀他方世界，藥果樹木、山河石壁，悉空如「空」，「空」亦「空無」。

《大寶積經・卷第六十九》

彼「空」亦「空」無自性，究竟求之不可得。

《大乘瑜伽金剛性海曼殊室利千臂千鉢大教王經・卷第三》

入心，心空，證「空復空」，心如虛空，同於法界。

《大智度論・釋初品中見一切佛世界義第五十一之餘(卷三十四)》

菩薩行般若波羅蜜時，普觀「諸法皆空」，「空亦復空」。

《大智度論・釋習相應品第三之餘(卷三十六)》

破諸法皆「空」，唯有「空」在，而取相著之。大空者，破一切法；空亦復「空」。

《大智度論・釋轉不轉品第五十六之餘(卷七十四)》

「空亦復空」，若著是「空」，則有過失。

《大智度論・釋集散品第九下(卷第四十三)》
或謂說「空」是般若波羅蜜，或說「空亦空」是般若波羅蜜。

【五～13】「攀緣」即是病本。若無內外見→則無攀緣→已無疾→眾無疾

三國吳・支謙譯《維摩詰經》	姚秦・鳩摩羅什譯《維摩詰所說經》	姚秦・鳩摩羅什譯《維摩詰所說大乘經》	唐・玄奘譯《說無垢稱經》
㊀何謂「所受」亦「空」？謂：已曉了，不覺諸痛，不盡(不滅盡)於「痛」以取「證際」。	㊀是有疾菩薩以「無所受」而受「諸受」。未具佛法，亦不滅「受」(苦受、樂受、不苦不樂受)而取「證」也。(修學大乘圓滿佛法者，需「即受」而取證，且無能無所。若未具大乘圓滿者，則採「滅受」而取證，且有能有所)	㊀是有疾菩薩以「無所受」而受「諸受」。未具佛法，亦不滅「受」(苦受、樂受、不苦不樂受)而取「證」也。(修學大乘圓滿佛法者，需「即受」而取證，且無能無所。若未具大乘圓滿者，則採「滅受」而取證，且有能有所)	㊀有疾菩薩應「無所受」而受「諸受」。若於佛法未得「圓滿」，不應滅「受」而有所「證」。應離「能受、所受」諸法。
㊁如是二者為諸痛，長一切惡道已竟，近一切人，興「大悲哀」。	㊁設身有苦，念「惡趣」眾生，起大悲心，我既調伏，亦當調伏一切眾生。	㊁設身有苦，念「惡趣」眾生，起大悲心，我既調伏，亦當調伏一切眾生。	㊁若苦觸身，應愍「險趣」一切有情，發起大悲，除彼眾苦。
㊂吾為眾人作「自省法」，觀以除其(疾)病，而(暫)不除「法」。	㊂但(先)除其(疾)病，而(暫)不除「法」(此指與疾病有關的法義)。	㊂但(先)除其(疾)病，而(暫)不除「法」(此指與疾病有關的法義)。	㊂有疾菩薩應作是念：既除己疾，亦當除去有情諸疾。如是除去「自、他」疾時，無有「少法」(據梵文原意作「任何的法」)而可除者。(上句亦等同「不除法」之義)
㊃亦不除其「本	㊃為斷「病本」，	㊃為斷「病本」，	㊃應正觀察「疾」

病所生」，(故可)知其「根本」而為說法。	而(以法義而)教導之。	而(以法義而)教導之。	起「因緣」，速令「除滅」，(而)為說「正法」。
(伍)何謂為本？ 謂：始未然，未熾然者，則病之本。	(伍)何謂病本？ 謂：有「攀緣」，從有「攀緣」，則為病本。	(伍)何謂病本？ 謂：有「攀緣」，從有「攀緣」，則為病本。	(伍)何等名為疾之「因緣」？ 謂：有「緣慮」，諸有「緣慮」皆是疾因。有「緣慮」者，皆有疾故。
(陸)何謂「不然」(攀緣)？ 於三界而「不然」。	(陸)何所「攀緣」？ 謂之「三界」。	(陸)何所「攀緣」？ 謂之「三界」。	(陸)何所「緣慮」？ 謂：緣「三界」。
(柒)其「不然」何用知？ 謂：止心，止心者以「不得」也，非(無)不然(攀緣)也。	(柒)云何「斷攀緣」？ 以「無所得」，若「無所得」，則無「攀緣」。	(柒)云何「斷攀緣」？ 以「無所得」，若「無所得」，則無「攀緣」。	(柒)云何應知如是「緣慮」？ 謂：正了達此有「緣慮」都「無所得」。若「無所得」，則無「緣慮」。
(捌)何以「不得」？ 「二見」不得。	(捌)何謂「無所得」？ 謂：離「二見」。	(捌)何謂「無所得」？ 謂：離「二見」。	(捌)云何絕「緣慮」？ 謂：不緣「二見」。
(玖)謂：內見、外見，是無所得。	(玖)何謂「二見」？ 謂：「內見、外見」是無所得。	(玖)何謂「二見」？ 謂：「內見、外見」是無所得。	(玖)何等「二見」？ 謂：「內見、外見」。若無「二見」，則無所得，既無所得，「緣慮」都絕。「緣慮」絕故，則無有疾。若自無疾，則能斷滅「有情之疾」。
(拾)此<u>文殊師利</u>！為「疾菩薩」，其意不亂(故能調伏其心)，雖(現)有「老死」(諸	(拾)<u>文殊師利</u>！是為「有疾菩薩」(應以如是法義而)調伏其心，為斷(除)「老病	(拾)<u>文殊師利</u>！是為「有疾菩薩」(應以如是法義而)調伏其心，為斷「老病死	(拾)又，<u>妙吉祥</u>！「有疾菩薩」應如是調伏其心。唯菩薩(勤修)「菩提」，(方)

相)，(但)菩薩(能)覺之。 ㈠若不如是(調伏其心)，(則)己所「修治」，為無「惠利」。 ㈡譬如「勝怨」，乃可(名)為「勇」。如是(能)兼除「老死苦」者，(此乃是眞正)「菩薩」之謂也。	死苦」，是菩薩(應如是勤修)「菩提」。 ㈠若不如是(調伏其心)，(則)己所「修治」，為無「慧利」。 ㈡譬如「勝怨」(戰勝怨敵)，乃可(名)為「勇」。如是(能)兼除「老病死」者，(此乃是眞正)「菩薩」之謂也。	苦」，是菩薩(應如是勤修)「菩提」。 ㈠若不如是(調伏其心)，(則)己所「修治」，為無「惠利」。 ㈡譬如「勝怨」(戰勝怨敵)，乃可(名)為「勇」。如是(能)兼除「老病死」者，(此乃是眞正)「菩薩」之謂也。	能斷一切「老病死苦」。 ㈠若不如是(調伏其心)，(則)己所「勤修」，即為虛棄。 ㈡所以者何？譬如有人，能勝「怨敵」，乃名「勇健」。若能如是永斷一切「老病死苦」，乃名(眞正之)「菩薩」。

➔受指「苦受、樂受、不苦不樂」三種受。修學大乘菩薩道者，能處於「有」而不染「有」，亦能處於「空」而不染「空」。大乘菩薩心已達「無受、應無所住」，所以更能「無所不受」。

既能「無所不受」，必能永與眾生「同受諸受、同感病疾」之苦。

《佛説佛母出生三法藏般若波羅蜜多經・卷第十八》

(1)**又，<u>須菩提</u>！菩薩摩訶薩雖行**「空三摩地」解脫門，**而於是中不證**「無相」(不作我能證及我所證)**、不墮**「有相」**。**

(2)**<u>須菩提</u>！**譬如「飛鳥」，行於「虛空」而不墮地。雖行於「空」而「不依空」，亦「不住空」。

(3)**菩薩摩訶薩亦復如是，**雖行「空、學空、行無相、學無相、行無作、學無作」。未具足佛法(在還未具足佛法，修行尚未達圓滿之境時)，終“不墮”「空、無相、無作」。

(4)**<u>須菩提</u>！又如有人於**「射師」所，學彼射法，**學已精熟，而復巧妙。**即時仰射「虛空」，初箭發已，後箭即發，箭箭相注，隨意久近，是箭「不墮」。

(5)**菩薩摩訶薩亦復如是，為欲成就「阿耨多羅三藐三菩提」**善根，**得**「般若」**波羅蜜多力所護故。**

(6)若未成就「阿耨多羅三藐三菩提」善根；終「不取證實際」。

(7)**乃至**「善根」成已；得圓滿「阿耨多羅三藐三菩提」，菩薩爾時「**乃證實際**」。

(8)**是故，<u>須菩提</u>！菩薩摩訶薩行般若波羅蜜多時，修般若波羅蜜多時，**應如是「諦觀」諸法甚深「實相」，雖復「觀」已，而「不取證」(不作我能證及我所證)。

《佛說海意菩薩所問淨印法門經・卷第四》

(1)復次海意！何名「菩薩智」為先導「意業」具足？

(2)所謂：菩薩剎那於一心中，遍入一切眾生心行，皆悉明了，住「三摩呬多(samahīta，等引、勝定。指由定力所引生之身心安和平等)」中，現諸「威儀事」，然亦不起彼「三摩地」。

(3)一切魔眾，悉不能知「菩薩心業」。遍入一切「聲聞、緣覺」之心，彼亦不知。

(4)而是菩薩，終不生心，自害害他，亦不俱害。非「心意」所表，無少法中而生障礙。於一切法中，起「智」了知，由彼「心意」無表了故，即無所「了知」，不受而受。未具「佛法」，亦不滅「受」而為取「證」。

(5)海意！此名「菩薩智」為先導「意業」具足。海意！如是等法，是為菩薩安住「自說淨印三摩地」根本。

(6)此根本者，謂即菩薩「身語意業」，皆以「智」為先導，由其「三業」，智先導故，即能獲得「自說淨印三摩地法」。

《大方等大集經・卷第七》

(1)復次，善男子！菩薩若得「心自在」者，即得諸法「自在三昧」。云何名為「心自在」耶？

(2)善男子！若有菩薩遠離「貪愛」，得「帝釋身」或「轉輪王身」。雖為無量諸眾生等說「五欲樂」，而其內心「實不貪著」，是名菩薩「心得自在」……

(3)復次，善男子！若有菩薩修「空」、無「相、願」，自不證於「空」、無「相、願」，亦為眾生說如是法。

(4)為調「聲聞、辟支佛」等，入於無生「正定之聚」而為說法。彼既聞已，即得解脫，自不證之。亦令眾生不捨「菩提」，是名菩薩「心得自在」。

(5)復次善男子，若有菩薩為調「聲聞、辟支佛」故，入「無生」滅「正定」之聚，亦得「滅定」，又能通達一切「三昧」出入相行。

(6)雖得如是「通達自在」，亦不證於「滅盡三昧」。何以故？未具佛法故，是名菩薩「心得自在」。

(7)復次善男子，若有菩薩以「平等智」觀於法界，種種世間、種種眾生、種種說法、種種方便，是名菩薩「心得自在」。

《菩薩瓔珞本業經・卷下》

佛子！常以「無相心」中，常行「六道」而入「果報」，「不受」而受「諸受」。迴易轉化故，名「救護一切眾生，離眾生相迴向」。

《大方廣佛華嚴經・卷第十四》

(1)佛子！何等為「救護一切眾生，離眾生相迴向」？

(2)此菩薩摩訶薩行檀波羅蜜……分別般若波羅蜜；修行積集、慈哀、愍悲、歡悅、喜堪、忍捨，修如是等無量善根。

(3)修善根已，作如是念：我所修習善根，悉以饒益一切眾生，究竟清淨；以此所修善根，令一切眾生，皆悉除滅地獄、餓鬼、畜生、閻羅王等，無量苦惱。

(4)復作是念：我以此善根迴向，為一切眾生作舍，令滅苦陰故。

為一切眾生作護，令解脫煩惱故。

為一切眾生作歸，令離恐怖故。

為一切眾生作趣，令至一切智地故。

為一切眾生作安隱，令得究竟安隱處故。

為一切眾生作大明，令滅癡冥，得慧光故。

為一切眾生作炬，令滅無明闇故。

為一切眾生作燈，令得安住究竟明淨故。

為一切眾生作導，令入方便法故。

為一切眾生作主寶臣，令得無礙淨智身故。

(5)佛子！菩薩摩訶薩以如是等無量善根迴向，令一切眾生究竟一切智。

《方廣大莊嚴經・卷第十一》

(1)佛告彌勒及諸菩薩言：善男子！

(2)法輪甚深，「不可取」故。

(3)法輪難見，離「二邊」故。

(4)法輪難悟，離「作意」及不「作意」故。

(5)法輪難知，不可以「識」識，不可以「智」知故。

(6)法輪不雜，斷除「二障」方能證故。

(7)法輪微妙，離「諸喻」故。

(8)法輪堅固，以「金剛智」方能入故。

(9)法輪難沮，無「本際」故。

(10)法輪無「戲論」，離「攀緣」故。

(11)法輪不盡，無退失故。

(12)法輪普遍，如「虛空」故。

《大般若波羅蜜多經・卷第五百六十七》

天王當知！諸菩薩摩訶薩行深般若波羅蜜多，遠離諸相，謂都不見「內外諸相」，離

「戲論相」，離「分別相」，離「尋求相」，離「貪著相」，離「境界相」，離「攀緣相」，離諸「能知」及「所知相」。

《勝天王般若波羅蜜經・卷第二》

大王！菩薩摩訶薩行般若波羅蜜，遠離「諸相」，不見「內外相」，離「戲論相」，離「分別相」，離「求覓相」，離「貪著相」，離「境界相」，離「攀緣相」，離「能知所知相」。

《大寶積經・卷第六十九》

(1)因緣生法悉無常，皆悉空寂離「攀緣」。譬如夢中所受樂，「非實」誑惑癡凡夫。「愚無智慧」為彼縛，由(彼眾生)不思量(而有種種)「妄分別」。

(2)智人觀察得解脫，猶如飛鳥出籠網。如佛功德不思議，一切諸法亦如是。

【五～14】吾病與眾生病皆「非真非有」，但亦非「虛妄」。若能遠離「愛見纏縛心」，即於生死獲得「無有疲厭」

三國吳・支謙譯《維摩詰經》	姚秦・鳩摩羅什譯《維摩詰所說經》	姚秦・鳩摩羅什譯《維摩詰所說大乘經》	唐・玄奘譯《說無垢稱經》
㊀菩薩若病，當作是觀： 如我此病「非真非有」，亦是衆人「非真非有」。	㊀彼有疾菩薩應復作是念： 如我此病「非真非有」，衆生病亦「非真非有」。(雖非眞，但亦非妄也)	㊀彼有疾菩薩應復作是念： 如我此病「非真非有」，衆生病亦「非真非有」。(雖非眞，但亦非妄也)	㊀又，妙吉祥！有疾菩薩應自觀察： 如我此病「非真非有」，一切有情所有諸病亦「非真非有」。
㊁已觀如是，不墮「妄見」，以興大悲。彼必來者，為斷其「勞」(煩惱)，以合道意，為彼大悲。	㊁作是觀時，於諸衆生若(生)起「愛見」大悲，即應捨離(捨離此種由「愛見纏縛」所生起的大悲)。	㊁作是觀時，於諸衆生若(應)起「愛見」大悲，即應捨離(捨離此種由「愛見纏縛」所生起的大悲)。	㊁作是觀時，不應以此「愛見纏心」(而)於諸有情發起大悲。唯應為斷「客塵」煩惱(而)於諸有情發起大悲。
㊂所以者何？菩薩(若)墮「妄見」，其大悲者，有數出生(無數生死)，不墮「妄	㊂所以者何？菩薩(應)斷除「客塵」煩惱而(生)起「大悲」。(若生起)「愛見	㊂所以者何？菩薩(應)斷除「客塵」煩惱而(生)起「大悲」。(若生起)「愛見	㊂所以者何？菩薩若以「愛見纏心」；於諸有情(而生)發起大悲，即於「生

見」。	悲」者，則於「生死」有「疲厭心」。	悲」者，則於「生死」有「疲厭心」。	死」而有「疲厭」。若為斷除「客塵」煩惱(而)於諸有情發起大悲，即於「生死」(而)無有「疲厭」。
㊃大悲菩薩，不以「數生」(無數生死)。彼生為脫(解脫)，為脫所「墮」，為脫「出生」，為脫「受身」。	㊃若能離此(遠離「愛見纏縛」)，(處於生死中而)無有「疲厭」，(則)在在所生，(將)不為「愛見」之所覆也。	㊃若能離此(遠離「愛見纏縛」)，(處於生死中而)無有「疲厭」，(則)在在所生，(將)不為「愛見」之所覆也。	㊃菩薩如是為諸有情，處在「生死」能無疲厭，不為「愛見」纏擾其心。以無「愛見」纏擾心故，即於「生死」無有「繫縛」。
㊄能為彼人說佛說法，是其誓也。	㊄(若於)所生(生死)無「縛」(繫縛)，(則)能為衆生說法「解縛」。	㊄(若於)所生(生死)無「縛」(繫縛)，**雖現「生死」，而實「解脫」**，能為衆生說法「解縛」。	㊄(若)以於生死無「繫縛」故，即得解脫。以於生死得「解脫」故，即便有力宣說妙法，令諸有情遠離「繫縛」證得「解脫」。
㊅如佛言曰：	㊅如佛所說：	㊅如佛所說：	㊅世尊依此密意說言：
其自「安身」，不解彼縛，不得是處。而自「安身」，又解彼縛，斯得是處。	若自「有縛」，能解彼縛，無有是處！若自「無縛」，能解彼縛，斯有是處！	若自「有縛」，能解彼縛，無有是處！若自「無縛」，能解彼縛，斯有是處！	若自「有縛」，能解他縛，無有是處。若自「解縛」，能解他縛，斯有是處。
㊆故曰：已脫菩薩，其行不「縛」。	㊆是故菩薩不應起「縛」。	㊆是故菩薩不應起「縛」。	㊆是故菩薩應求解脫，離諸「繫縛」。

《十住斷結經‧卷第七》

善男子！當知人間五樂「非真非有」，心著細滑，漸興牽縺。

《十住斷結經‧卷第四》

(1)菩薩從「初發意」至于「成佛」，於其中間所更「苦痛」，不可限量。專心建志，慕求佛道……

(2)恒念眾生不能自悟，終不隨欲，而與繫著。我昔以來所更「痛痒」(受陰)，非真非有，悉無所生。

《正法念處經‧卷第十七》

(1)比丘如是思惟觀察，如實知「色」，非有、非樂。

(2)如是思惟觀察「色相」，無堅、無實。以「分別」生……

(3)如此色者，非有「自體」。非常、非有，非真、非樂。非不壞法，非堅、非我。以「貪欲、瞋、癡」自覆心故。

【五～15】無方便攝受妙慧，貪著禪味，是名菩薩「繫縛」。有方便攝受妙慧，亦無貪著，是名菩薩「解脫」

三國吳‧支謙譯《維摩詰經》	姚秦‧鳩摩羅什譯《維摩詰所說經》	姚秦‧鳩摩羅什譯《維摩詰所說大乘經》	唐‧玄奘譯《說無垢稱經》
㊀ 何謂「縛」(繫)？ 何謂「解」(脫)？	㊀ 何謂「縛」(繫)？ 何謂「解」(脫)？	㊀ 何謂「縛」(繫)？ 何謂「解」(脫)？	㊀妙吉祥！ 何等名為「菩薩繫縛」？ 何等名為「菩薩解脫」？
㊁菩薩「禪定」以縛諸我，以「道」縛(繫)我。	㊁貪著「禪味」，是菩薩「縛」(繫)。	㊁貪著「禪味」，是菩薩「縛」(繫)。	㊁又若諸菩薩「味著」所修「靜慮解脫」等持(samādhi 三昧)等至(samāpatti 三摩缽地)。是則名為「菩薩繫縛」。
㊂縛者菩薩以「善權」(方便)生，五道解(解脫)彼受。	㊂以「方便」生，是菩薩「解」(脫)。	㊂以「方便」生，是菩薩「解」(脫)。	㊂若諸菩薩以「巧方便」攝諸有生(攝受諸眾生)；無所「貪著」，是則名為菩薩「解脫」。

㈣菩薩， 「無權執」(無方便)智縛(繫)。 ㈤ 「行權執」(有方便)智解(脫)。 ㈥ 「智」不執「權」(方便)縛(繫)。 ㈦ 「智」而執「權」(方便)解(脫)。	㈣又， 「無方便」慧縛(繫)。 ㈤ 「有方便」慧解(脫)。 ㈩ 「無慧」方便縛(繫)。 「有慧」方便解(脫)。	**㈣無方便，貪著禪味，是菩薩「縛」(繫)。** **㈤有方便，深入禪定，是菩薩「解」(脫)。** ㈥ **無方便生，是菩薩「縛」(繫)。** ㈦ **有方便生，是菩薩「解」(脫)。** ㈧又， 「無方便」慧縛(繫)。 ㈨ 「有方便」慧解(脫)。 ㈩ 「無慧」方便縛(繫)。 「有慧」方便解(脫)。	㈣若「無方便」善攝「妙慧」，是名「繫縛」。 ㈤若「有方便」善攝妙慧，是名「解脫」。

【五～16】菩薩雖以「空、無相、無願」之法而自調伏，但卻不以「相好」莊嚴其身，及去莊嚴佛土。此皆名「無方便」攝受妙慧的一種「繫縛」

三國吳・支謙譯 《維摩詰經》	姚秦・鳩摩羅什譯 《維摩詰所說經》	姚秦・鳩摩羅什譯 《維摩詰所說大乘經》	唐・玄奘譯 《說無垢稱經》
㈠彼何謂「無權執(無方便)智」縛(繫)？ 謂： ❶(菩薩雖)以「空、無	㈠何謂「無方便慧」縛(繫)？ 謂： ❷菩薩以「愛見」(纏	㈠何謂「無方便慧」縛(繫)？ 謂： ❷菩薩以「愛見」(纏	㈠云何菩薩「無有方便善攝妙慧」名為「繫縛」？ 謂： ❶ 諸 菩 薩 (雖) 以

相、不願」之法生。 ❷(但卻)不治「相」及佛國以化人。 ㊁是「無權執(無方便)智」之(繫)縛也。	縛)心(去)莊嚴佛土，成就衆生。 ❶(菩薩雖)於「空、無相、無作法」中，而自調伏。 ㊁是名「無方便慧」縛(繫)。	縛)心(去)**勤修相好**，莊嚴佛土，成就衆生。 ❶(菩薩雖)於「空、無相、無作法」中，而自調伏。 ㊁是名「無方便慧」縛(繫)。	「空、無相、無願」之法而自調伏。 ❷(但卻)不以「相好」，瑩飾其身。(亦不)莊嚴佛土，成熟有情。 ㊁此諸菩薩「無有方便善攝妙慧」名為「繫縛」。

【五～17】菩薩能以「空、無相、無願」之法而自調伏，亦不疲厭，卻仍以「相好」莊嚴其身，及去莊嚴佛土。此皆名「有方便」攝受妙慧的一種「解脫」

三國吳・支謙譯 《維摩詰經》	姚秦・鳩摩羅什譯 《維摩詰所說經》	姚秦・鳩摩羅什譯 《維摩詰所說大乘經》	唐・玄奘譯 《說無垢稱經》
㊀何謂「行權執(有方便)智」解(脫)？ 謂： ❸修「相」及「佛國」開化人。 ❶而曉「空、無相、不願」之法生。 ㊁是「行權執智」	㊀何謂「有方便慧」解(脫)？ 謂： ❸不以「愛見」(纏縛)心(去)莊嚴佛土，成就衆生。 ❶(菩薩能)於「空、無相、無作法」中，以自調伏，而不疲厭。 ㊁是名「有方便	㊀何謂「有方便慧」解(脫)？ 謂： ❸不以「愛見」(纏縛)心(去)莊嚴佛土，成就衆生。 ❶(菩薩能)於「空、無相、無作法」中，以自調伏，而不疲厭。 ㊁是名「有方便	㊀云何菩薩「有巧方便善攝妙慧」名為「解脫」？ 謂： ❶諸菩薩(雖)以「空、無相、無願」之法調伏其心。 ❷(亦能)觀察諸法「有相、無相」修習作證。 ❸復以「相好」，瑩飾其身。(亦能)莊嚴佛土，成熟有情。 ㊁此諸菩薩「有

之解(脫)也。	慧」解(脫)。	慧」解(脫)。	巧方便善攝妙慧」名為「解脫」。

【五～18】若繫縛於「貪瞋癡」而修諸善本，亦不迴向菩提，並深生執著。是名「無智慧」方便攝受的一種「繫縛」

三國吳・支謙譯《維摩詰經》	姚秦・鳩摩羅什譯《維摩詰所說經》	姚秦・鳩摩羅什譯《維摩詰所說大乘經》	唐・玄奘譯《說無垢稱經》
㊀何謂「智不執權」縛(繫)？	㊀何謂「無慧方便」縛(繫)？	㊀何謂「無慧方便」縛(繫)？	㊀云何菩薩「無有方便」善攝妙慧名為「繫縛」？
㊁謂：以「見行(邪見)、勞(煩惱)、望受(貪欲)」，立修行「一切德善」之本。	㊁謂：菩薩住「貪欲、瞋恚、邪見」等諸煩惱，而植「眾德本」。	㊁謂：菩薩住「貪欲、瞋恚、邪見」等諸煩惱，而殖「眾德本」。	㊁謂：諸菩薩安住「諸見、一切煩惱、纏縛、隨眠」；修「諸善本」。 ㊂而不迴向「正等菩提」，深生執著。
㊃是「智不執權」之(繫)縛也。	㊃是名「無慧方便」縛(繫)。	㊃是名「無慧方便」縛(繫)。	㊃此諸菩薩「無巧方便」善攝妙慧，名為「繫縛」。

【五～19】若解脫於「貪瞋癡」而修諸善本，亦迴向菩提，不生執著。是名「有智慧」方便攝受的一種「解脫」

三國吳・支謙譯《維摩詰經》	姚秦・鳩摩羅什譯《維摩詰所說經》	姚秦・鳩摩羅什譯《維摩詰所說大乘經》	唐・玄奘譯《說無垢稱經》
㊀何謂「智而執權」解(脫)？	㊀何謂「有慧方便」解(脫)？	㊀何謂「有慧方便」解(脫)？	㊀云何菩薩「有巧方便善攝妙慧」名為「解脫」？
㊁謂：斷諸「見行(邪見)、勞(煩惱)、	㊁謂：離諸「貪欲、瞋恚、邪見」	㊁謂：離諸「貪欲、瞋恚、邪見」	㊁謂：諸菩薩遠離「諸見、一切煩

望之受(貪欲)」；以殖「衆德」之本。 (參)而分布(迴向)此道。 (肆)是「智而執權」之解(脫)也。	等諸煩惱；而植「衆德本」。 (參)「迴向」阿耨多羅三藐三菩提。 (肆)是名「有慧方便」解(脫)。	等諸煩惱；而殖「衆德本」。 (參)「迴向」阿耨多羅三藐三菩提。 (肆)是名「有慧方便」解(脫)。	惱、纏縛、隨眠」；修「諸善本」。 (參)而能「迴向」正等菩提，不生「執著」。 (肆)此諸菩薩「有巧方便」善攝妙慧名為「解脫」。

【五～20】身與病乃「不即不離」，非「新」非「故」。不求「身心諸疾」皆畢竟永滅是「方便」義

三國吳・支謙譯 《維摩詰經》	姚秦・鳩摩羅什譯 《維摩詰所說經》	姚秦・鳩摩羅什譯 《維摩詰所說大乘經》	唐・玄奘譯 《說無垢稱經》
(壹)彼「有疾」菩薩以如是解此法。	(壹)文殊師利！彼「有疾」菩薩應如是觀諸法。	(壹)文殊師利！彼「有疾」菩薩應如是觀諸法。	(壹)又，妙吉祥！「有疾」菩薩應觀諸法。
(貳)設身有病，觀其「無常、為苦、為空、為非身」，是為「智慧」。	(貳)又復觀身「無常、苦、空、非我」，是名為「慧」。	(貳)復觀**身心**「無常、苦、空、非我」，是名為「慧」。	(貳)「身」之與「疾」，悉皆「無常、苦、空、無我」，是名為「慧」。
(參)又身所受，不以斷惡生死。善利人民，心合乎道，是為「權行」(方便)。	(參)雖身有疾，常在生死，饒益(豐饒助益)一切，而不厭倦，是名「方便」。	(參)雖身有疾，常在生死，饒益(豐饒助益)一切，而不厭倦，是名「方便」。	(參)雖身有疾，常在生死，饒益(豐饒助益)有情，曾無厭倦，是名「方便」。
(肆)又若「身、病」，知異同「意」。彼過非「新」，則觀其「故」，是為智慧。	(肆)又復觀「身」，身不離「病」，病不離「身」。是病是身，非「新」非「故」，是名為「慧」。	(肆)又復觀「身」，身不離「病」，病不離「身」。是病是身，非「新」非「故」，是名為「慧」。	(肆)又觀「身、心」及與諸「疾」，展轉相依，無始流轉，生滅無間，非「新」非「故」，是名為「慧」。
(伍)假使「身病」，不以都「滅」，所當起者，是為「權	(伍)設身有疾，而不「永滅」，是名「方便」。	(伍)設身有疾，而不「永滅」，是名「方便」。	(伍)不求「身、心」及與諸「疾」畢竟「寂滅」，是名「方便」。

行」。			

《大方廣佛華嚴經・卷第十一・入不思議解脱境界普賢行願品》

(1)爾時，善財童子於寶髻長者所聞此解脱已，深入諸佛無量知見……爾時，善財於彼城內推求尋覓長者所居……白言：聖者！我已先發「阿耨多羅三藐三菩提心」，而未知菩薩云何學「菩薩行」？修菩薩道？

(2)(寶髻)長者告言：善哉！善哉！善男子！汝已能發阿耨多羅三藐三菩提心。

(3)善男子！我昔曾於文殊師利童子所，修學了知「病起根本」殊妙醫方、諸香要法，因此了知一切眾生種種病緣，悉能救療。

(4)所謂：風黃、痰熱、鬼魅、蠱毒，乃至水火之所傷害；如是一切內外諸疾，品類無邊，我悉能於一念之中，以種種方藥如法療治，咸令除差，施其安樂。如是法門，汝應修學。

(5)善財復言：聖者！我問菩薩所修「妙行」，云何說此「世俗醫方」？

(6)(寶髻)長者告言：善男子！菩薩初學修菩提時，當知「病」為最大障礙。若諸眾生「身有疾病」，「心」則不安，豈能修習諸「波羅蜜」？是故菩薩修菩提時，先應療治「身所有疾」。

(7)菩薩復觀一切世界所有眾生，營辨事業，受於欲樂，乃至出家，精勤修習，得聖道果，皆因「國王」王之理化，要因「無病」。何以故？

(8)以諸「人王」是諸眾生安樂本故。菩薩起化，先療「國王」，次治「眾生」；令無「患苦」，然後「說法」，調伏其心。

【五～21】菩薩不住「調伏、不調伏心」。離此二法，是菩薩行。底下約有39條

三國吳・支謙譯《維摩詰經》	姚秦・鳩摩羅什譯《維摩詰所說經》	姚秦・鳩摩羅什譯《維摩詰所說大乘經》	唐・玄奘譯《說無垢稱經》
㊀是文殊師利！為疾菩薩「其意不亂」，亦「不高住」(即不住「不調伏心」)。	㊀文殊師利！有疾菩薩應如是調伏其心，不住其中，亦復不住「不調伏心」。	㊀文殊師利！有疾菩薩應如是調伏其心，不住其中，亦復不住「不調伏心」。	㊀又，妙吉祥！有疾菩薩應如是調伏其心。不應安住「調伏、不調伏心」。
㊁所以者何？若「高(不調伏心)」住者，是「愚人」法。	㊁所以者何？若住「不調伏心」，是「愚人」法。	㊁所以者何？若住「不調伏心」，是「愚人」法。	㊁所以者何？若住「不調伏心」，是「凡愚」法。

㊂以「卑(調伏心)」住者，是「弟子」(聲聞)法。	㊂若住「調伏心」，是「聲聞」法。	㊂若住「調伏心」，是「聲聞」法。	㊂若住「調伏心」，是「聲聞」法。
❶故菩薩住不「高(不調伏心)」、不「卑(調伏心)」。於其中「無所處」，是菩薩行。	❶是故菩薩不當住於「調伏、不調伏心」。離此二法，是菩薩行。	❶是故菩薩不當住於「調伏、不調伏心」。離此二法，是菩薩行。	❶是故菩薩於此二邊，俱「不安住」，是則名為菩薩所行。
❷不「凡夫」行、不「賢夫」行，是菩薩行。	❸(雖)在於「生死」，(而)不為「污行」(煩惱行)。	❸(雖)在於「生死」，(而)不為「污行」(煩惱行)。	❷若於是處，非「凡」所行，非「聖」所行，是則名為菩薩所行。
	❹(雖)住於「涅槃」，(而)不永「滅度」，是菩薩行。	❹(雖)住於「涅槃」，(而)不永「滅度」，是菩薩行。	
❸在「生死」行，不為「污行」(煩惱行)，是菩薩行。	❷非「凡夫」行，(亦)非「賢聖」行，是菩薩行。	❷非「凡夫」行，(亦)非「**聖賢**」行，是菩薩行。	❸若處觀察「生死」所行，而無一切「煩惱」所行，是則名為菩薩所行。
❹觀「泥洹」行，不依「泥洹」，是菩薩行。	❺非「垢」行，非「淨」行，是菩薩行。	❺非「垢」行，非「淨」行，是菩薩行。	❹若處觀察「涅槃」所行，而不畢竟「寂滅」所行，是則名為菩薩所行。
❻(雖示現)行於「四魔」(煩惱魔、五陰魔、死魔、天魔)，(其實已)過「諸魔」行，是菩薩行。	❻雖(已)過「魔」行，而(仍)現「降衆魔」，是菩薩行。	❻雖(已)過「魔」行，而(仍)現「降**伏**衆魔」，是菩薩行。	❻若處示現「四魔」(煩惱魔、五陰魔、死魔、天魔)所行，而(已)越「一切魔事」所行，是則名為菩薩所行。
❼博學慧行，無不知時之行，是菩薩行。	❼求「一切智」，無「非時求」，是菩薩行。(指聲聞者乃採「非時取證」而住小果，即未成佛果，僅於「中路」	❼求「一切智」，無「非時求」，是菩薩行。(指聲聞者乃採「非時取證」而住小果，即未成佛果，僅於「中路」	❼若求「一切智智」所行，而不「非時證智」所行，是則名為菩薩所行。

	便取證)	便取證)	
❽於「四諦」行，不以「諦知」行，是菩薩行。		**❽雖觀「四諦」，**(但於)「**非時」不入「真如」，是菩薩行。** **⓫雖觀**(諸法)「**本空」，**(但仍)**為度眾生**(而)**受生，是菩薩行。**	❽若求「四諦妙智」所行，而不「非時證諦」所行，是則名為菩薩所行。 ❾若正觀察「內證」所行，而故「攝受生死」所行，是則名為菩薩所行。
⓬觀「無生」行，不謂「難至」，是菩薩行。	⓬雖觀「諸法不生」，而不(證)入「正位」(聲聞所見證之無爲涅槃)，是菩薩行。	⓬雖觀「諸法不生」，而不(急)入「正位」(聲聞所見證之無爲涅槃)，是菩薩行。	❿若行「一切緣起」所行，而能「遠離見趣」所行，是則名為菩薩所行。
❿在「緣起」行，於諸見而「無欲」，是菩薩行。	❿雖觀「十二緣起」，而(亦能)入(據梵文原意作「遠離」)諸「邪見」，是菩薩行。	❿雖觀「十二緣起」，而(亦能)入(據梵文原意作「遠離」)諸「邪見」，是菩薩行。	⓫若行一切有情「諸法相離」所行，而無「煩惱隨眠」所行，是則名為菩薩所行。 ⓬若正觀察「無生所行」，而不墮「聲聞正性」所行，是則名為菩薩所行。

菩薩不住「調伏、不調伏心」。離此二法，是菩薩行。

行於「三界、空、無相、無作、無起」等，皆是菩薩行。

行於「六度、六通、四無量、禪定解脫、四念處、四正勤」等，皆是菩薩行。

行於「四如意、五根、五力、七覺分、八聖道」等，皆是菩薩行。

雖現「聲聞、辟支佛」威儀，而不捨「大乘成佛」之法，是菩薩行。

《大般若波羅蜜多經・卷第三百六十五》

(1)爾時具壽善現白佛言：世尊！如來常說菩薩行菩薩行，何等名為菩薩行耶？

(2)佛言：善現！菩薩行者，謂為無上正等菩提故行，是名菩薩行。

(3)具壽善現復白佛言：世尊！菩薩摩訶薩當於何處行菩薩行？

(4)佛言：善現！菩薩摩訶薩當於「色空」(而)行菩薩行，當於「受、想、行、識空」(而)行菩薩行。

(5)菩薩摩訶薩當於「眼處空」(而)行菩薩行，當於「耳、鼻、舌、身、意處空」(而)行菩薩行。

(6)菩薩摩訶薩當於「色處空」(而)行菩薩行，當於「聲、香、味、觸、法處空」(而)行菩薩行。

(7)菩薩摩訶薩當於「眼界空」(而)行菩薩行，當於「耳、鼻、舌、身、意界空」(而)行菩薩行。

(8)菩薩摩訶薩當於「色界空」(而)行菩薩行，當於「聲、香、味、觸、法界空」(而)行菩薩行。

(9)菩薩摩訶薩當於「眼識界空」(而)行菩薩行，當於「耳、鼻、舌、身、意識界空」(而)行菩薩行。

(10)菩薩摩訶薩當於「眼觸空」(而)行菩薩行，當於「耳、鼻、舌、身、意觸」空(而)行菩薩行。

(11)菩薩摩訶薩當於「眼觸」為緣所生「諸受空」(而)行菩薩行，當於「耳、鼻、舌、身、意觸」為緣所生「諸受空」(而)行菩薩行。

(12)菩薩摩訶薩當於「地界空」(而)行菩薩行，當於「水、火、風、空、識界空」(而)行菩薩行。

(13)菩薩摩訶薩當於「無明空」(而)行菩薩行，當於「行、識、名色、六處、觸、受、愛、取、有、生、老死愁歎苦憂惱空」(而)行菩薩行。

(14)菩薩摩訶薩當於「內法空」(而)行菩薩行，當於「外法空」(而)行菩薩行。

(15)菩薩摩訶薩當於「布施」波羅蜜多空(而)行菩薩行，當於「淨戒、安忍、精進、靜慮、般若波羅蜜多空」(而)行菩薩行。

(16)菩薩摩訶薩當於「內空空」(而)行菩薩行，當於「外空、內外空、空空、大空、勝義空、有為空、無為空、畢竟空、無際空、散空、無變異空、本性空、自相空、共相空、一切法空、不可得空、無性空、自性空、無性自性；空空」(而)行菩薩行。

(17)菩薩摩訶薩當於「初靜慮空」(而)行菩薩行，當於「第二、第三、第四靜慮空」(而)行菩薩行。

(18)菩薩摩訶薩當於「慈無量空」(而)行菩薩行，當於「悲、喜、捨無量空」(而)行菩薩行。

(19)菩薩摩訶薩當於「空無邊處定空」(而)行菩薩行，當於「識無邊處定、無所有處定、非想非非想處定空」(而)行菩薩行。

(20)菩薩摩訶薩當於「四念住空」(而)行菩薩行，當於「四正斷、四神足、五根、五力、七等覺支、八聖道支空」(而)行菩薩行。

(21)菩薩摩訶薩當於「和合空」(而)行菩薩行，當於「不和合空」(而)行菩薩行。

(22)菩薩摩訶薩當於「空解脫門空」(而)行菩薩行，當於「無相、無願解脫門空」(而)行菩薩行。

(23)菩薩摩訶薩當於「八解脫空」(而)行菩薩行，當於「八勝處、九次第定、十遍處空」(而)行菩薩行。

(24)菩薩摩訶薩當於「苦聖諦空」(而)行菩薩行，當於「集、滅、道聖諦空」(而)行菩薩行。

(25)菩薩摩訶薩當於「佛十力空」(而)行菩薩行，當於「四無所畏、四無礙解、十八佛不共法空」(而)行菩薩行。

(26)菩薩摩訶薩當於「大慈空」(而)行菩薩行，當於「大悲、大喜、大捨空」(而)行菩薩行。

(27)菩薩摩訶薩當於「五眼空」(而)行菩薩行，當於「六神通空」(而)行菩薩行。

(28)菩薩摩訶薩當於「一切三摩地門空」(而)行菩薩行，當於「一切陀羅尼門空」(而)行菩薩行。

(29)菩薩摩訶薩當於「嚴淨佛土空」(而)行菩薩行，當於「成熟有情空」(而)行菩薩行。

(30)菩薩摩訶薩當於「引發辯才陀羅尼空」(而)行菩薩行，當於「引發文字陀羅尼空」(而)行菩薩行。

(31)菩薩摩訶薩當於「悟入文字陀羅尼空」(而)行菩薩行，當於「悟入無文字陀羅尼空」(而)行菩薩行。

(32)菩薩摩訶薩當於「有為界空」(而)行菩薩行，當於「無為界空」(而)行菩薩行。

(33)菩薩摩訶薩如是行「菩薩行」時，如佛無上正等菩提，於諸法中不作「二相」。

(34)善現！若菩薩摩訶薩如是行般若波羅蜜多時，名為無上正等菩提行菩薩行。

《善思童子經・卷下》

爾時世尊復告善思離車童子作如是言：
(1)善思童子！此菩薩行「無虛妄行」。
(2)善思童子！此菩薩行是「哀愍行」。
(3)善思童子！此菩薩行是「無患行」，能斷一切諸過患故，慈憐一切諸眾生故。
(4)善思童子！此菩薩行甚深微妙無有相行。
(5)善思童子！此菩薩行真實能離一切欲相。
(6)善思童子！此無欲行無愛憎故。
(7)善思童子！此菩薩行一切眾生「平等心行」，其心畢竟無所得故。
(8)善思童子！此菩薩行「大慈悲行」，於一切法「無有得」故。
(9)善思童子！此菩薩行「大布施行」，無有施故。
(10)善思童子！此菩薩行「不虛誑行」，不受一切後身報故。
(11)善思童子！此菩薩行「無惱忍行」，現「無諍」故。
(12)善思童子！此菩薩行「發誓願行」，捨「懶惰」故。
(13)善思童子！此菩薩行是「三昧行」，以「寂靜」故。
(14)善思童子！此菩薩行是「智慧行」，於一切法「無有得故。
(15)善思童子！此菩薩行是「無畏行」，心無恐故。
(16)善思童子！此菩薩行是「無礙行」，成就如來諸智力故。
(17)善思童子！此菩薩行是「增益行」，入「智慧門」無有著故。
(18)善思童子！此菩薩行觀「十方行」，無染著故。

《商主天子所問經》

爾時商主天子復白文殊師利作如是言：文殊師利！汝今當說：云何為菩薩行也？
文殊師利答言：天子！菩薩行不可思議。
又復問言：云何菩薩行不可思議？(底下約有三十九條)
(1)答言：天子！「欲」不可思議故，菩薩行亦不離「欲行」。
(2)「瞋恚行」不可思議故，菩薩行亦不離「恚行」。
(3)「愚癡行」不可思議故，菩薩行亦作「般若行」。
(4)「不嫉妬」行是菩薩行，亦不念「施行」。
(5)「遠離破戒行」是菩薩行，亦不念「戒行」。
(6)「不瞋恚行」是菩薩行，亦不念「忍行」。
(7)「不懈怠行」是菩薩行，亦不念「精進行」。
(8)「不亂行」是菩薩行，亦不念「禪行」。
(9)「非無智行」是菩薩行，亦不念「般若行」。
(10)「不惱行」是菩薩行，亦不念「離惱行」。

(11)「無慈行」是菩薩行，內物施故。
(12)「無悲行」是菩薩行，施男女妻子故。
(13)「不樂行」是菩薩行，諸欲功德不厭故。
(14)「常不瞋行」是菩薩行，聚集諸善根故。
(15)「不棄捨行」是菩薩行，捨身命故。
(16)「不惜行」是菩薩行，憎愛捨故。
(17)「不恐怖行」是菩薩行，不近生死煩惱行故。
(18)「大重任行」是菩薩行，一切眾生荷重擔故。
(19)「不逼迫行」是菩薩行，往昔立誓度彼故。
(20)「不悔行」是菩薩行，無退悔故。
(21)「最上行」是菩薩行，一切上最勝上故。
(22)「金剛鎧行」是菩薩行，善立誓願不缺減故。
(23)「自心滅行」是菩薩行，一切眾生心滅故。
(24)「不失行」是菩薩行，作業不失故。
(25)「不起分別行」是菩薩行，一切眾生平等心故。
(26)「勇健行」是菩薩行，降伏怨敵故。
(27)「不雜行」是菩薩行，親友禪定更隨順故。
(28)「歡喜行」是菩薩行，於一切惡者令歡喜故。
(29)「歡喜踊躍行」是菩薩行，見佛聞法、承事尊者歡喜故。
(30)「莊嚴行」是菩薩行，「身、口、心意」佛刹莊嚴故。
(31)「不被降伏行」是菩薩行，平等益助故。
(32)「不毀謗行」是菩薩行，智者讚歎故。
(33)「不逼迫行」是菩薩行，正觀諸煩惱故。
(34)「善丈夫行」是菩薩行，擔負重任，至彼岸故。
(35)「饒益行」是菩薩行，堅固精進，不懈退故。
(36)「法行」是菩薩行，助道諸法善修習故。
(37)「知恩報恩行」是菩薩行，不斷「諸佛種性」(大乘成佛之種性)故。
(38)「珍寶行」是菩薩行，歎說三寶故。
(39)「智慧方便行」是菩薩行，不斷諸攝故。
說此菩薩行時，五百菩薩入「菩薩行」，得「無生法忍」。

【五～22】行於「三界、空、無相、無作、無起」等，皆是菩薩行

三國吳・支謙譯《維摩詰經》	姚秦・鳩摩羅什譯《維摩詰所說經》	姚秦・鳩摩羅什譯《維摩詰所說大乘經》	唐・玄奘譯《說無垢稱經》
⑬在諸人衆，無「勞(煩惱)、望(貪愛)」行。是菩薩行。	⑬雖攝一切衆生，而「不愛著」，是菩薩行。	⑬雖攝一切衆生，而「不愛著」，是菩薩行。	⑬若攝一切有情所行，而無「煩惱、隨眠」所行，是則名為菩薩所行。
⑭在「閑居」行，不盡「身、意」。是菩薩行。	⑭雖樂「遠離」，而不依「身、心」(皆滅)盡，是菩薩行。	⑭雖樂「遠離」，而不依「身、心」(皆滅)盡，是菩薩行。	⑭若正欣樂「遠離」所行，而不求「身、心」盡滅所行，是則名為菩薩所行。
⑮於「三界」行，不壞「法性」，是菩薩行。	⑮雖行(於)「三界」，而不壞「法性」(法界之性)，是菩薩行。	⑮雖行(於)「三界」，而不壞「法性」(法界之性)，是菩薩行。	⑮若樂觀察「三界」所行，而不壞亂「法界」所行，是則名為菩薩所行。
⑯為「空」無行，(但於)一切衆事「清德」皆行，是菩薩行。	⑯雖行於「空」，而(亦能)植「衆德本」，是菩薩行。	⑯雖行於「空」，而(亦能)殖「衆德本」，是菩薩行。	⑯若樂觀察「空性」所行，而(亦能)求一切「功德」所行，是則名為菩薩所行。
	⑰雖行「無相」，而(仍能)「度」衆生，是菩薩行。	⑰雖行「無相」，而(仍能)「度」衆生，是菩薩行。	⑰若樂觀察「無相」所行，而求「度脫」有情所行，是則名為菩薩所行。
	⑱雖行「無作」，而(仍能)「現」受身，是菩薩行。	⑱雖行「無作」，而(仍能)「現」受身，是菩薩行。	⑱若樂觀察「無願」所行，而能「示現」有趣(三有;三界道)所行，是則名為菩薩所行。
	⑲雖行「無起」，而(能生)起「一切善	⑲雖行「無起」，而(能生)起「一切善	⑲若樂遊履「無作」所行，而常起「作

	行」，是菩薩行。	行」，是菩薩行。	一切善根」無替(不休息)所行，是則名為菩薩所行。

【五～２３】行於「六度、六通、四無量、禪定解脫、四念處、四正勤」等，皆是菩薩行

三國吳・支謙譯《維摩詰經》	姚秦・鳩摩羅什譯《維摩詰所說經》	姚秦・鳩摩羅什譯《維摩詰所說大乘經》	唐・玄奘譯《說無垢稱經》
⑳行「六度」無極，為衆人意行而「度無極」(波羅蜜多)。是菩薩行。	⑳雖行「六波羅蜜」，而遍知衆生「心、心數法」，是菩薩行。	⑳雖行「六波羅蜜」，而遍知衆生「心、心數法」，是菩薩行。	⑳若樂遊履「六度」所行，而不趣向一切有情「心」行(據梵文原意作「通曉一切眾生心行」)，「妙智彼岸」所行，是則名為菩薩所行。
㉒行「六神通」，不「盡漏」(漏盡通)行。是菩薩行。	㉒雖行「六通」，而不「盡漏」(漏盡通)，是菩薩行。 ㉑雖行「四無量心」，而不貪著生於「梵世」，是菩薩行。	㉒雖行「六通」，而不「盡漏」(漏盡通)，是菩薩行。 **㉓雖常住「妙法」，而不捨諸「邪見」，是菩薩行。** ㉑雖行「四無量心」，而不貪著生於「梵世」，是菩薩行。	㉑若樂觀察「慈、悲、喜、捨」無量所行，而不求生「梵世」所行，是則名為菩薩所行。 ㉒若樂遊履「六通」所行，而不趣證「漏盡」所行，是則名為菩薩所行。 ㉓若樂「建立諸法」所行，而不攀緣「邪道」所行，是則名為菩薩所行。

		㉔**雖正觀「六念」，而不除「諸漏」，是菩薩行。**	㉔若樂觀察「六念」所行，而不隨生「諸漏」所行，是則名為菩薩所行。 ㉕若樂觀察「非障」所行，而不希求「雜染」所行，是則名為菩薩所行。
	㉖雖行「禪定解脫」三昧，而不隨「禪生」，是菩薩行。	㉖雖行「禪定解脫」三昧，而不隨「禪生」，是菩薩行。	㉖若樂觀察「靜慮解脫」等持(samādhi 三昧)等至(samāpatti 三摩缽地)諸定所行。而能不隨「諸定勢力受生」所行。是則名為菩薩所行。
	㉗雖行「四念處」，而不畢竟永離「身受心法」(四念住)，是菩薩行。	㉗雖行「四念處」，而不畢竟永離「身受心法」(四念住)，是菩薩行。	㉗若樂遊履「念住」所行，而不樂求「身受心法」(四念住)遠離所行，是則名為菩薩所行。
	㉘雖行「四正勤」，而不捨「**身心精進**」，是菩薩行。	㉘雖行「四正勤」，而不捨「**身心精進**」，是菩薩行。	㉘若樂遊履「正斷」(四正勤)所行，而不見「**善**」**及與**「**不善**」二**種**所行，是則名為菩薩所行。

【五～24】行於「四如意、五根、五力、七覺分、八聖道」等，皆是菩薩行

三國吳・支謙譯《維摩詰經》	姚秦・鳩摩羅什譯《維摩詰所說經》	姚秦・鳩摩羅什譯《維摩詰所說大乘經》	唐・玄奘譯《說無垢稱經》
	㉙雖行「四如意足」，而得「自在神通」，是菩薩行。	㉙雖行「四如意足」，而得「自在神通」，是菩薩行。	㉙若樂遊履「神足」(四如意足)所行，而「無功用」(自然而然)變現自在神足所行，是則名為菩薩所行。
	㉚雖行「五根」，而分別眾生「諸根利鈍」，是菩薩行。	㉚雖行「五根」，而分別眾生「諸根利鈍」，是菩薩行。	㉚若樂遊履「五根」所行，而不分別(據梵文原意作「分別」)一切有情「諸根勝劣妙智」所行，是則名為菩薩所行。
	㉛雖行「五力」，而樂求「佛十力」，是菩薩行。	㉛雖行「五力」，而樂求「佛十力」，是菩薩行。	㉛若樂安立「五力」所行，而求「如來十力」所行，是則名為菩薩所行。
	㉜雖行「七覺分」(七覺支)，而分別「佛之智慧」，是菩薩行。	㉜雖行「七覺分」(七覺支)，而分別「佛之智慧」，是菩薩行。	㉜若樂安立「七等覺支」圓滿所行，不求佛法「差別妙智」善巧所行(據梵文原意作「通曉菩提分別智」)，是則名為菩薩所行。
㉝受(八正)道之行，不興「小道」(據梵文原意作「不攀緣邪道」)，是菩薩行。	㉝雖行「八聖道」，而樂行「無量佛道」，是菩薩行。	㉝雖行「八正道」，而樂行「無量佛道」，是菩薩行。	㉝若樂安立「八聖道支」圓滿所行，而不厭背(厭棄背離)「邪道」所

			行，是則名為菩薩所行。

【五～25】雖現「聲聞、辟支佛」威儀，而不捨佛法，是菩薩行

三國吳・支謙譯《維摩詰經》	姚秦・鳩摩羅什譯《維摩詰所説經》	姚秦・鳩摩羅什譯《維摩詰所説大乘經》	唐・玄奘譯《説無垢稱經》
㉞以「止觀」知「魔行」，不滅「迹行」，是菩薩行。	㉞雖行「止觀助道」之法，而不畢竟墮於「寂滅」，是菩薩行。	㉞雖行「止觀助道」之法，而不畢竟墮於「寂滅」，是菩薩行。	㉞若求「止觀資糧」所行，不墮「畢竟寂滅」所行，是則名為菩薩所行。
	㉟雖行諸法「不生不滅」，而以「相好」莊嚴其身，是菩薩行。	㉟雖行諸法「不生不滅」，而以「相好」莊嚴其身，是菩薩行。	㉟若樂觀察「無生滅相」諸法所行，而以「相好」莊嚴其身，成滿種種「佛事」所行，是則名為菩薩所行。
㊱於「弟子(聲聞)、緣一覺」(緣覺)所，不應不現行。不為毀(大乘成佛之)佛法行，是菩薩行。	㊱雖現「聲聞、辟支佛」威儀，而不捨(大乘成佛之)佛法，是菩薩行。	㊱雖現「聲聞、辟支佛」威儀，而不捨(大乘成佛之)佛法，是菩薩行。	㊱若樂示現「聲聞、獨覺」威儀所行，而不棄捨一切佛法「緣慮」(攀緣思慮)所行，是則名為菩薩所行。
	㊲雖隨諸法「究竟淨相」，而隨所應，為「現」其身，是菩薩行。	㊲雖隨諸法「究竟淨相」，而隨所應，為「現」其身，是菩薩行。	㊲若隨諸法「究竟清淨」，本性「常寂」妙定所行。非不隨順一切有情種種所樂「威儀」所行，是則名為菩薩所行。

	㊳雖觀諸佛國土「永寂如空」，而現種種「清淨佛土」，是菩薩行。	㊳雖觀諸佛國土「永寂如空」，而現種種「清淨佛土」，是菩薩行。	㊳若樂觀察一切佛土，其性「空寂」，無成無壞，如「空」所行。非不示現種種「功德」，莊嚴佛土，「饒益」(豐饒助益)一切有情所行，是則名為菩薩所行。
	㊴雖得佛道，轉于「法輪」，入於「涅槃」，而不捨於「菩薩之道」，是菩薩行。	㊴雖得佛道，轉於「法輪」，入於「涅槃」，而不捨於「菩薩之道」，是菩薩行。	㊴若樂示現一切佛法，轉於「法輪」，入「大涅槃」佛事所行。非不修行「諸菩薩行」差別所行，是則名為菩薩所行。
(維摩詰)說是語時，「八千」天人，發「無上正真道意」。文殊師利童子甚悅！	(維摩詰)說是語時，文殊師利所將大衆，其中「八千」天子皆發「阿耨多羅三藐三菩提心」。	(維摩詰)說是語時，文殊師利所將大衆，其中「八千」天子皆發「阿耨多羅三藐三菩提心」。	(維摩詰)說是一切菩薩所行「希有事」，是妙吉祥！所將衆中「八億」天子聞所說法，皆於「無上正等菩提」，發心趣向。

不思議品第六

【六～1】舍利弗言：只為「法」來，非為「床座」

三國吳・支謙譯 《維摩詰經》	姚秦・鳩摩羅什譯 《維摩詰所說經》	姚秦・鳩摩羅什譯 《維摩詰所說大乘經》	唐・玄奘譯 《說無垢稱經》
	【不思議品第六】	【不思議品第六】	【不思議品第六】
㊀賢者舍利弗心念： 無床座，是「菩薩、大弟子(大聲聞)」，當於何坐？	㊀爾時舍利弗見此室中無有床座，作是念： 斯諸「菩薩、大弟子眾(大聲聞眾)」，當於何坐？	㊀爾時舍利弗見此室中無有牀座，作是念： 斯諸「菩薩、大弟子眾(大聲聞眾)」，當於何坐？	㊀時舍利子見此室中無有床座，竊作是念： 此諸「菩薩」及「大聲聞」，當於何坐？
㊁維摩詰知其意，即謂言： 云何賢者！為「法」來耶？求「床座」也？	㊁長者維摩詰知其意，語舍利弗言： 云何仁者！為「法」來耶？求「床座」耶？	㊁長者維摩詰知其意，語舍利弗言： 云何仁者！為法來耶？為「牀座」耶？	㊁時無垢稱知舍利子心之所念，便即語言： 唯，舍利子！為「法」來耶？求「床坐」耶？
㊂舍利弗言： 居士！我為「法」來，非利所安。	㊂舍利弗言： 我為「法」來，非為「床座」。	㊂舍利弗言： 我為「法」來，非為「牀座」。	㊂舍利子言： 我為「法」來，非求「床座」。

【六～2】求法者，非「蘊處界」求，非「佛法僧」求，非「苦集滅道」求。若有所求，皆戲論也。底下約有17條

三國吳・支謙譯 《維摩詰經》	姚秦・鳩摩羅什譯 《維摩詰所說經》	姚秦・鳩摩羅什譯 《維摩詰所說大乘經》	唐・玄奘譯 《說無垢稱經》
維摩詰言：唯，賢者！ ❶其利法者，不貪「軀命」，何況「床	維摩詰言：唯，舍利弗！ ❶夫求法者，不貪「軀命」，何況「床	維摩詰言：唯，舍利弗！ ❶夫求法者，不貪「軀命」，何況「牀	無垢稱言：唯，舍利子！ ❶諸求法者，不顧「身命」，何況「床

座」？	座」？	座」？	座」？
唯，舍利弗！ ❷❸夫利法者，非有「色、痛、想、行、識」求。	❷❸夫求法者，非有「色、受、想、行、識」之求。	❷❸夫求法者，非有「色、受、想、行、識」之求。	又，舍利子！ ❷諸求法者，不求「色蘊」，乃至「識蘊」。 ❸諸求法者，不求「眼界」乃至「意識界」。
❹非有「陰(五陰)、種(十八種;十八界)、諸入(十二入)」之求。	❹非有「界(十八界)、入(十二入)」之求。	❹非有「界(十八界)、入(十二入)」之求。	❹諸求法者，不求「眼處」乃至「法處」。
❺非有「欲、色、無色」之求。	❺非有「欲、色、無色」之求。	❺非有「欲、色、無色」之求。	❺諸求法者，不求「欲界、色、無色界」。
唯，舍利弗！ ❻夫求法者，不著「佛」求，不著「法」求，不著(僧)「衆」求。	唯，舍利弗！ ❻夫求法者，不著「佛」求，不著「法」求，不著(僧)「衆」求。	唯，舍利弗！ ❻夫求法者，不著「佛」求，不著「法」求，不著(僧)「衆」求。	又，舍利子！ ❻諸求法者，不求「佛」執，及「法、僧」執。
又舍利弗！ ❼夫求法者，無「知苦」求，無「斷集」求，無造「盡證、惟道」之求。	❼夫求法者，無「見苦」求，無「斷集」求，無造「盡證、修道」之求。	❼夫求法者，無「見苦」求，無「斷集」求，**無「證滅」求，無「修道」求**。	❼諸求法者，不求「知苦、斷集、證滅」及與「修道」。
所以者何？法無「放逸」，有「放逸法」，當知「苦、集」，當為「盡證」，以惟	所以者何？法無「戲論」，若言我當「見苦、斷集、證滅、修道」，是則「戲	所以者何？法無「戲論」，若言我當「見苦、斷集、證滅、修道」，是則「戲	所以者何？法無「戲論」，若謂我當「知苦、斷集、證滅、修道」，即是「戲

「致道」。斯求法者，「無放逸」之求法也。	論」，非求法也。	論」，非求法也。	論」，非謂求法。

《佛說菩薩行方便境界神通變化經・卷下》

(1)大德舍利弗！菩薩一切所有言說皆出於「法」，然不「執著」，亦不生「想」。何以故？「離法想」故。

(2)舍利弗言：汝今薩遮，不求「聽法」？詣「如來」耶？

(3)薩遮答言：大德舍利弗！我非「求法」，非「不求法」；詣如來耶？何以故？

(4)大德舍利弗！夫求法者，名「不求」於一切諸法。

(5)大德舍利弗！夫求法者，不著「佛」求、不著「法」求、不著「僧」求。(其實亦不離佛法僧)

(6)不知「苦」求，非斷「集」求，非修「道」求，非證「滅」求。

(7)非過「欲界」，非過「色界、無色界」求。

(8)非「生死」求，非「涅槃」求。

(9)大德舍利弗！汝當知，我都「不求」於一切法故，詣如來所。

(10)舍利弗言：以何因緣故作如是說？

(11)薩遮答言：大德舍利弗！一切諸法「無因緣」故，我如是說。

(12)又法界性，無有「因緣」，非「無因緣」，俱不可得故。

(13)舍利弗言：汝今流轉於諸道耶？

(14)薩遮答言：大德舍利弗！若有「道者」，我則流轉。若有「生者」，我則有生。若有「去者」，我則有死。

(15)大德舍利弗！一切諸法「無去、無生死」…大德舍利弗！是名略說「義」及「分別」。

(16)爾時世尊讚薩遮尼乾子，善哉！善哉！善男子如汝所說。說此法時三千天子，得「無生法忍」。

《大般若波羅蜜多經・卷第六》

(1)復次，舍利子！諸菩薩摩訶薩修行般若波羅蜜多，不著佛十力有，不著佛十力非有，不著四無所畏、四無礙解、大慈、大悲、大喜、大捨、十八佛不共法有，不著四無所畏，乃至十八佛不共法非有。

(2)不著佛十力常，不著佛十力無常，不著四無所畏乃至十八佛不共法常，不著四無所畏，乃至十八佛不共法無常；不著佛十力樂，不著佛十力苦，不著四無所畏乃至十八佛不共法樂，不著四無所畏，乃至十八佛不共法苦。

(3)不著佛十力我，不著佛十力無我，不著四無所畏乃至十八佛不共法我，不著四無所畏，乃至十八佛不共法無我。

(4)不著佛十力寂靜，不著佛十力不寂靜，不著四無所畏乃至十八佛不共法寂靜，不著四無所畏，乃至十八佛不共法不寂靜。

(5)不著佛十力空，不著佛十力不空，不著四無所畏乃至十八佛不共法空，不著四無所畏，乃至十八佛不共法不空。

(6)不著佛十力無相，不著佛十力有相，不著四無所畏乃至十八佛不共法無相，不著四無所畏，乃至十八佛不共法有相。

(7)不著佛十力無願，不著佛十力有願，不著四無所畏乃至十八佛不共法無願，不著四無所畏，乃至十八佛不共法有願。

(8)舍利子！諸菩薩摩訶薩修行般若波羅蜜多，與如是法相應故，當言與般若波羅蜜多相應。

《大寶積經・卷第一百五》

(1)文殊師利言：天子！若人「見」佛，彼則「著」佛。若人「見」法，彼則「著」法。若人「見」僧，彼為「著」僧。何以故？以「佛、法、僧」非可得故。

(2)天子！若人「不見佛、不聞法、不識僧」者，彼為「不背佛、不謗法、不破僧」。何以故？以其「不得」佛法僧故(佛法僧並非「眞實可得」，故不著佛法僧者，乃眞不背佛、不謗法、不破僧者)。

(3)天子！若人「愛佛、愛法、愛僧」，彼為「染著」佛法及僧。

(4)天子當知！若人「不著」佛法僧者，是則名為「離欲寂滅」。

(5)天子！以此義故，我如是說。

(6)汝今若能於佛法僧「不染著」者，我則同汝如是梵行。

《文殊師利所說摩訶般若波羅蜜經・卷下》

(1)文殊師利言：若人欲聞般若波羅蜜，我當作如是說。其有聽者，不念不著，無聞無得，當如「幻人」無所分別。如是說者，是真說法，是故聽者「莫作二相」。

(2)不捨諸見(例如外道 62 邪見)，而修佛法。「不取」佛法，「不捨」凡夫法。何以故？

(3)佛及凡夫，二法相空，無「取、捨」故。

(4)若人問我，當作是說，如是安慰，如是建立。

《大寶積經・卷第一百一十六》

(同《文殊師利所說摩訶般若波羅蜜經・卷下》內容)

(1)文殊師利言：若人欲聞般若波羅蜜，我當作如是說。其有聽者，不念不著，無聞無得，當如「幻人」無所分別。如是說者，是真說法，是故聽者「莫作二相」。

(2)不捨諸見，而修佛法。「不取」佛法，「不捨」凡夫法。何以故？

(3)佛及凡夫，二法相空，無「取、捨」故。
(4)**若人問我，當作是說，如是安慰，如是建立。**

《佛說阿闍世王經・卷下》
(1)**可受其菩薩言：若有自著他人者，我不受是物。**其不著「五陰、四大、六衰(色聲香味觸法六塵，能衰損善法)」，亦不著「佛」、亦不著「法」、亦不著「僧」。**何以故？**
(2)諸法「無所著」故。

【六～3】法名「清淨、寂滅、無染、無塵、無行處、無取捨、無處所」

三國吳・支謙譯《維摩詰經》	姚秦・鳩摩羅什譯《維摩詰所說經》	姚秦・鳩摩羅什譯《維摩詰所說大乘經》	唐・玄奘譯《說無垢稱經》
舍利弗！	唯，舍利弗！ ❽法名「寂滅」，若行「生滅」，是求「生滅」，非求法也。	唯，舍利弗！ ❽法名「**清淨**、寂滅」，若行「生滅」，**是不樂遠離，而求**「生滅」，非求法也。	又，舍利子！ ❽諸求法者，不求於「生」，不求於「滅」。 所以者何？法名「寂靜」及「近寂靜」。若行「生滅」，是求「生滅」。非謂求法，非求遠離。
❾無有塵，離「婬塵」，其染污者，即為在邊。斯求法者，無「婬樂」之求法也。	❾法名「無染」，若染於「法」，乃至「涅槃」，是則「染著」，非求法也。	❾法名「**無染**、**無塵**」，**若染**「**法塵**」，乃至「涅槃」，**是則**「**染著**」**塵勞**，非求法也。	❾諸求法者，不求「貪染」。所以者何？法無「貪染」，離諸「貪染」。若於「諸法」乃至「涅槃」，少有「貪染」，是求「貪染」，非謂求法。

三國吳‧支謙譯《維摩詰經》	姚秦‧鳩摩羅什譯《維摩詰所說經》	姚秦‧鳩摩羅什譯《維摩詰所說大乘經》	唐‧玄奘譯《說無垢稱經》
舍利弗！ ❿無有「壃界」，在「壃界」者，則有「分數」。斯求法者，無「壃界」之求也。	❿法無「行處」(據梵文原意作「境界、領域」)，若「行」於法，是則「行處」，非求法也。	❿法無「前境」，若「行」於法，是則「前境」，非求法也。	又，舍利子！ ❿諸求法者，不求「境界」。所以者何？法非「境界」，若數一切「境界」所行，是求「境界」，非謂求法。
⓫法無「不淨」，在「不淨」者，於法「有取、有放」。斯求法者，無「取放」之求也。	⓫法無「取捨」，若「取捨」法，是則「取捨」，非求法也。	⓫法無「取捨」，若「取捨」法，是則「取捨」，非求法也。	又，舍利子！ ⓫諸求法者，不求「取捨」。所以者何？法無「取捨」，若「取捨法」，是求「取捨」，非謂求法。
⓬法無「巢窟」，有法者，則為「有窟」。斯求法者，無「窟倚」之求也。	⓬法無「處所」，若著「處所」，是則「著處」，非求法也。	⓬法無「處所」，若著「處所」，是則「著處」，非求法也。	又，舍利子！ ⓬諸求法者，不求「攝藏」。所以者何？法無「攝藏」，若樂「攝藏」，是求「攝藏」，非謂求法。

【六～4】法名「無相、不可住、非見聞覺知、無為」。求法者，應無所求

三國吳‧支謙譯《維摩詰經》	姚秦‧鳩摩羅什譯《維摩詰所說經》	姚秦‧鳩摩羅什譯《維摩詰所說大乘經》	唐‧玄奘譯《說無垢稱經》
⓭法「無有想」，在「占想」者，則為「堅識」。斯求法者，無「占想」之	⓭法名「無相」，若隨「相」識(追隨事物的表相)，是則「求相」，非求法也。	⓭法名「無相」，若隨「相」識(追隨事物的表相)，是則「求相」，非求法也。	又，舍利子！ ⓭諸求法者，不求「法相」。所以者何？法名「無相」，若隨「相」

求也。			識（追隨事物的表相），即是「求相」，非謂求法。
⓮法「無有漏」，在「流法」者，為「一切近」。斯求法者，無「一切之求」也。	⓮法「不可住」，若「住」於法，是則「住法」，非求法也。	⓮法「不可住」，若「住」於法，是則「住法」，非求法也。	又，舍利子！ ⓮諸求法者，「不共法住」。所以者何？法「無所住」，若與「法住」，即是「求住」，非謂求法。
⓯法無「見、聞」，無「念」、無「知」，於法有「見、聞、念、知」者，則為「已別」。斯求法者，為「無見聞」之求也。	⓯法不可「見、聞、覺、知」，若行「見、聞、覺、知」，是則「見、聞、覺、知」，非求法也。	⓯法不可「見、聞、覺、知」，若行「見、聞、覺、知」，是則「見、聞、覺、知」，非求法也。	又，舍利子！ ⓯諸求法者，不求「見聞」及與「覺知」。所以者何？法不可「見聞覺知」，若行「見聞覺知」，是求「見聞覺知」，非謂求法。
	⓰法名「無為」，若行「有為」，是求「有為」，非求法也。	⓰**法名「無為、無無為」，若行「有為、無為」，是求「有為、無為」，**非求法也。	又，舍利子！ ⓰諸求法者，不求「有為」。所以者何？法名「無為」，離「有為」性，若行「有為」，是求「有為」，非謂求法。
是故，舍利弗！ ⓱求法者，一切法唯「無求」也。	是故，舍利弗！ ⓱若求法者，於一切法，應「無所	是故，舍利弗！ ⓱若求法者，於一切法，應「無所	是故，舍利子！ ⓱若欲求法，於一切法應「無所

	求」。	求」。	求」。
(維摩詰)說是語時，五百天人諸法「法眼」生。	(維摩詰)說是語時，五百天子，於諸法中得「法眼淨」。	(維摩詰)說是語時，五百天子，於諸法中得「法眼淨」。	(維摩詰)說是法時，五百天子遠塵離垢，於諸法中得「法眼淨」。

【六～5】維摩詰現神通，東方須彌燈王如來，遣三萬二千「師子座」來入舍

三國吳・支謙譯《維摩詰經》	姚秦・鳩摩羅什譯《維摩詰所說經》	姚秦・鳩摩羅什譯《維摩詰所說大乘經》	唐・玄奘譯《說無垢稱經》
【不思議品第六】			
㊀於是維摩詰問文殊師利： 仁者！遊於無量無數佛國億百那術，何等佛土為「一切持」？一切有好「師子之座」？	㊀爾時長者維摩詰問文殊師利： 仁者！遊於無量千萬億阿僧祇國，何等佛土有好「上妙功德」；成就「師子之座」？	㊀爾時長者維摩詰問文殊師利： 仁者！遊於無量千萬億阿僧祇國，何等佛土有好「上妙功德」；成就「師子之座」？	㊀時無垢稱問妙吉祥： 仁者！曾遊十方世界無量無數百千俱胝諸佛國土，何等佛土有好「上妙具足功德」；大師子座。
㊁文殊師利言： 有！族姓子！東方去此佛國度如三十六恒沙等剎，其世界名須彌幡，其佛號須彌燈王如來至真等正覺。今現在。	㊁文殊師利言： 居士！東方度(越過)三十六恒河沙國，有世界名須彌相，其佛號須彌燈王，今現在。	㊁文殊師利言： 居士！東方度(越過)三十六恒河沙國，有世界名須彌幢相，其佛號須彌燈王，今現在。	㊁妙吉祥言： 東方去此過三十六殑伽沙等諸佛國土，有佛世界名曰山幢，彼土如來號山燈王。今正現在，安隱住持。
㊂其佛身「八萬四千」由延(yojana)，佛師子座「六萬八千」由延(yojana)。其	㊂彼佛身長「八萬四千」由旬(yojana)，其師子座高「八萬四千」由旬	㊂彼佛身長「八萬四千」由旬(yojana)，其師子座高「**六十八億**」**由旬**	㊂其佛身長八十四億「踰膳那」(yojana)量，其師子座高「六十八億」踰

菩薩身「四萬二千」由延(yojana)，須彌幡國有「八百四十萬」師子之座。	(據梵文原意師子座高度是低於佛之身長的)，嚴飾(莊嚴淨飾)第一。	(yojana)。**菩薩身長「四萬二千」由旬**(yojana)**，其師子座高**「三十二億」由旬(yojana)，嚴飾(莊嚴淨飾)第一。	膳那(yojana)量。彼菩薩身長「四十二億」踰膳那(yojana)量，其師子座高「三十四億」踰膳那(yojana)量。
(肆)彼國如來為「一切持」，其師子座為「一切嚴」。			(肆)居士！當知彼土如來師子之座，最為殊妙，具諸功德。
(伍)於是維摩詰則如其像，「三昧」正受，現「神足」(神通具足)，應時彼佛須彌燈王如來遣「三萬二千」師子座，高廣淨好，昔所希見。	(伍)於是長者維摩詰現「神通力」，即時彼佛(指須彌燈王佛)遣「三萬二千」師子座，高廣嚴淨，來入維摩詰室。	(伍)於是長者維摩詰現「神通力」，即時彼佛(指須彌燈王佛)遣「三萬二千」師子之座，高廣嚴淨，來入維摩詰室。	(伍)時無垢稱攝念入定，發起如是「自在神通」，即時東方山幢世界山燈王佛遣「三十二億」大師子座滿高廣嚴淨，甚可愛樂。乘「空」來入無垢稱室。
(陸)一切「弟子(聲聞)、菩薩、諸天、釋、梵、四天王」；來入維摩詰舍。	(陸)諸「菩薩、大弟子(大聲聞)、釋、梵、四天王」等，昔所未見。	(陸)諸「菩薩、大弟子(大聲聞)、釋、梵、四天王」等，昔所未見。	(陸)此「諸菩薩」及「大聲聞、釋、梵、護世、諸天子」等，昔所未見，先亦未聞。
(柒)見其室，極廣大，悉包容「三萬二千」師子座。所立處，不迫迮(迫窄迮狹)。	(柒)其室廣博，悉皆包容「三萬二千」師子座，無所妨礙。	(柒)其室廣博，悉皆包容「三萬二千」師子座，無所妨礙。	(柒)其室欻然，廣博嚴淨，悉能包容「三十二億」師子之座，不相妨礙。
(捌)於維耶離城(Vaiśālī)，無所罣礙。於「佛」所止，及「四天」處(四大部洲)，無所罣礙。悉見如故，若前不	(捌)於毘耶離城(Vaiśālī)，及閻浮提、四天下(四大部洲)，亦不迫迮(迫窄迮狹)，悉見如故。	(捌)於**毗**耶離城(Vaiśālī)，及閻浮提**等四大部洲**，亦不迫迮(迫窄迮狹)，悉見如故。	(捌)廣嚴大城(Vaiśālī)，及「贍部洲、四大洲」等，諸世界中「城邑、聚落、國土、王都、天龍、藥叉、阿素

減。			洛」等，所住宮殿，亦不迫迮ㄗㄜˊ（迫窄迮狹）。悉見如本，前後無異。

《大方廣佛華嚴經・卷第四十六》

(1)爾時解脫長者從三昧起，告善財言：善男子！我已成就如來無礙莊嚴法門。得此法門已，覩見東方閻浮檀光世界，星宿ㄒㄧㄡˋ王如來、應供、等正覺，明淨藏菩薩等一切大眾。

(2)又見南方諸力世界，普香如來、應供、等正覺，心王菩薩等一切大眾。

(3)又見西方香光世界，須彌燈王如來、應供、等正覺，無礙心菩薩等一切大眾。

(4)又見北方聖服幢世界，自在神力無有能壞如來、應供、等正覺，自在勢菩薩等一切大眾。

(5)又見東北方一切樂寶世界，無礙眼如來、應供、等正覺。

《佛說不思議功德諸佛所護念經・卷上》

東方「阿毘羅提世界大目」如來。

東方「須彌幡世界須彌燈王」如來。

東方「不眴ㄒㄩㄢˋ世界普賢」如來。

《持心梵天所問經・卷第四》

(1)佛告持心梵天，見現不退轉天子乎？

(2)對曰：以見「天中天」。

(3)佛言：梵天！現不退轉天子，三十二不可計阿僧祇劫當得作佛，號曰：須彌燈王如來、至真、等正覺、明行成為、善逝、世間解、無上士、道法御、天人師、為佛、世尊。

(4)世界名「善化」，劫名「淨歎」。

《思益梵天所問經・卷第四》

(1)梵天！此不退轉天子從今已後，過三百二十萬阿僧祇劫當得作佛，號須彌燈王如來、應供、正遍知、明行足、善逝、世間解、無上士、調御丈夫、天人師、佛、世尊。

(2)世界名「妙化」，劫名「梵歎」。

【六～6】維摩詰為「新學菩薩」說「五通法」，始得登師子座。「聲聞眾」於禮須彌燈王佛後，亦得登師子座

三國吳・支謙譯《維摩詰經》	姚秦・鳩摩羅什譯《維摩詰所說經》	姚秦・鳩摩羅什譯《維摩詰所說大乘經》	唐・玄奘譯《說無垢稱經》
㊀維摩詰言：文殊師利！就師子座！與諸菩薩上人俱坐。當自「立身」，如彼座像。	㊀爾時維摩詰語文殊師利：就師子座！與諸菩薩上人俱坐。當自「立身」，如彼座像。	㊀爾時維摩詰語文殊師利：就師子座！與諸菩薩上人俱坐。當自「立身」，如彼座像。	㊀時無垢稱語妙吉祥：就師子座！與諸菩薩及「大聲聞」，如所敷設，俱可就座。當自「變身」，稱(符合)師子座。
㊁其得神通菩薩，即自「變形」為「四萬二千」由延(yojana)，坐師子座。其「邊」菩薩(相當於「十信位」，此菩薩初發心，若生於邊地及邪見家，既不能度人，且自敗壞善根)、大弟子(大聲聞眾)皆不能昇。	㊁其得神通菩薩，即自「變形」為「四萬二千」由旬(yojana)，坐師子座。諸「新發意」(nava-yāna-saṃprasthita;ādikarmika)菩薩及「大弟子」(大聲聞眾)皆不能昇。	㊁其得神通菩薩，即自「變形」為「四萬二千」由旬(yojana)，坐師子座。**諸「新發意」**(nava-yāna-saṃprasthita;ādikarmika)**菩薩皆不能昇。**	㊁其得神通諸大菩薩，各自「變身」為「四十二億」踰膳那(yojana)量，昇師子座，端嚴而坐。其「新學」(nava-yāna-saṃprasthita;ādikarmika)菩薩皆不能昇師子之座。
		㊂爾時維摩詰為「新發意」菩薩宣說「五通」妙法。即時伊等俱獲「五神通力」，變形為「四萬二千」由旬(yojana)**，坐師子座。**(其中復有)**諸「大弟子」**(大聲聞眾)**，亦不能昇。**	㊂時無垢稱為(諸新發意菩薩)說法要，令彼一切得「五神通」，即以「神力」各自「變身」為「四十二億」踰膳那(yojana)量，昇師子座，端嚴而坐。其中復有諸「大聲聞」，皆不能昇師子之座。

㊃維摩詰言：唯，舍利弗！就師子座！	㊃爾時維摩詰語舍利弗：就師子座！	㊃爾時維摩詰語舍利弗：就師子座！	㊃時無垢稱語舍利子：仁者！云何不昇此座？
㊄舍利弗言：族姓子！此座為高廣，吾不能昇。	㊄舍利弗言：居士！此座高廣，吾不能昇。	㊄舍利弗言：居士！此座高廣，吾不能昇。	㊄舍利子言：此座高廣，吾不能昇。
㊅維摩詰言：賢者！為須彌燈王如來作禮，然後可坐。	㊅維摩詰言：唯，舍利弗！為須彌燈王如來作禮，乃可得坐。	㊅維摩詰言：唯，舍利弗！為須彌燈王如來作禮，乃可得坐。	㊅無垢稱言：唯，舍利子！宜應禮敬山燈王佛，請加「神力」，方可得坐。
㊆於是「邊」菩薩、大弟子(大聲聞眾)，即為須彌燈王如來作禮，便得坐師子座。	㊆於是「新發意」菩薩，及大弟子(大聲聞眾)即為須彌燈王如來作禮，便得坐師子座。	㊆**於是諸「大弟子」**(大聲聞眾)即為須彌燈王如來作禮，便得坐師子座。	㊆時「大聲聞」咸即禮敬山燈王佛，請加「神力」，便即能昇師子之座，端嚴而坐。

《佛說如來不思議祕密大乘經・卷第十一》

(1)復次寂慧……或有天人見菩提樹高一多羅樹量。或有天人見「師子座」高一多羅樹量。或有天人見菩提樹高七多羅樹量。或有天人見「師子座」高半多羅樹量。或見菩提樹乃至高于八萬四千由旬之量。

(2)或見「師子座」高四萬二千由旬之量。或有天人見彼菩薩降伏魔軍。或有天人見一魔軍。或有天人見有廣多惡魔軍眾。或見菩薩以遊戲神通破魔軍眾。或見菩薩處虛空中。或見菩薩於虛空中踞「師子座」……

(3)寂慧當知！菩薩成就無量最勝清淨境界。皆是菩薩處于最上最勝大菩提場。具足如是無量功德現諸勝相。

《大哀經・卷第一》

(1)時有菩薩名「首藏華諸法自在」，遇此光曜，應時逮得一切莊嚴定意適三昧已。

(2)其寶高座自然為佛，有「師子座」，高八十億姟百千之尋。妙寶為足眾珍欄楯。妙衣敷上。一切諸華以散其上。

《大集大虛空藏菩薩所問經・卷第一》

爾時世尊為諸菩薩摩訶薩，說大集會甚深法時，一切大眾處在虛空住寶樓閣……又此道場有「師子座」自然涌出，其量高廣萬踰繕那。此「師子座」出淨光明，普照三千大千世界。

《十住斷結經・卷第七》

(1)時化國土有自然自寤摩尼寶，以種種珍寶雜廁其間。其摩尼寶懸在虛空，去地十仞，珠光明徹，靡不照曜。

(2)復有奇異摩尼之寶以為莊嚴，一一寶上十億江河沙剎諸佛國土，十億百千樓觀臺閣，一一樓觀有十億百千佛土寶蓮華師子之座，一一寶「師子座」有十億百千國土神寶蓮華。

(3)一一花上有十億百千如來坐「師子座」，一一如來放大光明，覆十億百千佛土，一一佛剎土有十億百千如來師子無畏之德。

《大方廣佛華嚴經・卷第六》

(1)於彼如來大眾海中，有菩薩摩訶薩，名「最勝光明燈無盡功德藏」，與世界海微塵數諸菩薩俱，來詣佛所，各現十種無邊色相寶蓮華藏「師子座」雲，遍滿虛空而不散滅。

(2)復現十種摩尼王光明藏「師子座」雲，復現十種一切莊嚴具種種校飾「師子座」雲，復現十種眾寶鬘燈焰藏「師子座」雲。

(3)復現十種普雨寶瓔珞「師子座」雲，復現十種一切香華寶瓔珞藏「師子座」雲，復現十種示現一切佛座莊嚴摩尼王藏「師子座」雲，復現十種戶牖階砌及諸瓔珞一切莊嚴「師子座」雲。

(4)復現十種一切摩尼樹寶枝莖藏「師子座」雲，復現十種寶香間飾日光明藏「師子座」雲……如是等世界海微塵數「師子座」雲，悉遍虛空而不散滅。

《勝天王般若波羅蜜經・卷第四》

(1)娑婆世界主「尸棄」梵王，與六十八萬梵天，來世尊所，頭面作禮，右繞七匝而發是言：唯願大悲，轉無上法輪！唯願大悲，轉無上法輪！

(2)爾時，即現大「師子座」高四萬二千由旬，種種莊嚴，堅固安隱。十方無量「釋提桓因」，悉為如來敷「師子座」，亦復如是。

《大般若波羅蜜多經・卷第五百七十》

(1)大德當知！如是菩薩行深般若波羅蜜多方便善巧，菩提樹下受草敷座，右遶七匝正念端坐。下劣有情見如是相諸大菩薩，見有八萬四千天子各別敷一大「師子座」。

(2)諸「師子座」眾寶合成，七寶羅網彌覆其上，各於四角懸妙金鈴，幢幡、繒蓋處處羅列。

菩薩遍此八萬四千「師子座」上俱各安坐，而諸天子互不相見，各謂：菩薩獨坐我座證得無上正等菩提。

(3)以是因緣深生歡喜，於無上覺皆得不退。

【六～7】若住「不可思議解脫」菩薩者，能以須彌內芥子，四大海水入一毛孔，而無所增減

三國吳・支謙譯《維摩詰經》	姚秦・鳩摩羅什譯《維摩詰所說經》	姚秦・鳩摩羅什譯《維摩詰所說大乘經》	唐・玄奘譯《說無垢稱經》
㊀舍利弗言： 未曾有也！族姓子！如是小室，乃容受此高廣之座，於維耶離城(Vaiśālī)，無所罣礙。	㊀舍利弗言： 居士！未曾有也！如是小室，乃容受此高廣之座，於毘耶離城(Vaiśālī)，無所妨礙。	㊀舍利弗言： 居士！未曾有也！如是小室，乃容受此高廣之座，於毗耶離城(Vaiśālī)，無所妨礙。	㊀舍利子言： 甚奇！居士！如此小室，乃能容受爾所百千高廣嚴淨師子之座，不相妨礙。
㊁於「佛」所止，及「四天處」無所罣礙。於諸「國邑、天龍」神宮，亦無罣礙。	㊁又於「閻浮提、聚落、城邑」及「四天下諸天、龍王、鬼神宮殿」，亦不迫迮(迫窄迮狹)。	㊁又於「閻浮提、聚落、城邑」及「**四大部洲**、諸天、龍王、鬼神宮殿」，亦不迫迮(迫窄迮狹)。	㊁廣嚴大城(Vaiśālī)及「贍部洲四大洲」等，諸世界中「城邑、聚落、國土、王都、天龍、藥叉、阿素洛」等，所有宮殿，亦不迫迮(迫窄迮狹)。悉見如本，前後無異。
㊂維摩詰言： 唯然，舍利弗！諸如來諸菩薩有入「不思議門」。得知此門者，以「須彌」之高廣入「芥子」中，無所增減，因現儀式。	㊂維摩詰言： 唯，舍利弗！諸佛菩薩有「解脫」名「不可思議」。若菩薩住是「解脫」者，以「須彌」之高廣，內(「納」的古字)「芥子」中，無所增減，須	㊂維摩詰言： 唯，舍利弗！諸佛菩薩有「解脫」名「不可思議」。若菩薩住是「解脫」者，以「須彌」之高廣，內(「納」的古字)「芥子」中，無所增減，須	㊂無垢稱言： 唯，舍利子！諸佛如來應正等覺及「不退」菩薩，有「解脫」名「不可思議」。若住如是「不可思議解脫」菩薩，「妙高山王」高廣如

	彌山王，本相如故。	彌山王，本相如故。	是，能以「神力」內「芥子」中，而令芥子形量不增，妙高山王形量不減。
㊃使「四天王」與「忉利天」不知；誰內我著此？	㊃而「四天王、忉利諸天」不覺不知；己之所入？	㊃而「四天王、忉利諸天」不覺不知；己之所入？	㊃雖現如是神通作用，而不令彼「四大天王、三十三天(忉利天)」；知見我等何往？何入？
㊄而「異人者」，見「須彌」入「芥子」，是為「入不思議壝ㄨㄟˊ界之門」也。	㊄唯應ㄧㄥˋ(順應；符合；適應)度者，乃見「須彌」入「芥子」中，是名住「不思議解脫法門」。	㊄唯應ㄧㄥˋ(順應；符合；適應)度者，乃見「須彌」入「芥子」中，是名「**不可思議解脫法門**」。	㊄唯令所餘「覩神通力調伏(度化)之者」；知見「妙高」入乎「芥子」。如是安住「不可思議解脫菩薩」，方便善巧，智力所入，不可思議解脫境界，非諸「聲聞、獨覺」所測。
㊅又，舍利弗！立「不思議門菩薩」者，以「四大海水」入「一毛孔」，不嬈ㄖㄠˇ魚、鼈、黿ㄩㄢˊ、鼉ㄊㄨㄛˊ「水性之屬」。	㊅(菩薩)又以「四大海水」入「一毛孔」，不嬈ㄖㄠˇ魚、鼈、黿ㄩㄢˊ、鼉ㄊㄨㄛˊ「水性之屬」，而彼大海，本相如故。	㊅(菩薩)又以「四大海水」入「一毛孔」，不嬈ㄖㄠˇ魚、鼈、黿ㄩㄢˊ、鼉ㄊㄨㄛˊ「水性之屬」，而彼大海，本**性**如故。	㊅又，舍利子！若住如是「不可思議解脫」菩薩，「四大海水」深廣如是。能以「神力」內「一毛孔」，而令「毛孔」形量不增，「四大海水」形量不減。
㊆不使「龍、鬼神、阿須倫、迦留羅」；知我何入？因喻儀式，其於眾生無所嬈害。	㊆諸「龍、鬼神、阿修羅」等，不覺不知；己之所入？於此眾生亦無所嬈。	㊆諸「龍、鬼神、阿修羅」等，不覺不知；己之所入？於此眾生亦無所嬈。	㊆雖現如是神通作用，而不令彼諸「龍、藥叉、阿素洛」等；知見我等何往？何入？亦不令彼「魚、鼈、黿

			ㄩㄢˊ、鼉ㄊㄨㄛˊ」及餘種種「水族生類」諸龍神等，一切有情憂怖惱害。 (捌)唯令所餘「覩神通力調伏(度化)之者」；知見如是「四大海水」入於「毛孔」。如是安住「不可思議解脫菩薩」，方便善巧，智力所入。不可思議解脫境界，非諸「聲聞、獨覺」所測。

《大方廣佛華嚴經・卷第三十九》

(1)**佛子！此「法雲地」菩薩……此地菩薩於一世界從兜率天下乃至涅槃，**隨所「應度眾生」心而現佛事；若二、若三，乃至如上微塵數國土，復過於此。

(2)**乃至無量百千億那由他**(nayuta)**世界微塵數國土，皆亦如是。是故此地名為「法雲」。**

《佛說十地經・卷第八》

菩薩住此「法雲地」中……隨所應ㄧㄥˋ(順應;符合;適應)**度有情意樂，示現種種一切佛事。**

《佛說如來不思議祕密大乘經・卷第十三》

(1)若隨順諸法所「應度」者，菩薩即為宣說「增上戒法、增上心法、增上慧法」。

(2)**若見眾生以「佛勝相」**所應ㄧㄥˋ(順應;符合;適應)**度者，即為宣說真實隨順「菩提分法」……**

《奮迅王問經・卷上》

(1)**奮迅王！彼時菩薩，成就如是「神通力」已，又復更有不可思議神通說法。**

(2)若有眾生信解「日月」入「法律」者，以神通力，三千大千諸世界中，所有「日月」置「手掌」中，擲過無量無邊世界。

(3)一切眾生所應ㄧㄥˋ(順應;符合;適應)度者，皆見「日月」，空中而去，然其「日月」本處不動。

(4)**又復能以**恒河沙等諸佛世界，置一「毛頭」，擲著梵世，然後復擲無量無邊世界之外，然諸眾生「不覺不知」。若來若去，無往返想。

《大般涅槃經・卷第四》

(1)善男子！復有菩薩摩訶薩住「大涅槃」，「斷取」十方三千大千諸佛世界，置於「針鋒」如「貫棗葉」，擲置他方「異佛世界」。其中所有一切眾生「不覺往返」，為在何處？唯應ㄥ(順應;符合;適應)度者，乃能見之，乃至本處，亦復如是。

(2)善男子！復有菩薩摩訶薩住「大涅槃」，「斷取」十方三千大千諸佛世界，置於「右掌」如「陶家輪」(古印度燒製陶瓦器之家，將「土坯ㄆ、泥坯」置於「車輪轉盤」的器具上，只要手或腳輕觸「輪盤」，就能運轉自如，常喻爲「易如反掌、輕舉無礙、輪轉不停」意)，擲置他方「微塵世界」，無一眾生有「往來想」，唯應ㄥ(順應;符合;適應)度者，乃見之耳，乃至本處，亦復如是。

(3)善男子！復有菩薩摩訶薩住「大涅槃」，「斷取」一切十方「無量諸佛世界」，悉內己身，其中眾生悉無「迫迮ㄗㄜˊ」(迫窄迮狹)，亦無「往返」及「住處想」，唯應ㄥ(順應;符合;適應)度者，乃能見之，乃至本處，亦復如是。

(4)善男子！復有菩薩摩訶薩住「大涅槃」，以「十方世界」內「一塵」中，其中眾生亦無「迫迮往返」之想，唯應ㄥ(順應;符合;適應)度者，乃能見之，乃至本處，亦復如是。

《大方便佛報恩經・卷第一》

(1)佛欲令一切眾生知「佛心」者，乃至下流、鈍根眾生，皆令得知。

(2)欲令一切眾生能得見者，即便得見；欲令不得見者，假令對目，而不能見。

(3)正使「聲聞、緣覺」有「天眼通」，亦不得見。

(4)佛放大光明，下至阿鼻地獄，上至「有頂」(非想非非想處天)，所應ㄥ(順應;符合;適應)度者，皆令得見，不應ㄥ(順應;符合;適應)度者，對目不見。

《大方廣佛華嚴經・卷第三十二》

諸天子！如我天聲，十方世界隨所應ㄥ(順應;符合;適應)化，皆悉得聞，一切諸佛亦復如是，隨應ㄥ(順應;符合;適應)度者，皆悉得見。

《大方廣佛華嚴經・卷第十五》

三千大千世界天龍八部無量眾生，隨自善根，如應ㄥ(順應;符合;適應)度者，皆入此園，而不迫窄。何以故？此比丘尼不可思議「威神力」故。

《佛說除蓋障菩薩所問經・卷第九》

(1)菩薩作是念：我聞如來說種種教種種經典，如是真實，無有虛妄。何以故？如來觀諸有情，所應ㄥ(順應;符合;適應)度者，隨彼信解，為說法要。我於是處，信無疑惑。

是為菩薩信如來說種種之教……

(2)菩薩作是念：我聞如來隨有情心，如其有情所應信解，以種種方便而為化度。佛以「一音」斷諸疑惑，是諸有情「根性成熟」，所應ㄙ(順應;符合;適應)度者，皆謂「如來為我說法」，而各解了。而佛如來無所「分別」，非「無分別」。如是真實，無有虛妄。

(3)我於是處，信無疑惑，是為菩薩信如來隨其所應化度有情。

《諸佛要集經・卷上》

佛建「威神」，顯其變化。若有應ㄙ(順應;符合;適應)器，當應ㄙ(順應;符合;適應)度者，悉聞此法。其餘眾人，都不見聞。

《大方便佛報恩經・卷第三》

佛告阿難：舍利弗者，於諸眾生為善知識，晝夜六時，常以「道眼」觀五道眾生，所應ㄙ(順應;符合;適應)度者，尋往度之。

《大智度論・初品中十喻釋論第十一》(第六卷)

(1)有外道法，雖度眾生，不如實度，何以故？種種「邪見結使」殘故。

(2)二乘雖有所度，不能如實所「應度」，何以故？無一切「智」，「方便心」薄故。

(3)唯有「菩薩」能如實巧度。

《大方廣佛華嚴經・卷第八》

(1)一毛放演無量光，普照十方一切剎，欲於一光一切覺，菩薩因此初發心。

(2)無量佛剎難思議，皆悉能置「一掌中」，欲解一切如幻化，菩薩因此初發心。

(3)無量佛剎諸眾生，皆悉安置「一毛端」，悉欲了達皆寂滅，菩薩因此初發心。

(4)一切十方大海水，滴以「一毛」盡無餘，悉欲分別知滴數，菩薩因此初發心。

(5)不可思議諸佛剎，皆碎為末如微塵，悉欲分別知其數，菩薩因此初發心。

(6)過去未來無量劫，一切世界成敗相，悉欲究竟達其際，菩薩因此初發心。

(7)三世一切等正覺，諸辟支佛及聲聞，悉欲分別三乘道，菩薩因此初發心。

(8)無量無邊諸世界，能以「一毛」悉稱舉，欲知有無真實相，菩薩因此初發心。

(9)金剛圍山數無量，盡能安置「一毛端」，欲知至大有小相，菩薩因此初發心。

(10)十方一切諸世界，能以「一音」遍充滿，悉欲解了淨妙聲，菩薩因此初發心。

《大寶積經・卷第八十五》

(1)如來世尊大名稱故，普聞世間……神通神變，皆悉圓滿，能以三千大千世界大地城邑、草木叢林、須彌山等，大海江河、諸天宮殿。置「一毛端」令住「虛空」，或經一劫，或過一劫，隨念所期，而不傾動。

(2)時王舍城國王大臣，婆羅門居士，一切人民，皆於如來深生尊重，以諸上妙飲食、衣服臥具、湯藥，恭敬供養。

《大般若波羅蜜多經・卷第五百六十六》

(1)天王！云何諸菩薩摩訶薩修學「般若」波羅蜜多，能通達「力」波羅蜜多？

(2)天王當知！若菩薩摩訶薩修學「般若」波羅蜜多，則能行「力」波羅蜜多。

(3)謂諸菩薩能「伏天魔、摧諸外道」，具足福德智慧力故，一切佛法無不修行，一切佛境無不證見。

(4)以神通力，用「一毛端」舉「贍部洲」或「四洲界」或「大千界」，乃至十方無量殑伽(Gaṅgā)沙等世界，還置本處，而無所損。

(5)或以神力，於虛空中取種種寶施有情類。能於十方無邊世界，諸佛說法，無不聞持。不見能行及所行法，無二、無別、自性離故。

《十住經・卷第四》

(1)如是名為到「無上法雲地」。住於是地中，智慧無邊限……諸佛威神力，微細智密事，又能悉通達，一切諸劫數，於「一毛端」中，觀見世間性。

(2)一切諸如來，於此「無上地」，初生及出家，得道轉法輪，示入於涅槃，皆隨順於智。

《佛說十地經・卷第六》

(1)是時天王及天眾，聞此勝行皆歡喜，為欲供養於如來，及以無量大菩薩……
供養於佛并菩薩，共作是言而讚歎……於「一毛端」百千億「那庾多(nayuta)」國微塵數。

(2)如是無量諸如來，於中安坐說妙法，「一毛孔」內無量剎，各有四洲及大海。
須彌鐵圍亦復然，悉見在中無迫隘(迫窄迮隘)。

(3)「一毛端」處有「六趣」，三種惡道及人天，諸龍神眾、阿素洛，各隨自業受果報。

(4)於彼「一切剎土」中，悉有如來演妙法，隨順一切有情心，為轉最上淨法輪。
「剎」(剎土)中種種有情「身」，「身」中復有種種「剎」(剎土)。

《大方廣佛華嚴經・卷第一》

(1)如來神變，能以「一身」普遍一切諸佛世界不思議故。

(2)如來能以「神力」普令十方一切諸佛及佛國土，皆入其「身」，不思議故。

(3)如來能於一「極微塵」中普現一切「差別世界」不思議故。

(4)如來能於一一「毛端」現過去際，一切諸佛出興次第，不思議故。
(5)如來能於一一「毛孔」放大光明，一一光明悉能顯照一切世界，不思議故。
(6)如來能於一一「毛孔」出一切佛剎極微塵數變化雲，充滿一切諸佛剎土，不思議故。
(7)如來能於一一「毛孔」普現十方一切世界「成、住、壞」劫，不思議故；如於此逝多林給孤獨園見佛國土清淨莊嚴。如是十方盡法界、虛空界、一切世界亦如是見。

《普賢菩薩行願讚》

(1)般若方便定解脫，獲得無盡功德藏，如「一塵端」如「塵剎」，彼中佛剎不思議。
(2)佛及佛子坐其中，常見菩提勝妙行，如是無盡一切方，於「一毛端」三世量。
(3)佛海及與剎土海，我入修行諸劫海，於一音聲功德海，一切如來清淨聲。一切群生意樂音，常皆得入佛辯才。

《大方廣如來不思議境界經》一卷

(1)佛子！此三昧名「如來不思議境界」，即是一切諸佛菩提，以諸如來常依住故，世尊始從然燈佛所，得受記已，即入此定，常無功用，自然應現無量佛事。
(2)謂於虛空「一毛端」處，有一切佛剎微塵等諸佛世界，於中或現生「兜率天」，或從彼沒，下生入胎，或現遍生，遊行七步，自言我今即為「生死邊際」。
(3)或現在宮，出家苦行，或現降魔成等正覺轉妙法輪。

《月燈三昧經・卷第五》

(1)爾時以佛神力故，令彼……應不思議佛法偈言：於「一毛道」現多佛，其數猶如恒河沙，佛剎國土亦復然，彼佛剎體空無相。
(2)於「一毛端」現「五趣」，所謂「地獄」諸畜生，及諸「餓鬼、天人」等，皆悉清涼無逼窄。
(3)彼「毛道」處現「海池」，并諸河流及井泉，皆悉不逼復不窄，是謂佛法不思議。

《佛說觀佛三昧海經・卷第四》

(1)一一菩薩「臍」有一大蓮華，其華高大如須彌山百寶所成，華上有佛其佛高大，與華正等，亦出「臍」光。
(2)此相現時，眾寶師子奮迅若驚，師子眾毛，「一一毛端」有百億佛剎，一一佛剎，無量百億眾寶蓮華以為莊嚴。
(3)其蓮華上亦有百千大菩薩眾，是諸菩薩亦出「臍相」如上菩薩，如是菩薩眾色光明合成「一山」，其山高顯如真金臺，其臺四角有四梵幢。
(4)幢端皆有四億「佛剎」，一一剎中有「百千塔」，塔極小者，從「閻浮提」至於「梵世」，無數眾妙，一切寶像，以為莊嚴。**是諸寶塔及化菩薩，皆共讚歎。**

《佛說寶雨經・卷第三》

(1)**云何菩薩於「神通力」修得圓滿？謂此菩薩神通勝力，超諸世間及彼「二乘神通」境界。**

(2)菩薩樂欲於「一毛端」安「贍部洲」乃至「四洲」，若「千世界、二千、三千、大千」世界。

(3)**又復菩薩**樂欲於「一微塵」量中，安處「無量殑伽沙界」，如是世界，若二、若三、若四、若五，或十、二十，三、四、五十，乃至不可說不可說殑伽沙界，安置於「一極微塵」中，其微塵量不增不減。

(4)彼諸世界於「一微塵」中，各各安處，不相障礙，其中有情，亦無嬈亂「迫迮」(迫窄迮狹)之相，是名菩薩於「神通力」修得圓滿。

【六～8】若住「不可思議解脫」菩薩者，能以「右掌」斷取三千大千世界，擲置於恒河沙世界外

三國吳・支謙譯《維摩詰經》	姚秦・鳩摩羅什譯《維摩詰所說經》	姚秦・鳩摩羅什譯《維摩詰所說大乘經》	唐・玄奘譯《說無垢稱經》
㊀又，舍利弗！於是三千世界，如佛所斷；以「右掌」排置恒沙佛國。而人不知；誰安我往？	㊀又，舍利弗！住「不可思議解脫」菩薩，「斷取」三千大千世界，如陶家輪(古印度燒製陶瓦器之家，將「土坯、泥坯」置於「車輪轉盤」的器具上，只要手或腳輕觸「輪盤」，就能運轉自如，常喻爲「易如反掌、輕舉無礙、輪轉不停」意)，著「右掌」中，擲過恒河沙世界之外。其中衆生，不覺不知；己之所往。	㊀又，舍利弗！住「不可思議解脫」菩薩，「斷取」三千大千世界，如陶家輪(古印度燒製陶瓦器之家，將「土坯、泥坯」置於「車輪轉盤」的器具上，只要手或腳輕觸「輪盤」，就能運轉自如，常喻爲「易如反掌、輕舉無礙、輪轉不停」意)，著「右掌」中，擲過**恆沙**世界之外。其中衆生，不覺不知；己之所往。	㊀又舍利子！若住如是「不可思議解脫」菩薩，如是三千大千世界形量廣大，能以「神力」方便「斷取」，置「右掌」中。如陶家輪(古印度燒製陶瓦器之家，將「土坯、泥坯」置於「車輪轉盤」的器具上，只要手或腳輕觸「輪盤」，就能運轉自如，常喻爲「易如反掌、輕舉無礙、輪轉不停」意)，速疾旋轉，擲置他方殑伽沙等世界之外。
㊁又引還復「故	㊁又復還置「本	㊁又復還置「本	㊁又復持來還置

處」，都不使人有「往來想」，因而「現儀」。	處」，都不使人有「往來想」，而此世界「本相」如故。	處」，都不使人有「往來想」，而此世界「本相」如故。	「本處」，而令世界無所「增減」，雖現如是「神通」作用，而不令彼居住有情；知見我等何去？何還？都不令其生「往來想」，亦無惱害。 ㊂唯令所餘「覩神通力調伏(度化)之者」；知見世界「有去有來」。 ㊃如是安住「不可思議解脫」菩薩，方便善巧，智力所入。「不可思議解脫」境界，非諸「聲聞、獨覺」所測。
㊄又，舍利弗！有無量人生死「奉律」，立「不思議門」菩薩者，為「奉律」人：現「七夜」為「劫」壽。人信知謂「劫」過，不知是「七夜」也。	㊄又，舍利弗！或有衆生「樂久住世」而可度者，菩薩即延「七日」以為「一劫」，令彼衆生謂之「一劫」。或有衆生「不樂久住」而可度者，菩薩即促「一劫」以為「七日」，令彼衆生謂之「七日」。	㊄又，舍利弗！或有衆生「**應**久住世」而可度者，菩薩即**演**「七日」以為「一劫」，令彼衆生謂之「一劫」。或有衆生「不**應**久住」而可度者，菩薩即促「一劫」以為「七日」，令彼衆生謂之「七日」。	㊄又，舍利子！若住如是「不可思議解脫」菩薩，或諸有情，宜見生死「多時相續」而令調伏(度化)。或諸有情，宜見生死「少時相續」而令調伏(度化)。能以「神力」隨彼所宜，或延「七日」以為一劫，令彼有情謂經「一劫」。或促「一劫」以為「七日」，令彼有情謂經「七日」。

			㊱各隨所見，而令調伏。雖現如是「神通」作用，而不令彼所化有情；覺知如是「時分延促」。 ㊲唯令「所餘覩神通力調伏(度化)之者」覺知「延促」。如是安住「不可思議解脫」菩薩，方便善巧，智力所入，「不可思議解脫」境界，非諸「聲聞、獨覺」所測。

《大樹緊那羅王所問經・卷第二》

(1)天冠菩薩作是念言：我今當「化」作大「寶臺」，令佛世尊及諸菩薩眾，大聲聞僧安處「寶臺」，坐於「蓮花莊嚴座」上，置之「右掌」，乘空而往，至香山中。

(2)天冠菩薩作是念已，即入三昧，以三昧力作大「寶臺」，縱廣高下各十由旬……

(3)世尊！我今當以如是「寶臺」，置於「右掌」，著香山中，爾時世尊愍天冠菩薩，即昇「寶臺」就師子座，諸菩薩眾及聲聞僧，次第而坐。

(4)時天冠菩薩，即擎「寶臺」置「右掌」中，上昇虛空，往趣香山，爾時欲界諸天，色界諸天，見天冠菩薩作是神變，歡喜踊躍生希有心。

《大樹緊那羅王所問經・卷第四》

(1)爾時緊那羅王作大「寶車」，及敷諸座已，各合掌白佛：唯願世尊及諸大眾，就「寶車」坐，憐愍我故。

(2)爾時世尊及諸菩薩，聲聞大眾一切餘眾，悉坐「寶車」所敷座上。

(3)爾時緊那羅王，以佛神力及己神力，以是「寶車」，置「右掌」中，上昇虛空，高七多羅樹，緊那羅王八千諸子，及無量乾闥婆、緊那羅、摩睺羅伽，各以「金鎖」牽挽寶車，遊空而去。八萬四千諸緊那羅，作於八萬四千伎樂，在如來前，引導而去，以諸偈頌，並讚歎佛。

《雜譬喻經・卷上》

(1)目連答曰：不時去者，吾當「神足」取卿及山石室，置「右掌」中，持詣佛所。

(2)舍利弗便解「腰帶」著地，語目連曰：汝能令「帶」(腰帶)離於地者，我身乃可舉。

(3)目連即舉之，「地」能為振動，「帶」不可舉，目連以「神足」還佛所，舍利弗先到佛邊。

(4)目連乃知「神足」之力不如「智慧」之力也。

《父子合集經・卷第十九》

(1)時「地天王」即從座起，偏袒右肩，右膝著地，向「輪」合掌，作如是言：此「金輪寶」當降于地。

(2)如是禱已，依王前住，王以妙香上妙衣服，用拭「輪寶」，置「右掌」中，而語「輪」曰：我今欲往「東勝身洲」。

(3)「金輪」乘空，即至彼所，地天聖王出現之處，其地平正布諸寶花，以王威力，地皆震動，井泉河池枯涸之處，八功德水悉皆盈滿。

《文殊師利所說不思議佛境界經・卷上》

(1)爾時長老須菩提，語善勝天子言：天子！我初亦謂與諸大眾，皆共至於「兜率陀天」，而今乃知「本來不動」，曾不共往彼天之上。如是所見皆是文殊師利菩薩「三昧神通」之所現耳。

(2)時善勝天子即白佛言：世尊！文殊師利菩薩，甚為希有，乃能以此「三昧神通不思議力」，令此眾會「不動本處」而言，至此「兜率陀天」。

(3)佛言天子：汝但知文殊師利童子神通變化少分之力，我之所知，無有量也。

(4)天子！以文殊師利神通之力，假使如「恒河沙等諸佛國土」，種種嚴好各各不同，能於「一佛土」中普令明見。

(5)又以如「恒河沙等諸佛國土」，集在「一處」，狀如「繒束」，舉擲「上方」，不以為難。

(6)又以如「恒河沙等諸佛國土」，所有大海置「一毛孔」，而令其中眾生「不覺不知」，無所觸嬈。

(7)又以如「恒河沙等諸佛國土」，所有須彌山王，以彼「眾山」，內於「一山」。復以此山，內於「芥子」。而令「住彼山上」一切諸天，「不覺不知」，亦無所嬈。

(8)又以如「恒河沙等諸佛國土」，其中所有「五道」眾生，置「右掌」中。復取是諸國土「一切樂具」，一一眾生，盡以與之，等無差別。

(9)又以如「恒河沙等諸佛國土」，劫盡燒時，所有「大火」集在「一處」，令其大小如「一燈炷」，所有「火事」，如本(如原本之貌)無別。

(10)又如「恒河沙等諸佛國土」，所有「日月」若於「一毛孔」，舒光映之，普令其明「隱蔽」不現。

(11)天子！我於一劫，若一劫餘，說文殊師利童子三昧「神通變化」之力，不可窮盡。

《大方等無想經‧卷第四》

(1)善男子！是名菩薩成就「具足深進大海水潮三昧」。復次，善男子！若有菩薩成就「具足」是「三昧」者，以「四大海水」入「一毛孔」，不嬈 黿 、鼉 、龜、龍、魚、鼈水性之屬，壽命如常，無有損夭。諸龍王、阿修羅、乾闥婆，「不自覺知」所至之處。

(2)能以「三千大千世界」，安置「右掌」，「斷取」大地如「陶家輪」(古印度燒製陶瓦器之家，將「土坯 、泥坯」置於「車輪轉盤」的器具上，只要手或腳輕觸「輪盤」，就能運轉自如，常喻為「易如反掌、輕舉無礙、輪轉不停」意)，擲置他方恒沙界外。其中眾生都不覺有「往來之想」，取彼世界「安置此土」，亦復如是。

《大般泥洹經‧卷第三》

(1)復次善男子，住「大般泥洹」菩薩摩訶薩，持十方「國土」，置其「右掌」如陶家輪(古印度燒製陶瓦器之家，將「土坯 、泥坯」置於「車輪轉盤」的器具上，只要手或腳輕觸「輪盤」，就能運轉自如，常喻為「易如反掌、輕舉無礙、輪轉不停」意)，擲著他方微塵世界。於諸眾生無所嬈害，各不自知誰持「來去」？誰安在此？

(2)其餘眾生「有知見」者，知是住「大般泥洹」菩薩「神力」所為。

(3)復次善男子！住「大般泥洹」菩薩者，取「十方世界」內(納也)「一塵」處，於諸眾生「無所嬈害」，各不自知誰持來去？誰安在此？

(4)其餘眾生有知見者，知是住「大般泥洹」菩薩力之所為。

《大集大虛空藏菩薩所問經‧卷第七》

(1)爾時寶手菩薩聞「大虛空藏菩薩」說是諸法所攝之時，得未曾有，踴躍無量。

(2)即以「右掌」覆此「三千大千世界」，於剎那頃，盡十方界所有「花鬘、塗香、末香、幢幡、衣服、眾妙音樂」，皆從「寶手右掌」之中，如雨而下，遍滿三千大千世界。

(3)花至于膝，幢幡衣服，周遍虛空，嚴飾交映，百千音樂，不鼓自鳴，於其聲中出「伽陀」。

《佛說琉璃王經》

(1)大目揵連前白世尊：是何足言？我之神力，正覺所究，能以「右掌」舉舍夷國(迦毘羅衛城 Kapilavastu)，跳置空中，上不至天，下不至地，琉璃王殺，焉能得乎？

(2)佛告目連：知汝威德，過足如斯。宿命之罪，誰當代受？

(3)又曰：能以鐵文籠，疏遮此國，上又以鉢覆，使無形候，擲置他方異土……
(4)佛言：善哉！世尊！信汝此「十威力」，能辦此舉舍夷(迦毘羅衛城 Kapilavastu)貴戚。宿世殃罪，孰堪畢償，而代受者？

《大方等大集經・卷第二十九》

(1)菩薩欲為調伏如是諸眾生故「示現大力」，所謂示現「那羅延力」四分之一，或四分之二，或四分之三，或令示現「須彌山王」，高十六萬八千由旬，縱廣八萬四千由旬，以「三指」舉擲置「他方無量世界」。
(2)譬如擲一「阿摩勒果」，於菩薩力而無損減，「斷取」三千大千世界，下盡「水際」，以手舉之，高至「有頂」(非想非非想處天)，住經一劫。
(3)菩薩成就示現如是「大勢力」時，能令如是「瞋恚、憍慢、貢高」眾生內善調伏，知調伏已，然後隨應而為說法。
(4)是菩薩修「如意通」，能得智慧「變化勢力」，以「變化力」諸所欲作，悉得成就。
(5)能變「大海」以為「牛跡」，「大海」不小。又變「牛跡」以為「大海」，「牛跡」不大。
(6)若劫欲盡，「火災」起時，欲變為「水」，能如意變。「水災」起時能變為「火」，「風災」起時能變為「火」。「火災」起時能變為「風」。「風災」起時能變為「水」，「水災」起時能變為「風」。
(7)如是變化皆悉成就，若上中下法，隨意變化，唯除諸佛。更無有人能「移動留礙」破壞。
(8)菩薩「如意神通」，所謂釋梵天王、魔王波旬及其眷屬，是菩薩作種種變化，示諸眾生令歡喜已，然後隨意而為說法。
(9)是菩薩神通勇健自在，能過諸魔煩惱境界。入於「佛界」不惱眾生，所有善根皆悉成就，一切魔眾無能斷者。
(10)舍利弗！是名菩薩「如意神通」而不可盡。

《佛說華手經・卷第二》

(1)唯願如來至彼世界，若不臨顧，我當自以果報得「神力」接此世界，如一念頃，置于彼土「虛空」分中。
(2)時佛默然，聽此菩薩現「大神通自在」之力，欲令眾生具足「善根」，亦為示現度「知見」力。
(3)時此菩薩，即以右手「斷取」三千大千世界，猶如「陶師」以杖轉輪，持之而去。
(4)時舍利弗覺此三千大千世界皆大震動，白世尊曰：持此世界，并我等去！持此世界，并我等去！
(5)爾時世尊，以隨智音柔軟和雅悅可眾心，具足深遠，不高不下，簡要不亂，能示義趣，答舍利弗：非我所為！其音普聞大千世界，時有眾生貪著「我心」，依止「有見」，皆大驚怖，得厭離心，餘諸四眾，但見如來菩薩圍遶而為說法。

《佛本行經・卷第六》(一名《佛本行讚傳》)

弟子目揵連，能以左手舉「三千世界地」置於「右掌」中，擎著他世界。一切眾生類，無有覺知者，亦不懷恐怖。

《大乘密嚴經・卷上》

(1)佛已超過彼，而依密嚴住。此土諸宮殿，如蓮備眾飾，是一切如來淨智之妙相……或如千日光，處「大蓮花」上。或見諸菩薩，頂飾龍王髻……

(2)或見以「須彌」，置之於「右掌」。或持「大海水」，其狀如「牛跡」。

《大方等陀羅尼經・夢行分卷第三》

(1)爾時華聚菩薩，即從座起，偏袒右肩，右膝著地，恭敬合掌，而白佛言：世尊！我從「東方」妙樂世界，為佛所遣，故來救此雷音比丘，令住「堅固心」，如佛所說，不久當得成等正覺，度諸眾生，無有邊際。令得究竟，住決定心。

(2)我以憶念「昔所造行」，故來至此「娑婆世界」，聽受演說「陀羅尼經」。

《大方等陀羅尼經・夢行分卷第三》

(1)爾時阿難語華聚(華聚菩薩)言：若謂「諸法不定」者，十方諸佛亦應「不定」。諸佛「不定」者，十方世界亦復「不定」乎？

(2)爾時華聚即以「右手」，接取「西方妙樂世界」(妙樂➔Abhirati，原爲「東方」阿閦佛之淨土名，又作「妙喜世界」，此處乃菩薩爲破眾生執著，故意講成「西方」)，舉著虛空，猶如大士取「阿摩勒果」，置於「右掌」，無所妨礙。

(3)爾時大眾遙見「西方妙樂世界」，河池華樹，莊嚴之事，無不明了。

(4)爾時大眾歡喜踊躍，至心敬禮「無量壽佛」(此又指爲西方「極樂世界」的無量壽佛)，各各求生「妙樂世界」。

(5)爾時華聚語阿難言：於意云何？諸法如是有「定性」不？

(6)阿難答華聚言：諸法如是「無有定性」，我不敢問「諸法定相」。

《佛說如幻三摩地無量印法門經・卷三》

(1)勝華藏！於汝意云何？彼時勝威王者，豈異人乎？即今無量光如來應供正等正覺是。

彼時寶嚴童子者，今觀自在菩薩摩訶薩是。

寶上童子者，今大勢至菩薩摩訶薩是。

(2)是二菩薩，於彼師子遊戲金光王如來所，首發阿耨多羅三藐三菩提心……

(3)爾時勝華藏菩薩摩訶薩復白佛言。世尊！彼「無量功德寶莊嚴普現妙樂世界」，在何方處？

佛言：善男子！今此「西方極樂世界」，即是彼往昔時「無量功德寶莊嚴普現妙樂世界」。

(4)勝華藏言：此二大士，當於何時成就阿耨多羅三藐三菩提果？當得何等佛刹功德莊嚴？而佛壽量其數幾何？復有幾許菩薩之眾？……

(5)佛言：善男子！當知「西方無量光」如來壽命無量，極不可計。

《佛說大乘菩薩藏正法經・卷第三十二》

(1)復次舍利子！云何菩薩摩訶薩於「神境通」及彼「正行智業圓滿」？

(2)舍利子！……乃至如是諸力，以手「二指」舉「須彌山」，高六十百千「庾繕那」(yojana)，又擲彼山，遠八萬四千「庾繕那」(yojana)。譬如舉一「菴摩羅果」，從此「擲置」他方世界，而神境通菩薩摩訶薩力，都無動作。

(3)又能以三千大千世界，如是廣大，下從「水際」至「色究竟天」，其間有情置於「掌」中，住經劫數，一切道行，普能顯現。

(4)而菩薩摩訶薩，為彼「慢、過慢、極重忿怒」諸有情類，成就力能可伏「慢、過慢、忿怒」等，而為說法。

《大方廣佛華嚴經・卷第三十九》

佛子！菩薩摩訶薩有十種「神力自在」，何等為十？所謂：

(1)以「不可說世界」入「一微塵」，神力自在。

(2)於「一微塵」中顯現「一切法界」等一切佛刹，神力自在。

(3)於「一毛孔」皆悉容受「一切大海」，能持遊行一切世界，不令眾生有恐怖心，神力自在。

(4)以「一切世界」內「己身」中，悉能顯現一切眾事，神力自在。

(5)以「一毛」繫不可思議金剛圍山，悉持遊行一切世界，不令眾生有恐怖心，神力自在。

(6)「不可說劫」示現「一劫」，「一劫」示現「不可說諸成、敗劫」，不令眾生有恐怖心，神力自在。

(7)於一切世界示現「水、火、風災」成敗，不令眾生有恐怖心，神力自在。

(8)一切世界「水、火、風災」壞時，悉能住持一切眾生資生之具，神力自在。

(9)以不可思議，世界置於「掌」中，「遠擲」他方過不可說世界，不令眾生有恐怖心，神力自在。

(10)令一切眾生解「一切佛剎」，猶如虛空，神力自在。

(11)佛子！是為菩薩摩訶薩十種「神力自在」。

《集一切福德三昧經・卷上》

(1)菩薩若用「神通力」者，能以恒河沙等世界，置於「足指一毛端」上，擲過無量無邊恒河沙世界，如是往來，不令眾生有於「苦惱」。

(2)如是神力無量無邊，不可思議不可稱量，不可數知無等等。若當如來盡現所有神通力者，汝等聲聞尚不能信，況復其餘諸眾生也！

【六～9】若住「不可思議解脫」菩薩者，能以神力集諸佛國土於一國土。取一佛土置右掌，飛至十方

三國吳・支謙譯《維摩詰經》	姚秦・鳩摩羅什譯《維摩詰所說經》	姚秦・鳩摩羅什譯《維摩詰所說大乘經》	唐・玄奘譯《說無垢稱經》
㊀又，舍利弗！立「不思議門菩薩」者，現諸「剎好」以為「一剎」。	㊀又，舍利弗！住「不可思議解脫」菩薩，以「一切佛土」嚴飾(莊嚴淨飾)之事，集在「一國」，示於衆生。	㊀又，舍利弗！住「不可思議解脫」菩薩，以「一切功德莊嚴諸佛國土」，集在「一國」，示於衆生。	㊀又，舍利子！若住如是「不可思議解脫」菩薩，能以神力集「一切佛功德莊嚴清淨世界」，置「一佛土」，示諸有情。
㊁立「一切人」，置其「右掌」，順化其意，與遊諸剎，令如「日現」，不震「一國」，從是禮事十方諸佛。	㊁又菩薩以「一佛土」衆生，置之「右掌」，飛到「十方」，遍示一切，而不動「本處」。	㊁又菩薩以「一切佛土」衆生，置之「右掌」，飛到「十方」，遍示一切，而不動「本處」。	㊁(菩薩)又以「神力」，取「一佛土」一切有情，置之「右掌」。乘意勢通，遍到「十方」，普示一切諸佛國土。雖到「十方」一切佛土，住「一佛國」而「不移轉」。
㊂又令一切人從「一毛孔」見十方諸「日、月、星像」。	㊂又，舍利弗！十方衆生供養諸佛之具，菩薩於「一	㊂又，舍利弗！十方衆生供養諸佛之具，菩薩於「一	㊂(菩薩)又以神力，從「一毛孔」現出一切「上妙供

	毛孔」，皆令得見。	毛孔」，皆令得見。	具」，遍歷十方一切世界，供養「諸佛、菩薩、聲聞」。
㊃十方「陰冥」皆隨入門，既無所害。	㊃又十方國土所有「日、月、星宿ㄒㄧㄡˋ」，於「一毛孔」普使見之。	㊃又十方國土所有「日、月、星宿ㄒㄧㄡˋ」，於「一毛孔」普使見之。	㊃(菩薩)又以神力，於「一毛孔」普現十方一切世界所有「日、月、星辰」色像。
㊄又使佛國，所有「不滅」，一切曠然，各得修行。	㊄又，舍利弗！十方世界所有「諸風」(此指旋風)，菩薩悉能吸著「口中」，而(菩薩己)身無損。外諸「樹木」，亦不「摧折」。	㊄又，舍利弗！十方世界所有「諸風」(此指旋風)，菩薩悉能吸著「口中」，而(菩薩己)身無損。外諸「樹木」，亦不「摧折」。	㊄(菩薩)又以神力，乃至十方一切世界大「風輪」(此指旋風)等，吸置「口中」，而身無損。一切世界「草木、叢林」，雖遇此風，竟無「搖動」。
	㊅又十方世界「劫盡」燒時，以「一切火」內於「腹」中，火事如故，而不為「害」。	㊅又十方世界「劫盡」燒時，以「一切火」內於「腹」中，火事如故，而不為「害」。	㊅(菩薩)又以神力，十方世界所有佛土「劫盡」燒時，總「一切火」內置「腹」中。雖此火勢，熾焰不息，而於其身，都無「損害」。
㊆又能蹶ㄐㄩㄝˊ取「下方」恒沙等剎，舉置殊異「無數佛土」。若接「穎坑」安措「陸地」。	㊆又於「下方」過恒河沙等諸佛世界，取「一佛土」，舉著上方，過恒河沙無數世界。如持「鍼ㄓㄣ鋒」(而能)舉「一棗葉」，而無所嬈。	㊆又於「下方」過恒河沙等諸佛世界，取「一佛土」，舉著上方，過恒河沙無數世界。**如持「針鋒」**(而能)**舉「一柏葉」**，而無所嬈。	㊆(菩薩)又以神力，過於「下方」無量俱胝殑伽沙等諸佛世界，舉「一佛土」，擲置上方，過於俱胝殑伽沙等諸佛世界「一佛土」中。如以「針鋒」(而能)舉「小棗葉」，擲置餘方，都無所

<table>
<tr>
<td colspan="3">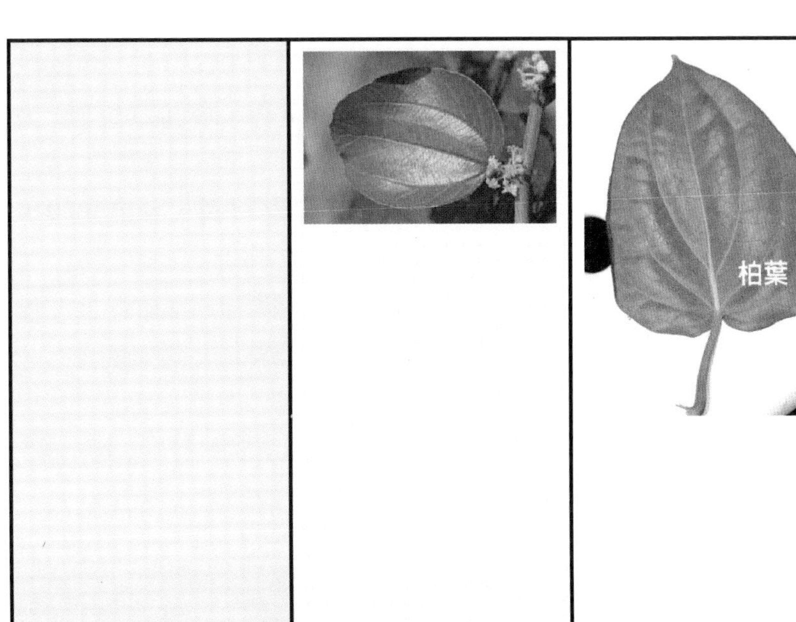
</td>
<td>損。
(捌)(菩薩)雖現如是「神通作」用，而「無緣者」；不見不知，於諸有情竟無惱害。
(玖)唯令一切「覩神通力調伏(度化)之者」；便見是事。如是安住「不可思議解脫」菩薩，方便善巧，智力所入。「不可思議解脫」境界，非諸「聲聞、獨覺」所測。</td>
</tr>
</table>

《大般涅槃經・卷第四》

(1)善男子！復有菩薩摩訶薩住「大涅槃」，「斷取」十方三千大千諸佛世界，置於「針鋒」如「貫棗葉」，擲置他方「異佛世界」。其中所有一切眾生「不覺往返」，為在何處？唯應ㄧㄥˋ(順應;符合;適應)度者，乃能見之，乃至本處，亦復如是。

(2)善男子！復有菩薩摩訶薩住「大涅槃」，「斷取」十方三千大千諸佛世界，置於「右掌」如「陶家輪」(古印度燒製陶瓦器之家，將「土坯ㄆㄧ、泥坯」置於「車輪轉盤」的器具上，只要手或腳輕觸「輪盤」，就能運轉自如，常喻爲「易如反掌、輕舉無礙、輪轉不停」意)，擲置他方「微塵世界」，無一眾生有「往來想」，唯應ㄧㄥˋ(順應;符合;適應)度者，乃見之耳，乃至本處，亦復如是。

(3)善男子！復有菩薩摩訶薩住「大涅槃」，「斷取」一切十方「無量諸佛世界」，悉內己身，其中眾生悉無「迫迮ㄗㄜˊ」(迫窄迮狹)，亦無「往返」及「住處想」，唯應ㄧㄥˋ(順應;符合;適應)度者，乃能見之，乃至本處，亦復如是。

(4)善男子！復有菩薩摩訶薩住「大涅槃」，以「十方世界」內「一塵」中，其中眾生亦無「迫迮往返」之想，唯應ㄧㄥˋ(順應;符合;適應)度者，乃能見之，乃至本處，亦復如是。

(5)善男子！是菩薩摩訶薩住「大涅槃」，則能示現種種無量「神通變化」，是故名曰「大般涅槃」，是菩薩摩訶薩所可示現如是「無量神通變化」，一切眾生無能測量。

《自在王菩薩經・卷上》

(1)菩薩「如意神力」故，為度奉事日月眾生，以三千大千世界，置其「右掌」，遠擲他方無量世界。令諸人眾皆「見其去」，而此世界「本處不動」。

(2)又以恒河沙世界，入「一毛孔」，舉至「梵天」，擲置他方無量世界。令諸眾生無「去來相」。

(3)若恒河沙無量世界劫盡「火燒」，能「一吹」令滅。或以兩手障蔽日月，身出光明，照諸世界而為說法。

(4)自在王！是菩薩或坐諸佛前，若欲供養佛，以一掬「華」如須彌山，散佛身上，華至「半身」。又三千大千世界一切「草木」皆成為「炬」，遍滿世界，火落如雨。

【六～１０】若住「不可思議解脫」菩薩者，能以神力示現「佛身、菩薩、獨覺、聲聞、梵王、帝釋」等像

三國吳・支謙譯 《維摩詰經》	姚秦・鳩摩羅什譯 《維摩詰所說經》	姚秦・鳩摩羅什譯 《維摩詰所說大乘經》	唐・玄奘譯 《說無垢稱經》
㊀又立「不思議門菩薩」者，為「一切人」故，如「佛像」色貌立(現)；以立之。如「緣一覺(緣覺)」像色貌立(現)；以立之。如「弟子像」(聲聞像)色貌立(現)；以立之。或如釋、如梵、如轉輪王像色貌立(現)；以立之。	㊀又，舍利弗！住「不可思議解脫」菩薩，能以神通現作「佛身」。或現「辟支佛身」。或現「聲聞身」。或現「帝釋身」。或現「梵王身」。或現「世主身」。或現「轉輪王身」。	㊀又，舍利弗！住「不可思議解脫」菩薩，能以神通現作「佛身」。或現「辟支佛身」。或現「聲聞身」。或現「帝釋身」。或現「梵王身」。或現「世主身」。或現「轉輪王身」。	㊀又，舍利子！若住如是「不可思議解脫」菩薩，能以神力現作「佛身」種種色像。或現「獨覺」及諸「聲聞」種種色像。或現「菩薩」種種色像，諸相隨好，具足莊嚴。或復現作「梵王、帝釋、四大天王、轉輪王」等一切有情種種色像。 ㊁(菩薩)或以神力，變諸有情，令作「佛身」及諸菩薩、聲聞、獨覺、釋、梵、護世、轉輪王」等種種色像。
㊂隨十方「語	㊂又十方世界所	㊂又十方世界所	㊂(菩薩)或以神

言、音聲」上中下之所願，一切以「佛柔軟音響」而誘立之，為出佛語「無常、苦、空、非身」之聲。以如事說「諸佛法言」出是輩聲。	有「衆聲」，上中下音，（菩薩）皆能變之，令作「佛聲」，演出「無常、苦、空、無我」之音。	有「衆聲」，上中下音，（菩薩）皆能變之，令作「佛聲」，演出「無常、苦、空、無我」之音。	力，轉變十方一切有情「上中下品」音聲差別，皆作「佛聲」第一微妙。從此「佛聲」演出「無常、苦、空、無我」究竟涅槃，寂靜義等言詞差別。乃至一切「諸佛、菩薩、聲聞、獨覺」說法音聲，皆於中出。
	㊃及十方諸佛所說「種種之法」，皆於其中，普令得聞。	㊃及十方諸佛所說「種種之法」，皆於其中，普令得聞。	㊃乃至十方諸佛「說法」，所有一切「名（名稱；概念）、句（詞）、文（音節；字母）」身（等種種）音聲差別，皆從如是「佛聲」中出，普令一切有情得聞，隨「乘」差別，悉皆調伏。
			㊄（菩薩）或以神力，普於十方隨諸有情「言音差別」，如其所應出「種種聲」，演說妙法，令諸有情各得利益。
	㊅舍利弗！我今略說菩薩「不可思議解脫」之力，若廣說者，窮劫不盡。	㊅舍利弗！我今略說菩薩「不可思議解脫」之力，若廣說者，窮劫不盡。	㊅唯，舍利子！我今略說安住「如是不可思議解脫」菩薩，方便善巧，智力所入，「不可思議解脫」境界。若我廣說，或經「一

			劫」或「一劫餘」，或復過此，智慧辯才，終不可盡。 ㊾如我智慧，辯才無盡，安住如是「不可思議解脫」菩薩，方便善巧，智力所入，「不可思議解脫」境界，亦不可盡，以「無量」故。

《大寶積經・卷第九十》

(1)爾時舍利弗聞諸菩薩作如是等勇猛弘誓，成熟眾生，歎未曾有，白佛言：

(2)希有世尊，此諸菩薩摩訶薩不可思議，具足大悲方便善巧，勇猛精進而自莊嚴，一切眾生無能測量，不可沮壞，所有光明無能障蔽。

(3)世尊！我當稱讚是諸菩薩未曾有事，所謂堪任，有來求索頭目耳鼻身體手足，一切諸物無所悋惜。

(4)世尊！我常思惟，若有人能逼迫如是諸菩薩等，從其求索，若內若外一切財物心無怯弱，當知皆是「不可思議解脫」菩薩。

(5)佛言舍利弗：如是！如是！如汝所言，是諸菩薩智慧方便三昧境界，一切聲聞及辟支佛所不能知。

(6)舍利弗！此諸菩薩摩訶薩，能現諸佛神通變化，滿足眾生諸所欲樂，而於諸法心無所動。

(7)若有眾生樂為「居士」憍慢放逸。菩薩爾時為成熟故，現「大居士」威德之身，而為說法。

(8)若有眾生恃「大勢力」而自憍慢。菩薩爾時為調伏故，現「那羅延」大力之身，而為說法。

(9)若有眾生志求「涅槃」。菩薩爾時為度脫故，現「聲聞身」而為說法。

(10)若有眾生樂觀「緣起」。菩薩爾時為度脫故，現「緣覺身」而為說法。

(11)若有眾生志求「菩提」。菩薩爾時為度脫故，即現「佛身」令入佛智。

(12)如是舍利弗，是諸菩薩種種方便成就眾生，悉令「安住」於佛法中，所以者何？唯有如來「智慧、解脫、究竟涅槃」，更無「餘乘」而得度脫，以是義故名為如來。

【六～11】聲聞眾聞此「不可思議解脫法門」，應號泣聲震三千界。諸菩薩應頂受此大法

三國吳・支謙譯《維摩詰經》	姚秦・鳩摩羅什譯《維摩詰所說經》	姚秦・鳩摩羅什譯《維摩詰所說大乘經》	唐・玄奘譯《說無垢稱經》
㊀於是耆年大迦葉聞說「菩薩不思議門」。	㊀是時，大迦葉聞說菩薩「不可思議解脫」法門，歎未曾有！	㊀是時，大迦葉聞說菩薩「不可思議解脫」法門，歎未曾有！	㊀爾時，尊者大迦葉波聞說安住「不可思議解脫」菩薩，「不可思議解脫」神力，歎未曾有！
㊁(大迦葉尊者)謂舍利弗言：譬如賢者，於「凡人」前，現「衆名香」。非彼所見，則「不能知」，為若此也。今諸「弟子」(聲聞)聞是語者，可一時見「不思議作」？	㊁(大迦葉尊者)謂舍利弗：譬如有人，於「盲者」前，現衆色像，非彼所見。一切「聲聞」聞是「不可思議解脫」法門，不能解了，為若此也！	㊁(大迦葉尊者)謂舍利弗：譬如有人，於「盲者」前，現衆色像，非彼所見。一切「**聲聞、辟支**」聞是「不可思議解脫」法門，不能解了，為若此也！	㊁(大迦葉尊者)便語ㄩˋ尊者舍利子言：譬如有人，對「生盲」者，雖現種種差別色像，而彼盲者，都不能見。如是，一切「聲聞、獨覺」皆若「生盲」，無殊勝眼。聞說安住「不可思議解脫」菩薩所現「難思解脫神力」，乃至「一事」，亦不能了。
㊂其誰聞此「不思議門」，不發「無上正真道者」？	㊂「智者」聞是，其誰不發「阿耨多羅三藐三菩提心」？	㊂「智者」聞是，其誰不發「阿耨多羅三藐三菩提心」？	㊂誰有「智者」男子、女人聞說如是「不可思議解脫神力」；不發「無上正等覺心」？
㊃於此賢者，吾等(聲聞二乘)何為「永絕」其根；於此大乘，已如「敗種」？	㊃我等(聲聞二乘)何為「永絕」其根，於此大乘，已如「敗種」？	㊃**一切「聲聞、辟支」聞是不可思議解脫法門，皆言**：我等(聲聞二乘)何為「永斷」其根，	㊃我等(聲聞二乘)今者：於此大乘如燋ㄐㄧㄠ敗種(「焦芽敗種」指不能發無上道心之二乘聲聞者，此乃與草芽之枯焦、

		於此大乘，已如「敗種」？	種子之腐敗者無異)，「永絕」其根，復何所作？
㊄一切「弟子」(聲聞)聞是說者，當以「悲泣」，曉喻一切三千世界。	㊄一切「聲聞」聞是「不可思議解脫」法門，皆應「號泣」，聲震三千大千世界。	㊄**於是眾皆「號泣」，聲震三千大千世界。**	㊄我等一切「聲聞、獨覺」聞說如是「不可思議解脫」神力，皆應「號泣」，聲震三千大千世界。
㊅其諸菩薩「可悅預喜」，如是說當「頂受」。	㊅一切菩薩應「大欣慶」，「頂受」此法。	㊅一切菩薩應「大欣慶」，「頂受」此法。	㊅一切菩薩聞說如是「不可思議解脫」神力，皆應「欣慶」，「頂戴」受持。如「王太子」受「灌頂位」，生長「堅固」信解勢力。
㊆若曉了「不思議門」者，一切「魔眾」；無如之何！	㊆若有菩薩信解「不可思議解脫」法門者，一切「魔眾」；無如之何！	㊆若有菩薩信解「不可思議解脫」法門者，一切「魔眾」；無如之何！	㊆若有菩薩聞說如是「不可思議解脫」神力，堅固信解。一切「魔王」及「諸魔眾」，於此菩薩「無所能為」！
㊇大迦葉說是語時，「三萬二千」天人，皆發「無上正真道意」。	㊇大迦葉說是語時，「三萬二千」天子，皆發「阿耨多羅三藐三菩提心」。	㊇大迦葉說是語時，「三萬二千」天子，皆發「阿耨多羅三藐三菩提心」。	㊇當於尊者大迦葉波說是語時，眾中「三萬二千」天子，皆發「無上正等覺心」。

《菩薩念佛三昧經・卷第二》

(1)爾時不空見菩薩摩訶薩……復告阿難：今此大會「諸聲聞眾」，未曾聞法，當令聞之。先所未說，今當為說。不思議法，當思議說。所未得法，今當使得。未學之法，令得修習。無相之法，作有相說……永得解脫無始生死。

(2)阿難當知！譬如有人以一把麧(破碎的麥殼。《一切經音義》云：麥糠也…麥皮也)投恒河中，謂能以此斷彼駛流，此人所作，為難不耶？

(3)阿難答言：如是甚難！

(4)時不空見語阿難言：諸佛如來應正遍知得無上道，為諸「聲聞」說「未聞法」倍難於彼。

(5)復次阿難！譬如有人生無「口舌」，聲震恒沙一切世界，此為難不？

(6)阿難答曰：如是甚難！

(7)不空見言：諸佛如來應正遍知得無上道，為諸「聲聞」不思議法作思議說；尤難於彼。

(8)復次阿難！譬如有人指「虛空」中示種種「色」，為難不耶？

(9)阿難答曰：如是實難！

(10)不空見言：諸佛如來應正遍知得無上道，令諸「聲聞」所未得法，今當令得；彌難於彼。

(11)復次阿難！譬如有人無有「手足」及「呪術力」，擔須彌山，或欲履水，或持浮木渡於大海，此為難不？

(12)阿難答曰：如是甚難！

(13)不空見言：諸佛如來應正遍知得無上道，為諸「聲聞」，以「無相法」作「有相說」，以「未學法」作「有學說」；又難於彼。

【六～１２】住「不可思議解脫」菩薩者，亦有「現魔王之像」而「教化」眾生，或現眾像而行乞求，此皆為「試驗」欲修行菩薩道之行者

三國吳・支謙譯《維摩詰經》	姚秦・鳩摩羅什譯《維摩詰所說經》	姚秦・鳩摩羅什譯《維摩詰所說大乘經》	唐・玄奘譯《說無垢稱經》
㊀維摩詰報大迦葉言：唯然，賢者！十方無量無央數「魔、魔怪」，賢者！(諸魔、魔怪)悉行恐怖，(但)立「不思議門」菩薩者，常解度人(則常以此方式度化眾生)。	㊀爾時維摩詰語大迦葉：仁者！十方無量阿僧祇世界中作「魔王者」，(亦有)多是住「不可思議解脫」菩薩。以(如此的)方便力，教化眾生，現作「魔王」。	㊀爾時維摩詰語大迦葉：仁者！十方無量阿僧祇世界中作「魔王者」，(亦有)多是住「不可思議解脫」菩薩。以(如此的)方便力故，教化眾生，現作「魔王」。	㊀時無垢稱即語尊者迦葉波言：十方無量無數世界作「魔王者」，(亦有)多是安住「不可思議解脫」菩薩，(以如此的)方便善巧，現作「魔王」，(此乃)為欲「成熟」諸有情故。
㊁魔之所為，十	㊁又，迦葉！十	㊁又，迦葉！十	㊁大迦葉波！十

方無量，或從菩薩求索手足、耳鼻、頭眼、髓腦、血肉、肌體、妻子、男女、眷屬，及求國城、墟聚、財穀、金銀、明月、珠玉、珊瑚、珍寶、衣裘、飲食，一切所有。皆從求索。	方無量菩薩，或有人從乞手足、耳鼻、頭目、髓腦、血肉、皮骨、聚落城邑、妻子、奴婢、象馬、車乘、金銀琉璃、車磲、碼碯、珊瑚、琥珀、真珠珂貝(貝螺)、衣服飲食。	方無量菩薩，或有人從乞手足、耳鼻、頭目、髓腦、血肉、皮骨、聚落城邑、妻子、奴婢、象馬、車乘、金銀琉璃、車磲、碼碯、珊瑚、琥珀、真珠珂貝(貝螺)、衣服飲食。	方無量無數世界一切菩薩，諸有來求手足、耳鼻、頭目、髓腦、血肉、筋骨、一切支體、妻妾、男女、奴婢、親屬、村城聚落、國邑王都、四大洲等。種種王位、財穀、珍寶、金銀、真珠、珊瑚、螺貝、吠琉璃等，諸莊嚴具。房舍、床座、衣服、飲食、湯藥、資產、象馬、輦輿。大小諸般器仗、軍衆。
㊀立「不思議門」菩薩者，能以「善權」為諸(修學)菩薩方便示現，(乃爲)「堅固」其性。	㊀如此乞者(來乞討者)，(亦有)多是住「不可思議解脫」菩薩，以(種種)方便力，而往(修行者)試之，令其(道心)「堅固」。	㊀如此乞者(來乞討者)，(亦有)多是住「不可思議解脫」菩薩，以(種種)方便力，而往(修行者)試之，令其(道心)「堅固」。	㊀如是一切「逼迫菩薩」(指菩薩能現魔王方式去逼迫和教化眾生修行)而(示現來)求乞者，多是安住「不可思議解脫」菩薩，以巧方便，現為斯事，試驗菩薩。令其了知，意樂「堅固」。
㊃所以者何？菩薩者，當上及不可使凡民「逼迫」(逼促催迫)之也。	㊃所以者何？住「不可思議解脫」菩薩，有威德力，故現行「逼迫」(逼促催迫)，示(示現教導)諸衆生。如是難事，凡夫下劣，無有「力	㊃所以者何？住「不可思議解脫」菩薩，有威德力，故行「逼迫」(逼促催迫)，示(示現教導)諸衆生。如是難事，凡夫下劣，無有「力	㊃所以者何？「增上勇猛」諸大菩薩，為欲饒益(豐饒助益)諸有情故，「示現」如是「難為大事」。凡夫下劣，無復「勢力」，不能如

	勢」，不能如是「逼迫菩薩」。(凡夫不能像菩薩一樣，能以「魔王」現身的方式去逼迫和教化眾生修行)	勢」，不能如是「逼迫菩薩」。(凡夫不能像菩薩一樣，能以「魔王」現身的方式去逼迫和教化眾生修行)	是「逼迫菩薩」為此乞求。
		㊄**譬如「螢火」之光，難並「日月」**(難與日月相並列)**，非如是**(住不可思議解脫)**菩薩，不能「往試」菩薩**(欲修行的菩薩行者)**。**	㊄大迦葉波！譬如「螢火」，終無威力映蔽「日輪」。如是「凡夫」及「下劣位」，無復「勢力」(而現作)「逼迫菩薩」為此乞求。
㊅譬如迦葉！「龍、象」(能)蹴踏，非(一般之)「驢」所堪，為若此也。	㊅譬如「龍、象」(能)蹴踏，非(一般之)「驢」所堪。	㊅又如「龍、象」(能)蹴踏，非(一般之)「驢」所堪。	㊅大迦葉波！譬如「龍、象」現威鬪戰，非「驢」所堪(承受)，唯有「龍、象」能與「龍、象」為斯戰諍。
㊆其餘菩薩莫能為。菩薩「忍逼」猶如此，立「不思議門」菩薩入「權慧力」者也。	㊆是名住「不可思議解脫」菩薩智慧方便之門。	㊆是名住「不可思議解脫」菩薩智慧方便力門。	㊆如是「凡夫」及「下劣」位，無有「勢力」(而現作)「逼迫菩薩」。唯有(住不可思議解脫)菩薩能與(欲修行的)菩薩共相「逼迫」(逼促催迫)，是名安住「不可思議解脫」菩薩，方便善巧，智力所入「不可思議解脫」境界。 ㊇說此法時，八千菩薩，得入菩薩「方便善巧智力」所入「不可思議解脫」境界。

《菩薩地持經・卷第八》

(1)**是菩薩於此四種成就眾生，當知略說六種「巧方便」。**

一者「隨順」。二者「立要」(立下教言、教條)。三者「異相」。四者「逼迫」。五者「報恩」。六者「清淨」……

(2)**云何菩薩「立要」巧方便？若有眾生，來從菩薩求索十種「資生眾具」，為「立要言」，汝能供養父母、沙門、婆羅門……**

(3)爾時菩薩現「瞋責」相，(乃)為度彼故，(其實)心無「恚恨」。於諸所作，(故意)悉現「乖異」。(其實乃)為度彼故，非實違背。

(4)或現加彼「不饒益事」，(乃爲)欲度彼故，(其實)非其「實心」。

(5)菩薩方便現此「異相」，欲令眾生修諸「善法」，斷「不善法」，是名菩薩「異相」巧方便。

(6)云何菩薩現「逼迫」巧方便？若菩薩為主、為王。於自眷屬，作如是教：若我眷屬有「不供養父母」，乃至「犯戒」者，我當斷其「供給」。或加「謫ㄓㄜˊ 罰」(處罰)，或至「驅擯ㄅㄧㄣˋ 」(驅逐擯棄)，立一「士夫」，常令伺察(窺伺偵察)。

(7)彼諸眾生以「恐怖」故。勤修「善法」，斷「不善法」。彼雖「不樂」，(菩薩)「強逼」令修。是名菩薩「逼迫」巧方便。

《佛說海意菩薩所問淨印法門經・卷第十五》

(1)**時彼**無邊光照如來應供正等正覺，告善淨境界王言：**大王！諦聽！諦聽！極善作意，今為汝說……大王！有四種法，若諸菩薩能「具足」者。**於「六塵境界」雖復增長，而(實)無「放逸」。**何等為四？**

一者：**為「轉輪聖王」化度人民，善觀「諸行無常」。雖復「六塵境界」增長，而**(實)**無放逸。**

二者：**為「帝釋天主」化諸天眾，善觀「諸行是苦」。雖復「六塵境界」增長，而**(實)**無放逸。**

三者：現作「魔王」化諸魔眾，善觀「諸法無我」。雖復「六塵境界」增長，而(實)無放逸。

四者：**為「大梵王」化諸梵眾，善觀「涅槃寂靜」。雖復「六塵境界」增長，而**(實)**無放逸。**

(2)**如是四法，**菩薩若「具足」者，即於「六塵境界」雖復增長，而(實)無放逸。

《奮迅王問經・卷上》

(1)奮迅王！此是菩薩「神通」奮迅，以此「神通」調御眾生……

(2)若有眾生信「轉輪王」，彼即為現「輪王形服」而為說法。
(3)若有眾生信「帝釋王」，彼即為現「帝釋王色」而為說法。
(4)若有眾生信於「梵王」，彼即為現「梵王形色」而為說法。
(5)若有眾生信於「魔王」，彼即為現「魔王形色」而為說法。
(6)若有眾生信「如來」者，彼即為現「如來形色」而為說法。

《佛說除蓋障菩薩所問經・卷第十八》

(1)又善男子！菩薩若修十種法者，善知成熟「有情」之法。何等為十？
一者：應以「諸佛色相」而調伏者，即現「佛相」。
二者：應以「菩薩色相」而調伏者，即現「菩薩之相」。
三者：應以「緣覺色相」而調伏者，即現「緣覺之相」。
四者：應以「聲聞色相」而調伏者，即現「聲聞之相」。
五者：應以「帝釋色相」而調伏者，即現「帝釋之相」。
六者：應以「魔王色相」而調伏者，即現「魔王之相」。
七者：應以「梵王色相」而調伏者，即現「梵王之相」。
八者：應以「婆羅門色相」而調伏者，即現「婆羅門之相」。
九者：應以「剎帝利色相」而調伏者，即現「剎帝利之相」。
十者：應以「長者色相」而調伏者，即現「長者之相」。
(2)善男子！諸有情等，應以如是「種種色相」而調伏者，菩薩即能「隨所應現」別異之相。
(3)善男子！菩薩若修如是十種法者，善知成熟「有情」之法。

《大方廣佛華嚴經・卷第七十九》

(1)爾時，善財童子見毘盧遮那莊嚴藏樓閣如是種種不可思議自在境界，生大歡喜，踊躍無量……入於無礙解脫之門……以彌勒菩薩威神之力，自見其身遍在一切諸樓閣中，具見種種不可思議自在境界。
(2)所謂……或見「彌勒」為轉輪王，勸諸眾生住十善道……或為「兜率天王」，稱歎一生菩薩功德……或作「魔王」，說一切法皆悉「無常」。
(3)或為「梵王」，說諸禪定無量喜樂。或為「阿脩羅王」，入大智海，了法如幻。

《佛說魔逆經》

(1)文殊答曰：波旬！欲知「興作佛事」修行，乃為菩薩「智慧變化」。假使如來「興作佛事」不足為難，「魔作佛事」斯乃為奇！於是文殊師利即如其像「三昧思惟」，使「魔波旬」變作「佛像」……一切眾生諸所狐疑，自恣所啟，當為「發遣」(研討;處理)……

(2)時大迦葉問魔波旬：比丘修行，以何為「縛」？
(3)魔尋答曰：計「我禪定」而「志寂然」，則是「有想、無想」品第。
想「空」為要，毀「眾見」想。
想於要想，興於「眾念」，御「無願想」。
懷諸所願，為「泥洹想」；而樂「無為」，毀「生死想」。
是為迦葉！修行比丘之繫縛也。
所以者何？
(4)迦葉當知！不當毀壞諸所往見，因而行空也。所謂「空」者，諸「見」皆空。不當「毀念」求於「無想」。所以者何？
敢可所念，悉為「無想」。
不當「毀願」，而求「無願」，其所願者，悉亦「無願」。
不當毀「生死」而求「泥洹」，曉了「生死」不可得處，則為「泥洹」。
(5)迦葉當知！其行「泥洹」，不起「思想」，當於眾著，令「無所起」。毀壞滅盡，泥洹本淨，無所起生，乃為「無為」。
(6)說是語時，五百比丘心逮清淨。

《佛說魔逆經》

(1)文殊答曰：波旬！欲知「興作佛事」修行，乃為菩薩「智慧變化」。假使如來「興作佛事」不足為難，「魔作佛事」斯乃為奇！於是文殊師利即如其像「三昧思惟」，使「魔波旬」變作「佛像」……一切眾生諸所狐疑，自恣所啟，當為「發遣」(研討;處理)……
(2)時須菩提問諸比丘：誰為「開化」諸賢者等？
(3)五百人曰：其「無所得」，不成正覺，「開化」吾等。
(4)又問：云何「開化」？
(5)答曰：不來不去，曉了如是；不起不滅，其慧常住。
(6)說是語時，二百比丘逮清淨眼。
(7)時須菩提問魔波旬：何謂比丘為「最眾祐」？
(8)魔即對曰：若「無所受」，亦無畢淨，而從篤信，愛樂佛法，受飲食饌，如須菩提。若有比丘「不受不捨」，其「施與者」，觀彼比丘猶如「幻化」。其「受施者」，意念如影，無有「生者」，亦無「受者」。心「無所著」，無心不起，彼則於世為最眾祐。

《佛說魔逆經》

(1)文殊答曰：波旬！欲知「興作佛事」修行，乃為菩薩「智慧變化」。假使如來「興作佛事」不足為難，「魔作佛事」斯乃為奇！於是文殊師利即如其像「三昧思惟」，使「魔波旬」變作「佛像」……一切眾生諸所狐疑，自恣所啟，當為「發遣」(研討;處理)……

(2)時舍利弗問魔波旬：何謂「三昧」而不穢亂？

(3)波旬答曰：於「三昧」盡，如無所盡，悉令都盡。其「無生者」，不令興起，燒盡眾欲，本末清淨。悉無所生，令不復愚，無所更歷一切諸法。

(4)曉了「清淨平等正受」，遵修「寂滅」，察諸所更，滅盡三昧而以「正受」，無觀不觀，亦無所見，如是三昧乃無「穢亂」。

《佛說魔逆經》

(1)文殊答曰：波旬！欲知「興作佛事」修行，乃為菩薩「智慧變化」。假使如來「興作佛事」不足為難，「魔作佛事」斯乃為奇！於是文殊師利即如其像「三昧思惟」，使「魔波旬」變作「佛像」……一切眾生諸所狐疑，自恣所啟，當為「發遣」(研討;處理)……

(2)大目揵連問魔波旬：何謂比丘「心得自在」？

(3)波旬答曰：假使比丘曉了一切，究暢人心，及與諸法，悉解脫相。宣說諸法悉解脫相，無所依倚所懷來心，亦無所解，亦無所懷。

(4)心無色欲，見一切色「心無所住」，曉了諸法亦「無處所」，心不可獲。曉於諸法亦「不可持」，心不知心。

(5)心者「自然」，則為清淨，諸法亦然，自然清淨，法界清淨，得「不動轉」。以他因緣，現在目前，具「六神通、四神足」念而自娛樂，比丘如是，心乃「自在」。

《佛說魔逆經》

(1)文殊答曰：波旬！欲知「興作佛事」修行，乃為菩薩「智慧變化」。假使如來「興作佛事」不足為難，「魔作佛事」斯乃為奇！於是文殊師利即如其像「三昧思惟」，使「魔波旬」變作「佛像」……一切眾生諸所狐疑，自恣所啟，當為「發遣」(研討;處理)……

(2)邠耨文陀尼弗(邠耨文陀弗或富那曼陀弗多羅，譯曰滿嚴飾子或滿見子、富樓那)問魔波旬：何謂比丘「說法清淨」？

(3)波旬答曰：假使比丘見一切法皆「度無極」，而悉遍見眾心各異，悉無所著。一切所念則無「同」像，旨分別說。曉了一切「音聲、言說、談語、論議」如山呼響，觀諸講法亦如「幻人」，身所識知，如水中月。

(4)別諸「塵勞、思想」，眾念所從起立。無「受法者」，亦無「捨者」，得入三昧。若頒宣法，等獲超度，則以逮知四分別辯才，心無所冀。

(5)讚言善哉，不懷狐疑。淨其己心，則能清淨一切人心。曉了本淨，鮮潔無垢，解知塵勞，悉瑕疵矣！

(6)見諸「陰魔」，悉為閑靜，其「死魔」者，住無終始。其「天魔」者，皆除一切倚著之教，一切眾生心淨如是。

(7)如是比丘乃為清淨，普見道法演布經典。

《佛說魔逆經》

(1)文殊答曰：波旬！欲知「興作佛事」修行，乃為菩薩「智慧變化」。假使如來「興作佛事」不足為難，「魔作佛事」斯乃為奇！於是文殊師利即如其像「三昧思惟」，使「魔波旬」變作「佛像」……一切眾生諸所狐疑，自恣所啟，當為「發遣」(研討;處理)……

(2)耆年優波離問魔波旬：何謂比丘「奉持法律」？

(3)波旬答曰：其能曉了一切諸法，悉被開化，識知眾罪「本際寂寞」，教授猶豫。若見誹謗，不以狐疑，亦不懷「結」。彼於諸法「未曾生心」而有所御。常能化度「諸有逆者」，何況「小小犯禁戒」乎！

(4)體解塵勞，靡所不別，諸客塵勞不以「堅要」懷思想也。

(5)說眾「愛欲」無內、無外、不處兩間。曉了「塵勞」，由從「無覺」……設復有「著於愛欲」者，則於眾生不興「慈哀」。

(6)眾生「無我」而「無有身」，亦不妄想於諸吾我，如是觀者，審諦「持律」。

(7)其尊弟子五百人等，各各自問己身所知。時魔波旬，各各分別而發遣之。

觀眾生品第七

【七～1】菩薩應以「三十五喻法」觀眾生。諸法本空，眾生亦空

三國吳・支謙譯 《維摩詰經》	姚秦・鳩摩羅什譯 《維摩詰所說經》	姚秦・鳩摩羅什譯 《維摩詰所說大乘經》	唐・玄奘譯 《說無垢稱經》
卷下 【觀人物品第七】	【觀眾生品第七】	【觀眾生品第七】	卷四 【觀有情品第七】
於是文殊師利問維摩詰言：菩薩何以觀察人物？	爾時文殊師利問維摩詰言：菩薩云何觀於眾生？	爾時文殊師利問維摩詰言：菩薩云何觀於眾生？	時妙吉祥問無垢稱：云何菩薩觀諸有情？
答曰：	維摩詰言：	維摩詰言：	無垢稱言：
❶譬如「幻者」，見「幻事相」，菩薩觀人物為若此。	❶譬如「幻師」，見所「幻人」，菩薩觀眾生為若此。 （菩薩應該以這樣的方式來觀察一切的眾生）	❶譬如「幻師」，見所「幻人」，菩薩觀眾生為若此。	❶譬如「幻師」觀所「幻事」。如是菩薩，應正觀察一切有情。
❷譬如「達士」，見「水中月」。 菩薩觀人物為若此。	❷如「智者」，見「水中月」。	❷如「智者」，見「水中月」。	❷又，妙吉祥！如有「智人」，觀「水中月」。
❸譬如「明鏡」，見其「面像」，菩薩觀人物為若此，取要言之。	❸如鏡中見其「面像」。	❸如鏡中見其「面像」。	❸觀「鏡中像」。
❹如「熱時之焰」。	❹如「熱時焰」。	❹如「熱時燄」。	❹觀「陽焰水」。
❺如「呼聲之響」。	❺如「呼聲響」。	❺如「呼聲響」。	❺觀「呼聲響」。
❻如「空中之霧」。	❻如「空中雲」。	❻如「空中雲」。	❻觀虛空中「雲、城、臺、閣」。
❼如「地水火風	❼如「水聚沫」。	❼如「水聚沫」。	❼觀「水聚沫」所有

空」。			前際(前端;起源)。
	❽如「水上泡」。	❽如「水上泡」。	❽觀「水浮泡」或起或滅。
	❾如「芭蕉堅」。	❾如「芭蕉堅」。	❾觀「芭蕉心」所有堅實。
	❿如「電久住」。	❿如「電久住」。	
	⓫如「第五大」。	⓫如「第五大」。	⓫觀「第五大」。
⓬如諸情同等。	⓬如「第六陰」(第六蘊)。	⓬如「第六陰」(第六蘊)。	⓬觀「第六蘊」。
	⓭如「第七情」(第七根)。	⓭如「第七識」(第七根)。	⓭觀「第七根」。
	⓮如「十三入」。	⓮如「十三入」。	⓮觀「十三處」。
	⓯如「十九界」。	⓯如「十九界」。	⓯觀「十九界」。
	菩薩觀眾生為若此。	菩薩觀眾生為若此。	
⓰如「無像」之像。	⓰如「無色界」色。	⓰如「無色界」色。	⓰觀「無色界」眾色影像。
	⓱如「焦穀芽」。	⓱如「燋穀芽」。	⓱觀「燋敗種」(指草芽之枯焦、種子之腐敗)所出牙莖。
		⓲**如「龜毛」衣。**	⓲觀「龜毛」等所作衣服。
		⓳**如「枯骨」(仍能)行走。**	⓳觀「夭沒者」受欲戲樂。
	⓴如「須陀洹」(仍有)身見(sat-kāya-dṛṣṭi 有身見;偽身見)。	⓴如「須陀洹」(仍有)身見(sat-kāya-dṛṣṭi 有身見;偽身見)。	⓴觀「預流果」(仍生)所起分別「薩迦耶見」(sat-kāya-dṛṣṭi 有身見;偽身見;身見)。
		㉑**如「斯陀含」(仍有)三來。**	㉑觀「一來果」(仍有)受第三有。
	㉒如「阿那含」(仍有)入胎。	㉒如「阿那含」(仍有)入胎。	㉒觀「不還果」(仍有)入母胎藏。
㉓如「真人」斷「三	㉓如「阿羅漢」(仍有)	㉓如「阿羅漢」(仍有)	㉓觀「阿羅漢」(仍有)

垢」(貪瞋癡)。	三毒(貪瞋癡)。	三毒(貪瞋癡)。	貪瞋癡毒。
⑳如「溝港」(須陀洹)見「自身」。	㉔如「得忍菩薩」(仍有)貪恚、毀禁。	㉔如「得忍菩薩」(仍有)貪恚、毀禁、**殘虐**。	㉔觀「得忍菩薩」(仍有)慳悋、犯戒、恚害等心。
㉕如「如來」諸所有。	㉕如佛(仍有)「煩惱習」。	㉕如佛(仍有)「煩惱習」。	㉕觀諸如來(仍有)「習氣」相續。
㉖如所見「諸色像」。	㉖如「盲者」(仍能)見色。	㉖如「盲者」(仍能)見色。	㉖觀「生盲者」，(仍能)覩見眾色。
㉗如得「盡定」無身不身。	㉗如入「滅盡定」(仍有)出入息。	㉗如入「滅盡定」(仍有)出入息。	㉗觀「住滅定」(仍)有「出入息」。
㉘如空中之「鳥」無跡。	㉘如空中「鳥跡」。	㉘如空中「鳥跡」。	㉘觀虛空中所有「鳥跡」。
㉙如「蟲蚤(跳蚤)」之根自然。		㉙**如「奄宦」**(閹人宦官)**具淫根**(性器官)**。**	㉙觀「半擇迦根(paṇḍaka 不具男根者)有「勢用」。
	㉚如「石女兒」。(vandhyā 新譯作「虛女」。《四分律行事鈔資持記》云：「石女者，根不通淫者」。故石女兒不可能有子，此亦喻如龜毛兔角之理)	㉚如「石女**生**兒」。	㉚觀「石女兒」所有「作業」。
	㉛如「化人」(仍能生)起「煩惱」。	㉛如「化人」(仍能生)起「煩惱」。	㉛觀佛所化(所化現者)，(仍能生)起諸「結縛」。 ㉜觀諸畢竟，不生「煩惱」。
㉝如夢所見「已寤」。	㉝如夢所見「已寤」。	㉝如夢所見「已寤」。 ㉜**如「無著」而有「煩惱」。** ***如「無根」而能「生物」。**	㉝觀「夢寤」已，夢中所見。
㉞如「未生塵」。	㉟如「滅度者」(仍能)	㉟如「滅度者」(仍能)	㉞觀「不生火」，(仍)

	受身。	受身。	有所焚燒。
㉟如「真人現」。	㉞如「無烟之火」。	㉞如「無烟之火」。	㉟觀「阿羅漢」，後(仍)有相續。
菩薩觀人物為若此也。(菩薩應該以這樣的方式來觀察一切的眾生)	菩薩觀衆生為若此。(菩薩應該以這樣的方式來觀察一切的眾生)	菩薩觀衆生為若此本「無」。	如是菩薩，應正觀察一切有情。所以者何？諸法本「空」，真實「無我」，無「有情」故。

《摩訶般若波羅蜜經‧卷第十九》

(1)須菩提！菩薩摩訶薩成就二法，魔不能壞。何等二？

(2)觀一切法空、不捨一切眾生。

(3)須菩提！菩薩成就此二法，魔不能壞。

《佛說諸法本無經‧卷下》

貪欲非內亦非外，欲於諸方無依倚。無實諸法分別已，如是我想凡所迷。

如響、如幻、如焰等，如「石女兒」(vandhyā 新譯作「虛女」。《四分律行事鈔資持記》云：「石女者，根不通淫者」。故石女兒不可能有子，此亦喻如龜毛兔角之理)、亦如夢，如諸煩惱不可見，凡夫轉行由無知。

《入楞伽經‧卷第三》

畫及諸毛輪，幻夢、犍闥婆。火輪、禽趣水，實無而見有……

妄見種種色，如夢、「石女兒」，一切法「無實」，如獸愛「空水」。

《大乘密嚴經‧卷下》

(1)如是「眼識」生，如幻亦如焰。是識無來處，去亦無處所。

(2)諸識性如是，不應著有無。譬如「石女兒」(vandhyā 新譯作「虛女」。《四分律行事鈔資持記》云：「石女者，根不通淫者」。故石女兒不可能有子，此亦喻如龜毛兔角之理)，兔角、毛輪等，本來無有體，妄立於「名字」。

《大寶積經‧卷第七十六》

(1)「色」體性，亦復如是，非曾有、非當有、非今有。「受、想、行、識」亦復如是，非曾有、非當有、非今有。

(2)大王！譬如「響聲」，非曾有、非當有、非今有。
(3)大王！如是「色」體性，亦復如是，非曾有、非當有、非今有。「受、想、行、識」亦復如是，非曾有、非當有、非今有。
(4)大王！譬如「陽焰」，非曾有、非當有、非今有。是「色」體性，亦復如是，非曾有、非當有、非今有。
(5)大王！譬如「聚沫」無有堅實，非曾有、非當有、非今有。是「色」體性，亦復如是，非曾有、非當有、非今有。
(6)大王！如是「受、想、行、識」體性，亦復如是，非曾有、非當有、非今有。
(7)大王！譬如夢中，夢見國中「最勝女人」，是夢所見，亦非曾有、非當有、非今有。是「色」體性，亦復如是，非曾有、非當有、非今有。如是「受、想、行、識」體性，亦復如是，非曾有、非當有、非今有。
(8)大王！譬如「石女」(vandhyā 新譯作「虛女」。《四分律行事鈔資持記》云：「石女者，根不通淫者」。故石女兒不可能有子，此亦喻如龜毛兔角之理)夢見生子，是夢所見，亦非曾有、非當有、非今有。是「色」體性，亦復如是，非曾有、非當有、非今有。如是「受、想、行、識」亦復如是，非曾有、非當有、非今有。
(9)大王！「色」無所依，乃至「識」亦無所依。
(10)大王！譬如「虛空」無所依。如是大王，「色」無所依，乃至「識」亦無所依。
(11)大王！「色」無有生，乃至「識」亦無有生。大王！「色」無有滅，乃至「識」亦無有滅。
(12)大王！如「涅槃界」無有生亦無有滅。大王！如是「色」亦無生無滅，乃至「識」亦無生無滅。
(13)大王！譬如「法界」亦無生無滅。大王！如是「色」亦無生無滅，乃至「識」亦無生無滅。

《父子合集經・卷第二十》

(1)大王！「色」離自性，非已有、非現有、非當有。「受、想、行、識」離彼自性，三世不有，亦復如是。
(2)大王！譬如「谷響」非已有、非現有、非當有。「色」乃至「識」，三世不有，亦復如是。
(3)大王！譬如「陽焰」非已有、非現有、非當有。「色」乃至「識」，三世不有，亦復如是。
(4)大王！譬如「聚沫」非已有、非現有、非當有。「色」乃至「識」，三世不有，亦復如是。
(5)大王！譬如「石女」(vandhyā 新譯作「虛女」。《四分律行事鈔資持記》云：「石女者，根不通淫者」。故石女兒不可能有子，此亦喻如龜毛兔角之理)夢已「生子」，非已有、非現有、非當有。「色」乃至「識」，三世不有，亦復如是。

(6)大王！「虛空」無依，「色」乃至「識」亦無所依。

(7)大王！「色」無有生，乃至「識」亦無生。

(8)大王！「色」無有滅，乃至「識」亦無滅，大王！「涅槃界」無生滅，「色」乃至「識」亦無生滅，大王！「法界」無生滅，「色」乃至「識」亦無生滅。

(9)大王！此法乃是如來所行，不可思議微妙境界，非取、非捨，非得、非失。

(10)非諸「聲聞」及「辟支佛、凡夫異生」之所能及，何以故？

(11)大王！一切諸法「本無自性」，若取、若捨，皆不可得。

《大般涅槃經・卷第二十五》

(1)心亦如是，本「無貪」者，今云何有？若「本無貪」，後方有者，諸佛菩薩「本無貪」相，今悉應有。

(2)世尊！譬如「石女」(vandhyā 新譯作「虛女」。《四分律行事鈔資持記》云：「石女者，根不通淫者」。故石女兒不可能有子，此亦喻如龜毛兔角之理)，本無「子相」，雖加功力，無量因緣，子不可得。心亦如是，本「無貪」相。

《大方等大集經・卷第七》

(1)觀一切法如幻、如化、如焰、如響，如水中月、龜毛、兔角，空中之花、「石女之子」。

(2)如著「影衣」，夢乘「白象」，若有、若無，及以「有無」，「非有非無、非常非斷，非生非滅、非內非外、非見非斷」。

(3)信如是等，則能信佛菩薩「大乘」而不自輕。

【七～2】行「寂滅、不熱、平等、無諍、不二」慈，乃為真實「慈」。底下約有38條

三國吳・支謙譯《維摩詰經》	姚秦・鳩摩羅什譯《維摩詰所說經》	姚秦・鳩摩羅什譯《維摩詰所說大乘經》	唐・玄奘譯《說無垢稱經》
文殊師利曰： 如是觀者，何以「行慈」？ 答曰：	文殊師利言： 若菩薩作是觀者，云何「行慈」？ 維摩詰言：	文殊師利言： 若菩薩作是觀者，云何「行慈」？ 維摩詰言：	妙吉祥言： 若諸菩薩如是觀察一切有情，云何於彼「修於大慈」？ 無垢稱言：

如是觀人，人物為幻，知法亦然，而為說法，以「慈」修「止」(寂滅)。	菩薩作是觀已，自念：我當為衆生說如斯法，是即「真實慈」也。	菩薩作是觀已，自念：我當為衆生說如斯法，是即「**真實無著慈**」也。	菩薩如是觀有情已，自念：我當為諸有情說如斯法，令其解了，是名「真實」修於「大慈」，與諸有情「究竟安樂」。
❶「止而慈」者，為無「所起」。	❶行「寂滅慈」，無「所生」故。	❶行「寂滅慈」，無「所生」故。	❶如是菩薩修「寂滅慈」，無「諸取」故。
❷行「不嬈慈」，以無「瑕穢」。	❷行「不熱慈」，無「煩惱」故。(Atapa 無熱;不熱;無惱;不燒)	❷行「不熱慈」，無「煩惱」故。(Atapa 無熱;不熱;無惱;不燒)	❷修「無熱慈」，離「煩惱」故。
❸行「等」之慈，等于「三塗」。	❸行「等」(據梵文原意作「如實」)之慈，等「三世」故。	❸行「等」(據梵文原意作「如實」)之慈，等「三世」故。	❸修「如實慈」，「三世」等故。
❹行「無諍慈」，無所「止處」。	❹行「無諍慈」，無所(發)「起」故。	❹行「無諍慈」，無所(發)「起」故。	❹修「不違慈」，無等「起」故。
❺行「不二慈」，內外無「習」。	❺行「不二慈」，內外「不合」故。	❺行「不二慈」，內外「不合」故。	❺修「無二慈」，「離」內外故。

行「寂滅、不熱、平等、無諍、不二」慈，乃為真實慈。

行「不壞、堅固、清淨、無邊」慈，乃為真實慈。

行「阿羅漢、菩薩、如來、佛」慈，乃為真實慈。

行「自然、菩提、無等、大悲、無厭」慈，乃為真實慈。

行「布施、持戒、忍辱、精進、禪定、智慧」慈，乃為真實慈。

行「方便、無隱、深心、無誑、安樂」慈，乃為真實慈。

《大寶積經・卷第四十一》

(1)又復讚說三世諸佛，童子當知，云何名為「菩薩道」耶？所謂菩薩摩訶薩，於諸有情，精勤修習四無量心，何等為四？

(2)所謂「大慈」波羅蜜，「大悲」波羅蜜，「大喜」波羅蜜，「大捨」波羅蜜，又勤精進於諸攝法隨順修學。

(3)童子！若有菩薩如是修行，是名「開菩薩道」。

(4)復次童子！云何菩薩摩訶薩，於諸眾生精勤修學「大慈」無量波羅蜜。

(5)所謂菩薩摩訶薩，行菩薩道，為阿耨多羅三藐三菩提故，盡眾生界慈心遍滿。以何等量為「眾生界」？所謂「盡虛空界」是「眾生量」。

(6)童子當知！如「虛空界」無所不遍，如是菩薩摩訶薩「大慈」無量，亦復如是。無有眾生含識種類而不充遍。

(7)童子當知！如「眾生界」無有限量，如是菩薩摩訶薩所修之「慈」亦無限量。「空」無邊故，眾生無邊。眾生無邊故，「慈」亦無邊。

(8)童子當知！「眾生界」多，非「大地界」，又非「水界、火界、風界」。吾今為汝廣說譬喻，令汝了知諸「眾生界」無限量義。

(9)童子當知！假使十方各如殑伽河沙等世界數量，一切同時合成大海，滿其中水。

復有如上殑伽河沙等眾生，同共集會。析一毛端為百五十分，共以一分霑取海中第一滴水。

復有餘殑伽河沙等眾生，如前同會，取一分毛霑取海中第二滴水。

復有餘殑伽河沙等眾生，如前同會，取一分毛霑取海中第三滴水，

(10)童子當知！假使以是毛滴方便尚可霑盡此大海水，而眾生性邊量無盡，是故當知「眾生之性」無量無邊不可思議，而菩薩「慈悉」皆遍滿。

(11)童子！於汝意云何，如是無量無邊修慈善根，頗有能得其邊際不？

精進行童子白佛言：不也！世尊！

(12)佛言：如是！如是！

童子！菩薩摩訶薩亦復如是，修「慈善根」遍眾生界，為無限量。

復次童子！我今更說「大慈」之相，童子當知！

❶此慈無量，能護自身。

❷此慈如是發起「他利」。

❸於無諍論，慈最第一。

❹慈能除斷「忿恚」根栽。

❺慈能永滅一切「過失」。

❻慈能遠離諸有「愛纏」。

❼此慈如是，但見眾生「清淨勝德」，而不見彼有諸「愆犯」。

❽慈能超越「熱惱」所侵。
❾慈能生長「身語心樂」。
❿慈力如是，不為一切他所惱害。
⓫慈性安隱，離諸怖畏。
⓬慈善根力，隨順聖道。
⓭慈能令彼「多瞋、暴惡、不忍」眾生，發清淨信。
⓮慈能濟拔諸眾生聚。
⓯以慈力故，於彼「刀杖」性無執持。
⓰慈能將導一切眾生「趣於解脫」。
⓱是慈能滅「諸惡瞋恚」。
⓲是慈遠離「詐現威儀、諛諂矯飾、逼切求索」，而能增長利養，恭敬名譽等事。
⓳以慈力故，梵釋天王之所禮敬。
⓴以慈嚴身「所有威德」。
㉑行慈之人，為聰慧者所共稱讚。
㉒慈能防護一切愚夫。
㉓是慈力故，超過「欲界」，順梵天道，開解脫路。
㉔慈為「大乘」最居前導。
㉕慈能攝御「一切諸乘」。
㉖慈能積集「無染福聚」。
㉗慈善之力一切有依，「諸福業事」所不能及。
㉘慈能莊嚴三十二相，及隨顯相。
㉙慈能離彼「鄙賤、下劣、不具諸根」。
㉚慈為坦路善道，涅槃歸趣之所。
㉛是慈能遠一切惡道及諸八難。
㉜是慈力故，喜樂「法樂」，不貪一切富貴王位、受用樂具。
㉝是慈力故，於諸眾生「(平)等心」行施。
㉞是慈能離「種種妄想」。
㉟慈為門路，一切「尸羅學」(戒學)之所由。
㊱慈能救濟諸「犯禁者」，是慈能現「忍辱之力」。
㊲慈能遠離一切「憍慢、矜伐、自大」。
㊳慈能發起無動「精進」。
㊴慈能令修正方便行，速疾究竟。
㊵慈能為諸「靜慮」解脫，及「三摩地(samādhi 三昧)、三摩鉢底(samāpatti 三摩缽地)」之所根本。

㊶慈能令心出離「煩惱」諸有熾然。
㊷慈為一切智慧生因，由慈無量能「聞持」故，自他諸品，皆悉決定。
㊸慈能除遣順「魔煩惱」，是慈力故，同住安樂。
㊹慈能令人「起住坐臥」密護威儀。
㊺慈能損減「諸掉性欲」。
㊻是慈猶如「妙香」塗身。
㊼是慈能塗「慚愧衣服」。
㊽是慈能遣「一切諸難、煩惱惡趣」。
㊾慈能濟拔「一切眾生」。
㊿大慈無量，捐捨自樂，能與一切眾生安隱快樂。
如是無量不可思議「大慈之相」，吾今略說。

童子！是名菩薩摩訶薩「大慈」無量波羅蜜。菩薩摩訶薩由成就是「大慈」無量故，觀諸眾生「常懷慈善」，勤求正法無有疲倦。

童子當知！諸「聲聞慈」，唯能「自救」。諸「菩薩慈」，畢竟度脫「一切眾生」。
童子當知！「眾生」緣慈，初發「大心菩薩」所得。
「法緣」之慈，趣向「聖行菩薩」所得。
「無緣」之慈，證「無生忍菩薩」所得。
童子！是名菩薩摩訶薩「大慈」無量波羅蜜。
若菩薩摩訶薩安住「大慈」波羅蜜故，則於一切眾生「慈心」遍滿，

《大方等大集經·卷第二十九》

(1)爾時無盡意菩薩復語舍利弗：菩薩修「慈」亦不可盡，何以故？
(2)菩薩之慈無量無邊，是修慈者，無有齊限「等」眾生界，菩薩修慈，發心普覆。
(3)舍利弗！譬如虛空無不普覆，是菩薩慈亦復如是，一切眾生「無不覆者」。
(4)舍利弗！如眾生界無量無邊不可窮盡，菩薩修慈亦復如是。無量無邊、無有窮盡，虛空無盡故，眾生無盡。眾生無盡故，菩薩修「慈」亦不可盡，是謂大士所修「慈心」不可得盡。
(5)舍利弗言：善男子！齊幾名「眾生界」？
(6)無盡意言：所有「地界、水、火、風界」，其量無邊，而猶不多於「眾生界」。
(7)舍利弗言：唯善男子！頗可得說譬喻比不？
(8)無盡意言：可說！但不得以小事為喻。
(9)舍利弗！東方去此盡一恒沙佛之世界，南西北方四維上下，皆一恒沙佛世界，作

一大海其水滿溢，使一恒河沙等諸眾生聚集。共以一毛破為百分以一分毛滴取一滴，如是一恒河沙共取一滴，二恒河沙共取二滴。如是展轉乃至盡此滿大海水盡，是眾生界猶不可盡，菩薩慈心悉能遍覆如是眾生。

(10)舍利弗！於意云何，是「修慈善根」，豈可盡耶？

(11)舍利弗言：實不可盡！唯善男子！是「虛空性」尚可得盡，「菩薩慈心」不可盡也。

(12)若有菩薩聞作是說，不生驚怖，當知是人得「無盡慈」。

舍利弗！

❶是慈能自擁護己身，是慈亦能利益他人。

❷是慈無諍。

❸是慈能斷一切「瞋恚、荒穢、繫縛」。

❹是慈能離諸「結」及「使」。

❺是慈歡喜。

❻是慈不見一切眾生「破戒之過」。

❼是慈無熱「身心」受樂。

❽是慈遠離一切惱害。

❾是慈能離一切怖畏。

❿是慈能順眾聖人道。

⓫是慈能令瞋者歡喜。

⓬是慈能勝一切鬪諍。

⓭是慈能生利養稱歎。

⓮是慈莊嚴釋梵威德。

⓯是慈常為智人所讚。

⓰是慈常護凡夫愚人。

⓱是慈常能隨順梵道。

⓲是慈不雜遠離欲界。

⓳是慈能向解脫法門。

⓴是慈能攝一切諸乘。

㉑是慈能攝非財功德。

㉒是慈長養一切功德。

㉓是慈過諸無作功德。

㉔是慈悉能莊嚴相好。

㉕是慈能離下劣鈍根。

㉖是慈能開「天人、涅槃」諸善正道。

㉗是慈能離三惡八難。
㉘是慈愛樂諸善法等。
㉙是慈如願一切所欲成就自在。
㉚是慈平等於諸眾生。
㉛是慈發行離諸異相。
㉜是慈正向持戒之門。
㉝是慈能護諸犯禁者。
㉞是慈能成無上忍力。
㉟是慈能離諸慢放逸。
㊱是慈發起「無諍」，精進入於正道。
㊲是慈根本入「聖禪定」。
㊳是慈善能分別於心，離諸煩惱。
㊴是慈因慧而生，總持「語言文字」。
㊵是慈定伴離魔結伴。
㊶是慈常與歡喜同止。
㊷是慈善為心之所使。
㊸是慈堅持威儀戒法。
㊹是慈能離諸掉動等。
㊺是慈能滅種種諸相。
㊻是慈善香慚愧塗身。
㊼是慈能除煩惱臭氣。

舍利弗！夫修慈者，悉能擁護一切眾生，能捨己樂，與他眾生。

①「聲聞」修「慈」，齊為「己身」。
②「菩薩」之「慈」，悉為「一切無量眾生」。

舍利弗！夫修慈者能「度諸流」。「慈」所及處有「緣眾生」、又緣於「法」、又「無所緣」。

⑴緣「眾生」者，「初發心」也。
⑵緣「法緣」者，「已習行」也。
⑶緣「無緣」者，得「深法忍」也。

舍利弗！是名菩薩修行「大慈」而不可盡。

《大乘理趣六波羅蜜多經・卷第八》

菩薩摩訶薩應修梵行「四無量心」，起「無緣慈」，普遍法界。何以故？
菩薩「大慈」無有齊限，不可思量無邊際故。一切有情遍十方界，菩薩「大慈」亦復如是。

譬如虛空無有邊際，菩薩大慈亦復如是。
以是當知有情無盡，菩薩大慈心亦無盡。
真空無盡慈亦無盡，以是因緣，菩薩大慈真實無盡。

爾時慈氏菩薩白佛言：世尊！菩薩普於如是有情起大慈悲，頗有譬喻得宣說者，願為開示。

爾時「薄伽梵」告慈氏菩薩摩訶薩言：善男子！不可以少因緣譬喻而得宣說。
慈氏！當知譬如東方有殑伽沙等世界，南西北方四維上下亦復如是。如是十方殑伽沙數世界合為一海，滿中海水，如是十方殑伽沙數世界滿中有情，一一有情各持一毛，取大海水滴於餘處，至滿一劫是海有竭，彼諸有情尚未窮盡。
善男子！如是有情遍於十方殑伽沙數世界，菩薩於彼一一有情起「大慈心」。
善男子！於意云何？如是「慈心」有邊際不？
慈氏菩薩白佛言：世尊！假使虛空尚可測量，此大慈心不可窮盡。

佛告慈氏：若菩薩摩訶薩聞是「慈心」無邊無盡，不驚怖者，當知是人亦得如是慈心無盡。
其慈心者能護自他，滅除一切諍訟諸惡，能覆有情所有過失，令諸眾生三業調善，常得安樂離諸怨怖。
多瞋恨者令其慈忍，息諸戰陣刀兵等苦，悉能救護一切有情。離諸欺誑名聞十方，釋梵四王恭敬供養。
慈心瓔珞以自莊嚴，為諸有情解脫導首。能令二乘迴心向大，積集一切菩提資糧。不為世福之所屈伏，恒以相好莊嚴其身。
能除一切諸根殘缺，捨離八難得生人天，行八聖道涅槃正路。
菩薩修慈不貪五欲，但於有情起平等心。行布施時心無分別，護淨尸羅救犯禁者，示安忍力令離瞋恚，所行精進皆順正法，住三摩地慈救一切，發大智慧出離世間。
「煩惱、菩提」無有二相，「無緣大慈」降魔軍眾，而能安樂一切有情，此生來生常不捨離。行住坐臥恒勸修持，我慢銷除離諸放逸。
又慈心者，慚愧衣服淨戒塗香，能斷世間煩惱習氣，饒益有情施一切樂。
聲聞慈心，唯求「自利」。菩薩大慈，「救護一切」。

復次，慈氏！慈有三種：
一、「眾生緣」慈。
二、「法緣」慈。

三、「無緣」慈。
云何「眾生緣慈」？若初發心，遍觀有情起大慈心。
云何「法緣慈」？若修行時觀一切法，名「法緣慈」。
云何「無緣慈」？得無生忍，無有二相，名無緣慈。
慈氏！當知此即菩薩摩訶薩住「真法界大慈心」也。

《大方等大集經・卷第二十九》
復次舍利弗！菩薩摩訶薩修行「大悲」亦不可盡，何以故？
舍利弗！如人命根，即以「出息、入息」為本。菩薩如是修學大乘，以「大悲」為本，如轉輪聖王，以「輪寶」為本。菩薩如是修一切智，以「大悲」為本。
如大長者，唯有一子愍愛情重。菩薩大悲，亦復如是，於諸眾生愛之若子。

❶如是大悲，我已行已。
❷如是大悲，作已利已。
❸如是大悲，不假他事。
❹如是大悲，己心所作，出不諂曲。
❺如是大悲，所作畢竟，出正決定。
❻如是大悲，種性所作，出於直道。
❼如是大悲，心無邪曲，出生正直。
❽如是大悲，無有憍慢，出眾生境。
❾如是大悲，捐捨己身，出如來身。
❿如是大悲，不貪壽命，出不作惡。
⓫如是大悲，擁護眾生，出於菩提。
⓬如是大悲，護真實法，出心清淨。
⓭如是大悲，見諸窮厄，出拔濟事。
⓮如是大悲，本誓堅固，出不動心。
⓯如是大悲，不欺己身人天賢聖，出不虛誑。
⓰如是大悲，其行清淨，出於善業。
⓱如是大悲，自捨己樂，出與他樂。
⓲如是大悲，不與他苦，出不焦熱。
⓳如是大悲，能令眾生捨於重擔，出堅精進。
⓴如是大悲，有忍勢力，出護無力。
㉑如是大悲，不厭可污，出瞻病者。
㉒如是大悲，得法自在，出教化鈍根。
㉓如是大悲，覆自功德，出顯他功業。

㉔如是大悲，出離諸苦。
㉕如是大悲，出求無漏樂。
㉖如是大悲，出捨所愛物。
㉗如是大悲，出作眾善業，無所嬈惱。
㉘如是大悲，出善持禁，不捨毀戒。
㉙如是大悲，出教化眾生。
㉚如是大悲，出不惜身命。
㉛如是大悲，出捨自支節。
㉜如是大悲，出生他善根。
㉝如是大悲，出自利益善根。
㉞如是大悲，出無味諸禪。
㉟如是大悲，出不厭欲界。
㊱如是大慈，出於觀慧。
㊲如是大悲，出不污善根。
㊳如是大悲，出諸眾生如所願成。
㊴如是大悲，出有為、無為。
㊵如是大悲，出不證無為。
㊶如是大悲，出知眾生性同「無為」，而能教化。
㊷如是大悲，出護毀戒者。
㊸如是大悲，出讚歎佛戒。

如是大乘，諸悲出於大悲。以是因緣，故名大悲。
謂大悲者，必定善行「布施、持戒、忍辱、精進、禪定、智慧」諸助道法，為得自然「無師智慧」，營他眾生所作事業，精勤專著如修己務，以是因緣故名大悲。
舍利弗！是名菩薩修行「大悲」而不可盡。

《大乘理趣六波羅蜜多經・卷第九》

(1)佛告慈氏：菩薩摩訶薩修行「靜慮」波羅蜜多，應當修習「大悲」無量，為此大悲於諸善業而為導首。
(2)譬如命根，於「出、入息」而為其先。輪王七寶，「輪寶」為先。大乘萬行「大悲」為先。
(3)譬如長者唯有一子，父母鍾念，徹於骨髓。菩薩大悲亦復如是，於諸有情住於「極愛」一子之地。云何大悲？
(4)「大」名「摩賀 mahā」，「摩 ma」者名「我」。我以大悲利樂有情，故名「大悲」。

(5)又「賀 hā」者名「性」。「自性」大悲能濟有情，不由他教，故名「大悲」。
(6)又「娑嚩 sva」者名「屬已分」。一切有情，我應救護，故名「大悲」。
(7)又「迦 ka」者名「護」。不令他人得其便故，名為「大悲」。
(8)又此大悲者，能作方便，成辦一切，「助菩提」故。
(9)又此大悲，能悟「無師自然智」故。
(10)又此大悲，能除一切「自心熱惱」，隨順有情，為饒益故。
(11)復次，慈氏！此大悲心有五十種。

❶云何大悲？無諂誑故。
❷云何大悲？身口相應故。
❸云何大悲？無虛誑故。
❹云何大悲？住實際故。
❺云何大悲？不退轉故。
❻云何大悲？了本覺故。
❼云何大悲？無詐偽故。
❽云何大悲？自性清淨故。
❾云何大悲？行質直故。
❿云何大悲？住正性故。
⓫云何大悲？求佛身故。
⓬云何大悲？求佛壽故。
⓭云何大悲？不起一切過故。
⓮云何大悲？護有情故。
⓯云何大悲？所度有情無有量故。
⓰云何大悲？同虛空故。
⓱云何大悲？不捨貧窮諸眾生故。
⓲云何大悲？拔諸苦故。
⓳云何大悲？自性不動，荷負一切故。
⓴云何大悲？行清淨行，不誑自他故。
㉑云何大悲？能作自利，諸善業故。
㉒云何大悲？普與樂故。
㉓云何大悲？不生疲倦故。
㉔云何大悲？能除重擔，示勝義故。
㉕云何大悲？堅持施忍，精勤行故。
㉖云何大悲？能忍「下劣所輕慢」故。
㉗云何大悲？不懷一切「宿憾恨」故。

㉘云何大悲？作無上醫故。
㉙云何大悲？以「大乘慧」，攝「下劣乘」，等無二故。
㉚云何大悲？善覆自德，讚他善故。
㉛云何大悲？能與無漏，真法樂故。
㉜云何大悲？能捨所愛，心無悋故。
㉝云何大悲？為諸有情，心無悔故。
㉞云何大悲？善持淨戒，護毀禁故。
㉟云何大悲？能忍己苦，令諸有情得佛樂故。
㊱云何大悲？成就有情，住法身故。
㊲云何大悲？不惜自身，捨肢節故。
㊳云何大悲？樂修功德，不求報故。
㊴云何大悲？能調有情，修靜慮故。
㊵云何大悲？了三界空，不染著故。
㊶云何大悲？積集善根，離不善故。
㊷云何大悲？能滿一切有情，所求願故。
㊸云何大悲？不捨普願，住「無為」故。
㊹云何大悲？捨「有為法」故。
㊺云何大悲？慳貪有情，令行捨故。
㊻云何大悲？能令有情住「佛戒」故。
㊼云何大悲？多瞋有情，令住忍故。
㊽云何大悲？懈怠有情，令精進故。
㊾云何大悲？散亂有情，令住定故。
㊿云何大悲？愚癡有情，令智慧故。

佛告慈氏：如是大悲，能令自他一切善根皆得成就，是則名為「大悲」無量。

【七～3】行「不壞、堅固、清淨、無邊」慈，乃為真實「慈」

三國吳・支謙譯《維摩詰經》	姚秦・鳩摩羅什譯《維摩詰所說經》	姚秦・鳩摩羅什譯《維摩詰所說大乘經》	唐・玄奘譯《說無垢稱經》
❻行「不怒慈」，為都成就。	❻行「不壞慈」（據梵文原意作「不動搖堅定之慈」），「畢竟盡」故。	❻行「不壞慈」（據梵文原意作「不動搖堅定之慈」），「畢竟盡」故。	❻修「無壞慈」，「畢竟住」故。
❼行「牢強慈」，強	❼行「堅固慈」，心	❼行「堅固慈」，心	❼修「堅固慈」，增

若「金剛」，莫能沮壞。 ❽行「清白慈」，內性已「淨」。 ❾行「平等慈」，平若「虛空」。	「無毀」故。 ❽行「清淨慈」，諸法「性淨」故。 ❾行「無邊慈」(據梵文原意作「平等」)，如「虛空」故。	「無毀」故。 ❽行「清淨慈」，諸法「性淨」故。 ❾行「無邊慈」(據梵文原意作「平等」)，如「虛空」故。	上意樂，如「金剛」故。 ❽修「清淨慈」，本性「淨」故。 ❾修「平等慈」，等「虛空」故。

【七～4】行「阿羅漢、菩薩、如來、佛」慈，乃為真實「慈」

三國吳・支謙譯《維摩詰經》	姚秦・鳩摩羅什譯《維摩詰所說經》	姚秦・鳩摩羅什譯《維摩詰所說大乘經》	唐・玄奘譯《說無垢稱經》
	❿行「阿羅漢慈」，破「結賊」(煩惱賊)故。	❿行「阿羅漢慈」，破「劫賊」故。	❿修「阿羅漢慈」，永害「結賊」(煩惱賊)故。 ⓫修「獨覺慈」，不待「師資」(指無師資而自悟者)故。
	⓬行「菩薩慈」，安「衆生」故。	⓬行「菩薩慈」，安「衆生」故。	⓬修「菩薩慈」，「成熟」有情，無休息故。
⓭行「如來慈」，如本「隨覺」。	⓭行「如來慈」，得「如相」故。	⓭行「如來慈」，得「如相」故。	⓭修「如來慈」，隨覺「諸法真如性」故。
⓮行「佛之慈」，「覺」諸凡人。	⓮行「佛之慈」，「覺」衆生故。	⓮行「佛之慈」，「覺」衆生故。	⓮修「佛之慈」，「覺悟」睡夢諸有情故。

【七～5】行「自然、菩提、無等、大悲、無厭」慈，乃為真實「慈」

三國吳・支謙譯《維摩詰經》	姚秦・鳩摩羅什譯《維摩詰所說經》	姚秦・鳩摩羅什譯《維摩詰所說大乘經》	唐・玄奘譯《說無垢稱經》
⓯行「自然慈」，以	⓯行「自然慈」，「無	⓯行「自然慈」，「無	⓯修「自然慈」，任

「自覺正」。	因得」(即指「自然而證得」，據梵文原意作「自覺自悟」)故。	因得」(即指「自然而證得」，據梵文原意作「自覺自悟」)故。	運(即指「自然自動」)「等覺諸法性」故。
⑯「行道」之慈，同其所「味」。	⑯行「菩提慈」，等「一味」故。	⑯行「菩提慈」，等「一味」故。	⑯修「菩提慈」，等「一味」故。
⑰行「無比慈」，能却「衆惡」。	⑰行「無等慈」(據梵文原意作「無偏增損」)，斷「諸愛」故。	⑰行「無等慈」(據梵文原意作「無偏增損」)，斷「諸愛、嗔」故。	⑰修「無偏慈」，「愛、憎」斷故。
⑱行「大悲慈」，導以「大乘」。	⑱行「大悲慈」，導以「大乘」故。	⑱行「大悲慈」，導以「大乘」故。	⑱修「大悲慈」，顯「大乘」故。
			⑲修「無諍慈」，觀「無我」故。
⑳行「不視慈」，其視如「空」。	⑳行「無厭慈」，觀「空」無我故。	⑳行「無厭慈」，觀「空」無我故。	⑳修「無厭慈」，觀「性空」故。

【七～6】行「布施、持戒、忍辱、精進、禪定、智慧」慈，乃為真實「慈」

三國吳・支謙譯《維摩詰經》	姚秦・鳩摩羅什譯《維摩詰所説經》	姚秦・鳩摩羅什譯《維摩詰所説大乘經》	唐・玄奘譯《説無垢稱經》
㉑行「布施慈」，無所「遺忘」。	㉑行「法施慈」，無「遺惜」(因吝惜法義而故意遺漏)故。	㉑行「法施慈」，無「遺惜」(因吝惜法義而故意遺漏)故。	㉑修「法施慈」，離「師捲」(此指老師「吝法」有所保留，而不爲弟子全部説盡。《一切經音義・卷四十八》云：師拳，又作「捲」……指握爲拳……言師之匠物，不如拳之執握，悋而不説也)故。
㉒行「戒以慈」，與「惡戒眼」。	㉒行「持戒慈」，化「毀禁」故。	㉒行「持戒慈」，化「毀禁」故。	㉒修「淨戒慈」，成熟「犯戒」諸有情故。
㉓行「忍以慈」，「彼、我」皆護。	㉓行「忍辱慈」，護「彼、我」故。	㉓行「忍辱慈」，護「彼、我」故。	㉓修「堪忍慈」，隨護「自、他」，(皆)令無損故。

㉔行「精進慈」,「荷負」衆人。	㉔行「精進慈」,「荷負」衆生故。	㉔行「精進慈」,「荷負」衆生故。	㉔修「精進慈」,「荷負」有情,利樂事故。
㉕行「一心慈」,思所當「念」。	㉕行「禪定慈」,不受「味」故。	㉕行「禪定慈」,不受「味」故。	㉕修「靜慮慈」,無愛「味」故。
㉖行「智慧慈」,而以知「時」。	㉖行「智慧慈」,「無不知」時故。	㉖行「智慧慈」,「無不知」時故。	㉖修「般若慈」,於一切時,現「知法」故。

【七～7】行「方便、無隱、深心、無誑、安樂」慈,乃為真實「慈」

三國吳・支謙譯《維摩詰經》	姚秦・鳩摩羅什譯《維摩詰所說經》	姚秦・鳩摩羅什譯《維摩詰所說大乘經》	唐・玄奘譯《說無垢稱經》
㉗行「善權慈」,一切「現聞」。	㉗行「方便慈」,一切「示現」故。	㉗行「方便慈」,一切「示現」故。	㉗修「方便慈」,於一切門普「示現」故。 ㉘修「妙願慈」,無量「大願」所引發故。 ㉙修「大力慈」,能辦一切「廣大事」故。 ㉚修「若那(jñāna 智波羅蜜)慈」,了知一切「法性相」故。 ㉛修「神通慈」,不壞一切「法性相」故。 ㉜修「攝事慈」,方便「攝益」諸有情故。 ㉝修「無著慈」,無礙「染」故。

	㉞行「無隱慈」(無虛偽欺詐隱匿)，「直心」清淨故。	㉞行「無隱慈」(無虛偽欺詐隱匿)，「直心」清淨故。	㉞修「無詐慈」，「意樂」淨故。
㉟行「不諂慈」，「意淨」無求。	㊲行「深心慈」，無「雜行」故。	㊲行「深心慈」，無「雜行」故。	㉟修「無諂慈」，「加行」淨故。
㉝行「不飾慈」，心無所「著」。	㊱行「無誑慈」，不「虛假」故。	㊱行「無誑慈」，不「虛假」故。	㊱修「無誑慈」，不「虛假」故。
㊱行「不我慈」，無復「惡意」。			㊲修「深心慈」，離「瑕穢」故。
㊳行「安慰慈」，至于「得佛」，為立「大安」。	㊳行「安樂慈」，令得「佛樂」(諸佛安樂事業)故。	㊳行「安樂慈」，令得「佛樂」(諸佛安樂事業)故。	㊳修「安樂慈」，建立諸佛「安樂事」故。
菩薩之「慈」，為若此也。	菩薩之「慈」，為若此也。	菩薩之「慈」，為若此也。	唯，妙吉祥！是名菩薩修於「大慈」。

【七～8】所作諸功德皆回施與眾生為「悲」。能饒益眾生，歡喜無悔為「喜」。不望果報為「捨」

三國吳・支謙譯《維摩詰經》	姚秦・鳩摩羅什譯《維摩詰所說經》	姚秦・鳩摩羅什譯《維摩詰所說大乘經》	唐・玄奘譯《說無垢稱經》
㊀	㊀	㊀	㊀
文殊師利又問： 何謂為「悲」？	文殊師利又問： 何謂為「悲」？	文殊師利又問： 何謂為「悲」？	妙吉祥言： 云何菩薩修於「大悲」？
曰： 所造德本，修辯為人。	答曰： 菩薩所作功德，皆與一切衆生共之。	答曰： 菩薩所作功德，皆與一切衆生共之。	無垢稱言： 所有造作增長善根，悉皆棄捨，(應)施諸有情，一切無悋，是名菩薩修於「大悲」。
㊁	㊁	㊁	㊁
何謂為「喜」？	何謂為「喜」？	何謂為「喜」？	妙吉祥言：

			云何菩薩修於「大喜」？
曰： 所以「施眾」而無悔。	答曰： 有所「饒益」(豐饒助益)，歡喜無悔。	答曰： 有所「饒益」(豐饒助益)，歡喜無悔。	無垢稱言： 於諸有情作「饒益」(豐饒助益)事，歡喜無悔，是名菩薩修於「大喜」。
㊂ 何謂為「護」？	㊂ 何謂為「捨」？	㊂ 何謂為「捨」？	㊂ 妙吉祥言： 云何菩薩修於「大捨」？
曰： 兼利之(據梵文原意指「兩邊皆得利益」)。	答曰： (對別人)所作福祐(福德護祐)，(皆)無所「悕望」(任何回報)。	答曰： (對別人)所作福祐(福德護祐)，(皆)無所「悕望」(任何回報)。	無垢稱言： 「平等」饒益(豐饒助益)，不望「果報」，是名菩薩修於「大捨」。

《大方等大集經・卷第二十九》

復次舍利弗！菩薩摩訶薩，修行於「喜」亦不可盡，云何為「喜」？

❶常念於法，歡喜踊躍。
❷不生懈怠，無諸惱熱。
❸離五欲樂，住於法樂。
❹心和悅豫，身輕柔軟。
❺意勤勸督，心常生悲。
❻樂求如來，無上法身。
❼樂修相好，以自莊嚴。
❽聽法無厭，念行正法。
❾行正法已，心生歡喜。
❿生歡喜已，具得法悲。
⓫常於眾生，不生礙心。
⓬以增上欲，勤求於法。

⓭勸欲法已，深心得解「甚深佛法」。
⓮遠離二乘，發無上心。
⓯除諸慳惜，發於「捨心」。
⓰見來乞者，心生歡喜。
⓱捨時歡喜，施已無悔。
⓲如是布施，三時清淨。
⓳得清淨已，心則悅豫。
⓴於持戒者，常行布施。
㉑於毀禁者，喜心攝取。
㉒自持禁戒，心則清淨。
㉓能令惡道怖懼眾生，得無所畏，遠離惡處。
㉔一心迴向「如來禁戒」，堅持牢固，不可虧壞。
㉕惡罵加己，堪忍不報。
㉖於諸眾生，心無憍慢。
㉗於諸尊長，謙下恭敬。
㉘言常和悅，離於嚬蹙。
㉙先以愛語，終無諂曲。
㉚不以邪心，誘誑於人。
㉛不以利養，為他執役。
㉜其心清淨，無有麁過。
㉝於諸不可，不見其過。
㉞不求他短，不舉人罪。
㉟專心正念，諸和敬法。
㊱於諸菩薩，生「如來」想。
㊲愛說法者，重於己身。
㊳愛重如來，如惜己命。
㊴於諸師長，生「父母」想。
㊵於諸眾生，生「兒息」想。
㊶於諸威儀，如護「頭首」。
㊷於諸「波羅蜜」，如愛「手足」。
㊸於諸善法，生「珍寶」想。
㊹於教誨者，生「五欲」想。
㊺於「知足」行，生「無病」想。
㊻愛樂求法，生「妙藥」想。

㊼於舉罪者，生「良醫」想。
㊽攝御諸根，無有懈怠，是故名「喜」。

①是喜寂靜，覺知微妙故。
②是喜寂滅，無恌戲故。
③是喜行倚，不戲論故。
④是喜根本，心不亂故。
⑤是喜多聞，取善語故。
⑥是喜平等，心柔軟故。
⑦是喜勇猛，善作業故。
⑧是喜不悔，專行善故。
⑨是喜正住，不懈怠故。
⑩是喜不動，無所依故。
⑪是喜不共，難摧伏故。
⑫是喜實義，不忘失故。
⑬是喜真實，無變異故。
⑭是喜誠諦，如所作故。
⑮是喜能捨，力堅牢故。
⑯是喜大力，無能勝故。
⑰是喜能作諸佛神力，求諸佛法故。
舍利弗！是名菩薩修行於「喜」，而不可盡。

《大乘理趣六波羅蜜多經・卷第九》
復次，慈氏！菩薩摩訶薩修行「靜慮」波羅蜜多，云何修習「大喜」無量？
所謂：
①憶念一切佛法，愛樂恭敬。
②不住生死，不壞喜心。
③除諸邪見，離五欲蓋。
④能安有情，住「真實際」。
⑤恒求如來三十二相、八十種好。
⑥聽聞正法，順第一義。
⑦恒樂修行，達於彼岸。
⑧圓滿具足，喜慶心生。
譬如世間，大節會日，一切親族善友集會，勝妙五欲歡娛喜悅。菩薩亦爾，起大神

變遊戲之時，八部龍天四眾雲集，戒、定、智慧、解脫、知見悅樂其心，是名「大喜」。

又此「喜」者；

❶於諸有情，無損害心。
❷勤求一切諸佛妙法，已得未得，心無暫捨。
❸於「大乘法」心恒正解，於「二乘法」不生取著。
❹捨離慳恪，增長檀那。
❺見乞者來，心樂惠施。
❻於他持戒，生淨信心。
❼見毀禁人，極懷憐愍。
❽於己「尸羅」，清淨圓滿。
❾離三惡怖，迴向法身。
❿設有毀罵，安忍受之。
⓫於軌範師，奉順言教。
⓬頂戴尊重，勤而行之。
⓭於諸有情，善言含笑。
⓮遠離嚬蹙，先意問訊。
⓯住真寂定，無諂無誑，不麁不曲。
⓰常讚人善，不說他過。
⓱樂與眾同，行「六和敬」。
⓲作大法師，開示「涅槃」，顯真實相。
⓳於尊重所，起父母想。
⓴等視眾生，猶如一子。
㉑於「親教師」，尊重如佛。
㉒於修行者，猶「海導師」。
㉓諸「波羅蜜」，如無價寶。
㉔於說法人，如「如意珠」。
㉕無漏法林，自在遊戲。
㉖教授我者，深自慶喜。
㉗聞說「過非」，如醫示病。
㉘聞說「正法」，如病獲藥，是名為「喜」。

㉙了「苦、無常、無我、不淨」，隨順「涅槃」常、樂、我、淨，一相一味，故名

為「喜」。

㉚又大喜者，體真勝義，性無生滅，不沈不舉、無去無來、常爾一心，名「真喜悅」。

㉛又大喜者，如聞善言，身心適悅，安住不動，猶若須彌。

㉜又大喜者，明了因果，無迷謬故。

㉝又大喜者，如地不動，為所依故。

㉞又大喜者，如威德人，無能敵故。

㉟又大喜者，如勝義諦，不毀壞故。

㊱又大喜者，如佛法僧功德圓滿，求無厭故。

慈氏！當知此即名為菩薩摩訶薩「大喜」無量。

《大寶積經・卷第四十一》

復次精進行童子！云何名為菩薩摩訶薩「大捨」無量波羅蜜？

童子當知！菩薩摩訶薩為眾生故，發阿耨多羅三藐三菩提已，當行「大捨」。

當知是「捨」有於三種。何等為三？

謂：「捨煩惱」(之)捨。「護自、他」(之)捨。「時、非時」(之)捨。

何等名為「捨煩惱」捨？童子當知！

❶菩薩摩訶薩，於敬事所，其心不高。

❷於不敬事，心無卑下。

❸若受利養，心不憍高。

❹不得利養，心無紆欝。

❺於彼持戒，及犯戒所，起平等覺。

❻得勝名譽，心不悕樂。

❼被諸毀謗，情無憂慼。

❽若致譏訶，志無貶退。

❾於稱讚所，善住法性。

❿於諸苦事，有擇慧力。

⓫於諸樂事，有無常苦，觀解之力。

⓬棄捨愛欲，斷諸瞋恚。

⓭於怨親所，其心平等。

⓮於善作、惡作，其心無二。

⓯於有愛、不愛，情無所觀。

⓰於善聞、惡聞，不生執著。

⑰於善說、惡說，心無愛恚。
⑱於諸欲味，及過患所，平等稱量。
⑲於我自身，及他眾生，起於平等信欲之意。
⑳於身命所，情無顧戀。
㉑於下中上諸眾生所，起平等照。
㉒於隱顯法，起平等性。
㉓於諦、非諦，自體清淨。
如是童子！菩薩摩訶薩若能自然起「勝對治」，是名菩薩摩訶薩「捨煩惱」捨。

復次童子！何等名為「護自、他」(之)捨？童子當知！
①菩薩摩訶薩若被他人節節支解割皮肉時，常自觀心，住於「大捨」。
②雖復支解割其身肉，然其內心，唯住於「捨」，無所希望，及以追求縱於「身語」，起諸變異俱能「堪忍」。
是則名為「護自、他」(之)捨。

爾時菩薩又觀二種心無損害。何等為二？所謂：
不由眼相及以色相，乃至不由意相及以法相。心生損害，而住於「捨」。何以故？無損無害，是乃名為「護自、他」(之)捨。

復次，何等名為「護自、他」(之)捨？
①被他所損，不加報故。
②於自於他，俱能忍受。是名為捨。
③於諸「有恩」，及「無恩」所，「平等」方便。是名為捨。
④是捨名為「無諍極捨、滅自心捨、觀自體捨、不害他捨」，於諸「定事」，菩薩能捨。
然佛世尊非所「聽許」諸菩薩等，「唯」修於「捨」。何以故？菩薩摩訶薩「尚應」修習「諸行作用」，日夜常念發起「精進」，求諸善法，於「時、非時」乃應修「捨」。

復次童子！何等名為「時、非時」(之)捨？童子當知！
菩薩摩訶薩，具大智慧，善能修習「時」與「非時」。謂：
❶非法器諸眾生所，應起於捨。
❷不恭敬所，應起於捨。
❸於無利益，譏毀苦惱，應起於捨。
❹於聲聞乘，趣正決定，應起於捨。

❺於修施時，應捨修「戒」。
❻於修戒時，應捨修「施」。
❼於修忍時，應捨牽引施戒「精進」。
❽修精進時，應捨修「戒」。
❾修靜慮時，應捨「施」度。
❿修習慧時，應捨緣發「五波羅蜜多」。

童子！是名菩薩摩訶薩「時、非時」捨。何以故？
由所「不應作法」，無造作性故。是故菩薩深知「非益」而「行於捨」。
若有菩薩摩訶薩安住「大捨」波羅蜜行菩薩行，則於一切「惡、不善法」，能興「大捨」。

《大方等大集經・卷第二十九》
復次舍利弗！菩薩摩訶薩修行於「捨」亦不可盡，云何菩薩修「捨」無盡？
菩薩行「捨」，捨有三種，云何為三？
⑴捨諸「煩惱」(之)捨。
⑵「護己、他」(之)捨。
⑶「時、非時」(之捨)。

云何捨「諸煩惱」？
❶恭敬供養，其心不高。
❷輕蔑毀呰，心亦不下。
❸若得利養，心不貪恃。
❹若遭衰惱，心亦不愁。
❺若遇譽讚，心無喜慶。
❻若遭毀者，心不退縮。
❼若遇譏者，心無虧赧。
❽若有稱者，善住法界。
❾若遭苦事，心力忍受。
❿若遇樂事，明見無常。
⓫放捨所愛，斷於瞋恚。
⓬於親非親，得平等心。
⓭持戒、毀戒，意無增減。
⓮作善、作惡，無有二相。
⓯於愛、非愛，心無所著。
⓰聞善、不善，心能堪忍。

⑰於善、惡語，心不繫著。
⑱於昧過患，其量無二。
⑲於諸眾生，得平等心。
⑳於上中下，得等光明。
㉑不惜身命，好惡名聞，同於法界。
㉒於「實、不實法」，心得清淨。
㉓於世法「等」，得菩薩「捨」，是名菩薩「捨」於煩惱。

云何菩薩捨(之)「護己、他」？

❶若被割截身體支節，心無「瞋恨」，不求「讎報」，以(已)得「捨心」，故能捨二「內、外」身口。於此二中，不生「諍訟」。
於眼與色，無有「欲污」。
耳聲、鼻香、舌味、身觸、意法，亦復如是。
故於二中，不生「諍訟」，是故名捨。
❷不傷、不害，是故名捨。
❸捨護己他，是故名捨。
❹於「利、非利」，心行「平等」，是故名捨。
❺於第一義，不生「諍論」，是故名捨。
❻於己心中，善能分別，是故名捨。
❼觀捨「己身」，是故名捨。
❽不害「他身」，是故名捨。
❾菩薩修「捨」，於諸禪定，常行「捨心」。

諸佛世尊「不聽」菩薩於諸眾生而(只有修)行「捨心」，何以故？菩薩常修「精進」，為利自他，勤求善根，是名菩薩捨(之)「護己、他」。

云何捨(之)「時、非時」？

①「非器」眾生，捨「不引接」。
②衰毀譏苦，捨而不受。
③捨求聲聞，成決定者。
④行布施時，捨修持「戒」。
⑤修持戒時，捨於「布施」。
⑥修忍辱時，捨施「戒進」。
⑦修精進時，捨施「戒忍」。
⑧行「禪定」時，捨於「布施」。

⑨修智慧時，捨「五波羅蜜」所不應作，終不復作。

如是諸法安住戒行，精勤勇猛具足修行，是名菩薩修無盡「捨」。

《大乘理趣六波羅蜜多經・卷第九》
復次，慈氏！菩薩摩訶薩修行靜慮波羅蜜多。云何修習「大捨」無量？
菩薩摩訶薩修捨無量，總有三種。云何為三？
一者「煩惱」(之)捨。二者「護自、他」(之)捨。三者「時、非時」(之)捨。

云何名為「煩惱」(之)捨？
❶若遇「恭敬」，心不「高舉」。
❷設遇「輕慢」，不鄙「卑賤」。
❸得利「不喜」，失利「不憂」。
❹毀罵「不瞋」，讚亦「無喜」。
❺稱揚「不欣」，聞譏「不恚」。
❻(若)遭「苦難」時，觀「空、無我」。
❼(若有)「悅樂」事至，恒觀「無常」。
❽(應)於「所愛境」，心無「貪著」。
❾設見「嫌恨」，亦不生「瞋」。
❿(對諸眾生)於「怨」、於「親」，(對諸眾生，於)持戒、破戒，其心「平等」。
⓫(對諸眾生)作「善」、作「惡」，(對諸眾生)若「愛」、若「憎」，都無「二相」。
⓬(若)聞「善、惡」言，(於聞)「正、不正」法，亦復如是。於諸有情，其心「平等」。
⓭於「身、命、財」，不生「慳恪」。
是則名為「煩惱大捨」。

云何名為「護自、他」(之)捨？
①菩薩摩訶薩若有人來節節支解，菩薩於彼無「瞋恨心」。如是菩薩於「身語」中，未嘗變易，是名為「捨」。
②復次「乞叉」(二合、上聲)多者，是名「雙義」，及「瘡痕義」，謂眼及色。如有二人於菩薩所，一人打罵、一則香塗。菩薩觀之，「等心」無二。
「瘡痕義」者，菩薩觀之，第一義中，誰為打者？誰為塗者？不見損益，亦無彼我，不害自他，是名為「捨」。
③眼根色境「雙義」既然，耳聲、鼻香、舌味、身觸、意法，寂滅「平等」，亦復如是。於「毀、讚」者，及我六根，第一義中無傷無害，故名為「捨」。

④設被傷害，亦不損他，是名為「捨」。

⑤或「護自、他」，俱無傷損，是名為「捨」。

⑥於「利、非利」，常爾一心，無害自他，故名為「捨」。

⑦常自覺察，護「他人心」，離於諍訟，亦名為「捨」。

⑧復深觀察，無有「是非」，是名為「捨」。

如是名為「護自、他」(之)捨。

云何名為「時、非時」捨？

❶若諸有情，不受教誨，「非法器」者，菩薩「不瞋」，名「非時捨」。

❷於聲聞人，觀四聖諦，獲苦法忍，趣「羅漢果」，菩薩「不障」，名「非時捨」。

❸行布施時，且止「持戒」。修淨戒時，且止於「施」。忍辱、精進、禪定、智慧亦復如是，名「非時捨」。

❹若於諸法應成就事，決定應作、精進勇猛，長時無倦、無暇無退、不辭勞苦。乃至事畢，方可故捨，是名「時捨」。

如是名為「時、非時」捨。

【七～9】不生不滅➜正念➜除煩惱➜度一切眾➜等觀一切眾➜依如來功德力➜生死無畏

三國吳・支謙譯《維摩詰經》	姚秦・鳩摩羅什譯《維摩詰所說經》	姚秦・鳩摩羅什譯《維摩詰所說大乘經》	唐・玄奘譯《說無垢稱經》
㊀ 又問： 生死為「畏」，(欲修行的)菩薩何以御之？ 曰： 生死「畏」者，菩薩以「聖大」(據梵文原意作「大威力」)之意，為之作御。	㊀ 文殊師利又問： 生死有「畏」，(欲修行的)菩薩當何所依？ 維摩詰言： 菩薩於生死「畏」中，當依如來「功德」(據梵文原意作「大威力」)之力。	㊀ 文殊師利又問： 生死有「畏」，(欲修行的)菩薩當何所依？ 維摩詰言： 菩薩於生死「畏」中，當依如來「功德」(據梵文原意作「大威力」)之力。	㊀ 妙吉祥言： 若諸(欲修行的)菩薩「怖畏」生死，當何所依？ 無垢稱言： 若諸菩薩「怖畏」生死，常正依住諸佛「大我」(據梵文原意作「大威力」)。
㊁	㊁	㊁	㊁

又問： 欲建「聖大」，當何所立？ 曰： 建「聖大」者，必(平)等一切，而度眾生。	文殊師利又問： 菩薩欲依如來「功德」之力，當於何住？ 答曰： 菩薩欲依如來「功德力」者，當住「度脫一切衆生」。	文殊師利又問： 菩薩欲依如來「功德」之力，當於何住？ 答曰： 菩薩欲依如來「功德力」者，**應當「等觀」**(平等觀察)**一切眾生。** ㊂ **又問：** **欲「等觀」一切眾生，當於何住？** 答曰： **菩薩欲「等觀」一切眾生者，**當住「度脫一切衆生」。	又問： 菩薩欲住「大我」，當云何住？ 曰： 欲住「大我」，當於一切有情「平等解脫」中住。
㊃ 又問： 欲度衆生，當何除解？ 曰： 度衆生者，解其「勞塵」。	㊃ 又問： 欲度衆生，當何所除？ 答曰： 欲度衆生，除其「煩惱」。	㊃ 又問： 欲度衆生，當何所除？ 答曰： 欲度衆生，除其「煩惱」。	㊃ 又問： 欲令一切有情解脫。當何所除。 曰： 欲令一切有情解脫，除其「煩惱」。
㊄ 又問： 既解「勞塵」，當復何應？	㊄ 又問： 欲除煩惱，當何所行？	㊄ 又問： 欲除煩惱，當何所行？	㊄ 又問： 欲除一切有情「煩惱」，當何所修？

曰： 已解「勞塵」，當「應自然」。	答曰： 當行「正念」(據梵文原意指「如理修習」)。	答曰： 當行「正念」(據梵文原意指「如理修習」)。	曰： 欲除一切有情煩惱，當修「如理觀察作意」。
㊓ 又問： 何所施行而「應自然」？	㊓ 又問： 云何行於「正念」？	㊓ 又問： 云何行於「正念」？	㊓ 又問： 欲修「如理觀察作意」，當云何修？
曰： 「不起不滅」是「應自然」。	答曰： 當行「不生不滅」。	答曰： 當行「不生不滅」。	曰： 欲修「如理觀察作意」，當修諸法「不生不滅」。

諸法皆以「無住」(非內非外非中間)為本➜顛倒想➜虛妄分別➜欲貪➜身➜善、不善法。不善不生、善法不滅➜不生不滅➜正念➜除煩惱➜度一切眾➜等觀一切眾➜依如來功德力➜生死無畏

註：諸法皆沒有真實的「根本」，亦無有真實的「依住處」，諸法皆非內、非外、非中間，故一切法皆「性空」也。龍樹《中論》云：「以有空義故，一切法得成」。即同此義也。

《大法炬陀羅尼經‧卷十七》

(1)**何因緣故名為「住處」？當知彼等，皆依「無明我慢結使」，而生「住著」，故言「住」也。**

(2)**復次，摩那婆！彼諸眾生長夜熏修增長如是「無明我慢諸結使」故，彼既熏習增長是事已，終不捨離「顛倒妄心」。以心倒故，更於是中思惟分別，作「定實」想。云何實想？於受「想」時，即生「實想」……**

(3)**何故不觀，以依顛倒？造諸業故。云何不得「正思惟」者？「不說」(不會講說)諸有皆「因緣」生，「不依住」故。若正思惟，一切皆是「無住」住也。**

《放光般若經‧卷第五》

(1)**諸法不動搖故。諸法亦不去、亦不來、亦無有住處。何以故？**

五陰「性」、五陰「相」、五陰「事」、五陰「如」，亦「不來」、亦「不去」、亦「無住處」。

(2)眼耳鼻舌身意，色聲香味細滑識法；「性、如、事、相」，亦「不來」、亦「不去」、亦「無住處」。
(3)四大；「性、如、事、相」，「識性」空，「如、事、相」，亦「不來」、亦「不去」、亦「無住處」。
(4)如、真際、不可思議「性」，亦「不來」、亦「不去」、亦「無住處」。
(5)六波羅蜜；「性、如、事、相」，亦「不來」、亦「不去」、亦「無住處」。
(6)三十七品、十八法；「性、如、事、相」，亦「不來」、亦「不去」、亦「無住處」。
(7)道及佛；「性、如、事、相」，亦「不來」、亦「不去」、亦「無住處」。
(8)有為、無為；「性、如、事、相」，亦「不來」、亦「不去」、亦「無住處」。

《商主天子所問經》
(1)爾時商主天子白佛言：世尊！「無生」者，是何謂也？於何法邊、於何法中；得「無生」也？
(2)答言：天子！夫「無生」者，本自「不生」。「邊際之相」是「無生」義。
(3)彼於先「不生」，後亦「不生」。然彼「無生」，本無「生處」。然彼「先來」，無處「可出」，後亦「不出」。
(4)自性本來，無處「出生」。以是義故，先「無處」生。彼於後時，亦「無處」生。自性本來，無處出生。
(5)彼於先來，不可造作。是故於後，亦不可作。
(6)自性本來，不可作故。彼於先「無有」，是故於後亦復「無有」，究竟「無有」。
(7)彼於先來，不入「富伽羅數」(pudgala，人、眾生、數取趣、眾數者)。是故於後，亦不入「數」(pudgala，人、眾生、數取趣、眾數者)，「本性空」故。
(8)彼於先「無相」可說、可示，是故於後亦無有「相」可說、可示。然彼諸法，本無有「相」也。
(9)若人如是覺者，亦不發心破「執覺知」。以是義故，言「無生」也。

【七～１０】虛妄分別→欲貪→身→善、不善法。不善(惡)不生、善法不滅→不生不滅

三國吳・支謙譯《維摩詰經》	姚秦・鳩摩羅什譯《維摩詰所說經》	姚秦・鳩摩羅什譯《維摩詰所說大乘經》	唐・玄奘譯《說無垢稱經》
㊀ 又問： 何等「不起」？何	㊀ 又問： 何法「不生」？何	㊀ 又問： 何法「不生」？何	㊀ 又問： 何法「不生」？何

等「不滅」？ 曰： 「不善」（惡）不起，「善者」不滅。	法「不滅」？ 答曰： 「不善」（惡）不生，「善法」不滅。	法「不滅」？ 答曰： 「不善」（惡）不生，「善法」不滅。	法「不滅」？ 曰： 「不善」（惡）不生，「善法」不滅。
㊁ 又問： 「善、不善」孰為本。 曰： 善、不善；「身」為本。	㊁ 又問： 「善、不善」孰為本？ 答曰： 「身」為本。	㊁ 又問： 「善、不善」孰為本？ 答曰： 「身」為本。	㊁ 又問： 「善、不善」法，孰為本？ 曰： 以「身」為本。
㊂ 又問： 「身」孰為本？ 曰： 「欲貪」為本。	㊂ 又問： 「身」孰為本？ 答曰： 「欲貪」為本。	㊂ 又問： 「身」孰為本？ 答曰： 「欲貪」為本。	㊂ 又問： 「身」孰為本？ 曰： 「欲貪」為本。
㊃ 又問： 「欲貪」孰為本？ 曰： 「不誠之雜」為本。	㊃ 又問： 「欲貪」孰為本？ 答曰： 「虛妄分別」為本。	㊃ 又問： 「欲貪」孰為本？ 答曰： 「虛妄分別」為本。	㊃ 又問： 「欲貪」孰為本？ 曰： 「虛妄分別」為本。

【七～11】諸法皆以「無住」（非內非外非中間）為本➜顛倒想➜虛妄分別

三國吳・支謙譯《維摩詰經》	姚秦・鳩摩羅什譯《維摩詰所說經》	姚秦・鳩摩羅什譯《維摩詰所說大乘經》	唐・玄奘譯《說無垢稱經》
	㊄	㊄	㊄

	又問：「虛妄分別」孰為本？答曰：「顛倒想」為本。	又問：「虛妄分別」孰為本？答曰：「顛倒想」為本。	又問：「虛妄分別」孰為本？曰：「倒想」為本。
㉖又問：「不誠之雜」孰為本？曰：「不住」為本。	㉖又問：「顛倒想」孰為本？答曰：「無住」為本。	㉖又問：「顛倒想」孰為本？答曰：「無住」為本。	㉖又問：「倒想」孰為本？曰：「無住」為本。
㉗如是仁者，「不住」之本，無所為本。	㉗又問：「無住」孰為本？答曰：無住則「無本」。	㉗又問：「無住」孰為本？答曰：無住則「無本」。	㉗妙吉祥言：如是「無住」，孰為其本？無垢稱言：斯問非理，所以者何？夫「無住」者，即「無其本」，亦「無所住」。
㉘從「不住本」，立一切法。	㉘文殊師利！從「無住本」，立一切法。	㉘文殊師利！從「無住本」，立一切法。	㉘由「無其本、無所住」故，即能「建立一切諸法」。

【七～12】天女獻華。華無分別，仁者自生分別。人心有「畏」，「非人」即得便，「五欲」便著身。若心無畏，五欲則不著身也

三國吳・支謙譯	姚秦・鳩摩羅什譯	姚秦・鳩摩羅什譯	唐・玄奘譯

《維摩詰經》	《維摩詰所說經》	《維摩詰所說大乘經》	《說無垢稱經》
㊀於是有「天」(天女)在其室止，聞上人(維摩詰)言，「現」其天身，即以「天華」散諸「菩薩、大弟子(大聲聞)」上。	㊀時，維摩詰室有一「天女」，見諸天人聞所說法，便「現」其身，即以「天華」散諸「菩薩、大弟子(大聲聞)」上。	㊀時，維摩詰室有一「天女」，見諸天人聞所說法，便「現」其身，即以「天華」散諸「菩薩、大弟子(大聲聞)」上。	㊀時，無垢稱室中有一本住「天女」，見諸大人聞所說法，得未曾有，踴躍歡喜。便「現」其身，即以「天花」散諸「菩薩、大聲聞衆」。
㊁華至諸菩薩即「如應」(如法)。若持至「大弟子」(大聲聞)，即著不墮。	㊁華至諸菩薩，即皆墮落。至「大弟子」(大聲聞)，便著不墮。	㊁華至諸菩薩，即皆墮落。至「大弟子」(大聲聞)，便著不墮。	㊁時彼天花，至菩薩身，即便墮落。至「大聲聞」，便著不墮。
㊂「一切弟子」(聲聞)神足(神通具足)舉華，便不墮落。	㊂「一切弟子」(聲聞)神力去華，不能令去。	㊂「一切弟子」(聲聞)神力去華，不能令去。	㊂時「聲聞衆」各欲去華，盡其神力，皆不能去。
㊃天問舍利弗：何故舉華？	㊃爾時天女問舍利弗：何故去華？	㊃爾時女問舍利弗：何故去華？	㊃爾時天女即問尊者舍利子言：何故去華？
㊄曰： 「不如應」(不合儀軌)，是以舉之。	㊄答曰： 此華「不如法」(不合儀軌)，是以去之。	㊄答曰： 此華「不如法」(不合儀軌)，是以去之。	㊄舍利子言： 華「不如法」，我故去之。
㊅天(天女)曰： 不然！此華「如應」。何為賢者謂之「不應」？	㊅天(天女)曰： 勿謂此華為「不如法」。所以者何？	㊅天(天女)曰： 勿謂此華為「不如法」。所以者何？	㊅天女言： 止！勿謂此華為「不如法」。所以者何？
㊆又如此華，無「應(如法)、不應(不如法)」。賢者自為「應(如法)、不應(不如法)」耳。	㊆是華「無所分別」，仁者自生「分別想」耳！	㊆是華「無所分別」，仁者自生「分別想」耳！	㊆是華「如法」，惟尊者等自「不如法」。所以者何？華「無分別」，無「異分別」。惟尊者等自「有分別」，有「異分別」。
	㊇若於佛法出	㊇若於佛法出	㊇於善說法「毘

	家，有所「分別」，為不如法。	家，有所「分別」，為不如法。	奈耶(Vinaya 律藏)」中，諸出家者，若「有分別」，有「異分別」，則「不如法」。
	㊈若無所「分別」，是則「如法」。	㊈若無所「分別」，是則「如法」。	㊈若「無分別」，無「異分別」，是則「如法」。
㊉觀諸「大人」，華不著身者，以一切棄「應、不應」也。	㊉觀諸「菩薩」，華不著者，已斷一切「分別想」故。	㊉觀諸「菩薩」，華不著者，已斷一切「分別想」故。	㊉惟，舍利子！觀諸「菩薩」，華不著者，皆由永斷「一切分別」及「異分別」。
			⑴觀諸「聲聞」華著身者，皆由未斷一切「分別」及「異分別」。
⑵譬如丈夫畏時，「非人」得其便。弟子(聲聞)畏「生死」故，「色、聲、香、味、細滑」得其便。	⑵譬如人畏時，「非人」得其便。如是弟子(聲聞)畏「生死」故，「色、聲、香、味、觸」得其便也。	⑵譬如人畏時，「非人」得其便。如是弟子(聲聞)畏「生死」故，「色、聲、香、味、觸」得其便也。	⑵惟，舍利子！如人有畏時，「非人」得其便。若無所畏，一切「非人」不得其便。若畏「生死業煩惱」者，即為「色、聲、香、味、觸」等而得其便。
⑶已離「畏」者，一切「五樂」無能為也。	⑶已離「畏」者，一切「五欲」無能為也。	⑶已離「畏」者，一切「五欲」無能為也。	⑶不畏「生死業煩惱」者，世間「色、聲、香、味、觸」等不得其便。
⑷(如果)「止處」(煩惱	⑷(如果)「結習」未	⑷(如果)「結習」未	⑷又舍利子！若

乃為境界所依止之處）未斷，(則)華著身耳。 ⑸（如果）「止處」斷者，(則)華「不著」也。	盡，(則)華「著身」耳！ ⑸（如果）「結習」盡者，(則)華「不著」也。	盡，(則)華「著身」耳！ ⑸（如果）「結習」盡者，(則)華「不著」也。	「煩惱習」未永斷者，(則)華著其身。 ⑸若「煩惱習」已永斷者，(則)華「不著」也。

【七～13】諸法是解脫相，言說文字亦是，皆非內、非外、非中間

三國吳・支謙譯《維摩詰經》	姚秦・鳩摩羅什譯《維摩詰所說經》	姚秦・鳩摩羅什譯《維摩詰所說大乘經》	唐・玄奘譯《說無垢稱經》
㊀ 舍利弗言： 「天」(天女)止此室，其已久如(多久時間了)？ 曰： 至於此久，如耆年(長老，指舍利弗)解脫。	㊀ 舍利弗言： 「天」(天女)止此室，其已久如(多久時間了)？ 答曰： 我止(停留)此室，如耆年(長老，指舍利弗)解脫(與舍利弗所證的解脫時間一樣的長久)。	㊀ 舍利弗言： 「天」(天女)止此室，其已久如(多久時間了)？ 答曰： 我止(停留)此室，如耆年(長老，指舍利弗)解脫(與舍利弗所證的解脫時間一樣的長久)。	㊀ 舍利子言： 「天」(天女)止此室，經今幾何？ 天女答言： 我止(停留)此室，如舍利子所住解脫。
㊁ 又問： 止(停留)此久耶？ (天女)曰： 耆年(指舍利弗)解脫，亦何如久(多久時間)？	㊁ 舍利弗言： 止(停留)此久耶？ 天(天女)曰： 耆年(指舍利弗)解脫，亦何如久(多久時間)？	㊁ 舍利弗言： 止(停留)此久耶？ 天(天女)曰： 耆年(指舍利弗)解脫，亦何如久(多久時間)？	㊁ 舍利子言： 天(天女)止此室，如是久耶？ 天女復言： 所住解脫，亦何如久(多久時間)？
㊂ 舍利弗默而不答。	㊂ 舍利弗默然不答。	㊂ 舍利弗默然不答。	㊂ 時舍利子默然不

			答。
肆 天(天女)曰： 如何耆舊(尊者)，大智而默？	肆 天(天女)曰： 如何耆舊(尊者)，大智而默？	肆 天(天女)曰： 如何耆舊(尊者)，大智而默？	肆 天(天女)曰： 尊者是大聲聞，具大慧辯。得此小問，默不見答？
曰： 真解者，無所「言取」。故吾於是，不知所云？	答曰： 解脫者，無所「言說」，故吾於是，不知所云？	答曰： 解脫者，無所「言說」，故吾於是，不知所云？	舍利子言： 夫解脫者，離諸「名言」。吾今於此，竟知何說？
伍 天(天女)曰： 若耆年，案文言之，則一切如文「解脫相」。何則？解脫者，「不內、不外」，不從「兩間」得。	伍 天(天女)曰： 言說文字皆「解脫相」。所以者何？ 解脫者，「不內、不外」，不在「兩間」。	伍 天(天女)曰： 言說文字皆「解脫相」。所以者何？ 解脫者，「不內、不外」，不在「兩間」。	伍 天(天女)曰： 所說文字皆「解脫相」。所以者何？ 如此解脫「非內、非外」，非「離二種中間」(「離二種中間」五個字，據梵文原意指「在兩者之中間」)可得。
陸而文字亦無「內、外、兩間」之得。是故賢者！無以「文字」說解脫也。	陸文字亦「不內、不外」，不在「兩間」。是故，舍利弗！無離「文字」說解脫也。	陸文字亦「不內、不外」，不在「兩間」。是故，舍利弗！無離「文字」說解脫也。	陸文字亦爾，「非內、非外」，非「離二種中間」可得。是故無離「文字」說於解脫。
柒所以者何？ 一切諸法皆從等「解」。	柒所以者何？ 一切諸法是「解脫相」。	柒所以者何？ 一切諸法是「解脫相」。	柒所以者何？ 以其「解脫」與「一切法」，其性平等。

【七～14】佛為「增上慢」人，說離「婬、怒、癡」為解脫。若無「增上慢」，「三毒」性即是「解脫」性

三國吳・支謙譯《維摩詰經》	姚秦・鳩摩羅什譯《維摩詰所說經》	姚秦・鳩摩羅什譯《維摩詰所說大乘經》	唐・玄奘譯《說無垢稱經》
㊀ 曰： 不復以不欲「婬、怒、癡」而解乎？ 天(天女)曰： 「甚慢」者，不用是說解。如不樂「慢、婬、怒、癡」者，乃以是(婬怒癡而獲)解。	㊀ 舍利弗言： 不復以離「婬、怒、癡」為解脫乎？ 天(天女)曰： 佛為「增上慢」(adhi-māna 於尚未證得之果位或勝德，卻自認為已經證得了)人，說離「婬、怒、癡」為解脫耳。若無「增上慢」者，佛說「婬、怒、癡」性即是「解脫」。	㊀ 舍利弗言： 不復以離「婬、怒、癡」為解脫乎？ 天(天女)曰： 佛為「增上慢」(adhi-māna 於尚未證得之果位或勝德，卻自認為已經證得了)人，說離「婬、怒、癡」為解脫耳。若無「增上慢」者，佛說「婬、怒、癡」性即是「解脫」。	㊀ 舍利子言： 豈不以離「貪、瞋、癡」等為解脫耶？ 天(天女)曰： 佛為諸「增上慢」者，說離一切「貪、瞋、癡」等以為解脫。若為(已)遠離「增上慢」者，即說一切「貪、瞋、癡」等(即是)本性「解脫」。
㊁ 舍利弗言： 善哉！善哉！天女！奚得以何為證？辯乃如是！ (天女)曰： 「不我得、不為證」，故辯如是。若(說自己已經)「有得、有證」，則於「自然法律」為	㊁ 舍利弗言： 善哉！善哉！天女！汝何所得？以何為證？辯乃如是！ 天(天女)曰： 我「無得、無證」，故辯如是。所以者何？若(說自己已經)「有得、有證者」，即於	㊁ 舍利弗言： 善哉！善哉！天女！汝何所得？以何為證？辯乃如是！ 天(天女)曰： 我「無得、無證」，故辯如是。所以者何？若(說自己已經)「有得、有證者」，則於	㊁ 舍利子言： 善哉！天女！汝何得證？慧辯若斯！ 天(天女)曰： 我今「無得、無證」，慧辯如是。若言我今(已經)「有得、有證」，即於「善說法毘

「甚慢」矣。	「佛法」為「增上慢」(adhi-māna 於尚未證得之果位或勝德，卻自認爲已經證得了)。	「佛法」為「增上慢」(adhi-māna 於尚未證得之果位或勝德，卻自認爲已經證得了)。	奈耶(Vinaya 律藏)」為「增上慢」。

姚秦・鳩摩羅什譯《諸法無行經・卷下》

(1)**爾時有菩薩比丘名曰喜根，時為法師質直端正，不壞威儀不捨世法，爾時眾生普皆利根樂聞深論。**

(2)**其喜根法師於眾人前，**不稱讚「少欲知足、細行獨處」，但教眾人「諸法實相」：所謂「一切法性」即「貪欲之性」。

(3)「貪欲性」即是「諸法性」。

「瞋恚性」即是「諸法性」。

「愚癡性」即是「諸法性」。

(4)**其喜根法師以是方便教化眾生。**眾生所行皆是「一相」(即「三毒」與「法性」無二無別，皆一相也)，各不相「是、非」(「三毒」與「法性」乃無是無非、無二無別)。所行之道心「無瞋癡」，以「無瞋礙」緣故，疾得「法忍」，於佛法中「決定不壞」。

(5)**世尊！……爾時喜根菩薩於眾僧前，說是諸偈：**

(6)「貪欲」是「涅槃」，恚癡亦如是(恚癡亦是涅槃也)。**如此三事中，有無量佛道**(有無量諸佛皆同此說，三毒即性空的道理乃無量諸佛共同宣說也)。

(7)**若有人**"分別"「貪欲、瞋恚、癡」，是人「去」(遠離而去)佛遠，譬如天與地。

(8)「菩提」與「貪欲」，是一而非二。皆入「一法門」，「平等」無有異。**凡夫聞怖畏，去佛道甚遠……**

(9)「貪欲」之「實性」(貪欲之實性，乃非內、非外、非中間，故貪欲即佛法;煩惱即菩提)，**即是佛法性。佛法之**「實性」(貪欲之實性，亦非內、非外、非中間，故佛法即貪欲;菩提即煩惱)，亦是「貪欲性」。

(10)**是二法**「一相」，所謂是「無相」。**若能如是知，則為**「世間導」(世間之導師)……

(11)「邪見」與「菩提」，皆「等」(平等)無有異。但以「名字」數，語言故「別異」。

(12)**若人通達此**(通達「邪見」與「菩提」乃因「語言名相」而有異，其實兩者之「實性」亦無異也)，**則為近**「菩提」。

(13)「分別」煩惱垢，即是「著淨見」。無「佛菩提法」住「有得見」(有「能得」與「所得」種種邪見)**中，若**「貪著」佛法，是則遠(遠離)佛法……

(14)若見「有為法」與「無為法」"異"，是人終不得脫(解脫)**於**「有為法」。**若知二性**「同」，**必為**「人中尊」……

(15)**佛法甚清淨，其喻如**「虛空」。**此中無**「可取」(喻「不即」也)，亦無有「可捨」(喻「不離」也)。

(16)佛「不得佛道」，亦「不度眾生」。凡夫強分別，作「佛度眾生」。是人於佛法，則為甚大遠……

(17)若人欲成佛，莫壞「貪欲」性。「貪欲」性即是「諸佛之功德」，若人欲發心，隨順「菩提道」。莫自有「分別」，心異於「菩提」……

(18)若人「求」菩提，是人「無」菩提。若見「菩提相」，是則「遠」菩提。

(19)「菩提、非菩提」，「佛陀、非佛陀」，若知是「一相」，是為世間導(世間之導師)。……

(20)「貪欲」無內外，亦不在諸方……凡夫為所燒。如幻如焰響，如夢、石女兒(vandhyā新譯作「虛女」。《四分律行事鈔資持記》云：「石女者，根不通淫者」。故石女兒不可能有子，此亦喻如龜毛兔角之理)。諸煩惱如是，決定不可得(煩惱無實性，非內、非外、非中間。「菩提」法性亦非內、非外、非中間。故「煩惱」即是「菩提」道也)。不知是「空」(煩惱非真實也)故，凡夫為狂惑。

(21)若求「煩惱」性，「煩惱」即是「道」。

(22)若有人分別是「道」、是「非道」，是人終不得「無分別」菩提。凡夫畏佛法，去佛法甚遠。……

(23)若欲「捨遠」(捨棄遠離)貪，不得(不必)「遠」(遠離棄捨)於貪。若達(通達)「貪」實法(貪欲的真實法相)，是人能「離貪」(貪欲的真實法相乃性空，故因此能離貪也)。

(24)雖長夜「持戒」，得諸「無礙禪」，不入「佛法味」，不得「法實際」。

(25)知法「無有性」(無有真實之自性)，不壞(所以不必壞棄)一切法。不言「戒、非戒」，得脫「有見」(有無之諸見)中。

(26)以無「持戒」性(沒有能持戒及所持戒之真實體性)，知於(以無「持戒性」來認知來了解)「持戒法」。如是知「戒相」，終「不毀」於戒。

(27)諸佛之法王，法藏叵ㄆㄛˇ(不可也)思議，無量方便力，引導諸眾生。以「一相」法門，令入「寂滅道」。

(28)凡夫聞佛說「無我」、「無有法」(無有真實諸法)，一相「自性空」(自性本空，即無自性也)，不信；墮深坑。

(29)雖「白衣」(在家居士)受「欲」(受著貪欲)，聞「是法」(以上所說的貪欲即是道)不畏，勝於「頭陀」者住在「有見」(「有、無」諸邪見)中。

(30)現在十方佛，利益諸世間。知法如「虛空」，皆以得(以此而得)菩提。

(31)若有「無智者」，樂於「分別法」(分別「是道、非道、有、無」之類的法)，聞是「實法」(真實法義)者，則生疑「怖畏」。是人無量劫，備受諸苦分。

(32)說是諸偈法時，三萬諸天子得「無生法忍」。萬八千人「漏盡解脫」。……

(33)世尊！爾時喜根法師於今「東方」，過十萬億佛土，有國名「寶莊嚴」，於中得「阿耨多羅三藐三菩提」，號曰「勝光明威德王如來應供正遍知」……

(34)佛告文殊師利，汝聞是「諸偈」得何等利？

(35)世尊！我畢是業障罪已，聞「是偈」因緣故，在所生處，利根智慧，得「深法忍」，得「決定忍巧說深法」……

《佛說諸法本無經・卷下》

(1)爾時喜根菩薩，欲令眾信。即於諸比丘僧前，說此伽陀……

(2)「貪欲」說「涅槃」，「恚癡」亦如是。於中「道」(三毒之性即涅槃的道理)當覺，「佛菩提」不思(不可思議)。若分別「貪欲」及「諸恚癡」等(分別三毒之性與涅槃之性是完全不同的話)，遠(遠離)彼「佛菩提」，譬如「天與地」。

(3)若不破壞「欲、瞋」已，入於「癡」者；見「菩提」。彼即近於「勝菩提」，當得於「忍」亦不久。

(4)「貪欲、菩提」二；非二，「一入平等」與相應。若不如是隨順「覺」，彼「佛菩提」遠復遠……

(5)貪欲「不生」亦「不滅」，未曾作惱染於心……

(6)所有「欲法」即「佛法」，所有「佛法」即「欲法」。

(7)此二「一」字而「無相」，如是知者為導師……

(8)所有佛法如「虛空」，於中「無取」亦「無捨」……

(9)「貪欲」非「內」亦非「外」，「欲」(貪欲)於諸方無依倚……

《大智度論・卷第六釋初品中喻第十一》(第六卷)

(1)喜根菩薩……一心說偈：

(2)「婬欲」(此二字乃從《佛說諸法本無經》及《諸法無行經》的經文句來，本意爲「貪欲」即是道，並非專指男女之欲事也)即是「道」，「恚癡」亦如是。如此三事中，無量諸佛道(有無量諸佛皆同此說，三毒即性空的道理乃無量諸佛共同宣說也)。

(3)若有人分別「婬怒癡」及「道」，是人去佛遠，譬如「天與地」。

(4)「道」及「婬怒癡」，是「一法」平等。若人聞怖畏，去佛道甚遠。

(5)「婬法」(此二字乃從《佛說諸法本無經》及《諸法無行經》的經文句來，本意爲「貪法」即是道，並非專指男女之欲事也)不生滅(非眞實而生，亦非眞實而滅)，不能令心惱。

(6)若人計「吾我」，「婬」將入惡道。見「有、無」法“異”，是不離「有、無」。若知「有、無」等，超勝成佛道。

《大寶積經・卷第三十四》

(1)爾時世尊復說偈言……自性無表示，於中無所染……是人能了知，「貪欲」即「佛道」。自性「無差別」，於「貪」無所染。

(2)一切諸「佛道」，當於「煩惱」求。知性「無差別」，是入「總持門」。

(3)說「貪」是「總持」，「總持」即是「貪」。知性「無差別」，是學「總持門」。如是「供養貪」，即為「供養佛」。以「供養佛」故，成就「總持門」。

(4)是人能了知「瞋恚」即「佛道」。自性「無差別」，於「瞋」無所染。「瞋」即是「總持」，「總持」即是「瞋」。知性「無差別」，是學「總持門」。

如是「供養瞋」，亦為「供養佛」。以「供養佛」故，成就「總持門」。

(5)是人能了知「愚癡」即「佛道」。自性「無差別」，於「癡」無所染。

若「如實」了知「癡性」之邊際，是則修「佛道」，成就「總持門」。「癡」即是「總持」，「總持」即是「癡」。

(6)知性「無差別」，是學「總持門」。如是「供養癡」，即為「供養佛」……如是「供養癡」，即為「供養法」……即為供養「僧」……即為供養「戒」……即供養「精進」……即供養「讚歎」……即供養「佛法」……即供養「法性」……即供養「真如」……即供養「無生」……即供養「無滅」……即供養「無盡」……即供養「無有」……即供養「無邊」……即供養「三有」……即供養「寂靜」……即供養「流轉」……即供養「無轉」……即供養「無有」……即供養「無起」……即供養「寂滅」……即供養「不來」……即供養「無行」……即供養「無為」……即供養「苦等」……即供養「苦」智……即供養「集」智……即供養「滅」智……即供養「道」智……即供養「法智」……即供養「類智」……供養「無生智」……即供養「盡智」。

(7)供養「盡智」故，成就「總持門」……一切皆如是。

《諸法無行經・卷下》

(1)世尊！「貪欲」即是「菩提」，何以故？

(2)知「貪欲」"實性"(貪欲的「實性」乃不可得，非內外中間，無實自性也)，說名「菩提」。

(3)是故一切諸佛皆成就「貪欲」(從觀照「貪欲乃無實自性」中而獲成就也，底下皆同此理)；名「不動相」。

(4)世尊！一切諸佛皆成就「瞋恚」；名「不動相」……

(5)世尊！一切諸佛皆成就「愚癡」；名「不動相」……

(6)世尊！一切諸佛能度一切「貪著名字」眾生，安住「愚癡平等性」中，通達「愚癡性」故，是名一切諸佛「成就愚癡」；名「不動相」……

(7)一切諸佛"安住"是「貪欲、瞋恚、愚癡、四顛倒、五蓋、五欲」平等中(從觀照「貪欲、瞋恚、愚癡、四顛倒、五蓋、五欲乃無實自性」)。是諸佛"安住"「貪欲性」故(安住於「無實自性」之理中，而得阿耨菩提果，底下皆同此理)，得阿耨多羅三藐三菩提。

(8)"安住"「瞋恚、愚癡、四顛倒、五蓋、五欲」性故，得阿耨多羅三藐三菩提。

(9)是故一切諸佛"住"「四顛倒、五蓋、五欲、三毒」中，得阿耨多羅三藐三菩提。

《諸法無行經・卷下》

(1)爾時喜根菩薩於眾僧前，說是諸偈：

(2)貪欲是涅槃，恚癡亦如是。如此三事中，有無量佛道。
(3)若有人分別「貪欲、瞋恚、癡」，是人去佛遠，譬如「天與地」。
(4)「菩提」與「貪欲」，是一而非二。皆入「一法門」，「平等」無有異。凡夫聞「怖畏」，去佛道甚遠。
(5)貪欲「不生滅」，不能令心惱。若人有「我心」及有「得見者」，是人為「貪欲」，將入於地獄。
(6)「貪欲」之「實性」，即是「佛法性」。佛法之「實性」，亦是「貪欲性」。是二法「一相」，所謂是「無相」。若能如是知，則為「世間導」……
(7)「邪見」與「菩提」，皆等「無有異」。但以「名字數」，語言故別異。若人通達此，則為近菩提。分別「煩惱垢」，即是「著淨見」……
(8)若人「無分別」，「貪欲、瞋恚、癡」，入「三毒性」故，則為見「菩提」。是人「近佛道」，疾得「無生忍」。
(9)若見「有為法」與「無為法」“異”。是人終不得「脫」於「有為法」。若知「二性同」，必為「人中尊」。
(10)佛不見「菩提」，亦不見「佛法」。「不著」諸法故，降魔成佛道。
(11)若欲度眾生，勿「分別」其性。一切諸眾生，皆同於「涅槃」。若能如是見，是則得成佛。

《佛說象腋經》

(1)爾時世尊答於文殊師利童子所問「無生法忍」義故，即說偈言：
(2)若有求佛智，一切諸智者，無有法「可取」，亦無法「可捨」。……
(3)凡夫著「二法」，不知無「二法」。種種「幻」；無實，凡夫人見「異」。
(4)是中無有「異」，一切「同一相」……其體性「無異」，如「五指」名「手」……
(5)得「菩提」不難，是「菩提」難求。斷於一切「求」，無有「心能得」。……
(6)得「菩提」不難，欲出「貪欲」者，不為「欲」所牽，亦不捨「婬欲」(煩惱與菩提，婬欲與菩提無二無別，皆非內、非外、非中間。皆無實自性，皆不可得。若能如是「觀照」，則煩惱與菩提倆「俱非」，始是無上般若大法)。

《佛說未曾有正法經・卷第一》

(1)諸正士當知！一切處是「菩提」。
(2)「煩惱」是「菩提」。諸所作是「菩提」。
(3)有為法是「菩提」。無為法是「菩提」。
(4)有漏法是「菩提」。無漏法是「菩提」。
(5)有著心是「菩提」。無著心是「菩提」。

(6)善根是「菩提」。不善根是「菩提」。
(7)世間法是「菩提」。出世間法是「菩提」。
(8)輪迴法是「菩提」。涅盤界是「菩提」。
(9)虛妄是「菩提」。真實是「菩提」。
(10)蘊處界是「菩提」。地水火風空是「菩提」。
(11)菩薩摩訶薩了一切法「自性空」故，諸有所作皆「無自性」，於一切義如實了知。
(12)譬如「虛空」遍一切處，「菩提」之法亦復如是「遍一切處」。
(13)若菩薩解了諸法，當具辯才而得「正智」分別句義，即能趣證「佛一切智」。

《大寶積經・卷第二十九》

(1)以「癡」無盡故，「邊際」不可得。是故諸眾生，我不能令盡(滅盡)……
(2)「癡界、眾生界」，是二俱「無相」。彼皆如「幻化」，故不能令「盡」(滅盡)。
(3)「癡性」與「佛性」，平等無差別……「癡」及「一切智」，性皆不可得……
(4)「癡」亦不可量，以「無邊際」故，既「無有邊際」，從何而得生？
(5)「自性無生」故，「相」(「癡」的「相」)亦不可得。

《大方等大集經・卷第十二》

(1)一切「佛法」即是「菩提」，「菩提」即是「佛法」。
(2)善男子！是故我若遠離「煩惱」，不見佛法，不見「菩提」。
(3)「煩惱、菩提」及以「佛法」，無有差別。
(4)若「煩惱」中見「菩提」者即是「如見」(如實正見)。
(5)若"離"「煩惱」見「菩提」者是名「倒見」(顛倒邪見)。
(6)蓮華菩薩言：善男子！云何名「倒見」(顛倒邪見)？見「我、壽命、士夫、摩納(青年也)」。離是(指離「我、壽命、士夫、摩納」)之外，別有「貪欲、瞋恚、愚癡」，是名「倒見」(意即貪瞋癡乃不離「我、壽命、士夫、摩納」也)。
(7)一切「法性」及「菩提性」無有差別。無作、無受。「我性、眾生、壽命、士夫、摩納(青年也)」，即是「貪欲、瞋恚、愚癡」，如是等法(意即「我、眾生、壽命、士夫、摩納」雖爲貪瞋癡)即是「菩提」，是名「如見」(如實正見)。

《佛說法華三昧經》

(1)佛言：善哉善哉……有二事。何謂為二？
(2)一者知「法身」如幻如化。二者知「婬怒癡」無根無形。
(3)佛爾時說偈言：「法身」有一切，化幻現沈浮。「婬怒癡」無形，如水現泡沫。

《思惟畧要法》

(1)諸法實相觀者，當知諸法從「因緣」生。「因緣」生故不得「自在」。不「自在」故「畢竟空相」，但有「假名」，無有實者……

(2)又觀「婬怒癡」法即是「實相」。何以故？是法(指婬怒癡法)不在「內」、不在「外」。

(3)(婬怒癡法)若在「內」，不應待「外因緣」生。

(4)(婬怒癡法)若在「外」，則「無所住」。

(5)若「無所住」亦「無生滅」。空無所有(婬怒癡法是空無所有的，並非是真實的，只是眾緣下產生的幻法而已)，清淨無為(如此觀照婬怒癡法，即可達到「清淨無爲」的境界)，是名「婬怒癡」實相觀也。

《大乘理趣六波羅蜜多經・卷第八》

(1)發大智慧出離世間，「煩惱、菩提」無有二相。

(2)「無緣大慈」降魔軍眾，而能安樂一切有情，此生來生，常不捨離。

《佛說大乘菩薩藏正法經・卷第三十七》

(1)能覺悟彼「煩惱」自性即「菩提性」，此「菩提」自性即「煩惱」性。

(2)如是念處，諸法平等，猶如「虛空」。

《大方等大集經・卷第三十》

(1)了諸法義，無有「二性」。是諸「煩惱」無隱藏處，無有聚集。

(2)若解「煩惱」即解「菩提」。如「煩惱性」即「菩提性」。

(3)是菩薩「安住正念」，無有一法可作「分別」，無諸障礙。

(4)善能解了「正住法性」，如「住法性」即「住眾生性」。

(5)如「住眾生性」即「住虛空性」，如「住虛空性」即「住一切法性」。

《金剛場陀羅尼經》

(1)文殊師利！「無明」是「菩提」，是「陀羅尼」法門。

(2)文殊師利言：世尊！云何「無明」是「陀羅尼」法門？

(3)佛告文殊師利：以無有「明」，故名為「無明」。以「無明」故，是故「不生」。以「無生」故，無「煩惱」。

(4)文殊師利！「無煩惱」者；是名「菩提」，本性清淨，無有「著處」，無有「生處」。

(5)以是義故，文殊當知！如來常於「處處經」中，廣說「無明、菩提」無二法門。

《大方等如來藏經》

(1)善男子！一切眾生，雖在諸趣「煩惱身」中，有「如來藏」，常「無染污」，德相備足，如「我」(我佛如來)無異……

(2)善男子！諸佛法爾，若佛出世，若不出世，一切眾生「如來之藏」常住不變，但彼眾生「煩惱覆」故。

《大方等如來藏經》

(1)如來應供正遍知以「如來眼」觀見「一切有情」具「如來體」，為「煩惱皮」之所苞裹，若能「悟解」，則成正覺……

(2)彼「如來藏」處在一切「煩惱」之中，如來為彼有情「除煩惱皮」，令其「清淨」而成於「佛」。

《文殊師利所說不思議佛境界經・卷上》

(1)爾時世尊復語文殊師利菩薩言：

(2)童子！若「佛境界」即於一切眾生「煩惱」中求者。諸佛境界有「去來」乎？

(3)文殊師利菩薩言：不也！世尊！諸佛境界「無來無去」。

(4)佛言：童子！若諸佛境界「無來無去」者，云何而言若正了知「眾生煩惱」，即是「諸佛境界」耶？

(5)文殊師利菩薩言：世尊！如諸佛境界「無來無去」，諸「煩惱自性」亦復如是「無來無去」。

(6)佛言：童子！何者是諸「煩惱自性」？

(7)文殊師利菩薩言：世尊！「佛境界自性」，即是諸「煩惱自性」。

世尊！若「佛境界自性」"異"諸「煩惱自性」者，「如來」則非平等正覺。

以「不異」故，於一切法平等正覺說名「如來」。

《大莊嚴法門經・卷下》(亦名《文殊師利神通力經亦名勝金色光明德女經》)

(1)佛言：長者子！菩薩當於「貪體性」中求於「菩提」，如是「瞋癡體」性中求於「菩提」，亦於一切「煩惱體性」中求於「菩提」。

(2)如是「貪瞋癡」等一切「煩惱」；「性空」無物，菩薩則於一切法中「智慧」行生。

(3)是故長者子！彼「貪瞋癡」性，無有「根本」，亦無「住處」，亦無「主者」，亦無「作者」，內外清淨，空無所有。無我、無眾生、無壽命。

【七～15】隨眾生之所樂，亦以「聲聞、獨覺、大乘」三乘法度之

三國吳・支謙譯	姚秦・鳩摩羅什譯	姚秦・鳩摩羅什譯	唐・玄奘譯

《維摩詰經》	《維摩詰所說經》	《維摩詰所說大乘經》	《說無垢稱經》
㊧壹 舍利弗問天(天女)： 汝於「三乘」，為何志求？	㊧壹 舍利弗問天(天女)： 汝於「三乘」，為何志求？	㊧壹 舍利弗問天(天女)： 汝於「三乘」，為何志求？	㊧壹 舍利子言： 汝於「三乘」，為何發趣？ 天女答言： 我於「三乘」竝皆發趣。
			㊧貳 舍利子言： 汝何「密意」作如是說？ 天(天女)曰： 我常宣說「大乘」令他聞故，我(即)為「聲聞」。 自然現覺，真法性故，我(即)為「獨覺」。 常不捨離「大慈悲」故，我(即)為「大乘」。
㊧參 天(天女)曰： ❶(我若為度化)「弟子行」(聲聞行)者，(我即)乘「弟子法」。 ❷(我若為度化)「緣一覺」(緣覺)行，(我即)眼見「道意」。	㊧參 天(天女)曰： ❶(我若)以「聲聞法」化衆生故，我(即)為「聲聞」。 ❷(我若)以「因緣法」化衆生故，我(即)為「辟支佛」。	㊧參 天(天女)曰： ❶(我若)以「聲聞法」化衆生故，我(即)為「聲聞」。 ❷(我若)以「因緣法」化衆生故，我(即)為「辟支佛」。	㊧參 又，舍利子！ ❶(天女)我為化度「求聲聞乘」諸有情故，我(即)為「聲聞」。 ❷(天女)我為化度「求獨覺乘」諸有情故，我(即)為「獨覺」。

❸（我若爲度化）「求大乘」者，（我即）自行「大悲」。	❸（我若）以「大悲法」化「眾生」故，我（即）為「大乘」。	❸（我若）以「大悲法」化「眾生」故，我（即）為「大乘」。	❸（天女）我為化度求「無上乘」諸有情故，我（即）為「大乘」。
㊃如入「栴檀林」者，唯嗅「栴檀」，不嗅他香。如是賢者，在「佛德香之室」者，（則）不樂「弟子（聲聞）、緣一覺（緣覺）」香。	㊃舍利弗！如人入「瞻ㄓㄢ 蔔ㄅㄛ 林」（campaka 瞻婆樹；金色花樹：黃色香花。燦然若金，香聞達數里），唯嗅「瞻蔔」，不嗅餘香。如是，若入此（維摩詰）室，但聞「佛功德之香」，不樂聞「聲聞、辟支佛」功德香也。	㊃舍利弗！如人入「瞻ㄓㄢ 蔔ㄅㄛ 林」（campaka 瞻婆樹；金色花樹：黃色香花。燦然若金，香聞達數里），唯齅「瞻蔔」，不齅餘香。如是，若入此（維摩詰）室，但聞「佛功德之香」，不樂聞「聲聞、辟支佛」功德香也。	㊃又，舍利子！譬如有人入「瞻博迦林」（campaka 瞻婆樹；金色花樹：黃色香花。燦然若金，香聞達數里），一切惟嗅「瞻博迦香」，終無樂嗅「草麻香」等。如是，若有止此（維摩詰）室者，惟樂「大乘功德之香」，終不樂於「聲聞、獨覺」功德香等。由此（維摩詰）室中「一切佛法功德妙香」常所薰故。
㊄若「天龍、神、釋、梵、四天王」，得入此（維摩詰）室，聞斯「正士」（維摩詰）講說法者，皆樂「佛美德香」，終不起「欲樂香」也。	㊄舍利弗！其有「釋、梵、四天王」，諸「天、龍、鬼神」等，入此（維摩詰）室者，聞斯「上人」（維摩詰）講說正法，皆樂「佛功德之香」，發心而出。	㊄舍利弗！其有「釋、梵、四天王」，諸「天、龍、鬼神」等，入此（維摩詰）室者，聞斯「上人」（維摩詰）講說正法，皆樂「佛功德之香」，發心而出。	㊄又，舍利子！諸有「釋、梵、四大天王、那伽（龍）、藥叉」及「阿素洛」，廣說乃至「人、非人」等。入此（維摩詰）室者，皆為瞻仰如是「大士」（維摩詰），及為親近禮敬供養聽聞「大法」。一切皆發「大菩提心」，皆持一切「佛法功德妙香」而出。

⑭昔者菩薩，發意出家，十有二年，(天女)吾止此(維摩詰)室。不聞「弟子(聲聞)、緣一覺(緣覺)」之雜言，但聞(大乘)「殊異」菩薩，雜語「大慈大悲」不可思議佛法積要。	⑭舍利弗！(天女)吾止此(維摩詰)室，十有二年。初不聞說「聲聞、辟支佛法」，但聞(大乘)菩薩「大慈大悲」不可思議諸佛之法。	⑭舍利弗！(天女)吾止此(維摩詰)室，十有二年。初不聞說「聲聞、辟支佛法」，但聞(大乘)菩薩「大慈大悲」不可思議諸佛之法。	⑭又，舍利子！(天女)吾止此(維摩詰)室，十有二年。曾不聞說「聲聞、獨覺」相應言論，惟聞「大乘」諸菩薩，行「大慈大悲」不可思議諸佛妙法相應言論。

《大方廣佛華嚴經・卷第二十九》

爾時，如來又以不思議力普於十方一切世界廣現神變，以「三乘法」教化眾生。

《大般若波羅蜜多經・卷第四十七》

(1)**佛告善現：若菩薩摩訶薩生如是心……我當於一切有情等心作大義利。**我當以「三乘法」拔濟一切有情，皆令於無餘依涅槃界而般涅槃。

(2)**我**當雖以「三乘法」滅度一切有情，而實不見有情得滅度者。

(3)我當於一切法「如實覺了」，無生無滅。我當純以應「一切智」智心，**修行六波羅蜜多。**

《大智度論・釋初品中禪波羅蜜第二十八》(卷第十七)

菩薩以「禪波羅蜜力」，變身無數，遍入五道，以「三乘法」教化眾生。

唐・玄奘譯《大乘大集地藏十輪經・卷第六》

(1)**應詣其所，**諮稟聽聞「聲聞乘法、獨覺乘法」及「大乘法」，不應輕毀。於三乘中隨意所樂，發願精進，隨學一乘。(對)於所餘乘，不應「輕毀」……

(2)**如是三乘出要正法，一切過去未來現在，過殑伽沙諸佛同說，大威神力共所護持。為欲拔濟一切有情生死大苦，為欲紹隆三寶種姓令不斷絕。**是故於此「三乘正法」，應普信敬，勿生謗毀，障蔽隱沒。

(3)若有謗毀障蔽隱沒「三乘正法」，下至一頌，決定當墮無間地獄……

(4)為求「名利」，唱如是言：我是大乘、是大乘黨。唯樂聽習「受持大乘」，不樂「聲聞、獨覺乘」法，不樂親近「學二乘人」。

(5)如是「詐稱」大乘人等，由自「愚癡憍慢」勢力。如是謗毀障蔽，隱沒「三乘」，正法不令流布。憎嫉修學「三乘法」人，誹謗毀辱，令無威勢……

(6)為求「利養」，恭敬名譽，誑惑世間愚癡雜類。自言我等是「大乘人」，謗毀如來「二乘正法」。如是人等，愚癡諂曲，憍慢嫉妬，慳貪因緣，毀我法眼，令速隱滅。彼於三世一切「諸佛」犯大過罪，亦於三世一切「菩薩」犯大過罪，又於三世一切「聲聞」犯大過罪……

(7)應勤修習「六到彼岸」，應數懺悔一切惡業，應隨所宜勤發正願。

(8)若能如是斯有是處，現身得成「聲聞乘」器，或「獨覺乘」種子不退，或復「大乘」種子不退。是故「三乘」皆應修學，不應憍傲妄號「大乘」，謗毀「聲聞、獨覺乘」法。

(9)我先「唯為大乘法器」堅修行者，説如是言「唯修大乘」能得究竟。是故「今、昔」説「不相違」。

《大寶積經・卷第一百一十九》

(1)若諸如來，隨彼所欲，而以方便，説於「二乘」即是「大乘」。

(2)以第一義無有「二乘」，「二乘」者同入「一乘」。「一乘」者即「勝義乘」。

《大般涅槃經・卷第二十》

(1)又「嬰兒」者，若有眾生「厭生死」時，如來則為説於「二乘」，然實無有「二乘」之實。

(2)以「二乘」故，知「生死」過，見「涅槃」樂。以是見故，則能自知，有「斷、不斷」，有「真、不真」，有「修、不修」，有「得、不得」。

(3)善男子！如彼「嬰兒」，於「非金」中，而生「金」想。如來亦爾，於「不淨」中而為説「淨」。

(4)如來已得「第一義」故，則「無虛妄」。如彼「嬰兒」於「非牛馬」，作「牛馬想」。

(5)若有眾生於「非道」中，作「真道想」。如來亦説「非道」為「道」。「非道」之中，實無有道，以能生道「微因緣」，故説「非道」為「道」。

【七～16】維摩詰室有「八未曾有」難得之法，見者當捨「聲聞、獨覺」法

三國吳・支謙譯《維摩詰經》	姚秦・鳩摩羅什譯《維摩詰所説經》	姚秦・鳩摩羅什譯《維摩詰所説大乘經》	唐・玄奘譯《説無垢稱經》
㊀又，舍利弗！此(維摩詰)室有「八未曾有」自然之法以	㊀(天女告)舍利弗！此(維摩詰)室常現「八未曾有」難得	㊀(天女告)舍利弗！此(維摩詰)室常現「八未曾有」難得	㊀又，舍利子！此(維摩詰)室常現「八未曾有」殊勝之

現正化。 何謂八？	之法。 何等為八？	之法。 何等為八？	法。何等為八？
㊁此室晝夜照，以「智慧」覩佛金光，不以「日月」所照為樂。是為一未曾有。	㊁此室常以金色光照，晝夜無異，不以「日月」所照為明，是為一未曾有難得之法。	㊁此室常以金色光照，晝夜無異，不以「日月」所照為明，是為一未曾有難得之法。	㊁謂：舍利子！此室常有金色光明。周遍照曜，晝夜無異，不假「日月」所照為明。是為一未曾有殊勝之法。
㊂此室入者，在中而止，一切無復「婬、怒、癡」垢。是為二未曾有。	㊂此室入者，不為「諸垢」之所惱也，是為二未曾有難得之法。	㊂此室入者，不為「諸垢」之所惱也，是為二未曾有難得之法。	㊂又，舍利子！此室常有一切世間「人、非人」等。入此室已，不為「一切煩惱」所害。是為二未曾有殊勝之法。
㊃此室恒有「釋、梵、四天王、異刹菩薩」來會「不休」，是為三未曾有。	㊃此室常有「釋、梵、四天王、他方菩薩」來會「不絕」，是為三未曾有難得之法。	㊃此室常有「釋、梵、四天王、他方菩薩」來會「不絕」，是為三未曾有難得之法。	㊃又，舍利子！此室常有一切「釋、梵、四天王」等，及餘世界諸大菩薩集會「不空」。是為三未曾有殊勝之法。
㊄此室常聞講說道化「六度無極」(六度波羅蜜)不退之輪法語不廢。是為四未曾有。	㊄此室常說「六波羅蜜」不退轉法，是為四未曾有難得之法。	㊄此室常說「六波羅蜜」不退轉法，是為四未曾有難得之法。	㊄又，舍利子！此室常聞菩薩「六種波羅蜜多」不退法輪相應言論，是為四未曾有殊勝之法。
㊅此室「天人恒歌正樂」，絃出無量「法化之聲」。是為五未曾有。	㊅此室常作「天人第一之樂」，絃出無量「法化之聲」。是為五未曾有難得之法	㊅此室常作「天人第一之樂」，絃出無量「法化之聲」。是為五未曾有難得之法	㊅又，舍利子！此室常作「天人伎樂」，於諸樂中演出無量「百千法音」。是為五未曾有殊勝

			之法。
(柒)此室其中有「四大藏眾」寶積滿。周窮濟乏，求得無盡。是為六未曾有。	(柒)此室有「四大藏」，眾寶積滿，賙ㄓㄡ窮(賙助窮厄)濟乏(救濟乏困)，求得無盡。是為六未曾有難得之法。	(柒)此室有「四大藏」，眾寶積滿，**周**窮(周賑窮厄)濟乏(救濟乏困)，求得無盡。是為六未曾有難得之法。	(柒)又，舍利子！此室常有「四大寶藏」，眾珍盈溢，恒無有盡。給施一切「貧窮、鰥ㄍㄨㄢ寡、孤獨、無依、乞求」之者。皆令稱遂，終不窮盡。是為六未曾有殊勝之法。
(捌)此室釋迦文、阿閦佛、寶首、樂忻ㄒㄧㄣ、寶月、寶淨、無量、固受、師子響、慧作斯(以上共十佛)，彼諸如來等。	(捌)此室釋迦牟尼佛、阿彌陀佛、阿閦佛、寶德、寶炎、寶月、寶嚴、難勝、師子響、一切利成(以上共十佛)，如是等十方無量諸佛。	(捌)此室釋迦牟尼佛、阿彌陀佛、阿閦佛、寶德、寶炎、寶月、寶嚴、難勝、**多寶**、師子響、一切利成(以上共十一佛)，如是等十方無量諸佛。	(捌)又，舍利子！此室常有釋迦牟尼如來、無量壽如來、難勝如來、不動如來、寶勝如來、寶焰如來、寶月如來、寶嚴如來、寶音聲如來、師子吼如來、一切義成如來(以上共十一佛)，如是等十方無量如來。
(玖)是「正士」(維摩詰)念時(心念祈請之時)說時，彼佛即為「來」，來說佛行，無不悅懌(喜悅)。是為七未曾有。	(玖)是「上人」(維摩詰)念時(心念祈請之時)，(諸佛)即皆為「來」，廣說諸佛「秘要法藏」，說已還去。是為七未曾有難得之法。	(玖)是「上人」(維摩詰)念時(心念祈請之時)，(諸佛)即皆為「來」，廣說諸佛「秘要法藏」，說已還去。是為七未曾有難得之法。	(玖)若此「大士」(維摩詰)發心祈請，(諸佛)應時即「來」，廣為宣說一切如來「祕要法門」，說已還去。是為七未曾有殊勝之法。
(拾)此室清淨，常見諸天「名好」宮室，及一切「佛嚴淨之土」。是為八未曾有自然之法。	(拾)此室一切諸天「嚴飾」(莊嚴淨飾)宮殿，諸佛「淨土」，皆於中現。是為八未曾有難得之法。	(拾)此室一切諸天「嚴飾」(莊嚴淨飾)宮殿，諸佛「淨土」，皆於中現。是為八未曾有難得之法。	(拾)又，舍利子！此室常現一切「佛土」功德莊嚴，諸天宮殿眾妙「綺飾」(綺麗妝飾)。是為八未

如是賢者，此常見正，誰已見此；當復捨學「弟子法」(聲聞法)乎。	(天女告)舍利弗！此室常現「八未曾有」難得之法，誰有見斯不思議事；而復樂於「聲聞法」乎？	(天女告)舍利弗！此室常現「八未曾有」難得之法，唯有見斯不思議事；而復樂於「聲聞法」乎？	曾有殊勝之法。 唯，舍利子！此室常現「八未曾有」殊勝之法，誰有見斯不思議事；而復發心樂求「聲聞、獨覺」法乎？

【七～17】女身相，猶「幻師」所化之「幻女」，求之不可得，又如何「轉」此女身相

三國吳・支謙譯《維摩詰經》	姚秦・鳩摩羅什譯《維摩詰所說經》	姚秦・鳩摩羅什譯《維摩詰所說大乘經》	唐・玄奘譯《說無垢稱經》
㊀ 舍利弗問天： 汝何以不轉「女人身」？ 天(天女)曰： 滿十二歲，始以「女人形」求而得之。	㊀ 舍利弗言： 汝何以不轉「女身」？ 天(天女)曰： 我從十二年來，求「女人相」，了不可得。當何所轉？	㊀ 舍利弗言： 汝何以不轉「女身」？ 天(天女)曰： 我從十二年來，求「女人相」，了不可得。當何所轉？	㊀ 時舍利子問天女言： 汝今何不轉此「女身」？ 天女答言： 我居此室十有二年，求「女人性」，了不可得。當何所轉？
㊁ 夫「女人相」，猶「幻事」也。故「女人」為「幻」，觀世如類。而「云何以轉女人身？」 舍利弗言： 觀諸有身，皆「無	㊁ 譬如「幻師」化作「幻女」，若有人問：「何以不轉女身？」是人為正問不？ 舍利弗言： 不也！幻「無定	㊁ 譬如「幻師」化作「幻女」，若有人問：「何以不轉女身？」是人為正問不？ 舍利弗言： 不也！幻「無定	㊁ 惟，舍利子！譬如「幻師」化作「幻女」。若有問言：「汝今何不轉此女身？」為正問不？ 舍利子言： 不也！天女！幻

所成」。	相」，當何所轉？	相」，當何所轉？	既「非實」，當何所轉？
⑳	⑳ 天(天女)曰：	⑳ 天(天女)曰：	⑳ 天(天女)曰：
如是賢者，一切諸法亦「無所成」。奚為復問「何轉女身」？	一切諸法亦復如是，無有「定相」，云何乃問「不轉女身」？	一切諸法亦復如是，無有「定相」，云何乃問「不轉女身」？	如是諸法性相，皆非「真實」，猶如「幻化」，云何乃問「不轉女身」？

《佛說離垢施女經》

(1)離垢施女報目連曰：**如我所言，至誠不虛，吾將來世得成如來、至真、等正覺、明行成為、善逝、世間解、無上士、道法御、天人師、號佛世尊**……我轉「女像」得為「男子」，而年「八歲」，適立斯誓願。**應時三千大千世界六反震動**，箜篌樂器不鼓自鳴。離垢施女身變為「男形八歲」童子……

(2)**佛告賢者阿難：見離垢施，志求佛道，立至誠願**，三千大千世界六反震動變成「男子」？

(3)**阿難**言：見！

(4)**佛言：是離垢施**菩薩發無上正真道造行已來，「八十百千」**阿僧祇劫，然後文殊師利乃發道意**。女成佛時，**復如文殊師利**「四十八萬」**諸菩薩等佛土清淨，為一佛**土。

(5)時大目連問離垢施：汝族姓子，建立於慧，發「無上正真道意」以來久遠，**何以不轉于**「女人」**身**(爲何不把女身轉化了呢)？

(6)離垢施答曰：世尊歎仁，「神足」最尊。**卿何以故不轉男子**(爲何不把男身也轉化了呢)？

(7)**目連**默然。

(8)**離垢施曰**：不以「女身」及「男子形」逮成正覺。所以者何？道「無所起」，無有能成「無上正覺」。

(9)**文殊師利白佛：難及**世尊！離垢施菩薩深入微妙，巍巍乃爾。

《大般涅槃經・卷十八（北）》

(1)善男子！一切男女若具四法則名「丈夫」，何等為四？

一、善知識。

二、能聽法。

三、思惟義。
四、如說修行。
(2)善男子！若男若女，具是四法，則名「丈夫」。
(3)善男子！若有男子無此四法，則不得名為「丈夫」也，何以故？
(4)身雖「丈夫」，行同「畜生」。

《大般涅槃經・卷九（南）》

(1)諸善男子、善女人等！聽是大乘《大涅槃經》常應呵責「女人之相」，求於「男子」，何以故？
(2)是「大乘典」有「丈夫相」，所謂「佛性」，若人不知是「佛性」者，則「無男相」，所以者何？不能自知有「佛性」故。
(3)若有不能知「佛性」者，我說是等名為「女人」。
(4)若能自知有「佛性」者，我說是人為「大丈夫」。
(5)若有女人能知自身定有「佛性」，當知是等即為「男子」。

《轉女身經》

諸法悉如幻，但從分別生，於第一義中，無有「男女相」。

《長者女菴提遮師子吼經了義經》

若「心」得久離，畢竟不生「見」，誰為作「女人」，於「色」起「不淨」？
若論「色」久離，「法」本不自有，畢竟不曾「污」，將何為作「惡」？

《佛說海龍王經・卷第三》

(1)海龍王有女，號名寶錦離垢錦，端正姝好，容顏英艷……於時賢者大迦葉謂女及諸夫人：無上正覺甚難可獲，不可以「女身」得成佛道。
(2)寶錦女謂大迦葉:「心志本淨」,行菩薩者,得佛不難！彼發道心,成佛如觀「手掌」。適以能發諸通「慧心」，則便攝取一切佛法。
(3)女謂迦葉:又如所云:「不可以女身得成佛道」。「男子」之身亦不可得！所以者何？
(4)其道心者，無男無女。如佛所言:「計於目者，無男無女。」耳、鼻、口、身、心，亦復如是，無男無女。所以者何？
(5)唯仁者「眼」空故，計於空者，無男無女，耳、鼻、口、身、心俱空，如是虛空及寂，無男無女。若能解了分別「眼」本，則名曰「道」。
(6)耳、鼻、口、身、心，亦復如是。計於道者，無男無女法。
(7)是故，迦葉！又如諸法皆在「自然」，道亦「自然」，吾亦「自然」。

馬鳴菩薩造《大莊嚴論經・卷第五》

(1)譬如「幻師」，以此陰身(五蘊之身)，作種種戲，能令智者，見即「解悟」。

(2)我昔曾聞，有一「幻師」，有信樂心，至耆闍ㄕˊ山，為僧設食(爲僧人而設食供養之)。供養已(僧人)訖，(於是就用幻術)幻「尸陀羅木」(khadira 佉陀羅木，材質堅硬)作一女人(用尸陀羅木變幻出一女人)，端正奇特，(此幻師便)於大眾前，抱捉此女，而嗚唼(ㄕㄚ 吮吸)之，(並且跟此變幻出的女人)共為「欲事」。

(3)時諸比丘「見」此事已，咸皆「嫌忿」，而作是言：此「無慚人」(指此幻師)，所為「鄙褻」，(若早)知其如是(如此之事)，(我等僧人便)不受其「供」(供養)。

(4)時彼「幻師」既「行欲」已，(復)聞諸比丘「譏呵嫌責」，(幻師)即便以刀斫ㄓㄨㄛˊ刺是女，分解支節，挑目截鼻，種種苦毒，而殺此女。

(5)諸比丘等，又見此事，倍復「嫌忿」，我等若當知汝(幻師)如是(如此之事)，寧飲毒藥，不受其「供」。

(6)時彼「幻師」而作是言：爾眾比丘，見我「行欲」，便致「瞋忿」。見我「斷欲」，殺彼女人，復致「嫌責」，我當云何「奉事眾僧」？

(7)時諸比丘見其如是，紛紜稱說，擾動「不安」。

(8)爾時「幻師」即捉「尸陀羅木」用示眾僧，合掌白言：我向所作，即是此「木」，於彼「木」中有何欲？殺？我欲安於「眾僧」身，故設是「飲食」，欲令眾僧，心得「安」故，為此「幻」耳。

(9)願諸比丘聽我所説，豈可不聞：佛於「修多羅」中說：一切法猶如「幻化」？我今為「欲」，成(成就)彼語(佛所開示之語)故，故作斯「幻」。

(10)如斯「幻身」，無壽、無命，識之「幻師」，運轉「機關」(吾人身體喻如一「木製機關」的偶人)，令其視眴ㄒㄩㄢˋ，俯仰顧眄ㄇㄧㄢˇ，行步進止，或語或笑，以此事故，深知此身「真實無我」，即説偈言：

(11)先觀彼「相貌」，「想像」起「倒惑」。橫生「女情」想，入於「欲網」羂。

(12)深實「觀察」者，知身都「無我」。如彼善「幻師」，以「木」為女人。

(13)意行於「顛倒」，愚「謂為眾生」。於此「幻偽」中，妄起「男女想」。

(14)智者善觀察，「陰、界」及諸「入」，緣「假成」眾生，分分各別異。

(15)和合眾分故，能作於諸業。諸行無「男女」，亦無有「壽命」。

(16)色欲及細滑，威儀并處所。如此「四種欲」，迴轉「嬰愚心」。

(17)一切智亦説，「幻偽」欺世間……此身名「機關」(吾人身體喻如一「木製機關」的偶人)，脂、髓、皮、肉、髮。

(18)三十六物等，和合以為身。愚者「計眾生」，而「實無宰主」……

(19)愚者起「癡覺」，計此身「有我」。「口業」若干種，「身業」亦復然。

(20)「言笑」及「威儀」，皆如「幻」所作。此中「無有我」，用離「宰主」故。
(21)而斯「虛偽法」，無「壽」、無「知見」。妄起於「想像」，陷沒諸「凡夫」。
(22)如彼「幻師」所說之事「真實無異」。時諸比丘，聞其說已，皆得「見諦」。是故當知「諸法如幻」，能知是者，則便能斷諸行之源。

《大乘本生心地觀經・卷第四》

(1)若能修習「深妙觀」，「惑業苦果」無由起。唯觀「實相」真性如，「能所」俱亡離諸見。
(2)「男女」性相本來空，妄執隨緣生二相。如來永斷「妄想因」，真性本無「男女相」。

《大般涅槃經・卷第二十四》

(1)菩薩安住如是三昧。雖見「眾生」，而心初無「眾生之相」。雖見「男女」，無「男女相」。
(2)雖見「色法」，無有「色相」。乃至見「識」，亦無「識相」。
(3)雖見「晝夜」，無「晝夜相」。雖見「一切」，無「一切相」。
(4)雖見一切「煩惱諸結」，亦無一切「煩惱之相」。雖見「八聖道」，無「八聖道相」。
(5)雖見「菩提」，無「菩提相」。雖見於「涅槃」，無「涅槃相」。何以故？
(6)善男子！一切諸法「本無相」故，菩薩以是「三昧力」故，見一切法「如本無相」。

《大寶積經・卷二十九》

四大假為女，其中無所有。凡夫迷惑心，執取以為實。
女人如幻化，愚者不能了。妄見女相故，生於染著心。
譬如「幻化女」，而非「實女人」。無智者迷惑，便生於欲想。
如是了知已，一切女「無相」。此相皆寂靜，是名「女三昧」。

《大寶積經・卷二十九》

自謂是男子，見彼為女人。由斯「分別心」，而生於欲想。
「欲心」本無有，「心相」不可得。由「妄分別」故，於身起「男想」。
是中實無「男」，我說如「陽焰」。知「男相」寂靜，是名「男三昧」。

《大寶積經・卷第九十七》

(《大乘日子王所問經》、《優填王經》、《大寶積經・卷九十七・優陀延王會》爲同本異譯，內容互補，十分精彩)

(1)優陀延王復白佛言：世尊！我為女人之所迷倒，狂亂無知，因此發生麁猛「瞋毒」。由斯罪業，當墮地獄。

唯願世尊，利益安樂諸眾生故，慈悲開示女人「諂曲虛誑」過患。勿令我等親近女人，當於長夜，得免諸苦。

(2)佛言：且置斯事！何要問此？不問餘耶？

(3)王言：世尊！我無異問，女人令我造「地獄業」，我於今者，唯為了知「女人過患」，女人「諂曲虛誑邪媚」，願為開示？乃至三請，亦如是說。

(4)佛言：王應先知「丈夫過患」，然後觀察「女人過失」！

(5)優陀延王：唯然世尊，願樂欲聞！

(6)佛言：一切丈夫，皆由四種不善愆過，為諸女人之所迷亂。何者為四？

❶一者：於諸欲染，耽著無厭，樂觀女人，而自縱逸。不知親近「沙門」及「婆羅門」(印度四姓中，最上位之「僧侶」及「學者教授」階級。爲古印度社會中「一切知識之最殊勝種族」)，具清淨戒，修福業者，以不親近。

❷如是等人，則於「淨信」及淨「尸羅(śīla 戒)」、多聞、施慧，悉皆退失。彼由無有「信、戒、多聞、施、慧」等法，非「善丈夫」。

❸行「餓鬼法」，無有「智慧」，耽「欲」放逸。「欲」之所執，「欲」所繫縛，「欲」所活命。親近愚夫，遠諸智者。惡友為伴，行「非所宜」。

❹(男人)貪著女人不淨境界，便為女人之所調伏。猶如奴僕，繫屬墮落諸女人(處)所。

❺無慚無愧，親近遊止(女人)諸漏(之)「瘡漏門」，(女人)膿血穢污，洟唾常流，猶如塚間不淨境界。

❻(後)至於父母違背「恩養」，捨離「沙門」及「婆羅門」，不生殷重恭敬供養，習行「畜生」所行之法，於佛法僧不生「淨信」，於(佛之)「涅槃界」永當退失。

❼如是等人，當入「眾合(saṃghāta，眾合地獄譯，屬八熱地獄之一)」，乃至「阿鼻」諸大地獄，亦復當墮「鬼界、畜生」，無有救護。

❽雖聞「我教」(我佛之教)，猶數思念邪惡女人(之)「歌舞戲笑」，不生厭離。當知彼習愚人之法，不樂修行「善丈夫」事。

❾大王！當知丈夫親近「女人」之時，即是親近「惡道」之法。此是丈夫第一過患……

(7)❶復次大王！夫父母者，皆願利樂所生子故。難作能作，能忍一切難忍之事。假令種種不淨穢惡，皆能忍之。又欲令子色力之身，速增長故，令見閻浮勝妙之事，乳哺養育無疲厭心。

❷(父母)或為令子，(能)獲諸妙樂，(故)艱辛經求所得財物，供給營辦(籌辦)「資生所須」，及往他家(爲子)「結求婚娶」。(兒子)既「婚娶」已，(竟)於他女人「愛戀耽著」，由「耽著」故，昏醉纏心。

❸或見父母漸將「衰老」，(故)違逆(違抗背逆雙親)輕欺(蔑視和欺侮)，所有「資財」，無慚(無所慚愧)費用。或令父母不住於家(將親生父母趕離自己的家)，如是皆由「欲」所迷倒。

❹大王！當知以此因緣，於「己父母」棄背「恩養」，於「他女人」尊重承事，種種供給，無疲厭心，即是成就「地獄」之本。此是丈夫第二過患……

(8)❶復次大王！若諸丈夫由於「邪見」，不知自身，速當壞滅，造作諸惡，而自欺誑。彼愚癡人，虛度長夜，猶如「木石」彫刻所成。

❷(此男人)雖形似「人」，而無所識。習「諸欲」者，即是成就往「惡趣」業。此是丈夫第三過患……

(9)❶復次大王！或有丈夫為於「身命」，極自勞苦，積集珍財，後為女人所「纏攝」(糾纏干擾攝受)故。如彼僮僕(一般，而對諸女人)敬事供承。

❷由是因緣，慳ㄑㄧㄢ 惜(吝嗇而貪惜於)財寶。不施沙門及婆羅門，亦復堪忍「王法(國家王法)」治罰，(於種種)輕毀凌辱，悉能受之。

❸或被女人捶打呵ㄏㄜ 叱ㄔˋ，或至怖懼，(仍然)屈意(委屈心意;遷就)瞻奉(瞻侍奉養)。見其(女人)憂戚，即自念言：我今云何令彼(女人)歡悅。

❹當觀此(男)人，是「欲」(之)僮僕，於斯(女人)「不淨下劣」之境，而生「淨想」，(於女人)起於「愛染」。

❺(若有男人)親近如是女人之時，即是圓滿「惡趣之業」。此是丈夫第四過患。

《優填王經》

(《大乘日子王所問經》、《優填王經》、《大寶積經・卷九十七・優陀延王會》爲同本異譯，內容互補，十分精彩)

(1)優填王曰：願佛具為吾釋「地獄之變」及「女人之穢」？

(2)佛言：具聽！男子有「淫之惡」，卻睹「女妖」？

(3)王曰：善願受明教。

(4)佛言：具聽，男子有「四惡」，急所當知：

一、當知世有「婬夫」，恆想睹女，思聞「妖聲」，遠捨正法，疑真信邪，(爲)婬網所纏，沒在盲冥，為「欲」所使，如「奴」畏主。貪樂女色，不覺(女人)九孔惡露之臭穢。渾沌(模糊不清)欲(欲望)中，如豬處溷ㄏㄨㄣˋ(廁所)，不覺其臭，快以為安。不計後(往後)當在「無擇(無間)之獄」，受痛無極。注心在「淫」，噉其(女人)涕唾，翫ㄨㄢˋ(戲弄)其(女人)膿血。珍之(女人)如玉，甘之(女人)如蜜，故曰(男子爲)「欲態之士」。此為一惡態也。

二、又親(雙親)之養子(教養兒子)，懷妊生育，稚(孩童)得長大，勤苦難論。到子(長大)成人，懼家竭財(恐懼家中無財)，(於是)膝行肘ㄓㄡˇ 步(恭敬順服貌)，因媒(因此委託媒人)表情(表達情意)，致彼(女)為妻。若(此女)在異域，尋而追之，不問遠近，不避勤苦，注意在「婬」，捐忘(忘卻)親老(雙親家老)。既得(女)為妻，貴之如寶。欲私相娛樂，惡見父母。信其(女人)妖言，或致鬥訟。不惟(不止遺忘)身所從生，辜親(辜負雙親)無量之恩。斯謂二惡態也。

三、又人處世，勤苦疲勞，躬自(親自)致財(獲致財物)，本自「誠信敬道」之意，尊戴(尊奉愛戴)沙門梵志之心，覺(覺悟)世「非常」(無常)，(應以)「布施」為福。(但於)娶妻之後，情惑(為情所惑而志於)婬欲，「愚蔽」自擁，背「真」向「邪」，專由「女色」。若有「布施」之意，唯欲「發言」(僅於言論上的布施)，相呼「女色」，絕清淨行，更成「小人」。不識「佛經之戒」禍福之歸。苟為「婬色」，投身羅網，必墮「惡道」，終而不改。斯謂三惡態也。

四、又為人子，不惟養恩，治生(治理生活)致財，不以「養親」。但以東西(貨品)，廣求「婬路」。懷持「寶物」，招人婦女(以寶物獻殷勤而招致女色)。或殺「六畜」，「淫祀」(不合禮制的祭祀；不當祭的祭祀，妄濫之祭，皆謂「淫祀」)鬼神。飲酒歌舞，合會(集合聚會)之後。至求方便，更相「招呼」(喻打情罵俏)，以遂「姦情」。及其獲「偶」(對象)，喜無以喻，婬結縛著，無所復識。當爾之時，唯此為樂，不覺惡露之臭穢，「地獄」之苦痛。一則可笑，二則可畏。譬如「狂犬」，不知其「非」。斯謂四惡態也。

佛言：男子有是「四惡」，用墮「三塗」，當審遠此，能免苦耳。

【七～18】一切諸法非男非女、非作非不作、無在無不在

三國吳・支謙譯《維摩詰經》	姚秦・鳩摩羅什譯《維摩詰所說經》	姚秦・鳩摩羅什譯《維摩詰所說大乘經》	唐・玄奘譯《說無垢稱經》
㊀於是其「天」即以「神足」(神通具足)，立舍利弗令如「天像」。「天」(天女)自化身如舍利弗。	㊀即時「天女」以「神通力」，變舍利弗令如「天女」。「天」(天女)自化身如舍利弗。	㊀即時「天女」以「神通力」，變舍利弗令如「天女」。「天」(天女)自化身如舍利弗。	㊀即時「天女」以「神通力」，變舍利子令如「天女」。自變其身如舍利子。
㊁既現化而問(舍利弗)曰： 云何賢者！轉為此「女像」？ 舍利弗以「天女像」而答曰： 不識吾何以轉成此「女像」也？	㊁而問(舍利弗)言： 何以不轉「女身」？ 舍利弗以「天女像」而答言： 我今不知何轉？而變為「女身」？	㊁而問(舍利弗)言： 何以不轉「女身」？ 舍利弗以「天女像」而答言： 我今不知何轉？而變為「女身」？	㊁而問之(舍利弗)言： 尊者！云何不轉「女身」？ 時舍利子以「天女像」而答之言： 我今不知轉滅「男身」？轉生「女像」？

㊂ 天(天女)曰： 賢者！若能轉此「女像」，則眾「女人身」可轉。若其「不女」(非女)于「女身」，亦不見者。	㊂ 天(天女)曰： 舍利弗！若能轉此「女身」，則一切「女人」亦當能轉。如舍利弗非「女」而現「女身」。一切「女人」亦復如是。	㊂ 天(天女)曰： 舍利弗！若能轉此「女身」，則一切「女人」亦當能轉。如舍利弗非「女」而現「女身」。一切「女人」亦復如是。	㊂ 天女復言： 尊者！若能轉此「女身」，一切「女身」亦當能轉。如舍利子實非是「女」而現「女身」。一切「女身」亦復如是。
㊃ 則眾女人「雖女身」，為「非女、非見」也。又如佛言：一切諸法「非女、非男」。	㊃ 雖「現女身」，而非「女」也。是故佛說：一切諸法「非男、非女」。	㊃ 雖「現女身」，而非「女」也。是故佛說：一切諸法「非男、非女」。	㊃ 雖「現女身」而實非「女」。世尊「依此密意」說言：一切諸法「非男、非女」。
㊄ 即時舍利弗身復「如故」。	㊄ 即時天女「還攝」神力，舍利弗身還復「如故」。	㊄ 即時天女「還攝」神力，舍利弗身還復「如故」。	㊄ 爾時天女作是語已，「還攝」神力，各復本形。
㊅ 天(天女)曰： 賢者！何緣作此「女相」？ (舍利弗)曰：吾「不作、非不作」。	㊅ 天(天女)問舍利弗： 「女身」色相，今何所在？ 舍利弗言： 女身色相，「無在、無不在」。	㊅ 天(天女)問舍利弗： 「女身」色相，今何所在？ 舍利弗言： 女身色相，「無在、無不在」。	㊅ 問舍利子： 尊者！「女身」今何所在？ 舍利子言： 今我女身「無在、無變」。
㊆ 天(天女)曰： 如是賢者！諸法	㊆ 天(天女)曰： 一切諸法，亦復	㊆ 天(天女)曰： 一切諸法，亦復	㊆ 天(天女)曰： 尊者！善哉！善

亦「非作、非不作」。夫「不作、非不作」者，佛所說也。	如是，「無在、無不在」。夫「無在、無不在」者，佛所說也。	如是，「無在、無不在」。夫「無在、無不在」者，佛所說也。	哉！一切諸法亦復如是，「無在、無變」。說一切法「無在、無變」，是真佛語。

《不退轉法輪經・卷第四》

(1)**是時「師子」及「五百童女」白佛言：世尊！我從「定光佛」所，得聞是經受持讀誦，我今復為無量眾生重說顯示。**

(2)**爾時阿難白佛言：世尊！**今此「師子」及「五百童女」，何故不「轉女身」？

(3)**佛告阿難**：汝今謂是「師子」及「五百童女」是「實女」耶？

(4)**阿難言：如是！世尊！**

(5)**佛答阿難：莫作是語，何以故？如此「師子」及「五百童女」，皆「示現」為「女身」，**非「真實」也，何以故？

(6)但為未來眾生「示現變化」，憐愍一切諸女人故，現為「女像」，厭離「女身」，何以故？若作「男形」，則不能入一切處故！

(7)**阿難**！此「師子」等，亦「非男非女」，何以故？
一切諸法皆「非男非女」，出過一切法，無相可得，是真照明。

(8)**阿難！是師子等「隨順世法」，故受「女身」，為「化」諸女，隨已修學。**

《寶雲經・卷第七》

(1)**有一天子作如是念：**是「伽耶山神」，久聞此法，供養七萬二千佛，云何不「轉女身」？

(2)**除蓋障菩薩摩訶薩知彼天子心之所念，白佛言：世尊！以何因緣，「無死天神」有大神德，聞是法寶，供養爾所諸佛，云何不**「轉女身」？

(3)**佛答言**：善男子！為利益眾生故！

《佛說月上女經・卷下》

(1)**爾時不空見菩薩告月上女**(Candrottarā 此即維摩詰之女兒)**作如是言：如是月上！既不可以**「女身」成佛，汝今何故不「轉女身」？

(2)**其女答言**：善男子！夫「空體」者，無迴無轉，一切諸法亦復如是。云何令我而「轉女身」？

【七～19】一切諸法及有情眾生，皆無真實之「沒」，亦

無真實之「生」

三國吳・支謙譯《維摩詰經》	姚秦・鳩摩羅什譯《維摩詰所説經》	姚秦・鳩摩羅什譯《維摩詰所說大乘經》	唐・玄奘譯《說無垢稱經》
㊀ 舍利弗問天(天女)： (你已經在維摩詰的房舍習大乘成佛法共十二年) 汝(若)「沒」此，當於何「生」？ 天(天女)曰： 佛化所生(就同如來由變化所生)，吾如「彼生」(我與如來由變化所生是一樣的)。	㊀ 舍利弗問天(天女)： (你已經在維摩詰的房舍習大乘成佛法共十二年) 汝(若)於此「沒」，當「生」何所？ 天(天女)曰： 佛化所生(就同如來由變化所生)，吾如「彼生」(我與如來由變化所生是一樣的)。	㊀ 舍利弗問天(天女)： (你已經在維摩詰的房舍習大乘成佛法共十二年) 汝(若)於此「沒」，當「生」何所？ 天(天女)曰： 佛化所生(就同如來由變化所生)，吾如「彼生」(我與如來由變化所生是一樣的)。	㊀ 時舍利子問天女言： 汝(若)於此「沒」，當「生」何所？ 天女答言： 如來所化(就同如來由變化所生)，當所生處(如來若當有所「生」之處)，我當生彼(我與如來當有所「生」之處是一樣的)。
㊁ (舍利弗)曰： 如佛化生(就同如來由變化所生)，非「沒、生」(無死無生)也。 天(天女)曰： 衆生猶然，亦不見其「沒、生」者也。	㊁ (舍利弗)曰： 佛化所生(就同如來由變化所生)，非「沒、生」(無死無生)也。 天(天女)曰： (一切的)衆生猶然，無「沒、生」也。	㊁ (舍利弗)曰： 佛化所生(就同如來由變化所生)，非「沒、生」(無死無生)也。 天(天女)曰： (一切的)衆生猶然，無「沒、生」也。	㊁ 舍利子言： 如來所化(就同如來由變化所生)，「無沒、無生」。云何而言「當所生處」？ 天(天女)曰： 尊者！諸法有情應知亦爾，「無沒、無生」。云何問我當「生」何所？

【七～20】菩提無住處，無得無證，非「已得、當得」，

非「去、來、今」，證無所證

三國吳・支謙譯《維摩詰經》	姚秦・鳩摩羅什譯《維摩詰所說經》	姚秦・鳩摩羅什譯《維摩詰所說大乘經》	唐・玄奘譯《說無垢稱經》
㊀ (舍利弗)曰： 天(天女)久如(多久之後)能成「無上正真道最正覺」乎？ (天女)曰： 久猶「凡民」之普得法，乃吾成「最正覺」。	㊀ 舍利弗問天(天女)： 汝「久如」(多久之後)當得「阿耨多羅三藐三菩提」？ 天(天女)曰： 如舍利弗(返)還為「凡夫」，我乃當成「阿耨多羅三藐三菩提」。	㊀ 舍利弗問天(天女)： 汝「久如」(多久之後)當得「阿耨多羅三藐三菩提」？ 天(天女)曰： 如舍利弗(返)還為「凡夫」，我乃當成「阿耨多羅三藐三菩提」。	㊀ 時舍利子問天女言： 汝當「久如」(多久之後)證得「無上正等菩提」？ 天女答言： 如舍利子(返)還成「異生」(凡夫)，具「異生法(凡夫眾生)」，我證「無上正等菩提」久近亦爾。
㊁ (舍利弗)曰： 云何「凡民」之普得法者，無乃非處乎。 天(天女)曰： 其為「無上最正覺」者，非「有處」也。所以者何？佛「無所立」，故曰「無所於」最正覺者。	㊁ 舍利弗言： 我(返還)作「凡夫」，無有是處。 天(天女)曰： 我(多久之後)得「阿耨多羅三藐三菩提」，亦「無是處」。所以者何？菩提「無住處」，是故無有「得」者。	㊁ 舍利弗言： 我(返還)作「凡夫」，無有是處。 天(天女)曰： 我(多久之後)得「阿耨多羅三藐三菩提」，亦「無是處」。所以者何？菩提「無住處」，是故無有「得」者。	㊁ 舍利子言： 「無處、無位」，我當如是還成「異生」，具「異生法」。 天(天女)曰： 尊者！我亦如是，「無處、無位」當證「無上正等菩提」。所以者何？無上菩提「無有住處」，是故亦「無證」菩提者。

㊂ 舍利弗言： 今諸佛最正覺，及其「已正覺」與「當正覺」者，如江河沙，皆謂何乎？	㊂ 舍利弗言： 今諸佛得「阿耨多羅三藐三菩提」，已得？當得？如恒河沙(無量無邊之多)，皆謂何乎？	㊂ 舍利弗言： 今諸佛得「阿耨多羅三藐三菩提」，已得？當得？**未得**？如恒河沙(無量無邊之多)，皆謂何乎？	㊂ 舍利子言： 若爾，云何佛說諸佛如殑伽沙(無量無邊)「現證」無上正等菩提，已證？當證？
(天女)曰： 此以「文數」為讀者耳，非謂「道」有「去、來、今」也。	天(天女)曰： 皆以「世俗文字」數故，說「有三世」，非謂「菩提」有「去、來、今」。	天(天女)曰： 皆以「世俗文字」數故，說「有三世」，非謂「菩提」有「去、來、今」。	天(天女)曰： 尊者！皆是「文字俗數」語言，說「有三世」諸佛證得。非謂「菩提」有「去、來、今」。所以者何？無上「菩提」超過「三世」。
㊃ (天女曰)夫「三塗」等，且如賢者，得「道」云何？ (舍利弗)曰： 所得者為「不惑」耳。	㊃ 天(天女)曰： 舍利弗！汝得「阿羅漢道」耶？ (舍利弗)曰： 「無所得」故而得。	㊃ 天(天女)曰： 舍利弗！汝得「阿羅漢道」耶？ (舍利弗)曰： 「無所得」故而得。	㊃ 又，舍利子！汝已證得「阿羅漢」耶？ 舍利子言： 「不得而得」，得「無所得」。
㊄ 天(天女)曰： 如是賢者！吾成佛者，亦以為彼「未正覺」故。	㊄ 天(天女)曰： 諸佛、菩薩亦復如是，「無所得」故而得。	㊄ 天(天女)曰： 諸佛、菩薩亦復如是，「無所得」故而得。	㊄ 天(天女)曰： 尊者！菩提亦爾，「不證而證」，證「無所證」。

《大寶積經・卷五十九》

(1)爾時師子勇猛雷音菩薩即從座起，偏袒右肩，右膝著地，合掌向佛白言：是文殊師利童真菩薩，諸佛世尊常所稱歎，「久如」(多久之後)當得阿耨多羅三藐三菩提？所得「佛刹」當復云何？

(2)佛言：善男子！汝當自問文殊師利。

(3)時師子勇猛問文殊師利言：仁者！「何時」(多久之後)當得「阿耨多羅三藐三菩提」？

(4)答言：善男子！何不問我趣「菩提」不？而乃問我「成菩提」耶？何以故？我於「菩提」尚不「趣向」，何況「當得」？

(5)問言：文殊師利！仁者！豈不為「利眾生」故，趣「菩提」耶？

(6)答言：不也。何以故？眾生「不可得」故。若眾生是「有」，可為「利益」趣向「菩提」；而眾生「壽命」及「福伽羅」(pudgala 人、眾生、數取趣)，皆無所有，是故我今不趣「菩提」，亦不「退轉」……

(7)師子勇猛言：文殊師利！仁者所言，眾皆誠信，而今乃說「不求」菩提、「不得」菩提，「新發意菩薩」聞此所說，必生「驚怖」。

《大寶積經・卷六十》

(1)爾時師子勇猛雷音菩薩白佛言：世尊！此文殊師利「久如」(多久之後)當得「阿耨多羅三藐三菩提」？彼佛「壽命」及「菩薩眾」其數幾何？

(2)佛言：善男子！汝當自問文殊師利。

(3)時師子勇猛白文殊師利言：仁者！「久如」當得「菩提」？

(4)文殊師利言：善男子！

若「虛空界」為「色身」時，我乃當得「無上菩提」。

若幻人得菩提，我乃當得。

若漏盡阿羅漢即是菩提，我乃當得。

若夢響光影，及以「化人」得「菩提」時，我乃當得。

若「月照」為「晝」、「日照」為「夜」，我乃當得「阿耨多羅三藐三菩提」。

(5)善男子！汝之所問，應當問彼「求菩提」者。

(6)師子勇猛言：仁者！豈不「求菩提」耶？

(7)答言：不也。何以故？「文殊師利」即是「菩提」，「菩提」即是「文殊師利」。所以者何？「文殊師利」但有名，「菩提」亦但有名，此名亦「離」，「無作」故「空」，而彼「空性」即是「菩提」。

《文殊師利所說般若波羅蜜經》

(1)佛告文殊師利：汝為定「求」？為定「不求」？

(2)文殊白佛：若言定「求」(喻自生)、定「不求」(喻他生)、定「求不求」(喻共生)、定「非求非不求」(喻無因生)。是凡夫相。
何以故？
(3)菩提「無住處」故。

《不退轉法輪經・卷第三》

(1)爾時世尊即為無數百千眾生除諸疑惑，重說偈言：
(2)菩提「無住處」，亦無能住者。以是因緣故，說「無住」菩提。
(3)「菩提」及「眾生」，「非一」亦「非異」。以是因緣故，說「無住」菩提。

《如來莊嚴智慧光明入一切佛境界經・卷下》

(1)菩提「非身、非心、非法」。非實、非不實。非諦、非不諦。不可如是說。
(2)文殊師利！不可以「一切法」說菩提。何以故？
(3)文殊師利！菩提「無住處」可說。
(4)文殊師利！譬如虛空，無「住處」可說，無為、無生、無滅。菩提亦如是，「無住、無為、無生、無滅」可說。
(5)文殊師利！譬如一切世間之法，若求其「實」，不可得說。
(6)文殊師利！「菩提」亦如是，以「一切法」說菩提，「實」亦不可得。何以故？
(7)文殊師利！「實法」中，無「名字章句」可得。何以故？不生不滅故。
(8)文殊師利！言菩提者，名「不可取、不可依」。
(9)文殊師利！何者「不可取」？何者「不可依」？
(10)文殊師利！如實知眼不可取，不見色，名為不可依。
如實知耳不可取，不聞聲，名為不可依。
如實知鼻不可取，不聞香，名為不可依。
如實知舌不可取，不知味，名為不可依。
如實知身不可取，不覺觸，名為不可依。
如實知意不可取，不見諸法，名為不可依。
(11)文殊師利！如是！如來「不取不依」，名證菩提，如是證菩提。
不取眼，不見色，是故不住眼識。
不取耳，不聞聲，是故不住耳識。
不取鼻，不聞香，是故不住鼻識。
不取舌，不知味，是故不住舌識。
不取身，不覺觸，是故不住身識。
不取意，不知法，是故不住意識。
(12)文殊師利！如來不住「心、意、意識」，是故得名「如來」應正遍知。

【七～21】天女已曾供養「九十二億」諸佛，已得「無生忍」，住「不退轉」

三國吳・支謙譯 《維摩詰經》	姚秦・鳩摩羅什譯 《維摩詰所說經》	姚秦・鳩摩羅什譯 《維摩詰所說大乘經》	唐・玄奘譯 《說無垢稱經》
㊀爾時維摩詰謂賢者舍利弗言： 是天已奉事「九十二億」佛，神通之智，昔已解了。所願普具，「法忍」已得，已「不退轉」。	㊀爾時維摩詰語舍利弗： 是天女已曾供養「九十二億」諸佛，已能(具足)遊戲菩薩神通，所願具足，得「無生忍」，住「不退轉」。	㊀爾時維摩詰語舍利弗： 是天女已曾供養「九十二億」諸佛，已能(具足)遊戲菩薩神通，所願具足，得「無生忍」，住「不退轉」。	㊀時無垢稱即語尊者舍利子言： 如是天女，已曾供養親近承事「九十有二百千」俱胝「那庾多」(nayuta)佛，已能(具足)遊戲神通，智慧所願滿足，得「無生忍」，已於無上正等菩提「永不退轉」。
㊁(此天女)願行如言，所欲能現。	㊁(此天女)以本願故，隨意能現，教化衆生。	㊁(此天女)以本願故，隨意能現，教化衆生。	㊁(此天女)乘本願力，如其所欲，隨所宜處，成熟有情。

《佛說除蓋障菩薩所問經・卷第二十》

(1)爾時會中有諸天子咸作是念：今此「天女」，久已曾聞如是正法，復曾親近多佛如來，何故不能「轉此女身」？

(2)時「除蓋障菩薩」知諸天子心所念已，白佛言：世尊！何因何緣，此「長壽天女」具大威德，久已曾聞如是正法，復曾親近多佛如來，何故不轉此女人身？

(3)佛言：善男子！不轉女身者，廣為利樂一切有情大因緣故，所以者何？

(4)善男子！今此「天女」，已住「不可思議解脫菩薩」之位。我知此「長壽天女」，曾於超過算數諸如來所，勸請發菩提心，乃至入大涅槃。

(5)以是緣故，而此天女，獲是「廣大神通威德」，善男子！此「長壽天女」，即於賢劫中供養諸佛已，此佛剎中當得成佛，號曰「長壽如來」應供正等正覺。

如來種品第八

【八～1】菩薩能行於「五無間阿鼻地獄、有間地獄、畜生、餓鬼、色、無色界」等「非道」，而亦能「通達」佛道。底下約有33條

三國吳・支謙譯《維摩詰經》	姚秦・鳩摩羅什譯《維摩詰所說經》	姚秦・鳩摩羅什譯《維摩詰所說大乘經》	唐・玄奘譯《說無垢稱經》
【如來種品第八】	【佛道品第八】	【佛道品第八】	【菩提分品第八】
㊀文殊師利問曰： 何謂族姓子！菩薩所至到處，興有「佛法」？	㊀爾時文殊師利問維摩詰言： 菩薩云何「通達」佛道？	㊀爾時文殊師利問維摩詰言： 菩薩云何「通達」佛道？	㊀時妙吉祥問無垢稱： 云何菩薩於「諸佛法」到「究竟趣」？
㊁維摩詰言： 其「來往」周旋，有「智慧」興有佛法。	㊁維摩詰言： 若菩薩(能)行於「非道」，是為「通達」佛道。	㊁維摩詰言： 若菩薩(能)行於「非道」，是為「通達」佛道。	㊁無垢稱言： 若諸菩薩(能)行於「非趣」，乃於「佛法」到「究竟趣」。
㊂(文殊問：)菩薩「來往」，為之柰何？	㊂(文殊)又問： 云何菩薩(能)行於「非道」？	㊂(文殊)又問： 云何菩薩(能)行於「非道」？	㊂妙吉祥言： 云何菩薩(能)行於「非趣」？
(維摩詰答曰) ❶其至「五無間」處(阿鼻無間地獄處)，能使無「諍怒」。	(維摩詰)答曰： ❶若菩薩行(於)「五無間」(阿鼻無間地獄處)，而(實)無「惱恚」。	(維摩詰)答曰： ❶若菩薩行(於)「五無間」(阿鼻無間地獄處)，而(實)無「惱恚」。	無垢稱言： ❶若諸菩薩雖復行於「五無間」趣(阿鼻無間地獄處)，而(實)無「恚惱、忿害毒心」。
❷至「地獄」處(此指有間地獄)，能使除	❷(雖)至于「地獄」(此指有間地獄)，(而實)	❷(雖)至於「地獄」(此指有間地獄)，(而實)	❷雖復行於「那落迦」(地獄)趣，而

「冥塵」。	無諸「罪垢」。	無諸「罪垢」。	(實)離一切「煩惱塵垢」。
❸至於「畜生」處，則為除「闇昧」，能使「無慢」。	❸(雖)至于「畜生」，(而實)無有「無明、憍慢」等過。	❸(雖)至于「畜生」，(而實)無有「**愚癡**」。	❸雖復行於諸「傍生」趣，而(實)離一切「黑暗無明」。
		❹(雖)**至於「修羅」**，(而實)**無有「憍慢」**等過。	❹雖復行於「阿素洛」趣，而(實)離一切「傲慢憍逸」。
❺求入「餓鬼」道，一切以「福」，隨次合會。	❺(雖)至于「餓鬼」，而(仍)具足功德。	❺(雖)至于「餓鬼」，而(仍)具足「**功德智慧**」。	❺雖復行於「琰魔王」趣(Yama-rāja，閻羅王、閻王魔、琰魔王、閻魔羅王、焰魔邏闍、閻摩羅社，為鬼世界之始祖，冥界之總司，地獄之主神)，而集廣大「福慧資糧」。
❻至「無智」處，不與「同歸」，能使知道。	❻(雖)行「色、無色界」道，(而)不以為勝。	❻(雖)行「色、無色界」道，(而)不以為勝。	❻雖復行於「無色定」趣，而能於彼，不樂趣向。

【八～2】雖示行「貪瞋癡、毀禁、懈怠、亂意、諂偽、憍慢、煩惱」等，而心不為彼轉

三國吳・支謙譯《維摩詰經》	姚秦・鳩摩羅什譯《維摩詰所說經》	姚秦・鳩摩羅什譯《維摩詰所說大乘經》	唐・玄奘譯《說無垢稱經》
	❼(雖)示行「貪欲」，(而實)離諸「染著」。	❼(雖)示行「貪欲」，(而實)離諸「染著」。	❼雖復示行「貪欲」行趣，而(實)於一切所受欲中離諸「染著」。
	❽(雖)示行「瞋恚」，(而)於諸衆生，	❽(雖)示行「瞋恚」，(而)於諸衆生，無	❽雖復示行「瞋恚」行趣，而於一切

	(實)無有恚礙。	(實)有恚礙。	有情境界，(實)離諸「瞋恚」，無「損害心」。
	❾(雖)示行「愚癡」，而(實仍)以「智慧」，調伏其心。	❾(雖)示行「愚癡」，而(實仍)以「智慧」，調伏其心。	❾雖復示行「愚癡」行趣，而於諸法(實)遠離一切「黑暗無明」。以「智慧」明，而自調伏。
	❿(雖)示行「慳貪」，而(實)捨「內外所有」，不惜身命。	❿(雖)示行「慳貪」，而(實)捨「內外所有」，不惜身命。	❿雖復示行「慳貪」行趣，而(實)能棄捨諸「內外事」，不顧身命。
	⓫(雖)示行「毀禁」，而(實)安住「淨戒」，乃至(於)「小罪」，猶懷「大懼」。	⓫(雖)示行「毀禁」，而(實)安住「淨戒」，乃至(於)「小罪」，猶懷「大懼」。	⓫雖復示行「犯戒」行趣，而(實)能安立一切「尸羅」(淨戒)杜多(dhūta 頭陀)功德，少欲知足，於「小罪」中，(仍懷)見「大怖畏」。
⓬在「怒害」處，為現「仁意」，不害眾生。	⓬(雖)示行「瞋恚」，而(實)常「慈、忍」。	⓬(雖)示行「瞋恚」，而(實)常「慈、忍」。	⓬雖復示行「瞋忿」行趣，而(實)能究竟(據梵文原意指「永遠」)安住「慈悲」，心無「恚惱」。
	⓭(雖)示行「懈怠」，而(實仍)「懃修功德」。	⓭(雖)示行「懈怠」，而(實仍)「懃修功德」。	⓭雖復示行「懈怠」行趣，而(實)能勤習一切「善根」，精進無替。
	⓮(雖)示行「亂意」，而(實)常「念定」。	⓮(雖)示行「亂意」，而(實)常「念定」。	⓮雖復示行「根亂」行趣，而(實)常恬默，安止靜慮。
	⓯(雖)示行「愚癡」，	⓯(雖)示行「愚癡」，	⓯雖復示行「惡慧」

	而(實)通達「世間、出世間」慧(慧字據梵文原意指「經論、經典」)。	**而(實)修般若波羅蜜多**，(而)通達「世間、出世間」慧。	行趣，而(實)善通達一切「世間、出世間」信(信字據梵文原意指「經論、經典」)，至「究竟慧」(究竟二字據梵文原意作「通曉」)波羅蜜多。
	⑯(雖)示行「諂偽」，而(實能以)「善方便」，隨諸經義。	⑯(雖)示行「諂偽」，而(實能以)「善方便」，隨諸經義。	⑯雖復示行「諂詐」行趣，而(實)能成辦「方便善巧」。
⑰在「憍慢」處，為現「橋梁」，合聚度人。	⑰(雖)示行「憍慢」，而(實)於衆生，猶如(可救濟的)「橋樑」。	⑰(雖)示行「憍慢」，而(實)於衆生，猶如(可救濟的)「橋梁」。	⑰雖復示行「密語方便」(擅長依據密意而隨宜說法)「憍慢」行趣，而(實)為成立「濟度橋梁」。
⑱在「塵勞」處，為現都淨，無有勞穢。	⑱(雖)示行諸「煩惱」，而心(實)常「清淨」。	⑱(雖)示行諸「煩惱」，而心(實)常「清淨」。	⑱雖復示行一切「世間煩惱」行趣，而(實)「性清淨」，究竟(據梵文原意指「永遠」)無染。

【八～3】雖示行「入魔、聲聞、獨覺、貧窮、形殘、下賤、羸劣、醜陋、老病」等，而心不為彼轉

三國吳．支謙譯《維摩詰經》	姚秦．鳩摩羅什譯《維摩詰所説經》	姚秦．鳩摩羅什譯《維摩詰所說大乘經》	唐．玄奘譯《說無垢稱經》
⑲如在「魔道」，則能使其覺知「所緣」。	⑲(雖)示入於「魔」，而(仍)順「佛智慧」，不隨「他教」。	⑲(雖)示入於「魔」，而(仍)順「佛智慧」，不隨「他教」。	⑲雖復示行「衆魔」行趣，而(仍)於一切佛法「覺慧」而自「證知」，不隨「他緣」。
⑳在「弟子道」(聲聞	⑳(雖)示入「聲聞」，	⑳(雖)示入「聲聞」，	⑳雖復示行「聲聞」

道)，所未聞法，令人得聞。	而(仍)為衆生說「未聞法」(通常指大乘成佛之法)。	而(仍)為衆生說「未聞法」(通常指大乘成佛之法)。	行趣，而(仍)為有情說「未聞法」(通常指大乘成佛之法)。
㉑在「緣一覺」(緣覺)道，能行「大悲」，坐而化人。	㉑(雖)示入「辟支佛」，而(仍)成就「大悲」，教化衆生。	㉑(雖)示入「辟支佛」，而(仍)成就「大悲」，教化衆生。	㉑雖復示行「獨覺」行趣，而(仍)為成辦「大慈大悲」成熟有情。
㉒入「貧窶」中，則為施以「無盡之財」。	㉒(雖)示入「貧窮」，而(實)有「寶手」(手中掌握財寶)，功德無盡。	㉒(雖)示入「貧窮」，而(實)有「寶手」(手中掌握財寶)，功德無盡。	㉒雖復現處諸「貧窮」趣，而(實)得「寶手」珍財無盡。
㉓入「鄙陋」中，為以「威相」嚴其種姓。	㉓(雖)示入「形殘」，而(實)具「諸相好」，以自莊嚴。	㉓(雖)示入「形殘」，而(實)具「諸相好」，以自莊嚴。	㉓雖復現處諸「缺根」趣，而(實)具「相好」妙色嚴身。
	㉔(雖)示入「下賤」，而(實)生「佛種姓」中，具諸功德。	㉔(雖)示入「下賤」，而(實)生「佛種姓」中，具諸功德。	㉔雖復現處「卑賤」生趣，而(實)生「佛家種姓」尊貴。積集殊勝「福慧資糧」。
	㉕(雖)示入「羸劣、醜陋」，而(實)得「那羅延身」(Nārāyaṇa 堅固力士；金剛力士)，一切衆生之所樂見。	㉕(雖)示入「羸劣、醜陋」，而(實)得「那羅延身」(Nārāyaṇa 堅固力士；金剛力士)，一切衆生之所樂見。	㉕雖復現處「羸劣、醜陋」衆所憎趣，而(實)得勝妙「那羅延身」(Nārāyaṇa 堅固力士；金剛力士)，一切有情常所樂見。
	㉖(雖)示入「老病」，而(實)永斷「病」根，超越死畏(生死怖畏)。	㉖(雖)示入「老病」，而(實)永斷「病」根，超越死畏(生死怖畏)。	㉖雖復現處諸「老病」趣，而(實)能畢竟除「老病」根，超諸死畏(生死怖畏)。

【八～4】雖示行「資生、妻妾、采女、訥鈍、邪濟、諸道、

涅槃」等，而心不為彼轉

三國吳・支謙譯《維摩詰經》	姚秦・鳩摩羅什譯《維摩詰所說經》	姚秦・鳩摩羅什譯《維摩詰所說大乘經》	唐・玄奘譯《說無垢稱經》
	㉗(雖)示有「資生」(資生之具)，而(仍)恒觀「無常」，實無所貪。	㉗(雖)示有「資生」(資生之具)，而(仍)恒觀「無常」，實無所貪。	㉗雖復現處「求財位」趣，而(實)多修習，觀「無常想」，息諸悕求。
	㉘(雖)示有「妻妾、采女」，而(實)常遠離「五欲淤泥」。	㉘(雖)**示入「優伶、子女」**，而(實)常遠離「五欲淤泥」。	㉘雖復現處「宮室、妓女」諸戲樂趣，而(實)常超出「諸欲淤泥」，修習「畢竟遠離」之行。
	㉙(雖)現於「訥鈍」(木訥遲鈍)，而(實)成就「辯才」,「總持」(總持一切法)無失。	㉙(雖)現於「訥鈍」(木訥遲鈍)，而(實)成就「辯才」,「總持」(總持一切法)無失。	㉙雖復現處諸「頑嚚」(頑鈍愚嚚)趣，而(實)具種種「才辯莊嚴」，得「陀羅尼」，念慧無失。
㉚入「異學」中，則使世間一切依附。	㉚(雖)示入「邪濟」，而(仍)以「正濟」度諸衆生。(佛道名正濟。外道名邪濟也)	㉚(雖)示入「邪濟」，而(仍)以「正濟」度諸衆生。(佛道名正濟。外道名邪濟也)	㉚雖復現處諸「邪道」趣，而以「正道」度諸世間。
㉛遍入「諸道」，一切能為解說「正要」。	㉛(雖)現遍入「諸道」，而(實已)斷其「因緣」。	㉛(雖)現遍入「諸道」，而(實已)斷其「因緣」。	㉛雖復現處「一切生趣」，而實(已)永斷「一切趣生」。
㉜至「泥洹道」，度脫生死，如無絕已。	㉜(雖)現於「涅槃」，而(實)不斷「生死」。	㉜(雖)現於「涅槃」，而(實)不斷「生死」。	㉜雖復現處「般涅槃」趣，而(實)常不捨「生死相續」。 ㉝雖復示現得「妙菩提」，轉大法

			輪，入「涅槃」趣，而(實)復勤修諸「菩薩行」，相續無斷。
是為菩薩「來往」周旋，所入「諸道」能有佛法。	文殊師利！ 菩薩能如是行於「非道」，是為「通達」佛道。	文殊師利！ 菩薩能如是行於「非道」，是為「通達」佛道。	唯，妙吉祥！菩薩如是行於「非趣」，乃得名為於諸「佛法」到「究竟趣」。

【八～5】所有「六十二見」一切煩惱、「惡不善法」等，皆是「如來種性」

三國吳・支謙譯《維摩詰經》	姚秦・鳩摩羅什譯《維摩詰所說經》	姚秦・鳩摩羅什譯《維摩詰所說大乘經》	唐・玄奘譯《說無垢稱經》
㊀於是維摩詰又問文殊師利： 何等為「如來種」？	㊀於是維摩詰問文殊師利：何等為「如來種」？	㊀於是維摩詰問文殊師利：何等為「如來種」？	㊀時無垢稱問妙吉祥：何等名為「如來種性」？願為略說。
答曰： ❶有「身」(身見)為種。	文殊師利言： ❶有「身」(身見)為種。	文殊師利言： ❶有「身」(身見)為種。	妙吉祥言： ❶所謂一切「偽身」(sat-kāya-dṛṣṭi 有身見;薩迦耶見;偽身見;身見)種性，是如來種性。
❷「無明」與「恩愛」為種。	❷「無明」有「愛」為種。	❷「無明」有「愛」為種。	❷一切「無明」有「愛」種性，是如來種性。
❸「婬、怒、癡」為種。	❸「貪、恚、癡」為種。	❸「貪、恚、癡」為種。	❸「貪欲、瞋恚、愚癡」種性，是如來種性。
❹「四顛倒」為種。 (「有為」之四顛倒：常顛	❹「四顛倒」為種。 (「有為」之四顛倒：常顛	❹「四顛倒」為種。 (「有為」之四顛倒：常顛	❹「四種虛妄顛倒」 (「有為」之四顛倒：常顛

倒、樂顛倒、我顛倒、淨顛倒。「無爲」之四顛倒：於涅槃之「常、樂、我、淨」妄執爲「無常、無樂、無我、不淨」)	倒、樂顛倒、我顛倒、淨顛倒。「無爲」之四顛倒：於涅槃之「常、樂、我、淨」妄執爲「無常、無樂、無我、不淨」)	倒、樂顛倒、我顛倒、淨顛倒。「無爲」之四顛倒：於涅槃之「常、樂、我、淨」妄執爲「無常、無樂、無我、不淨」)	倒、樂顛倒、我顛倒、淨顛倒。「無爲」之四顛倒：於涅槃之「常、樂、我、淨」妄執爲「無常、無樂、無我、不淨」)種性，是如來種性。
❺「五蓋」為種。(貪欲、瞋恚、睡眠、掉悔、疑)	❺「五蓋」為種。(貪欲、瞋恚、睡眠、掉悔、疑)	❺「五蓋」為種。(貪欲、瞋恚、睡眠、掉悔、疑)	❺如是所有「五蓋」種性(貪欲、瞋恚、睡眠、掉悔、疑)。
❻「六入」為種。(六情之愛，如❶眼與色爲種族。❷耳與聲爲種族。❸鼻與香爲種族。❹舌與味爲種族。❺身與觸爲種族。❻意與法爲種族)	❻「六入」為種。(六情之愛，如❶眼與色爲種族。❷耳與聲爲種族。❸鼻與香爲種族。❹舌與味爲種族。❺身與觸爲種族。❻意與法爲種族)	❻「六入」為種。(六情之愛，如❶眼與色爲種族。❷耳與聲爲種族。❸鼻與香爲種族。❹舌與味爲種族。❺身與觸爲種族。❻意與法爲種族)	❻「六處」種性。(六情之愛，如❶眼與色爲種族。❷耳與聲爲種族。❸鼻與香爲種族。❹舌與味爲種族。❺身與觸爲種族。❻意與法爲種族)
❼「七識住」為種。(saptavijñāna-sthitayaḥ 眾生依果報受生三界，其「識」所愛樂、所止住之處有七：❶「身異、想異」識住：欲界人天❷「身異、想一」識住：色界初禪❸「身一、想異」識住：色界二禪❹「身一、想一」識住：色界三禪❺「空無邊處」識住❻「識無邊處」識住❼「無所有處」識住)	❼「七識處」為種。(saptavijñāna-sthitayaḥ 眾生依果報受生三界，其「識」所愛樂、所止住之處有七：❶「身異、想異」識住：欲界人天❷「身異、想一」識住：色界初禪❸「身一、想異」識住：色界二禪❹「身一、想一」識住：色界三禪❺「空無邊處」識住❻「識無邊處」識住❼「無所有處」識住)	❼「七識處」為種。(saptavijñāna-sthitayaḥ 眾生依果報受生三界，其「識」所愛樂、所止住之處有七：❶「身異、想異」識住：欲界人天❷「身異、想一」識住：色界初禪❸「身一、想異」識住：色界二禪❹「身一、想一」識住：色界三禪❺「空無邊處」識住❻「識無邊處」識住❼「無所有處」識住)	❼「七識住」種性。(saptavijñāna-sthitayaḥ 眾生依果報受生三界，其「識」所愛樂、所止住之處有七：❶「身異、想異」識住：欲界人天❷「身異、想一」識住：色界初禪❸「身一、想異」識住：色界二禪❹「身一、想一」識住：色界三禪❺「空無邊處」識住❻「識無邊處」識住❼「無所有處」識住)
❽「八邪道」為種。(八邪支；八邪法；八正道之對稱)	❽「八邪法」為種。(八邪支；八邪法；八正道之對稱)	❽「八邪法」為種。(八邪支；八邪法；八正道之對稱)	❽「八邪」種性。(八邪支；八邪法；八正道之對稱)
❾「九惱」為種。(《守護國界主陀羅尼經》云：復有九種能障礙善道之	❾「九惱處」為種。(《守護國界主陀羅尼經》云：復有九種能障礙善道	❾「九惱處」為種。(《守護國界主陀羅尼經》云：復有九種能障礙善道	❾「九惱事」種性。(《守護國界主陀羅尼經》云：復有九種能障礙善道

法。❶已惱害我❷現惱害我❸當惱害我❹過去憎我善友❺現在憎我善友❻未來憎我善友❼過去愛我怨家❽現在愛我怨家❾未來愛我怨家)	之法。❶已惱害我❷現惱害我❸當惱害我❹過去憎我善友❺現在憎我善友❻未來憎我善友❼過去愛我怨家❽現在愛我怨家❾未來愛我怨家)	之法。❶已惱害我❷現惱害我❸當惱害我❹過去憎我善友❺現在憎我善友❻未來憎我善友❼過去愛我怨家❽現在愛我怨家❾未來愛我怨家)	之法。❶已惱害我❷現惱害我❸當惱害我❹過去憎我善友❺現在憎我善友❻未來憎我善友❼過去愛我怨家❽現在愛我怨家❾未來愛我怨家)
❿「十惡」為種。(❶殺生❷偷盜❸邪淫❹妄語❺兩舌❻惡口❼綺語❽貪欲❾瞋恚❿邪見)	❿「十不善道」為種。(❶殺生❷偷盜❸邪淫❹妄語❺兩舌❻惡口❼綺語❽貪欲❾瞋恚❿邪見)	❿「十不善道」為種。(❶殺生❷偷盜❸邪淫❹妄語❺兩舌❻惡口❼綺語❽貪欲❾瞋恚❿邪見)	❿「十種不善業道」種性(❶殺生❷偷盜❸邪淫❹妄語❺兩舌❻惡口❼綺語❽貪欲❾瞋恚❿邪見),是如來種性。
㊁是為佛種。	㊁以要言之,「六十二見」(dvāṣaṣṭi dṛṣṭayaḥ 古印度外道所執著之 62 種錯誤見解)及一切煩惱,皆是「佛種」。	㊁以要言之,「六十二見」(dvāṣaṣṭi dṛṣṭayaḥ 古印度外道所執著之 62 種錯誤見解)及一切煩惱,皆是「佛種」。	㊁以要言之,「六十二見」(dvāṣaṣṭi dṛṣṭayaḥ 古印度外道所執著之 62 種錯誤見解)一切煩惱,「惡不善法」所有種性,是「如來種性」。

《佛說須真天子經・卷第四》

(1)須真天子復問文殊師利童子:「道」為何等類?
　文殊師利答言:天子!我「所處」是道類。
(2)天子復問:文殊師利!何所處是「道處」?
　文殊師利答言:天子!「寂靜」是道處。
(3)天子復問:文殊師利!何所是「道之相」?
　文殊師利答言:天子!「虛空」是道相。
(4)天子復問:文殊師利!道何所「住止」而為道?
　文殊師利答言:天子!住止於「虛空」是則為道。
(5)天子復問:文殊師利!道誰之所「立」?
　文殊師利答言:天子!道從「諸法」立。
(6)天子復問:文殊師利!何所是「道之本」?
　文殊師利答言:天子!「平等」則道之本。

(7)天子復問：文殊師利！法何所「持」而為道？

文殊師利答言：天子！持「無我、無人」，是故為道。

(8)天子復問：文殊師利！何所而與道等？

文殊師利答言：天子！「無所生、無所起」則與道等。

(9)天子復問：文殊師利！道去至何「所」？

文殊師利答言：天子！道去至一切人心「諸所行」中。所以者何？「無所行」亦「無所至」。

(10)天子復問：文殊師利！道何所「出生」？

文殊師利答言：天子！「大哀」則道所出生。

(11)天子復問：文殊師利！云何「大哀」是道之所生？

文殊師利答言：天子！「度脫一切」是則「大哀」，道之所生。

(12)天子復問：文殊師利！道從何「求」？

文殊師利答言：天子！道從一切「愛欲」(貪愛欲望)中求。

(13)天子復問：文殊師利！云何「愛欲」(貪愛欲望)而能出道？

文殊師利答言：天子！淨「八直行(八正道)」是「欲道」。

(14)天子復問：文殊師利！云何「八直行(八正道)」與「愛欲(貪愛欲望)」俱耶？

文殊師利答言：天子！爾「八道(八正道)」與「愛欲」(貪愛欲望)俱，卿將讃道之「淨」乎？「婬怒癡」盡，是故「道」，如行「愛欲」(貪愛欲望)，行「道」亦爾。

(15)天子復問：文殊師利！於此行中，何所為作，而與「道」合？

文殊師利答言：天子！於此行中，亦不得「愛欲」(貪愛欲望)，亦不得「生死」，亦不得「泥洹」，是故道，道之所行得合於「道」。

(16)天子復問：文殊師利！何所是「菩薩行」？

文殊師利答言：天子！「六十二見、四顛倒、五陰蓋，一切無功德輩」是菩薩行。

(17)天子復問：文殊師利！是事云何？

文殊師利答言：天子！菩薩以「善權方便」，廣隨所入，欲救度一切。一切所求，惟因「諸見、愛欲(貪愛欲望)、四顛倒」中求。所以者何？一切從是中生故。於此求索，一切「不可得見」，亦「不見所見」，「愛欲」(貪愛欲望)亦不可見，「四顛倒」亦不可見，亦「非一切」，亦「非不一切」。所以者何？「護脫(救護度脫)」一切故。如是，天子！當作是知，「菩薩道」於「愛欲」(貪愛欲望)中求。

(18)天子復問：文殊師利！菩薩不從「三脫門(三解脫門)」而求道耶？

文殊師利答言：天子！不可從「空」而成道、亦不可於「無相」、亦不可於「無願」而成道也。所以者何？於是中無「心、意、識」念，亦「無動」故。有「心、意、識」念動者，乃成其道。

(19)天子復問：文殊師利！何所施行，而名為道？

文殊師利答言：天子！

「愚癡」與道等(平等無二)，道與「愚癡」等。「施行」是等，則名曰「道」等。

於「直見」等、於「邪見」等。

於「直念」等、於「邪念」等。

於「直語」等、於「邪語」等。

於「直活」等、於「邪活」等。

於「直業」等、於「邪業」等。

於「直方便」等、於「邪方便」等。

於「直意」等、於「邪意」等。

於「直定」等、於「邪定」等。

(20)天子復問：文殊師利！云何「直見」與「邪見」等(平等無二)？

文殊師利答言：天子！等於「虛空」，等於「寂靜」。

(21)天子復問：文殊師利！「空」與「寂靜」有何差特？

文殊師利答言：天子！「虛無」等、「虛空」等，是寧有異不也？

(22)天子報文殊師利言：「虛無」等、「虛空」等，實無有異也。

文殊師利答言：如是，天子！「空寂」適等亦復無異。

(23)天子復問：文殊師利！云何所說等，而復有「稱譽讚歎」之差特耶？

文殊師利答言：天子！「無思想」因所作，而自貢高，便有異，而致稱譽讚歎。設使「無思想」因所作，而自貢高，解知是義相者，是無有異也。

譬如，天子！「萬川四流」各自有名，盡歸于海合為一味。所以者何？無有「異」故也。如是，天子！不曉了法界者，便呼有「異」，曉了法界者便見而「無異」也。

(24)天子復問：文殊師利！法界乎寧可得「見知」不也？

文殊師利答言：天子！法界不可得「見知」也。所以者何？

「總合」聚一切諸法故。於「法界」而不相知，於是「法界」而等念得三世之慧，是則法界之處。棄捐「煩亂」猶豫之心，是則知處所。亂語者，終不受之，則知其處。

譬若，天子！於「無色像」悉見諸色，是色亦無，等如虛空也。

如是，天子！於法界為甚清淨而無瑕穢，如明鏡見其面像，菩薩悉見一切諸法。如是諸法及於法界，等「淨」如「空」。

(25)天子復問：文殊師利！云何菩薩得「辯才慧」？

文殊師利答言：天子！菩薩以「空身慧」而無所斷，於諸所見，自現其身，為一切人說「無常法」令離是身，是為菩薩得「辯才之慧」。知所有空，於一切皆「無所有」。

(26)天子復問：文殊師利！云何菩薩得「分別諸法」？

文殊師利答言：天子！知「空寂」，於「有身、無身」而不作異，是故菩薩得「分別諸法」。

(27)天子復問：文殊師利！云何菩薩得為「導師」？

文殊師利答言：天子！菩薩法亦「不住」，亦「不不住」。是故，天子！菩薩得為導師。

(28)天子復問：文殊師利！云何菩薩得知一事「了無數事」？

文殊師利答言：天子！菩薩於「無思想」而「無動搖」，是故菩薩得知一事「了無數事」。

(29)天子復問：文殊師利！菩薩寧能有要現入「三品」不？何等為三？等於「正要」、入於「不要」、入於「邪要」。

文殊師利答言：天子！菩薩於「正要」入佛法，於「不要」入「聲聞、辟支佛」地，於「邪要」入度一切。

(30)天子復問：文殊師利！菩薩寧有「住於閑」、復「住於懅」不？

文殊師利答言：天子！菩薩有「閑務」。

(31)天子復問：何以正爾，何故得入於「懅」(驚慌恐懼)？

答言：以諸「懅」故而住「示現」，「育養眾生」而令得閑。所以者何？瞻視一切故。

天子！「聲聞」解脫自為身故。所以者何？是為「得閑」。菩薩不於是中而示現。

復次，「有懅者」皆未得道，菩薩而往「示現」。

(32)天子復問：文殊師利！仁者今得「閑」耶？而得「懅」(驚慌恐懼)乎？

文殊師利答言：天子！吾亦「不懅」，亦復「不閑」。

(33)天子復問：文殊師利！何故如是乎？

文殊師利答言：天子！吾「未有所至」，亦「無所得」，不閑於「閑」。亦不須臾，亦不「一時」，以「生死」為拘。

(34)天子復問：文殊師利！說是法言，為降伏魔場已？

文殊師利答言：實爾！天子！如仁者所云，說是法言為降伏魔場。何以故爾？

天子！如是法言，不識「五陰」，亦不於「愛欲」(貪愛欲望)有所棄，亦不於「解脫」有所起，亦不近於「解脫」，降伏於「異道」。何以故爾？

天子！一切「異道行」不在其中，為堅立法英。所以者何？

「無冥」皆悉「明」故。為轉法輪，為斷一切「諸所見」已。

(35)天子復問：文殊師利！說是法言，為有幾人得知「法世」？

文殊師利答言：天子！無世為不冥，是則「法世」之所作。

(36)天子復問：文殊師利！世人聞是法言而得解脫，甚哉難值！

文殊師利答言：天子！其不厭於「世縛」者，乃信是法，無不解脫。

(37)天子復問：文殊師利！厭於「世縛」為何所是？
文殊師利答言：遠「婬怒癡」、棄於「愛欲」(貪愛欲望)，覺知「苦者」而欲求脫，是則厭於「世間縛」。
(38)天子復問：文殊師利！誰復不厭「世間縛」者？
文殊師利答言：天子！等於「婬怒癡」、等於「愛欲」(貪愛欲望)、等於「解脫」，是故不厭「世間縛」。
(39)於是眾會聞說法言，莫不踊躍皆得歡喜。爾時雨於「天華」及「栴檀香」，諸天亦復持「衣裓」盛花香，散於佛上及文殊師利上，鼓樂絃歌來供養佛。億百千諸天以「柔濡聲」讚歎於佛，復於虛空奮振衣服，喜踊加倍僥倖乃聞是法。
(40)爾時眾會一切人民見是變化，皆以「華香」及與「衣服」，散於世尊及文殊師利童子上，便說是言：
(41)世尊！聞是法言而「不信解」者，為不值見佛。云是法言「非佛所說」者，為非「除鬚髮」及「持大戒」者，亦不「諷誦」復不信樂，亦非「沙門婆羅門」。而不隨是，是輩無「四德」，亦無「名字」。所以者何？用「恐畏」故。
(42)聞是「有信」菩薩摩訶薩最上菩薩種種功德者，為盡生死底、斷絕諸惡道，於過去當來今現在佛世尊所，得持是法而堅住。
(43)聞是法因是皆當「解脫」，有受持諷誦廣為一切解說其義者，是為「持戒清淨」而完具，是為值見佛，是為「轉法輪」，是為「沙門」，是為「婆羅門」，是為「除鬚髮」，是為「受大戒」，是為「有所得」，是為「有名字」。
(44)爾時世尊於眾會中讚言：善哉！善哉！
(45)於是佛語彌勒言：受持是法，當諷誦讀廣為一切說之。
(46)說是經時，「十二」那術人眾遠塵離垢，諸法法眼生。「八千比丘」漏盡意解，「三萬菩薩」發阿耨多羅三藐三菩提心；五萬菩薩得無所從生法忍。
(47)佛語彌勒：仁者得佛時，一切菩薩及諸會者，皆當逮得奉持是法。其聞受持是深經者，彌勒皆當授與其決。

《佛說魔逆經》

(1)時大迦葉謂魔波旬(此魔波旬乃乘文殊菩薩之神力而化現爲「佛像」爲眾說法)：波旬以為「興作佛事」！
(2)其魔答曰：文殊師利境界所感，不當觀之是我所為！
(3)須深天子問文殊曰：其「佛事」者，當於何求？
(4)答曰：當於「眾生愛欲(貪愛欲望)」之中求於佛事。
(5)又問文殊：何故說此？
(6)答曰：以於「眾生塵勞」之故，受於「愛欲」(貪愛欲望)。設無「愛欲」(貪愛欲望)，不興佛事。

(7)**譬如**「無疾」則不用醫。如是行者，假使眾生「無有愛欲」，則不用佛。

【八～6】高原陸地，不生蓮華，卑濕淤泥，乃生此華。若不入「煩惱大海」，則不得一切「智寶」

三國吳・支謙譯《維摩詰經》	姚秦・鳩摩羅什譯《維摩詰所說經》	姚秦・鳩摩羅什譯《維摩詰所說大乘經》	唐・玄奘譯《說無垢稱經》
㊀(維摩詰)曰：何謂也。	㊀(維摩詰)曰：何謂也？	㊀(維摩詰)曰：何謂也？	㊀無垢稱言：依何「密意」作如是說？
㊁文殊師利言：夫(已證入)「虛無、無數(無為)」，(則)不能出現住發「無上正真道意」。(若)在「塵勞事」，(尚)未「見諦」(指獲得「見道位」)者，乃能發斯「大道意」耳。	㊁(文殊菩薩)答曰：若見「無為」入「正位」(聲聞所見證之無為涅槃)者，(則)不能復發「阿耨多羅三藐三菩提心」。	㊁(文殊菩薩)答曰：若見「無為」入「正位」(聲聞所見證之無為涅槃)者，(則)不能復發「阿耨多羅三藐三菩提心」。(若)**住「有為法」**(之)**凡夫**，(則)**可以發「阿耨多羅三藐三菩提心」**。	㊁妙吉祥言：非見「無為」、已入「正性離生位」(證入涅槃後能脫離煩惱之生，為「見道位」之別名)者，能發「無上正等覺心」。要住「有為煩惱」諸行，(尚)未「見諦」者，(則)能發「無上正等覺心」。
㊂譬如，族姓子！高原陸土，不生「青蓮、芙蓉、蘅𦬗華」。「卑濕污田」乃生此華。	㊂譬如高原陸地，不生蓮華，「卑濕淤泥」乃生此華。	㊂譬如高原陸地，**不生淨妙「馨香蓮華」**，「卑濕淤泥」乃生此華。	㊂譬如高原陸地。不生「殟鉢羅花(utpala 青色)、鉢特摩花(padma 赤色)、拘母陀花(kumuda 紅色)、奔荼利花(puṇḍarīka 白色)」，要於「卑濕穢淤泥」中，乃得生此四種花。
㊃如是不從「虛無、無數(無為)」出生(大乘成佛之)佛法。(要於)「塵勞」之中，	㊃如是見「無為法」入「正位」(聲聞所見證之無為涅槃)者，終不復能生於(大乘成佛	㊃如是見「無為法」入「正位」(聲聞所見證之無為涅槃)者，終不復能生於(大乘圓滿	㊃如是「聲聞、獨覺」種性，已見「無為」(聲聞所見證之無為涅槃)，已入「正性

乃得衆生而起「道意」。以有「道意」，則生（大乘成佛之）佛法。	之）佛法。（要於）「煩惱泥」中，乃有衆生起（大乘成佛之）佛法耳！	之）佛法。（要於）「煩惱泥」中，乃有衆生起（大乘成佛之）佛法耳！	離生位」（證入涅槃後能脫離煩惱之生，爲「見道位」之別名）者，終不能發一切（大乘成佛之）「智心」。要於「煩惱」諸行「卑濕穢淤泥」中，方能發起一切「智心」，於中生長諸（大乘成佛之）佛法故。
	(伍)又如殖種於「空」，終不得生！「糞壤」之地，乃能滋茂。	(伍)又如植種於「空」，終不得生！「糞壤」之地，乃能滋茂。	(伍)又，善男子！譬如植種，置於「空中」，終不生長。要植「卑濕糞壤」之地，乃得生長。
	(陸)如是（只證）入「無為正位」（聲聞所見證之無爲涅槃）者，不生（大乘成佛之）佛法。	(陸)如是（只證）入「無為正位」（聲聞所見證之無爲涅槃）者，不生（大乘成佛之）佛法。	(陸)如是「聲聞、獨覺」種性，已見「無為」（聲聞所見證之無爲涅槃），已入「正性離生位」（證入涅槃後能脫離煩惱之生，爲「見道位」之別名）者，不能生長一切（大乘成佛之）佛法。
(柒)從自「見身」，積若「須彌」，乃能兼見，而起「道意」，故生（大乘成佛之）佛法。	(柒)（寧可）起於「我見」如「須彌山」，猶能發于「阿耨多羅三藐三菩提心」，生（大乘成佛之）佛法矣！	(柒)（寧可）起於「我見」如「須彌山」，猶能發于「阿耨多羅三藐三菩提心」，生（大乘成佛之）佛法矣！	(柒)雖起「身見」如「妙高山」，而能發起大菩提願，於中生長諸（大乘成佛之）佛法故。
(玖)依如是要，可知一切「塵勞」之疇（種性；類）為「如來種」（如來種性）。	(玖)是故當知，一切「煩惱」（皆）為「如來種」（如來種性）。	(玖)是故當知，一切「煩惱」（皆）為「如來種」（如來種性）。	

㊇又譬如，人不下巨海，能舉「夜光寶」耶？如是不入「塵勞事」者，豈其能發一切「智意」？	㊇譬如，不下巨海，不能得「無價寶珠」。如是不入「煩惱大海」，則不能得一切(如來)「智寶」。	㊇譬如，不下巨海，不能得「無價寶珠」。如是不入「煩惱大海」，則不能得一切(如來)「智寶」。	㊇又，善男子！譬如有人，不入大海，終不能得「吠琉璃」等無價珍寶。不入生死「煩惱大海」，終不能發無價珍寶一切(如來)「智心」。 ㊈是故當知，一切生死「煩惱種性」，(皆)是「如來種性」。

《大乘修行菩薩行門諸經要集・卷上》

(1)善男子！譬如不入「四大海水」，無由取得「無價寶珠」。

(2)善男子！亦復如是，若不入「煩惱大海」，無由取得「佛性寶珠」。

(3)當知「菩提種性」本從「煩惱」中來。

《思益梵天所問經・卷第一》

(1)世尊！是法，一切世間之所難信。所以者何？

(2)世間貪著「實」，而是法「無實、無虛妄」。

(3)世間貪著「法」，而是法無「法」、無「非法」。

(4)世間貪著「涅槃」，而是法無「生死」、無「涅槃」。

(5)世間貪著「善法」，而是法無「善」、無「非善」。

(6)世間貪著「樂」，而是法無「苦」、無「樂」。

(7)世間貪著「佛出世」，而是法「無佛出世」，亦「無涅槃」。

(8)雖「有說法」，而是法「非可說相」。

(9)雖「讚說僧」，而僧即是「無為」。

(10)是故此法一切世間之所難信，譬如「水」中出「火」，「火」中出「水」，難可得信。如是「煩惱」中有「菩提」，「菩提」中有「煩惱」，是亦難信。所以者何？

(11)如來得是「虛妄煩惱」之性，亦「無法不得」。

(12)「有所說法」，亦「無有形」。

(13)雖「有所知」，亦「無分別」。

(14)雖「證涅槃」，亦「無滅」者。

(15)世尊！若有善男子、善女人，能信解如是法義者，當知是人「得脫諸見」，當知是人「已親近無量諸佛」，當知是人「已供養無量諸佛」，當知是人「為善知識所護」。

《大方等大集經・卷第十七》

(1)善男子！是為「出世間」般若波羅蜜，是為菩薩「出世間」波羅蜜道，悉能「攝取一切諸道」，當知「一切諸道」皆入在中。

(2)何故名之為「出世間」耶？

(3)善男子！「五受陰」名為世間，菩薩善分別「五陰」，觀是「無常」。乃至如涅槃性，已知此道中無有「世間」及「世間法」，知此道是「無漏」，是「出世間」無所繫著，是名「出世間」…

(4)善男子，此「道」成就如是等，及餘無量功德。一切大士，乘此「道」故，能往來教化無量眾生，是為莊嚴。

(5)無諸煩惱，現「入煩惱」，是其莊嚴。

(6)觀於「生死」而不證「實際」。到「空、無相、無作」門，而能教化行「諸見、諸相、諸願」眾生，是其莊嚴。

(7)現入「聲聞、辟支佛」涅槃，而不捨「生死」，是其莊嚴。

(8)現諸趣「受生」，而不動於「法性」。現說一切「言教」，而不動於「無言」，是其莊嚴。

(9)能現一切「佛事」，而不捨「菩薩行」，是其莊嚴。

(10)善男子！是為菩薩大誓莊嚴、大乘莊嚴道莊嚴。

《佛說最勝妙吉祥根本智最上祕密一切名義三摩地分・卷下》

(1)此勝成就法，能最上變化，出現種種身，清淨諸惡趣。

(2)與一切眾生，為主為所依。一切眾生界，普令得度脫。

(3)入「煩惱」戰陣，為勇猛堅固。

「聲聞獨覺」不能入「七地」菩薩的境界

《入楞伽經・卷第七》

(1)佛告大慧！菩薩從「初地」乃至「六地」，入「滅盡定」。「聲聞、辟支佛」亦入「滅盡定」。

(2)大慧！諸菩薩摩訶薩於「七地」中，“念念”入「滅盡定」。以諸菩薩悉能遠離一切諸法「有、無」相故。

(3)大慧！「聲聞、辟支佛」不能“念念”入「滅盡定」。以「聲聞、辟支佛」緣「有為行」，入「滅盡定」，墮在「可取、能取」境界。

(4)是故「聲聞、辟支佛」，不能入「七地」中"念念"「滅盡定」。
(5)以「聲聞、辟支佛」生驚怖想。恐墮諸法「無異相」故。
(6)以覺諸法種種「異相」，「有法、無法、善、不善法、同相、異相」而入「滅盡定」。
(7)是故「聲聞、辟支」不能入「七地」中"念念"「滅盡定」，以無「善巧方便智」故。
(8)大慧！「七地」菩薩摩訶薩轉滅「聲聞、辟支佛」;「心、意、意識」。

《大聖文殊師利菩薩佛剎功德莊嚴經・卷中》
(1)復次，舍利子！菩薩成就二法，不退大願，隨其意樂淨佛剎土。云何為二？
(2)所謂菩薩不樂求「聲聞」，不樂求「聲聞乘」，不愛樂「聲聞所說法」，不樂親近「聲聞乘」者，不學「聲聞律儀戒」，不樂宣說「共聲聞乘相應」之法，亦不勸他行「聲聞乘」。於「緣覺乘」亦復如是。
(3)唯為勸發有情成就「最上阿耨多羅三藐三菩提」。是名為二。
(4)舍利子！若有勸他趣入「佛乘」，而此菩薩則能攝取十種功德。云何為十？
一者、攝取無「聲聞、緣覺」佛剎。
二者、得純一清淨大菩薩眾。
三者、諸佛世尊之所護念。
四者、常為諸佛稱名讚歎而為說法。
五者、於一切事生廣大心。
六者、若生天上，當作帝釋或梵天王。
七者、若生人中，作轉輪聖王。
八者、常見諸佛世尊而不遠離。
九者、為諸天人之所愛樂。
十者、獲得不壞眷屬及無量福聚。何以故？
(5)舍利子！若有能令三千大千世界諸有情類，一切皆得「阿羅漢果」或「緣覺地」。若復有能置一有情於「佛菩提」。此之功德甚多於彼，何以故？
(6)舍利子！若「聲聞、緣覺」出現於世，則不能令「佛種」(大乘成佛之種性)不斷。若佛如來不出於世，亦無「聲聞」及以「緣覺」。
(7)舍利子！以佛世尊出現於世，是故能令「佛種」(大乘成佛之種性)不斷，則有「聲聞、緣覺」施設。
(8)舍利子！由此勸他住菩提心，獲得如是十種功德，不退大願，得隨意樂清淨佛剎。

【八～7】凡夫聞佛法，若生起無上成佛道心，則不斷三寶，能知報佛恩。聲聞者，若不發無上「成佛」道心，則永不能「真實」的報佛恩

三國吳・支謙譯《維摩詰經》	姚秦・鳩摩羅什譯《維摩詰所說經》	姚秦・鳩摩羅什譯《維摩詰所說大乘經》	唐・玄奘譯《說無垢稱經》
㊀賢者大迦葉言：善哉！善哉！文殊師利！快說此言。誠如之意，「塵勞」之疇(種性;類)為「如來種」。	㊀爾時大迦葉歎言：善哉！善哉！文殊師利！快說此語。誠如所言，「塵勞」之疇(種性;類)為「如來種」。	㊀爾時大迦葉歎言：善哉！善哉！文殊師利！快說此語。誠如所言，「塵勞」之儔(種性;類)為「如來種」。	㊀爾時尊者大迦葉波歎妙吉祥：善哉！善哉！極為善說「實語、如語、誠無異言」。一切「生死煩惱」種性，是「如來種性」。所以者何？
㊁奚但「身見」能發「無上正真道」乎？	㊁我等(大迦葉等)今者，不復堪任(不夠資格;不堪適任)發「阿耨多羅三藐三菩提心」。	㊁我等(大迦葉等)今者，不復堪任(不夠資格;不堪適任)發「阿耨多羅三藐三菩提心」。	㊁我等(大迦葉等)今者，(於)心相續中，生死「種子」悉已「燋敗(燒焦乾枯敗裂)」，終不能發「正等覺心」。
㊂雖以「五無間」具，猶能發斯「大道意」而具(大乘成佛之)佛法矣。	㊂乃至(若凡夫若造作)「五無間罪」，猶能「發意」(發無上成佛道意)，生於(大乘成佛之)佛法。	㊂乃至(若凡夫若造作)「五無間罪」，猶能「發意」(發無上成佛道意)，生於(大乘成佛之)佛法。	㊂寧可成就(像凡夫一樣造作)「五無間業」，(我終)不作我等諸「阿羅漢」，(為)究竟解脫。 ㊃所以者何？(若凡夫)成就「五種無間業」者，猶能有力，(滅)盡「無間業」，(進而)發於「無上正等覺心」，(而終)漸能成辦一切(大乘成佛之)佛法。
㊄(我大迦葉等)已得	㊄而今我等(大迦	㊄而今我等(大迦	㊄我等(大迦葉等)

「羅漢」為「應真」者，終不能復起「道意」而具(大乘成佛之)佛法也。如「根(五根)敗」之士，其於「五樂」不能復利(再次享色聲香味觸五欲之利樂)。	葉等)，(則)永不能發(成佛道心)。譬如根(五根)敗之士，(則)其於「五欲」不能復利(再次享色聲香味觸五欲之利樂)。	葉等)，(則)永不能發(成佛道心)。譬如根(五根)敗之士，其於「五欲」不能復利(再次享色聲香味觸五欲之利樂)。	「漏盡」諸「阿羅漢」永無此能(成佛道心)。如缺根(五根)士，於妙「五欲」(色聲香味觸五欲)無所能為。
㉖如是「弟子」(聲聞)，「雜行」已斷，其於(大乘成佛之)佛法「不樂、不利」，無復「志願」(成佛)。	㉖如是「聲聞」，(已於)諸結(煩惱)斷者，(則)於(大乘成佛之)佛法中「無所復益」，永不「志願」(成佛)。	㉖如是「聲聞」，(已於)諸結(煩惱)斷者，(則)於(大乘成佛之)佛法中「無所復益」，永不「志願」(成佛)。	㉖如是「漏盡」諸阿羅漢，(已於)諸結(煩惱)永斷，即於(大乘成佛之)佛法「無所能為」，不復志求「諸佛妙法」。
㉗是以「凡夫」於佛法為有「反復」(反哺報恩於如來)，如「弟子」(聲聞)無有。	㉗是故，文殊師利！「凡夫」於佛法有「返復」(反哺報恩於如來)，而「聲聞」無也。	㉗是故，文殊師利！「**凡夫**」**知報佛恩**，而「聲聞」無也。	㉗是故「異生」(凡夫)能報佛恩，「聲聞、獨覺」終不能報。
㉘所以者何？「凡夫」聞(大乘成佛之)佛法，能起「大道」，不斷「三寶」。	㉘所以者何？「凡夫」聞(大乘成佛之)佛法，能起無上道心，不斷「三寶」。	㉘所以者何？「凡夫」聞(大乘成佛之)佛法，能起無上道心，不斷「三寶」。	㉘所以者何？「異生」(凡夫)聞「佛法僧」功德，為三寶種，終無斷絕，能發「無上正等覺心」，(終)漸能成辦一切(大乘成佛之)佛法。
㉙使夫(即使)「弟子」(聲聞)，終身聞佛法「(十)力、(四)無所畏」，非復有意起(大乘成佛之)「大道」也。	㉙正使(假使)「聲聞」，終身聞佛法「(十)力、(四)無畏」等，(彼等)永不能發(大乘成佛之)「無上道意」。	㉙正使(假使)「聲聞」，終身聞佛法「(十)力、(四)無畏」等，(彼等)永不能發(大乘成佛之)「無上道意」。	㉙「聲聞、獨覺」，假使終身聞說「如來(十)力、(四)無畏」等，乃至所有「(十八)不共佛法」一切功德，(彼等聲聞獨覺)終不能發(大乘成佛之)「正等覺心」。

《大般若波羅蜜多經・卷第七十七》

(1)具壽善現告帝釋(帝釋天、因陀羅、憍尸迦、釋提桓因)言：善哉！憍尸迦！汝等諸天諦聽！諦聽！吾當承佛神力順如來意，為諸菩薩摩訶薩宣說般若波羅蜜多，如菩薩摩訶薩所應住所應學。

(2)憍尸迦！汝諸天等「未發」阿耨多羅三藐三菩提心者，今皆應發。

(3)憍尸迦！若入(若已證入)「聲聞、獨覺」(之)「正性離生」(證入涅槃後能脫離煩惱之生，為「見道位」之別名)者，(便)不能(再)復發「阿耨多羅三藐三菩提心」(除非彼等發心而迴小向大)。何以故？彼於「生死流」，已作「限隔」故。

(4)是中設有能於「無上正等菩提」發心趣者，我亦隨喜。所以者何？諸勝士夫，應「更求上法」，我於有情「最妙善品」不為礙故。

《摩訶般若波羅蜜經・卷第七》

(1)須菩提語釋提桓因(帝釋天、憍尸迦、因陀羅)言：憍尸迦(帝釋天、因陀羅、釋提桓因)！我今當承順佛意、承佛神力，為諸菩薩摩訶薩說般若波羅蜜，如菩薩摩訶薩所應住「般若」波羅蜜中。

(2)諸天子！今未發「阿耨多羅三藐三菩提心」者，應當發心。

(3)諸天子！若入(若已證入)「聲聞正位」，是人(便)不能發「阿耨多羅三藐三菩提心」(除非彼等發心而迴小向大)。何以故？(彼等已)與「生死」作「障隔」故。

(4)是人若發「阿耨多羅三藐三菩提心」者，我亦隨喜。所以者何？「上人」應更求「上法」，我終不斷其功德。

《小品摩訶般若波羅蜜經・卷第一》

(1)須菩提語釋提桓因及諸天眾：憍尸迦！我今當承佛神力，說般若波羅蜜。若諸天子未發「阿耨多羅三藐三菩提心」者，今應當發。

(2)若人(若有人)「已入正位」，則不堪任發「阿耨多羅三藐三菩提心」(除非彼等發心而迴小向大)。何以故？(彼等)已於「生死」作「障隔」故。

(3)是人若發「阿耨多羅三藐三菩提心」，我亦隨喜，終不斷其「功德」。所以者何？上人應求上法。

《佛說佛母出生三法藏般若波羅蜜多經・卷第二》

(1)須菩提言：憍尸迦！今此天子眾中，以「佛威神」加持力故，若有未發「阿耨多羅三藐三菩提心」者，應當發心。

(2)若「已入正位」者，即不堪任發「阿耨多羅三藐三菩提心」(除非彼等發心而迴小向大)。何以故？彼於「輪迴」有所「縛」(指已縛輪迴，已與輪迴作出「障隔」)故。
(3)如是等人，若有能發「阿耨多羅三藐三菩提心」者，我亦「隨喜」，勸令發心，於其「善根」使不斷絕。

《放光般若經・卷第六》

(1)須菩提報釋提桓因言：拘翼(Kauśika，又稱「憍支迦」，爲「帝釋天」之異名，即忉利天（三十三天）之主)！今當承佛威神為諸菩薩說般若波羅蜜，當為菩薩如所應住說。是諸天子未發意者，今當應發菩薩心。
(2)已住於「道撿」(即指「聲聞正位」)者，力不堪發「阿耨多羅三耶三菩」意(除非彼等發心而迴小向大)。何以故？(彼等已)為「生死界」作「障隔」故。
(3)假令是輩能發「阿耨多羅三耶三菩意」者，我亦代其歡喜。從「上」轉「尊」，我終不中道斷其功德。

《佛說首楞嚴三昧經・卷上》

(1)爾時釋提桓因(Śakra-Devānām-indra 天帝釋、帝釋天、天主、因陀羅、即俗謂「玉皇大帝」)白佛言：世尊！諸有不發「阿耨多羅三藐三菩提心」者，不得如是清淨妙身，亦復失是「首楞嚴三昧」。
(2)於時瞿或天子語釋提桓因言：諸「聲聞」人「已入法位」，雖復稱歎愛樂「佛道」，無能為也(除非彼等發心而迴小向大)。(彼等)已於「生死」作「障隔」故。
(3)若人已發「阿耨多羅三藐三菩提心」者，今發當發。是人則應愛樂「佛道」，能得如是「上妙色身」……是故，若欲得此「妙身大智慧」者，當發「無上佛菩提心」，便得如是「上妙色身」。
(4)瞿或天子說是語時，萬二千天子發「阿耨多羅三藐三菩提心」。

《大樹緊那羅王所問經・卷第四》

(1)天主(帝釋天、憍尸迦、因陀羅、釋提桓因)！菩薩「發心」已，勝一切「聲聞、緣覺」。
(2)憍尸迦(帝釋天、憍尸迦、因陀羅、釋提桓因)！無有能勝於「菩薩」者，唯除「如來」……爾時釋提桓因(帝釋天、憍尸迦、因陀羅)於如來所，聞是語已。涕泣流淚，作如是言：我今永為「離於大乘」！
(3)爾時瞿或天子語釋提桓因：父王！天主！如是！如是！一切諸行、一切諸法，無有覆障，從「妄想」起，不能發生「無上正真大道之心」(除非彼等發心而迴小向大)，不能悲念一切眾生，不能修於「大慈」之心。
(4)父王！天主！今復何言？(若有人)「已入正位」，(則將成就)燒敗「種子」(大乘佛性種子)，於此「大乘」，永非其器。

(5)瞿或天子說是語時，三十三天中「五百天子」，皆發無上正真道心。

《佛說須賴經》

如來適坐於師子之座，於是三千大千世界六種震動，現「十八瑞動」而復動，而復大動。於是釋提桓因子瞿或在會中坐。於是瞿或天子，化作六萬座。

《佛本行經・卷第一》

如天帝釋(Śakra-Devānām-indra 帝釋天、天主、因陀羅、即俗謂「玉皇大帝」)生子瞿或，如「安祥天」。生子「童男」，如「毘沙門」。

《大乘修行菩薩行門諸經要集・卷上》

(1)爾時長老摩訶迦葉歎文殊師利菩薩言：誠如所說，真實不虛。如是「佛種」皆是「煩惱種」性。何以故？

(2)我等「聲聞」無復堪任發生「菩提」，我等為「燒滅」三界「煩惱」種子，我等寧以「無間五逆」，不應「斷解」世間煩惱。何以故？

(3)若人已造「五逆惡罪」，受畢究竟，還復發生「菩提之心」，親聞佛法，顯現佛事。若阿羅漢，「煩惱」已盡，無復「後有」，無能發得「阿耨多羅三藐三菩提」。

(4)譬如有人「五根」總壞，是人「識心」不堪更起。羅漢亦爾，「煩惱」總壞，「諸結」已除，既無力故，不堪扶持「無上菩提」。

(5)以是義故，「凡夫」親近於「佛」，「聲聞、辟支」遠離「菩提」，何以故？

(6)凡夫數聞「三寶威力」無量種性，則發菩提，不斷「阿耨多羅三藐三菩提心」。若「聲聞、緣覺」，雖曾聞說如來聖德「十力、(四)無畏、十八不共」，亦不堪任發得「菩提」。

《佛說阿闍世王經・卷上》

(1)佛謂舍利弗：汝等本「畏生死」故，不發「菩薩心」，而欲疾「般泥洹」……其欲疾「般泥洹」者，當發意「求佛」如我……

(2)其一一尊比丘，舍利弗、摩訶目揵連、阿難……摩訶迦葉……須菩提等，悉以頭面著佛足，皆譬言：若男子、女人，欲求道者，當發尊意。所以者何？

(3)如佛百千，以「法」為吾等說，(汝等羅漢)不能復發作「菩薩心」，皆而有「悔為羅漢」(應該後悔只發心作二乘之羅漢)故；不如(像一位凡夫)「本作五逆惡」，其罪猶有解脫，(尚)可「發心」為「阿耨多羅二耶二菩心」。

(4)今者(汝等聲聞眾，皆)以「無所益」。所以者何？(汝等)惟燒「佛種」(大乘佛性種子)故。其(根)器者，以「不堪」(不堪發作)菩薩心。

《彌勒菩薩所問經論・卷第一》

(1)諸天子，「未發」阿耨多羅三藐三菩提心者，彼人應「發大菩提心」。(若)已(證)入「聲聞、辟支佛位」，(便)不能「復發」阿耨多羅三藐三菩提心(除非彼等發心而迴小向大)，何以故？

(2)一切「聲聞、辟支佛」等，(已)斷「生死流」，不能「數數」(屢次頻繁)受生世間，(亦不能)發「阿耨多羅三藐三菩提心」(除非彼等發心而迴小向大)。

(3)諸菩薩摩訶薩，於「初地中」見「實諦」故，發「阿耨多羅三藐三菩提心」，不失因故，攝得「深心」，以「般若波羅蜜」如實攝取，修戒行等。

(4)不著身命，唯為利益眾生，修行彼時，名為「不退轉菩薩」。

《文殊師利所說不思議佛境界經・卷上》

(1)爾時須菩提復白文殊師利菩薩言：大士！汝已入「正位」耶？

(2)文殊師利菩薩言：大德！我雖「已入」，亦復「非入」。

(3)須菩提言：大士！云何「已入」而「非入」乎？

(4)文殊師利菩薩言：大德應知！此是菩薩「智慧善巧」。我今為汝說一譬喻，諸有智人，以「譬喻」得解。大德！如有「射師」，其藝超絕。惟有一子特鍾「心愛」，其人復有「極重怨讎」。耳不欲聞，眼不欲覩。或時其「子」出外遊行，在於遠處，路側而立。

(5)父遙見之，謂是其「怨」，執弓持箭，控弦而射。箭既發已，方知是「子」。其人巧捷，疾走追「箭」。「箭」未至間，還復收得。

(6)言「射師者」，喻「菩薩」也。一「子」者，喻「眾生」也。「怨家」者，喻「煩惱」也。言「箭」者，此則喻於「聖智慧」也。

(7)大德當知！菩薩摩訶薩以「般若」波羅蜜，觀一切法，無生「正位」，大悲「善巧」故。故不於「實際」作證，而住「聲聞、辟支佛」地。誓將化度一切眾生，至「佛地」矣。

《攝大乘論釋論・卷第六》

(1)論曰：「聲聞」入「正位」，「菩薩」入「正位」。此二有何差別？

(2)「聲聞正位」有十種差別，與「菩薩正位」異，應知。

一、「所緣「差別。(菩薩之入正位乃)「大乘法」為緣故。

二、「住持」差別。(菩薩之入正位乃)「大福智資糧」住持故。

三、「通達」差別。(菩薩之入正位乃)通達人法「無我」故。

四、「涅槃」差別。(菩薩之入正位乃)攝取「無住著涅槃」故。

五、「地」差別。(菩薩之入正位乃)依「十地」出離故。

六、「清淨」差別。(菩薩之入正位乃)「煩惱斷」及「佛刹淨」故。
七、「得一切眾生與自身平等心」差別。(菩薩之入正位乃)起成熟眾生行，不休息故。
八、「生」差別。(菩薩之入正位乃)生「如來家」故。
九、「化現」差別。(菩薩之入正位乃)佛集輪中，一切時化現所攝故。
十、「果」差別。(菩薩之入正位乃)「十力、(四)無畏、(十八)不共佛法」等無量功德果成就故。

《佛說觀佛三昧海經・卷第六》

(1)佛告父王：正使有人成熟「邪見眾生」，數如上說。皆令彼人得「羅漢道」，三明六通，具八解脫。不如發心趣向「佛慧」，念佛須臾。
(2)佛說是語時，釋子眾中「一億」釋子，發「阿耨多羅三藐三菩提心」，自誓不求「聲聞、辟支佛道」。白佛言：世尊！諸「佛身分」，乃至一毛，無量化佛。諸「聲聞身」，如「燋敗」種(「焦芽敗種」指不能發無上道心之二乘聲聞者，此乃與草芽之枯焦、種子之腐敗者無異)，為何所益？

《大般涅槃經・卷第八》

(1)眾生「佛性」亦復如是，常為一切「煩惱」所覆，不可得見，是故我說「眾生無我」。
(2)若得聞是「大般涅槃」微妙經典，則見「佛性」，如象牙花。
(3)雖聞「契經」一切三昧，不聞是經，不知「如來微妙之相」……
(4)若有善男子、善女人，有能習學是「大涅槃」微妙經典，當知是人能「報佛恩」真佛弟子。
(5)迦葉菩薩復白佛言：甚奇！世尊！所言「佛性」甚深甚深，難見難入，「聲聞、緣覺」所不能報。

《菩薩念佛三昧經・卷第四》

(1)又不空見！我今略說一切諸佛所說「三昧」，應當勤修，念「報佛恩」。學三昧已，即得不退阿耨多羅三藐三菩提。
(2)而是菩薩以「大智力」，能為眾生說此「三昧」，其餘「聲聞」不能觀察，宣說、書寫、受持、讀誦。
(3)若能觀察、書寫、受持、讀誦之者，此人「福業」亦不唐捐……「念佛三昧」名為要法，諸大「聲聞」所不能行。
(4)若人聞說此三昧者，將來之世必當「值佛」。

《大方等大集經・菩薩念佛三昧分卷第七》

(1)若有菩薩摩訶薩應當修學念佛三昧，如是修者，名「報佛恩」。
(2)「思惟」是者，即不退轉於「阿耨多羅三藐三菩提」，亦當滿足彼諸佛法，乃至能為一切眾生作大依止，亦令成就無上種智故。
(3)不空見！斯諸菩薩摩訶薩有大智故，乃能「思惟」，非彼「聲聞、辟支佛」人得觀察也。
(4)不空見！若人於此念佛三昧，或時親近思惟修習，若受持、若讀誦，若書寫、若教書寫……速得不退阿耨多羅三藐三菩提。於當來世決定作佛。
(5)不空見！當知如是「念佛三昧」，則為總攝一切諸法，是故非彼「聲聞、緣覺」二乘境界。
(6)若人暫聞說此法者，是人當來「決定成佛」，無有疑也。

《思益梵天所問經・卷第一》
(1)世尊！誰知報佛恩？
(2)佛言：不斷佛種(大乘成佛之種性)者。
(3)世尊！誰能供養佛？
(4)佛言：能通達「無生際」者。

《佛說華手經・卷第八》
(1)爾時舍利弗白佛言……世尊，我從今已有所說法，先應開演是「菩薩乘」，然後當說諸「聲聞法」，何以故？
(2)我如是者，或「報佛恩」，謂：令乃至一人發無上心，速逮正覺。
(3)佛告舍利弗：善哉！善哉！汝今乃能發如是心，欲演大法，教化菩薩。何以故？
(4)於當來世多有輕賤此「大乘法」，如是諸經，無人信受。
(5)舍利弗！於爾時世，若善男子、善女人，求善法者，當自正念，依「義」依「法」……我「聲聞眾」修行道者，不輕(不要輕視)菩薩，毀壞大乘，況如是等；佛之所說甚深經法而生違逆？

《佛說諸法勇王經》
(1)舍利弗！以是故，善男子、善女人，欲得無上「畢報」(畢竟報答)施恩(如來法語之施恩)，應發阿耨多羅三藐三菩提心。
(2)舍利弗！若善男子、善女人，欲報過去「諸佛恩」者，亦當如是發阿耨多羅三藐三菩提心。
(3)舍利弗！若善男子、善女人，欲報未來「諸如來恩」者，亦當如是發阿耨多羅三藐三菩提心。

(4)**舍利弗！若善男子、善女人，欲報今現在十方「諸佛恩」者，亦當如是發阿耨多羅三藐三菩提心。**

(5)舍利弗！唯有二人，能「報佛恩」，何等為二？

(6)一者「盡漏」(若是證四果羅漢者，但又能發心迴小向大，亦屬此者)。

二者「發阿耨多羅三藐三菩提心」。

(7)**舍利弗！是二種人，**善能「供養」諸佛如來，善「報諸佛所有恩惠」。

《十住斷結經・卷第十》

(1)又問：世有幾賢能「報佛恩」？

(2)答曰：獲「四無畏」，不斷「佛種」(大乘成佛之種性)。

(3)**又問：世有幾賢能「供養」如來？**

(4)答曰：億萬劫行，於中「不惑」，是謂供養。

《大方廣佛華嚴經・卷第二十三》

(1)**諸佛子！是心以「大悲」為首，智慧增上，方便所護。直心、深心，淳**(淳熟)**至量同「佛力」……盡未來際。**

(2)菩薩發如是心，即時過「凡夫地」，入「菩薩位」，生在「佛家」，種姓尊貴，無可譏嫌。

《大寶積經・卷第二十八》

(1)**善男子！**云何菩薩摩訶薩善解「如來祕密」之教？

(2)**善男子！**菩薩摩訶薩於諸經中所有「隱覆」甚深密義。於彼說中「如實善知」。善男子！何等是為「如來密教(隱密之法教)」？……

(3)**爾時淨無垢寶月王光菩薩摩訶薩白佛言：世尊！此向**(剛剛)**所說，當云何取？**

(4)**世尊！**何故記諸「聲聞」得「阿耨多羅三藐三菩提」？

(5)**佛言：善男子！**我記「聲聞」得「阿耨多羅三藐三菩提」者，以見「聲聞」(仍然)有「佛性」故。

(6)**時淨無垢寶月王光菩薩摩訶薩白佛言：世尊！**此諸「聲聞」(雖已)斷諸「有漏」，(已)離於「三有」，「生分(三界眾生身分)」**已斷而有性**(而仍然有成佛之種性)，**故為如來授**(彼等將來仍可成就)「阿耨多羅三藐三菩提記」者，此事云何？

(7)**佛言：善男子！我今為汝說於譬喻。善男子！**譬如灌頂「轉輪聖王」具足「千子」，隨最大者，授其「王位」。然彼輪王以子「根鈍」，應「初(最初之時)教」者，而「中(中時)教」之。應「中教」者，而「後(後時;晚一點)教」之。一切工巧，呪術等事。

(8)**然是**王子以「根鈍」故，應「初(最初之時)學」者，而「中(中時)學」之。應「中學」者，而「後(後時;晚一點)學」之。
(9)善男子！於意云何？彼輪王子如是學已，豈可非是王「正子」耶？
(10)時淨無垢寶月王光菩薩摩訶薩言：不也！世尊！不爾！善逝！是「真王子」。
(11)佛言：善男子！菩薩摩訶薩亦復如是。以「根鈍」故，應「初學」者，而「中學」之。應「中學」者，而「後學」之。
(12)如是依觀「眾生五陰」，滅諸煩惱。煩惱滅已，然後得成「阿耨多羅三藐三菩提」。
(13)善男子！於意云何？彼諸「聲聞」以此因緣(仍然可)得成「正覺」，豈可得言「聲聞」(永)不得成「正覺」耶？

《入楞伽經・卷第八》
(1)佛告大慧！我為曾行「菩薩行」諸「聲聞」等，依「無餘涅槃」而與(彼等)「授記」。
(2)大慧！我與「聲聞」授記者，(乃)為「怯弱」眾生，(令)生勇猛心。
(3)大慧！此世界中及餘佛國，有諸眾生行菩薩行，而復「樂於聲聞法」行，為「轉」彼(而)取「大菩提」。
(4)(此乃)「應化佛」為「應化聲聞」授記。非「報佛、法身佛」而(為彼等聲聞)授記別。
(5)大慧！「聲聞、辟支佛」涅槃無差別。
(6)何以故？斷「煩惱」無差異故。斷「煩惱障」，非斷「智障」。

《大乘入楞伽經・卷第六》
(1)大慧！我為「無餘涅槃」界故，「密勸」令彼修「菩薩行」。
(2)此界、他土有諸菩薩，心「樂求於聲聞涅槃」。令捨是心，進修「大行」，故作是說。
(3)又「變化佛」與「化聲聞」而授記別，非「法性佛」(為彼等聲聞而授記)。
(4)大慧！(佛曾)授「聲聞」記，(此)是「祕密」說。
(5)大慧！「佛」與「二乘」無差別者。
(6)據斷「惑障」，解脫一味，非謂「智障」。

佛授二乘得成正覺，與授菩薩得成正覺，有何差別？

➔佛為「二乘行者」說「無餘涅槃」乃依「密意」說，為「密勸」令彼修諸「菩薩行」也。
此是「變化佛」對「化身聲聞」而「授記」，非「法性佛」為彼授記，此是「密意」說。
二乘與菩薩之「斷煩惱障」乃「不異」也，因二乘與菩薩皆得斷煩惱，方得解脫平等一味。
二乘斷「煩惱障」得「人無我」，菩薩斷「智障」得「法無我」，解脫「法障」，「藏識」(阿賴耶識)習滅，究竟清淨。

【八～8】「智度」為菩薩母，「方便」為父，「法喜」為妻，「慈

悲心」為女，「善心誠實」為男，「畢竟空寂」為舍。底下約有42偈頌

三國吳‧支謙譯《維摩詰經》	姚秦‧鳩摩羅什譯《維摩詰所說經》	姚秦‧鳩摩羅什譯《維摩詰所說大乘經》	唐‧玄奘譯《說無垢稱經》
㊀於是眾中有坐菩薩字眾像見，問維摩詰言：	㊀爾時會中有菩薩，名普現色身，問維摩詰言：	㊀爾時會中有菩薩，名普現色身，問維摩詰言：	㊀爾時眾中有一菩薩，名曰普現一切色身，問無垢稱言：
㊁居士！父母、妻子、奴客，執事安在？朋友、親戚、徒隸，為誰群從？所有象馬、車乘，皆何所在？	㊁居士！父母、妻子、親戚、眷屬、吏民、知識，悉為是誰？奴婢、僮僕、象馬、車乘，皆何所在？	㊁居士！父母、妻子、親戚、眷屬、吏民、知識，悉為是誰？奴婢、僮僕、象馬、車乘，皆何所在？	㊁居士！父母、妻子、奴婢、僕使、親友、眷屬、一切侍衛、象馬、車乘、御人(駕御車馬者)等類，悉為是誰？皆何所在？
㊂爾時長者維摩詰答眾像見，而說「頌」曰：	㊂於是維摩詰以「偈」答曰：	㊂於是維摩詰以「偈」答曰：	㊂時無垢稱以「妙伽他」而答之曰：
(1)母「智度」無極， 父為「權方便」， 菩薩由是生， 得佛一切現。	(1)「智度」菩薩母， 「方便」以為父， 一切眾導師， 無不由是生。	(1)「智度」菩薩母， 「方便」以為父， 一切眾導師， 無不由是生。	(1)「慧度」菩薩母， 「善方便」為父， 世間真導師， 無不由此生。
(2)「樂法」以為妻， 「悲慈」為男女， 「奉諦」以降調， (據梵文原意作「真諦與正法」) 居則思「空義」。	(2)「法喜」以為妻， 「慈悲心」為女， 「善心誠實」男， (據梵文原意作「真諦與正法」) 「畢竟空寂」舍(房舍)。	(2)「法喜」以為妻， 「慈悲心」為女， 「善心誠實」男， (據梵文原意作「真諦與正法」) 「畢竟空寂」舍(房舍)。	(2)「妙法樂」為妻， 「大慈悲」為女， 「真實諦法」男， 「思空勝義」舍。
(3)學知「一切塵」， 其生「隨所欲」， 「上道」為親友， 覺意而不著。	(3)弟子「眾塵勞」， 「隨意」之所「轉」， 道品「善知識」， 由是成正覺。	(3)弟子「眾塵勞」， 「隨意」之所「轉」， 道品「善知識」， 由是成正覺。	(3)「煩惱」為賤隸， (據梵文原意作「學生、弟子」) 僕使「隨意轉」， 「覺分」成親友， 由此證菩提。

《佛說最上根本大樂金剛不空三昧大教王經・卷第七》

謂「智度」為母，「方便」解為父，從「金剛手」法，出生諸部法。

「智度」為菩薩母，「方便」為父，「法喜」為妻，「慈悲心」為女，「善心誠實」為男，「畢竟空寂」為舍。

「諸度法」等侶，「四攝」為伎女，「總持」之園苑，「無漏法」林樹。

「四禪」為床座，「多聞」增智慧。「甘露法」之食，「解脫味」為漿。

《大方廣佛華嚴經・卷第六十》

(1)**善男子！菩薩摩訶薩**以「般若」波羅蜜為「母」。「大方便」為「父」。
(2)「檀(布施)」波羅蜜為「乳」。「尸(持戒)」波羅蜜為「乳母」。
(3)「羼提(忍辱)」波羅蜜為「莊嚴具」。「毘梨耶(精進)」波羅蜜為「養育者」。「禪(禪定)」波羅蜜為「潔淨」。
(4)「善知識」為「師」。「菩提分」為「朋友」。
(5)「一切善根」為「親族」。「一切菩薩」為「兄弟」。「菩提心」為「家」。「如說修行」為「家地」。「菩薩所住」為「家處」。
(6)「菩薩忍法」為「豪尊」。「出生大願」為「巨富」。「具菩薩行」為「順家法」。「讚摩訶衍」為「紹家法」。「甘露灌頂」一生菩薩為「王太子」。能淨修治「三世佛家」。

【八～9】「諸度」法為侶，「四攝」為伎女，「總持」為園苑，「無漏法」為林樹

三國吳・支謙譯 《維摩詰經》	姚秦・鳩摩羅什譯 《維摩詰所說經》	姚秦・鳩摩羅什譯 《維摩詰所說大乘經》	唐・玄奘譯 《說無垢稱經》
⑷我徒「勇」而果， 群從「度無極」(波羅蜜多) 「四恩」當女事， (女子所做的紡織、縫紉、刺繡等事) 樂以歌「道德」。 ⑸「總持」為苑囿， 「覺華」甚奇快， 厥實度知見，	⑷「諸度」法等侶， 「四攝」為伎女， (據梵文原意作「後宮與閨房」) 「歌詠」誦法言， 以此為音樂。 ⑸「總持」之園苑， 「無漏法」林樹， 「覺意淨」妙華，	⑷「諸度」法等侶， 「四攝」為伎女， (據梵文原意作「後宮與閨房」) 「歌詠」誦法言， 以此為音樂。 ⑸「總持」之園苑， 「無漏法」林樹， 「覺意淨」妙華，	⑷「六度」為眷屬， 「四攝」為妓女， 「結集」正法言， (據梵文原意作「合唱與歌唱」) 以為妙音樂。 ⑸「總持」作園苑， 「大法」成林樹， 「覺品」華莊嚴，

彼樹「法林」大。	解脫「智慧果」。	解脫「智慧果」。	解脫「智慧果」。
⑹「八解」之浴池， 「正水」滿其淵， 「淨葉」衆如植， 浴此「無垢」塵。	⑹「八解」之浴池， 「定水」湛然滿， 布以「七淨華」， 浴此「無垢」人。	⑹「八解」之浴池， 「定水」湛然滿， 布以「七淨華」， 浴此「無垢」人。	⑹「八解」之妙池， 「定水」湛然滿， 「七淨華」彌布， 洗除「諸垢穢」。
⑺驂駕「五通」馳， 「大乘」難過踰， 調御以「道意」，	⑺象馬「五通」馳， 「大乘」以為車， 調御以「一心」， (據梵文原意作「菩提心」)	⑺象馬「五通」馳， 「大乘」以為車， 調御以「一心」，	⑺「神通」為象馬， 「大乘」以為車， 調御「菩提心」，
「八道坦」忘憂	遊於「八正路」。	遊於「八正路」。	遊「八道支路」。

【八～１０】「四禪」為床座，「多聞」增智慧。「甘露法」為食，「解脫味」為漿

三國吳・支謙譯《維摩詰經》	姚秦・鳩摩羅什譯《維摩詰所說經》	姚秦・鳩摩羅什譯《維摩詰所說大乘經》	唐・玄奘譯《說無垢稱經》
⑻「相具」以嚴容， 「衆好」飾其姿， 「慚愧」免行成， 華鬘謂「不疑」。	⑻「相具」以嚴容， 「衆好」飾其姿， 「慚愧」之上服， 「深心」為華鬘。 (據梵文原意作「光彩或華麗」)	⑻「相具」以嚴容， 「衆好」飾其姿， 「慚愧」之上服， 「深心」為華鬘。	⑻「妙相」具莊嚴， 「衆好」而綺間， 「慚愧」為衣服， 「勝意樂」為鬘。
⑼「七寶」貨之大，	⑼富有「七財寶」， (據梵文原意作「正法財富」)	⑼富有「七財寶」，	⑼具正法「珍財」，
求者兼「與法」，	教授以滋息， (據梵文原意作「應用或實施」)	教授以滋息，	曉示為方便，
得報利弘多， 隨布分斯道。	如所說修行， 迴向為「大利」。	如所說修行， 迴向為「大利」。	「無倒行」勝利， 迴向「大菩提」。
⑽守「如禪」解教， 無恚「清淨道」， 以是依諸佛， 常「勇志」不搖。	⑽「四禪」為床座， 從於「淨命」生， 「多聞」增智慧， 以為「自覺音」。	⑽「四禪」為牀座， 從於「淨命」生， 「多聞」增智慧， 以為「自覺音」。	⑽「四靜慮」為床， 「淨命」為茵蓐， 「念智」常覺悟， 無不在「定心」。
⑾是食「甘露」者， 以「解味」為漿， 不慢不疑淨，	⑾「甘露法」之食， 「解脫味」為漿， 「淨心」以澡浴，	⑾「甘露法」之食， 「解脫味」為漿， 「淨心」以澡浴，	⑾既飡「不死法」， 還飲「解脫味」， 沐浴「妙淨心」，

「戒品」為塗香。 ⑿在彼「眾塵埃」， 「勇健」莫能勝， 降伏「一切魔」， 咸使至道場。	「戒品」為塗香。 ⑿摧滅「煩惱賊」， 「勇健」無能踰， 降伏「四種魔」， 「勝幡」建道場。	「戒品」為塗香。 ⑿摧滅「煩惱賊」， 「勇健」無能踰， 降伏「四種魔」， 「勝幡」建道場。	塗香「上品戒」。 ⑿殄滅「煩惱賊」， 「勇健」無能勝， 摧伏「四魔怨」， 建妙菩提「幢」。

【八～11】雖知「無起滅」，示彼故「有生」。雖知諸佛國，及與眾生「空」，而常修「淨土」，教化於群生

三國吳・支謙譯《維摩詰經》	姚秦・鳩摩羅什譯《維摩詰所說經》	姚秦・鳩摩羅什譯《維摩詰所說大乘經》	唐・玄奘譯《說無垢稱經》
⒀其於所墮「生」， 都已無「惑根」， 為現諸剎土， 將護度「眾塵」。 ⒁「供養」億如來， 奉諸三界將， 不我則為佛， 生輒務成養。 ⒂修治佛土淨， 「訓化」諸群生， 由是得最利， 無人人所行。 ⒃一切民萌類， 「聲響」及「眾變」， 一時能盡現， 菩薩樂「精進」。	⒀雖知「無起滅」， 示彼故「有生」， 悉現諸國土， 如「日」無不見。 ⒁「供養」於十方， 無量億如來， 諸佛及己身， 無有「分別想」。 ⒂雖知諸佛國， 及與眾生「空」， 而常修「淨土」， 「教化」於群生。 ⒃諸有眾生類， 「形聲」及「威儀」， 「無畏力」菩薩， 一時能盡現。	⒀雖知「無起滅」， 示彼故「有生」， 悉現諸國土， 如「日」無不見。 ⒁「供養」於十方， 無量億如來， 諸佛及己身， 無有「分別想」。 ⒂雖知諸佛國， 及與眾生「空」， 而常修「淨土」， 「教化」於群生。 ⒃諸有眾生類， 「形聲」及「威儀」， 「無畏力」菩薩， 一時能盡現。	⒀雖實「無起滅」， 而故思「受生」， 悉現諸佛土， 如「日光」普照。 ⒁盡持「上妙供」， 奉獻諸如來， 於佛及自身， 一切「無分別」。 ⒂雖知諸佛國， 及與有情「空」， 而常修「淨土」， 「利物」無休倦。 ⒃一切有情類， 「色聲」及「威儀」， 「無畏力」菩薩， 剎那能盡現。

【八～12】或示現「老病死」，成就諸群生。或學「禁咒之術」，工巧諸伎藝，盡現行此事，皆為饒益諸群生

三國吳・支謙譯《維摩詰經》	姚秦・鳩摩羅什譯《維摩詰所說經》	姚秦・鳩摩羅什譯《維摩詰所說大乘經》	唐・玄奘譯《說無垢稱經》

(17)「邪行」為順現， 「隨欲牽」致來， 「方便」度無極， 一切示軌儀。	(17)覺知「眾魔事」， 而示「隨其行」， 以「善方便智」， 「隨意」皆能現。	(17)覺知「眾魔事」， 而示「隨其行」， 以「善方便智」， 「隨意」皆能現。	(17)雖覺「諸魔業」， 而示「隨所轉」， 至「究竟方便」， 有「表」(示現)事皆成。
(18)為現「勝言教」， 示身「終如死」， 「祐化」諸人物， 於「幻法」不殆。	(18)或示「老病死」， 成就諸群生， 了知如「幻化」， 通達無有礙。	(18)或示「老病死」， 成就諸群生， 了知如「幻化」， 通達無有礙。	(18)或示現自身， 有諸「老病死」， 成熟諸有情， 如「遊戲幻法」。
(19)現劫「盡乾燒」， 更始生地形， 眾人有「常」想， 照令知「無常」。	(19)或現「劫盡燒」， 天地皆「洞然」， 眾人有「常」想， 照令知「無常」。	(19)或現「劫盡燒」， 天地皆「洞然」， 眾人有「常」想， 照令知「無常」。	(19)或現「劫火」起， 天地皆「熾然」， 有情執「常」相， 照令知速滅。
(20)正使或億千， 出之一邑里， 能悉為室舍， 安諸施以「道」。	(20)無數億眾生， 俱來請菩薩， 一時到其舍， 化令向「佛道」。	(20)無數億眾生， 俱來請菩薩， 一時到其舍， 化令向「佛道」。	(20)千俱胝有情， 率土咸來請， 同時受彼供， 皆令趣「菩提」。
(21)如有「禁呪語」， 嶮谷若干輩， 皆為到「彼度」， 菩薩「無所畏」。	(21)經書「禁呪術」， 「工巧」諸伎藝， 盡現行此事， 「饒益」諸群生。	(21)經書「禁呪術」， 「工巧」諸伎藝， 盡現行此事， 「饒益」諸群生。	(21)於諸「禁呪術」， 「書論」眾伎藝， 皆知至「究竟」， 「利樂」諸有情。
(22)世間眾道術， 一切從而學， 非以隨「疑見」， 因之「解人惑」。	(22)世間眾道法， 悉於中「出家」， 因以「解人惑」， 而不墮「邪見」。	(22)世間眾道法， 悉於中「出家」， 因以「解人惑」， 而不墮「邪見」。	(22)世間諸道法， 遍於中「出家」， 隨「方便」利生， 而不墮「諸見」。

【八～１３】劫中有「飢饉」，現身作「飲食」。先救彼飢渴，卻以「法」語人

三國吳・支謙譯 《維摩詰經》	姚秦・鳩摩羅什譯 《維摩詰所說經》	姚秦・鳩摩羅什譯 《維摩詰所說大乘經》	唐・玄奘譯 《說無垢稱經》
(23)或作「日月天」， 或為「梵中尊」， 為「地主」以德， 為「風神」亦然。	(23)或作「日月天」、 梵王、世界主， 或時作「地水」， 或復作「風火」。	(23)或作「日月天」、 梵王、世界主， 或時作「地水」， 或復作「風火」。	(23)或作「日月天」、 梵王、世界主， 「地水」及「火風」， 饒益有情類。

㉔劫中有「疾疫」， 為之設「醫藥」， 勤恤護養安， 除病消諸毒。	㉔劫中有「疾疫」， 現作諸「藥草」， 若有服之者， 除病消衆毒。	㉔劫中有「疾疫」， 現作諸「藥草」， 若有服之者， 除病消衆毒。	㉔能於「疾疫」劫， 現作諸「良藥」， 蠲除諸疾苦， 令趣「大菩提」。
㉕劫中設「饑饉」， 則「施食」與漿， 前救彼飢渴， 却以「法」語人。	㉕劫中有「飢饉」， 現身作「飲食」， 先救彼飢渴， 却以「法」語人。	㉕劫中有「饑饉」， 現身作「飲食」， 先救彼饑渴， 却以「法」語人。	㉕能於「飢饉」劫， 現作諸「飯食」， 先除彼飢渴， 說「法」令安泰。
㉖劫中若「兵」起， 己為作「慈利」， 化之以「不諍」， 兆民得「休濟」。	㉖劫中有「刀兵」， 為之起「慈心」， 化彼諸衆生， 令住「無諍地」。	㉖劫中有「刀兵」， 為之起「慈心」， 化彼諸衆生， 令住「無諍地」。	㉖能於「刀兵劫」， 修「慈悲、靜慮」， 令無量有情， 欣然無「恚害」。
㉗若於「大戰」中， 則我得「臣衆」， 恒協用「和安」， 菩薩「力勢」強。	㉗若有「大戰陣」， 立之以「等力」， 菩薩現「威勢」， 降伏使「和安」。	㉗若有「大戰陣」， 立之以「等力」， 菩薩現「威勢」， 降伏使「和安」。	㉗能於「大戰陣」， 示現「無朋黨」， 往復令「和好」， 勸發「菩提心」。

【八～14】示現受「五欲」，亦復能「行禪」。火中生蓮華，是可謂希有，在「欲」而行禪，希有亦如是

三國吳・支謙譯 《維摩詰經》	姚秦・鳩摩羅什譯 《維摩詰所說經》	姚秦・鳩摩羅什譯 《維摩詰所說大乘經》	唐・玄奘譯 《說無垢稱經》
㉘至於有「獄刑」， 佛土不可勝， 輒至到于彼， 趣使衆庶「寧」。	㉘一切國土中， 諸有「地獄」處， 輒往到于彼， 「勉濟」其苦惱。	㉘一切國土中， 諸有「地獄」處， 輒往到于彼， 「勉濟」其苦惱。	㉘諸佛土無量， 「地獄」亦無邊， 悉往其方所， 拔苦令「安樂」。
㉙所往方教化， 「五道」遍分明， 一切「生索」現， 此為「菩薩生」。	㉙一切國土中， 「畜生」相食噉， 皆現生於彼， 為之作「利益」。	㉙一切國土中， 「畜生」相食噉， 皆現生於彼， 為之作「利益」。	㉙諸有「傍生」趣， 殘害相食噉， 皆現生於彼， 「利樂」名本生。
㉚在「欲」示饒有， 現捨而「行禪」， 能禁制「魔首」， 莫知孰執焉。	㉚示受於「五欲」， 亦復現「行禪」， 令「魔心」憒亂， 不能得其便。	㉚示受於「五欲」， 亦復現「行禪」， 令「魔心」憒亂， 不能得其便。	㉚示受於「諸欲」， 而常修「靜慮」， 惑亂諸「惡魔」， 令不得其便。

㉛火中生蓮華，是可謂希有，無比為大炬，其「在欲」能爾。	㉛火中生蓮華，是可謂希有，在「欲」而「行禪」，希有亦如是。	㉛火中生蓮華，是可謂希有，在「欲」而「行禪」，希有亦如是。	㉛如火中生華，說為甚希有，修「定」而行「欲」，希有復過此。

《父子合集經・卷第九》

智者「在欲而行禪」，彼則善修「無相行」。**諸法無體不可說，分別諸法性皆空。**

《大般泥洹經・卷第三》

如來獨善奇特，如水蓮華，此非奇特。「火生蓮華」乃為奇特，**眾人愛樂。真解脫者，亦復如是，眾人愛樂。**

【八～15】或示現作「婬女」，引諸「好色」者，先以「欲」鉤牽，後令入「佛智」

三國吳・支謙譯《維摩詰經》	姚秦・鳩摩羅什譯《維摩詰所說經》	姚秦・鳩摩羅什譯《維摩詰所說大乘經》	唐・玄奘譯《說無垢稱經》
㉜有「民衆」所聚，則為興「農利」，導以「無貪欲」，立之以「佛智」。	㉜或現作「婬女」，引諸「好色」者，先以「欲」鉤牽，後令入「佛智」。	㉜或現作「婬女」，引諸「好色」者，先以「欲」鉤牽，後令入「佛智」。	㉜或現作「婬女」，引諸「好色」者，先以「欲」相招，後令修「佛智」。
㉝求為「世間將」、「宗長」若「帝師」，「輔上」而「懷下」，以此安「群黎」。	㉝或為「邑中主」，或作「商人導」、「國師」及「大臣」，以祐利「衆生」。	㉝或為「邑中主」，或作「商人導」、「師保」及「大臣」，以祐利「衆生」。	㉝或為「城邑宰」、「商主」及「國師」，「臣僚」輔相尊，利樂諸「含識」。
㉞周惠諸「貧民」，資財「無有極」，因厥(之;其)所「布施」，勸勵起「道德」。	㉞諸有「貧窮」者，現作「無盡藏」，因以「勸導」之，令發「菩提心」。	㉞諸有「貧窮」者，現作「無盡藏」，因以「勸導」之，令發「菩提心」。	㉞為諸「匱乏」者，現作「無盡藏」，「給施」除貧苦，令趣「大菩提」。
㉟在於「憍慢」中，示現作「力士」，消伏諸「貢高」，使立「佛正道」。	㉟我心「憍慢」者，為現「大力士」，消伏諸「貢高」，令住「無上道」。	㉟我心「憍慢」者，為現「大力士」，消伏諸「貢高」，令住「無上道」。	㉟於諸「憍慢」者，現作「大力士」，摧伏彼「貢高」，令住「菩提願」。
㊱見人有「危懼」，	㊱其有「恐懼」衆，	㊱其有「恐懼」衆，	㊱於諸「恐怖」者，

居前而慰安， 既施使「無畏」， 乃化以「道真」。	居前而慰安， 先施以「無畏」， 後令發「道心」。	居前而慰安， 先施以「無畏」， 後令發「道心」。	方便善安慰， 除彼「驚悸」已， 令發「菩提心」。

《順權方便經．卷下．假號品第四》

(1)於是須菩提謂女言：姊！寧出門有夫婿乎？

(2)其女答曰：賢者唯聽！我夫非一，所以者何？假使眾生好樂勤修放逸自恣，亦能奉順「善權方便」，斯等眾生皆我「夫主」。

(3)須菩提問：姊！何謂好樂「順權方便」？

(4)其女答曰：唯！須菩提！或有眾生先以「一切欲樂」之樂而娛樂之，然後乃勸化以「大道」，若以眾生，因其「愛欲」而「受律」者，輒授「愛欲」悅樂之事。從是已去，現其離別，「善權方便」隨時而化。

(5)須菩提問：姊！如來從始，以何好樂？隨其「時宜」，不違法教？

(6)須菩提謂女曰：如來至真，未曾教人「隨愛欲」也！

(7)其女答曰：賢者不聞乎？如來法教，若有比丘，隨心所好「衣食床臥具」，病瘦醫藥，慈心之種，「乞匃ㄍㄞˋ」(行乞也)諸家。所到居業，與其同等，志所慕樂，和尚教師，追學務訓，因化入道。

(8)須菩提報曰：唯然，如姊今者來言！

(9)女曰：以是之故，賢者當了如來聽之「隨其時宜」，不違所樂，以斯「善權」而濟度之。

(10)須菩提問女：眾生之類，以何「善權」樂隨類教？

(11)其女答曰：可數三千世界所有星宿ㄒㄧㄡˋ，我所開化，隨欲所度眾生之限，使發無上正真道意不可稱計。

(12)須菩提問：姊！以何方便令人歡樂？

(13)其女答曰：或有眾生樂于「梵天」，我修「梵行」，隨無量禪，欣然志安，從樂授之，然後乃化勸佛大道。

或慕「帝釋」，現「天帝位」，甚可愛樂，示斯「自在無常」之法，因而勸化發大道意……

或有好樂於「色聲香味細滑法」。

或樂「華香、安息、塗香、衣服、幡蓋、大幢」

或好「金銀、明月、真珠、水精、琉璃、硨磲、碼碯、白玉、珍琦」，如是所樂，不可計量若干品業。

或有好樂「鼓舞、歌戲、婬樂、悲聲」若干種伎。我則隨意，取令充飽，各得所願。然後爾乃勸發「道意」度脫眾生，隨上中下各使得所。

(14)須菩提問女曰……菩薩大士所為無量，乃以是法造無上業，為眾生故，彼以斯法周化眾生，得順法律，我化欣慶。

【八～16】如是道無量，「所行」無有涯，「智慧」無邊際。誰聞如是法，不發菩提心？除彼「不肖人」，癡冥無智者

三國吳・支謙譯《維摩詰經》	姚秦・鳩摩羅什譯《維摩詰所說經》	姚秦・鳩摩羅什譯《維摩詰所說大乘經》	唐・玄奘譯《說無垢稱經》
㊲為「五通仙人」， 修治「梵行」事， 立眾以「淨戒」， 及「忍」和「順意」。 ㊳以「敬養」烝民， 見者樂「精進」， 所有「僮僕奴」， 教學立其「信」。 ㊴隨如「方便隨」， 令人得「樂法」， 欲現一切最， 「善權」必深學。 ㊵無際「行」謂此， 是以「遊」無疆， 合會無邊「慧」， 說法無有量。	㊲或現離「婬欲」， 為「五通仙人」， 開導諸群生， 令住「戒、忍、慈」。 ㊳見須「供事者」， 現為作「僮僕」， 既悅可其意， 乃發以「道心」。 ㊴隨「彼之所須」， 得入於「佛道」， 以「善方便力」， 皆能「給足」之。 ㊵如是道無量， 「所行」無有涯， 「智慧」無邊際， 度脫無數眾。 ㊶假令一切佛， 於無量億劫， 「讚歎」其功德， 猶尚不能盡。 ㊷誰聞如是法， 不發「菩提心」？ 除彼「不肖人」， 癡冥「無智者」。	㊲或現離「婬欲」， 為「五通仙人」， 開導諸群生， 令住「戒、忍、慈」。 ㊳見須「供事者」， 現為作「僮僕」， 既悅可其意， 乃發以「道心」。 ㊴隨「彼之所須」， 得入於「佛道」， 以「善方便力」， 皆能「給足」之。 ㊵如是道無量， 「所行」無有涯， 「智慧」無邊際， 度脫無數眾。 ㊶假令一切佛， 於無量億劫， 「讚歎」其功德， 猶尚不能盡。 ㊷誰聞如是法， 不發「菩提心」？ 除彼「不肖人」， 癡冥「無智者」。	㊲現作「五通仙」， 清淨修「梵行」， 皆令善安住， 「戒、忍、慈善」中。 ㊳或見諸有情， 現前須「給侍」， 乃為作「僮僕」， 「弟子」而事之。 ㊴隨彼「彼方便」， 令「愛樂正法」， 於諸「方便」中， 皆能善「修學」。 ㊵如是無邊「行」， 及無邊「所行」， 無邊「智」圓滿， 度脫無邊眾。 ㊶假令一切佛， 住百千劫中， 「讚述」其功德， 猶尚不能盡。 ㊷誰聞如是法， 不願「大菩提」？ 除「下劣」有情， 都「無有慧者」。

入不二法門品第九

《大乘寶雲經・卷第六》

(1)**爾時世尊復告降伏一切障礙菩薩摩訶薩言：善男子！**菩薩摩訶薩具足十法，善解「世諦」。**何等為十？**

❶所謂假說有「色」，非第一義故。得於「色法」，而不執著。

假說「受、想、行、識」，非第一義故。雖得於「識」，而不執著。

❷假說「地界」，非第一義故。雖得「地界」，而不執著。

假說「水、火、風、虛空、識」界，非第一義故。雖得是「界」，而不執著。

❸假說「眼入」，非第一義故。雖得「眼入」，而不執著。

假說「耳、鼻、舌、身、意」入，非第一義故。乃得「意入」，而不執著。

❹假說有「我」，非第一義故。雖得是「我」，而不執著。

❺假說「眾生」，非第一義故。雖得「眾生」，而不執著。

❻假說「壽命、士夫、養育、眾數人」等，非第一義故。雖得是等，而不執著。

❼假說「世間」，非第一義故。雖得「世間」，而不執著。

❽假說「世法」，非第一義故。雖得「世法」，而不執著。

❾假說「佛法」，非第一義故。雖得「佛法」，而不執著。

❿假說「菩提」，非第一義故。雖得「菩提」，而不執著得菩提者。

(2)善男子！「假名言說、名字論量」名為「世諦」，於世法中，無「第一義」。

(3)雖然，若離「世法」，「第一義諦」不可得說。

(4)**善男子！菩薩摩訶薩**於是法處，善解「世諦」，而不名解「第一義諦」。

(5)**善男子！菩薩摩訶薩具是十法，善解「世諦」。**

(6)善男子！菩薩摩訶薩具足十法，善解「第一義諦」。何等為十？

❶**所謂**具「無生」法。

❷具「無滅」法。

❸具「不壞」法。

❹具「不增不減、不出不入」法。

❺具「離境界」法。

❻具「無言說」法。

❼具「無戲論」法。

❽具「無假名」法。

❾具「寂靜」法。

❿具「聖人」法。

所以者何？

(7)**善男子！**夫第一義，不生不滅、不敗不壞、不增不減，「文字章句」所不能說。不可詮辯，絕於「戲論」。

(8)**善男子！**第一義者。無言無說，本性清淨。一切聖人「內自證得」。若佛出世、若不出世，法性常爾，不減不增。

(9)**善男子！**為是法故，一切菩薩，剃除鬚髮，著壞色衣。以善心故，遠離親屬，往空閑處，出家修道。精進耐苦，如灸頭然。但為求得是「妙法」故。

(10)**善男子！**若無有此「第一義諦」，所修「梵行」皆悉無用。佛出於世，亦復無用。

(11)**善男子！是故汝當知有「第一義諦」。**有「第一義諦」故，說諸菩薩「解第一義」。

(12)**善男子！**菩薩摩訶薩具是十法，善知「第一義諦」。

《佛說寶如來三昧經・卷下》

(1)**羅閱國王從諸群臣到佛所，為佛作禮，白佛言：是天上之大尊……**

(2)**王大歡喜，悉以身上「珠寶」，以散佛上及諸菩薩上，珠寶悉化成「香華」，虛空中住皆成行……**

(3)**王白佛言：**是諸華乃從「無處」出生？

佛答：從「無處」出。

(4)**復問：**「無處」從何出生？

佛言：從「無所起」來。

(5)**王復問：**「無所起」從何所來？

佛言：從「無所生」來。

(6)**王復問：**「無所生」從何所來？

(佛答)：從「不動」來。

(7)**王復問：「不動」從何所來？**

(佛答)：從「無造」來。

(8)**王復問：「無造」從何所來？**

佛言：從「無名」來。

(9)(王復問)**：「無名」從何所來？**

(佛答)：從「無生」來。

(10)(王復問)**：「無生」從何所來？**

(佛答)：從「無音」來。

(11)**王復問：「無音」從何所來？**

(佛答)：從「無二」來。

(12)**王復問：「無二」從何所來？**

(佛答)：從「無形」來。

(13)王復問：「無形」從何所來？

佛言：從「自然」來。

(14)王復問：「自然」從何所來？

(佛答)：從「化」來。

(15)王復問：「化」從何來？

佛言：「離於不化」來。

(16)王復問：「離於不化」從何來？

佛言：「離於不化」從「無相知處」來。

(17)王復問：「無相知處」從何來？

佛言：以故(以是之故)為諸法。

王問佛事，大歡喜！

《大寶積經・卷第六十》

(1)文殊師利白佛言：世尊！一切諸法皆悉如幻。何以故？譬如幻師，幻為隱現。諸法「生滅」亦復如是。而此「生滅」即「無生滅」，以「無生滅」是則「平等」。菩薩修此「平等」，便能證得「無上菩提」。

(2)智上菩薩白文殊師利言：於此「菩提」云何證得？

(3)文殊師利言：此「菩提」者，非是「可得」，亦非「可壞」，非「可住」著。

(4)智上白言：而此菩提非以「住得」，非「不住得」。何以故？以彼法性本來「無生」，非「曾有」、非「當有」、亦非「可壞」，是故「無得」。

(5)文殊師利謂智上等諸菩薩曰：云何名為「說一相法門」？

❶彌勒菩薩曰：若有不見「蘊、界、處」，亦非「不見」，無所「分別」，亦不見「集、散」，是名「說一相法門」。

❷師子勇猛雷音菩薩曰：若不作種種分別，此是「凡夫法」，此是「二乘法」。此則不違「法性」，入於「一相」。所謂「無相」，是名「說一相法門」。

❸樂見菩薩曰：若有修「真如」行，而亦不作「真如」之想。於此甚深「無所分別」，是名「說一相法門」。

❹無礙辯菩薩曰：若能究竟「盡於諸法」，亦以此法為他「演說」，是名「說一相法門」。

❺善思菩薩曰：若以思議入「不思議」，此不思議亦「不可得」，是名「說一相法門」。

❻妙離塵菩薩曰：若有不染「一切相」，亦非「染」、非「不染」。無違、無順，亦無迷惑。非一、非二，亦非種種，「不取、不捨」，是名「說一相法門」。

❼娑竭羅(Sāgara)菩薩曰：若有能入如海難入「甚深之法」，而於此法亦「不分別」。雖為「他說」而無「說想」，是名「說一相法門」。

❽月上菩薩曰：若於一切眾生，心行「平等」，猶如「滿月」，無「眾生想」，是名「說一相法門」。

❾離憂闇菩薩曰：云何拔眾生憂箭？謂「我、我所」，是彼憂根。若能住「我、我所」平等，是名「說一相法門」。

❿無所緣菩薩曰：若不攀緣「欲界、色界、無色界、聲聞法、緣覺法」及「諸佛法」，是名「說一相法門」。

⓫普見菩薩曰：若說法時應說「平等法」，謂「空法」平等，亦無「空想」及「平等想」，是名「說一相法門」。

⓬淨三輪菩薩曰：若說法時應「淨三輪」，謂所為眾生「我」不可得，亦不分別「自為法師」。於所說法而「無住著」，如是說法是名「說一相法門」。

⓭成就行菩薩曰：若有能說於一切法「修平等行」，所知「如實」，非「文字說」。以一切法「離言說」故，是名「說一相法門」。

⓮深行菩薩曰：若有能說了達一切「甚深之法」，亦不見彼「能說、所說」及與「所為」，是名「說一相法門」。

(6)如是無量諸菩薩等，各以「辯才」演說「一相法門」。

(7)說此法門時，「三十七億」菩薩，得「無生法忍」。「八萬四千」那由他(nayuta)百千眾生，發阿耨多羅三藐三菩提心。「七千比丘」不受諸法，盡諸「有漏」，心得解脫。「九十六」那由他(nayuta)諸天及人，於諸法中得「法眼淨」。

《大聖文殊師利菩薩佛刹功德莊嚴經・卷下》

(1)爾時文殊師利白佛言：世尊！一切法如幻，譬如「幻師」化作「幻事」，幻而復隱。
世尊！如是一切法「生」已復「滅」，亦無「生滅」，此則「平等」。
世尊！若學「平等」，疾證「無上正等菩提」。

(2)爾時智上菩薩白文殊師利童真菩薩言：云何而證無上菩提？

(3)文殊師利言：善男子！法「無所得」，亦「無所壞」，於無「無所著」，於有「無所得」。

(4)智上菩薩言：文殊師利！為於「有」故，獲於菩提？為於「無」耶？

(5)答言：善男子！法本無生，無已有、無今有、無當有，究竟無所得。

(6)智上菩薩言：文殊師利！以何「一相」而說於法？

(7)文殊師利言：善男子！云何所說「一相」法耶？

❶智上菩薩答曰：文殊師利！
不見「蘊」及「處、界」，亦非「無」見，亦非「有」見，於法無分別，亦無所分別。又不於法而見「積集」，亦不於法而見「散失」，是即名為「一相」法門。

❷師子勇猛雷音菩薩曰：若於法性，不違法性，不作種種「分別」，是凡夫法、是聲

聞法、是緣覺法、是如來法，入於「一相」。謂「遠離相」，是即名為「一相」法門。

❸喜見菩薩曰：若修行真如，而於真如「無所思惟」，亦不分別「此是甚深」，是即名為「一相」法門。

❹無盡辯菩薩曰：諸法皆盡，究竟盡者，乃曰「無盡」。說一切法「不可盡」者，是即名為「一相」法門。

❺善思惟菩薩曰：若於思惟，入「不思惟」。彼無所思，亦不可得，是即名為「一相」法門。

❻離塵菩薩曰：若究竟「不染」，於一切相，染無所染。亦不愛、不恚、不癡。不作一、不作異。亦非作、亦非不作。不取不捨，是即名為「一相」法門。

❼娑蘖羅(Sāgara)菩薩曰：若入甚深法，難測如大海，而於正法亦不分別。如是住、如是說，於自「無所思」，於他「無所說」，是即名為「一相」法門。

❽月上童真菩薩曰：若思惟一切有情「平等」如月，而亦不思「我」及「有情」，如是說者，是即名為「一相」法門。

❾摧一切憂闇菩薩曰：若遇憂慼，而無所「憂」，而於「憂箭」亦不疲厭。云何有情起於「憂根」？所謂於我若有，於我「住平等」者，是即名為「一相」法門。

❿無所緣菩薩曰：若不緣「欲界」，不緣「色、無色界」，不緣「聲聞、獨覺」之法，不緣「佛法」，如是說者，是即名為「一相」法門。

⓫普見菩薩曰：若說法者，應「平等」說。其平等者，所謂「空性」，不於「空性」思惟「平等」，於平等法，亦「無所得」。如是說者，是即名為「一相」法門。

⓬三輪清淨菩薩曰：夫所說法，不違「三輪」。云何為三？於「我」無所得，於「聞」不分別，於「法」無所取。如此名為三輪清淨。如是所說者，是即名為「一相」法門。

⓭成就行菩薩曰：若知一切法「不著」，如是知、如是說，亦不說「一字」。所謂「離言說」故。若如是說一切法者，是即名為「一相」法門。

⓮深行菩薩曰：若樂瑜伽、知一切法，則於諸法而「無所見」。於彼若說、若無說者，於法「無二」，是即名為「一相」法門。

(8)如是無量大威德諸菩薩等，各各以自「辯才」說「一相法」。

(9)說「一相法門」時，七十俱胝菩薩得「無生法忍」，八萬「那庾多(nayuta)」百千有情發無上正等菩提之心，七千苾芻盡諸有漏，心得解脫，九十六「那庾多」人天得法眼淨。

《大方等大集經・卷第二十九》

(1)云何依「義」；不依「語」？

(2)「語」者，稱說「生死」。

「義」者，知生死「無性」。

(3)「語」者，說「涅槃」味。

「義」者，知涅槃「無性」。……

(4)「不了義經」者，訶諸「煩惱」。「了義經」者，讚「白淨法」。

(5)「不了義經」者，說「生死苦惱」。「了義經」者，「生死、涅槃」一相無二。

(6)「不了義經」者，讚說種種「莊嚴文字」。「了義經」者，說「甚深經」，難持難了。

《大寶積經・卷第五十二》

(1)舍利子！云何名為依趣於「義」不依趣「文」？復以何等為「文」？為「義」？

(2)舍利子！所言「文」者，謂諸世間諸法作用傳習文詞。所言「義」者，謂所通達「出世間法」……

(3)所言「文」者，稱揚讚歎「涅槃」功德。

所言「義」者，謂諸法性涅槃「無分別性」……

(4)舍利子！舉要言之，如來所演「八萬四千法藏聲教」，皆名為「文」。

諸「離一切言音文字」，理「不可說」是名為「義」……

《大寶積經・卷第五十二》

(1)復次舍利子！云何名為菩薩摩訶薩不依趣「不了義」經，依趣「了義」經……

(2)若諸經中有所宣說「厭背生死、欣樂涅槃」，名「不了義」。

若有宣說「生死、涅槃」二無差別，是名「了義」。

(3)若諸經中宣說種種「文句差別」，名「不了義」。

若說「甚深難見、難覺」，是名「了義」。

(4)若諸經中「文句廣博」，能令眾生「心意踊躍」，名「不了義」。

若有宣說「文句」及「心」皆同「灰燼」，是名「了義」。

《大乘入楞伽經・卷第二》

(1)**復次大慧！**諸聲聞畏「生死妄想苦」而求「涅槃」，不知「生死、涅槃」差別之相，一切皆是「妄分別有」，無所有故。

(2)**妄計未來「諸根境滅」以為「涅槃」**，不知證「自智」境界；轉所依「藏識」(第八阿賴耶識)為「大涅槃」。

《大方廣圓覺修多羅了義經》

(1)**修習此心得成就者**……始知眾生「本來成佛」，「生死、涅槃」猶如昨夢。

(2)**善男子！**如昨夢故，當知「生死」及與「涅槃」；無起、無滅、無來、無去。

(3)其「所證」者「無得、無失、無取、無捨」。
(4)其「能證」者「無住、無止、無作、無滅」。
(5)於此證中，無「能」無「所」，畢竟「無證」，亦無「證者」。一切法性平等不壞。
(6)善男子！彼諸菩薩如是修行。如是漸次，如是思惟，如是住持，如是方便。如是開悟，求如是法，亦不迷悶。

三國吳・支謙譯 《維摩詰經》	姚秦・鳩摩羅什譯 《維摩詰所說經》	姚秦・鳩摩羅什譯 《維摩詰所說大乘經》	唐・玄奘譯 《說無垢稱經》
【不二入品第九】 於是維摩詰問眾菩薩曰： 諸正士所樂菩薩「不二」入法門者，為何謂也？	【入不二法門品第九】 爾時維摩詰謂眾菩薩言： 諸仁者！云何菩薩入「不二」法門？各隨所樂說之。	【入不二法門品第九】 爾時維摩詰謂眾菩薩言： 諸仁者！云何菩薩入「不二」法門？各隨所樂說之。	【不二法門品第九】 時無垢稱普問眾中諸菩薩曰： 云何菩薩善能悟入「不二」法門？仁者皆應任己「辯才」，各隨樂說。時眾會中有諸菩薩，各隨所樂，次第而說。

【九～1】法自在菩薩→法本「不生」，今則「無滅」。底下若加上維摩詰，則共有33位

三國吳・支謙譯 《維摩詰經》	姚秦・鳩摩羅什譯 《維摩詰所說經》	姚秦・鳩摩羅什譯 《維摩詰所說大乘經》	唐・玄奘譯 《說無垢稱經》
㊀座中有名法作菩薩，答曰： ㊁族姓子！「起、分」為二。 ㊂不起「不生」，則「無有二」。 ㊃得「不起法忍」者，是「不二」入。	㊀會中有菩薩名法自在，說言： ㊁諸仁者！「生、滅」為二。 ㊂法本「不生」，今則「無滅」。 ㊃得此「無生法忍」，是為入「不二」法門。	㊀會中有菩薩名法自在，說言： ㊁諸仁者！「生、滅」為二。 ㊂法本「不生」，今則「無滅」。 ㊃得此「無生法忍」，是為入「不二」法門。	㊀時有菩薩名法自在，作如是言： ㊁「生、滅」為二。 ㊂若諸菩薩了知諸法本來「無生」亦「無有滅」。 ㊃證得如是「無生法忍」，是為悟入「不二」法門。

【九～2】德守菩薩→若「無有我」，則「無我所」

三國吳・支謙譯《維摩詰經》	姚秦・鳩摩羅什譯《維摩詰所說經》	姚秦・鳩摩羅什譯《維摩詰所說大乘經》	唐・玄奘譯《說無垢稱經》
㊀首閉菩薩曰：	㊀德守菩薩曰：	㊀德守菩薩曰：	㊀復有菩薩名曰勝密，作如是言：
㊁「吾我」為二。	㊁「我、我所」為二。	㊁「我、我所」為二。	㊁「我」及「我所」，分別為二。
㊂如不「有二」、不「同像」，則無「吾我」。	㊂因有「我」故，便有「我所」。	㊂因有「我」故，便有「我所」。	㊂因計「我」故，便計「我所」。
㊃以無「吾我」，無「所同像」者，是「不二」入。	㊃若「無有我」，則「無我所」，是為入「不二」法門。	㊃若「無有我」，則「無我所」，是為入「不二」法門。	㊃若了「無我」亦「無我所」，是為悟入「不二」法門。

【九～3】不眴菩薩→法「不受」，不可得，故「無取、無捨」。無作、無行，諸法無所執著

三國吳・支謙譯《維摩詰經》	姚秦・鳩摩羅什譯《維摩詰所說經》	姚秦・鳩摩羅什譯《維摩詰所說大乘經》	唐・玄奘譯《說無垢稱經》
㊀不眴菩薩曰：	㊀不眴ㄕㄨㄣˋ菩薩曰：	原文出現在【九～7】後半段	㊀復有菩薩名曰無瞬，作如是言：
㊁「有受」為二。	㊁「受、不受」為二。		㊁「有取、無取」，分別為二。
㊂如「不受」則「無得」。「無得」者，不作淵。	㊂若法「不受」，則「不可得」。以「不可得」，故「無取、無捨」。		㊂若諸菩薩了知「無取」，則「無所得」。「無所得」故，則「無增減」。
㊃以「無作、無馳騁」者，是「不二」入。	㊃「無作、無行」，是為入「不二」法門。		㊃「無作、無息」，於一切法「無所執著」，是為悟入「不二」法門。

【九～4】德頂菩薩➜「雜染、清淨」無二，則「無分別」

三國吳・支謙譯《維摩詰經》	姚秦・鳩摩羅什譯《維摩詰所說經》	姚秦・鳩摩羅什譯《維摩詰所說大乘經》	唐・玄奘譯《說無垢稱經》
㊀首立菩薩曰：	㊀德頂菩薩曰：	㊀德頂菩薩曰：	㊀復有菩薩名曰勝峯，作如是言：
㊁「勞、生」為二。	㊁「垢、淨」為二。	㊁「垢、淨」為二。	㊁「雜染、清淨」分別為二。
㊂為「勞」(煩惱)乘者，其於「生」也；弗知弗樂。	㊂見「垢」實性，則無「淨相」。	㊂見「垢」實性，則無「淨相」。	㊂若諸菩薩了知「雜染、清淨」無二，則「無分別」。
㊃以過「衆知」，而受「色欲」者，是「不二」入。	㊃順於「滅相」，是為入「不二」法門。	㊃順於「滅相」，是為入「不二」法門。	㊃永斷「分別」，趣「寂滅」跡，是為悟入「不二」法門。

【九～5】善宿菩薩➜「不動」則「無念」，則無「分別」

三國吳・支謙譯《維摩詰經》	姚秦・鳩摩羅什譯《維摩詰所說經》	姚秦・鳩摩羅什譯《維摩詰所說大乘經》	唐・玄奘譯《說無垢稱經》
㊀善宿菩薩曰：	㊀善宿菩薩曰：	㊀善宿菩薩曰：	㊀復有菩薩名曰妙星，作如是言：
㊁「慮、知」為二。	㊁「是動、是念」為二。	㊁「是動、是念」為二。	㊁「散動、思惟」分別為二。
㊂當以「不慮、不知」。於諸法「念作」而行「不念作」者。	㊂「不動」則「無念」，「無念」則無「分別」。	㊂「不動」則「無念」，「無念」則無「分別」。	㊂若諸菩薩了知一切無有「散動」，無所「思惟」，則無「作意」，住「無散動」。
㊃是「不二」入。	㊃通達此者，是為入「不二」法門。	㊃通達此者，是為入「不二」法門。	㊃無所「思惟」，無有「作意」，是為悟入「不二」法門。

㊀善多菩薩曰：	原文出現在【九～7】	原文出現在【九～7】	原文出現在【九～7】

㊁「菩薩意、弟子(聲聞)意」為二。 ㊂如我以「等(平等)意」於所更樂，無「菩薩意」、無「弟子(聲聞)意」。 ㊃與「無意」同相者，是「不二」入。		前半段	

【九～6】善眼菩薩→「一相」即是「無相」，諸法無有「一相、異相」，亦無「無相」

三國吳・支謙譯《維摩詰經》	姚秦・鳩摩羅什譯《維摩詰所說經》	姚秦・鳩摩羅什譯《維摩詰所說大乘經》	唐・玄奘譯《說無垢稱經》
㊀善眼菩薩曰： ㊁「一相、不相」為二。 ㊂若都不「視」、不「熟視」、不「暫視」。不作「一相」，亦不「暫相」。 ㊃於「視、不視」以等視者，是「不二」入。	㊀善眼菩薩曰： ㊁「一相、無相」為二。 ㊂若知「一相」即是「無相」，亦不取「無相」，入於「平等」。 ㊃是為入不二法門。」	原文出現在【九～7】後半段	㊀復有菩薩名曰妙眼，作如是言： ㊁「一相、無相」分別為二。 ㊂若諸菩薩了知諸法無有「一相」，無有「異相」，亦無「無相」。 ㊃則知如是「一相、異相、無相」平等，是為悟入「不二」法門。

【九～7】妙臂菩薩→觀心相「空」如「幻化」，無「菩薩心」、無「聲聞心」

三國吳・支謙譯《維摩詰經》	姚秦・鳩摩羅什譯《維摩詰所說經》	姚秦・鳩摩羅什譯《維摩詰所說大乘經》	唐・玄奘譯《說無垢稱經》
	㊀妙臂菩薩曰：	㊀妙臂菩薩曰：	㊀復有菩薩名曰

	㊁「菩薩心（據梵文原意作「菩提心」）、聲聞心」為二。 ㊂觀心相「空」，如「幻化」者，無「菩薩心」、無「聲聞心」。 ㊃是為入「不二」法門。	㊁「菩薩心（據梵文原意作「菩提心」）、聲聞心」為二。 ㊂觀心相「空」，如「幻化」者，無「菩薩心」、無「聲聞心」。 ㊃是為入「不二」法門。	妙臂，作如是言： ㊁「菩薩、聲聞」二心為二。 ㊂若諸菩薩了知二心「性空」如幻，無「菩薩」心、無「聲聞心」。 ㊃如是二心，其相「平等」，皆同「幻化」，是為悟入「不二」法門。
		㊀不眴 ㄒㄩㄢˋ 菩薩曰： ㊁「受、不受」為二。 ㊂若法「不受」，則「不可得」。以「不可得」，故「無取、無捨」。 ㊃「無作、無行」，是為入「不二」法門。	
		㊀善眼菩薩曰： ㊁「一相、無相」為二。 ㊂若知「一相」即是「無相」，亦不取「無相」，入於「平等」。 ㊃是為入不二法門。」	

【九～8】弗沙菩薩→不起「善、不善」，入「無相際」而通達

三國吳‧支謙譯 《維摩詰經》	姚秦‧鳩摩羅什譯 《維摩詰所說經》	姚秦‧鳩摩羅什譯 《維摩詰所說大乘經》	唐‧玄奘譯 《說無垢稱經》
㊀奉養菩薩曰：	㊀弗沙菩薩曰：	㊀弗沙菩薩曰：	㊀復有菩薩名曰育養，作如是言：
㊁「善、不善」為二。	㊁「善、不善」為二。	㊁「善、不善」為二。	㊁「善」及「不善」分別為二。
㊂於「善、不善」如無所興，是謂「無想」。	㊂若不起「善、不善」，入「無相際」(無相的終究邊際)而通達者。	㊂若不起「善、不善」，入「無相際」(無相的終究邊際)而通達者。	㊂若諸菩薩了知「善性」及「不善性」，無所發起。
㊃以「無想」立者，而不為「二」，都於其中而「無度」者，是「不二」入。	㊃是為入「不二」法門。	㊃是為入「不二」法門。	㊃「相」與「無相」二句(二個詞句概念)平等，「無取、無捨」。是為悟入「不二」法門。

【九～9】師子菩薩→「有罪、無罪」二皆平等。通達諸法「無縛、無解」

三國吳‧支謙譯 《維摩詰經》	姚秦‧鳩摩羅什譯 《維摩詰所說經》	姚秦‧鳩摩羅什譯 《維摩詰所說大乘經》	唐‧玄奘譯 《說無垢稱經》
㊀師子意菩薩曰：	㊀師子菩薩曰：	㊀師子菩薩曰：	㊀復有菩薩名曰師子，作如是言：
㊁「一切不受」為二。	㊁「罪、福」為二。	㊁「罪、福」為二。	㊁「有罪、無罪」分別為二。
	㊂若(通)達「罪」性，則與「福」無異。	㊂若(通)達「罪」性，則與「福」無異。	㊂若諸菩薩了知「有罪」及與「無罪」，二皆平等。
㊃當如「金剛」而無「覺知」，不為「愚行」亦「不解」者，	㊃以「金剛慧」決了此相「無縛、無解」者，是為入「不	㊃以「金剛慧」決了此相「無縛、無解」者，是為入「不	㊃以「金剛慧」通達諸法「無縛、無解」，是為悟入「不

是「不二」入。	二」法門。	二」法門。	二」法門。

【九～10】師子意➜諸法平等，不起「漏、不漏」想，不著「相、無相」

三國吳・支謙譯《維摩詰經》	姚秦・鳩摩羅什譯《維摩詰所說經》	姚秦・鳩摩羅什譯《維摩詰所說大乘經》	唐・玄奘譯《說無垢稱經》
㊀勇意菩薩曰：	㊀師子意菩薩曰：	㊀師子意菩薩曰：	㊀復有菩薩名曰師子慧，作如是言：
㊁「漏、不漏」為二。	㊁「有漏、無漏」為二。	㊁「有漏、無漏」為二。	㊁「有漏、無漏」分別為二。
㊂如得正法，則其意「等」，已得「等」者，終不為「漏、不漏想」。	㊂若得諸法「等」，則不起「漏、不漏」想。	㊂若得諸法「等」，則不起「漏、不漏」想。	㊂若諸菩薩知一切法性皆「平等」，於「漏、無漏」不起二想。
㊃亦不以「無想」而得，不以「想受」而住者，是「不二」入。	㊃不著於「相」，亦不住「無相」，是為入「不二」法門。	㊃不著於「相」，亦不住「無相」，是為入「不二」法門。	㊃不著「有想」，不著「無想」，是為悟入「不二」法門。

【九～11】淨解菩薩➜離「一切數」，心如虛空。諸法皆「清淨慧」，無所礙

三國吳・支謙譯《維摩詰經》	姚秦・鳩摩羅什譯《維摩詰所說經》	姚秦・鳩摩羅什譯《維摩詰所說大乘經》	唐・玄奘譯《說無垢稱經》
㊀淨解菩薩曰：	㊀淨解菩薩曰：	㊀淨解菩薩曰：	㊀復有菩薩名淨勝解，作如是言：
㊁此「有數」(有爲)此「無數」(無爲)為二。	㊁「有為、無為」為二。(據梵文原意作「快樂與不快樂」)	㊁「有為、無為」為二。(據梵文原意作「快樂與不快樂」)	㊁「有為、無為」分別為二。
㊂若離「一切數」，則道與空	㊂若離「一切數」(據梵文原意作「遠離一切	㊂若離「一切數」(據梵文原意作「遠離一切	㊂若諸菩薩了知二法性皆「平等」，

「等」。 ㊃意都已解，「無所著」者，是「不二」入。	的快樂」)，則心如「虛空」。 ㊃以「清淨慧」，「無所礙」者，是為入「不二」法門。	的快樂」)，則心如「虛空」。 ㊃以「清淨慧」，「無所礙」者，是為入「不二」法門。	遠離「諸行」，「覺慧」如「空」。 ㊃智善「清淨」，「無執、無遣」，是為悟入「不二」法門。

【九～12】那羅延菩薩→世間「本性空寂」，「無入、無出、無流、無散」，亦不著

三國吳・支謙譯《維摩詰經》	姚秦・鳩摩羅什譯《維摩詰所說經》	姚秦・鳩摩羅什譯《維摩詰所說大乘經》	唐・玄奘譯《說無垢稱經》
㊀人乘菩薩曰：	㊀那羅延菩薩曰：	㊀那羅延菩薩曰：	㊀復有菩薩名那羅延，作如是言：
㊁是「世間」、是「世尊」為二。	㊁「世間、出世間」為二。	㊁「世間、出世間」為二。	㊁「世、出世間」分別為二。
㊂若世間「意空」，於其中「不捨、不念」，不依尊上者。	㊂世間「性空」，即是出世間，於其中「不入、不出、不溢、不散」。	㊂世間「性空」，即是出世間，於其中「不入、不出、**不渡、不住**」。	㊂若諸菩薩了知世間「本性空寂」，「無入、無出、無流、無散」，亦「不執著」。
㊃是「不二」入。	㊃是為入「不二」法門。	㊃是為入「不二」法門。	㊃是為悟入不二法門。

【九～13】善慧菩薩→生死性「本空」，無流轉、無寂滅、無縛、無解、不生、不滅

三國吳・支謙譯《維摩詰經》	姚秦・鳩摩羅什譯《維摩詰所說經》	姚秦・鳩摩羅什譯《維摩詰所說大乘經》	唐・玄奘譯《說無垢稱經》
	㊀善慧菩薩曰：	㊀善意菩薩曰：	㊀復有菩薩名調順慧，作如是言：
	㊁「生死、涅槃」為二。	㊁「生死、涅槃」為二。	㊁「生死、涅槃」分別為二。

	㊂若見「生死」性，則無「生死」，「無縛、無解、不生、不滅」。 ㊃如是解者，是為入「不二」法門。	㊂若見「生死」性，則無「生死」，「無縛、無解、不然(即不燃，不熾燃)、不滅」。 ㊃如是解者，是為入「不二」法門。	㊂若諸菩薩，了知「生死」，其性「本空」，無有「流轉」，亦無「寂滅」。 ㊃是為悟入「不二」法門。

【九～14】現見菩薩➜「盡」與「無盡」皆性空無盡相。「有盡」無，「無盡」亦無

三國吳・支謙譯《維摩詰經》	姚秦・鳩摩羅什譯《維摩詰所說經》	姚秦・鳩摩羅什譯《維摩詰所說大乘經》	唐・玄奘譯《說無垢稱經》
㊀目見菩薩曰：	㊀現見菩薩曰：	㊀現見菩薩曰：	㊀復有菩薩名曰現見，作如是言：
㊁「盡、不盡」為二。	㊁「盡、不盡」為二。	㊁「盡、不盡」為二。	㊁「有盡、無盡」分別為二。
㊂「盡」者「都盡」，「都盡」者「不可盡」，是謂無「盡」、無「所盡」，故曰「盡」。曰「盡」者，無有「盡」。	㊂法若究竟盡、若(與)「不盡」；皆是「無盡相」，「無盡相」即是「空」。「空」則無有「盡、不盡」相。	㊂法若究竟盡、若(與)「不盡」；皆是「無盡相」，「無盡相」即是「空」。「空」則無有「盡、不盡」相。	㊂若諸菩薩了知都無「有盡、無盡」。要「究竟盡」乃名為「盡」。若「究竟盡」不復當「盡」，則名「無盡」。
			㊃又「有盡」者，謂一剎那、一剎那中定無「有盡」，則是「無盡」。「有盡」無，故「無盡」亦無。
㊄如斯入者，是「不二」入。	㊄如是入者，是為入「不二」法門。	㊄如是入者，是為入「不二」法門。	㊄了知「有盡、無盡」性空，是為悟入「不二」法門。

【九～15】普守菩薩➜「有我」尚不可得，何況「無我」

三國吳・支謙譯 《維摩詰經》	姚秦・鳩摩羅什譯 《維摩詰所說經》	姚秦・鳩摩羅什譯 《維摩詰所說大乘經》	唐・玄奘譯 《說無垢稱經》
㊀普閉菩薩曰：	㊀普守菩薩曰：	㊀普守菩薩曰：	㊀復有菩薩名曰普密，作如是言：
㊁「我、非我」為二。	㊁「我、無我」為二。	㊁「我、無我」為二。	㊁「有我、無我」分別為二。
㊂如「我」之不得，「非我」何可得？	㊂「我」尚不可得，「非我」何可得？	㊂「我」尚不可得，「非我」何可得？	㊂若諸菩薩了知「有我」尚不可得，何況「無我」？
㊃於「我」自然而不作者，是「不二」入。	㊃見「我」實性者，不復起「二」，是為入「不二」法門。	㊃見「我」實性者，不復起「二」，是為入「不二」法門。	㊃見「我、無我」，其性無「二」，是為悟入「不二」法門。

【九～16】電天菩薩➜「無明」實性即是「明」。「明」與「無明」俱不可得，皆性空也

三國吳・支謙譯 《維摩詰經》	姚秦・鳩摩羅什譯 《維摩詰所說經》	姚秦・鳩摩羅什譯 《維摩詰所說大乘經》	唐・玄奘譯 《說無垢稱經》
㊀明天菩薩曰：	㊀電天菩薩曰：	㊀電天菩薩曰：	㊀復有菩薩名曰電天，作如是言：
㊁「明、不明」為二。	㊁「明、無明」為二。	㊁「明、無明」為二。	㊁「明」與「無明」分別為二。
㊂「不明」滋多，是故有「明」。若是「不用、不計」，以作「等」計。	㊂「無明」實性即是「明」，「明」亦不可取，離「一切數」。	㊂「無明」實性即是「明」，「明」亦不可著，離「一切數」。	㊂若諸菩薩了知「無明」本性是「明」，「明」與「無明」俱不可得，不可「算計」，超「算計」路。
㊃於其中而「平等」，不以「二」得要者，是「不二」入。	㊃於其中「平等無二」者，是為入「不二」法門。	㊃於其中「平等無二」者，是為入「不二」法門。	㊃於中現觀「平等無二」，是為悟入「不二」法門。

《大般涅槃經・卷第八》

(1)凡夫之人聞已分別生二法想，「明」與「無明」，智者了達其性「無二」。「無二之性」即是「實性」……

(2)若言「十善、十惡」可作、不可作。善道、惡道、白法、黑法。凡夫謂「二」，智者了達其性「無二」。「無二之性」即是「實性」……

(3)若言一切行「無常」者，「如來祕藏」亦是「無常」。凡夫謂「二」，智者了達其性「無二」。「無二之性」即是「實性」。

(4)若言一切法「無我」，「如來祕藏」亦「無有我」。凡夫謂「二」，智者了達其性「無二」。「無二之性」即是「實性」。

(5)「我」與「無我」，性無有二，「如來祕藏」其義如是，不可稱計無量無邊諸佛所讚。我今於是一切功德成就經中皆悉說已。

《奮迅王問經・卷上》

(1)「明」與「無明」，此法不二。若知此者，名「因緣智」。

(2)「行」與「非行」，此法不二。若知此者，名「因緣智」。

(3)「識」與「非識」，此法不二。若知此者，名「因緣智」。

(4)「名色、非名色」，此法不二。若知此者，名「因緣智」。

(5)「六入、非六入」，此法不二。若知此者，名「因緣智」。

(6)如「六入、非六入」不二。如是「觸、非觸」不二。「受、非受」不二。「愛、非愛」不二。「取、非取」不二。「有、非有」不二。「生、非生」不二。「老死、非老死」不二。若知此者，名「因緣智」。

《佛說如來智印經》一卷

智人知法非「有、無」，「明」與「無明」法無二。

《佛說大迦葉問大寶積正法經・卷第二》

(1)迦葉！若以智觀，「明、無明」等，無此「二相」。

(2)迦葉！此「影像」中法，如實觀察。

《文殊師利問經・卷上》

(1)爾時文殊師利白佛言：世尊！佛說「無二法」故，一切聲聞、緣覺、菩薩，並無疑惑，悉知中道，乃至凡夫，亦能生信。

(2)佛告文殊師利：「明、無明」無二，以無二故，成「無三智」。

(3)文殊師利！此謂中道具足。真實觀諸法，「行、無行」無二，以無二故，成「無三智」。

(4)文殊師利！此謂中道具足。真實觀諸法，「識、非識」乃至「老死、非老死」無二亦如是。

(5)文殊師利！若無明「有」者，是一邊。若無明「無」者，是一邊。此二邊中間，「無有色、不可見、無有處、無相、無相待、無標相」……

(6)諸法無有「二」，亦復無有「三」，此中道具足，名為「真實道」。

《佛說諸法本無經・卷上》

「菩提」坐處無可得，彼無可得亦無有。「明、無明」二是一相，若知是者，得「導師」。

【九～17】喜見菩薩→「五蘊」即是「空」，非「五蘊」滅「空」，「五蘊」性自「空」

三國吳・支謙譯《維摩詰經》	姚秦・鳩摩羅什譯《維摩詰所說經》	姚秦・鳩摩羅什譯《維摩詰所說大乘經》	唐・玄奘譯《說無垢稱經》
㊀愛觀菩薩曰：	㊀喜見菩薩曰：	㊀喜見菩薩曰：	㊀復有菩薩名曰憙見，作如是言：
㊁「世間」空，而作之為二。	㊁「色、色空」為二。	㊁「色、色空」為二。	㊁「色、受、想、行」，及「識」與「空」分別為二。
㊂色空(色即是空)，不(非)「色」敗(滅)「空」，「色」之「性空」。	㊂「色」即是「空」，非「色」滅「空」，「色」性自「空」。	㊂「色」即是「空」，非「色」滅「空」，「色」性自「空」。	㊂若知「取蘊」性本是「空」，即是「色空」，非「色」滅「空」。
㊃如是「痛、想、行、識」空；而作之為二。	㊃如是「受、想、行、識」；「識、空」為二。	㊃如是「受、想、行、識」；「識、空」為二。	
㊄識空(識即是空)，不(非)「識」敗(滅)「空」，「識」之「性空」。	㊄「識」即是「空」，非「識」滅「空」，「識」性自「空」。	㊄「識」即是「空」，非「識」滅「空」，「識」性自「空」。	㊄乃至「識蘊」亦復如是。
㊅彼於「五陰」知其性者，是「不二」入。	㊅於其中而通達者，是為入「不二」法門。	㊅於其中而通達者，是為入「不二」法門。	㊅是為悟入「不二」法門。

【九～18】明相菩薩→「四界」即「虛空性」。「前、中、後」際與四界皆「空」

三國吳・支謙譯《維摩詰經》	姚秦・鳩摩羅什譯《維摩詰所說經》	姚秦・鳩摩羅什譯《維摩詰所說大乘經》	唐・玄奘譯《說無垢稱經》
㊀光造菩薩曰：	㊀明相菩薩曰：	㊀明相菩薩曰：	㊀復有菩薩名曰光幢，作如是言：
㊁「四種異、空種異」(據梵文原意作「另外的地水火風四界和另外的空界」義)為二。	㊁「四種異、空種異」(據梵文原意作「另外的地水火風四界和另外的空界」義)為二。	㊁「四種異、空種異」為二。	㊁「四界」(地水火風)與「空」分別為二。
㊂「空種」自然，「四大」亦爾。「本」(前際)空自然，「末」(後際)空自然。	㊂「四種性」(四界)即是「空種性」，如「前際、後際」空，故「中際」(據梵文原意作「現在」義)亦空。	㊂「四種性」(四界)即是「空種性」，如「前際、後際」空，故「中際」(據梵文原意作「現在」義)亦空。	㊂若諸菩薩了知「四界」即「虛空性」。「前、中、後」際四界與「空」，性皆「無倒」(無顛倒無差異)。
㊃知此種者，是「不二」入。	㊃若能如是知諸「種性」者，是為入「不二」法門。。	㊃若能如是知諸「種性」者，是為入「不二」法門。。	㊃悟入諸界，是為悟入「不二」法門。

【九～19】妙意菩薩→六根與六塵，不即亦不離，不捨亦不執

三國吳・支謙譯《維摩詰經》	姚秦・鳩摩羅什譯《維摩詰所說經》	姚秦・鳩摩羅什譯《維摩詰所說大乘經》	唐・玄奘譯《說無垢稱經》
㊀善意菩薩曰：	㊀妙意菩薩曰：	㊀妙意菩薩曰：	㊀復有菩薩名曰妙慧，作如是言：
㊁「眼、色」為二。	㊁「眼、色」為二。	㊁「眼、色」為二。	㊁「眼色、耳聲、鼻香、舌味、身觸、意法」分別為二。
㊂其知「眼者」；見色「不染、不怒、	㊂若知「眼性」；於色「不貪、不恚、	㊂若知「眼性」；於色「不貪、不恚、	㊂若諸菩薩了知一切其性皆「空」。

不癡」，是謂「清淨」。如是「耳聲、鼻香、舌味、身更心法」為二。 ㊃其知「心者」；於法「不染、不怒、不癡」，是謂「清淨」。 ㊄如此住者，是「不二」入。	不癡」，是名「寂滅」。如是「耳聲、鼻香、舌味、身觸、意法」為二。 ㊃若知「意性」；於法「不貪、不恚、不癡」，是名「寂滅」。 ㊄安住其中，是為入「不二」法門。	不癡」，是名「寂滅」。如是「耳聲、鼻香、舌味、身觸、意法」為二。 ㊃若知「意性」；於法「不貪、不恚、不癡」，是名「寂滅」。 ㊄安住其中，是為入「不二」法門。	見「眼自性」；於色「無貪、無瞋、無癡」。 ㊃如是乃至見「意自性」；於法「無貪、無瞋、無癡」，此則為「空」。 ㊄如是見已，「寂靜」安住，是為悟入「不二」法門。

【九～20】無盡意菩薩➜「六度」即是「迴向一切智性」，無二無別

三國吳・支謙譯《維摩詰經》	姚秦・鳩摩羅什譯《維摩詰所說經》	姚秦・鳩摩羅什譯《維摩詰所說大乘經》	唐・玄奘譯《說無垢稱經》
㊀無盡意菩薩曰： ㊁「布施、一切智而分布(迴向)」為二。 ㊂「布施」而自然：「一切智」亦爾。「一切智」自然；「布施」亦爾。如是「持戒、忍辱、精進、一心智慧」、「一切智而分布(迴向)」為二。	㊀無盡意菩薩曰： ㊁「布施、迴向一切智」為二。 ㊂「布施」性即是「迴向一切智性」，如是「持戒、忍辱、精進、禪定、智慧」、「迴向一切智」為二。	㊀無盡意菩薩曰： ㊁「布施、迴向一切智」為二。 ㊂「布施」性即是「迴向一切智性」，如是「持戒、忍辱、精進、禪定、智慧」、「迴向一切智」為二。	㊀復有菩薩名無盡慧，作如是言： ㊁「布施、迴向一切智」性，各別為二。 ㊂如是分別「戒、忍、精進、靜慮、般若」及與「迴向一切智性」；各別為二。 ㊃若了「布施」即所「迴向一切智性」。此所「迴向一切智性」即是「布

⑤「智慧」而自然，「一切智」亦爾。「一切智」自然，「智慧」亦爾。 ⑥於其中而「一入」者，是「不二」入。	⑤「智慧」性即是「迴向一切智性」。 ⑥於其中入「一相」者，是為入「不二」法門。	⑤「智慧」性即是「迴向一切智性」。 ⑥於其中入「一相」者，是為入「不二」法門。	施」。 ⑤如是乃至「般若自性」即所「迴向一切智性」。此所「迴向一切智性」即是「般若」。 ⑥了此一理，是為悟入「不二」法門。

【九～21】深慧菩薩→「空」即「無相」即「無作」，則亦無「心、意、識」。「一解脫門」即是「三解脫門」

三國吳・支謙譯《維摩詰經》	姚秦・鳩摩羅什譯《維摩詰所說經》	姚秦・鳩摩羅什譯《維摩詰所說大乘經》	唐・玄奘譯《說無垢稱經》
①深妙菩薩曰： ②「空異、無相異、無願異」為二。 ③如「空」則「無相」，「無相」則「無願」(無人我對立之願望或目的)。 ④「無願」者，不意、不心、不識、不行。 ⑤其以「一向」行「衆解門」(三解脫門→空、無相、無願)者，是「不二」入。	①深慧菩薩曰： ②是「空」、是「無相」、是「無作」為二。 ③「空」即「無相」，「無相」即「無作」。 ④若「空、無相、無作」，則無「心、意、識」。 ⑤於「一解脫門」即是「三解脫門」(空、無相、無願)者，是為入「不二」法門。	①深慧菩薩曰： ②是「空」、是「無相」、是「無作」為二。 ③「空」即「無相」，「無相」即「無作」。 ④若「空、無相、無作」，則無「心、意、識」。 ⑤於「一解脫門」即是「三解脫門」(空、無相、無願)者，是為入「不二」法門。	①復有菩薩名甚深覺，作如是言： ②「空、無相、無願」分別為二。 ③若諸菩薩了知「空」中都「無有相」，此「無相」中亦「無有願」。 ④此「無願」中，「無心、無意、無識」可轉。 ⑤如是即於「一解脫門」，具攝一切「三解脫門」(空、無相、無願)。若此通達，是為悟入「不二」法門。

【九～22】寂根菩薩→「佛」即「法」即「僧」，三寶皆「無為相」，與「虛空」等

三國吳・支謙譯《維摩詰經》	姚秦・鳩摩羅什譯《維摩詰所說經》	姚秦・鳩摩羅什譯《維摩詰所說大乘經》	唐・玄奘譯《說無垢稱經》
㊀寂根菩薩曰：	㊀寂根菩薩曰：	㊀寂根菩薩曰：	㊀復有菩薩名寂靜根，作如是言：
㊁「佛、法、衆」為二。	㊁「佛、法、衆」為二。	㊁「佛、法、衆」為二。	㊁「佛、法、僧」寶分別為二。
㊂「佛性」則「法」，「法性」則「衆」。一切是「三寶」，無「有數」(有為)。「無數(無為)」則「樸樸」，則正諸法。	㊂「佛」即是「法」，「法」即是「衆」，是「三寶」皆「無為相」，與「虛空」等。一切法亦爾。	㊂「佛」即是「法」，「法」即是「衆」，是「三寶」皆「無為相」，與「虛空」等。一切法亦爾。	㊂若諸菩薩了知「佛性」即是「法性」，「法」即「僧性」。如是「三寶」皆「無為相」，與「虛空」等諸法亦爾。
㊃樂隨此者，是「不二」入。	㊃能隨此行者，是為入「不二」法門。	㊃能隨此行者，是為入「不二」法門。	㊃若此通達，是為悟入「不二」法門。

【九～23】心無礙菩薩→「身見」與「身見滅」，無二無分別

三國吳・支謙譯《維摩詰經》	姚秦・鳩摩羅什譯《維摩詰所說經》	姚秦・鳩摩羅什譯《維摩詰所說大乘經》	唐・玄奘譯《說無垢稱經》
㊀不毀根菩薩曰：	㊀心無礙菩薩曰：	㊀心無礙菩薩曰：	㊀復有菩薩名無礙眼，作如是言：
㊁「有身(身見)」與「有身盡(身見滅)」為二。	㊁「身(身見)、身滅(身見滅)」為二。	㊁「身(身見)、身滅(身見滅)」為二。	㊁是「薩迦耶(身見)」及「薩迦耶滅(身見滅)」分別為二。
㊂「有身(身見)」則「有盡(身見滅)」。何則從「身」生「見」？	㊂「身(身見)」即是「身滅(身見滅)」。所以者何？	㊂「身(身見)」即是「身滅(身見滅)」。所以者何？	㊂若諸菩薩知「薩迦耶(身見)」即「薩迦耶滅(身見滅)」，如是了知，畢

			竟不起「薩迦耶見(身見)」。
㊃從「見」有「身」，是故有「身」、有「毀滅雜」。彼以「無雜」(無分別)，自然如「滅」。	㊃「見身」實相者，不起「見身(身見)」及「見滅身(身見滅)」，「身(身見)」與「滅身(身見滅)」；無二無分別。	㊃「見身」實相者，不起「見身(身見)」及「見滅身(身見滅)」，「身(身見)」與「滅身(身見滅)」；無二無分別。	㊃於「薩迦耶(身見)、薩迦耶滅(身見滅)」，即無「分別」、無「異分別」。
㊄而「不迷、不惑」者，是「不二」入。	㊄於其中「不驚、不懼」者，是為入「不二」法門。	㊄於其中「**身見」滅之又滅，盡滅無餘**，「不驚、不懼」者，是為入「不二」法門。	㊄證得此二「究竟滅性」，無所猜疑、無驚、無懼，是為悟入「不二」法門。

【九～24】上善菩薩➜身口意皆無「作相」，一切法亦無「作相」

三國吳・支謙譯《維摩詰經》	姚秦・鳩摩羅什譯《維摩詰所說經》	姚秦・鳩摩羅什譯《維摩詰所說大乘經》	唐・玄奘譯《說無垢稱經》
㊀善斷菩薩曰：	㊀上善菩薩曰：	㊀上善菩薩曰：	㊀復有菩薩名善調順，作如是言：
㊁「身、口、心」為二。	㊁「身、口、意」(三種的)善(據梵文原意作「律儀」義)為二。	㊁「身、口、意」(三種的)善(據梵文原意作「律儀」義)為二。	㊁是「身、語、意」三種(的)「律儀」分別為二。 ㊂若諸菩薩了知如是(身口意)三種「律儀」，皆無「作相」，其相「無二」。所以者何？
㊃所以者何？是「身」則「無為之相」也。 ❶如「身」之無為，「口相」亦無為。 ❷如「口」之無為，	㊃是(身口意)三業皆無「作相」。 ❶「身」無作相，即「口」無作相。 ❷「口」無作相，即	㊃是(身口意)三業皆無「作相」。 ❶「身」無作相，即「口」無作相。 ❷「口」無作相，即	㊃此(身口意)三業道皆無「作相」。 ❶「身」無作相，即「語」無作相。 ❷「語」無作相，即

「心相」亦無為。 ❸如其「心」之無為，「一切法」亦無為。 ㊄其以「無二、無三」事者，是「不二」入。	「意」無作相。 ❸是三業無「作相」，即「一切法」無「作相」。 ㊄能如是隨「無作慧」者，是為入「不二」法門。	「意」無作相。 ❸是三業無「作相」，即「一切法」無「作相」。 ㊄能如是隨「無作慧」者，是為入「不二」法門。	「意」無作相。 ❸「意」無作相，即「一切法」俱無「作相」。 ㊄若能隨入「無造作相」，是為悟入「不二」法門。

【九～25】福田菩薩→「福行、罪行、不動行」三行之實性即是「空」

三國吳・支謙譯《維摩詰經》	姚秦・鳩摩羅什譯《維摩詰所說經》	姚秦・鳩摩羅什譯《維摩詰所說大乘經》	唐・玄奘譯《說無垢稱經》
㊀福土菩薩曰：	㊀福田菩薩曰：	㊀福田菩薩曰：	㊀復有菩薩名曰福田，作如是言：
㊁「福」與「不福(罪行)」。「為(動行)」與「不知為(不動行)」為二。	㊁「福行(感召升天)、罪行(感召三惡道)、不動行」(感召到色與無色界)為二。	㊁「福行(感召升天)、罪行(感召三惡道)、不動行」(感召到色與無色界)為二。	㊁「罪行、福行」及「不動行」分別為二。
㊂於「福」、「不福(罪行)」、如「不知為(不動行)」，如「不有為(無作相)」，是則「無二」。			㊂若諸菩薩了知「罪行、福」及「不動」；皆「無作相」，其相「無二」。所以者何？
㊃其於「罪、福、不以知為(不動行)」，如「自然相」。以「空」知者，不是「福」、不「非福(罪行)」，亦不「無知(不動行)」。	㊃「三行」實性即是「空」，「空」則無「福行」、無「罪行」、無「不動行」。	㊃「三行」實性即是「空」，「空」則無「福行」、無「罪行」、無「不動行」。	㊃「罪、福」不動，如是三行，「性相皆空」。「空」中無有「罪、福、不動」三行差別。
㊄覺如此者。是不二入。	㊄於此三行而「不起」者，是為入	㊄於此三行而「不起」者，是為入	㊄如是通達，是為悟入「不二」法

	「不二」法門。	「不二」法門。	門。

㊀首懷菩薩曰： ㊁「攀緣、稱說」為二。 ㊂若其「不攀緣」，則無所「不善」，無「非善」也。 ㊃如無「不善」、無「非善」者，是「不二」入。			

➔**福行**，即行「十善」等福，能招感「天上、人間」之果。

➔**罪行**，又稱「非福行」。即行「十惡」等罪，能招感「三惡道」之苦。

➔「**不動行**」又稱為「**無動行**」。即修「有漏」之禪定，能招感「色界、無色界」之果報。因他是採「百物不思的枯木死灰、斷絕一切心念、有定而無慧、只修止而不修觀」的修法，故感得「不動」的「色界、無色」果，故稱此種修行為「不動行」。

《大智度論・釋習相應品第三之餘》(卷三十六)

(1)佛或說十二因緣中「三行」:「福行、罪行、無動行」。

(2)「福行」者:「欲界」繫善業。

(3)「罪行」者:「不善」業。

(4)「無動行」者:「色、無色界」繫業。

《坐禪三昧經・卷下》

(1)善行、不善行、不動行。

(2)云何「善行」?「欲界」一切善行，亦「色界」三地。

(3)云何「不善行」?諸不善法。

(4)云何「不動行」?「第四禪」有漏善行，及「無色」定善有漏行，是名行。

《正法念處經・卷第五十五》

(1)三種行。一「福業行」。二「罪業行」。三「不動行」，謂「四禪行」。

(2)彼「福業行」:是「天人」因。

(3)彼「罪業行」:「地獄」等因。
(4)彼「不動行」:是「色界」因。

《緣生初勝分法本經・卷上》

佛言比丘:渴取自界,分齊斷故。如欲渴及取,不應作「色界、無色界」不動行。

《佛說大乘稻芉經》

(1)復次,不了「真性」,顛倒無知,名為「無明」。如是有「無明」故,能成「三行」,所謂「福行、罪行、不動行」。
(2)從於「福行」而生「福行」識者,此是「無明」緣「行」。
(3)從於「罪行」而生「罪行」識者,此則名為「行」緣「識」。
(4)從於「不動行」而生「不動行」識者,此則名為「識」緣「名色」。

《大般若波羅蜜多經・卷第三百七十九》

佛告善現:世間愚夫……得見「尋香城」者已,得「變化事」,得見「變化事」者已,顛倒執著,造身、語、意「善行、不善行」,或造身、語、意「福行、非福行、不動行」,由諸行故,往來生死,流轉無窮。

《大方廣佛華嚴經・卷第二十五》

一切凡夫常隨「邪念」,行邪妄道,愚癡所盲,貪著於我,習起「三行」,「罪行、福行、不動行」,以是行故,起有漏心種子,有漏有取心故,起「生死身」。

《佛說大乘菩薩藏正法經・卷第十一》

(1)佛如來,於種種界「如實了知」。
(2)若諸眾生於諸世間,以諸「福行」而為「長養」,如來悉能如實了知。
(3)若諸眾生以「非福行」而為長養,如來悉如實知。
(4)若諸眾生以「不動行」而為長養,如來悉如實知。
(5)若諸眾生修「出離行」,如來悉如實知。

【九~26】華嚴菩薩→見「我」實相者,不起「二法」,則無有「分別之識」

三國吳・支謙譯 《維摩詰經》	姚秦・鳩摩羅什譯 《維摩詰所說經》	姚秦・鳩摩羅什譯 《維摩詰所說大乘經》	唐・玄奘譯 《說無垢稱經》

	㊀華嚴菩薩曰： ㊁從「我」起二；為二。 ㊂見「我實相」者，不起「二法」。若不住「二法」，則無有「識」(據梵文原意作「分別、顯示」義)。 ㊃無「所識」者，是為入「不二」法門。	㊀華嚴菩薩曰： ㊁從「我」起二；為二。 ㊂見「我實相」者，不起「二法」。若不住「二法」，則無「分別識」。 ㊃無「分別識」者，是為入「不二」法門。	㊀復有菩薩名曰華嚴，作如是言： ㊁一切二法皆從「我」起。 ㊂若諸菩薩知「我實性」，即不起「二」。不起「二」故，即無「了別」。 ㊃無「了別」故，無「所了別」，是為悟入「不二」法門。

【九～27】德藏菩薩→若「無所得」，則「無取捨」

三國吳・支謙譯《維摩詰經》	姚秦・鳩摩羅什譯《維摩詰所說經》	姚秦・鳩摩羅什譯《維摩詰所說大乘經》	唐・玄奘譯《說無垢稱經》
	㊀德藏菩薩曰： ㊁「有所得」相為二。 ㊂若「無所得」，則「無取捨」。 ㊃「無取捨」者，是為入「不二」法門。	㊀德藏菩薩曰： ㊁「有所得」相為二。 ㊂若「無所得」，則「無取捨」。 ㊃「無取捨」者，是為入「不二」法門。	㊀復有菩薩名曰勝藏，作如是言： ㊁一切二法，「有所得」起。 ㊂若諸菩薩了知諸法都「無所得」，則「無取捨」。 ㊃既「無取捨」，是為悟入「不二」法門。

【九～28】月上菩薩→「闇」與「明」無二。入「滅受想定」者，無闇、無明

三國吳・支謙譯《維摩詰經》	姚秦・鳩摩羅什譯《維摩詰所說經》	姚秦・鳩摩羅什譯《維摩詰所說大乘經》	唐・玄奘譯《說無垢稱經》
㊀月盛菩薩曰：	㊀月上菩薩曰：	㊀月上菩薩曰：	㊀復有菩薩名曰

			月上，作如是言：
㊁「闇」與「明」為二。	㊁「闇」與「明」為二。	㊁「闇」與「明」為二。	㊁「明」之與「暗」，分別為二。
㊂「不闇、不明」，乃無有二。何則？	㊂「無闇、無明」，則無有二。所以者何？	㊂「無闇、無明」，則無有二。所以者何？	㊂若諸菩薩了知「實相」，「無暗、無明」，其性無二。所以者何？
㊃如「滅定」者，「無闇、無明」。	㊃如入「滅受想定」；「無闇、無明」。一切法相，亦復如是。	㊃如入「滅受想定」；「無闇、無明」。一切法相，亦復如是。	㊃譬如「苾芻」(比丘)，入「滅盡定」，「無暗、無明」。一切諸法，其相亦爾。
㊄如諸法相而「等」入者，是「不二」入。	㊄於其中「平等」入者，是為入「不二」法門。	㊄於其中「平等」入者，是為入「不二」法門。	㊄如是妙契諸法「平等」，是為悟入「不二」法門。

【九～29】寶印手菩薩→不樂「涅槃」，不厭「世間」，兩者無二，無縛、無解

三國吳・支謙譯《維摩詰經》	姚秦・鳩摩羅什譯《維摩詰所說經》	姚秦・鳩摩羅什譯《維摩詰所說大乘經》	唐・玄奘譯《說無垢稱經》
㊀寶印手菩薩曰：	㊀寶印手菩薩曰：	㊀寶印手菩薩曰：	㊀復有菩薩名寶印手，作如是言：
㊁其樂「泥洹」，不樂「生死」為二。	㊁樂「涅槃」、不樂「世間」為二。	㊁樂「涅槃」、不樂「世間」為二。	㊁欣厭「涅槃、生死」為二。
㊂如不樂「泥洹」，不惡「生死」，乃無有二。何則？	㊂若不樂「涅槃」，不厭「世間」，則無有二。所以者何？	㊂若不樂「涅槃」，不厭「世間」，則無有二。所以者何？	㊂若諸菩薩了知「涅槃」及與「生死」。不生「欣、厭」，則無有二。所以者何？
㊃在「生死縛」彼，乃求「解」。	㊃若「有縛」，則「有解」。	㊃若「有縛」，則「有解」。	㊃若為「生死」之所「繫縛」，則求「解脫」。
㊄若都「無縛」，	㊄若本「無縛」，	㊄若本「無縛」，	㊄若知畢竟無

其誰求「解」？ ㊅如「無縛、無解」，無「樂」、無「不樂」者，是「不二」入。	其誰求「解」？ ㊅「無縛、無解」，則無「樂、厭」，是為入「不二」法門。	其誰求「解」？ ㊅「無縛、無解」，則無「樂、厭」，是為入「不二」法門。	「生死縛」，何為更求「涅槃解脫」。 ㊅如是通達「無縛、無解」，不欣「涅槃」，不厭「生死」，是為悟入「不二」法門。

【九～30】珠頂王菩薩→住「正道」者，「邪、正」不起分別。除此二相，亦無二覺

三國吳・支謙譯《維摩詰經》	姚秦・鳩摩羅什譯《維摩詰所說經》	姚秦・鳩摩羅什譯《維摩詰所說大乘經》	唐・玄奘譯《說無垢稱經》
㊀心珠立菩薩曰： ㊁「大道、小道」為二。 ㊂依「大道」者，不樂「小道」，亦不「習塵」。 ㊃無「大道相」，無「小道相」。如「如想」之士，無以行道者，是「不二」入。	㊀珠頂王菩薩曰： ㊁「正道、邪道」為二。 ㊂住「正道」者，則不分別是「邪」是「正」。 ㊃離此二者，是為入「不二」法門。	㊀珠頂王菩薩曰： ㊁「正道、邪道」為二。 ㊂住「正道」者，則不分別是「邪」是「正」。 ㊃離此二者，是為入「不二」法門。	㊀復有菩薩名珠髻王，作如是言： ㊁「正道、邪道」分別為二。 ㊂若諸菩薩善能安住「正道」，「邪道」究竟「不行」。以「不行」故，則無「正道、邪道」二相。 ㊃除「二相」，故則無「二覺」。若無「二覺」，是為悟入「不二」法門。

【三～11】「邪、正」雖殊，其性不二。不著於佛法僧、亦不墮六師外道。若能同彼外道出家而修，甚隨之俱墮落，仍「不動心」，不以為「異」者。則已達「邪正平等」之境，乃可取食也

三國吳・支謙譯 《維摩詰經》	姚秦・鳩摩羅什譯 《維摩詰所說經》	姚秦・鳩摩羅什譯 《維摩詰所說大乘經》	唐・玄奘譯 《說無垢稱經》
(若能)不見佛、不聞法。	若須菩提！(若能)不見佛、不聞法。	若須菩提！(若能)不見佛、不聞法，**不敬僧**。	若尊者善現！(若能)不見佛、不聞法、不事僧。
是亦有(外道六)師： ①不蘭迦葉 (Pūraṇa-kāśyapa) ②摩訶離瞿耶婁 (Maskarī-gośālī-putra) ④阿夷耑基耶今離 (Ajita-keśakambala) ⑤波休迦旃先 (Kakuda-kātyāyana) ③比盧特 (Sañjaya-vairaṭī-putra) ⑥尼犍子 (Nirgrantha-jñāta-putra) 等，	彼外道六師： ①富蘭那迦葉 (Pūraṇa-kāśyapa) ②末伽梨拘賒梨子 (Maskarī-gośālī-putra) ③刪闍夜毘羅胝子 (Sañjaya-vairaṭī-putra) ④阿耆多翅舍欽婆羅 (Ajita-keśakambala) ⑤迦羅鳩馱迦旃延 (Kakuda-kātyāyana) ⑥尼犍陀若提子 (Nirgrantha-jñāta-putra) 等，	彼外道六師： ①富蘭那迦葉 (Pūraṇa-kāśyapa) ②末伽梨拘賒梨子 (Maskarī-gośālī-putra) ③刪闍夜**毗**羅胝子 (Sañjaya-vairaṭī-putra) ④阿耆多翅舍欽婆羅 (Ajita-keśakambala) ⑤迦羅鳩馱迦旃延 (Kakuda-kātyāyana) ⑥尼犍陀若提子 (Nirgrantha-jñāta-putra) 等，	彼外道六師： ①滿迦葉波。 (Pūraṇa-kāśyapa) ②末薩羯離瞿舍離子 (Maskarī-gośālī-putra) ③想吠多子 (Sañjaya-vairaṭī-putra) ④無勝髮 (Ajita-keśakambala) ⑤犎犁迦衍那 (Kakuda-kātyāyana) ⑥離繫親子， (Nirgrantha-jñāta-putra)
又賢者！彼(外道六)師(之)說。	(以上外道六師皆)是汝之師。	(以上外道六師皆)是汝之師。	(以上外道六師皆)是尊者師。
(汝皆能)倚為道，從是師者。	(汝皆能)因其(外道六師而)出家。(若)彼(六)師所墮，汝亦隨(之而)墮，(而無有異心)。乃可取食。	(汝皆能)因其(外道六師而)出家。(若)彼(六)師所墮，汝亦隨(之而)墮，(而無有異心)。乃可取食。	(汝皆能)依之出家。(若)彼六師墮，(則)尊者亦(隨之而)墮，(而無有異心)。乃可取食。

「邪、正」雖殊，其性不二。豈有「佛法僧」之如來三寶是獨「尊」；而「六師外道」為獨「卑」？
故雖於「佛法僧」中，而能「不著、不執」；亦能於「六師外道」中，而「不離、不墮」。若能同彼「六師外道」之修，甚至能跟隨「六師外道」而出家，亦能隨著「六師外道」而一同墮落，而自己仍能「不動於心」，亦不以為「有異」者。則已達「邪正平等」

之心，能至此境界，乃可取食也。

【三～１２】入「邪見」而能致「彼岸」；入「彼岸」而能不住、不著「彼岸」。入「八難」而能致「無難」；入「無難」而能不住、不著「無難」。若能自知「不修學大乘菩薩平等無二之法，會招致種種過失」，則可食也

三國吳・支謙譯《維摩詰經》	姚秦・鳩摩羅什譯《維摩詰所說經》	姚秦・鳩摩羅什譯《維摩詰所說大乘經》	唐・玄奘譯《說無垢稱經》
㊀(如果你的修行是)為住諸見，為墮「邊際」，(就)不及「佛處」。	㊀若須菩提！(如果你的修行是)入諸「邪見」，(就)不到「彼岸」。	㊀若須菩提！(如果你的修行是)入諸「邪見」，(就)不到「彼岸」。	㊀若尊者善現！(如果你的修行是)墮諸「見趣」，而不至「中邊」。
㊁為歸「八難」，為在「衆勞」。	㊁(若)住於「八難」，(就)不得(獲證)「無難」。	㊁(若)住於「八難」，(就)不得(獲證)「無難」。	㊁(若)入「八無暇」，(就)不得(獲證)「有暇」。
㊂不信之垢，不得離「生死之道」。	㊂(若)同於「煩惱」，(就一定會遠)離清淨法。	㊂(若)同於「煩惱」，(就一定會遠)離清淨法。	㊂(若)同諸「雜染」，(就一定會遠)離於清淨。
㊃然其於衆人，亦為他人想。若賢者！為他人想如彼者，則非「祐除」(給予；賜予)也。	㊃汝(所謂已獨)得「無諍」三昧，(則)一切衆生亦(可)得是定。(那麼)其(布)施(於)汝者，(則)不名「福田」。(因爲二乘者，仍有法執，無法至「平等無二」之境)	㊃汝(所謂已獨)得「無諍」三昧，(則)一切衆生亦(可)得是定。(那麼)其(布)施(於)汝者，(則)不名「福田」。(因爲二乘者，仍有法執，無法至「平等無二」之境)	㊃若諸有情所得(之)「無諍」，尊者亦得(所謂的「無諍」之法)。(如此布施於汝者)而不名為「清淨福田」。
㊄㊅其施賢者，為還衆魔共一手；作衆勞侶。	㊄(如此則)供養汝者，(亦將會)墮三惡道。(因爲二乘無法至「平等無二」之境)	㊄(如此則)供養均者，(亦將會)墮三惡道。(因爲二乘無法至「平等無二」之境)	㊄諸有「布施」尊者之食，(亦將會)墮諸惡趣。
	㊅(汝則將)為與「衆魔」共一手；作諸	㊅(汝則將)為與「衆魔」共一手；作諸	㊅而以尊者，(若能)為與「衆魔」共連

	勞侶(塵勞伴侶)。汝(若能)與「衆魔」及諸「塵勞」，(平)等無有異。	勞侶(塵勞伴侶)。汝(若能)與「衆魔」及諸「塵勞」，(平)等無有異。	一手，將諸煩惱作其伴侶。(因爲)一切「煩惱」自性，即(等同)是尊者(之)自性。
㊆於一切人，若影想者，其作如謗諸「佛」、毀諸「經」。	㊆(汝無法修至「平等無二」之境，則)於一切衆生而(生)有「怨心」，(甚至造)謗諸「佛」、毀於「法」(之罪業)。	㊆(汝無法修至「平等無二」之境，則)於一切衆生而(生)有「怨心」，(甚至造)謗諸「佛」、毀於「法」(之罪業)。	㊆(汝無法修至「平等無二」之境，則)於諸有情(生)起「怨害想」，(甚至)謗于諸「佛」，(或)毀一切「法」。
㊇不依「衆」(僧數)，終不得「滅度」矣。	㊇(汝終)不入(菩薩賢聖之)衆數(僧數)，(亦)終不得(證)「滅度」。	㊇(汝終)不入(菩薩賢聖之)衆數(僧數)，(亦)終不得(證)「滅度」。	㊇(汝終)不預(入菩薩賢聖之)僧數，畢竟無有(證)「般涅槃」時。
㊈當以如是，行取乞耶。〉	㊈汝若如是，乃可取食。〉 (若能自知「不修學大乘平等無二之法，會招致種種過失」，則可以取此飯食也)	㊈汝若如是，乃可取食。〉 (若能自知「不修學大乘平等無二之法，會招致種種過失」，則可以取此飯食也)	㊈若如是者，乃可取食。〉

【九～31】樂實菩薩→諸法無「實、不實」，無「見、不見」

三國吳·支謙譯 《維摩詰經》	姚秦·鳩摩羅什譯 《維摩詰所説經》	姚秦·鳩摩羅什譯 《維摩詰所説大乘經》	唐·玄奘譯 《說無垢稱經》
㊀誠樂仰菩薩曰：	㊀樂實菩薩曰：	㊀樂實菩薩曰：	㊀復有菩薩名曰諦實，作如是言：
㊁「誠、不誠」為二。	㊁「實、不實」為二。	㊁「實、不實」為二。	㊁「虛」之與「實」，分別為二。
㊂「誠見」者，不見「誠」，奚「欺偽」之能見？何則？	㊂「實見」者，尚不見「實」，何況「非實」？所以者何？	㊂「實見」者，尚不見「實」，何況「非實」？所以者何？	㊂若諸菩薩觀諦「實性」，尚不見「實」，何況見「虛」？所以者何？
㊃非「肉眼」所見也，以「慧眼」見乃而見。	㊃非「肉眼」所見，「慧眼」乃能見。	㊃非「肉眼」所見，「慧眼」乃能見。	㊃此性非是「肉眼」所見，「慧眼」乃見。

㈤其以如見，無「見」、無「不見」者，是「不二」入。	㈤而此「慧眼」，無「見」、無「不見」，是為入「不二」法門。	㈤而此「慧眼」，無「見」、無「不見」，是為入「不二」法門。	㈤如是見時，於一切法無「見」、無「不見」，是為悟入「不二」法門。

【九～32】文殊師利➜諸法「無言、無説、無示、無識」，離諸問答與戲論

三國吳・支謙譯《維摩詰經》	姚秦・鳩摩羅什譯《維摩詰所説經》	姚秦・鳩摩羅什譯《維摩詰所説大乘經》	唐・玄奘譯《説無垢稱經》
㊀如是諸菩薩各各說已。又問文殊師利：	㊀如是諸菩薩各各說已，問文殊師利：	㊀如是諸菩薩各各說已，問文殊師利：	㊀如是會中有諸菩薩，隨所了知，各別說已。同時發問妙吉祥言：
㊁何謂菩薩「不二」入法門者？	㊁何等是菩薩入「不二」法門？	㊁何等是菩薩入「不二」法門？	㊁云何菩薩名為悟入「不二」法門？
㊂文殊師利曰：如彼所言，皆各建行，於一切法如「無所取」。「無度、無得、無思、無知、無見、無聞」，是謂「不二」入。	㊂文殊師利曰：如我意者，於一切法「無言、無說、無示、無識」，離諸「問答」，是為入「不二」法門。	㊂文殊師利曰：**諸尊菩薩所對甚「善」，然終有「言說」**。如我意者，於一切法「無言、無說、無示、無識」，離諸「問答」，是為入「不二」法門。	㊂時妙吉祥告諸菩薩：汝等所言雖皆是「善」。如我意者，汝等此說，猶名為「二」。若諸菩薩於一切法「無言、無說、無表、無示」，離諸「戲論」，絕於「分別」，是為悟入「不二」法門。

《大方廣佛華嚴經・卷十六》

(1)**若生如是想：此佛，此最勝。顛倒，非實義，不能見正覺。**

(2)**能知此實體，寂滅真如相。則見正覺尊，**超出「語言道」，「言語」說諸法，不能顯「實相」。

《摩訶般若波羅蜜經・卷八》

(1)須菩提語諸天子言：是「般若波羅蜜」，甚深誰能受者？

(2)是「般若波羅蜜」中「無法」可示，「無法」可說，若無法「可示」，無法「可說」，「受人」亦不可得。

《摩訶般若波羅蜜經・卷二十一》

諸佛於諸法，無「所知」、無「所得」，亦「無法」可說，何況當「有所得」，無有是處！

《楞嚴經・卷三》

隨眾生心，應 所知量(相應於他所知道、所思量的業感方式而起隨緣之用)**，循**(隨)**業**(各人因果業感)**發現**(開發顯現)**。世間無知，惑為「因緣」及「自然」性。皆是「識心」**(第六意識妄心)**分別計度**(邪計測度)**，但有言說，都無實義。**

《大般若經・卷三二九》

(1)一切法空，皆不可說。如來方便，說為「無盡」、或說「無數」、或說「無量」、或說「無邊」、或說為「空」、或說「無相」、或說「無願」、或說「無作」、或說「無生」、或說「無滅」、或說「離染」、或說「寂滅」、或說「涅槃」、或說「真如」、或說「法界」、或說「法性」、或說「實際」。如是等義皆是如來方便演說……

(2)如是！如是！「一切法性」皆不可說。所以者何？一切法性「皆畢竟空」，無能宣說「畢竟空者」。

【九～33】維摩詰→默然無言。無有「文字語言」，絕諸戲論

三國吳・支謙譯《維摩詰經》	姚秦・鳩摩羅什譯《維摩詰所說經》	姚秦・鳩摩羅什譯《維摩詰所說大乘經》	唐・玄奘譯《說無垢稱經》
㊀於是文殊師利說已，復問維摩詰曰：	㊀於是文殊師利問維摩詰：	㊀於是文殊師利問維摩詰：	㊀時妙吉祥復問菩薩無垢稱言：
㊁我等各各說已，何等是仁者說「不二」入？	㊁我等各自說已，仁者！當說何等是菩薩入「不二」法門？	㊁我等各自說已，仁者！當說何等是菩薩入「不二」法門？	㊁我等隨意，各別說已。仁者！當說云何菩薩名為悟入「不二」法門？
㊂時維摩詰「默然無言」。	㊂時維摩詰「默然無言」。	㊂時維摩詰「默然無言」。	㊂時無垢稱「默然無說」。

㊃時文殊讚曰：善哉！善哉！乃至無「文字語言」是真「不二」入也。 ㊄說此「不二」入品時，衆中「五千」菩薩皆得入「不二」法門，俱會「無生法忍」。	㊃文殊師利歎曰：善哉！善哉！乃至無有「文字語言」，是真入「不二」法門。 ㊄說是「入不二法門品」時，於此衆中，「五千」菩薩皆入「不二法門」，得「無生法忍」。	㊃文殊師利歎曰：善哉！善哉！乃至無有「文字語言」，是真入「不二」法門。 ㊄說是「入不二法門品」時，於此衆中，「五千」菩薩皆入「不二法門」，得「無生法忍」。	㊃妙吉祥言：善哉！善哉！如是菩薩，是真悟入「不二」法門，於中都無一切「文字言說、分別」。 ㊄此諸菩薩說是法時，於衆會中，「五千」菩薩皆得悟入「不二法門」，俱時證會「無生法忍」。

佛亦用「世論言說」為衆生說法，此乃佛「自證聖智」之方便流佈。「世論言說」仍屬「不來不去、不生不滅」也

《大乘入楞伽經・卷第五》

(1)**爾時大慧白言：世尊！若「盧迦耶」**(Lokāyata 古印度婆羅門教之支派，主張隨順世俗，倡導唯物論之快樂主義)**所造之「論」，種種「文字、因、喻、莊嚴」，執著「自宗」，非「如實法」，名外道者。**

(2)世尊亦説「世間之事」，謂以種種「文句言詞」廣說。十方一切國土天人等衆而來集會，非是「自智所證之法」。世尊亦同「外道」説耶？

(3)**佛言：大慧！**我非「世説」，亦無「來、去」。我説諸法「不來、不去」。

(4)**大慧！**一切「言説」墮於「文字」。「義」則不墮，「離有、離無」故，「無生、無體」故。

(5)**大慧！**如來不説「墮文字法」。文字「有、無」，不可得故。唯除「不墮於文字者」。

諸法「離文字相」，故如來「不說一字、不答一字、不示一名」。

如來雖“不即”「言說」，亦“不離”「言說」也。但隨衆生心而作種種方便說法

《大乘入楞伽經・卷第五》

(1)大慧！若人說法，「墮文字者」是虛誑說。何以故？諸法自性「離文字」故。
(2)是故大慧！我經中說，我與諸佛及諸菩薩「不說一字」、「不答一字」。所以者何？一切諸法「離文字」故。非(並非指)不隨「義」(完全不隨著義理)而分別說。
(3)大慧！若不說者，「教法」則斷。「教法」斷者，則無「聲聞、緣覺、菩薩、諸佛」。若總"無"者，誰說？為誰？
(4)是故大慧！菩薩摩訶薩應不著「文字」，隨宜說法。
(5)我及諸佛，皆隨眾生「煩惱、解欲」，種種不同而為開演。
❶令知諸法「自心所見」。
❷無外境界。
❸捨二分別。
❹轉「心、意、識」。
❺非為成立「聖自證處」。(指「文字說法」乃非依「聖智」所得及「由內自證」所建立之處)
(6)大慧！菩薩摩訶薩，應隨於「義」，莫依「文字」。
(7)依「文字」者，墮於「惡見」。執著「自宗」而起「言說」。不能善了「一切法相文辭章句」。
(8)既自損壞，亦壞於他，不能令人「心得悟解」。
(9)若能善知一切「法相」，文辭句義，悉皆通達。則能令自身受「無相樂」，亦能令他「安住大乘」。

《大方等大集經菩薩念佛三昧分・卷第四》
(1)諸佛世尊既證得「阿耨多羅三藐三菩提」已，然後為諸「聲聞」眾等，於彼「無教法」中以「教」說故。「無言」法中以「言說」故。「無相」法中，以「相」說故。「無證得」中，教令「證得」彼法。
(2)雖無「語言」可說、相貌可得。而諸智者，皆已「覺悟」。諸賢善人亦得「證知」，諸阿羅漢咸得「解脫」於彼無始生死中也。

香積佛品第十

【十～1】如來已為諸「聲聞」說「八解脫」法，故請勿再夾雜著「飲食」的欲望來聽聞「正法」

三國吳・支謙譯《維摩詰經》	姚秦・鳩摩羅什譯《維摩詰所說經》	姚秦・鳩摩羅什譯《維摩詰所說大乘經》	唐・玄奘譯《說無垢稱經》
【香積佛品第十】 ㊀於是賢者舍利弗心念： ㊁日時欲過，此「諸大人」當於何食？ ㊂維摩詰知其「意」，而應(舍利弗)曰： 唯然賢者！若如來說「八解」之行(aṣṭau vimokṣāḥ❶內「有色想」，觀諸色解脫❷內「無色想」，觀外色解脫❸「淨解脫身」作證，具足住解脫❹超「諸色想」，滅「有對想、不思惟」種種想，入「無邊空、空無邊處」，具足住解脫❺超一切「空無邊處」，入「無邊識、識無邊處」，具足住解脫❻超一切「識無邊處、入無所有、無所有處」，具足住解脫❼超一切「無所有處」，入	卷下 【香積佛品第十】 ㊀於是舍利弗心念： ㊁日時欲至，此「諸菩薩」當於何食？ ㊂時維摩詰知其「意」，而語(舍利弗)言： 佛說「八解脫」(aṣṭau vimokṣāḥ❶內「有色想」，觀諸色解脫❷內「無色想」，觀外色解脫❸「淨解脫身」作證，具足住解脫❹超「諸色想」，滅「有對想、不思惟」種種想，入「無邊空、空無邊處」，具足住解脫❺超一切「空無邊處」，入「無邊識、識無邊處」，具足住解脫❻超一切「識無邊處、入無所有、無所有處」，具足住解脫❼超一切「無所有處」，入「非想非非想處」，具足住解	卷下 【香積佛品第十】 ㊀於是舍利弗心念： ㊁日時欲至，此「諸菩薩」當於何食？ ㊂時維摩詰知其「意」，而語(舍利弗)言： 佛說「八解脫」(aṣṭau vimokṣāḥ❶內「有色想」，觀諸色解脫❷內「無色想」，觀外色解脫❸「淨解脫身」作證，具足住解脫❹超「諸色想」，滅「有對想、不思惟」種種想，入「無邊空、空無邊處」，具足住解脫❺超一切「空無邊處」，入「無邊識、識無邊處」，具足住解脫❻超一切「識無邊處、入無所有、無所有處」，具足住解脫❼超一切「無所有處」，入「非想非非想處」，具足住解	卷五 【香臺佛品第十】 ㊀時舍利子作是思惟： ㊁食時將至，此摩訶薩說法未起，我等「聲聞」及「諸菩薩」，當於何食？ ㊂時無垢稱知彼「思惟」，便告之(舍利弗)曰： 大德！如來為諸「聲聞」說「八解脫」(aṣṭau vimokṣāḥ❶內「有色想」，觀諸色解脫❷內「無色想」，觀外色解脫❸「淨解脫身」作證，具足住解脫❹超「諸色想」，滅「有對想、不思惟」種種想，入「無邊空、空無邊處」，具足住解脫❺超一切「空無邊處」，入「無邊識、識無邊處」，具足住解脫❻超一切「識無邊處、入無所有、無所有處」，具足住解脫❼超一切「無所

「非想非非想處」，具足住解脫❽超一切「非想非非想處」，入「想受滅身作證」，具足住解脫)。	脫❽超一切「非想非非想處」，入「想受滅身作證」，具足住解脫)。	脫❽超一切「非想非非想處」，入「想受滅身作證」，具足住解脫)。	有處」，入「非想非非想處」，具足住解脫❽超一切「非想非非想處」，入「想受滅身作證」，具足住解脫)。
豈「雜欲食」而聞「法」乎？	仁者(舍利弗)受行(已受行此「八解脫」之法)，豈「雜欲食」(怎還夾雜著飲食的欲望)而(在聽)聞「法」乎？	仁者(舍利弗)受行(已受行此「八解脫」之法)，豈「雜欲食」(怎還夾雜著飲食的欲望)而(在聽)聞法乎？	仁者(舍利弗)已住(已受行此「八解脫」之法)，勿以「財、食」(財物飲食)染污其心而聞「正法」。
要聞「法」者，當為先「食」。	若欲「食」者，且待須臾，當令汝得「未曾有食」。	若欲「食」者，且待須臾，當令汝得「未曾有食」。	若欲「食」者，且待須臾，當令皆得「未曾有食」。

【十～2】眾香世界之香積佛，彼土無「二乘」，唯有大菩薩眾，充滿香氣

三國吳・支謙譯《維摩詰經》	姚秦・鳩摩羅什譯《維摩詰所說經》	姚秦・鳩摩羅什譯《維摩詰所說大乘經》	唐・玄奘譯《說無垢稱經》
㊀是時維摩詰即如其像「正受三昧」。上方界分(區域)，去此剎度如四十二江河沙佛土，有佛名香積(gandhottamakūṭa)如來至真等正覺，世界曰衆香。一切「弟子」(聲聞)及「諸菩薩」皆見其國。	㊀時維摩詰即入「三昧」，以「神通力」示諸大衆(與會的大眾們)。上方界分(區域)，過四十二恒河沙佛土，有國名衆香，佛號香積(gandhottamakūṭa)，今現在(如今現在即在那裡)。	㊀時維摩詰即入「三昧」，以「神通力」示諸大衆(與會的大眾們)。上方界分(區域)，過四十二恒河沙佛土，有國名衆香，佛號香積(gandhottamakūṭa)，今現在(如今現在即在那裡)。	㊀時無垢稱便入如是微妙「寂定」，發起如是殊勝「神通」，示諸菩薩、大聲聞衆(與會的大眾們)。上方界分(區域)，去此佛土過四十二殑伽沙等諸佛世界，有佛世界名一切妙香，其中有佛號最上香臺(gandhottamakūṭa)，今現在，彼安隱住

			持。
(貳)(眾香世界)香氣普薰十方佛國「諸天、人民」，比諸佛土，其香最勝。	(貳)其國(眾香世界)香氣，比於十方諸佛世界「人、天」之香，最為第一。	(貳)其國(眾香世界)香氣，比於十方諸佛世界「人、天」之香，最為第一。	(貳)彼(眾香)世界中有「妙香氣」，比餘十方一切佛土「人、天」之香，最為第一。彼有諸樹，皆出妙香，普薰方域(方國地域)，一切周滿(周遍圓滿)。
(參)而彼(眾香)世界無有「弟子(聲聞)、緣一覺(緣覺)」名，彼如來不為菩薩說法。(眾香世界是以「香」說法，非以「口舌」說法)	(參)彼土(眾香世界)無有「聲聞、辟支佛」名，唯有「清淨大菩薩眾」，佛為說法。(眾香世界之佛乃以「香」說大乘成佛之法也)	(參)彼土(眾香世界)無有「聲聞、辟支佛」名，唯有「清淨大菩薩眾」，佛為說法。(眾香世界之佛乃以「香」說大乘成佛之法也)	(參)彼(眾香世界)中無有「二乘」之名，唯有「清淨大菩薩眾」，而彼如來為其說法。(眾香世界之佛乃以「香」說大乘成佛之法也)
(肆)(眾香世界)其界一切皆以「香」作「樓閣」，經行「香地」，「苑園」皆香。菩薩飲食則皆眾香，其香周流無量世界。	(肆)(眾香世界)其界一切皆以「香」作「樓閣」，經行(據梵文原意作「散步或散步的場所」)「香地」，「苑園」皆香，其食「香氣」，周流十方無量世界。	(肆)(眾香世界)其界一切皆以「香」作「樓閣」，經行(據梵文原意作「散步或散步的場所」)「香地」，「苑園」皆香，其食「香氣」，周流十方無量世界。	(肆)彼(眾香)世界中一切「臺觀、宮殿」，經行「園林、衣服」，皆是種種「妙香」所成。彼佛世尊及菩薩眾所食「香氣」微妙第一，普薰十方無量佛土。
(伍)時彼(香積)佛諸菩薩方「坐食」，有天子學大乘，字香淨，住而侍焉(香積佛)。	(伍)時彼(香積)佛與諸菩薩方「共坐食」，有諸天子皆號香嚴，悉發「阿耨多羅三藐三菩提心」，供養彼(香積)佛及諸菩薩。	(伍)時香積佛與諸菩薩方「共坐食」，**有天子號香嚴，發「阿耨多羅三藐三菩提心」**，供養香積佛及諸菩薩。	(伍)時彼(香積)如來與諸菩薩方共「坐食」，彼有天子名曰香嚴，已於大乘深心發趣，供養承事彼土(香積)如來及諸菩薩。
(陸)一切大眾(娑婆世界與會的大眾們)，皆「見」香積如來與諸	(陸)此諸大眾(娑婆世界與會的大眾們)，莫不「目見」。	(陸)此諸大眾(娑婆世界與會的大眾們)，莫不「目見」。	(陸)時此大眾(娑婆世界與會的大眾們)，一切皆「覩」彼界(香積)

菩薩「坐食」。			如來與諸菩薩，方「共坐食」如是等事。

《不退轉法輪經・卷第一》

(1)爾時「文殊師利」便禮「善住光華開敷如來」，遶佛三匝，恭敬尊重……為一切眾生得解脫故，如大力士，屈伸臂頃。於彼「東方」恒河沙佛前，忽然而現，於諸佛所，即便勸請廣說「清淨不退轉法輪」。

(2)是諸佛國無有「女人」，亦無「二乘、聲聞、辟支佛」名，亦如「善住光華開敷佛國」等無有異。

(3)諸世界中，純「大菩薩」以為莊嚴。是諸菩薩毛孔臍中皆出蓮華，蓮華臺中皆有菩薩。一一蓮華臺上，皆有文殊師利，悉作如是神通變化。

《不退轉法輪經・卷第一》

(1)是時「善住光華開敷如來」問文殊師利言：汝從何方而來到此？

(2)文殊師利白佛言：世尊！我從「娑婆世界」故到此土。

(3)彼佛(善住光華開敷如來)國中有二菩薩：一名善音，二名善聲。是二菩薩摩訶薩，皆已住「阿鞞跋致地」……

(4)是二菩薩復更問言：釋迦牟尼佛為說何法？

(5)彼佛(善住光華開敷如來)答言：說三乘法。

(6)而彼菩薩(善音、善聲二位菩薩)復白佛(善住光華開敷如來)言：云何名為三乘？

(7)佛(善住光華開敷如來)言：所謂「聲聞乘、辟支佛乘、佛乘」，釋迦牟尼佛常作如是說「三乘法」。

(8)時彼菩薩復白佛言：世尊(善住光華開敷如來)！諸佛說法何故不同？

(9)佛言：一切諸佛有所說法，悉皆同等。

(10)彼諸菩薩復白佛言：云何同等(平等)？

(11)佛言：不退法輪，一切諸佛皆悉「等」(平等)說。

(12)時彼菩薩復白佛言：世尊！何以故？「釋迦牟尼佛」說「三乘法」？

(13)佛言：「娑婆世界」眾生心多下劣。若說「一乘」，則不能解。是故釋迦牟尼佛，以「善方便」為諸眾生出「五濁世」，分別說「三」，引導眾生「令入一乘」。

(14)時二菩薩白佛言：世尊！釋迦牟尼佛說法為最甚難。

(15)佛言：釋迦牟尼佛說法，實為甚難！

《菩薩處胎經・卷第三》

(1)或有菩薩摩訶薩，具足六度「施、戒、忍、精進、禪定、解脫、智慧」，生南方「踊躍佛剎」，去此「閻浮提」一億佛國。彼眾生等，無有「癡愛、婬欲」之想。何以故？

(2)皆從「欲界」斷「三十六種」婬欲行滅……或時一食，或不用食。法服齊整，不失威儀。或時說法，或不說法……是謂「踊躍世界」菩薩所行。

(3)彼土眾生，純「一乘」學，無有「羅漢、辟支佛乘」。相好具足，稱譽正法。解空無我。

《大寶積經・卷第十二》

(1)世界曰「普淨」，劫曰「嚴淨」……有八交道，平等若掌，其地柔軟，如天綩綖。

(2)如兜率天，被服食飲宮殿屋宅，園觀浴池，校露樓閣，其佛國土巍巍如是……

(3)其佛國土無有「惡趣三苦」之毒，亦無「八難不閑」之處，所有諸業，如兜率天。

(4)被服飲食宮殿園觀校露樓閣，等無有異，天人不別，諸天人民皆慕微妙，唯志「佛道」，又其佛土無有「二乘」，無有「聲聞、緣覺」之名，純諸菩薩。

《大方等無想經・卷第四》

(1)從彼南去，復過八十萬恒河沙等世界，彼有世界名曰「寶手」，佛號「法護」十號具足，乃至轉正法輪，大婆羅門。

(2)如是諸佛世界嚴淨其土，無有山陵、埵埠、石沙、穢惡，其地柔軟，如迦陵伽衣。世無五濁，亦無「女身、二乘」之人，乃至無有「二乘」之名、「女人」名字，純諸菩薩摩訶薩等，甘樂大乘，護持大乘，樂說大乘。

《佛昇忉利天為母說法經・卷中》

(1)東方去斯九十二億百千佛土，而有世界名曰「積寶」，其國有無央數眾寶樹木枝葉華實，各各別異經行遊觀，棚閣講堂悉用七寶。

(2)彼國土地悉紺琉璃，以無央數百千眾寶合成，「積寶」世界，佛號「寶場威神超王」如來至真等正覺，現在說法。

(3)其佛國土無有「二乘、聲聞、緣覺」之所教業，純諸菩薩，具足弘普，周滿佛土。

《大方等大集經・卷四》

(1)過去無量阿僧祇劫，爾時有佛號「淨光明」，世界名「淨劫」，亦名「淨純」。「淨琉璃」以為世界，猶如明鏡，地平如掌，所有林樹七寶所成。

(2)妙寶蓮花，大如車輪。清淨鮮潔，人所樂見。其土人民悉處「七寶樓殿堂閣」，如天無異。貪欲恚癡，漸已經微。土無日月，唯有佛光。

(3)「青蓮花」開，則知是「夜」。「赤蓮花」敷，則知是「晝」。時彼佛有六萬百億大菩薩僧，出家之人不可稱計，皆悉志樂「無上大乘」。世界乃至無「二乘」名，一切皆是「不退菩薩」。

(4)其佛壽命具足半劫，「人」之與「天」無有差別。在地為人，處空為天。無有王者，除「佛法王」。

(5)其土人民無有宗事，諸天邪神及歸依者，亦無「女身」毀戒之名。

《大般若波羅蜜多經・卷五百七十》

(1)佛名「功德莊嚴」，土名「最極嚴淨」，劫名「清淨」。其土豐樂人眾熾盛，純「菩薩僧」，無「聲聞眾」。彼土大地，七寶合成，眾寶莊嚴，平坦如掌。

(2)「香花軟草」而嚴飾之。無諸山陵，堆阜荊棘。幢幡花蓋，種種莊嚴。

(3)有大都城名為「難伏」，七寶羅網，彌覆其上。金繩交絡，角懸金鈴。

(4)晝夜六時，空天奏樂，及散種種天妙香花。其土人眾，歡娛受樂，勝妙超彼「他化天宮」。人天往來，不相隔礙。無「三惡趣」及「二乘名」。彼土有情，唯求「佛智」。

(5)其佛恒為諸大菩薩，宣說種種清淨法要。

《大般若波羅蜜多經・卷五百六十六》

(1)是時東方去此佛土，過十殑伽沙數世界，有佛世界名曰「莊嚴」，佛號「普光如來」……彼佛世界尚不聞有「二乘」之名，況有精勤修其法者。

(2)彼諸菩薩皆於無上正等菩提得「不退轉」，彼諸有情不假「段食」，但資解脫靜慮等至。彼界不待「日月」等光，唯「佛身光」，晝夜常照。其土無有毒刺礫石，谿谷山陵，地平如掌。

【十～3】維摩詰「化」作一菩薩，往香積佛處請安世尊，並請「香食」而還

三國吳・支謙譯《維摩詰經》	姚秦・鳩摩羅什譯《維摩詰所說經》	姚秦・鳩摩羅什譯《維摩詰所說大乘經》	唐・玄奘譯《說無垢稱經》
㊀維摩詰問眾菩薩言： ㊁諸族姓子！誰能致彼(香積)佛飯？ ㊂皆曰：不能！	㊀時維摩詰問眾菩薩言： ㊁諸仁者！誰能致(據梵文原意作「帶來取回」)彼(香積)佛飯？ ㊂(與會的眾菩薩們皆)以文殊師利「威神	㊀時維摩詰問眾菩薩： ㊁諸仁者！誰能致(據梵文原意作「帶來取回」)彼(香積)佛飯？ ㊂(與會的眾菩薩們皆)以文殊師利「威神	㊀時無垢稱遍告一切菩薩眾言： ㊁汝等大士！誰能往彼(香積佛)取妙香食？ ㊂(與會的眾菩薩們皆)以妙吉祥「威神力」

	力」故，咸皆「默然」。(文殊施展神力令大眾默然，乃喻顯維摩之神通)	力」故，咸皆「默然」。	故，諸菩薩衆咸皆「默然」。(文殊施展神力令大眾默然，乃喻顯維摩之神通)
㊆即復問文殊師利：卿！此衆中未悉了乎？	㊆維摩詰言：仁(文殊菩薩)！此大衆(與會的眾菩薩們皆)，無乃(莫非；恐怕是)可恥？(覺得羞恥、不好意思去嗎?)	㊆維摩詰言：仁(文殊菩薩)！此大衆(與會的眾菩薩們皆)，無乃(莫非；恐怕是)可恥？(覺得羞恥、不好意思去嗎?)	㊆時無垢稱告妙吉祥：汝今云何？於此大衆，而不「加護」(文殊你爲何不用神力去加持護佑其餘的菩薩大眾)，令其乃爾？(令諸菩薩眾皆可有神力前往香積佛獲取飯食)
㊄(文殊師利)答曰：如佛所言，(請你)未知當學。	㊄文殊師利曰：(維摩詰居士！)如佛所言，(請你)勿輕「未學」。	㊄文殊師利曰：(維摩詰居士！)如佛所言，(請你)勿輕「未學」。	㊄妙吉祥言：(維摩詰)居士！汝今不應輕毀(在座的)諸菩薩衆，如佛所言勿輕「未學」。
㊅於是維摩詰不起于座，居衆會前，「化」作「菩薩」，光像分明，(維摩詰)而告「之」(維摩詰自己所化的菩薩)曰：	㊅於是維摩詰不起于座，居衆會前，「化」作「菩薩」，相好光明，威德殊勝，「蔽」於衆會(把與會大眾身上的光明全部遮蔽了)，(維摩詰)而告「之」(維摩詰自己所化的菩薩)曰：	㊅於是維摩詰不起于座，居衆會前，「化」作「菩薩」，相好光明，威德殊勝，「蔽」於衆會(把與會大眾身上的光明全部遮蔽了)，(維摩詰)而告「之」(維摩詰自己所化的菩薩)曰：	㊅時無垢稱不起于床，居衆會前，「化」作「菩薩」，身真金色，相好莊嚴，威德光明，「蔽」於衆會(把與會大眾身上的光明全部遮蔽了)，(維摩詰)而告「之」(維摩詰自己所化的菩薩)曰：
㊇汝(維摩詰自己所化的菩薩)行從此佛土，度如四十二江河沙世界，到衆香剎香積佛所。往必見食。則禮佛足如我(維摩詰)辭曰：	㊇汝(維摩詰自己所化的菩薩)往上方界分，度如四十二恒河沙佛土，有國名衆香，佛號香積，與諸菩薩方「共坐食」。汝往到彼，如我(維摩詰)辭曰：	㊇汝(維摩詰自己所化的菩薩)往上方界分，度如四十二恒河沙佛土，有國名衆香，佛號香積，與諸菩薩方「共坐食」。汝往到彼，如我(維摩詰)詞曰：	㊇汝(維摩詰自己所化的菩薩)善男子！宜往上方，去此佛土過四十二殑伽沙等諸佛世界，有佛世界名一切妙香，其中有佛號最上香臺，與諸菩薩方「共

			坐食」。汝往到彼，頂禮佛足，應作是言：
	㊳維摩詰稽首世尊(香積佛)足下！致敬無量，問訊起居，少病少惱？氣力安不？	㊳維摩詰稽首世尊(香積佛)足下！致敬無量，問訊起居，少病少惱？氣力安不？	㊳於此「下方」(娑婆世界)有無垢稱稽首雙足，敬問世尊(香積佛)少病少惱？起居輕利？氣力康和？安樂住不？遙心右繞，多百千匝，頂禮雙足。作如是言：
㊴維摩詰言：願得世尊(香積佛)所食之餘，欲於「忍界」(娑婆世界)施作佛事，令此「懈廢」之人(二乘即為「懈怠荒廢」者)，得弘「大意」，亦使(香積)如來「名聲」普聞。	㊴願得世尊(香積佛)所食之餘，當於娑婆世界施作佛事，令此樂「小法」者得弘「大道」，亦使(香積)如來「名聲」普聞。	㊴願得世尊(香積佛)所食之餘，當於娑婆世界施作佛事，令此樂「小法」者得弘「大道」，亦使(香積)如來「名聲」普聞。	㊴願得世尊(香積佛)所食之餘，當於下方「堪忍世界」施作佛事，令此「下劣欲樂」有情，當欣「大慧」，亦使(香積)如來無量功德「名稱」普聞。

《大般若波羅蜜多經・卷一》

(1)時「寶性佛」告「普光」菩薩言：善哉！善哉！今正是時，隨汝意往。即以千莖金色蓮花，其花千葉眾寶莊嚴，授「普光」菩薩而誨之言：

(2)汝持此花，至「釋迦牟尼佛」所，如我詞曰：「寶性」如來致問(指問候釋迦牟尼佛)**無量**(致敬之言雖少，但問候之意是無量的)**，少病少惱？起居輕利？氣力調和？安樂住不？**

《佛說聖最上燈明如來陀羅尼經》

(1)彼「無邊花世界」，「最上燈明如來」應正等覺，現身住止經行說法。彼有二菩薩，一名「大光明」，二名「無量光」……

(2)彼二菩薩白世尊言：去此佛土經行「百千俱胝佛剎」，有世界名「無邊花」。彼土有佛，名「最上燈明如來」應供正遍知，現住其中恆說妙法。

(3)彼世尊「最上燈明如來」正遍知覺故，遣我等詣「娑訶世界」，問訊世尊(指釋迦牟尼佛)

少病少惱？云何氣力輕利？安住快樂？

《東方最勝燈王陀羅尼經》

去此佛世界過十萬億佛土，有世界名「眾華」，佛號「最勝燈王如來」正等覺，今現在說法，遣我等來，問訊世尊(指釋迦牟尼佛)無病無惱？

《佛說安宅陀羅尼咒經》

(1)時二菩薩前詣佛所，頭面禮足却住一面，而白佛言：世尊！去此世界過十萬億佛土，有世界名「眾花」，佛號「最勝燈王如來」應供等正覺，今現在說法。

(2)遣我等來，問訊世尊(指釋迦牟尼佛)，少病少惱？氣力安不？

《大佛頂如來放光悉怛多般怛羅大神力都攝一切咒王陀羅尼經大威德最勝金輪三昧咒品・第一》

(1)十方佛告大菩薩言：汝等持香花，於娑婆世界，供養釋迦如來，傳我教勅「問訊」起居時。諸菩薩承佛威力，來詣娑婆世界，至王舍大城眾會之中，遶佛三匝，頂禮佛足，却住一面。以諸香花，散於虛空，作如是言：

(2)彼諸世尊，勅我來此，問訊世尊(指釋迦牟尼佛)，小病少惱？起居輕利？

《大方廣如來祕密藏經・卷上》

(1)爾時佛告摩訶迦葉，東方去此七十二億佛土，有國名「常出大法音」，彼中有佛號曰「寶杖」，今者現在。

(2)彼有菩薩，名「無量志莊嚴王」，來至此土，見我禮拜諮受聽法……爾時「無量志莊嚴王」菩薩，偈讚佛已，而白佛言：世尊！「寶杖」如來問訊世尊(指釋迦牟尼佛)，少病少惱？起居輕利？安樂行不？

《大寶積經・卷一百一》

(1)爾時「持法炬」菩薩摩訶薩白佛言：世尊！我能往彼娑婆世界。

(2)佛言：今正是時。爾時「持法炬」菩薩與十億諸菩薩俱，於彼國沒，現兜率陀天，放大光明遍照世界……往詣佛所，到已，頂禮佛足，却住一面。

(3)爾時「持法炬」菩薩白佛言：世尊！普賢如來問訊世尊(指釋迦牟尼佛)，少病少惱？起居輕利？安樂行不？

《放光般若經・卷一》

(1)是時「普明」菩薩，與無央數百千菩薩無數比丘，諸善男子、善女人眾，從「東方」

來，所經諸佛，皆以「香華」供養禮事，來詣「忍界」(娑婆世界)。見「釋迦文佛」稽首作禮。

(2)「普明」菩薩白「釋迦文佛」言：「寶事」如來致問，慇懃問訊世尊(指釋迦牟尼佛)，坐起輕利？氣力如常不？

《大般若波羅蜜多經・卷二》

(1)爾時北方盡殑伽沙等世界，最後世界名曰「最勝」，佛號「勝帝如來」……

(2)世尊！我今請往堪忍世界，觀禮供養釋迦牟尼如來及諸菩薩摩訶薩眾……

(3)即以千莖金色蓮花，其花千葉眾寶莊嚴，授「勝授」菩薩而誨之言：汝持此花至釋迦牟尼佛所，如我詞曰：「勝帝」如來致問(指問候釋迦牟尼佛)無量(致敬之言雖少，但問候之意是無量的)，少病少惱？起居輕利？氣力調和？安樂住不？世事可忍不？眾生易度不？

《大寶積經・卷一百一》

(1)時「普賢」如來放大光明，照十二恒河沙佛剎，至娑婆世界……於彼國沒，現「兜率陀天」，放大光明，遍照世界……往詣佛所，到已，頂禮佛足，却住一面。

(2)爾時「持法炬」菩薩白佛言：世尊！「普賢」如來問訊世尊(指釋迦牟尼佛)少病少惱？起居輕利？安樂行不？

《佛說如來不思議祕密大乘經・卷四》

(1)即時「震吼音聲」菩薩摩訶薩，從空而下入佛會中，頭面禮足右繞七匝，住於佛前，而白佛言：

(2)「大雲」世界「雲音王」如來，問訊世尊(指釋迦牟尼佛)少病少惱？起居輕利？氣力安不？

《大方等大集經・卷三十六》

(1)即從彼發，如「一念頃」，至娑婆界四天下中「摩伽陀國」釋迦牟尼佛所，到已，以「閻浮金末」而散佛上。

(2)既供養已，頂禮白佛言：世尊！「智德峯王」如來問訊世尊(指釋迦牟尼佛)，少病少惱？起居輕利？氣力安不？轉正法輪，無障礙不？

《大方等大集經・卷三十七》

(1)世尊！東方過無量恒河沙佛剎，彼有世界名無盡德，佛號「瞻波迦華色」如來應供正遍知，現在說法。

(2)彼佛如來使我送欲，并問訊「釋迦牟尼佛」少病少惱？無多患不？弟子眷屬身力樂不？常安隱不？

《金光明最勝王經・卷一》

(1)爾時「妙幢」菩薩摩訶薩，與無量百千菩薩及無量億「那庾多(nayuta)」百千眾生……

(2)善男子！汝今可詣「釋迦牟尼佛」所，為我致問，少病少惱？起居輕利？安樂行不？

《佛說聖最上燈明如來陀羅尼經》

(1)彼有二菩薩，一名「大光明」，二名「無量光」。

(2)爾時彼佛遣二菩薩，往「娑訶」世界祇樹給孤獨園，詣「釋迦如來」正遍知覺所……

(3)彼世尊「最上燈明」如來正遍知覺故，遣我等詣娑訶世界，問訊世尊(指釋迦牟尼佛)少病少惱？云何氣力輕利？安住快樂？

《寂調音所問經》

(1)即時文殊師利法王子與萬菩薩，從上空中忽然而下，頂禮佛足遶七匝已。

(2)文殊師利即坐己力所化「蓮花師子座」上，及萬菩薩亦頂禮佛足，右遶七匝，於世尊前合掌向佛，而作是言：

(3)世尊！「寶相」如來應正遍知，敬問世尊(指釋迦牟尼佛)，少病少惱？氣力康耶？

「娑婆世界」至「他方世界」弘法的紀錄片

《廣大寶樓閣善住祕密陀羅尼經・卷上》

(1)善哉！釋迦牟尼如來，汝今應往「寶燈世界」，「妙種種色寶善住清淨如來」所，瞻仰親近及廣宣說《大寶樓閣善住祕密陀羅尼法》。何以故？此陀羅尼有大威力有大殊勝，一切過去諸如來等共護念故，若人得聞此「陀羅尼」名字及手觸者。彼人決定證無上正覺……

(2)爾時釋迦如來……告諸會中諸人等言：我今欲往「寶燈世界」。汝等速來今正是時。爾時如來從座而起詣「七寶幢」，以手摩之。

(3)是時「幢」中忽然而出「金剛妙座」，香潔殊勝。於此座上，復出「七寶」雜錯，上「妙蓮華」，「黃金」為莖，「紅寶」為「臺」。

(4)時佛世尊於「蓮華」上敷座而坐，爾時世界皆大震動。如來便入「大寶清淨三摩地」。既入定已，「佛神力」故，將諸會眾及諸菩薩「天龍藥叉、乾闥婆、阿蘇羅、羯樓荼、緊那羅、摩睺羅、人」及「非人」，無量拘胝「明仙眷屬、金剛密跡、釋梵諸天、四天王」等。

(5)「上昇」虛空，往詣東方，「度」無量恒河沙百千萬億拘胝「佛剎」。佛「神力」故，「須臾」之頃，至「寶燈世界」，從「空」而下。

(6)**詣彼佛所**(指「妙種種色寶善住清淨如來」)，**恭敬問訊：少病少惱，起居輕利。**

【十～4】維摩詰除了到香積佛作佛事外，亦能「化」無量菩薩，遍十方國土，施作佛事，利益無量有情

三國吳・支謙譯《維摩詰經》	姚秦・鳩摩羅什譯《維摩詰所說經》	姚秦・鳩摩羅什譯《維摩詰所說大乘經》	唐・玄奘譯《說無垢稱經》
㊀即「化菩薩」居衆會前，上昇上方，忽然「不現」，舉衆皆「見」其去。而「化菩薩」到衆香界，禮彼(香積)佛足，(化菩薩)言：	㊀時「化菩薩」即於會前，昇于上方，舉衆皆「見」其去。到衆香界，(化菩薩)禮彼(香積)佛足，又聞其(化菩薩)言：	㊀時「化菩薩」**唯諾承命**，即於會前，昇于上方。到衆香界，(化菩薩)禮彼(香積)佛足，(化菩薩)**白言**：	㊀時「化菩薩」於衆會前，上昇虛空，舉衆皆「見」，神通迅疾(據梵文原意指「化菩薩的神通迅速，導致沒有任何菩薩看到他離開了」)。經須臾頃，便到一切妙香世界，頂禮最上香臺佛足，又聞其(化菩薩)言：
㊁維摩詰菩薩稽首世尊(香積佛)足下，敬問無量(致敬之言雖少，但問候之意是無量的)，興居輕利，遊步康強？少承福慶？	㊁維摩詰稽首世尊(香積佛)足下，致敬無量(致敬之言雖少，但問候之意是無量的)，問訊起居，少病少惱？氣力安不？	㊁維摩詰稽首世尊(香積佛)足下，致敬無量(致敬之言雖少，但問候之意是無量的)，問訊起居，少病少惱？氣力安不？	㊁下方菩薩名無垢稱，稽首雙足，敬問世尊(香積佛)少病少惱？起居輕利，氣力康和？安樂住不？遙心右繞，多百千匝，頂禮雙足，作如是言：
㊂願得世尊(香積佛)所食之餘，欲於「忍界」施作佛事，令此「懈廢」之人(二乘即爲「懈怠荒廢」者)得弘「大意」，亦使(香積)如來「名聲」普	㊂願得世尊(香積佛)所食之餘，欲於「娑婆世界」施作佛事，使此樂「小法」者得弘「大道」，亦使(香積)如來「名聲」普聞。	㊂願得世尊(香積佛)所食之餘，欲於「娑婆世界」施作佛事，使此樂「小法」者得弘「大道」，亦使(香積)如來「名聲」普聞。	㊂願得世尊(香積佛)所食之餘，當於下方「堪忍世界」施作佛事，令此「下劣欲樂」有情，當欣「大慧」，亦使(香積)如來無量功德

聞。			「名稱」普聞。
	(肆)彼(眾香世界)諸大士見「化菩薩」，歎未曾有！	(肆)彼(眾香世界)諸大士見「化菩薩」，歎未曾有！	(肆)時彼(眾香世界)上方菩薩衆會，見「化菩薩」相好莊嚴，威德光明，微妙殊勝，歎未曾有！
(伍)彼(眾香世界)諸菩薩皆愕然曰：此人(化菩薩)奚來？何等世界有「懈廢」之人(二乘即爲「懈怠荒廢」者)？	(伍)今此上人(化菩薩)從何所來？「娑婆世界」為在何許？云何名為樂「小法」(指二乘者)者？	(伍)今此上人(化菩薩)從何所來？「娑婆世界」為在何許？云何名為樂「小法」(指二乘者)者？	(伍)今此大士(化菩薩)從何處來？「堪忍世界」為在何所？云何名為「下劣欲樂」(指二乘者)？
(陸)(眾香世界諸大士)即以問(香積)佛。香積報曰：	(陸)(眾香世界諸大士)即以問(香積)佛。(香積)佛告之曰：	(陸)(眾香世界諸大士)即以問(香積)佛。(香積)佛告之曰：	(陸)(眾香世界諸大士)尋問最上香臺如來，唯願世尊為說斯事。(香積)佛告之曰：
(柒)下方去此度如四十二江河沙剎，得「忍世界」，有佛名釋迦文(漢言能仁)如來至真等正覺。於五濁剎，以「法」解說「懈廢」之人(二乘即爲「懈怠荒廢」者)。	(柒)下方度如四十二恒河沙佛土，有世界名「娑婆」，佛號釋迦牟尼，今現在。於五濁惡世，為樂「小法」衆生敷演「道教」(佛道教化；道德教化)。	(柒)下方度如四十二恒河沙佛土，有世界名「娑婆」，**佛號如來正覺釋迦牟尼**，今現在。於五濁惡世，為樂「小法」衆生敷演「道教」(佛道教化；道德教化)。	(柒)諸(眾香世界之)善男子！於彼下方去此佛土過四十二殑伽沙等諸佛世界，有佛世界名曰「堪忍」。其中佛號釋迦牟尼如來應正等覺，今現在。彼安隱住持，居五濁世，為諸「下劣欲樂」有情宣揚「正法」。
(捌)彼(娑婆世界)有菩薩名維摩詰，說「上法語」。今遣「化」(化菩薩)來，稱	(捌)彼(娑婆世界)有「菩薩」名維摩詰，住「不可思議解脫」，(常)為諸菩薩	(捌)彼(娑婆世界)有「菩薩」名維摩詰，住「不可思議解脫」，(常)為諸菩薩	(捌)彼(娑婆世界)有菩薩名無垢稱，已得安住「不可思議解脫法門」，(常)為

揚「我名」(香積佛之名)。	說法，故遣「化」(化菩薩)來，稱揚「我名」(香積佛之名)，幷讚此土(眾香世界)，令彼(娑婆世界)菩薩增益「功德」。	說法，故遣「化」(化菩薩)來，稱揚「我名」(香積佛之名)，幷讚此土(眾香世界)，令彼(娑婆世界)菩薩增益「功德」。	諸菩薩開示妙法，遣「化菩薩」來至此間，稱揚「我身功德名號」(香積佛之名)，幷讚此土(眾香世界)衆德莊嚴，令彼(娑婆世界)菩薩「善根」增進。
㊈彼(眾香世界)菩薩曰： 其(維摩詰)人何如？乃作是「化」(化菩薩)？德力(功德威力)無畏，神足(神通具足)若斯！	㊈彼(眾香世界)菩薩言： 其人(維摩詰)何如？乃作是「化」(化菩薩)？德力(功德威力)無畏，神足(神通具足)若斯！	㊈彼(眾香世界)菩薩言： 其人(維摩詰)何如？乃作是「化」(化菩薩)？德力(功德威力)無畏，神足(神通具足)若斯！	㊈彼(眾香世界)菩薩衆咸作是言： 其(維摩詰)德何如？乃作是「化」(化菩薩)？大神通力無畏若斯！
㊉(香積)佛言： 甚大(維摩詰爲甚大之菩薩)！一切世界，(維摩詰)皆遣「化」(化菩薩)往，化作佛事，以立衆人。	㊉(香積)佛言： 甚大(維摩詰爲甚大之菩薩)！一切十方，(維摩詰)皆遣「化」(化菩薩)往，施作佛事，饒益(豐饒助益)衆生。	㊉(香積)佛言： 甚大(維摩詰爲甚大之菩薩)！一切十方佛土，(維摩詰)皆遣「化」(化菩薩)往，施作佛事，饒益(豐饒助益)衆生。	㊉彼(香積)佛告言： 諸善男子！是(維摩詰)大菩薩，(已能)成就殊勝大功德法。(能於)一剎那頃，「化」(變化)作「無量無邊菩薩」，遍於十方一切國土。皆遣其往，(並)施作佛事，(能)利益安樂無量有情。

【十～5】眾香世界「九百萬」菩薩欲詣娑婆，香積佛囑「莫懷輕賤劣想」

三國吳・支謙譯《維摩詰經》	姚秦・鳩摩羅什譯《維摩詰所說經》	姚秦・鳩摩羅什譯《維摩詰所說大乘經》	唐・玄奘譯《說無垢稱經》
㊀於是香積如來	㊀於是香積如來	㊀於是香積如來	㊀於是最上香臺

以滿鉢香飯一切香具，與「化菩薩」。	以「衆香鉢」盛滿香飯，與「化菩薩」。	以「衆香鉢」盛滿香飯，與「化菩薩」。	如來以能流出衆妙香器，盛諸妙香所薰之食，授無垢稱「化菩薩」手。
㊁時彼(衆香世界)「九萬」菩薩俱發聲言：	㊁時彼(衆香世界)「九百萬」菩薩俱發聲言：	㊁時彼(衆香世界)「九百萬」菩薩俱發聲言：	㊁時彼佛土(衆香世界)有「九百萬」大菩薩僧，同時舉聲，請於彼佛(香積佛)：
㊂我等欲詣忍土見釋迦文。	㊂我欲詣「娑婆世界」供養釋迦牟尼佛，并欲見維摩詰等諸菩薩衆。	㊂我欲詣「娑婆世界」供養釋迦牟尼佛，并欲見維摩詰等諸菩薩衆。	㊂我等欲與此「化菩薩」俱往下方「堪忍世界」，瞻仰釋迦牟尼如來，禮敬供事，聽聞正法，并欲瞻仰禮敬，供事彼無垢稱及諸菩薩。唯願世尊(香積佛)加護(加持護佑)聽許(聽而許之)。
㊃彼(香積)佛報言： 往！族姓子！齎爾「忍香」入彼世界(娑婆世界)。無以人故有「放逸意」。自持汝所樂行，勿念彼國(娑婆世界)菩薩「不如」。無得於彼生「廢退意」而有「勞」(煩惱)想。	㊃(香積)佛言： 可往！(收)攝汝「身香」，無令彼諸衆生「起惑著心」。又當「捨」汝「本形」，勿使彼國(娑婆世界)求菩薩者，而自「鄙恥」(鄙劣羞恥)。又汝於彼(娑婆世界)，莫懷「輕賤」，而作「礙」想。	㊃(香積)佛言： 可往！(收)攝汝「身香」，無令彼諸衆生「起惑著心」。又當「捨」汝「本形」，勿使彼國(娑婆世界)求菩薩者，而自「鄙恥」(鄙劣羞恥)。又汝於彼(娑婆世界)，莫懷「輕賤」，而作「礙」想。	㊃彼(香積)佛告曰： 諸善男子！汝便可往，今正是時。汝等皆應自(收)攝「身香」，入「堪忍界」。勿令彼(娑婆世界)諸有情「醉悶放逸」。汝等皆應「自隱色相」入「堪忍界」，勿令彼(娑婆世界)諸菩薩心生「愧恥」(慚愧羞恥)。汝等於彼「堪忍世界」，勿生「劣想」而作「障

			礙」。
㈤所以者何？ 佛土「虛空」。諸佛世尊欲度人，故為現其「刹」耳。	㈤所以者何？ 十方國土，皆如「虛空」。又諸佛為欲化諸樂「小法」者，不盡現其「清淨土」耳！(意即有時也示現「染污土」)	㈤所以者何？ 十方國土，皆如「虛空」。又諸佛為欲化諸樂「小法」者，不盡現其「清淨土」耳！(意即有時也示現「染污土」)	㈤所以者何？ 諸善男子！一切國土皆如「虛空」。諸佛世尊為欲成熟諸有情故，隨諸有情所樂，示現「種種佛土」。或染或淨，無「決定相」。而諸佛土實皆「清淨」無有差別。
㈥「化菩薩」既受飯，與諸「大人」俱承(香積)佛聖旨，及維摩詰「化」。須臾從彼(眾香世界)已來，在維摩詰舍。	㈥時「化菩薩」既受鉢飯，與彼「九百萬」菩薩俱，承(香積)佛威神及維摩詰「力」，於彼(眾香世界)世界，忽然不現，須臾之間，至維摩詰舍。	㈥時「化菩薩」既受鉢飯，與彼「九百萬」菩薩俱，承(香積)佛威神及維摩詰「力」，於彼(眾香世界)世界，忽然不現，須臾之間，至維摩詰舍。	㈥時「化菩薩」受滿食器，與「九百萬」諸菩薩僧，承彼(香積)佛威神及無垢稱「力」，於彼界(眾香世界)沒，經須臾頃，至於此土(娑婆世界)無垢稱室，欻然而現。

【十～6】維摩詰化作「九百萬」師子之座，月蓋長者帶八萬四千人來入舍

三國吳・支謙譯 《維摩詰經》	姚秦・鳩摩羅什譯 《維摩詰所說經》	姚秦・鳩摩羅什譯 《維摩詰所說大乘經》	唐・玄奘譯 《說無垢稱經》
㈠維摩詰即化為「九萬」師子床，嚴好如前。諸菩薩皆坐訖。	㈠時維摩詰即化作「九百萬」師子之座，嚴好如前，諸菩薩皆坐其上。	㈠時維摩詰即化作「九百萬」師子之座，嚴好如前，諸菩薩皆坐其上。	㈠時無垢稱化「九百萬」師子之座，微妙莊嚴，與前所坐諸師子座都無有異，令諸菩薩皆坐其上。
㈡「化菩薩」(維摩詰自己所化的菩薩)奉佛	㈡時「化菩薩」(維摩詰自己所化的菩薩)以	㈡時「化菩薩」(維摩詰自己所化的菩薩)以	㈡時「化菩薩」(維摩詰自己所化的菩薩)以

具足之飯與維摩詰。飯香一切，薰維耶離(Vaiśālī)，及三千大千世界，皆有美香。	滿鉢香飯與維摩詰，飯香普熏毘耶離(Vaiśālī)城，及三千大千世界。	滿鉢香飯與維摩詰，飯香普熏毗耶離(Vaiśālī)城，及三千大千世界。	滿食器授無垢稱，如是食器妙香普薰。廣嚴(Vaiśālī)大城及此三千大千世界，無量無邊妙香薰故。一切世界香氣芬馥。
㊂時維耶離(Vaiśālī)諸梵志、居士、尊者月蓋等，聞是香氣，皆得未曾有自然之法，身意快然(快樂怡然)！	㊂時毘耶離(Vaiśālī)婆羅門、居士等，聞是香氣，身意快然(快樂怡然)，歎未曾有！	㊂時毗耶離(Vaiśālī)婆羅門、居士等，聞是香氣，身意快然(快樂怡然)，歎未曾有！	㊂廣嚴(Vaiśālī)大城諸婆羅門長者、居士、人、非人等，聞是香氣，得未曾有。驚歎無量，身心踊悅。
㊃具足八萬四千人入維摩詰舍，觀其室中菩薩甚多。覩師子座，高大嚴好，見皆大喜。悉禮「菩薩」、諸「大弟子」(大聲聞)，却住一面。	㊃於是長者主月蓋從八萬四千人，來入維摩詰舍。見其室中菩薩甚多，諸師子座，高廣嚴好，皆大歡喜，禮「衆菩薩」及「大弟子」(大聲聞)，却住一面。	㊃於是長者主月蓋從八萬四千人，來入維摩詰舍。見其室中菩薩甚多，諸師子座，高廣嚴好，皆大歡喜，禮「衆菩薩」及「大弟子」(大聲聞)，却住一面。	㊃時此城中離呫毘(Licchavi)王，名為月蓋，與八萬四千離呫毘種(Licchavi)。種種莊嚴，悉來入于無垢稱室。見此室中諸菩薩衆，其數甚多，諸師子座，高廣嚴飾(莊嚴淨飾)。生大歡喜，歎未曾有。禮諸「菩薩」及「大聲聞」，却住一面。
㊄諸香「地、天人、色行天人」皆來詣舍。	㊄諸「地神、虛空神」及「欲、色界」諸天，聞此香氣，亦皆來入維摩詰舍。	㊄諸「地神、虛空神」及「欲、色界」諸天，聞此香氣，亦皆來入維摩詰舍。	㊄時諸「地神」及「虛空神」，并欲「色界」諸天子衆，聞是妙香，各與眷屬無量百千，悉來入于無垢稱室。

《請觀世音菩薩消伏毒害陀羅尼咒經》

(1)如是我聞，一時佛住毘舍離(Vaiśālī)菴羅樹園(āmra)大林精舍重閣講堂，與千二百五十比丘，皆阿羅漢諸漏已盡……

(2)時毘舍離大城之中，有一長者名曰月蓋，與其同類五百長者，俱詣佛所，到佛所已，頭面作禮，却住一面。

《舍利弗陀羅尼經》

(1)是時眾中有長者子名曰月蓋，從彼聞說，取「無邊門」陀羅尼，聞已隨喜。以隨喜功德為九十億萬佛之所授記，汝於「受持」陀羅尼中最為第一。一切眾生聞汝所說，悉皆愛樂……

(2)舍利弗！於汝意云何？彼時不可思議功德吉王子，豈異人乎？即「無量壽佛」是。長者子月蓋「然燈佛」是。

《佛說觀藥王藥上二菩薩經》

(1)如是我聞，一時佛在毘耶離(Vaiśālī)國獼猴林中青蓮花池精舍，與大比丘眾千二百五十人俱。尊者摩訶迦葉。尊者舍利弗……梵幢菩薩等。

(2)復有毘耶離(Vaiśālī)諸「離車子」(Licchavi)五百人俱，長者主月蓋，長者子寶積等皆悉集會。爾時世尊入普光三昧，身諸毛孔，放雜色光，照獼猴林，作七寶色。

【十～7】勿以聲聞「小德小智」，稱量如來「無量福慧」。四海有竭，此飯無盡

三國吳・支謙譯《維摩詰經》	姚秦・鳩摩羅什譯《維摩詰所說經》	姚秦・鳩摩羅什譯《維摩詰所說大乘經》	唐・玄奘譯《說無垢稱經》
㊀維摩詰謂耆年舍利弗諸「大弟子」(大聲聞)言： 賢者！可食(香積)如來之飯，惟「大悲」味，無有限行(有限的心意之行)，以「縛意」也。	㊀時維摩詰語舍利弗等諸「大聲聞」： 仁者！可食(香積)如來甘露味飯，(此是)「大悲」所熏，無以「限意」(有限狹小的心意看待此飯)食之，使不消也。(「消」字據梵文原意作「淨化」義。如果你認爲	㊀時維摩詰語舍利弗等諸「大聲聞」： 仁者！可食(香積)如來甘露味飯，(此是)「大悲」所熏，無以「限意」(有限狹小的心意看待此飯)食之，使不消也。	㊀時無垢稱便語尊者舍利子等諸「大聲聞」： 尊者！可食(香積)如來所施甘露味食。如是食者，「大悲」所薰，勿以「少分下劣心」行，而食此食。若如是食，定不能消。(如果你認

	飯食是有限量的，自己也沒發「大心大願」的話，那吃進去了，就不能「淨化消化」這份飯食了）		為飯食是有限量的，自己也沒發「大心大願」的話，那吃進去了，就不能「淨化消化」這份飯食了）
㊁有異(有某些)「弟子」(聲聞)念： 此飯少，而此大眾人人當食？	㊁有異(有某些)「聲聞」念： 是飯少，而此大眾人人當食？	㊁有異(有某些)「聲聞」念： 是飯少，而此大眾人人當食？	㊁時眾會中有「劣聲聞」，作如是念： 此食甚少，云何充足如是大眾？
㊂「化菩薩」(維摩詰自己所化的菩薩)曰： 四海有竭，此飯無盡！使眾人食，摶ㄊㄨㄢˊ(捏聚搓揉成團)若「須彌」(喻飯的量)，猶不能盡，是不可盡。	㊂「化菩薩」(維摩詰自己所化的菩薩)曰： 勿以聲聞「小德小智」，稱量如來「無量福慧」！四海有竭，此飯無盡。使一切人食，揣ㄊㄨㄢˊ(通「摶」字)若須彌(喻飯的量)，乃至一劫，猶不能盡。	㊂「化菩薩」(維摩詰自己所化的菩薩)曰： 勿以聲聞「小德小智」，稱量如來「無量福慧」！四海有竭，此飯無盡。使一切人食，摶ㄊㄨㄢˊ若須彌(喻飯的量)，乃至一劫，猶不能盡。	㊂時「化菩薩」(維摩詰自己所化的菩薩)便告之言： 勿以汝等自「少福慧」測量如來「無量福慧」！所以者何？四大海水，乍可有竭，是「妙香食」終無有盡。假使無量大千世界，一切有情，一一摶ㄊㄨㄢˊ食(捏聚搓揉成團之食)。其食摶量，等「妙高山」(喻飯的量)，如是摶食，或經一劫或一劫餘，猶不能盡。
㊃所以者何？無有盡「戒」，至于「定、慧、解度、知見」(以上指五分法身)。(此乃香積)如來之飯，(若能食此飯則)終不可盡。	㊃所以者何？無盡「戒、定、智慧、解脫、解脫知見」(以上指五分法身)功德具足者，(此乃香積佛)所食之餘，(若能食此飯則)終不可盡。	㊃所以者何？無盡「戒、定、智慧、解脫、解脫知見」(以上指五分法身)功德具足者，(此乃香積佛)所食之餘，(若能食此飯則)終不可盡。	㊃所以者何？如是食者，是無盡「戒、定、慧、解脫、解脫知見」(以上指五分法身)所生。(此乃香積)如來所食之餘，無量三千大千世界，一切有情，

			經百千劫，食此香食，終不能盡。
㊄於是鉢飯，悉飽衆會，飯故不盡。諸「菩薩、大弟子(大聲聞)、天」與「人」，食此飯已，氣走安身。譬如一切「安養國」(極樂世界)中諸菩薩也。	㊄於是鉢飯，悉飽衆會，猶故不「賜」(窮盡，後多作「儩」字)。其諸「菩薩、聲聞、天、人」，食此飯者，身安快樂。譬如一切「樂莊嚴國」(極樂世界)諸菩薩也。	㊄於是鉢飯，悉飽衆會，猶故不「儩」ㄙˋ(盡)。其諸「菩薩、聲聞、天、人」，食此飯者，身安快樂。譬如一切「樂莊嚴國」(極樂世界)諸菩薩也。	㊄於是大衆皆食此食，悉得充滿，而尚有餘。時諸「聲聞」及「諸菩薩」并「人、天」等一切衆會，食此食已，其身安樂。譬如一切「安樂莊嚴世界」(極樂世界)菩薩，一切「安樂」之所住持。
㊅其香所薰，(身上)毛孔皆安，亦如衆香之國，香徹「八難」。	㊅又(身上)諸毛孔皆出妙香，亦如衆香國土諸樹之香。	㊅又(身上)諸毛孔皆出妙香，亦如衆香國土諸樹之香。	㊅身諸毛孔，皆出妙香，譬如一切妙香世界，衆妙香樹，常出無量種種妙香。

諸佛解脱與聲聞解脱之異

《佛説月上女經・卷下》

(1)**爾時舍利弗復言月上**(Candrottarā 此即維摩詰之女兒)**：汝既説言一切「法界」與「如來」體，等無有異。今者所見，云何勝負？**

(2)**月上女言：尊舍利弗！**譬如「大海」與於「牛跡」，然彼二水，等無有異。而彼「牛跡」不受無量無邊衆生如「大海」者。**如是！如是！**

(3)**尊舍利弗！**「諸佛、聲聞」雖同「法界」。而諸「聲聞」不能為於無量無邊諸衆生輩，作「大利益」如「諸佛」者。

(4)**又舍利弗！譬如「芥子」內有「虛空」，十方世界亦有虛空。彼「二虛空」，雖無有異。然「芥子空」不能容受「聚落城邑」，不能建立「須彌巨海」。似如十方世界「空」者。如是！如是！**

(5)**尊舍利弗！**雖於一「空、無相、無願」，而有「諸佛」與「聲聞」同。然彼「聲聞」不能與彼無量無邊諸「衆生輩」作大利益。如似諸佛「多他伽多阿羅訶三藐三佛陀」者。

(6)**時長老舍利弗言：如是月上！**「佛」與「聲聞」所得解脱，豈不等(平等)也？

(7)**月上**答言：**尊舍利弗！**勿作是説，乃言「諸佛」與彼「聲聞」解脱同等。

(8)時舍利弗復問女言：如是之事，其相云何？

(9)女復答言：尊舍利弗！我於今者欲有所問。如尊者意為我說之：尊者證得「心解脫」時，頗能令此三千大千如是世界「平如掌」不？頗有樹木及以諸山悉各「傾低」向汝已不？頗或能有除滅一切諸惡已不？頗有悉除一切眾生煩惱已不？頗有能得一切諸天頂禮已不？頗有魔眾聚集遍滿三十由旬而來已不？頗有一念起智慧心，得解脫已不？頗復能降一切諸魔眷屬已不？

(10)時舍利弗答月上女作如是言：我於如是一切諸事「悉無有一」。

(11)其女復言：尊舍利弗！菩薩在於菩提道場，能有如是「勝妙諸事」，復有無量無邊「勝事」。

(12)尊舍利弗！「聲聞」解脫、「諸佛」解脫，乃有如是「勝負優劣差別」之事。尊者云何作如是念：謂「佛如來」與於「聲聞」解脫「等(平等)」也？

(13)爾時世尊讚月上女作如是言：善哉！善哉！月上！汝今乃能如是無礙辯說。

《深密解脫經‧卷第五》

(1)觀世自在菩薩白佛言：世尊！如世尊說：「聲聞乘、大乘」是為一乘。世尊！何意作如是說？

(2)佛言：觀世自在！我「聲聞乘」中說種種法，所謂「五陰、內六入、外六入」，如是等，我說彼「法界一味」，而彼「聲聞」不能覺知，是故我說「有種種乘」。

(3)觀世自在！如有眾生聞說如是「分別執著」，彼人不知「一乘之體」，取「種種乘」而證彼法。異異而取，迭(輪流)共諍論。

【十～8】眾香國土之香積佛無「文字」說法，但以「眾香」，即入「律行」，獲「德藏三昧」

三國吳‧支謙譯《維摩詰經》	姚秦‧鳩摩羅什譯《維摩詰所說經》	姚秦‧鳩摩羅什譯《維摩詰所說大乘經》	唐‧玄奘譯《說無垢稱經》
㊀於是維摩詰問眾香菩薩言：	㊀爾時維摩詰問眾香菩薩：	㊀爾時維摩詰故為不知，問眾香菩薩：	㊀時無垢稱問彼上方諸來菩薩：
㊁諸族姓子！香積如來云何說法？	㊁香積如來以何說法？	㊁香積如來以何說法？	㊁汝等知不？彼土如來於其世界，為諸菩薩云何說法？
㊂彼(眾香世界)菩	㊂彼(眾香世界)菩	㊂彼(眾香世界)菩	㊂彼諸(眾香世界)

薩曰： 我土(眾香國土)如來(香積佛)無「文字說」，但以其香，而諸菩薩自入「律行」。菩薩各各坐「香樹」下，其香皆薰，一切同等，悉得一切「香德之定」，堪任得定。菩薩一切行「無所著」。	薩曰： 我土(眾香國土)如來(香積佛)無「文字說」，但以「衆香」令諸「天、人」得入「律行」。菩薩各各坐香樹下，聞斯「妙香」，即獲一切「德藏三昧」。得是三昧者，菩薩所有功德皆悉具足。	薩曰： 我土(眾香國土)**如來**(香積佛)**不以「文字說法」**，但以「衆香」令諸「天、人」得入「律行」。菩薩各各坐香樹下，聞斯「妙香」，即獲一切「德藏三昧」。得是三昧者，菩薩所有功德皆悉具足。	菩薩咸共答言： 我土(眾香國土)如來(香積佛)，不為菩薩「文詞說法」，但以「妙香」令諸菩薩皆悉調伏。彼諸菩薩各各安坐「妙香樹」下，諸「妙香樹」各各流出種種香氣。彼諸菩薩聞斯妙香，便獲一「切德莊嚴定」，獲此定已，即具一切菩薩功德。

《大寶積經・卷第六十四》

(1)難陀、優波難陀龍王，及諸龍等，於如來所，生「希有心」，生「未有心」(未曾有之心)。為供養故，遍閻浮提諸山大海，興雲遍覆一切世間，普雨「香水」以成「香泥」。

(2)彼「香泥」氣，充滿三千大千佛刹，其中眾生聞「香氣」者，皆不退於「阿耨多羅三藐三菩提」。

《不空羂索神變真言經・卷第八》

(1)時真言者，闕伽供養，發無上願……持「母陀羅尼真言」祕密心真言，滿一百八遍。觀世音像上，放「大香雲」，周徹一「踰膳那」(yojana)。

(2)諸有有情聞「香氣」者，皆滅「過、現」種種障惱。

【十～9】娑婆眾生剛強難化，故佛為說「剛強之語」以調伏之。底下約有39條

三國吳・支謙譯《維摩詰經》	姚秦・鳩摩羅什譯《維摩詰所說經》	姚秦・鳩摩羅什譯《維摩詰所說大乘經》	唐・玄奘譯《說無垢稱經》
㊀彼(眾香世界)諸菩薩問維摩詰： 今世尊釋迦文，云	㊀彼(眾香世界)諸菩薩問維摩詰： 今世尊釋迦牟尼以	㊀彼(眾香世界)諸菩薩問維摩詰： 今世尊釋迦牟尼以	㊀時彼上方(眾香世界)諸來菩薩問無垢稱：

何現法？	何說法？	何說法？	此土如來釋迦牟尼為諸有情，云何說法？
㊁維摩詰曰： 此土(娑婆世界)人民剛強難化，故佛為說「剛強之語」。	㊁維摩詰言： 此土(娑婆世界)眾生剛強難化，故佛為說「剛強之語」以調伏之。	㊁維摩詰言： 此土(娑婆世界)眾生剛強難化，故佛為說「剛強之語」以調伏之。	㊁無垢稱曰： 此土(娑婆世界)有情一切剛強，極難調化，如來還以種種能伏「剛強語言」而調化之。 ㊂云何名為種種能伏「剛強語言」？
㊃ 是「趣地獄」、是「趣畜」、「生鬼神」之道。	㊃ 言：是「地獄」、是「畜生」、是「餓鬼」，是「諸難處」(八難)，是「愚人生處」。	㊃ 言：是「地獄」、是「畜生」、是「餓鬼」，是「諸難處」(八難)，是「愚人生處」。	㊃ 謂：為宣說此是「地獄趣」、此是「傍生趣」、此是「餓鬼趣」、此是「無暇生」(八難)、此是「諸根缺」。
❶❷❸是為由「身」、由「言」、由「意」惡行之報。 ❹➜㉑至于「不善惡行」滋多。	❶是「身邪行」，是「身邪行」報。 ❷是「口邪行」，是「口邪行」報。 ❸是「意邪行」，是「意邪行」報。 ❹是「殺生」，是「殺生報」。 ❺是「不與取」，是「不與取」報。 ❻是「邪婬」，是「邪婬」報。 ❼是「妄語」，是「妄語」報。 ❽是「兩舌」，是「兩	❶是「身邪行」，是「身邪行」報。 ❷是「口邪行」，是「口邪行」報。 ❸是「意邪行」，是「意邪行」報。 ❹是「殺生」，是「殺生報」。 ❺是「不與取」，是「不與取」報。 ❻是「邪婬」，是「邪婬」報。 ❼是「妄語」，是「妄語」報。 ❽是「兩舌」，是「兩	❶此是「身惡行」，是「身惡行」果。 ❷此是「語惡行」，是「語惡行」果。 ❸此是「意惡行」，是「意惡行」果。 ❹此是「斷生命」，是「斷生命」果。 ❺此是「不與取」，是「不與取」果。 ❻此是「欲邪行」，是「欲邪行」果。 ❼此是「虛誑語」，是「虛誑語」果。 ❽此是「離間語」，

	舌」報。 ❾是「惡口」，是「惡口」報。 ❿是「無義語」(據梵文原意作「閑雜染穢語」義)，是「無義語」報。 ⓫是「貪嫉」，是「貪嫉」報。 ⓬是「瞋惱」，是「瞋惱」報。 ⓭是「邪見」，是「邪見」報。 ⓮是「慳悋」，是「慳悋」報。 ⓯是「毀戒」，是「毀戒」報。 ⓰是「瞋恚」，是「瞋恚」報。 ⓱是「懈怠」，是「懈怠」報。 ⓲是「亂意」，是「亂意」報。 ⓳是「愚癡」，是「愚癡」報。 ㉑是「結戒」，是「持戒」，是「犯戒」。	舌」報。 ❾是「惡口」，是「惡口」報。 ❿是「無義語」(據梵文原意作「閑雜染穢語」義)，是「無義語」報。 ⓫是「貪嫉」，是「貪嫉」報。 ⓬是「瞋惱」，是「瞋惱」報。 ⓭是「邪見」，是「邪見」報。 ⓮是「慳悋」，是「慳悋」報。 ⓯是「毀戒」，是「毀戒」報。 ⓰是「瞋恚」，是「瞋恚」報。 ⓱是「懈怠」，是「懈怠」報。 ⓲是「亂意」，是「亂意」報。 ⓳是「愚癡」，是「愚癡」報。 ㉑是「結戒」，是「持戒」，是「犯戒」。	是「離間語」果。 ❾此是「麁惡語」，是「麁惡語」果。 ❿此是「雜穢語」，是「雜穢語」果。 ⓫此是「貪欲」，是「貪欲」果。 ⓬此是「瞋恚」，是「瞋恚」果。 ⓭此是「邪見」，是「邪見」果。 ⓮此是「慳悋」，是「慳悋」果。 ⓯此是「毀戒」，是「毀戒」果。 ⓰此是「瞋恨」，是「瞋恨」果。 ⓱此是「懈怠」，是「懈怠」果。 ⓲此是「心亂」，是「心亂」果。 ⓳此是「愚癡」，是「愚癡」果。 ⑳此「受所學」，此「越所」學。 ㉑此「持別解脫」，此「犯別解脫」。

➔八難，又名「八難處、八難解法、八無暇、八不閑、八非時、八惡、八不聞時節」。指不得遇「佛」、不聞「正法」之「八種障難」。

《佛說長阿含經・卷第九》

云何「八難」解法？謂「八不閑」，妨修梵行。云何八？

(1)如來至真出現於世，説微妙法，寂滅無為，向菩提道。有人生「地獄」中，是為「不閑處」，不得修梵行。

(2)(3)(4)(5)如來至真出現於世，説微妙法，寂滅無為，向菩提道。而有眾生在「畜生」中。「餓鬼」中。「長壽天」（色界「第四禪」之「無想天」）中。「邊地」無識，無佛法處，是為不閑處，不得修梵行。

(6)如來至真等正覺出現於世，説微妙法，寂滅無為，向菩提道。或有眾生，生於「中國」，而有「邪見」。懷「顛倒心」，惡行成就，必入「地獄」，是為「不閑處」，不得修梵行。

(7)如來至真等正覺出現於世，説微妙法，寂滅無為，向菩提道。或有眾生，生於「中國」，「聾、盲、瘖、瘂」不得聞法，是為「不閑處」，不得修行梵行。

(8)如來至真等正覺「不出」世間，無有能説微妙法，寂滅無為，向菩提道。而有眾生，生於「中國」。彼諸根具足，堪受聖教，而不值「佛」，不得修行梵行。是為八不閑。

《中阿含經・卷第二十九》

世尊告諸比丘：人行「梵行」而有「八難、八非時」也。云何為八？

(1)若時如來……出世説法……彼人爾時生「地獄」中，是謂人行「梵行」第一難、第一「非時」。

(2)(3)(4)(5)復次，若時如來……出世説法……彼人爾時生「畜生」中。生「餓鬼」中。生「長壽天」（色界「第四禪」之「無想天」）中。生在「邊國夷狄」之中。無信無恩，無有反復。若無比丘、比丘尼、優婆塞、優婆夷，是謂人行「梵行」第五難、第五「非時」。

(6)復次，若時如來……出世説法……彼人爾時雖生「中國」，而「聾、瘂」如羊鳴，常以「手語」。不能知説「善惡」之義，是謂人行「梵行」第六難、第六「非時」。

(7)復次，若時如來……出世説法……彼人爾時雖生「中國」，不聾、不瘂，不如羊鳴。不以「手語」。又能知説「善惡」之義，然有「邪見」及「顛倒見」……無「善、惡」業；無「善、惡」業報；無「此世、彼世」；無父、無母。世無「真人」往「至善處」……是謂人行「梵行」第七難、第七「非時」。

(8)復次，若時如來……不出於世，亦不説法……彼人爾時生於「中國」。不聾、不瘂，不如羊鳴，不以「手語」。又能知説「善惡」之義，而有「正見、不顛倒見」……有「善、惡」業；有「善、惡」業報；有「此世、彼世」；有父、有母。世有「真人」往至善處……是謂人行「梵行」第八難、第八「非時」。

《悲華經・卷六》

(1)多行「貪、婬、瞋、癡」……是「一千四佛」所「放捨」者，所謂眾生厚重煩惱。五濁惡世能作五逆……專行惡業，如是眾生，諸佛世界，「所不容受」。

(2)是故擯(遺棄)來集此世界，以「離善業」，行「不善業行」，於邪道「重惡之罪」，積如大山。

《大方等大集經・卷三十二》

(1)十方世界所可「擯遣」(排棄遺除)諸惡眾生，皆「往生」彼「娑婆世界」，是故能作「五逆惡罪」，謗「方等經」，毀呰聖人，犯四重禁。

(2)是人以是業因緣故，多生「惡道」，受無量苦，既受苦已，又不能得「十善之法」，以是因緣，復還生於「娑婆世界」。

《無量壽經・卷下》

心常「念惡」，口常「言惡」，身常「行惡」，曾無「一善」。

《觀無量壽經》

不樂「閻浮提」濁惡世也。此濁惡處(娑婆世界)，「地獄、餓鬼、畜牲」盈滿，多「不善」聚。

《金色王經》

(1)有一人過去已經「四十劫」來行菩薩行，乃至到此「娑婆世界」，於異林中見兩眾生「母子二人」共行婬慾。

(2)時彼菩薩如是見已，心即歎日：如是眾生極惡煩惱，住其脅中，飲其乳已，作其是事，何處更有如是惡法(指除了娑婆世界有這種「亂倫」外，何處世界有這樣的惡法呢？)。

《大方等大集經・卷三十五・日藏分陀羅尼品第二之一》

(1)亦欲往詣「娑婆世界」，見釋迦牟尼佛及大集眾……善男子！彼佛世界諸眾生等，有種種惡多諸渴愛。為諸煩惱之所繫縛，猶如廁猪，樂處不淨。

(2)「諸女人」等身體醜陋，自謂端正。猶如醉人，不自覺知。種種臭穢，自言清淨。兩舌惡口，遠離實語。常樂婬欲，行「非梵行」……

(3)彼土眾生有「得禪定」獲「身通」者，或有具足得「五通」者，或有久修「四禪定」者。如是「智慧丈夫」為諸女人之所惑亂，心隨染著為「欲」所使，猶如僮僕。於一念頃退失是等諸妙功德，當墮惡道……彼佛世界有如是等種種諸惡。

《不退轉法輪經・卷一》

(1)爾時佛答二菩薩言：莫作是語……於「此世界」(指「阿鞞跋致義論音聲」世界)二十億那由

他(nayuta)劫修諸善根，不如「娑婆世界」於一食頃，與諸「般若」波羅蜜相應。

(2)令一眾生歸依三寶，受持五戒，遠離「聲聞、辟支佛」心，使發「無上菩提道」意，甚難……何以故？此諸眾生(指娑婆世界)，多為煩惱之所濁亂……

(3)佛言：若我盡壽，更為汝等說「娑婆世界」眾生濁亂，貪欲瞋恚愚癡，無量諸惡，不善諸法，猶不可盡。

《大般涅槃經・卷二十一》

(1)西方去此二十恒河沙佛土，彼有世界名曰「娑婆」。其土多有山陵、堆阜ㄈㄨˋ、土沙、礫石、荊棘ㄐㄧˊ、毒刺，周遍充滿。常有飢渴寒熱苦惱。

(2)其土人民不能恭敬沙門婆羅門、父母師長。貪著非法，欲於非法修行邪法，不信正法，壽命短促。

(3)有行「姦詐王者」治之，王雖有國，不知滿足。於他所有，生貪利心……四天善神心無歡喜。

(4)故降災旱，穀米不登，人民多病，苦惱無量。彼中有佛號「釋迦牟尼如來」應供正遍知明行足善逝世間解無上士調御丈夫天人師佛世尊。

《大方等大集經・卷第三十一》

(1)四方無量諸佛菩薩悉集其土。佛說法時，諸菩薩眾悉入「禪定」，既入定已，身放光明，如一燈炬，至億日光。

(2)善男子！若欲「護法」，可從「定」起，詣娑婆世界。

(3)善男子！彼佛世界(娑婆世界)所有眾生；

❶煩惱堅牢，繫縛深重。

❷其形醜穢，多起憍慢。

❸惡口兩舌，遠離實語。

❹其實愚癡，現(假裝示現)智慧相。

❺多起慳貪，現(假裝示現)捨離相。

❻多有諂曲，現(假裝示現)質直相。

❼心多濁亂，現(假裝示現)清淨相。

❽多有嫉妬，現(假裝示現)柔軟相。

❾樂離別人，現(假裝示現)和合相。

❿多起邪見，現(假裝示現)正見相。

⓫彼國眾人，隨女人語。

⓬以隨語故，斷絕善根，增三惡道。

《十住斷結經・卷第八》

(1)時彼菩薩，前白佛言：彼「忍剎土」(堪忍世界)釋迦文佛。以何教化？云何說法？復以何道訓誨眾生？以何「權智」周旋往來？

(2)佛告諸菩薩：彼剎眾生剛強難化，互相是非，各自謂尊。是以如來以「苦切之教」，引入「道撿」(撿即「法度」或「攝持」也，「道撿」亦作「聲聞正位」解)。猶如龍象及諸惡獸，儱悷不調。加之捶杖，令知苦痛。然後調良，任王所乘。彼土眾生亦復如是。以若干「言教」而度脫之，或以「苦音說、苦音響」。習盡道者，亦復如是。

(3)時彼菩薩歎未曾有：善哉！善哉！世尊！彼佛如來執勤勞行，甚為難有。能於「五鼎」沸世，教化眾生，演布大道。寂然滅盡，歸於「無為」也。

《文殊師利佛土嚴淨經・卷上》

(1)十方諸佛各遣菩薩，神智無量微妙明達，各從菩薩百億之眾，皆現「神變」，來入「忍界」(娑婆世界)，見能仁佛(釋迦佛)，供侍拜謁，稽首佛足，各自陳曰……

(2)汝曹(你們)何為詣「忍世界」(娑婆世界)？忍土(娑婆世界)「五逆剛強」弊惡，貪嫉婬妬，罵詈呪咀，心多瞋毒，轉相傷害，麁獷(粗暴野蠻)儱悷(剛強難屈伏也)，侜張(誑騙)難化(難以教化)，勿至「忍界」(娑婆世界)，自染「勞穢」……

【十～10】娑婆眾生心如「猿猴」，需以一切「苦切之言」，乃可「入戒律」之正法

三國吳・支謙譯《維摩詰經》	姚秦・鳩摩羅什譯《維摩詰所說經》	姚秦・鳩摩羅什譯《維摩詰所說大乘經》	唐・玄奘譯《說無垢稱經》
	㉒是「應作」，是「不應作」。	㉒是「應作」，是「不應作」。	㉒此是「應作」，此「非應作」。
			㉓此是「瑜伽」，此「非瑜伽」。
		㉔是「應知」，是「應斷」。	㉔此是「永斷」，此「非永斷」。
	㉕是「障礙」，是「不障礙」。	㉕是「障礙」，是「不障礙」。	㉕此是「障礙」，此「非障礙」。
	㉖是「得罪」，是「離罪」。	㉖是「得罪」，是「離罪」。	㉖此是「犯罪」，此是「出罪」。
	㉗是「淨」，是「垢」。	㉗是「淨」，是「垢」。	㉗此是「雜染」，此是「清淨」。
	㉜是「有漏」，是「無	㉜是「有漏」，是「無	

	漏」。	漏」。	
	㉘是「邪道」，是「正道」。	㉘是「邪道」，是「正道」。	㉘此是「正道」，此是「邪道」。
			㉙此是「善」，此是「惡」。
			㉚此是「世間」，此「出世間」。
			㉛此是「有罪」，此是「無罪」。
			㉜此是「有漏」，此是「無漏」。
	㉝是「有為」，是「無為」。	㉝是「有為」，是「無為」。	㉝此是「有為」，此是「無為」。
			㉞此是「功德」，此是「過失」。
			㉟此是「有苦」，此是「無苦」。
			㊱此是「有樂」，此是「無樂」。
			㊲此可「厭離」，此可「欣樂」。
			㊳此可「棄捨」，此可「修習」。
	㊴是「世間」，是「涅槃」。	㊴是「世間」，是「涅槃」。	㊴此是「生死」，此是「涅槃」。
㊀故為之說若干法要，以化其「麁獷」(粗暴野蠻)之意。	㊀以難化之人，心如「猨(通「猿」)猴」，故以若干種法，制御其心，乃可調伏。	㊀以難化之人，心如「猿猴」，故以若干種法，制御其心，乃可調伏。	㊀如是等法，有無量門。此土有情，其心「剛強」，如來說此種種法門，安住其心，令其調伏。
㊁譬如象、馬，𢤱悷(剛強難屈伏)	㊁譬如象、馬，𢤱悷(剛強難屈伏)	㊁譬如象、馬，𢤱悷(剛強難屈伏)	㊁譬如象、馬，𢤱悷(剛強難屈伏)

不調，著之「羈絆」(羈縛拘絆)，加諸「杖痛」(杖楚痛刑)，然後調良。 ㊂如是難化「譸張」(欺詐誑騙)之人，為以一切「苦諫」(苦心勸諫)之言，乃得「入律」(入戒律之正法)。	不調，加諸「楚毒」(杖楚毒刑)，乃至「徹骨」(痛徹骨髓)，然後調伏。 ㊂如是「剛強」難化衆生，故以一切「苦切之言」，乃可「入律」(入戒律之正法)。	不調，加諸「楚毒」(杖楚毒刑)，乃至「徹骨」(痛徹骨髓)，然後調伏。 ㊂如是「剛強」難化衆生，故以一切「苦切之言」，乃可「入律」(入戒律之正法)。	不調，加諸「楚毒」(杖楚毒刑)，乃至「徹骨」(痛徹骨髓)，然後調伏。 ㊂如是此土「剛強」有情，極難調化。如來方便以如是等「苦切言詞」慇懃誨喻(教誨曉喻)，然後「調伏」，趣入「正法」。

《一切經音義・卷第七十九》

憹悷

(上「祿董」反，下「犁帝」反，《字書》先無此二字，是譯經者，任他情書之，憹悷者，「剛強難屈伏也」，並從「心」形聲字)。

《一切經音義・卷第八十二》

憹戾

(上「籠董」反，下音「麗」，又作「悷」。《切韻》云「不調貌也」。皆俗用字，案《字書》本無此字也)。

《別譯雜阿含經・卷第五》

時婆羅門復說偈言……汝無有七子，憹悷 (剛強難屈伏也)難教授。

《佛說給孤長者女得度因緣經・卷下》

(1)**佛所行處，彼彼諸門。有低小者，自然高大。有迮狹**(迫窄迮狹)**處，自然寬廣。城**中所有一切「象馬」等類，其性憹悷不調伏者，自然調伏。

(2)**又復城中一切人民，各各歡喜，瞻仰世尊。**又復以佛「神通力」故，其中所有「盲者」能視，「聾者」能聞，「瘂者」能言。**乃至諸根不完具者，悉得完具。**

(3)**迷惑醉亂顛狂心者，皆得醒悟，正定不亂。為毒所中者，悉離諸毒。互起恚恨者，慈心相向。諸懷妊者，胎藏安隱，生福德子。諸貧匱者，自然財寶，悉得豐足。**佛入城時有如是等「希有」之事，一切人民皆獲利益。**佛乃實從「西門」而入。**

《生經・卷第五》

時有一天，名「淨修梵行」，以偈頌曰：
其求財於利，而行於愍哀。㦕ㄌㄨㄥˇ 悷ㄌㄧˋ 而自用，不從尊師教。

《出曜經・卷第十九》

(1)**從是住定者，彼習定人，收攝諸根，執意不亂。心無他念，心所念法，亦不流馳。是故說從是「住定」也。**

(2)如「馬」調御者。如彼調馬人，見彼惡馬，㦕ㄌㄨㄥˇ 悷ㄌㄧˋ 不調。著之羈靽，加復策捶，然後乃調，隨意所如，無有疑滯。是故說如馬調御也。

《大方廣佛華嚴經・卷第五十八》

(1)**又，善男子！詣善知識，發大地心，持一切事，無疲倦故……**

(2)發寶馬心，離㦕ㄌㄨㄥˇ 悷ㄌㄧˋ ，心不調故；發大車心，載一切故；**發大象心，伏諸根故；發大山心，一切惡風，不能動故；發小犬心，離瞋恚故。**

《大方廣佛華嚴經・卷第五十九》

(1)**菩提心者，**則為寶馬，遠離諸惡㦕ㄌㄨㄥˇ 悷ㄌㄧˋ 法故。

(2)**菩提心者，則為調御師，悉能守護摩訶衍故。**

(3)**菩提心者，則為良藥，療治一切煩惱病故。**

(4)**菩提心者，則為沃焦，消盡一切不善法故。**

《十住斷結經・卷第八》

(1)**時彼如來知眾生心中所念，便告<u>目連</u>曰：捨汝「神足」，可在此眾，現其形像。時<u>目犍連</u>即如其像，忽然以至，處大眾中。**

(2)彼菩薩等身長八萬四千由旬，佛身長十六萬八千由旬。眾會見目連形體，著衣持鉢，**狀如沙門……**

(3)**是時彼佛知眾會心中所念，即告之曰：汝等勿生此心。所以然者？去此「七十二億」江河沙數諸佛世界，**有佛世界名曰「忍土」(<u>娑婆</u>世界)。彼有佛名曰「釋迦文」如來至真等正覺，十號具足。於五濁世，出現於世，恒以「文字」教授眾生……

(4)**時彼菩薩，前白佛言：彼「忍剎土」(堪忍世界)釋迦文佛。以何教化？云何說法？復以何道訓誨眾生？以何「權智」周旋往來？**

(5)**佛告諸菩薩：彼剎眾生剛強難化，互相是非，各自謂尊。是以如來以「苦切之教」，引入道門。**猶如龍象及諸惡獸，㦕ㄌㄨㄥˇ 悷ㄌㄧˋ 不調。加之捶杖，令知苦痛。然後調良，任王所乘。彼土眾生亦復如是。以若干「言教」而度脫之，或以「苦音說、苦音響」。**習盡道者，亦復如是。**

(6)**時彼菩薩歎未曾有：善哉！善哉！世尊！彼佛如來執勤勞行，甚為難有。**能於「五鼎」沸世，教化眾生，演布大道。寂然滅盡，歸於「無為」也。

《大寶積經・卷第一百一十二》

迦葉！譬如善調馬師，隨馬儱悷，即時能伏。**行者亦爾，隨心所向，即時能攝，不令放逸。**

《佛說大乘菩薩藏正法經・卷第三十二》

(1)**又此神變，而常觀矚一切有情。一一神變，皆能調伏一切有情……又彼所現，一一身相，而復顯現如是身相，**能往調伏一切有情，及能儱悷諸旁生類。

(2)**又彼所現如是身相，為諸有情演說正法。又復能現如是勢力，普為摧伏一切有情極重瞋慢。**

《文殊師利佛土嚴淨經・卷上》

(1)**十方諸佛各遣菩薩，神智無量微妙明達，各從菩薩百億之眾，皆現「神變」，來入「忍界」**(娑婆世界)**，見能仁佛**(釋迦佛)**，供侍拜謁，稽首佛足，各自陳曰……**

(2)**汝曹**(你們)**何為詣「忍世界」**(娑婆世界)？忍土(娑婆世界)「五逆剛強」弊惡，貪嫉婬妬，罵詈呪咀，心多瞋毒，轉相傷害，麁獷(粗暴野蠻)儱悷，侜張(誑騙)難化，勿至「忍界」(娑婆世界)，自染勞穢……

(3)**我「本土」佛乃見遣聽，重復勅曰：往，族姓子！從意順時，**牢自持心，慎勿懈疑，如我本土「百千劫行」，不如「忍世」精進一日。

《佛說大乘智印經・卷第四》(第五同卷)

此十方眾來集會，毀持好惡心差別。惟願方便隨宜說，調伏彼中儱悷者。**咸使「悛革」**(改過)**不善心，普圓無邊勝善願。**

《寶雲經・卷第二》

菩薩見諸眾生「癡」無慧目，儱悷難調，不可降伏。**破戒懶墮，眾惡悉具。為如此等，深起「厭心」，求生淨土。願令我等不聞如是「諸惡」之名，當行慈悲，智慧具足。**

《大乘寶雲經・卷第七》

(1)**善男子！具有四法，**儱悷難調難伏之相。何謂為四？

❶讀誦經典，翻為戲論。雖口說法，不隨順行。於諸教誨，違逆不信。

❷不能隨順恭奉、供養「和上、闍梨」諸福田等，令心喜悅。
❸損他信施恭敬供養，自違本誓而受信施。
❹見諸調御菩薩大士，輕欺生慢，而不恭敬。
(2)**善男子！是名菩薩有四種法**懺ㄆㄠˊ 悷ㄌㄧˋ **難調難伏之相。**

《摩訶僧祇律・卷第七》

(1)**佛言：比丘！此是惡事。**汝常不聞我種種因緣，**呵責**懺ㄆㄠˊ 悷ㄌㄧˋ **難諫，種種因緣，**讚歎柔軟易諫耶？
(2)汝等云何懺ㄆㄠˊ 悷ㄌㄧˋ 難諫？此非法、非律、非是佛教。**不可以是長養善法。**

《善見律毘婆沙・卷第四》

(1)「**調御**」**丈夫者，有應調者，輒而調之。何以故？**譬如象馬懺ㄆㄠˊ 悷ㄌㄧˋ ，加之「杖捶」，然後調伏。如來亦復如是，能調伏一切眾生，故名「調御」……
(2)**調御丈夫，**以「柔法」教一切眾生。若其不受者，當以「強法」教之。若不受者，復當以「剛、柔」教之。若不受者，便不與「和合」。

《出曜經・卷第七》

(1)**猶如有人，或時在眾聽法，為**「**睡眠**」**所逼，不能覺寤。或時與人言語，輒便**「**睡眠**」。
(2)唯有智者，方宜諫諭，或以「苦切」諫諭。或以「罵詈」加彼。或以「方便」先「瞋」後「喜」。
(3)**是故世尊**出「五鼎沸世」，為人演說「生死熾然」之法。

《大智度論・初品中十八不共法釋論第四十一》(卷第二十六)

(1)**佛以**「**大悲**」**為度眾生故，從三種覆出，暫現如電光。是眾生見已，信佛有大悲心，實於戒法**「**不取、不著**」**。如是等因緣故現二相，非戲、非無羞。**
(2)佛「苦切語」諸比丘，汝「狂愚人」者，「苦切語」有二種：
一者、「垢心」瞋罵。二者、憐愍眾生，欲教化故。
(3)「**離欲人**」**無有**「**垢心瞋罵**」**，何況佛？**
(4)**佛**「憐愍」教化故，有「苦切語」。有眾生「軟語善教」，不入「道撿」(撿即「法度」或「攝持」也，「道撿」亦作「聲聞正位」解)，**要須**「**苦切**」**麁教，乃得入法。如良馬見**「**鞭影**」**便去，**鈍驢得「痛手」乃行。亦如有瘡，得「軟藥、唾呪」便差ㄔㄞˋ (瘥，癒也)。有「瘡刀」破出其「惡肉」，塗以「惡藥」乃愈者。
(5)**復次，**「苦切語」有五種：

一者、但「綺語」。

二者、「惡口」亦「綺語」。

三者、「惡口」亦「綺語、妄語」。

四者、「惡口」亦「綺語、妄語、兩舌」。

五者、無煩惱心「苦切語」：為教弟子分別「善、不善法」故，拔眾生於「苦難地」故。

(6)**具四種惡語**(指「惡口、綺語、妄語、兩舌」)**者，其罪重，三、二、一，轉轉輕微**……

(7)「**阿那含、阿羅漢**」**無煩惱起**「**惡口**」，但以「淨心」須「惡言」教化(雖然採用「惡言、綺語」教化眾生，但內心仍是清淨心、清淨相的)，故「惡口、綺語」。「**阿那含、阿羅漢**」**尚無煩惱所起**「**惡口**」，**何況佛？**

(8)**復次**，佛若有「苦切語」，不應疑，不應難，謂：佛「惡心」起「苦切語」。**所以者何？**佛「惡心」久已滅，但以深心念眾生，如慈父教子，雖有「苦言」，為成就子故，非是「惡心」。

(9)**佛為菩薩時，三毒未盡，作仙人名羼提**(Kṣānti-vādi-ṛṣi忍辱仙人)，**被惡王**(Kaliṅga-rāja歌利王)**截其耳、鼻、手、足，而不生**「**惡心**」，**不出**「**惡言**」。爾時未得道，尚無「惡心」，何況得「阿耨多羅三藐三菩提」，三毒已盡，於一切眾生大慈悲具足，云何疑佛有惡心「苦切語」？

(10)**復次**，佛若言：「狂愚人」！是「軟語、實語」。**所以者何？**「**三毒**」**發故，名為**「**狂愚**」……眾生為惡魔覆故不知，佛以深心念之，是故不受佛語；以是故，佛言：汝是「狂愚人」！

(11)**復次**，有人得「苦切語」，便歡喜言：親愛我(是因爲愛之深才責之切的原因)，故如是言。**以是故，佛言：**「**狂愚人**」。

(12)**佛語提婆達**(Deva-datta 提婆達多)：汝「狂人、死人、嗽唾人」！

(13)「**狂人**」者：**以提婆達罪重**，當入「阿鼻地獄」，故三種「苦切語」。

(14)「**死人**」者：似人，而不能「集諸善法」故，**亦以提婆達剃頭法服，似如聖人，內無慧命，故名**「**死人**」。**如死人種種莊嚴，轉轉爛壞，終不可令活。**提婆達亦如是，佛日日種種教化，「惡心」轉劇，「惡、不善法」日日轉增，乃至作「三逆罪」，以是故，名為「死人」。

(15)「**嗽唾人**」者：提婆達貪「利養」故，化作「天身小兒」，在阿闍世王抱中，王嗚其口，與「唾」令「嗽」，以是故，名「嗽唾人」。

(16)**問曰：提婆達得禪定，已離欲，云何復**「**嗽**」**他**「**唾**」？

(17)**答曰**：是人「惡心」亦深，其根亦「利」。「離欲」故能變化，「嗽唾」時便失。「利根」故，求時便得，以是故，名「嗽唾人」。

(18)「**狂**」**義，如先說。**

(19)復次，以提婆達白佛：佛已老矣，常樂閑靜，可入林中以禪自娛，僧可付我！
(20)佛言：舍利弗、目揵連等有大智慧，善軟清淨人，尚不令僧屬，何況汝「狂人、死人、嗽唾人」！
(21)如是等因緣故，佛於諸法雖「無所著」，而為「教化」故，現「苦切語」。

《出曜經・卷第十六》

(1)昔佛在羅閱城(Rājagṛha 王舍國，中印度摩羯陀國之都城)竹園迦蘭陀(迦蘭陀竹園、竹園伽藍 Veṇuvana-vihāra 中印度摩揭陀國最早之佛教寺院)所。爾時調達(Deva-datta 提婆達多)往至世尊所，頭面禮足，在一面立。
(2)須臾前白佛言：我觀如來顏色變易，諸根純熟，年過少壯，垂朽老邁。唯願世尊自閉靜室，禪定自娛。四部之眾，願見「付授」，我當教誡，如世尊無異。隨時供養，四事不乏。
(3)爾時世尊告調達曰：咄！愚所啟，不慮後殃。
(4)舍利弗、目連比丘，猶尚不付授「眾僧」。況汝「嗽唾弊惡」之人；可付授聖眾耶？
(5)爾時調達內興「妬嫉」，聞世尊語已，倍生「恚怒」。如來今日「讚歎」舍利弗、目連比丘，而更輕賤「小弟」。要當求便喪滅師徒，使此國界眾生，不覩其形，不聞其聲。是時調達比丘……

《大智度論・釋報應品第二》(卷三十五)

(1)如無畏太子問佛：佛能說是語，令他人「瞋」不？
(2)佛言：是事當分別答。
(3)太子言：諸尼揵子(Nirgrantha-jñātaputra，印度外道六師之一。爲耆那教 Jaina 之開山祖)輩，了(了知這件事)矣！佛或時「憐愍心」故，出(直接指罵出)眾生於「罪」中，而眾生「瞋」(內心起瞋恨)，然眾生後(往後)當得「利」(利益)。
(4)爾時無畏之子坐其膝上。佛問無畏：汝子或時吞諸「瓦石、草木」，汝聽「咽」不？
(5)答言：不聽。先教令「吐」；若不肯吐，左手捉耳，右手擿ㄊ(挑取)口，縱令血出，亦不置(也不會放下)之。
(6)佛言：汝不愍之耶？
(7)答言：「愍」之深故，為出「瓦石」，雖當時「痛」，後得「安隱」。
(8)佛言：我亦如是。若眾生欲作「重罪」，「善教」不從，以「苦言」諫之，雖起「瞋恚」(用苦切的言語教化眾生，雖然會讓眾生暫時起瞋恨心)，後得「安隱」。

《十住毘婆沙論・卷第十一》

(1)又《無畏王子經》中說。無畏白佛言：佛有所說，能令他「瞋」不？

(2)佛言：王子！是事不定。

(3)佛或「憐愍心」故，令他人「瞋」，得種「善因緣」。如乳母以「曲指」鉤出小兒口中「惡物」，雖傷無患。

《大智度論・初品總說如是我聞釋論第三》(卷第二)

佛以「大慈大悲大智」故，有時「軟美語」，有時「苦切語」，有時「雜語」，以此「調御」，令不失道。

《大智度論・初品十力釋論第三十九》(卷二十四)

(1)復次，佛用是種種性智力，知是眾生「可度」，是「不可度」。

(2)是「今世」可度，是「後世」可度。

(3)是「即時」可度，是「異時」可度。

(4)是「現前」可度，是「眼不見」可度。

(5)是人「佛」能度，是人「聲聞」能度，是人「共」可度。

(6)是人「必」可度，是人「必不」可度。

(7)是人「略說」可度，是人「廣說」可度，是人「略、廣」說可度。

(8)是人「讚嘆」可度，是人「折伏」可度。

(9)是人「將迎」可度，是人「棄捨」可度。

(10)是人「細法」可度，是人「麁法」可度。

(11)是人「苦切」可度，是人「軟語」可度，是人「苦、軟」可度。

《佛說古來世時經》

(1)爾時賢者比丘在會中，即從座起，偏袒右肩，長跪叉手，白世尊曰：我當來世當為「軻ㄎㄜ 王」乎？主「四天下」，自然七寶，而有「千子」。治以正法，廣施一切。「出家」學道，成「無著慧」耶？

(2)於是世尊呵詰ㄐㄧㄝˊ 比丘：咄！愚癡子！當以一生「究成道德」，而反更求「周旋生死」；言：我來世為「轉輪聖王」，貪於七寶。「千子」勇猛，然後入道？

《出曜經・卷第十五》

(1)昔有一比丘，往至世尊所。頭面禮足，叉手白佛言：唯然！世尊！聽諸比丘「露其形體」，人間遊化，與世殊異，豈不快耶？

(2)佛告比丘：咄！愚所白(說也)，不入聖，違於道教。倮形露體者，外道異學「尼乾子法」，非我「賢聖法律」所應之行。設當我眾「倮形遊世」者，與彼「畜獸」有何差別？

《出曜經・卷第二十九》

(1)爾時復有一「異比丘」詣佛所，頭面禮足，白世尊言：唯然！世尊！自今以後，聽諸道人各留「頭髮」！

(2)佛告比丘：咄！愚所戾ㄌㄧˋ（罪戾，罪惡過失），不應法律。此「梵志」之法，非是「內藏」所修行也。

【十～11】釋迦佛刻意隱藏覆蓋其尊貴功德，示現「調伏方便」，成熟下劣有情，故以種種門，調伏攝益眾生

三國吳・支謙譯《維摩詰經》	姚秦・鳩摩羅什譯《維摩詰所說經》	姚秦・鳩摩羅什譯《維摩詰所說大乘經》	唐・玄奘譯《說無垢稱經》
㊀彼（眾香世界）菩薩曰：	㊀彼（眾香世界）諸菩薩聞說是已，皆曰：	㊀彼（眾香世界）諸菩薩聞說是已，皆曰：	㊀時彼上方（眾香世界）諸來菩薩，聞是說已，得「未曾有」！皆作是言：
㊁未曾有！如世尊釋迦文，乃忍以「聖大」之意，解「貧貪」之人。	㊁未曾有也！如世尊釋迦牟尼佛，隱其無量「自在之力」，乃以「貧」所樂法（以眾生之貧匱而予以所樂之法），度脫眾生。	㊁未曾有也！如世尊釋迦牟尼佛，隱其無量「自在之力」，乃以「貧」所樂法（以眾生之貧匱而予以所樂之法），度脫眾生。	㊁甚奇！世尊釋迦牟尼，能為難事，隱覆（隱藏覆蓋）無量「尊貴功德」，示現如是「調伏方便」，成熟下劣「貧匱ㄎㄨㄟˋ」（貧窮匱乏）有情，以種種門，調伏攝益。
㊂及其菩薩亦能「勞謙」（勤勞謙恭），止斯佛土（娑婆世界），甚可奇也。	㊂斯諸菩薩亦能「勞謙」（勤勞謙恭），以無量「大悲」，生是佛土（娑婆世界）。	㊂斯諸菩薩亦能「勞謙」（勤勞謙恭），以無量「大悲」，生是佛土（娑婆世界）。	㊂是諸菩薩，居此佛土（娑婆世界），亦能「堪忍」種種「勞倦」（疲勞困倦），成就最勝希有「堅牢」不可思議（之）「大悲」精進，助揚（釋迦）如來「無上正法」，利樂如是「難化」有

			情。

【十～12】娑婆世界有「十事善法」，故修行「一生」功德，多於眾香世界「百千大劫」修菩薩行功德

三國吳・支謙譯《維摩詰經》	姚秦・鳩摩羅什譯《維摩詰所說經》	姚秦・鳩摩羅什譯《維摩詰所說大乘經》	唐・玄奘譯《說無垢稱經》
㊀維摩詰曰：	㊀維摩詰言：	㊀維摩詰言：	㊀無垢稱言：如是大士(眾香世界九百萬菩薩)，誠如所說，釋迦如來能為「難事」，隱覆(隱藏覆蓋)無量「尊貴功德」，不憚(畏懼)劬勞(勞累疲苦)，方便調伏如是「剛強難化」有情。
	㊁此土(娑婆世界)菩薩，於諸眾生(需成就)「大悲堅固」。	㊁此土(娑婆世界)菩薩，於諸眾生(需成就)「大悲堅固」。	㊁諸菩薩眾，生此佛土(娑婆世界)，亦能「堪忍」種種「勞倦」(疲勞困倦)，成就最勝希有「堅牢」不可思議(之)「大悲」精進，助揚如來無上正法，利樂如是無量有情。
㊂如卿(眾香世界九百萬菩薩)等言，此土(娑婆世界)菩薩於「五罰世」，以「大悲」利人民，多於彼國(眾香國土)「百千」劫行。	㊂誠如(眾香世界九百萬菩薩)所言，然其(娑婆世界)一世「饒益」(豐饒助益)眾生，多於彼國(眾香國土)「百千劫」行。	㊂誠如(眾香世界九百萬菩薩)所言，然其(娑婆世界)一世「饒益」(豐饒助益)眾生，多於**香積**(眾香國土)「百千劫」行。	㊂大士(眾香世界九百萬菩薩)！當知「堪忍世界」行「菩薩行」，饒益(豐饒助益)有情，經於「一生」所得功德，多於一切妙香世界「百千大劫」行菩薩行，

			饒益(豐饒助益)有情所得功德。
㊃所以者何？	㊃所以者何？	㊃所以者何？	㊃所以者何？
諸族姓子！此「忍世界」有「十德之法」為清淨，彼土無有。	此「娑婆世界」有「十事善法」，諸餘「淨土」之所無有。	此「娑婆世界」有「十事善法」，諸餘「淨土」之所無有。	「堪忍世界」略有「十種修集善法」，餘十方界「清淨佛土」之所無有。
何等十？	何等為十？	何等為十？	何等為十？
㈠以「布施」攝「貧窮」。	㈠以「布施」攝「貧窮」。	㈠以「布施」攝「貧窮」。	一、以「惠施」攝諸「貧窮」。
㈡以「敬戒」攝「無禮」。	㈡以「淨戒」攝「毀禁」。	㈡以「淨戒」攝「毀禁」。	二、以「淨戒」攝諸「毀禁」。
㈢以「忍辱」攝「強暴」。	㈢以「忍辱」攝「瞋恚」。	㈢以「忍辱」攝「瞋恚」。	三、以「忍辱」攝諸「瞋恚」。
㈣以「精進」攝「懈怠」。	㈣以「精進」攝「懈怠」。	㈣以「精進」攝「懈怠」。	四、以「精進」攝諸「懈怠」。
㈤以「一心」攝「亂意」。	㈤以「禪定」攝「亂意」。	㈤以「禪定」攝「亂意」。	五、以「靜慮」攝諸「亂意」。
㈥以「智慧」攝「惡智」。	㈥以「智慧」攝「愚癡」。	㈥以「智慧」攝「愚癡」。	六、以「勝慧」攝諸「愚癡」。
㈦以「悔過」度「八難」。	㈦說「除難法」度「八難」者。	㈦說「除難法」度「八難」者。	七、以說「除八無暇法」普攝一切「無暇」有情。
㈧以「大乘」樂「遍行」。	㈧以「大乘法」度樂「小乘」者。	㈧以「大乘法」度樂「小乘」者。	八、以宣說「大乘正法」普攝一切樂「小法」者。
㈨以「種德本」濟「無德」者。	㈨以諸「善根」濟「無德」者。	㈨以諸「善根」濟「無德」者。	九、以種種「殊勝善根」普攝「未種諸善根」者。
㈩以「合聚」度「人民」。	㈩常以「四攝」(❶布施攝❷愛語攝❸利行攝❹同事攝)成就眾生。	㈩常以「四攝」(❶布施攝❷愛語攝❸利行攝❹同事攝)成就眾生。	十、以「無上四種攝法」(❶布施攝❷愛語攝❸利行攝❹同事攝)恒常「成熟」一切

㊄是為「十德」，而以「發意」取彼。	㊄是為十。	㊄是為十。	有情。 ㊄是為十種「修集善法」，此「堪忍界」，悉皆具足，餘十方界「清淨佛土」之所無有。

《勝思維梵天所問經・卷一》

(1)時月光明如來(清潔)國土餘諸菩薩白其佛言：世尊！我得大利，不生如是國土(指娑婆世界)，不生如是惡眾生(指娑婆世界乃邪惡眾生所聚之處)中。

(2)其(月光明)佛告言：諸善男子！勿作是語。何以故？若菩薩於此(清潔)國中，滿百千劫淨修梵行，不如於彼「娑婆世界」，從旦至中「無瞋礙心」。其福為勝！何以故？

(3)以彼世界(指娑婆世界)多有垢染多有諸難。彼諸眾生多有垢染、多有鬪諍故……我等亦欲以此十心，一心遊行「娑婆世界」，見釋迦牟尼佛禮拜供養……

(4)爾時「勝思維梵天」與「萬二千」諸菩薩等，頭面禮拜月光明佛，於其國土「忽然不現」，譬如壯士屈申臂頃。一「刹那頃」，一「羅婆頃」，一「無侯多頃」，到「娑婆世界」釋迦牟尼佛所。

《大聖文殊師利菩薩佛刹功德莊嚴經・卷上》

(1)佛言：善男子！……東北方有世界名千莊嚴，彼現有佛，號大自在王如來、應、正等覺，其土有情皆悉具足，一向安樂。譬如苾芻入「滅盡定」，彼之安樂亦復如是。

(2)若諸有情於彼佛刹(指千莊嚴佛刹)，百俱胝歲修諸梵行，不如於此「娑訶」世界，「一彈指頃」於諸有情起「慈悲心」，所獲功德，尚多於彼，何況能於一日一夜「住清淨心」。

《文殊師利佛土嚴淨經・卷上》

(1)忍土(娑婆世界)「五逆剛強」弊惡，貪嫉婬妬，罵詈呪咀，心多瞋毒，轉相傷害，麁獷ㄍㄨㄤˇ儱ㄌㄨㄥˇ悷ㄌㄧˋ，侜ㄓㄡ張(誑騙)難化，勿至「忍界」(娑婆世界)，自染勞穢(煩惱塵勞與污穢)……

(2)我「本土」佛乃見遣聽，重復勑曰：往，族姓子！從意順時，牢自持心，慎勿懈疑，如我本土「百千劫行」，不如「忍世」(娑婆世界)精進一旦。

【十～13】娑婆世界諸菩薩眾，若能成就「八法」而無減毀與傷損，從此命終將生餘淨土

三國吳・支謙譯《維摩詰經》	姚秦・鳩摩羅什譯《維摩詰所說經》	姚秦・鳩摩羅什譯《維摩詰所說大乘經》	唐・玄奘譯《說無垢稱經》
㊀彼(眾香世界)菩薩曰：(娑婆世界)為以幾法？行(行持之法)無瘡疣(瘡害減損)疣ㄡ(同「尤」之意→過失歸咎)，從此忍界(娑婆世界)到他佛土？	㊀彼(眾香世界)菩薩曰：(娑婆世界)菩薩成就幾法？於此(娑婆)世界，行(行持之法)無瘡疣(瘡害減損)疣ㄡ(同「尤」之意→過失歸咎)，生于淨土？	㊀彼(眾香世界)菩薩曰：(娑婆世界)菩薩成就幾法？於此(娑婆)世界，行(行持之法)無瘡疣(瘡害減損)疣ㄡ(同「尤」之意→過失歸咎)，生于淨土？	㊀時彼(眾香世界)佛土諸來菩薩復作是言：「堪忍世界」諸菩薩眾，成就幾法；無毀(減毀)、無傷(傷損)？從此命終，生餘淨土？
㊁維摩詰曰：有「八法」行，菩薩為無「瘡疣」，從此「忍界」到「他佛土」。何等八？	㊁維摩詰言：菩薩成就八法，於此世界，行無「瘡疣」，生于淨土。何等為八？	㊁維摩詰言：菩薩成就八法，於此世界，行無「瘡疣」，生于淨土。何等為八？	㊁無垢稱言：「堪忍世界」諸菩薩眾，成就「八法」無毀(減毀)、無傷(傷損)，從此命終生餘淨土。何等為八？
㈠為眾設「恥」，避亂羞「望」。	㈠「饒益」(豐饒助益)眾生，而不「望報」。	㈠「饒益」(豐饒助益)眾生，而不「望報」。	一者、菩薩如是思惟：我於有情應作「善事」，不應於彼希望「善報」。
㈡為一切人「任苦忍諍」，為諸「善本」，以救眾生。	㈡(願)代一切眾生「受諸苦惱」，所作功德，盡以「施」之。	㈡(願)代一切眾生「受諸苦惱」，所作功德，盡以「施」之。	二者、菩薩如是思惟：我應代彼一切有情「受諸苦惱」，我之所有一切「善根」悉「迴施」與(眾生)。
㈢㈣為「不距眾」人而「愛敬」。	㈢「等心」眾生(以平等心去面對一切眾生)，謙下「無	㈢「等心」眾生(以平等心去面對一切眾生)，謙下「無	三者、菩薩如是思惟：我應於彼一切有情，其心「平

	礙」。	礙」。	等」，心無「罣礙」。
	㈣於諸菩薩(所有一切有情眾生)，(皆)視之如「佛」(據梵文原意作「導師」義)。	㈣於諸菩薩(所有一切有情眾生)，(皆)視之如「佛」(據梵文原意作「導師」義)。	四者、菩薩如是思惟：我應於彼一切有情「摧伏憍慢」，敬愛如「佛」(據梵文原意作「導師」義)。
㈤菩薩(於)所未聞「經」，(若有暫得)忩聽(皆)不亂。	㈤(於)所未聞「經」，(若有暫得)聞之(皆)不疑，(亦)不與「聲聞」(據梵文原意作「聽聞」義)而相違背。(完整的意思是指對於「經典法義」已聽聞、或未聽聞、或暫聽聞，皆不生起任何的疑惑、違背或毀謗)	㈤(於)所未聞「經」，(若有暫得)聞之(皆)不疑，(亦)不與「聲聞」(據梵文原意作「聽聞」義)而相違背。(完整的意思是指對於「經典法義」已聽聞、或未聽聞、或暫聽聞，皆不生起任何的疑惑、違背或毀謗)	五者、菩薩(應)「信解」增上，於未聽受(之)甚深「經典」，(若有)暫得聽聞，(則)無疑無謗。
㈥不嫉「彼供」(他人所獲的名利供養)，不謀自「利」。	㈥不嫉「彼供」(他人所獲的名利供養)，不高(貢高我慢)己「利」。	㈥不嫉「彼供」(他人所獲的名利供養)，不高(貢高我慢)己「利」。	六者、菩薩於他「利養」(他人所獲的名利供養)無「嫉妬心」。於己「利養」，不生「憍慢」。
㈦常省己「過」，不訟彼「短」。	㈦而於其中「調伏」其心，常省己「過」，不訟彼「短」。	㈦而於其中「調伏」其心，常省己「過」，不訟彼「短」。	七者、菩薩「調伏」自心，常省己過，不譏「他犯」。
㈧「自檢」第一，以學「眾經」。	㈧恒以一心「求諸功德」。	㈧恒以一心「求諸功德」。	八者、菩薩恒「無放逸」，於諸善法，常樂尋求，精進修行「菩提分法」。
㊀是為八。	㊀是為八法。	㊀是為八法。	㊀「堪忍世界」諸

			菩薩衆，若具成就如是「八法」：無毀(減毀)、無傷(傷損)。從此命終，生餘淨土。
㊃當此維摩詰與衆會及文殊師利說法時，滿「百千人」發「無上正真道意」，「十千」菩薩逮得「法忍」。	㊃維摩詰、文殊師利於大衆中說是法時，百千「天、人」皆發「阿耨多羅三藐三菩提心」，「十千」菩薩得「無生法忍」。	㊃維摩詰、文殊師利於大衆中說是法時，百千「天、人」皆發「阿耨多羅三藐三菩提心」，「十千」菩薩得「無生法忍」。	㊃其無垢稱與妙吉祥諸菩薩等，於大衆中宣說種種微妙法時。「百千」衆生同發「無上正等覺心」，「十千」菩薩悉皆證得「無生法忍」。

《大寶積經・卷第六十・文殊師利授記會第十五之三》

(1)爾時師子勇猛雷音菩薩白佛言：世尊！善哉願說文殊師利(將來)所得「佛刹」。

(2)佛言：善男子！汝當自問文殊師利！

(3)時彼菩薩白文殊言：仁者！「當」(將來)得何等「佛刹功德莊嚴」？

(4)文殊師利言：善男子！若我求「菩提」，汝可問其所得「佛刹」。

(5)師子勇猛言：仁者！豈不「求菩提」耶？

(6)文殊師利言：不也！何以故？

若有所求，則有「染著」。

若有所染，則有「貪愛」。

若有「所愛」，彼則有生。

彼若有「生」，是則有「愛」。

若有「所愛」，終不於中而有「出離」。

善男子！我為是故，不求「菩提」。何以故？

菩提「不可得」故，以「不可得」，是故「不求」。

善男子！然汝問我(將來)何等「佛刹」？仁！「當得」者，我不能說，何以故？對於如來一切智者，說「自佛刹功德莊嚴」，即為菩薩「自讚己德」。

(7)佛告文殊師利：汝可自說！以何等願「莊嚴佛刹」？(亦可)令諸菩薩聞已，決定成滿此願！

(8)時文殊師利受「如來」教，即從座起，偏袒右肩，右膝著地，合掌白佛言：世尊！

我今承佛「神力」當為宣說……

(9)爾時師子勇猛雷音菩薩白佛言：世尊！文殊師利「當來」(將來;未來)成佛，名為何等？

(10)佛言：善男子！此文殊師利成佛之時名為普見……

(11)時師子勇猛白佛言：世尊！而彼(未來之)佛剎，名為何等？

(12)佛言：彼剎名「隨願積集清淨圓滿」。

(13)師子勇猛言：世尊！彼佛世界，(將)在何方所？

(14)佛言：(將)在於南方，此「娑婆世界」，亦當在彼(未來的)佛剎之中……

(15)爾時會中無量百千億「那由他」(nayuta)諸菩薩眾，同聲說言：若有得聞普見佛名，彼人便得最上善利，何況生於彼佛土者。若有得聞此文殊師利授記法門，及聞文殊師利名者，是則名為面見諸佛。

(16)是時佛告諸菩薩言：如是！如是！如汝所說，善男子！若有受持百千億諸佛名號，若復有稱文殊師利菩薩名者，福多於彼；何況稱於普見佛名，何以故？彼百千億「那由他」(nayuta)佛利益眾生，不及文殊師利於一劫中所作饒益……

(17)爾時眾中有諸菩薩，作如是念：文殊師利(未來)所得(之)「佛剎功德莊嚴」，與阿彌陀佛剎，為「等」(相等)不耶？

(18)爾時世尊，知彼菩薩心之所念，即告師子勇猛言：善男子！譬如有人，析一毛為百分，以一分毛於「大海」中取「一滴水」。此「一滴水」喻「阿彌陀佛剎莊嚴」，彼大海水(可)喻普見如來「佛剎莊嚴」(請注意這邊都是指文殊菩薩「未來成佛」後的淨土莊嚴相，並非指「現在」就是)，復(超)過於此，何以故？普見如來(未來之)佛剎莊嚴不思議故。

(19)爾時師子勇猛白佛言：世尊！如是「等類」(之)佛剎莊嚴(像文殊菩薩未來成佛後這樣莊嚴的淨土)，於「三世佛剎」，頗更有不？

(20)佛言：有！善男子！東方去此，過百億恒河沙世界，有佛剎名「住最上願」。彼中有佛，名普光常多功德海王，彼佛壽命無量無邊，常為菩薩而演說法，善男子！彼佛剎土功德莊嚴，與普見佛剎「等」無有異……

(21)爾時世尊，以神通力，現普光常多功德海王如來佛剎，令此大會見彼如來及菩薩眾，并其佛剎功德莊嚴，昔所未見，亦未曾聞。而彼一切皆不思議，無量百千億「那由他」(nayuta)寶間錯莊嚴，於一劫中說彼功德亦不能盡，眾皆明見，如觀掌中「菴摩勒果」。

彼菩薩身長四萬二千由旬，佛身長八萬四千由旬，光明洞照如閻浮檀金山，成就廣大功德莊嚴，坐大菩提樹下，諸菩薩眾恭敬圍遶，現百千億諸變化事，往詣十方諸世界中，為諸眾生而演說法。

(22)是時佛告諸菩薩言：善男子！汝等見彼如來「佛剎莊嚴」菩薩眾耶？

(23)時諸大眾同聲白言：唯然已見！我等當學此菩薩行，如文殊師利之所修行，我等亦當成就如此莊嚴佛剎……

(24)爾時師子勇猛雷音菩薩白佛言：世尊！此文殊師利，久如當得「阿耨多羅三藐三菩提」，彼佛壽命，及菩薩眾其數幾何？

(25)佛言：善男子！汝當自問文殊師利。

(26)時師子勇猛白文殊師利言：仁者！久如當得「菩提」？

(27)文殊師利言：善男子！若「虛空界」為「色身」時，我乃當得無上「菩提」。

若「幻人」得「菩提」，我乃當得。

若「漏盡阿羅漢」即是「菩提」，我乃當得。

若「夢響光影」及，以「化人」得「菩提」時，我乃當得。

若「月照」為「晝」，「日照」為「夜」，我乃當得「阿耨多羅三藐三菩提」。

善男子！汝之所問，應當問彼「求菩提者」。

(28)師子勇猛言：仁者！豈「不求菩提」耶？

(29)答言：不也！

(30)何以故？

(31)文殊師利即是「菩提」，「菩提」即是文殊師利，所以者何？

文殊師利但有「名」，「菩提」亦但有「名」，此「名」亦離「無作」故「空」，而彼「空性」即是「菩提」。

(32)爾時佛告師子勇猛言：汝頗見聞「阿彌陀如來」聲聞菩薩諸眾會耶？

(33)唯然！聞見！

(34)佛言：其數幾何？

(35)答言：非算數思議之所能及！

(36)佛言：善男子！如摩竭國量一斛「油麻」，舉取「一粒」，(以此而)喻「阿彌陀佛」國「聲聞、菩薩」，餘不舉(例)者。(若)喻文殊師利得「菩提」時(之)「菩薩眾會」，(將)復(超)過是數……

(37)佛言：善男子！如來以無礙「佛眼」，所見諸佛及彼剎土。若有菩薩以「妙七寶」滿彼諸剎，奉施供養一一如來，各盡未來際，令此菩薩安住淨戒，於一切眾生得平等心。若有菩薩，於此莊嚴功德佛剎法門，受持讀誦復能發心，隨文殊師利所學，行於七步，此二功德比前七寶布施功德，百分不及一，乃至算數譬喻所不能及。

(38)爾時彌勒菩薩白佛言：世尊！當何名此法門，我等云何奉持？

(39)佛言：此法門名為「諸佛遊戲」，亦名「諸願究竟」，亦名「文殊師利功德莊嚴佛土」，亦名「令發菩提心菩薩歡喜」，亦名「文殊師利授記」，如是受持！

菩薩行品第十一

【十一～1】維摩詰、文殊師利等眾「發意」將至菴羅樹園佛說法之處，一切眾會忽變現出「金色瑞相」

三國吳・支謙譯《維摩詰經》	姚秦・鳩摩羅什譯《維摩詰所說經》	姚秦・鳩摩羅什譯《維摩詰所說大乘經》	唐・玄奘譯《說無垢稱經》
【菩薩行品第十一】	【菩薩行品第十一】	【菩薩行品第十一】	【菩薩行品第十一】
㊀是時(釋迦)佛說法於柰氏之園(āmra)，其場忽然廣博嚴事，一切眾會皆見「金色」。	㊀是時(釋迦)佛說法於菴羅樹園(āmra)，其地忽然廣博嚴事，一切眾會皆作「金色」。	㊀是時(釋迦)佛說法於菴羅樹園(āmra)，其地忽然廣博嚴事，一切眾會皆作「金色」。	㊀(釋迦)佛時猶在菴羅衛林(āmra)為眾說法，於眾會處，其地欻ㄒ然，廣博嚴淨(莊嚴清淨)。一切大眾皆現「金色」。
㊁賢者阿難問佛言： 世尊！是為誰先瑞應？而此場地廣博嚴事，一切眾會皆見「金色」。	㊁阿難白佛言： 世尊！以何因緣，有此瑞應？是處忽然廣博嚴事，一切眾會皆作「金色」。	㊁阿難白佛言： 世尊！以何因緣，有此瑞應？是處忽然廣博嚴事，一切眾會皆作「金色」。	㊁時阿難陀即便白佛： 世尊！此是誰之前相？於眾會中欻ㄒ然如是，廣博嚴淨(莊嚴清淨)。一切大眾皆現「金色」。
㊂佛告阿難： 是維摩詰、文殊師利大眾(含眾香世界九百萬菩薩)「欲來」，故先為此瑞應。	㊂佛告阿難： 是維摩詰、文殊師利，與諸大眾(含眾香世界九百萬菩薩)恭敬圍繞，「發意」欲來，故先為此瑞應。	㊂佛告阿難： 是維摩詰、文殊師利，與諸大眾(含眾香世界九百萬菩薩)恭敬圍繞，「發意」欲來，故先為此瑞應。	㊂佛告具壽阿難陀曰： 是無垢稱與妙吉祥，將諸大眾(含眾香世界九百萬菩薩)恭敬圍繞，「發意」欲來，赴斯眾會，現此前相。

【十一～2】維摩詰以神力，持諸大眾并師子座，置於「右

掌」，往詣釋迦佛所

三國吳・支謙譯《維摩詰經》	姚秦・鳩摩羅什譯《維摩詰所說經》	姚秦・鳩摩羅什譯《維摩詰所說大乘經》	唐・玄奘譯《說無垢稱經》
㊀於是維摩詰報文殊師利： 吾欲詣(釋迦)如來，此「諸大人」(眾香世界九百萬菩薩)可共見(釋迦)佛，(一起)禮事供養。	㊀於是維摩詰語文殊師利： 可共見(釋迦)佛，與「諸菩薩」(眾香世界九百萬菩薩)禮事供養(釋迦佛)。	㊀於是維摩詰語文殊師利： **此諸菩薩**(眾香世界九百萬菩薩)**皆欲見**(釋迦)**佛，至心禮事供養**，可共前往。	㊀時無垢稱語妙吉祥： 我等今應與「諸大士」(眾香世界九百萬菩薩)，詣(釋迦)如來所，頂禮供事(釋迦佛)，瞻仰世尊，聽受妙法。
㊁文殊師利言： 善哉！行矣！宜知是時。	㊁文殊師利言： 善哉！行矣！今正是時。	㊁文殊師利言： 善哉！行矣！今正是時。	㊁妙吉祥曰： 今正是時，可「同行」矣！
㊂是時維摩詰，即如其像，而為「神足」(神通具足)，使一切眾立其「右掌」，并諸「師子座」，共行詣(釋迦)佛。	㊂維摩詰即以「神力」，持諸大眾，并「師子座」，置於「右掌」，往詣(釋迦)佛所。	㊂維摩詰即以「神力」，持諸大眾，并「師子座」，置於「右掌」，往詣(釋迦)佛所。	㊂時無垢稱現「神通力」，令諸大眾，不起「本處」，并「師子座」，住「右掌」中，往詣(釋迦)佛所。
㊃既到，諸菩薩皆「避坐」而下。稽首佛足，却住一面。	㊃到已著地，稽首佛足，右遶七匝，一心合掌，在一面立。	㊃到已著地，稽首佛足，右遶七帀，一心合掌，在一面立。	㊃到已置地，恭敬頂禮世尊雙足，右繞七匝，却住一面。向佛合掌，儼然而立。
	㊄其諸(眾香世界九百萬)菩薩即皆「避座」，稽首佛足，亦繞七匝，於一面立。	㊄**眾香世界**諸菩薩即皆「避座」，稽首佛足，亦遶七帀，於一面立。	㊄諸(眾香世界九百萬)大菩薩「下」師子座，恭敬頂禮世尊雙足，右繞三匝，却住一面。
㊅諸「大弟子(大聲聞)、釋、梵、四天王」，稽首佛足，皆	㊅諸「大弟子(大聲聞)、釋、梵、四天王」等，亦皆「避	㊅**此土諸菩薩亦皆避座，稽首佛足，右遶七帀，於**	㊅向佛合掌，儼然而立，諸「大聲聞、釋、梵、護世、

住一面。	座」。稽首佛足，在一面立。	一面立。諸「大弟子(大聲聞)、釋、梵、四天王」等，亦皆「避座」。稽首佛足，在一面立。	四天王」等，亦皆「避座」。恭敬頂禮世尊雙足，却住一面，向佛合掌，儼然而立。
㊡於是世尊(釋迦佛)，問訊(眾香世界)諸菩薩。	㊡於是世尊(釋迦佛)，如法慰問(眾香世界)諸菩薩已。	㊡於是世尊(釋迦佛)，如法慰問(眾香世界)諸菩薩已。	㊡於是世尊(釋迦佛)，如法慰問(眾香世界)諸菩薩等一切大眾，作是告言：
㊢使各復坐，即悉受教。	㊢各令復坐，即皆受教。	㊢各令復坐，即皆受教。	㊢汝等大士，隨其所應，各復本座。
㊣眾坐已定。	㊣眾坐已定。	㊣眾坐已定。	㊣時諸大眾，蒙佛教勅，各還本座，恭敬而坐。

【十一～3】維摩詰至眾香世界取香積佛「所食之餘」。凡食者，全身「毛孔」皆同彼世界之「香」

三國吳・支謙譯《維摩詰經》	姚秦・鳩摩羅什譯《維摩詰所說經》	姚秦・鳩摩羅什譯《維摩詰所說大乘經》	唐・玄奘譯《說無垢稱經》
㊀佛語賢者舍利弗言： 汝已見「菩薩大士」(眾香世界九百萬菩薩)之所為乎？	㊀佛語舍利弗： 汝見「菩薩大士」(眾香世界九百萬菩薩)，自在神力之所為乎？	㊀佛語舍利弗： 汝見「菩薩大士」(眾香世界九百萬菩薩)，自在神力之所為乎？	㊀爾時世尊告舍利子： 汝見「最勝菩薩大士」(眾香世界九百萬菩薩)，自在神力之所為乎？
㊁(舍利弗)對曰： 唯然！已見！ ㊂佛言： 以何等相？而知其「轉」？	㊁(舍利弗曰)唯然，已見！ ㊂(佛言)於汝意云何？	㊁(舍利弗曰)唯然，已見！ ㊂(佛言)汝意云何？	㊁舍利子言： 唯然！已見！ ㊂世尊復問： 汝起何想？
㊃(舍利弗)對曰： 其「轉」不可念知，	㊃(舍利弗曰)世尊！我覩(眾香世界九	㊃(舍利弗曰)世尊！我覩(眾香世界九	㊃舍利子言： 起「難思想」，我見

非「意」所圖、非度𠀤所測，我覩其為不可思議也。	百萬菩薩)其為「不可思議」，非「意」所圖，非度𠀤所測。	百萬菩薩)其為「不可思議」，非「意」所圖，非度𠀤所測。	大士(眾香世界九百萬菩薩)「不可思議」，於其作用「神力功德」，不能「算數」、不能「思惟」、不能「稱量」、不能「述歎」。
㊄阿難問佛： 今所聞香，自昔未有，是為何香？	㊄爾時阿難白佛言： 世尊！今所聞香，自昔未有，是為何香？	㊄爾時阿難白佛言： 世尊！今所聞香，自昔未有，是為何香？	㊄時阿難陀即便白佛： 今所聞香，昔來未有。如是香者，為是誰香？
㊅佛言： 是彼(眾香世界九百萬)菩薩身「毛孔」之香也。	㊅佛告阿難： 是彼(眾香世界九百萬)菩薩「毛孔」之香。	㊅佛告阿難： 是彼(眾香世界九百萬)菩薩「毛孔」之香。	㊅佛告之言： 是諸(眾香世界九百萬)菩薩「毛孔」所出。
㊆舍利弗告賢者阿難： 我等一切諸「毛孔」亦得是香。	㊆於是舍利弗語阿難言： 我等「毛孔」亦出是香。	㊆於是舍利弗語阿難言： 我等「毛孔」亦出是香。	㊆時舍利子語阿難陀： 我等「毛孔」亦出是香。
㊇阿難言： 此(妙香何)所從出？	㊇阿難言： 此(妙香何)所從來？	㊇阿難言： 此(妙香何)所從來？	㊇阿難陀曰： 如是妙香，仁等！身內何緣而有？
㊈(舍利弗曰)曰： 是維摩詰從香積佛取飯。	㊈(舍利弗曰)曰： 是長者維摩詰，從眾香國，取(香積)佛餘飯。	㊈(舍利弗曰)曰： 是長者維摩詰，從眾香國，取(香積)佛餘飯。	㊈舍利子言： 是無垢稱自在神力，遣「化菩薩」往至上方最上香臺如來佛土，請得彼(香積)佛所食之餘，來至室中供諸大眾。
㊉(吾等大眾)於舍食者，一切「毛孔」皆香若此。	㊉(吾等大眾)於舍食者，一切「毛孔」皆香若此。	㊉(吾等大眾)於舍食者，一切「毛孔」皆香若此。	㊉(吾等大眾)其間所有食此食者，一切「毛孔」皆出是香。

【十一～4】香積佛之飯食勢力最少七日七夜，方漸消其香。若已得「無生法忍」者，食此飯，則至「一生補處」乃淨化解消

三國吳・支謙譯 《維摩詰經》	姚秦・鳩摩羅什譯 《維摩詰所說經》	姚秦・鳩摩羅什譯 《維摩詰所說大乘經》	唐・玄奘譯 《說無垢稱經》
㊀阿難問曰： 是香氣「轉」能久如(多久之後)？	㊀阿難問維摩詰： 是香氣「住」當久如(多久之後)？	㊀阿難問維摩詰： 是香氣「住」當久如(多久之後)？	㊀時阿難陀問無垢稱： 是妙香氣，當「住」久如(多久之後)？
㊁維摩詰答言： 至此飯消(淨化解消)。	㊁維摩詰言： 至此飯消(淨化解消)。	㊁維摩詰言： 至此飯消(淨化解消)。	㊁無垢稱言： 乃至此食，未皆消(淨化解消)盡，其香猶住。
㊂(阿難)曰： 此飯者，幾時而消(淨化解消)？	㊂(阿難)曰： 此飯久如(多久之後)當消(淨化解消)？	㊂(阿難)曰： 此飯久如(多久之後)當消(淨化解消)？	㊂阿難陀曰： 如是所食，其經久如，當皆消(淨化解消)盡。
㊃(維摩詰)答曰： 此飯住止，至「七日七夜」，後乃消化(淨化解消)。	㊃(維摩詰)曰： 此飯勢力至于「七日」，然後乃消(淨化解消)。	㊃(維摩詰)曰： 此飯勢力至于「七七日」，然後乃消(淨化解消)。(據梵文原意作「食物需經四十九天才會消化，此後的七天，它還會發揮威力，但不會有任何消化不良的毛病」)	㊃無垢稱言： 此食勢分，「七日七夜」住在身中，過是已後，乃可漸消(淨化解消)。雖久未消(淨化解消)，而不為患。
❶而隨所語，若「弟子行」(聲聞行)者，服食此飯，不「得道」(聲聞所見證之無為涅槃)，終不消(淨化解消)。	❶又，阿難！若「聲聞人」未入「正位」(聲聞所見證之無為涅槃)，食此飯者，得入「正位」，然後乃消(淨化解消)。	❶又，阿難！若「聲聞人」未入「正位」(聲聞所見證之無為涅槃)，食此飯者，得入「正位」，然後乃消(淨化解消)。	❶具壽！當知！諸「聲聞乘」，未入「正性離生位」(證入涅槃後能脫離煩惱之生，為「見道位」之別名)者。若食此食，要入「正性離生

			位」已，然後乃消(淨化解消)。 ❷未「離欲」者，若食此食，要得「離欲」，然後乃消(淨化解消)。
	❸已入「正位」(聲聞所見證之無為涅槃)，食此飯者，得「心解脫」，然後乃消(淨化解消)。	❸已入「正位」(聲聞所見證之無為涅槃)，食此飯者，得「心解脫」，然後乃消(淨化解消)。	❸未「解脫」者，若食此食，要「心解脫」，然後乃消(淨化解消)。
❹其食此飯而「中止」者，則不消(淨化解消)也。	❹若未發「大乘」意，食此飯者，至「發意」(發大乘意)乃消(淨化解消)。	❹若未發「大乘」意，食此飯者，至「發意」(發大乘意)乃消(淨化解消)。	❹諸有「大乘菩薩」種性，未發無上「菩提心」者，若食此食，要發無上「菩提心」已，然後乃消(淨化解消)。
❺「新行」大道而服食此飯，不得「法忍」，則亦不消(淨化解消)。	❺已「發意」(發大乘意)，食此飯者，得「無生忍」，然後乃消(淨化解消)。	❺已「發意」，(發大乘意)食此飯者，得「無生忍」，然後乃消(淨化解消)。	❺已發無上「菩提心」者，若食此食，要當證得「無生法忍」，然後乃消(淨化解消)。
❻若得「法忍」而食此飯，至「一生補處」(eka-jāti-pratibaddha，菩薩之最高「等覺」菩薩位。彌勒即屬為「一生補處」之菩薩)，其飯乃消(淨化解消)。	❻已得「無生忍」，食此飯者，至「一生補處」(eka-jāti-pratibaddha，菩薩之最高「等覺」菩薩位。彌勒即屬為「一生補處」之菩薩)，然後乃消(淨化解消)。	❻已得「無生忍」，食此飯者，至「一生補處」(eka-jāti-pratibaddha，菩薩之最高「等覺」菩薩位。彌勒即屬為「一生補處」之菩薩)，然後乃消(淨化解消)。	❻其已證得「無生忍」者，若食此食，要當安住「不退轉位」(此指八地菩薩)，然後乃消(淨化解消)。
			❼其已安住「不退位」者(此指八地菩薩)，若食此食，

			要當安住「一生繫位」(eka-jāti-pratibaddha，菩薩之最高「等覺」菩薩位。彌勒即屬爲「一生補處」之菩薩。或譯爲「一生所繫」，指僅此一生被繫縛於迷界，來生即可成佛)，然後乃消(淨化解消)。
❽譬如阿難！「阿昏陀藥」(agada 阿伽陀藥)，其香遍一室，皆作「蜜香氣」，悉消衆毒，藥氣乃歇。此飯如是，未孚即消。(未能獲得相應符合時，飯食氣勢不會淨化解消；待獲得對治相應後，才會淨化解消)	❽譬如有藥，名曰「上味」，其有服者，(待)身「諸毒」滅(後)，然後(藥力)乃消(淨化解消)。	❽譬如有藥，名曰「上味」，其有服者，(待)身「諸毒」滅，然後(藥力)乃消(淨化解消)。	❽具壽！當知！譬如世間有大藥王，名「最上味」，若有衆生遇遭「諸毒」遍滿身者，與令服之。乃至「諸毒」，未皆除滅，是大藥王，猶未消盡。(待)諸毒滅已，然後(藥力)乃消(淨化解消)。食此食者，亦復如是。
至諸「垢毒」，(待)一切除盡，飯氣(飯之氣勢)乃消(淨化解消)。	此飯如是，(能)滅除一切諸「煩惱毒」，然後(飯之勢力)乃消(淨化解消)。	此飯如是，(能)滅除一切諸「煩惱毒」，然後(飯之勢力)乃消(淨化解消)。	乃至一切「煩惱諸毒」未皆除滅，如是所食，猶未消盡。(待)煩惱滅已，然後(飯之勢力)乃消(淨化解消)。

【十一～5】十方國土皆以種種「行門」而作佛事，眾香世界則以「飯食」而作佛事。底下約有15條

三國吳・支謙譯 《維摩詰經》	姚秦・鳩摩羅什譯 《維摩詰所說經》	姚秦・鳩摩羅什譯 《維摩詰所說大乘經》	唐・玄奘譯 《說無垢稱經》
㊀阿難曰： 彼以「佛事」作此飯耶？ ㊁佛言： 如是！如是！	㊀阿難白佛言： 未曾有也！世尊！如此「香飯」能作「佛事」？ ㊁佛言： 如是！如是！	㊀阿難白佛言： 未曾有也！世尊！如此「香飯」能作「佛事」？ ㊁佛言： 如是！如是！	㊀阿難陀言： 不可思議！如是大士所致香食，能為眾生作諸「佛事」？ ㊁佛即告言： 如是！如是！如汝所說不可思議。此無垢稱所致「香食」，能為眾生作諸「佛事」。 ㊂爾時佛復告阿難陀： 如無垢稱所致「香食」，能為眾生作諸「佛事」。
❶阿難！或有佛土，以「光明」作佛事。	❶阿難！或有佛土，以「佛光明」而作佛事。	❶阿難！或有佛土，以「佛光明」而作佛事。	❶如是於餘十方世界，或有佛土以諸「光明」而作佛事。
❸或有佛土，以「菩薩」作佛事。 ❹有以「如來色相」名號現作佛事。	❸有以「諸菩薩」而作佛事。 ❺有以佛所「化人」而作佛事。 ❷有以「菩提樹」而作佛事。	❸有以「諸菩薩」而作佛事。 ❺有以佛所「化人」而作佛事。 ❷有以「菩提樹」而作佛事。	❷或有佛土以「菩提樹」而作佛事。 ❸或有佛土以諸「菩薩」而作佛事。 ❹或有佛土以見「如來色身相好」而作佛事。
❻❼❾❿有以「衣食、苑園、棚閣(棚架樓閣)」而作佛事。	❻❼有以「佛衣服、臥具」而作佛事。 ❽有以「飯食」而作佛事。	❻❼有以「佛衣服、臥具」而作佛事。 ❽有以「飯食」而作佛事。	❺或有佛土以諸「化人」而作佛事。

	❾❿有以「園林、臺觀」而作佛事。 ❹有以「三十二相、八十隨形好」而作佛事。	❾❿有以「園林、臺觀」而作佛事。 ❹有以「三十二相、八十隨形好」而作佛事。	❻或有佛土以諸「衣服」而作佛事。 ❼或有佛土以諸「臥具」而作佛事。 ❽或有佛土以諸「飲食」而作佛事。 ❾或有佛土以諸「園林」而作佛事。 ❿或有佛土以諸「臺觀」(樓臺觀閣)而作佛事。
⓫有以示現「神通變化」而作佛事。	⓫有以「佛身」而作佛事。	⓫有以「佛身」而作佛事。	
⓬有以「虛靜、空無、寂寞」為作佛事，而使「達士」得入律(入戒律之正法)行。	⓬有以「虛空」而作佛事，衆生應以此緣得「入律」(入戒律之正法)行。	⓬有以「虛空」而作佛事，衆生應以此緣得「入律」(入戒律之正法)行。	⓬或有佛土以其「虛空」而作佛事。 所以者何？由諸有情，因此方便，而得調伏。
⓭⓮有以「影響、夢幻、水月、野馬」曉喻「文說」而作佛事。	⓭有以「夢幻、影響、鏡中像、水中月、熱時炎」如是等喻而作佛事。	⓭有以「夢幻、影響、鏡中像、水中月、熱時焰」如是等喻而作佛事。	⓭或有佛土為諸有情種種「文詞」，宣說「幻夢、光影、水月、響聲、陽焰、鏡像、浮

			雲、健達縛城(gandharva-pura 乾闥婆城，意譯為「蜃氣樓」。日初出時，會見虛假之城門、樓櫓、宮殿、行人。待日漸高即消滅)、帝網(帝釋天的珠寶網)」等喻而作佛事。
	⓮有以「音聲、語言、文字」而作佛事。	⓮有以「音聲、語言、文字」而作佛事。	⓮或有佛土以其「音聲語言文字」，宣說種種諸法性相，而作佛事。
⓯有以「清淨、無身、無得、無言、無取」而為衆人作佛事。	⓯或有「清淨佛土、寂寞無言、無說、無示、無識、無作、無為」而作佛事。	⓯或有「清淨佛土、寂寞無言、無說、無示、無識、無作、無為」而作佛事。	⓯或有佛土「清淨寂寞、無言無說、無訶無讚、無所推求、無有戲論、無表無示」，所化有情，因斯「寂寞」，自然證入諸法性相，而作佛事。
			㊃如是當知，十方世界「諸佛國土」其數無邊，所作「佛事」亦無數量。
㊄若此阿難！不有是義及諸所有，亦不為人作「佛事」也。	㊄如是，阿難！諸佛「威儀進止」，諸所「施為」(施行修為)，無非「佛事」。	㊄如是，阿難！諸佛「威儀進止」，諸所「施為」(施行修為)，無非「佛事」。	㊄以要言之，諸佛所有「威儀進止」，受用「施為」(施行修為)，皆令所化有情調伏，是故一切皆名佛事。

【十一～6】能「入一切諸佛法門」者，則見一切佛土皆平等無二，無分別

三國吳・支謙譯《維摩詰經》	姚秦・鳩摩羅什譯《維摩詰所說經》	姚秦・鳩摩羅什譯《維摩詰所說大乘經》	唐・玄奘譯《說無垢稱經》
㊀以此「四魔」(煩惱魔、五陰魔、死魔、天魔)、八十四「垢」，百千種人為之疲勞。是故諸佛為作「佛事」故，此阿難，名為「佛法隨所行入」之法門。	㊀阿難！有此「四魔」(煩惱魔、五陰魔、死魔、天魔)、八萬四千(據梵文原意作「八百四十萬」義)諸「煩惱門」，而諸眾生為之疲勞，諸佛即以此法而作「佛事」，是名「入一切諸佛法門」。	㊀阿難！有此「四魔」(煩惱魔、五陰魔、死魔、天魔)、八萬四千(據梵文原意作「八百四十萬」義)諸「煩惱門」，而諸眾生為之疲勞，諸佛即以此法而作「佛事」，是名「入一切諸佛法門」。	㊀又諸世間所有「四魔」(煩惱魔、五陰魔、死魔、天魔)、八萬四千(據梵文原意作「八百四十萬」義)諸「煩惱門」。有情之類為其所惱，一切如來即以此法，為諸眾生而作「佛事」。汝今當知，如是法門名為「悟入一切佛法」。
㊁菩薩得入此門者，若得一切「好大佛土」(據梵文原意作「廣大莊嚴功德」義)，不以「喜悅」。	㊁菩薩入此門者，若見一切「淨好佛土」(據梵文原意作「廣大莊嚴功德」義)，不以為「喜」，不「貪」、不「高」。	㊁菩薩入此門者，若見一切「淨好佛土」(據梵文原意作「廣大莊嚴功德」義)，不以為「喜」，不「貪」、不「高」。	㊁若諸菩薩入此法門，雖見一切成就無量(之)廣大功德「嚴淨佛土」，不生「喜、貪」。
㊂得「不好土」(含不淨、不莊嚴、不廣大的佛土，及負面的人事物等)，而亦「不避」。	㊂若見一切「不淨佛土」(含不淨、不莊嚴、不廣大的佛土，及負面的人事物等)，不以為「憂」，不「礙」、不「沒」(沒亂；迷亂)。	㊂若見一切「不淨佛土」(含不淨、不莊嚴、不廣大的佛土，及負面的人事物等)，不以為「憂」，不「礙」、不「沒」(沒亂；迷亂)。	㊂雖見一切無諸功德(之)「雜穢佛土」，不生「憂、恚」。
㊃其近如來，即益起「敬」，妙哉！	㊃但於諸佛(面前)生「清淨心」，歡喜恭敬，未曾有也！	㊃**即**於諸佛(面前)生「清淨心」，歡喜恭敬，**亦無有也**！	㊃於諸佛所(據梵文原意作「面前」義)，發生上品「信樂」恭敬，歎未曾有！
㊄一切佛法，以	㊄諸佛如來功德	㊄諸佛如來功德	㊄諸佛世尊，一

「(平)等」度人，而「佛土不同」。 ⑥譬如有佛土，有「地」若干道，所覆蓋，不「若干」也。 ⑦如是阿難！有諸如來為「若干」(多少的差別)像，其無礙「慧」，不「若干」(據梵文原意作「差異」義)也。	「平等」(據梵文原意作「諸佛世尊深信一切法平等」義)，為教化眾生故，而(示)現「佛土不同」。 ⑥阿難！汝見諸佛國土，(雖)「地」有「若干」(多少的差別)，而「虛空」無「若干」也。 ⑦如是見「諸佛色身」有「若干」(多少的差別)耳，其無礙「慧」，無「若干」(據梵文原意作「差異」義)也。	「平等」(據梵文原意作「諸佛世尊深信一切法平等」義)，為教化眾生故，而(顯)現「佛土不同」。 ⑥阿難！汝見諸佛國土，(雖)「地」有「若干」(多少的差別)，而「虛空」無「若干」也。 ⑦如是見「諸佛色身」有「若干」(多少的差別)耳，其無礙「慧」，無「若干」(據梵文原意作「差異」義)也。	切功德「平等」圓滿，得一切法究竟，真實「平等」性故。為欲成熟差別有情，示現種種「差別佛土」。 ⑥汝今當知！如諸佛土，雖所依地(有)「勝劣」不同，而上「虛空」，都無差別。 ⑦如是當知！諸佛世尊為欲成熟諸有情故，雖現種種「色身」不同，而「無障礙」。福德智慧，究竟圓滿，都無差別。

【十一～7】諸佛之「阿耨多羅三藐三菩提」無有限量，「智慧辯才」不可思議

三國吳・支謙譯《維摩詰經》	姚秦・鳩摩羅什譯《維摩詰所說經》	姚秦・鳩摩羅什譯《維摩詰所說大乘經》	唐・玄奘譯《說無垢稱經》
⑧正等阿難！如來「身色、威相、性大、戒、定、慧、解度、知見事、(十)力、(四)無所畏」及佛法「慈悲護安」，受行壽量，說法度人。	⑧阿難！諸佛「色身、威相、種性，戒、定、智慧、解脫、解脫知見(以上五種爲五分法身)、(十)力、(四)無所畏、(十八)不共之法、大慈、大悲」，威儀所行，及其壽命，說法教化，成就眾	⑧阿難！諸佛「色身、威相、種性，戒、定、智慧、解脫、解脫知見(以上五種爲五分法身)、(十)力、(四)無所畏、(十八)不共之法、大慈、大悲」，威儀所行，及其壽命，說法教化，成就眾	⑧汝今當知！一切如來悉皆平等，所謂：「最上周圓、無極形色威光、諸相隨好、族姓尊貴、清淨尸羅(戒律)、定、慧、解脫、解脫知見(以上五種爲五分法身)、諸(十)力、(四)無畏、(十八)不共

	生，淨佛國土，具諸佛法，悉皆同等。	生，淨佛國土，具諸佛法，悉皆同等。	佛法、大慈、大悲、大喜、大捨」利益安樂，威儀所行，正行壽量，說法度脫成熟有情。清淨佛土，悉皆平等。
㊁是故名為「等正覺」(samyak-saṃbuddha)，名為「如來」(tathāgata)，名為「佛」(buddha)。	㊁是故名為「三藐三佛陀」(samyak-saṃbuddha)，名為「多陀阿伽度」(tathāgata)，名為「佛陀」(buddha)。	㊁是故名為「三藐三佛陀」(samyak-saṃbuddha)，名為「多陀阿伽度」(tathāgata)，名為「佛陀」(buddha)。	㊁以諸如來，一切佛法悉皆平等，最上周圓，究竟無盡。是故皆同名「正等覺」(samyak-saṃbuddha)，名為「如來」(tathāgata)，名為「佛陀」(buddha)。
㊂此「三句」(samyak-saṃbuddha 與 tathāgata 與 buddha)者，其義甚廣，使吾以劫之壽，未能周竟。	㊂阿難！若我廣說此「三句義」(samyak-saṃbuddha 與 tathāgata 與 buddha)，汝以劫壽，不能盡受。	㊂阿難！若我廣說此「三句義」(samyak-saṃbuddha 與 tathāgata 與 buddha)，汝以劫壽，不能盡受。	㊂汝今當知！設令我欲分別廣說此「三句義」(samyak-saṃbuddha 與 tathāgata 與 buddha)，汝經劫住，無間聽受，窮其壽量，亦不能盡。
㊃三千大千，申暢其義，以知衆生之意。上智多聞，得「念總持」(據梵文原意作「超強的記誦經文能力」義)，為一切人說此「三句」(samyak-saṃbuddha 與 tathāgata 與 buddha)之義，窮劫未能竟。	㊃正使三千大千世界，滿中衆生，皆如阿難「多聞」第一，得「念總持」(據梵文原意作「超強的記誦經文能力」義)，此諸人等，以劫之壽，亦不能受(指不能盡受此「三句義」之法要)。	㊃正使三千大千世界，滿中衆生，皆如阿難「多聞」第一，得「念總持」(據梵文原意作「超強的記誦經文能力」義)，此諸人等，以劫之壽，亦不能受(指不能盡受此「三句義」之法要)。	㊃假使三千大千世界，有情之類，皆如阿難得「念總持」多聞第一，咸經劫住，無間(不間斷)聽受。窮其壽量，亦不能盡。
㊄此為「等正			㊄此正等覺，如

覺」，為「如來」，為「佛」者也。 ⑥是故，阿難！佛道無量，如來「智辯」不可思議。	⑥如是，阿難！諸佛(之)「阿耨多羅三藐三菩提」，無有限量，「智慧辯才」不可思議。	⑥如是，阿難！諸佛(之)「阿耨多羅三藐三菩提」，無有限量，「智慧辯才」不可思議。	來佛陀「三句妙義」，無能究竟宣揚決擇，唯除諸佛。 ⑥如是當知「諸佛菩提」功德無量，無滯「妙辯」，不可思議。

【十一～8】不應「測量思惟」諸菩薩不可思議神力功德。維摩詰僅「一時」所現之神力，「二乘」者於百千劫亦不能及

三國吳・支謙譯《維摩詰經》	姚秦・鳩摩羅什譯《維摩詰所說經》	姚秦・鳩摩羅什譯《維摩詰所說大乘經》	唐・玄奘譯《說無垢稱經》
①阿難白佛： 願今已後，無稱我為上智「多聞」。	①阿難白佛言： 我從今已往，不敢自謂以為「多聞」。	①阿難白佛言： 我從今已往，不敢自謂以為「多聞」。	①說是語已，時阿難陀白言： 世尊！我從今去，不敢自稱得「念總持」多聞第一。
②佛言： 阿難！汝起「疲厭之意」，於弟子(聲聞)中為「最多聞」。比諸「菩薩」(若與諸菩薩的「多聞」能力相比較的話)，未有見焉(菩薩的境界當然不是你可見稱的)！	②佛告阿難： 勿起「退意」！所以者何？我說汝於「聲聞」中為最「多聞」，非謂「菩薩」。(你現今並不是菩薩位，故也不必太自卑，但若與菩薩相比你的「多聞」能力，菩薩的境界當然不是你可見稱的)	②佛告阿難： 勿起「退意」！所以者何？我說汝於「聲聞」中為最「多聞」，非謂「菩薩」。(你現今並不是菩薩位，故也不必太自卑，但若與菩薩相比你的「多聞」能力，菩薩的境界當然不是你可見稱的)	②佛便告曰： 汝今不應心生「退屈」！所以者何？我自昔來，但說汝於「聲聞」衆中得「念總持」多聞第一，非於「菩薩」。(你現今並不是菩薩位，故也不必太自卑，但若與菩薩相比你的「多聞」能力，菩薩的境界當然不是你可見稱的)
③菩薩志願，所作彌多，一切海淵，尚可測量，菩	③且止，阿難！其有智者，不應「限度」(有所限制而去量度)	③且止，阿難！**不特汝也**！其有智者，不應「限度」(有	③汝今且止！其有智者，不應「測量」諸「菩薩」事。

薩「智慧」，諸「持、定、念」種種所得，不可稱度。	諸「菩薩」也。一切海淵，尚可測量，菩薩「禪定、智慧、總持、辯才」一切功德不可量也。	所限制而去量度)諸「菩薩」也。一切海淵，尚可測量，菩薩「禪定、智慧、總持、辯才」一切功德不可量也。	汝今當知，一切大海，源底深淺，猶可測量。菩薩「智慧、念、定、總持、辯才」大海，無能測者。
㊃阿難！汝且觀「菩薩」行，是維摩詰「一時」所現「德善之本」。	㊃阿難！汝等捨置(暫時捨棄置放。據梵文原意作「不必關注、不必思量、不必測度」義)菩薩所行(之功德境界)，(此)是維摩詰「一時」所現「神通」之力。	㊃阿難！汝等捨置(暫時捨棄置放。據梵文原意作「不必關注、不必思量、不必測度」義)菩薩所行(之功德境界)，(此)是維摩詰「一時」所現「神通」之力。	㊃汝等「聲聞」，置(暫時放置)諸「菩薩」所行境界，不應「思惟」。(能)於「一食頃」是無垢稱示現變化所作「神通」。
㊄彼諸「弟子(聲聞)、緣一覺(緣覺)」者，一切變化，於百千劫，不能現也。	㊄(此維摩詰所現之神通於)一切「聲聞、辟支佛」於百千劫，盡力變化所不能作。	㊄(此維摩詰所現之神通於)一切「聲聞、辟支佛」於百千劫，盡力變化所不能作。	㊄一切「聲聞」及諸「獨覺」，百千大劫，示現「變化神力」所作，亦不能及(不能及維摩詰菩薩之神力)。

【十一～9】有盡→「有為、有生滅法」。無盡→「無為、無生滅法」。菩薩不滅盡「有為法」，亦不住著「無為法」

三國吳・支謙譯《維摩詰經》	姚秦・鳩摩羅什譯《維摩詰所說經》	姚秦・鳩摩羅什譯《維摩詰所說大乘經》	唐・玄奘譯《說無垢稱經》
㊀於是衆香世界(九百萬)菩薩來者，皆叉手言：	㊀爾時衆香世界(九百萬)菩薩來者，合掌白佛言：	㊀爾時衆香世界(九百萬)菩薩來者，合掌白佛言：	㊀時彼上方(眾香世界)諸(九百萬)來菩薩，皆起禮拜釋迦牟尼，合掌恭敬白言：
㊁如來(釋迦佛)名等，吾甚思念，無有遺忘，於此佛土(娑婆世界)，終不起	㊁世尊(釋迦佛)！我等初見「此土」(娑婆世界)，(曾)生「下劣想」，今自「悔責」(懺	㊁世尊(釋迦佛)！我等初見「此土」(娑婆世界)，(曾)生「下劣想」，今自「悔責」(懺	㊁世尊(釋迦佛)！我等初來，見此佛土(娑婆世界)，種種「雜穢」，(曾)生「下

「想」。	悔自責)，(應)捨離是(下劣)心。	悔自責)，(應)捨離是(下劣)心。	劣想」。今皆「悔愧」(懺悔愧咎)，(應)捨離是(下劣)心。
㊂又如，世尊(釋迦佛)！諸佛「權道」不可思議，以度人故，為隨所「欲」，而現「佛土」之「好」。	㊂所以者何？諸佛「方便」，不可思議！為度眾生故，隨其所應，「現」佛國「異」。	㊂所以者何？諸佛「方便」，不可思議！為度眾生故，隨其所應，「現」佛國「異」。	㊂所以者何？諸佛境界，方便善巧，不可思議，為欲成熟諸有情故，如如「有情所樂」差別，如是如是(據梵文原意作「如此如此、這樣這樣」義)「示現」佛土。
㊃願(釋迦)佛贈我以「佛之法」，遺還於彼土(眾香國土)，當念(釋迦)如來。	㊃唯然，世尊(釋迦佛)！願賜「少法」，還於彼土(眾香國土)，當念(釋迦)如來。	㊃唯然，世尊(釋迦佛)！願賜「少法」，還於彼土(眾香國土)，當念(釋迦)如來。	㊃唯然，世尊(釋迦佛)！願賜「少法」，當還一切妙香世界，由此法故，常念(釋迦)如來。
㊄佛告(眾香世界九百萬)諸菩薩言：「有盡、不盡」門。汝等當學。	㊄佛告(眾香世界九百萬)諸菩薩：「有盡、無盡」解脫法門，汝等當學。	㊄佛告(眾香世界九百萬)諸菩薩：「有盡、無盡」解脫法門，汝等當學。	㊄說是語已，世尊告彼(眾香世界九百萬)諸來菩薩言：善男子！有諸菩薩「解脫」法門，名「有盡」、「無盡」。汝今敬受，當勤修學。
㊅㊆何謂為「盡」？謂其「有數」。	㊅㊆何謂為「盡」？謂「有為法」。	㊅㊆何謂為「盡」？謂「有為法」。	㊅云何名為「有盡」？「無盡」？ ㊆言「有盡」者，即是「有為」，有「生滅法」。
㊇何謂「不盡」？謂為「無數(無為)」。	㊇何謂「無盡」？謂「無為法」。	㊇何謂「無盡」？謂「無為法」。	㊇言「無盡」者，即是「無為」，無「生滅法」。
㊈如菩薩者，不盡(不滅盡)於「數」(有	㊈如菩薩者，不盡(不滅盡)「有為」，	㊈如菩薩者，不盡(不滅盡)「有為」，	㊈菩薩不應盡(不滅盡)其「有為」，亦

爲)，不住「無數」(無爲)。	不住(不著住)「無為」。	不住「無為」。	復不應住於「無為」。

在《法華經》中曾記載「妙音菩薩」搭「七寶臺」造訪娑婆世界的故事。

後秦龜茲國鳩摩羅什於公元406年譯《妙法蓮華經・卷七・妙音菩薩品第二十四》載：

(1)**有世界名「淨光莊嚴」，其國有佛，號「淨華宿王智如來」……爾時一切「淨光莊嚴」國中，有一菩薩名曰「妙音」……**

(2)**即白「淨華宿王智佛」言：世尊！我當往詣「娑婆世界」，禮拜、親近、供養釋迦牟尼佛，及見文殊師利法王子菩薩、藥王菩薩、勇施菩薩、宿王華菩薩、上行意菩薩、莊嚴王菩薩、藥上菩薩。**

(3)**爾時「淨華宿王智佛」告「妙音」菩薩：汝莫輕彼國(娑婆世界)，生「下劣想」。**
善男子！彼娑婆世界，高下不平，土石諸山，穢惡充滿。
(娑婆世界)**佛身卑小，諸菩薩眾，其形亦小。而汝身**(指妙音菩薩)**四萬二千「由旬」**(yojana「由旬」之音譯，據唐・義淨《根本說一切有部百一羯磨・卷三》云：「由旬」者……當十二里。又如《藏漢佛學詞典》云：一「踰繕那」，約合二十六市里許，即13公里。又據現代緬甸馬雜湊尊者在參訪印度聖地時，根據注釋書的資料，如菩提伽耶至王舍城距離為5由旬。菩提樹距離菩提伽耶約為3「伽浮他」(gavut)。王舍城和那爛陀寺距離1由旬。最後根據實際距離得出：1由旬應為8英哩，即約12.872公里，故4萬2千由旬應為53萬7600公里高)**，我身**(淨華宿王智佛)**六百八十萬由旬**(約爲8千704萬公里高)**。汝身**(指妙音菩薩)**第一端正，百千萬福，光明殊妙。**
是故汝往(娑婆世界)**，莫輕彼國，若佛、菩薩及國土，生「下劣想」……**

(4)**於是「妙音」菩薩「不起於座，身不動搖，而入三昧」。以三昧力，於耆闍崛山，去法座不遠，化作八萬四千眾「寶蓮華」，「閻浮檀金」為莖，「白銀」為葉，「金剛」為鬚，「甄叔迦寶」**(意譯爲赤色寶)**以為其臺……**

(5)**爾時釋迦牟尼佛告文殊師利：是「妙音菩薩」摩訶薩，欲從「淨華宿王智佛」國，與八萬四千菩薩，圍繞而來至此娑婆世界，供養、親近、禮拜於我，亦欲供養，聽《法華經》……**

(6)**於時「妙音」菩薩於彼國**(淨光莊嚴國土)**「沒」，與「八萬四千菩薩」俱共發來。所經諸國，六種震動，皆悉雨於「七寶蓮華」；百千天樂，不鼓自鳴。是菩薩**(指妙音菩薩)**「目」，如廣大「青蓮華葉」，正使和合百千萬月，其面貌端正復過於此，身真金色，無量百千功德莊嚴。威德熾盛，光明照曜，諸相具足，如「那羅延」堅固之身。**

(7)**入「七寶臺」，「上昇」虛空，去地「七多羅樹」**(tala，爲高大之植物，極高者可達二十五公尺。故譬物體之高大，常謂「七多羅樹」，言其較多羅樹高出七倍)**，諸菩薩眾恭敬圍繞，而來詣此娑婆世界**

耆闍崛山。

(8)到已，下「七寶臺」，以價直百千瓔珞，持至釋迦牟尼佛所，頭面禮足，奉上瓔珞，而白佛言：世尊(釋迦牟尼佛)！「淨華宿王智佛」問訊世尊(釋迦牟尼佛)，少病、少惱，起居輕利，安樂行不？四大調和不？世事可忍不？眾生易度不？無多貪欲、瞋恚、愚癡、嫉妬、慳慢不？無不孝父母、不敬沙門、邪見、不善心、不攝五情不？

(9)世尊！眾生能降伏諸魔怨不？久滅度「多寶如來」在七寶塔中，來聽法不？又問訊「多寶如來」安隱、少惱，堪忍久住不？世尊！我今欲見「多寶佛」身，唯願世尊，示我令見……

(10)說是【妙音菩薩品】時，與「妙音」菩薩俱來者「八萬四千人」，皆得現一切色身三昧；此娑婆世界無量菩薩，亦得是三昧及陀羅尼。

(11)爾時「妙音」菩薩摩訶薩供養「釋迦牟尼佛」及「多寶佛塔」已，還歸「本土」(淨光莊嚴國土)，所經諸國，六種震動，雨寶蓮華，作百千萬億種種伎樂。

(12)既到「本國」(淨光莊嚴國土)，與八萬四千菩薩、圍繞至「淨華宿王智佛」所，白佛言：世尊(淨華宿王智佛)！我到娑婆世界饒益眾生，見釋迦牟尼佛，及見「多寶佛塔」，禮拜、供養；又見文殊師利法王子菩薩，及見藥王菩薩……。

《寶雲經・卷一》

(1)爾時「東方」過無量恆河沙世界，有國名「蓮華自在」，彼世界有佛名「蓮華眼如來」……此諸眾生無有「摶食」，唯有「法喜禪悅」等食。彼國雖有日月星辰，不以為明，唯有「佛光」照於彼土。無有山林、株杌ㄨ、荊棘，地平如掌。彼有菩薩摩訶薩名「除一切蓋障」……

(2)「除蓋障菩薩」摩訶薩白佛言：世尊(蓮華眼如來)！我欲往「娑婆世界」禮拜恭敬釋迦牟尼佛。

(3)「蓮華眼佛」即便答言：善男子！今正是時可往禮拜。

(4)彼諸菩薩白佛言：世尊(蓮華眼如來)！我等亦當隨從「除蓋障菩薩」往詣「娑婆世界」禮拜恭敬尊重讚歎。

(5)「蓮華眼佛」告諸菩薩言：今正是時可往詣彼，莫生「下劣放逸」之心。何以故？

(6)彼界眾生多諸「貪欲、瞋恚、愚癡」。不肯恭敬沙門婆羅門，好作「非法」。心意麁弊，惡口罵詈ㄌ。佷ㄏ悷ㄌ難調，慳貪嫉妬。懈怠懶墮，放逸破戒，無量煩惱之所縛纏。(釋迦牟尼佛)於惡生中而為說法。

(7)爾時彼諸菩薩白佛言：世尊(蓮華眼如來)！釋迦牟尼佛甚為希有，能於彼惡世界眾生中而為說法。

(8)「蓮華眼」佛答言：善男子！彼佛(釋迦牟尼佛)世尊實為希有。如汝所言：常處惡眾生中而為演法。彼「惡世界」能起「一念善心」者，此亦難有！何以故？

(9)清淨世界眾生，「守信修善」不難。

❶惡世界(娑婆世界)中，於「彈指頃」發生「信心」，歸依「佛法僧」。

❷於「彈指頃」能修「持戒」。

❸於「彈指頃」生「離欲心」。

❹於彈指頃生於「慈悲」，發阿耨多羅三藐三菩提心。

此則甚難！

(10)諸菩薩白佛言：希有世尊(釋迦牟尼佛)！希有善逝！

《佛說除蓋障菩薩所問經・卷第一》

(1)爾時「除蓋障」菩薩摩訶薩白「蓮華眼如來」言：世尊(蓮華眼如來)！我今欲往「娑婆世界」，瞻覲世尊釋迦牟尼如來……

(2)時彼世尊告諸菩薩言：善男子！汝等可往，今正是時。然汝往彼世界(娑婆世界)，勿生「放逸」。何以故？

(3)彼世界(娑婆世界)中諸有情類「極貪瞋癡」，無沙門婆羅門、父母之想。非法欲行，暴惡麁獷。口出惡言，高倨輕慢。染著懈怠，破戒造惡，慳嫉增盛，如是多種「煩惱、隨煩惱」等。彼佛世尊(釋迦牟尼佛)於如是等「惡有情」中，而為說法。

(4)彼諸菩薩白其佛言：世尊(蓮華眼如來)！彼佛如來(釋迦牟尼佛)難行能行，於如是等惡有情中能為說法。

(5)佛言(蓮華眼如來)：諸善男子！如是！如是！彼佛如來(釋迦牟尼佛)難行能行，惡有情中能為說法。

(6)又善男子！彼諸有情，亦復如是。難行能行於彼「雜染世界」(娑婆世界)之中，能起「一善心」者，斯為極難！何以故？

(7)若清淨世界中，清淨有情發起「善心」，豈為希有？雜染世界(娑婆世界)之中，能起「善行」者，極為希有！

❶能於「一彈指頃」發淨「信心」。

❷「一彈指頃」能歸依「佛」及「法、僧」寶。

❸「一彈指頃」修持「淨戒」。

❹「一彈指頃」離「貪著心」。

❺「一彈指頃」起「悲愍意」，發阿耨多羅三藐三菩提心，極為希有！

(8)諸菩薩言：希有世界(娑婆世界)！希有善逝(釋迦牟尼佛)！

《思益梵天所問經・卷第一》

(1)爾時東方過七十二恒河沙佛土，有國名「清潔」，佛號「日月光」如來、應供、正遍知，今現在其佛土。

(2)有菩薩梵天，名曰「思益」，住「不退轉」。**見此光已，到「日月光佛」所，頭面作禮，白佛言：世尊**(日月光佛)**！我欲詣娑婆世界釋迦牟尼佛所，奉見供養，親近諮受；彼佛亦復欲見我等。**

(3)**其佛**(日月光佛)**告言：便往，梵天！今正是時！彼「娑婆國」有若干千億諸菩薩集，**汝應以此「十法」遊於彼土(娑婆世界)。何等為十？

❶於毀於譽，心無增減。

❷聞善聞惡，心無分別。

❸於諸愚智，等以悲心。

❹於上、中、下眾生之類，意常平等。

❺於輕毀供養，心無有二。

❻於他闕失，不見其過。

❼見種種乘，皆是一乘。

❽聞三惡道，亦勿驚畏。

❾於諸菩薩，生如來想。

❿佛出五濁，生希有想。

梵天！汝當以此十法遊彼世界。

(4)**「思益」梵天白佛言：世尊！我不敢於如來前作師子吼，我所能行佛自知之。今當**以此「十法」遊彼世界(娑婆世界)，一心修行……

(5)**於是「思益」梵天與萬二千菩薩，俱於彼佛土「忽然不現」，譬如壯士屈伸臂頃，到**娑婆世界釋迦牟尼佛所，**卻住一面。**

【十一～１０】不捨大慈大悲、行四攝法、入生死無畏，此等皆是不滅盡、不斷滅「有為法」。底下約有５３條

三國吳・支謙譯 《維摩詰經》	姚秦・鳩摩羅什譯 《維摩詰所說經》	姚秦・鳩摩羅什譯 《維摩詰所說大乘經》	唐・玄奘譯 《說無垢稱經》
以何於「數」(有爲)而不動者？謂之： ❶「大慈」不動，「大悲」不捨。	何謂不(滅)盡「有為」？ 謂： ❶不離「大慈」，不捨「大悲」。 ❷深發一切「智心」，而不「忽	何謂不(滅)盡「有為」？ 謂： ❶不離「大慈」，不捨「大悲」。 ❷深發一切「智心」，而不「忽	云何菩薩不(滅)盡「有為」？謂： ❶諸菩薩不棄「大慈」，不捨「大悲」。 ❷曾所生起「增上意樂」，一切「智

	忘」。	忘」。	心」，繫念寶重，而不「暫忘」。
❸性以「和樂」，而「不荒」。	❸教化衆生，終不厭倦。	❸教化衆生，終不厭惓。	❸成熟有情，常無厭倦。
❹見人而悅，奉事聖衆。	❹於「四攝法」(❶布施攝❷愛語攝❸利行攝❹同事攝)，常念順行。	❹於「四攝法」(❶布施攝❷愛語攝❸利行攝❹同事攝)，常念順行。	❹於「四攝事」(❶布施攝❷愛語攝❸利行攝❹同事攝)，恒不棄捨。
❺惠施軀命，以受「正法」。	❺護持「正法」，不惜軀命。	❺護持「正法」，不惜軀命。	❺護持「正法」，不惜身命。
❻種「善」無厭，分德不住。	❻種諸「善根」，無有疲厭。	❻種諸「善根」，無有疲厭。	❻求習「諸善」，終無厭足。
	❼志常安住，「方便」迴向。	❼志常安住，「方便」迴向。	❼常樂安立，迴向「善巧」。
❽「學法」不懈。	❽「求法」不懈。	❽「求法」不懈。	❽詢求「正法」，曾無懈倦。
❾「說教」不忘。	❾「說法」無悋。	❾「說法」無悋。	❾敷演「法教」，不作「師捲」(此指老師「吝法」有所保留，而不為弟子全部說盡。《一切經音義・卷四十八》云：師拳，又作「捲」……指握為拳……言師之匠物，不如拳之執握，悋而不說也)。
❿供事佛勸，所生不恐，具受不「慢」。	❿勤供諸佛，故入「生死」，而無所「畏」。	❿勤供諸佛，故入「生死」，而無所「畏」。	❿常欣瞻仰，供事諸佛，故受「生死」，而無「怖畏」。
	⓫於諸「榮、辱」，心無「憂、喜」。	⓫於諸「榮、辱」，心無「憂、喜」。	⓫雖遇「興、衰」，而無「欣、(憂)慼」。

「不捨大慈大悲、行四攝法、入生死無畏」等，皆是不盡「有為法」。

「不著己樂、不著禪定、視生死如園觀想」等，皆是不盡「有為法」。

「波羅蜜為父想、道品為眷屬想」等，皆是不盡「有為法」。

「聞佛無量德而不倦，智慧劍破煩惱賊」等，皆是不盡「有為法」。

「求出世間，而不捨世間法。不壞威儀，而能隨俗」等，皆是不盡「有為法」。

「勸請說法，得佛音聲。以大乘教，成菩薩僧」等，皆是不盡「有為法」。

《大方等大集經・卷第十一》

(1)**善男子！菩薩摩訶薩亦復如是，憐愍眾生作如是願：諸未度者，我當度之。諸未脫者，我當脫之。**修菩提時，入深「三昧」，以「大悲力」故念諸眾生，不證「聲聞、辟支佛乘」，是故菩薩雖復修集「三十七品」，而不得「果」。善男子！菩薩所行不可思議，雖入「深定」，亦不證得「沙門道果」。

(2)**善男子！譬如二人，欲過「猛火」，其一人者，著「金剛鎧」，即能過之。其一人者，身被「乾草」，為火所焚。何以故？「草」則易燒，「金」則堅故。**

(3)**菩薩摩訶薩亦復如是，憐愍眾生，專念菩提。**莊嚴甚深無量「三昧」。以「三昧力」能過(超越過)「聲聞、緣覺」正位，不取「果證」。從定起已，得「正覺道」如來三昧。

(4)**被「乾草」者，喻於「聲聞」。**「聲聞」之人，厭悔「生死」，於諸眾生，無「慈悲心」，是故不能過(超越過)於「聲聞、緣覺」正位。**何以故？**

(5)「二乘」之人於福德中，生「知足想」。菩薩之人於福德中，心無「厭足」。「金剛鎧」喻「空」、無「相、願」。**「大猛火」者，喻諸「行」法。**

(6)**菩薩摩訶薩觀一切法「空」、無「相、願」，而能不證「沙門道果」。**

(7)**世尊！菩薩摩訶薩具足是事不可思議，修是「三昧」而不取「證」。行「生死火」，不為所燒。**

(8)**菩薩摩訶薩成就方便，**入「一切定」，亦不為「定」之所「誑惑」，具「方便」故。雖行諸「行」，心無「染著」……佛言：善哉！善哉！實如汝說……

(9)**善男子！譬如微妙淨「琉璃」寶，雖復在泥，經歷百年，其性「常淨」，出已如本。菩薩摩訶薩亦復如是，了知心相「本性清淨」，**「客塵煩惱」之所障污。而「客煩惱」實不能污「清淨之心」，猶「珠」在泥，不為泥污。

(10)**菩薩摩訶薩作如是念：若我心性「煩惱污」者，我當云何能「化眾生」？是故菩薩常樂修集「福德」莊嚴，樂在諸有，供養「三寶」。樂為眾生，趨走供使。於生貪處，不起「貪心」。護持正法，樂行惠施。具足淨戒，莊嚴忍辱。勤行精進，莊嚴禪支。**

修集智慧，多聞無厭，清淨梵行，修大神通「三十七品」。

【十一～１１】能不著己樂、不著禪定、視生死如園觀想，此等皆是不滅盡、不斷滅「有為法」

三國吳・支謙譯《維摩詰經》	姚秦・鳩摩羅什譯《維摩詰所説經》	姚秦・鳩摩羅什譯《維摩詰所説大乘經》	唐・玄奘譯《説無垢稱經》
⑫不輕「未學」。	⑫⑬不輕「未學」，敬學如佛。	⑫⑬不輕「未學」，敬學如佛。	⑫於諸「未學」，終不輕陵。 ⑬於「已學」者，敬愛如佛。
⑭不為「塵埃」。	⑭墮「煩惱」者，令發「正念」。	⑭墮「煩惱」者，令發「正念」。	⑭於「煩惱雜」，能「如理」思。
⑮守真化生，欣樂受決。	⑮於遠離「樂」，不以為「貴」。	⑮於遠離「樂」，不以為「貴」。	⑮於遠離「樂」，能不「耽染」。
⑯⑰安身以「力」，安彼以「悅」。	⑯⑰不著「己樂」，(隨喜)「慶」於彼樂。	⑯⑰不著「己樂」，(隨喜)「慶」於彼樂。	⑯於「己樂事」，曾無「味著」。 ⑰於「他樂事」，深心「隨喜」。
⑱「禪定」為「學行想」。	⑱在諸「禪定」，(視)如「地獄想」。(故菩薩不執著於禪味。僧肇《注維摩詰經》云：「禪定雖樂，安之則大道不成。菩薩不樂故，想之如地獄也」)	⑱在諸「禪定」，(視)如「地獄想」(故不執著於禪味)。	⑱於所修習「靜慮、解脫」等持(samādhi 三昧)等至(samāpatti 三摩缽地)，如「地獄想」，而不「味著」。
⑲「生死」為「善權想」。	⑲於「生死」中，(視)如「園觀想」。(故菩薩不厭棄、恐怖於生死。僧肇《注維摩詰經》云：「生死雖苦，大道之所因。菩薩好遊故，想如園觀也」)	⑲於「生死」中，(視)如「園觀想」(故不厭棄、恐怖於生死)。	⑲於所遊歷「界趣生死」，(視)如「宮苑想」，而不厭離。

【十一～12】以「波羅蜜」為父想、「三十七道品」為眷屬想，此等皆是不滅盡、不斷滅「有為法」

三國吳・支謙譯《維摩詰經》	姚秦・鳩摩羅什譯《維摩詰所說經》	姚秦・鳩摩羅什譯《維摩詰所說大乘經》	唐・玄奘譯《說無垢稱經》
⑳「來求」為「賢友」想。 ㉑「悉知」為「具足」想。 (於)「所有」(者)，為(作)「布施」想。	⑳見「來求」者，為「善師」想。 ㉑捨諸所有，具「一切智」想。	⑳見「來求」者，為「善師」想。 ㉑捨諸所有，具「一切智」想。	⑳於「乞求」者，生「善友」想。 ㉑捨諸所有，皆無「顧悋」(眷顧吝惜)。 ㉒於「一切智」，起「迴向」想。
(於)「惡戒」(者)，為(作)「依受」想。 (於)「不忍」(者)，為(作)「忍默」想。 (於)「懈怠」(者)，為(作)「精進」想。 (於)「亂意」(者)，為(作)「知念」想。 (於)「惡智」(者)，為(作)「行智」想。	㉓見「毀戒」人，起「救護」想。	㉓見「毀戒」人，起「救護」想。	㉓於諸「毀禁」，起「救護」想。
㉔「度無極」(波羅蜜多)為「父母」想。 ㉕(三十七)「道品」法為「群從」想。	㉔諸「波羅蜜」，為「父母」想。 ㉕(三十七)「道品」之法，為「眷屬」想。	㉔諸「波羅蜜」，為「父母」想。 ㉕(三十七)「道品」之法，為「眷屬」想。	㉔於「波羅蜜」，多如「父母」想，速令圓滿。 ㉕於(三十七)「菩提分法」，如「翼從」(輔翼隨從)想。
㉖欲行「衆善」，而無「厭足」。	㉖發行「善根」，無有「齊限」(齊同限制)。	㉖發行「善根」，無有「齊限」(齊同限制)。	㉖不令「究竟」(據梵文原意作「窮盡」)於諸「善法」，常勤修

			習。
㉗以諸「剎好」，成「己佛土」。	㉗以諸「淨國嚴飾」(莊嚴淨飾)之事，成「己佛土」。(據梵文原意作「在自己的佛國土上實現一切諸佛國土的功德莊嚴」)	㉗以諸「淨國嚴飾」(莊嚴淨飾)之事，成「己佛土」。(據梵文原意作「在自己的佛國土上實現一切諸佛國土的功德莊嚴」)	㉗於諸「佛土」，恒樂莊嚴。於「他佛土」，深心欣讚。於「自佛土」，(則)能速成就。

【十一～13】聞佛無量功德而不倦，以智慧劍破彼煩惱賊，此等皆是不滅盡、不斷滅「有為法」

三國吳・支謙譯《維摩詰經》	姚秦・鳩摩羅什譯《維摩詰所說經》	姚秦・鳩摩羅什譯《維摩詰所說大乘經》	唐・玄奘譯《說無垢稱經》
	㉘行「無限施」，具足「相好」。	㉘行「無限施」，具足「相好」。	㉘為諸「相好」，圓滿莊嚴。修行清淨，無礙大施。
	㉙除一切惡，淨「身口意」。	㉙除一切惡，淨「身口意」。	㉙為「身語心」，嚴飾(莊嚴淨飾)清淨，遠離一切「犯戒惡法」。
			㉚為令身心「堅固堪忍」，遠離一切「忿恨煩惱」。
㉛「生死」無數劫，意而「有勇」。	㉛「生死」無數劫，意而「有勇」。	㉛「生死」無數劫，意而「有勇」。	㉛為令所修，速得究竟。經劫無數「生死」流轉。
㉜聞佛「無量德」，志而不倦。	㉜聞佛「無量德」，志而不倦。	㉜聞佛「無量德」，志而不倦。	㉜為令自心「勇猛堅住」，聽佛「無量功德」不倦。
㉝「勞」(煩惱)者為作「歸」。「貪」者為作「福」。	㉝以「智慧劍」，破「煩惱賊」。	㉝以「智慧劍」，破「煩惱賊」。	㉝為欲永害「煩惱怨敵」，方便修治「般若刀杖」。
㉞導為眾「重任」，曉「(五)陰、(十二)	㉞出「(五)陰、(十八)界、(十二)入」，荷	㉞出「(五)陰、(十八)界、(十二)入」，荷	㉞為欲荷諸有情「重擔」，於「(五)

入、(十八)種」。	負衆生，永使解脫。	負衆生，永使解脫。	蘊、(十八)界、(十二)處」求遍了知。
㉟降魔兵。	㉟以「大精進」，摧伏「魔軍」。	㉟以「大精進」，摧伏「魔軍」。	㉟為欲摧伏一切「魔軍」，熾然「精進」，曾無懈怠。

【十一～14】雖求「出世間」，而仍不捨「世間法」。雖不壞「威儀」，而仍能「隨俗」，此等皆是不滅盡、不斷滅「有為法」

三國吳・支謙譯《維摩詰經》	姚秦・鳩摩羅什譯《維摩詰所說經》	姚秦・鳩摩羅什譯《維摩詰所說大乘經》	唐・玄奘譯《說無垢稱經》
㊱不以「謀」為法，「淵慧」有餘。	㊱常求「無念」實相智慧。(據梵文原意作「追求智慧和把握正法」)	㊱常求「**無慢**」實相智慧。	㊱為欲護持無上「正法」，離「慢」，勤求「善巧化智」。
㊲以「少求」而知足，諸「世間」已畢竟。	㊲(雖)行於「世間」法，(而仍)「少欲」知足。	㊲(雖)**行「少欲」知足**，(而仍)**而不捨「世法」**。	㊲為諸「世間」愛重受化，常樂「習行」，「少欲」知足。
㊳於「衆俗」不漸「漬ㄗˋ」。得「世際」，感聖賢。	㊳(雖)於「出世間」，求之無厭，而(仍)不捨「世間法」。	㊳**能令眾生「如意」，而不「擾累」**。	㊳於諸「世法」，恒無雜染，而能隨順一切「世間」。
㊴現諸「儀式」。	㊴(雖)不壞「威儀」，而(仍)能隨俗。	㊴(雖)不壞「威儀」，而(仍)能隨俗。	㊴於諸「威儀」，恒無毀壞，而能示現一切所作。
㊵起神通行。	㊵(能)起「神通慧」，引導衆生。	㊵(能)起「神通慧」，引導衆生。	㊵(能)發生種種「神通妙慧」，利益安樂一切有情。
㊶「博聞」能諷，慧力持念。	㊶(能)得「念總持」，所聞不忘。	㊶(能)得「念總持」，所聞不忘。	㊶受持一切所聞正法，為起妙智「正念總持」。
㊷斷衆人「疑」，知	㊷(能)善別諸根，斷	㊷(能)善別諸根，斷	㊷發生諸根「勝劣

本本根。	衆生「疑」。	衆生「疑」。	妙智」，為斷一切有情「疑惑」。
㊸無礙無住，為致「辯才」。	㊸(能)以樂「說辯」，演法無礙。	㊸(能)以樂「說辯」，演法無礙。	㊸證得種種「無礙辯才」，敷演正法，常無擁滯。
㊹順化「天人」，「十善」為淨。	㊹(能)淨「十善道」，受「天人」福。	㊹(能)淨「十善道」，受「天人」福。	㊹為受「人天」殊勝喜樂，勤修清淨「十善業道」。
㊺「梵迹」為立，行「四無量」。	㊺(能)修「四無量」，開「梵天道」(據梵文原意作「清淨的道路」義)。	㊺(能)修「四無量」，開「梵天道」。	㊺為正開發「梵天道路」(據梵文原意作「清淨的道路」義)，勸進修行「四無量智」。

【十一～１５】勸請說法，得佛音聲。以大乘教，成菩薩僧，此等皆是不滅盡、不斷滅「有為法」

三國吳・支謙譯《維摩詰經》	姚秦・鳩摩羅什譯《維摩詰所說經》	姚秦・鳩摩羅什譯《維摩詰所說大乘經》	唐・玄奘譯《說無垢稱經》
㊻致「佛音聲」，為法都講，導至「善行」。	㊻勸請說法，隨喜讚善，得「佛音聲」。	㊻勸請說法，隨喜讚善，得「佛音聲」。	㊻為得諸佛「上妙音聲」，勸請說法，隨喜讚善。
㊼得「佛仙路」，捐「身口意」。	㊼「身口意」善，得「佛威儀」。	㊼「身口意」善，得「佛無礙威儀」。	㊼為得諸佛「上妙威儀」，常修殊勝寂靜(身口意)「三業」。
㊽行欲「殊勝」。	㊽深修「善法」，所行「轉勝」。(整句據梵文原意作「趨向殊勝道」)	㊽深修「善法」，所行「轉勝」。(整句據梵文原意作「趨向殊勝道」)	㊽為令所修，念念「增勝」，於一切法，心無「染滯」。
㊾憙在衆經，取「菩薩衆」以「大乘」化。	㊾(能)以「大乘」教，成「菩薩僧」。	㊾(能)以「大乘」教，成「菩薩僧」。	㊾為善調御諸「菩薩僧」，常以「大乘」，勸衆生學。
㊿「德行」不敗，「善	㊿心無「放逸」，「不	㊿心無「放逸」，「不	㊿為「不失壞」所有

法」不惑。	失」衆善。	失」衆善。	功德。於一切時，常無「放逸」。 51為諸「善根」，展轉增進。常樂修治種種「大願」。 52為欲莊嚴一切「佛土」，常勤修習「廣大善根」。 53為令所修「究竟無盡」，常修迴向「善巧方便」。
如是，諸族姓子(眾香世界九百萬菩薩)！以應此法者，不盡「數」(有爲)也。	(眾香世界九百萬菩薩！)行如此法，是名菩薩不盡「有為」。	(眾香世界九百萬菩薩！)行如此法，是名菩薩不盡「有為」。	諸善男子(眾香世界九百萬菩薩)！修行此法，是名菩薩不盡「有為」。

【十一～16】雖修學「空、無相、無願、無作」等，而仍「無所著」，皆是不住著「無為法」。底下約有21條

三國吳・支謙譯《維摩詰經》	姚秦・鳩摩羅什譯《維摩詰所說經》	姚秦・鳩摩羅什譯《維摩詰所說大乘經》	唐・玄奘譯《說無垢稱經》
何謂菩薩不住「無數」(無爲)。謂：	何謂菩薩不住「無為」？謂：	何謂菩薩不住「無為」？謂：	云何菩薩不住「無為」？
❶(雖)求為「空」，不以「空」為證。	❶(雖)修學「空」，(而)不以「空」為證。	❶(雖)修學「空」，(而)不以「空」為證。	❶謂諸菩薩雖行於「空」，而於其「空」，不樂作證(無能證所證)。
❷❸❹求為「無相、無數(無爲)、無願」，不以「無相、無數(無爲)、	❷❹(雖)修學「無相、無作」，(而)不以「無相、無作」為證。	❷❹(雖)修學「無相、無作」，(而)不以「無相、無作」為證。	❷雖行「無相」，而於「無相」，不樂作證。

無願」隨至為證。	❸(雖)修學「無起」，(而)不以「無起」為證。	❸(雖)修學「無起」，(而)不以「無起」為證。	❸雖行「無願」，而於「無願」，不樂作證。 ❹雖行「無作」，而於「無作」，不樂作證。

修學「空、無相、無願、無作」等皆無所著，皆是不住「無為法」。

「觀無常，而不厭善本。觀無我，仍誨人不倦」等，皆是不住「無為法」。

「觀遠離，而身心修善。觀無生，仍以生法利眾生」等，皆是不住「無為法」。

「觀無行，仍以行法度眾生。觀空性，仍不捨大悲」等，皆是不住「無為法」。

為集福德故，不住「無為法」。為集智慧故，不盡「有為法」。知眾生病故，不住「無為法」。滅眾生病，故不盡「有為法」。

【十一～17】雖觀「無常」，而仍不厭修「善本」。雖觀「無我」，而仍誨人不倦，此等皆是不住「無為法」

三國吳・支謙譯《維摩詰經》	姚秦・鳩摩羅什譯《維摩詰所說經》	姚秦・鳩摩羅什譯《維摩詰所說大乘經》	唐・玄奘譯《說無垢稱經》
❺(雖)觀於「無常」，(仍)不厭「善本」。	❺(雖)觀於「無常」，而不厭「善本」(據梵文原意作「善根」)。	❺(雖)觀於「無常」，而不厭「善本」。	❺雖觀諸行皆悉「無常」，而於「善根」，心無厭足。
❻(雖)觀「世間苦」，(仍)以誠信生。	❻(雖)觀「世間苦」，而不惡「生死」。	❻(雖)觀「世間苦」，而不惡「生死」。	❻雖觀「世間一切皆苦」，而於「生死」，故意受生。
❼❽(雖)觀於「非身」，(仍)誨人「不倦」。	❼❽(雖)觀於「無我」，而(仍)誨人「不倦」。	❼❽(雖)觀於「無我」，而(仍)誨人「不倦」。	❼雖樂觀察內「無有我」，而不畢竟「厭捨自身」。

			❽雖樂觀察外「無有情」，而常「化導」，心無厭倦。
❾(雖)觀寂然「法寂」，然而無轉。	❾(雖)觀於「寂滅」，而不永「寂滅」。	❾(雖)觀於「寂滅」，而不永「寂滅」。	❾雖觀涅槃畢竟「寂滅」，而不畢竟墮於「寂滅」。

【十一～18】雖觀「遠離」，而身心仍「修善」。雖觀「無生」，而仍以「生法」利眾生，此等皆是不住「無為法」

三國吳・支謙譯《維摩詰經》	姚秦・鳩摩羅什譯《維摩詰所説經》	姚秦・鳩摩羅什譯《維摩詰所說大乘經》	唐・玄奘譯《說無垢稱經》
❿(雖)觀「退轉」者，「身意」(仍)不隨。	❿(雖)觀於「遠離」，而身心(仍)「修善」。	❿(雖)觀於「遠離」，而身心(仍)「修善」。	❿雖觀「遠離」，究竟安樂，而不究竟「厭患身心」。
⓫⓬⓭(雖)觀「無處所」(無有眞實的依止居處)，為住「生死」，以度斯漏。	⓫(雖)觀(諸法乃)無所歸(無有眞實的依止居處)，而(仍)歸趣(於一切的)善法(據梵文原意作「正法的居處」)。	⓫(雖)觀(諸法乃)無所歸(無有眞實的依止居處)，而(仍)歸趣(於一切的)善法(據梵文原意作「正法的居處」)。	⓫雖樂觀察無阿賴耶(梵文 ālaya 音譯作「阿賴耶」，其本義是指「住處、執著、執藏」。「無阿賴耶」是指「無有眞實所依止之居處與執著」。故此處之「阿賴耶」並非是專指第八意識)，而不棄捨(修持)清白「法藏」。
	⓬(雖)觀於「無生」，而(仍)以「生法」荷負一切。	⓬(雖)觀於「無生」，而(仍)以「生法」荷負一切。	⓬雖觀諸法，畢竟「無生」，而(仍)常荷負利衆生事。
	⓭(雖)觀於「無漏」，而(仍)不斷「諸漏」。	⓭(雖)觀於「無漏」，而(仍)不斷「諸漏」。	⓭雖觀「無漏」，而(仍)於生死流轉「不絕」。

【十一～19】雖觀「無行」，仍以「行法」度眾生。雖觀「空

性」，仍不捨「大悲」，此等皆是不住「無為法」

三國吳・支謙譯《維摩詰經》	姚秦・鳩摩羅什譯《維摩詰所說經》	姚秦・鳩摩羅什譯《維摩詰所說大乘經》	唐・玄奘譯《說無垢稱經》
⓮(雖)觀「無所行」，(仍)為「行」導人。	⓮(雖)觀「無所行」，而(仍)以「行法」教化衆生。	⓮(雖)觀「無所行」，而(仍)以「行法」教化衆生。	⓮雖觀「無行」，而(仍)「行」成熟諸有情事。
⓯(雖)觀於「無我」，(仍)以「大悲乘」而成濟之。	⓯(雖)觀於「空無」(據梵文原意作「無我」)，而(仍)不捨「大悲」。	⓯(雖)觀於「空性」，而(仍)不捨「大悲」。	⓯雖觀「無我」，而於有情(仍)不捨「大悲」。
⓰(雖)觀「無所生」(此指聲聞所見證之無爲涅槃)，(仍)不隨「弟子(聲聞)、緣一覺(緣覺)」律。	⓰(雖)觀「正法位」(聲聞所見證之無爲涅槃)，而(仍)不隨「小乘」。	⓰(雖)觀「**無生法**」(此指聲聞所見證之無爲涅槃)，而(仍)不隨「小乘」。	⓰雖觀「無生」(此指聲聞所見證之無爲涅槃)，而於「二乘」，(仍)不墮「正位」(聲聞所見證之無爲涅槃)。
⓱(雖)觀於「惶慌」，(仍)不荒「福德」。	⓱⓲⓳⓴㉑(雖)觀諸法「虛妄」，「無牢(堅固)、無人、無主、無相」，(因)本願未滿，而(仍)不虛「福德、禪定、智慧」。	⓱⓲⓳⓴㉑(雖)觀諸法「虛妄」，「**無心、無主、無依**」，(因)本願未滿，而**福德**(仍)「**不虛**」。 **智慧不妄，** **行願普濟，** **直覺自在，** **「佛性」常住。**	⓱雖觀諸法畢竟「空寂」，而(仍)不「空寂」所修「福德」。
⓲(雖)觀夫「虛無」，(仍)不虛「正智」。			⓲雖觀諸法畢竟「遠離」，而(仍)不「遠離」所修「智慧」。
⓳(雖)觀於「言語」，(仍)不厭「智慧」。			⓳雖觀諸法畢竟「無實」，而(仍)常安住「圓滿思惟」。
⓴(雖)觀「無有主」，(仍)應「自然智」。			⓴雖觀諸法畢竟「無主」，而(仍)常精勤求「自然智」(據梵文原意作「自覺智」)。

㉑(雖)觀無「適ㄉ莫」(適➔過多強求；心所好、所厚。莫➔缺少疏忽；心所厭、所薄。「無適莫」指維持「中道」，無有好惡、親疏、厚薄)，(仍)義合則行。			㉑雖觀諸法永無「幖幟ㄓ」(據梵文原意作「住處、標誌」)，而(仍)於「了義」安立佛種。
是為諸族姓子(眾香世界九百萬菩薩)！菩薩不住「無數」(無為)。	(眾香世界九百萬菩薩！)修如此法，是名菩薩不住「無為」。	(眾香世界九百萬菩薩！)修如此法，是名菩薩不住「無為」。	諸善男子(眾香世界九百萬菩薩)！修行此法，是名菩薩不住「無為」。

【十一～20】為集福德故，不住「無為法」。為集智慧故，不盡「有為法」。為知眾生病故，不住「無為法」。為滅眾生病故，不盡「有為法」。底下約有32條

三國吳・支謙譯《維摩詰經》	姚秦・鳩摩羅什譯《維摩詰所說經》	姚秦・鳩摩羅什譯《維摩詰所說大乘經》	唐・玄奘譯《說無垢稱經》
①又復不盡「數」者，為合會「福」。	①又(為)具「福德」故，不住「無為」。	①又(為)具「福德」故，不住「無為」。	①又善男子！以諸菩薩(為)常勤修集「福」資糧故，不住「無為」。
②不住「無數(無為)」者，為合會「慧」。	②(為)具「智慧」故，不盡「有為」。	②(為)具「智慧」故，不盡「有為」。	②(為)常勤修集「智」資糧故，不盡「有為」。
③不盡「數」者，為行「大慈」。	③④(為)大「慈悲」故，不住「無為」。	③(為)大「慈」故，不住「無為」。	③(為)成就「大慈」，無缺減故，不住「無為」。
④不住「無數」者，為有「大悲」。		④(為)起「大悲」故，不盡「有為」。	④(為)成就「大悲」，無缺減故，不盡「有為」。
⑤不盡「數」者，為導「人民」。		⑤(為)度「眾生」故，不住「無為」。	⑤(為)「利益安樂」諸有情故，不住

			「無為」。
⑥不住「無數」者，為「求佛法」。		⑥(爲)**敬「佛法」故，不盡「有為」。**	⑥(爲)「究竟圓滿」諸佛法故，不盡「有為」。
⑦不盡「數」者，為具「佛身相」。		⑦(爲)**得「相好」故，不住「無為」。**	⑦(爲)成滿一切「相好莊嚴」佛「色身」故，不住「無為」。
⑧不住「無數」者，為具「一切智」。		⑧(爲)**「一切智」故，不盡「有為」。**	⑧(爲)證得一切「(十)力、(四)無畏」等「佛智」(一切種智)身故，不盡「有為」。
⑨不盡「數」者，為行「善權」。		⑨(爲)**行「方便」故，不住「無為」。**	⑨(爲)「方便善巧」化衆生故，不住「無為」。
⑩不住「無數」者，為「出智慧」。		⑩(爲)**「達觀智」故，不盡「有為」。**	⑩(爲)「微妙智慧」善觀察故，不盡「有為」。
⑪不盡「數」者，為「淨佛土」。		⑪(爲)**「淨佛土」故，不住「無為」。**	⑪(爲)「修治佛土」究竟滿故，不住「無為」。
⑫不住「無數」者，為「佛立」故。		⑫(爲)**「佛攝授」故，不盡「有為」。**	⑫(爲)佛身「安住」(據梵文原意作「威力護持」)，常「無盡」故，不盡「有為」。
⑬不盡「數」者，(爲)「利誘」進人。		⑬(爲)**「濟眾生」故，不住「無為」。**	⑬(爲)常作「饒益」衆生事故，不住「無為」。
⑭不住「無數」者，(爲)現「人利」故。		⑭(爲)**示「諸法」故，不盡「有為」。**	⑭(爲)領受法義(據梵文原意作「示現正法利益」)，無休廢故，不盡「有為」。

⑮不盡「數」者，(爲)計會「善本」。		⑮(爲)**積「善根」故，不住「無為」。**	⑮(爲)積集「善根」，常「無盡」故，不住「無為」。
⑯不住「無數」者，(爲)施「善力」故。		⑯(爲)**修「福種」故，不盡「有為」。**	⑯(爲)「善根」力持，不斷壞故，不盡「有為」。
⑰不盡「數」者，為「具所願」。		⑰(爲)**滿「本願」故，不住「無為」。**	⑰(爲)為欲成滿「本所願」故，不住「無為」。
⑱不住「無數」者，為「本願」故。		⑱(爲)**「本無願」故，不盡「有為」。**	⑱(爲)於「永寂滅」不希求故，不盡「有為」。
⑲不盡「數」者，為具「滿性」。		⑲(爲)**「心清淨」故，不住「無為」。**	⑲(爲)圓滿意樂「善清淨」故，不住「無為」。
⑳不住「無數」者，為「性淨」故。		⑳(爲)**「心僥ㄐㄧㄠˇ益」故，不盡「有為」。**	⑳(爲)「增上意樂」善清淨故，不盡「有為」。
㉑不盡「數」者，為「五通」不邪。		㉑(爲)**「遊戲通」故，不住「無為」。**	㉑(爲)恒常遊戲「五神通」故，不住「無為」。
㉒不住「無數」者，(爲)知佛「六通」故。		㉒(爲)**成「佛慧」故，不盡「有為」。**	㉒(爲)佛智「六通」善圓滿故，不盡「有為」。
㉓不盡「數」者，(爲)行「度無極(波羅蜜多)」。		㉓(爲)**到「彼岸」故，不住「無為」。**	㉓(爲)「波羅蜜多」資糧滿故，不住「無為」。
㉔不住「無數」者，(爲)無「滿時」故。		㉔(爲)**未「寂滅」故，不盡「有為」。**	㉔(爲)本所「思惟」未圓滿故，不盡「有為」。
㉕不盡「數」者，(爲)求「諸佛寶」。		㉕(爲)**積「善財」故，不住「無為」。**	㉕(爲)集「法財寶」常無厭故，不住「無為」。
㉖不住「無數」者，		㉖(爲)**依「了義」故，**	㉖(爲)不樂「希求」

(為)不求「無寶處」故。		**不盡「有為」。**	少分法故，不盡「有為」。 ㉗(為)堅牢「誓願」，常無退故，不住「無為」。
	㉘(為)滿「本願」故，不盡「有為」。		㉘(為)能令「誓願」究竟滿故，不盡「有為」。
㉙不盡「數」者，(為)習行「衆藥」。	㉙(為)集「法藥」故，不住「無為」。	㉙(為)集「法藥」故，不住「無為」。	㉙(為)積集一切「妙法藥」故，不住「無為」。
㉚不住「無數」者，(為)知彼「衆病」故。	㉚(為)隨授「藥」故，不盡「有為」。	㉚(為)隨授「藥」故，不盡「有為」。 ⓐ(為)**心「不退」故，不住「無為」。** ⓑ(為)**願「未滿」故，不盡「有為」。** ⓒ(為)**修「法本」故，**(為)**不住「無為」。** ⓓ(為)**度「小乘」故，不盡「有為」。**	㉚(為)隨其所應授「法藥」故，不盡「有為」。
㉛不盡「數」者，(為)「生死」自然。	㉛(為)知「衆生病」故，不住「無為」。	㉛(為)除「煩惱苦」故，不住「無為」。	㉛(為)遍知衆生「煩惱病」故，不住「無為」。
㉜不住「無數」者，(為)「泥洹」自然故。	㉜(為)滅「衆生病」故，不盡「有為」。	㉜(為)滅「衆生病」故，不盡「有為」。	㉜(為)息除衆生「煩惱病」故，不盡「有為」。
	諸正士(衆香世界九百萬菩薩)！菩薩以修此法，不盡「有為」，不住「無為」，是名「盡、無盡」解脫法門，汝等當學！	諸正士(衆香世界九百萬菩薩)！菩薩**修如此法**，不盡「有為」，不住「無為」，是名「盡、無盡」解脫法門，汝等當學！	諸善男子(衆香世界九百萬菩薩)！菩薩如是不盡「有為」，不住「無為」，是名安住「有盡、無盡」解脫法門，汝等皆當精

			勤修學！

＊「有為法」指「有所作為、有所造作、有相貌、有變化性」之意，泛指由「因緣和合」所造作之現象。

＊「無為法」指「無造作、無相貌、無有變異、無實體」之意，為「有為」之對稱，亦是由「因緣和合」之法。

《大智度論・釋初品中十八空義第四十八》

(1)問曰：「有為法」因緣和合生，無自性，故空，此則可爾。
「無為法」非因緣生法，無破無壞，常若「虛空」，云何空？

(2)答曰：如先說：若除「有為」，則無「無為」。
「有為」實相，即是「無為」。
如「有為」空，「無為」亦空。以二事，不異故。

《大智度論・釋無作實相品第四十三之餘》

(1)佛言：不但般若波羅蜜，一切法皆無定異相。
如「果」不離「因」；「因」不離「果」。

(2)「有為法」不離「無為法」；「無為法」不離「有為法」。
「般若波羅蜜」不離「一切法」；

(3)「一切法」不離「般若波羅蜜」。
一切法「實相」，即是般若波羅蜜故。

《大般若波羅蜜多經・卷四百九》

「無為法」者，謂「無生、無住、無滅法」。

《大方等大集經・卷十三》

(1)若法「不出、不滅、不住」，即是「無為」。

(2)是故說言「無為」之法有三種相，所謂「無出、無滅、無住」，以是義故名為「無為」。

《放光般若經・卷三》

(1)何等為「有為法」？
「欲界、形界、無形界、三十七品」，乃至佛「十八法」，是為「有為法」。

(2)何等為「無為法」？

「無為法」者，不生亦不滅，不終亦不始，常住而不改。
(3)「婬、怒、癡」盡，如無有異「法性」及「真際」，是謂「無為法」。

《大般若波羅蜜多經・卷五十九》
(1)復次，善現！「有為」無來無去，亦復「不住」。
(2)「無為」無來無去，亦復「不住」……
(3)「有為真如」無來無去，亦復「不住」。
(4)「無為真如」無來無去，亦復「不住」。

《文殊師利所說不思議佛境界經・卷上》
(1)爾時須菩提又問文殊師利菩薩言：大士！何等菩薩，能行此行？
(2)文殊師利菩薩言：大德！若菩薩「示行於世」，而不為「世法」所染。
(3)現同「世間」，不於諸法「起見」。雖為斷一切眾生煩惱，勤行精進而入於「法界」，不見「盡相」。
(4)雖不住「有為」，亦不得「無為」。
(5)雖處「生死」，如「遊園觀」。「本願」未滿故，不求「速證」無上涅槃。
(6)雖深知「無我」，而恒化眾生。雖觀諸法自性，猶如「虛空」，而勤修「功德」，淨佛國土。
(7)雖入於「法界」，見「法平等」，而為莊嚴佛「身口意」業，故不捨「精進」。
(8)若諸菩薩具如是「行」，乃能行耳。

【十一～21】眾香世界九百萬菩薩聞釋迦佛說法畢，皆大歡喜，便還彼國

三國吳・支謙譯 《維摩詰經》	姚秦・鳩摩羅什譯 《維摩詰所說經》	姚秦・鳩摩羅什譯 《維摩詰所說大乘經》	唐・玄奘譯 《說無垢稱經》
㊀於是彼諸(眾香世界)菩薩聞此喜悅，皆生「善心」。	㊀爾時彼諸(眾香世界)菩薩聞說是法，皆「大歡喜」。	㊀爾時彼諸(眾香世界)菩薩聞說是法，皆「大歡喜」。	㊀爾時一切妙香世界，最上香臺如來佛土諸來菩薩，聞說如是「有盡、無盡」解脫門已，法教開發，勸勵其心。皆「大歡喜」，身心踊躍。

	㊁以「衆妙華」若干種色、若干種香，散遍三千大千世界，供養於(釋迦)佛，及此「經法」(指「有盡、無盡」的解脱法門)，并諸「菩薩」已。	㊁以「衆妙華」若干種色、若干種香，散遍三千大千世界，供養於(釋迦)佛，及此「經法」(指「有盡、無盡」的解脱法門)，并諸「菩薩」已。	㊁以無量種「上妙香花」諸莊嚴具，供養「世尊」(釋迦佛)及諸「菩薩」，并此所說「有盡、無盡」解脫法門。
㊂諸是三千大千世界「一切好華」，積至于膝，以供養佛。稽首佛足，右遶三匝，以次合聚。	㊂稽首佛足，歎未曾有！言：釋迦牟尼佛乃能於此善行方便。	㊂稽首佛足，歎未曾有！言：釋迦牟尼佛乃能於此善行方便。	㊂復以種種「上妙香花」，散遍三千大千世界。香花覆地，深沒於膝。時諸菩薩恭敬頂禮世尊雙足，右繞三匝。稱揚讚頌釋迦牟尼及諸菩薩，并所「說法」。
㊃(衆香世界九百萬菩薩)於是佛土(娑婆世界)，忽然不現。須臾之間，已還彼國(衆香國土)，(親)近香積佛。	㊃言已，(衆香世界九百萬菩薩)忽然不現，還到彼國(衆香國土)。	㊃言已，(衆香世界九百萬菩薩)忽然不現，還到彼國(衆香國土)。	㊃(衆香世界九百萬菩薩)於此佛土(娑婆世界)，欻然不現。經須臾間，便住彼國(衆香國土)。

見阿閦佛品第十二

【十二～1】不以蘊處界「觀」如來，亦非「三世、四大、三界」。非因非緣，非自非他。底下約有 8 4 條

三國吳・支謙譯《維摩詰經》	姚秦・鳩摩羅什譯《維摩詰所說經》	姚秦・鳩摩羅什譯《維摩詰所說大乘經》	唐・玄奘譯《說無垢稱經》
【見阿閦佛品第十二】	【見阿閦佛品第十二】	【見阿閦佛品第十二】	卷六 【觀如來品第十二】
㊀於是世尊問維摩詰： 汝族姓！子欲「見」如來，為以何等「觀」如來乎？	㊀爾時世尊問維摩詰： 汝欲「見」如來，為以何等「觀」如來乎？	㊀爾時世尊問維摩詰： 汝欲「見」如來，為以何等「觀」如來乎？	㊀爾時世尊問無垢稱言： 善男子！汝先欲「觀」如來身故，而來至此。汝當云何「觀」如來乎？
㊁維摩詰曰：	㊁維摩詰言： 如自觀身(之)「實相」，觀佛亦然。	㊁維摩詰言： 如自觀身(之)「實相」，觀佛亦然。	㊁無垢稱言： 我觀如來「都無所見」，如是而觀。
㊂「始」不以生，「終」不以數，「今」則不住。	㊂我觀如來「前際」不來，「後際」不去，「今」則不住。	㊂我觀如來「前際」不來，「後際」不去，「今」則不住。	㊂何以故？我觀如來非「前際」來、非往「後際」、「現在」不住。
	㊃不觀「色」，不觀「色如」，不觀「色性」。	㊃不觀「色」，不觀「色如」，不觀「色性」。	㊃所以者何？ 我觀如來「色」真如性，其性非「色」。
	不觀「受、想、行、識」。	**不觀「受」，不觀「受如」，不觀「受性」。**	「受」真如性，其性非「受」。
		不觀「想」，不觀「想如」，不觀「想性」。	「想」真如性，其性非「想」。

		不觀「行」，不觀「行如」，不觀「行性」。	「行」真如性，其性非「行」。
	不觀「識如」，不觀「識性」。	不觀「識」，不觀「識如」，不觀「識性」。	「識」真如性，其性非「識」。
❶「空種」(空大)是同。	❶非「四大」(地水火風)起，同於「虛空」。	❶非「四大」(地水火風)住，同於「虛空」。	❶不住「四界」(地水火風)，同「虛空」界。
❸(六)「入」無所積(據梵文原意作「不起」)。	❸「六入」無積(據梵文原意作「不起」)。	❸「六入」無積。	❷非「六處」起。
❷「眼、耳、鼻、口、身、心」已離。	❷「眼、耳、鼻、舌、身、心」已過。	❷「眼觸、耳觸、鼻觸、舌觸、身觸、意觸」已過。	❸超「六根」路。
❹「三界」不疲。	❹不在「三界」。	❹不在「三界」。	❹不雜「三界」。
	❺「三垢」(貪瞋癡)已離。	❺「三垢」(貪瞋癡)已離。	❺遠離「三垢」(貪瞋癡)。
❻解「三脫門」(空、無相、無願)。	❻順「三脫門」(空、無相、無願)。	❻順「三脫門」(空、無相、無願)。	❻順「三解脫」(空、無相、無願)。
❼得「三達智」(三事通達無礙之智明：❶宿命智證明❷生死智證明❸漏盡智證明)。	❼具足「三明」(三事通達無礙之智明：❶宿命智證明❷生死智證明❸漏盡智證明)，與「無明」等。	❼具足「三明」(三事通達無礙之智明：❶宿命智證明❷生死智證明❸漏盡智證明)。	❼隨至「三明」(三事通達無礙之智明：❶宿命智證明❷生死智證明❸漏盡智證明)。
❽為「無所至」。至一切法，得「無礙立」。		❽無得而得，於一切法第一「無著」。	❽非「明」而「明」，非「至」而「至」。至一切法「無障礙」際。
❾積於「誠信」。		❾無「真如」界。	❾「實際」非「際」。「真如」非「如」。
❿如「無所住」。		❿深入「真如」，無相續見。	❿於「真如境」，常「無所住」。
⓫⓬如「慧」無雜。			⓫於「真如智」，恒

⑬不生「因緣」。 ⑭⑮不「為相」、不「熟相」、不「暫相」。		⑬「因」本無生，「緣」無交涉。	不「明應」。 ⑫「真如境智」，其性「俱離」。 ⑬非「因」所生，非「緣」所起。 ⑭非「有相」、非「無相」。 ⑮非「自相」、非「他相」。

不以蘊處界「觀」如來，亦非「三世、四大、三界」。非因非緣，非自非他。

非一非異、非此非彼、非內非外。非智非境、非能識所識。

非淨非穢。不在方，不離方。非有為、非無為。無示無說。

非來非去。不出不入。一切言語道斷。

非福田、非不福田。非大非小。同真實際，等法界性。

不可以一切言說顯示，以此觀者，名為正觀如來。若作他觀，則名為邪觀。

《小品般若波羅蜜經・卷第九》

(1)一切法「無熱」，當知般若波羅蜜亦如是。
一切法「無染、無離」，當知般若波羅蜜亦如是。何以故？
色「無所有」故，無染、無離；「受、想、行、識」無所有故，無染無離。
一切法性「清淨」，當知般若波羅蜜亦如是。
一切法「無繫著」，當知般若波羅蜜亦如是。
一切法是「菩提覺」以「佛慧」，當知般若波羅蜜亦如是。
一切法「空、無相、無作」，當知般若波羅蜜亦如是。
一切法是「藥」，「慈心」為首，當知般若波羅蜜亦如是。
一切法「梵相、慈相」，無過無恚，當知般若波羅蜜亦如是。

(2)「大海」無邊，當知般若波羅蜜亦如是。
「虛空」無邊，當知般若波羅蜜亦如是。

「日照」無邊，當知般若波羅蜜亦如是。
(3)色「離」，當知般若波羅蜜亦如是；「受、想、行、識」離，當知般若波羅蜜亦如是。
一切「音聲」無邊，當知般若波羅蜜亦如是。
「諸性」無邊，當知般若波羅蜜亦如是。
集「無量善法」，當知般若波羅蜜亦如是。
(4)一切法「三昧」無邊，當知般若波羅蜜亦如是。
「佛法」無邊，當知般若波羅蜜亦如是。
「法」無邊，當知般若波羅蜜亦如是。
「空」無邊，當知般若波羅蜜亦如是。
「心、心數法」無邊，當知般若波羅蜜亦如是。
「諸心所行」無邊，當知般若波羅蜜亦如是。
「善法」無量，當知般若波羅蜜亦如是。
「不善法」無量，當知般若波羅蜜亦如是。
如「師子吼」，當知般若波羅蜜亦如是。何以故？
(5)色如「大海」，「受、想、行、識」如「大海」。
色如「虛空」，「受、想、行、識」如「虛空」。
色如「須彌山」莊嚴，「受、想、行、識」如須彌山「莊嚴」。
色如「日光」，「受、想、行、識」如「日光」。
色如「聲無邊」，「受、想、行、識」如「聲無邊」。
色如「眾生性」無邊，「受、想、行、識」如「眾生性」無邊。
色如「地」，「受、想、行、識」如「地」。
色如「水」，「受、想、行、識」如「水」。
色如「火」，「受、想、行、識」如「火」。
色如「風」，「受、想、行、識」如「風」。
色如「空種」，「受、想、行、識」如「空種」。
(6)色離「集善相」，「受、想、行、識」離集善相。
色離「和合法」，「受、想、行、識」離和合法。
色「三昧」故「無邊」，「受、想、行、識」三昧故「無邊」。
色，「色」離「色性」，「色」如是佛法。「受、想、行、識」，「識」離「識性」，「識」如是佛法。
(7)色「相無邊」，「受、想、行、識」相無邊。
色「空無邊」，「受、想、行、識」空無邊。
色「心所行」故「無邊」，「受、想、行、識」心所行故「無邊」。
色中「善、不善」不可得，「受、想、行、識」中「善、不善」不可得。

色「不可壞」,「受、想、行、識」不可壞。
色是「師子吼」,「受、想、行、識」是「師子吼」。
當知般若波羅蜜亦如是。

《佛說文殊師利現寶藏經・卷下》
法界及塵勞,「空種」(空大)亦平等,一切法如是,我為以至法。

《文殊師利所說摩訶般若波羅蜜經・卷上》
(1)文殊師利即白佛言:如是,世尊!我實來此欲見如來。何以故?
我樂正觀利益眾生。我觀如來:
❶如如相、不異相。
❷不動相、不作相。
❸無生相、無滅相。
❹不有相、不無相。
❺不在方、不離方。
❻非三世、非不三世。
❼非二相、非不二相。
❽非垢相、非淨相。
以如是等,「正觀」如來利益眾生。
(2)佛告文殊師利:若能如是見於如來,心無所取亦無不取,非積聚非不積聚。
(3)爾時舍利弗語文殊師利言:若能如是,如汝所說見如來者,甚為希有。為一切眾生故見於如來,而心不取眾生之相;化一切眾生向於涅槃,而亦不取向涅槃相;為一切眾生發大莊嚴,而心不見莊嚴之相。

《仁王護國般若波羅蜜多經・觀如來品第二》
(1)爾時世尊告波斯匿王言:汝以何相而觀如來?
(2)波斯匿王言:觀身實相,觀佛亦然:
❶無前際、無後際、無中際。
❷不住三際,不離三際。
❸不住五蘊,不離五蘊。
❹不住四大,不離四大。
❺不住六處,不離六處。
❻不住三界,不離三界。
❼不住方,不離方。

❽「明、無明」等，非一非異。
❾非此、非彼。
❿非淨、非穢。
⓫非有為、非無為。
⓬無自相、無他相。
⓭無名、無相。
⓮無強、無弱。
⓯無示、無說。
⓰非施、非慳。
⓱非戒、非犯。
⓲非忍、非恚。
⓳非進、非怠。
⓴非定、非亂。
㉑非智、非愚。
㉒非來、非去。
㉓非入、非出。
㉔非福田、非不福田。
㉕非相、非無相。
㉖非取、非捨。
㉗非大、非小。
㉘非見、非聞、非覺、非知。
㉙心行處滅，言語道斷。
㉚同真際、等法性。
我以此相而觀如來。

(3)佛言：善男子！如汝所說。諸佛如來「(十)力、(四)無畏」等恒沙功德，諸不共法悉皆如是。修般若波羅蜜多者應如是觀，若他觀者名為「邪觀」。

《大薩遮尼乾子所說經・卷第九》

(1)王言：大師！如來成就如是功德莊嚴之身，為是「常」也？為「無常」也？如是功德，為「有盡」也？為「無盡」也？

(2)答言：大王！沙門「瞿曇(Gautama 釋尊所屬之本姓)」住是功德，盡「生死際」，最後邊身，是「常住身」，非「無常」也。大王當知！勿觀「瞿曇」同「無常」也。

(3)王言：大師！如是「常身」，當云何觀？

(4)答言：大王！如自觀己「法性之身」，觀於瞿曇「法身」亦爾。

❶是身為「色」，不可如「色」見故。
❷是身為「心」，不可如「心」知故。
❸是身為「炬」，性不闇故。
❹是身「勇健」，降眾惡故。
❺是身為「力」，無降伏故。
❻是身「無違」，性平等故。
❼是身為「空」，離見聞故。
❽是身「無相」，離覺觀故。
❾是身「無願」，出三界故。
❿是身「一相」，無異相故。
⓫是身如「虛空」，無相似故。
⓬是身「非生」，從緣生故。
⓭是身「非滅」，本不生故。
⓮是身「非住」，非三世故。
⓯是身「非方」，不離方故。
⓰是身「非眾生」，不離一切眾生故。

(5)**大王當知！**如是觀者，名「觀常身」，名「見法身」。
(6)**大王當知！**如是觀者，名為「正觀」。若「他觀者」，名為「邪觀」。

【十二～2】非一非異、非此非彼、非內非外。非智非境、非能識所識

三國吳・支謙譯《維摩詰經》	姚秦・鳩摩羅什譯《維摩詰所說經》	姚秦・鳩摩羅什譯《維摩詰所說大乘經》	唐・玄奘譯《說無垢稱經》
⓰不「一相」、不「非相」。	⓰不「一相」、不「異相」。	⓰不「一相」、不「異相」。	⓰非「一相」、非「異相」。
⓱⓲不「無視」、不「為視」。	⓱⓲不「自相」、不「他相」。	⓱⓲不「自相」、不「他相」。	⓱非「即所相」、非「離所相」。 ⓲非「同所相」、非「異所相」。
⓳⓴不「熟視」、不「暫視」。	⓳⓴非「無相」、非「取相」。	⓳⓴非「無相」、非「取相」。	⓳非「即能相」、非「離能相」。 ⓴非「同能相」、非「異能相」。

㉑不「此岸」、不「度汎」、不「中流」。	㉑不「此岸」，不「彼岸」，不「中流」，而化衆生。	㉑不「此岸」，不「彼岸」，不「中流」。	㉑非「此岸」、非「彼岸」、非「中流」。
	㊱觀於「寂滅」，亦不「永滅」。	㊱觀於「寂滅」，亦不「永滅」。	
㉓㉔㉕不「以此」、不「以彼」、不「以異」。	㉒不「此」、不「彼」。 ㉓㉔㉕不「以此」、不「以彼」。	㉒不「此」、不「彼」。 ㉓㉔㉕不「以此」、不「以彼」。	㉒非在「此」、非在「彼」、非「中間」。
			㉓非「內」、非「外」、非「俱、不俱」。
			㉔非「已去」、非「當去」、非「今去」。
			㉕非「已來」、非「當來」、非「今來」。
㉖不「解慧」。	㉖不可以「智知」。	㉖不可以「智知」。	㉖非「智」、非「境」。
㉗不「住識」。	㉗不可以「識識」。	㉗不可以「識識」。	㉗非「能識」、非「所識」。

【十二～3】非淨非穢。不在方，不離方。非有為、非無為。無示無說

三國吳・支謙譯《維摩詰經》	姚秦・鳩摩羅什譯《維摩詰所說經》	姚秦・鳩摩羅什譯《維摩詰所說大乘經》	唐・玄奘譯《說無垢稱經》
			㉘非「隱」、非「顯」。
㉙無「晦」、無「明」。	㉙無「晦」、無「明」。	㉙無「晦」、無「明」。	㉙非「闇」、非「明」。
			㉚無「住」、無「去」。
㉛無「顯」、無「名」。	㉛無「名」、無「相」。	㉛無「名」、無「相」。	㉛無「名」、無「相」。
㉜無「弱」、無「強」。	㉜無「強」、無「弱」。	㉜無「強」、無「弱」。	㉜無「強」、無「弱」。
㉝無「教」、無「不教」。	㉞非「淨」、非「穢」。	㉞非「淨」、非「穢」。	㉝「不住」方分、「不離」方分。
㉞無「淨」、無「不淨」。	㉝「不在」方，「不離」方。	㉝「不在」方，「不離」方。	㉞非「雜染」、非「清淨」。

㉟無「數」(有爲)、無「不數」(無爲)。	㉟非「有為」，非「無為」。	㉟非「有為」，非「無為」。	㉟非「有為」、非「無為」。 ㊱非「永寂滅」、非「不寂滅」。
㊲無「言」、無「不言」。	㊲無「示」、無「說」。	㊲無「示」、無「說」。	㊲無「少事」可示、無「少義」可說。

【十二～4】非來非去。不出不入。一切言語道斷

三國吳・支謙譯《維摩詰經》	姚秦・鳩摩羅什譯《維摩詰所説經》	姚秦・鳩摩羅什譯《維摩詰所説大乘經》	唐・玄奘譯《説無垢稱經》
㊳不「施」、不「受」。 ㊴不「戒」、不「犯」。 ㊵不「忍」、不「諍」。 ㊶不「進」、不「怠」。 ㊷不「禪」、不「亂」。 ㊸不「智」、不「愚」。 ㊹不「誠」、不「欺」。 ㊺不「出」、不「入」。 ㊻不「往」、不「反」。 ㊼斷諸「雜聲」。	㊳不「施」、不「慳」。 ㊴不「戒」、不「犯」。 ㊵不「忍」、不「恚」。 ㊶不「進」、不「怠」。 ㊷不「定」、不「亂」。 ㊸不「智」、不「愚」。 ㊹不「誠」、不「欺」。 ㊺不「來」、不「去」。 ㊻不「出」、不「入」。 ㊼一切「言語」道斷。	㊳不「施」、不「慳」。 ㊴不「戒」、不「犯」。 ㊵不「忍」、不「恚」。 ㊶不「進」、不「怠」。 ㊷不「定」、不「亂」。 ㊸不「智」、不「愚」。 ㊹不「誠」、不「欺」。 ㊺不「來」、不「去」。 ㊻不「出」、不「入」。 ㊼一切「言語」道斷。	㊳無「施」、無「慳」。 ㊴無「戒」、無「犯」。 ㊵無「忍」、無「恚」。 ㊶無「勤」、無「怠」。 ㊷無「定」、無「亂」。 ㊸無「慧」、無「愚」。 ㊹無「諦」、無「妄」。 ㊺無「出」、無「入」。 ㊻無「去」、無「來」。 ㊼一切「語言」，施為斷滅。

【十二～5】非福田、非不福田。非大非小。同真實際，等法界性

三國吳・支謙譯《維摩詰經》	姚秦・鳩摩羅什譯《維摩詰所説經》	姚秦・鳩摩羅什譯《維摩詰所説大乘經》	唐・玄奘譯《説無垢稱經》
㊽非「有土」、非「無土」。 ㊾非「有餘」、非「盡賜」。	㊽非「福田」、非「不福田」。 ㊾非「應供養」，非「不應供養」。	㊽非「福田」、非「不福田」。 ㊾非「應供養」，非「不應供養」。	㊽非「福田」、非「不福田」。 ㊾非「應供」、非「不應供」。 ㊿非「能執」、非「所執」。

(52)非「模」、非「想」。	(51)非「取」、非「捨」。	(51)非「取」、非「捨」。	(51)非「能取」、非「所取」。
(51)非「著」、捨「著」。	(52)非「有相」，非「無相」。	(52)非「有相」，非「無相」。	(52)非「相」、非「不相」。
			(53)非「為」、非「不為」。
			(54)無「數」、離「諸數」。
			(55)無「礙」、離「諸礙」。
			(56)無「增」、無「減」。
			(57)平等、平等。
	(58)同「真際」。	(58)同「真際」。	(58)同「真實際」。
(59)平等「正法」。	(59)等「法性」。	(59)等「法性」。	(59)等「法界性」。
(60)(61)非「量」、非「稱」、非「過」。	(60)(61)不可「稱」，不可「量」，過諸「稱量」。	(60)(61)不可「稱」，不可「量」，過諸「稱量」。	(60)非「能稱」、非「所稱」、超「諸稱性」。
			(61)非「能量」、非「所量」、超「諸量性」。
			(62)無「向」、無「背」，超「諸向背」。
			(63)無「勇」、無「怯」，超「諸勇怯」。
(64)非「逝」、非「作」。	(64)非「大」、非「小」。	(64)非「大」、非「小」。	(64)非「大」、非「小」。
			(65)非「廣」、非「狹」。
(66)非「見」、非「聞」。	(66)非「見」、非「聞」。	(66)非「見」、非「聞」。	(66)無「見」、無「聞」。
(67)非「意」、非「識」。	(67)非「覺」、非「知」。	(67)非「覺」、非「知」。	(67)無「覺」、無「知」。

【十二～6】不可以一切言說顯示，以此觀者，名為正觀如來。若作他觀，則名為邪觀

三國吳・支謙譯《維摩詰經》	姚秦・鳩摩羅什譯《維摩詰所說經》	姚秦・鳩摩羅什譯《維摩詰所說大乘經》	唐・玄奘譯《說無垢稱經》

⑱度「諸所生」。	⑱離眾「結縛」。	⑱離眾「結縛」。	⑱離諸「繫縛」，蕭然(蕭靜寂然)解脫。
⑲正至「諸慧」。	⑲等「諸智」。	⑲等「諸智」。	⑲證會「一切智智」平等。
⑳「等」諸人物。	⑳「同」眾生。	⑳「同」眾生。	⑳獲得一切有情「無二」。
㉑說一切法。	㉑於諸法無「分別」。	㉑於諸法無「分別」。	㉑逮於諸法「無差別性」，周遍一切。
㉒無「所生」。	㉒一切「無失」。	㉒一切「**無得**、無失」。	㉒無「罪」、無「愆」。
㉓無「所有」。	㉓無「濁」、無「惱」。	㉓無「濁」、無「惱」。	㉓無「濁」、無「穢」。
㉔無「罣礙」。			㉔無所「礙著」。
㉕一切「受」。			㉕離諸「分別」。
㉖無不「樂作」。	㉖無「作」、無「起」。	㉖無「作」、無「起」。	㉖無「作」、無「生」。
㉗無「刺」、無「擊」。	㉗無「生」、無「滅」。	㉗無「生」、無「滅」。	㉗無「虛」、無「實」。
㉘無「滅」、無「敗」。			㉘無「起」、無「盡」。
			㉙無「曾」、無「當」。
㉚無「固」、無「畏」。	㉚無「畏」、無「憂」。	㉚無「畏」、無「憂」。	㉚無「怖」、無「染」。
㉛無「憂」、無「喜」。	㉛無「喜」、無「厭」。	㉛無「喜」、無「厭」。	㉛無「憂」、無「喜」。
㉜無「聲」。	㉜**無「著」**。	㉜	㉜無「厭」、無「欣」。
	㉝無「已有」，無「當有」，無「今有」。	㉝無「已有」，無「當有」，無「今有」。	㉝一切「分別」所不能緣。
㉞一切滅說「無語」。	㉞不可以一切「言說分別」顯示。	㉞不可以一切「言說分別」顯示。	㉞一切「名言」所不能說。
㊀如是世尊！「如來身」為若此，為如是觀。	㊀世尊！「如來身」為若此，作如是觀。	㊀世尊！「如來身」為若此，作如是觀。	㊀世尊！「如來身相」如是，應如是觀。不應「異觀」。
㊁如是觀者，名為「正觀」。	㊁以斯觀者，名為「正觀」。	㊁以斯觀者，名為「正觀」。	㊁如是觀者，名為「正觀」。
㊂以「他觀」者，	㊂若「他觀」者，	㊂若「他觀」者，	㊂若「異觀」者，

猶為「邪觀」。	名為「邪觀」。	名為「邪觀」。	名為「邪觀」。

【十二～7】「沒」者為敗壞死亡相，「生」者為相續轉生相。菩薩雖「沒」，仍不斷善本。菩薩雖「生」，卻不增長諸惡

三國吳・支謙譯《維摩詰經》	姚秦・鳩摩羅什譯《維摩詰所說經》	姚秦・鳩摩羅什譯《維摩詰所說大乘經》	唐・玄奘譯《說無垢稱經》
㊀賢者舍利弗承佛聖旨而問佛言：是人何「沒」？來「生」此土？		㊀**爾時舍利弗白佛言：此長者維摩詰於何「沒」？而來「生」此？**	㊀爾時舍利子白佛言：世尊！此無垢稱從何「命終」？而來「生」此堪忍世界？
㊁佛言：汝自以是，問維摩詰。		㊁**佛告舍利弗：汝可問維摩詰！**	㊁世尊告曰：汝應問彼！
㊂舍利弗言：族姓子！汝於何「沒」？而來生「此」？	㊂爾時舍利弗問維摩詰：汝於何「沒」(據梵文原意作「毀滅、死亡、失去」)？而來「生」此？	㊂舍利弗即問維摩詰：汝於何「沒」？而來「生」此？	㊂時舍利子問無垢稱：汝從何「沒」？來「生」此土？
㊃維摩詰言：如卿賢者！以法為證，「沒」當何「生」？	㊃維摩詰言：汝所得法有「沒、生」乎？	㊃維摩詰言：**尊者！**汝所得法有「沒、生」乎？	㊃無垢稱言：唯，舍利子！汝於諸法「遍知作證」，頗有「少法」可「沒、生」乎？
㊄曰：安有斯法「沒」而「生」者。	㊄舍利弗言：無「沒、生」也。	㊄舍利弗言：無「沒、生」也。	㊄舍利子言：唯，無垢稱！無有「少法」可「沒、生」也。
㊅維摩詰曰：若無「沒、生」，何有諸法？曷云如是：「汝於何沒？而	㊅(維摩詰言)若諸法無「沒、生」相，云何問言：「汝於何沒(據梵文原意作「毀滅、	㊅(維摩詰言)若諸法無「沒、生」相，云何問言：「汝於何沒？而來生此？」	㊅無垢稱言：若一切法「遍知作證」，無「沒、生」者，云何問言：「汝

來生此？」	死亡、失去」）？而來生此？」		從何沒？來生此土？」。
(柒)(維摩詰云)幻士造化，為男為女，寧有「沒、來」？	(柒)(維摩詰云)於意云何？譬如幻師，幻作「男女」，寧「沒、生」耶？	(柒)(維摩詰云)於意云何？譬如幻師，幻作「男女」，寧「沒、生」耶？	(柒)又舍利子！於意云何？諸有幻化，所作男女，從何處沒？而來生此？
(捌)舍利弗言：「化」者，無「沒、生」也。	(捌)舍利弗言：無「沒、生」也。	(捌)舍利弗言：無「沒、生」也。	(捌)舍利子言：幻化男女，不可施設有「沒、生」也。
(玖)維摩詰曰：如來不云一切法「化自然」？	(玖)(維摩詰曰)汝豈不聞佛說諸法如「幻相」乎？	(玖)(維摩詰曰)汝豈不聞佛說諸法如「幻相」乎？	(玖)無垢稱言：如來豈不說一切法如「幻化」耶？
(拾)(舍利弗)答曰：如是！	(拾)(舍利弗)答曰：如是！	(拾)(舍利弗)答曰：如是！	(拾)舍利子言：如是！如是！
㈠(維摩詰)曰：「化自然相」，非諸法耶！曷云如是：「汝於何沒？而來生此？」	㈠(維摩詰言)若一切法如「幻相」者！云何問言：「汝於何沒？而來生此？」	㈠(維摩詰言)若一切法如「幻相」者！云何問言：「汝於何沒？而來生此？」	㈠無垢稱言：若一切法「自性、自相」，如「幻」如「化」。云何仁者欻爾問言：「汝從何沒？來生此土？」
㈡「沒」者，舍利弗！為行「盡賜」。	㈡舍利弗！「沒」者，為「虛誑」法（此指「諸行」乃是「虛妄不實」之法），「敗壞」之相。	㈡舍利弗！「沒」者，為「虛誑」法，「**壞敗**」之相。	㈡又舍利子！「沒」者，即是諸行「斷」相。
㈢「生」者，為行「長善」。	㈢「生」者，為「虛誑」法，「相續」之相。	㈢「生」者，為「虛誑」法，「相續」之相。	㈢「生」者，即是諸行「續」相。
㈣菩薩「沒」者，不(滅)盡「善本」。	㈣菩薩雖「沒」，不(滅)盡「善本」。	㈣菩薩雖「沒」，不(滅)盡「善本」。	㈣菩薩雖「沒」，不斷(盡)一切「善法」行相。

㈤「生」，不(增)長「惡」。	㈤雖「生」，不(增)長「諸惡」。	㈤雖「生」，不(增)長「諸惡」。	㈤菩薩雖「生」，不續一切「惡法」行相。

《順權方便經・卷下・假號品第四》

(1)時舍利弗前白佛言：今此女人於何佛土沒？來生此國？

(2)於時其女「化一女人」端正姝妙住，舍利弗前，問：舍利弗！吾故問仁，今此女人於何所土沒？而至此土？

(3)舍利弗曰：今是現女為「化像」耳，其化自然，斯化現者「無沒無生」。

(4)其女答曰：如是舍利弗，一切諸法，化自然相，如來因是成最正覺。若解諸法一切「如化」自然相者，則無有「生」，亦無終「沒」。斯等「高士」，慧猶虛空，不應問彼所從來生？若以終沒？

(5)彼時世尊告舍利弗：斯則菩薩名曰轉女，從阿閦佛所「妙樂世界」沒，來生此，欲以開化一切眾生，順權方便現女人身。是轉女菩薩，前後勸導無央數不可計限眾生之類，使發無上正真道意。

姚秦・曇摩耶舍譯《樂瓔珞莊嚴方便品經》(亦名《轉女身菩薩問答經》)

(1)大德舍利弗言：姊！汝向大乘耶？

(2)女言：是大乘體，無向無還。

(3)舍利弗言：姊！若是大乘「無向無還」，向大乘者為何所趣？

(4)女言：大德舍利弗！是向大乘，即是趣向無明無盡，乃至向於老死無盡，何以故？大德舍利弗！「無明」不可盡，乃至「老死」亦不可盡，無盡即是「無生法性」，若「生」是盡，則「無生」無盡。

大德舍利弗！「緣」合生法是「法無諍」……

(5)爾時大德舍利弗白佛言：世尊！而是女者，於何命終？而來生此？

(6)爾時是女於舍利弗前化一「女身」，如己無異，是女即語大德舍利弗言：汝問是女於何命終？來生此間？

(7)舍利弗言：姊！此女是「化」，「化」無「生死」。

(8)女言：大德舍利弗，如是！如是！如汝所說，如來正覺一切諸法皆如「化相」，若有知是，一切諸法如「化相」者，無有生死。

(9)爾時佛告舍利弗：是菩薩摩訶薩名轉女身，從「阿閦佛土」來至於此，為化眾生故。

(10)舍利弗！是轉女身菩薩摩訶薩，此「娑婆界」成熟無量無邊眾生，住於無上正真之道。

《大寶積經・卷第十四》

爾時寂意菩薩前白佛言：是賢王菩薩，從何所來？至於此土乎？乃有斯辯！

佛言：從阿閦佛土而來，沒彼生此妙樂世界，舉欲得見聞如來祕要所演經典。

《佛說首楞嚴三昧經・卷上》

(1)堅意菩薩白佛言：世尊！是現意天子從何佛土來至此間？

(2)天子謂言：問作何等？

(3)堅意答言：我今欲向彼方作禮，以是大士遊行住處。

(4)天子謂言：若人手得是「首楞嚴三昧」者。一切世間、諸天人民，皆應禮敬。

(5)爾時佛告堅意菩薩：是現意天子從阿閦佛妙喜世界來至於此。是人於彼常說「首楞嚴三昧」。

(6)堅意！一切諸佛無有不說「首楞嚴三昧」者。

(7)堅意！是現意天子，於此娑婆世界當得成佛。是人欲斷此「五濁惡」，取淨佛土，教化眾生。修習增長「首楞嚴」故，來至於此。

《大般若波羅蜜多經・卷第五百七十二》

(1)善思菩薩即白佛言：甚奇！世尊！賢德天子實為希有！乃能通達甚深之法辯才無盡。

(2)佛告善思：賢德天子從妙喜界不動佛所，而來至此堪忍世界，聽深般若波羅蜜多。

(3)汝等當知！賢德天子已於無量百千億劫，修習希有「陀羅尼門」，經劫說法，亦不窮盡。

《佛說如來不思議祕密大乘經・卷第十九》

(1)爾時寂慧菩薩白佛言：希有！世尊！此賢王天子具大辯才。

(2)佛言寂慧：此賢王天子從極樂世界阿閦佛剎中而來至此，欲聽金剛手菩薩大祕密主宣說如來祕密正法。

【十二～8】維摩詰來自無動佛之妙喜世界，雖生娑婆不淨佛土，為度化眾生，不與愚闇共合也

三國吳・支謙譯 《維摩詰經》	姚秦・鳩摩羅什譯 《維摩詰所說經》	姚秦・鳩摩羅什譯 《維摩詰所說大乘經》	唐・玄奘譯 《說無垢稱經》
㊀佛告舍利弗：是族姓子！本從阿	㊀是時佛告舍利弗：	㊀是時佛告舍利弗：	㊀爾時世尊告舍利子：

閦(akṣobhya)佛阿維羅提(abhirati 妙樂)世界來(阿閦者，漢言無怒。阿維羅提者，妙樂也)。	有國名妙喜，佛號無動(akṣobhya 阿閦)。是維摩詰於彼國「沒」，而來生「此」(指此娑婆世界)。	有國名妙喜，佛號無動(akṣobhya 阿閦)。是維摩詰於彼國「沒」，而來生「此」(指此娑婆世界)。	有佛世界名曰妙喜，其中如來號為無動(akṣobhya 阿閦)。是無垢稱為度眾生，從彼土「沒」，來「生」此界(指此娑婆世界)。
㊁舍利弗言： 希有世尊！是族姓子(維摩詰)乃從「清淨佛土」而來樂此「多怒之處」(指此娑婆世界)。	㊁舍利弗言： 未曾有也！世尊！是人(維摩詰)乃能捨「清淨土」，而來樂此「多怒害處」(指此娑婆世界)。	㊁舍利弗言： 未曾有也！世尊！是人(維摩詰)乃能捨「清淨土」，而來樂此「多怒害處」(指此娑婆世界)。	㊁舍利子言： 甚奇！世尊！如此大士(維摩詰)未曾有也！乃能捨彼「清淨佛土」，而來樂此「多雜穢處」。(指此娑婆世界)
㊂維摩詰言： 云何？賢者！夫「日」一切，周行「冥」中，為樂「冥」耶？	㊂維摩詰語舍利弗： 於意云何？「日光」出時，與「冥」合乎？	㊂維摩詰語舍利弗： 於意云何？「日光」出時，與「冥」合乎？	㊂無垢稱曰： 唯，舍利子！於意云何？「日光」豈與世間「闇冥」樂相雜住？
㊃(舍利弗)答曰： 不然！「日」不休者，其「明」堪任行「眾冥」故也。	㊃(舍利弗)答曰： 不也！「日光」出時，即無「眾冥」。	㊃(舍利弗)答曰： 不也！「日光」出時，即無「眾冥」。	㊃舍利子言： 不也！居士，「日輪」纔舉，「眾冥」都息。
㊄曰： 夫「日」奚故，行(於)「閻浮提」上？	㊄維摩詰言： 夫「日」何故行(於)「閻浮提」？	㊄維摩詰言： 夫「日」何故行(於)「閻浮提」？	㊄無垢稱曰： 「日輪」何故行(於)「贍部洲」(《一切經音義》云：南贍ㄕㄢˋ部洲，「時染」反，去聲……正梵音云：譫ㄓㄢ謨……贍部，音如譫ㄓㄢ音)？
㊅(舍利弗)答曰： (太陽乃)欲以「明」照，為之除「冥」。	㊅(舍利弗)答曰： (太陽乃)欲以「明」照，為之除「冥」。	㊅(舍利弗)答曰： (太陽乃)欲以「明」照，為之除「冥」。	㊅舍利子言： (太陽乃)為除「闇冥」，作「照明」故。
㊆(維摩詰)曰：	㊆維摩詰言：	㊆維摩詰言：	㊆無垢稱曰：

如是賢者！菩薩若生「不淨佛土」(指此娑婆世界)，則淨其人，不俱為污，一切所近，輒為「除冥」。	菩薩如是！雖生「不淨佛土」(指此娑婆世界)，為(度)化眾生故，不與「愚闇」而共合也，但(只為)滅眾生「煩惱闇」耳！	菩薩如是！雖生「不淨佛土」(指此娑婆世界)，**為**(度)**化眾生**，不與「愚闇」而共合也，但(只為)滅眾生「煩惱闇」耳！	菩薩如是！為度有情，生「穢佛土」(指此娑婆世界)，不與一切「煩惱」雜居，(只為)滅諸眾生「煩惱闇」耳。

【十二～9】維摩詰現神力以「右手」斷取妙喜世界移至娑婆

三國吳・支謙譯《維摩詰經》	姚秦・鳩摩羅什譯《維摩詰所說經》	姚秦・鳩摩羅什譯《維摩詰所說大乘經》	唐・玄奘譯《說無垢稱經》
㊀是時大眾渴仰欲見妙樂世界阿閦如來及其「大人」。	㊀是時大眾渴仰，欲見妙喜世界無動如來，及其「菩薩、聲聞」之眾。	㊀是時大眾渴仰，欲見妙喜世界無動如來，及其「菩薩、聲聞」之眾。	㊀爾時大眾咸生渴仰，欲見妙喜功德莊嚴清淨佛土無動如來，及諸「菩薩、聲聞」等眾。
㊁佛知一切眾會所念，即請維摩詰言： 族姓子！「現」此眾中妙樂世界阿閦如來及其「菩薩、諸弟子(聲聞)」眾。眾皆欲見。	㊁佛知一切眾會所念，告維摩詰言： 善男子！為此眾會，「現」妙喜國無動如來及諸「菩薩、聲聞」之眾，眾皆欲見。	㊁佛知一切眾會所念，告維摩詰言： 善男子！為此眾會，「現」妙喜國無動如來及諸「菩薩、聲聞」之眾，眾皆欲見。	㊁佛知眾會意所思惟，告無垢稱言： 善男子！今此會中，諸「神仙」等一切大眾，咸生渴仰，欲見妙喜功德莊嚴清淨佛土無動如來，及諸「菩薩、聲聞」等眾，汝可為「現」，令所願滿。
㊂於是維摩詰菩薩自念： 吾當止此「師子座」而不起，為「現」妙樂世界，鐵圍、山	㊂於是維摩詰心念： 吾當不起于座，「接」妙喜國，鐵圍、山川、溪谷、	㊂於是維摩詰心念： 吾當不起于座，「接」妙喜國，鐵圍、山川、溪谷、	㊂時無垢稱作是思惟： 吾當於此，不起于座，以「神通力」速疾「移取」妙喜世

川、溪谷、江湖、河海、州域。	江河，大海、泉源。	江河，大海、泉源。	界，及輪圍山、園林、池沼、泉源、谿谷、大海、江河。
(肆)(妙喜國之)須彌(sumeru)衆山明冥、日月、星宿ㄒㄧㄡˋ、龍神天宮、梵宮，及衆「菩薩、弟子(聲聞)」具足。國邑墟聚、人民君王。	(肆)(妙喜國之)須彌(sumeru)諸山，及日月、星宿ㄒㄧㄡˋ、天龍鬼神、梵天等宮，并諸「菩薩、聲聞」之衆。城邑聚落，男女大小。	(肆)(妙喜國之)須彌(sumeru)諸山，及日月、星宿ㄒㄧㄡˋ、天龍鬼神、梵天等宮，并諸「菩薩、聲聞」之衆。城邑聚落，男女大小。	(肆)(妙喜國之)諸蘇迷盧(sumeru)圍繞峯壑，日月、星宿ㄒㄧㄡˋ、天龍鬼神、帝釋、梵王宮殿衆會，并諸「菩薩、聲聞」衆等。村城聚落、國邑王都，在所居家，男女大小。
(伍)阿閦如來，及其「道樹」所坐蓮華。	(伍)乃至無動如來及「菩提樹」，諸妙蓮華。	(伍)乃至無動如來及「菩提樹」，諸妙蓮華。	(伍)乃至廣說無動如來應正等覺「大菩提樹」，聽法安坐，海會大衆，諸寶蓮華。
(陸)(若無動如來)其於十方施作「佛事」，及其三重「寶階」，從「閻浮利」(此指他方世界亦有相同的閻浮提名稱)至「忉利宮」(此指他方世界亦有相同的忉利天名稱)，其「階」忉利諸天所(處所)，以下「閻浮提」，禮(不動)佛拜謁，供事聞法。	(陸)(若無動如來)能於十方作「佛事」者，(則將有)三道「寶階」，從「閻浮提」(此指他方世界亦有相同的閻浮提名稱)至「忉利天」(此指他方世界亦有相同的忉利天名稱)。以此「寶階」，諸天來下，悉為禮敬無動如來，聽受經法。	(陸)(若無動如來)能於十方作「佛事」者，(則將有)三道「寶階」，從「閻浮提」(此指他方世界亦有相同的閻浮提名稱)至「忉利天」(此指他方世界亦有相同的忉利天名稱)。以此「寶階」，諸天來下，悉為禮敬無動如來，聽受經法。	(陸)(若無動如來有前)往十方界，為諸有情作「佛事」者，(則將有)三道「寶階」自然涌出，從「贍部洲」(此指他方世界亦有相同的閻浮提名稱)至蘇迷頂(此指他方世界亦有相同的忉利天名稱)。三十三天為欲瞻仰禮敬供養不動如來，及聞法故，從此「寶階」每時來下。
(柒)「閻浮提」人，亦緣其「階」，上「忉利宮」。天人相見，	(柒)「閻浮提」人，亦登其「階」，上昇「忉利」，見彼諸	(柒)「閻浮提」人，亦登其「階」，上昇「忉利」，見彼諸	(柒)「贍部洲人」為欲觀見「三十三天」園林宮室，每亦從

如是無數德好之樂。 ㉞從妙樂世界，上至第二十四阿迦膩吒天(Akaniṣṭha 色究竟天，色界四禪天之最頂位)。 ㉟(維摩詰)又「斷取」(妙喜國)來供養，入此「忍界」(娑婆世界)，使一切衆，兩得「相見」。	天。 ㉞妙喜世界(能)成就如是無量功德，上至阿迦膩吒天(Akaniṣṭha 色究竟天，色界四禪天之最頂位)，下至「水際」(jala-maṇḍala 世界成立之初，由下至上爲風、水、金等三輪)。 ㉟(維摩詰)以「右手」斷取(妙喜國)，如「陶家」輪(古印度燒製陶瓦器之家，將「土坯ㄆㄧ、泥坯」置於「車輪轉盤」的器具上，只要手或腳輕觸「輪盤」，就能運轉自如，常喻爲「易如反掌、輕舉無礙、輪轉不停」意)，入此(娑婆)世界，猶持「華鬘」，「示」一切衆。	天。 ㉞妙喜世界(能)成就如是無量功德，上至阿迦尼吒天(Akaniṣṭha 色究竟天，色界四禪天之最頂位)，下至「水際」(jala-maṇḍala 世界成立之初，由下至上爲風、水、金等三輪)。 ㉟(維摩詰)以「右手」斷取(妙喜國)，如「陶家」輪(古印度燒製陶瓦器之家，將「土坯ㄆㄧ、泥坯」置於「車輪轉盤」的器具上，只要手或腳輕觸「輪盤」，就能運轉自如，常喻爲「易如反掌、輕舉無礙、輪轉不停」意)，入此(娑婆)世界(娑婆世界)，猶持「華鬘」，「示」一切衆。	此「寶階」而上。 ㉞如是清淨妙喜世界，(有)無量功德所共合成，下從「水際」輪(jala-maṇḍala 世界成立之初，由下至上爲風、水、金等三輪)，上至「色究竟」(Akaniṣṭha 色究竟天，色界四禪天之最頂位)。 ㉟(維摩詰)悉皆斷取(妙喜國)，置「右掌」中，如「陶家」輪(古印度燒製陶瓦器之家，將「土坯ㄆㄧ、泥坯」置於「車輪轉盤」的器具上，只要手或腳輕觸「輪盤」，就能運轉自如，常喻爲「易如反掌、輕舉無礙、輪轉不停」意)，若「花鬘」貫，入此(娑婆)世界，「示」諸大衆。

《大唐大慈恩寺三藏法師傳・卷第二》

(1)**又東行二百餘里，至劫比他國**(即中印度之僧伽尸沙國 Sāṃkāśya)**。城東二十餘里，有大伽藍，院內有「三寶階」，南北列，面東下，是佛昔於「忉利天」為「摩耶夫人」說法訖，歸「贍部洲」下處。**

(2)**中是「黃金」，左是「水精」，右是「白銀」。如來起「善法堂**(位於忉利天之西南城)**」，將諸天眾躡ㄋㄧㄝˋ「中階」而下。「大梵天王」執「白拂」，履銀階，處右。「天帝釋」**(Śakra-Devānām-indra 帝釋天、天主、因陀羅、即俗謂「玉皇大帝」)**持「寶蓋」，蹈「水精階」，居左。是時百千天眾、諸大菩薩陪隨而下。**

(3)**自數百年前，猶有「階級」，今並淪沒。恐後王戀慕，壘塼ㄓㄨㄢ石「擬」其狀，飾以雜寶。見高七十餘尺，上起精舍，中有「石佛」像，左右有「釋、梵」之像，並倣先**

儀，式彰如在。

《大唐西域記・卷第四》(十五國)

(1)劫比他國(即中印度之僧伽尸沙國 Sāṃkāśya)……城東二十餘里，有大伽藍……伽藍大垣內有「三寶階」，南北列，東面下，是如來自「三十三」天降還所也。昔如來起自「勝林」，上昇天宮，居「善法堂(位於忉利天之西南城)」，為母說法，過三月已，將欲下降。

(2)「天帝釋」(Śakra-Devānām-indra 帝釋天、天主、因陀羅、即俗謂「玉皇大帝」)乃縱「神力」，建立「寶階」。中階「黃金」，左「水精」，右「白銀」。如來起「善法堂」，從諸天眾，履「中階」而下。「大梵王」執「白拂」，履「銀階」而「右侍」。「天帝釋」持「寶蓋」，蹈「水精階」而「左侍」。天眾凌虛，散華讚德。

(3)數百年前，猶有「階級」，逮至今時，陷沒已盡。諸國君王悲慨不遇，疊以塼石，飾以珍寶，於其「故基」，擬昔「寶階」。其高七十餘尺，上起精舍，中有「石佛像」，而左右之階有「釋、梵」之像，形擬厥初，猶為下勢。

《佛說長阿含經・卷第十八》

佛告諸比丘：如一日月，周行四天下，光明所照，如是「千世界」……須彌山王有「七寶階道」，其下階道，廣六十由旬。挾道兩邊，有「七重寶牆、七重欄楯、七重羅網、七重行樹」……

《大寶積經・卷第十》

(1)舍利弗！「不動如來」於彼剎中，說諸「聲聞」行位差別……舍利弗！彼「不動如來」諸聲聞眾，清淨具足……彼「不動如來」有如是等諸聲聞眾，具足功德之所莊嚴。

(2)復次舍利弗！彼佛剎中，以金銀琉璃「三寶」為階，從「閻浮提」至「忉利天」。

(3)舍利弗！三十三天若欲樂見「不動如來」禮拜供養，彼諸天眾從「寶階」下，至於佛所。

《大方廣佛華嚴經・卷第十四》

(1)爾時，不動優婆夷，不起龍藏「師子之座」……入如是等「十億三昧門」。入此三昧門時，十方各有不可說、不可說佛剎極微塵數世界六種震動……

(2)一一四天下皆有如來，或昇「兜率」、或時「降生」、「入胎」初生、「出家」苦行、或居「道樹」、或現「降魔」、示證「菩提」……

(3)或從「忉利」，還「閻浮提」，三道「寶階」從天而下。

《大乘本生心地觀經・卷第一》

(1)現受生於「淨飯王」家……六年苦行，日食麻麥，降諸外道……安達羅國「曲女城」邊，昇「忉利天」為母說法，共梵天王，及天帝釋(Śakra-Devānām-indra 天帝釋、帝釋天、天主、因陀羅、即俗謂「玉皇大帝」)十二萬眾。

(2)從「三十三天」現三道「寶階」下「閻浮」時，神異寶塔。摩竭陀國王舍城邊「耆闍崛山」說《大般若》、《法華》一乘、《心地經》等大乘寶塔。

《佛說眾許摩訶帝經・卷第五》

(1)太子思惟此之八夢。當應是我出家之兆。即告耶輸陀羅。我今當為一切眾生往彼山間。志求涅槃解脫之法。耶輸陀羅言：如夫所志，我亦隨往……

(2)帝釋告言：但念過去無量阿僧祇劫所行行願，為斷眾苦，度脫世間。作是語時，四大天等，以「威神力」令彼眾人不能為障。

(3)即時帝釋化一「寶階」，告「般唧迦夜叉主」言：聖者！菩薩現處高樓，汝以「寶階」於前迎接。夜叉聞已，依教奉行。

《大乘理趣六波羅蜜多經・卷第八》

(1)應當勤加精進，身心無倦，便能發起「念佛三昧」。以「定力」故，能見十方一切諸佛遍滿虛空，坐金剛座，成等正覺。

(2)或見諸佛初轉法輪，或見諸佛往於天上，或見如來從「寶階」下，或見如來入里乞食，或見如來隨根說法。

《摩訶摩耶經・卷上》(一名《佛昇忉利天為母說法》)

(1)爾時世尊聞此語已，而便放於「五色」光明「青、黃、赤、白、頗梨紅色」。其光遍照「閻浮提」內，于時人民男女大小，見此光明，皆悉驚喜，歎未曾有……

(2)又有人言：如我今者，察此光相，決定非是「餘力」所作，必是「大慈」無上醫王，愍世間故，而放斯瑞。我等或能蒙獲「安濟」。

(3)時「天帝釋」(Śakra-Devānām-indra 帝釋天、天主、因陀羅、即俗謂「玉皇大帝」)知佛當下，即使「鬼神」作三道「寶階」。中央階者用「閻浮檀金」，右面階者用「純琉璃」，左面階者用「純馬瑙」，欄楯彫鏤，極為嚴麗。

《大方等大集經・卷第一》

(1)若「人、非人」聞佛聲已，身心寂靜，以佛「功德威神力」故，悉得覩見「寶階」梯隥。於一念頃，悉登「寶階」至「寶坊 (眾僧所住之處)」中，各隨其位，次第而坐。

(2)諸梵天人亦聞其音，「梵天、大梵天、梵師天、梵眾天……樂見天、阿迦尼吒天」。亦一念頃，俱至「寶坊」，見佛世尊，頭面禮已。次第而坐，化作床座。

坊ㄈㄤ ➔指僧侶之「住房」或「區院」，亦有將「寺院」或「精舍」稱為「寶坊」。「僧坊」乃由「眾多房舍」所集合而成者。然「坊」之原義作「堤防」，後轉謂「城邑」之「一區段」為「坊」。「坊」的稱呼可能受到梵語 vihāra（毘訶羅）翻譯之影響，因「毘訶羅」有「住處、遊行處」之義，後面的人在外圍繞上「垣牆」而自成一個「區域」，就稱之為「僧坊」或「寶坊」。今在日本，亦有一些「寺院」仍稱為「坊」。

《十誦律・卷三十四》

諸比丘從憍薩羅國向舍衛國，道中，過一「空僧坊ㄈㄤ」中宿。**諸比丘明日入村乞食，諸居士問：汝何處宿？**

答言：「僧坊ㄈㄤ」中宿。

是何房舍中宿？

答言：某房中。

居士言：此是我房，何不遣使語我等？

《大方等大集經・卷第一》

(1)**爾時如來示現無量「神通道力」，**漸漸至彼「七寶坊ㄈㄤ」中。**如四天下見佛上昇，三千大千世界所見，亦復如是。**

(2)爾時世尊至「寶坊ㄈㄤ」中，昇師子座。「聲聞、菩薩」各各次第坐於「寶座」。**爾時世尊入「佛三昧」，其三昧名「無礙解脫」，一一毛孔放大光明，其數無量，如恒沙等。照於「東方無量世界」，南西北方、四維上下，亦復如是……**

(3)**爾時東方有佛世界，名「無量功德寶聚神通」。有佛世尊號「淨大淨光七菩提分寶花無斷光王」，**彼有菩薩名「諸法自在功德花子」，遇斯光已，與十恒河沙等諸大菩薩，俱共發來，至「娑婆」世界「大寶坊ㄈㄤ」中，見「釋迦牟尼佛」。

《大方等大集經・卷第五》

爾時世尊故，在「欲、色」二界中間「大寶坊ㄈㄤ」中「師子座」上，**與諸大眾，圍繞說法。**

《大方等大集經・卷第二十三》

(1)**爾時一切無量眾生**「至心念佛」，念已，即見是「大寶坊ㄈㄤ」，以「佛力」故，即至「坊ㄈㄤ」中。

(2)**爾時**波斯匿王，以「佛神力」故亦見「寶坊」，以「佛力」故得到「坊ㄈㄤ」中。憂填耶那王、惡性王……如是等王，亦因「佛力」，得見「寶坊ㄈㄤ」。悉至「坊ㄈㄤ」中供養禮拜，次第而坐。

《大方等大集經・卷第四十三》

(1)爾時世尊從座而起，四面顧視，向「北方」看。此何處山？與「須彌」接近，彼「欲界」及於「色天」。

(2)爾時如來，與諸大眾「菩薩、聲聞、天人、龍、神」一切八部，四面圍繞。前後導從，趣「須彌山」。

(3)是時如來欲以「足步」躡 於「山根」，次第登上「大梵天」等。

(4)知佛欲昇「須彌山」頂，即為如來化作「七寶階橋」。持諸天衣及華香末，種種校飾。如是作已，前白佛言：惟願如來行我「橋」上。

(5)「他化樂天」亦為佛故，用「閻浮金」化作「寶橋」，以「龍栴檀末」而散「橋」上。作如是言：惟願如來行我「橋」上。

(6)「化自樂天」亦為佛故，用諸「天金」化作「寶橋」，種種「牛頭」細栴檀末，散於橋上。作如是言：惟願如來行我「橋」上。

(7)「兜率陀天」亦為佛故，以諸「天銀」化作「寶橋」……

《寶星陀羅尼經・卷第五》

爾時「光味」菩薩摩訶薩，以己「神力」，化作「七寶階」，以華遍布其上，為「蓮華座」，欲令如來昇此座故。

《佛說海龍王經・卷第三》

(1)爾時世尊遙聞「龍王」啟白，時到，告諸比丘：著衣持鉢，當詣「大海」開化眾生，就「龍王宮」食。比丘應曰：唯然！

(2)於時世尊與諸「菩薩、比丘」眾俱，眷屬圍繞，踊在虛空，身放大光明，而雨「天華」，百千伎樂，相和而鳴，集于「海邊」，至「欣樂園」。有「思夷華(思夷華樹)」名曰「意樂」，佛住止彼。

(3)時「海龍王」往詣佛所，稽首佛足，陳敬已畢，却住一面。龍王自念：吾欲化作「寶階」，從「海邊」至「海底」，令佛及比丘眾及諸菩薩，由是「下海」至「我宮中」，如昔世尊化作「寶階」，從「忉利天」至「閻浮利」。

(4)適設此念，便從「海邊」，化作三道「寶階」，金銀、琉璃，下至其「宮」，甚微妙好。

(5)於是世尊以「威神力」，化「大海水」，令不復現，使「海牛類」不以為「患」。佛身放光，照于大海，普至三千大千世界。其海居類身蒙此光，皆懷慈愍柔仁之心，不相嬈害，相視如父、如母、如兄、如弟、如子無異。

(6)於時「欲行天人、色行天人」侍從世尊，欲聽道化，猶欲觀「龍王」莊嚴宮殿。時佛與諸菩薩及「大聲聞」，諸「天、龍、神、香音神、無善神、鳳凰神、山神、恬柔神、釋、梵、四天王」，從「欣樂園」思夷華樹，欲詣「龍宮」。
(7)佛昇「寶階」，涉於「中階」。諸菩薩眾住于「右階」，諸大聲聞住在「左階」……
(8)佛從「寶階」降神「海宮」，自然音樂普聞十方無量世界。佛之「威神」如來所感，皆見能仁如來下于「大海」。

《佛說海龍王經・卷第四》

(1)於是世尊告海龍王：吾於大海所當教化，皆已周畢，欲還精舍！
(2)即從坐起，與大眾俱，尋從「寶階」出于大海，以無極莊嚴廣普「威神」住於海邊。

《佛說觀佛三昧海經・卷第六》

(1)父王白佛：佛母摩耶生「忉利天」，佛今光相，神通具足。云何當往？為母說法！
(2)佛告大王：如來當如「轉輪聖王」足行之法，從「閻浮提」上「忉利天」，問訊檀越，為說妙法……
(3)時四龍王難陀、跋難陀、阿耨達多、娑伽羅龍王等，各持七寶，詣持地所。奉上七寶，為佛世尊作三道「寶階」。「左白銀、右頗梨、中黃金」，從「閻浮提」金剛地際，上「忉利宮」，一一「寶階」七重欄楯，是諸欄楯百億寶成。

《佛說大乘造像功德經・卷上》

(1)爾時「毘首羯磨天(Viśvakarman。又作「毘守羯磨天、毘濕縛羯磨天」，意爲造一切者。此天住於三十三天，乃「帝釋天」之臣，司掌「建築彫刻」等。此天在「梨俱吠陀」中，稱之爲「宇宙之建造者」，在史詩《羅摩耶那》、《摩訶婆羅多》及《往世書》時代，奉之爲「工藝之神」，乃擔任諸神之「工匠」與「建築師」，古印度之「工巧者」，大多祭拜此天)」并諸天眾，知佛將欲下「閻浮提」，作三道「寶階」，從「僧伽尸城(Sāṃkāśya，位於中印度恆河流域之古國。又作僧伽尸沙國、僧迦施國、僧迦奢國、僧迦舍國、僧柯奢國、桑迦尸國，別稱劫比他國，乃佛上「忉利天」三月爲母說法後下來人間之處)」至「忉利天」，其階中道「瑠璃」所成，兩邊階道悉用「黃金」，足所踐處，布以「白銀」，諸天「七寶」而為間飾……
(2)爾時世尊從「天」初下，足蹈「寶階」。「梵王」在右，手執「白蓋」。「帝釋」在左，手持「白拂」。其餘諸天皆乘「虛空」，隨佛而下，一時同奏「種種音樂」，各自捧持「幢幡、寶蓋」，散花供養。

《正法念處經・卷第三十一》

(1)時「天帝釋」(Śakra-Devānām-indra 帝釋天、天主、因陀羅、即俗謂「玉皇大帝」)，悉共諸天，復往詣於「毘琉璃山」。其山清淨，第一無比。於其山頂，有「千柱殿」，「毘琉璃寶」之所成就。「赤蓮花寶」以為欄楯，「黃金」為地。其「琉璃殿」，長五由旬，廣三由旬。

「迦葉」如來，化所成就。

(2)時「天帝釋」，共諸天眾，乘「七寶階」，昇「琉璃殿」，得見「迦葉」如來影像。如「迦葉佛」在殿說法時，天帝釋及諸天眾。合掌恭敬，禮如來影，深生信敬。

《妙法聖念處經‧卷第四》

(1)爾時世尊，說此偈已，告諸比丘……若有智者，護戒清淨，捨離三塗。恒處「諸天」，七寶「階道」，遊戲往來，自在快樂，珍寶無量。

(2)見者歡喜，最勝園林。歡娛自在，身光照耀。猶如燈燭，經行宮殿。種種殊妙，勝報難窮，不可稱歎。

《諸佛境界攝真實經‧卷中》

(1)瑜伽行者，亦復如是。端坐正念，結「金剛縛印」，而作是想：

(2)我今自有種種名號、種種色相，或從「覩史多天」降入母胎。或壽命成就「六根」圓滿。或如「日月」出現。或坐「菩提樹」下……

(3)或從「忉利天宮」下三道「寶階」。或為降伏「魔醯首羅天」及諸惡鬼神故。變化「金剛怒菩薩」，勝於三界大曼陀羅……瑜伽行者，亦復如是，應觀自身。作是想已，持此真言。

《佛說七俱胝佛母准提大明陀羅尼經》

復有一法，若於轉法輪塔前。或佛生處「塔」前。或佛從「忉利天」下「寶階」塔前。或舍利塔前。於如是等諸塔之前，念誦右繞，滿七七日，即見「阿鉢羅是多」菩薩及「呵利底」菩薩。

《慈氏菩薩略修愈誐念誦法‧卷下》

經論中具明，不繁更說。又世尊從「忉利天」降「七寶階道」，從天降「閻浮提」像。

《佛說持明藏瑜伽大教尊那菩薩大明成就儀軌經‧卷第一》

又復行人往三道「寶階」佛塔之處，常持鉢食，右遶佛塔。誦「大明」一俱胝，誦數滿已，得見「無能勝」及「訶利帝」等所求如意。

《根本說一切有部毘柰耶雜事‧卷第二十九》

(1)是時「帝釋」白佛言：世尊！今欲詣「贍部洲」。

(佛)答言：我去！

(帝釋)白言：為作「神通」，為以足步。

(佛)答言：足步。

(2)「帝釋」即命「巧匠」天子曰：汝應化作三道「寶階」，黃金「吠琉璃」蘇頗胝迦。
答言：大善！即便化作三種「寶階」。

(3)世尊處中，躡「琉璃道」，「索訶」世界主「大梵天王」，於其右邊，蹈「黃金道」。手執微妙「白拂」，價直百千兩金，并「色界」諸天而為侍從。「天帝釋」(Śakra-Devānām-indra 帝釋天、天主、因陀羅、即俗謂「玉皇大帝」)於其左邊，蹈「頗胝迦道」，手擎百支「傘蓋」，價直百千兩金而覆世尊，并「欲界」諸天而為侍從。

《續高僧傳・卷第十七》或《神僧傳・卷第五》

釋智顗(智者大師)……每夏常講《淨名》(《維摩詰經》)。忽見三道「寶階」從空而降，有數十「梵僧」乘「階」而下，入堂禮拜。手擎「香爐」，遶顗三匝，久之乃滅。

《宋高僧傳・卷第二十四》

(1)釋僧衒，并州人也。本學該通，解行相副。年九十六，遇道綽禪師著《安樂集》講《觀經》，始迴心「念佛」。恐壽將終，日夜「禮佛一千拜」，念彌陀佛「八百萬」遍，於五年間一心無怠。大漸，告弟子曰：阿彌陀佛來授我香衣。觀音勢至行列在前。化佛遍滿虛空。從此西去純是淨土。言訖而終。

(2)時有啟芳法師、圓果法師，於藍田縣 悟真寺一夏結契念「阿彌陀佛」，共折一「楊枝」，於「觀音」手中誓曰：若得生佛土者，願七日「不萎」，至期，鮮翠也。

(3)又夢在「大池」內東面有「大寶帳」，乃飛入其中。見僧云：但專「念佛」，並生此也。又見「觀音」垂腳而坐，啟芳奉足頂戴，見一池蓮華，彌陀佛從西而來。

(4)(啟)芳問佛曰：閻浮眾生，依經「念佛」，得生此否？

(5)佛言：勿疑！定生我國也。且見「極樂世界」平坦如鑑，娑婆世界純是「山川」，音樂寶帳「直西」而去。

(6)有一僧名法藏，御一「大車」來迎，(啟)芳見自身坐「百寶蓮華」成等正覺。釋迦牟尼佛與文殊讚《法華經》，復見三道「寶階」向西直往。

(7)第一道階上並是「白衣」。
第二階有「道俗」相參。
第三階唯有「僧」也。云：皆是「念佛人」往生矣。(啟)芳、(圓)果二師躬云己見云。

《大薩遮尼乾子所說經・卷第八》

(1)大王當知！沙門瞿曇「如意神通」智行者，為欲調伏邪見剛強難化眾生，令從正法。是故沙門瞿曇能示種種神通教化，若色相、若勢力、若變化。

(2)色相者，謂示佛色像、菩薩色像、緣覺色像、聲聞色像，釋提桓因、梵天王、四天王色像，轉輪聖王色像，及餘種種乃至畜生色像，隨諸眾生應見受化，悉能示現，而為說法。

(3)若有眾生恃身強力而起憍慢、瞋恚、貢高，為欲調伏如是眾生，示現大力如那羅延，以須彌山置一指端，擲著他方無量世界。

(4)或時「斷取」三千大千世界，下至「水際」，以一手舉高至「有頂」(非想非非想處天)，住經一劫，現如是力。令彼憍慢自大眾生貢高心息，而為說法。

(5)變化者，以變化力，能變大海如牛跡水，大海不減，牛跡不大，變牛跡水能成大海。若劫將盡火災起時，應見水者即變為水，應見風者即變為風。

(6)水災起時，應見火者即變為火，應見風者即變為風。

(7)風災起時，應見水者即變為水，應見火者即變為火。作如是等種種變化，示諸眾生，能令歡喜，而為說法，何以故？

(8)是神通力，信欲、精進、禪定、智慧諸法所攝，調伏柔和，心得自在，善修集故，是名「如意神通」。

【十二～10】維摩詰「斷取」妙喜世界至娑婆土。彼雖入此土，而眾相仍無增減，娑婆土亦無迫隘也

三國吳・支謙譯《維摩詰經》	姚秦・鳩摩羅什譯《維摩詰所說經》	姚秦・鳩摩羅什譯《維摩詰所說大乘經》	唐・玄奘譯《說無垢稱經》
㊀維摩詰念欲喜衆會，即如其像，正受「三昧」而為「神足」(神通具足)，居諸衆前於「師子座」，以「右掌」接妙樂世界來入「忍土」(娑婆世界)。	㊀(維摩詰)作是念已，(便)入於「三昧」，現「神通力」，以其「右手」，「斷取」妙喜世界，置於「此土」(娑婆世界)。	㊀(維摩詰)作是念已，(便)入如是「三昧」，現「神通力」，以其「右手」，「斷取」妙喜世界，置於「此土」(娑婆世界)。	㊀其無垢稱既作是思，不起于床，(便)入「三摩地」，發起如是殊勝「神通」，速疾「斷取」妙喜世界，置于「右掌」，入此「界」(娑婆世界)中。
㊁彼(妙喜世界)得神通「菩薩、天人、弟子(聲聞)」見接舉來，皆起稱曰：	㊁彼(妙喜世界)得神通「菩薩」及「聲聞衆」，并餘「天人」，俱發聲言：	㊁彼(妙喜世界)得神通「菩薩」及「聲聞衆」，并餘「天人」，俱發聲言：	㊁彼土(妙喜世界)「聲聞」及諸「菩薩、人天」大衆，得「天眼」者，咸生「恐怖」，俱發聲言：
㊂唯然，世尊(無動佛)！哀取我！唯	㊂唯然，世尊(無動佛)！誰取我去？	㊂唯然，世尊(無動佛)！誰取我去？	㊂誰將我去？誰將我去？唯願世尊

然，世尊！安立我。	願見救護！	願見救護！	(無動佛)，救護我等！唯願善逝，救護我等！
㊃阿閦佛以方便受衆人而解之曰：非我所為，是維摩詰所「接」也。	㊃無動佛言：非我所為，是維摩詰「神力」所作。	㊃無動佛言：非我所為，是維摩詰「神力」所作。	㊃時無動佛為(度)化衆生方便告言：諸善男子！汝等勿怖！汝等勿怖！是無垢稱「神力」所引，非我所能。
㊄(妙喜國)其餘「天人」不知為誰？取我而往？	㊄(妙喜國)其餘未得神通者，「不覺不知」己之所往。	㊄(妙喜國)其餘未得神通者，「不覺不知」己之所往。	㊄彼土(妙喜世界)「初學、人天」等衆，未得殊勝「天眼通」者，皆悉安然「不知不見」。 ㊅聞是語已，咸相驚問：我等於今，當何所往？
㊆而妙樂世界入此忍土(娑婆世界)「不增不減」。又此土(娑婆世界)不迫隘ㄞ(迫窄迮隘)，而彼土(妙喜世界)亦「不損」也。	㊆妙喜世界，雖入此(娑婆)土，而不「增減」，於是(娑婆)世界，亦不迫隘ㄞ(迫窄迮隘)，如本無異。	㊆妙喜世界，雖入此(娑婆)土，而不「增減」，於是(娑婆)世界，亦不迫隘ㄞ(迫窄迮隘)，如本無異。	㊆妙喜國土雖入此(娑婆世)界，然其衆相「無減無增」，「堪忍」世間亦不迫迮ㄗㄜˊ(迫窄迮狹)。雖復彼此二界「相雜」，各見所居，與本無異。

【十二～11】維摩詰以「神力」移妙喜世界至娑婆土後，有「十四那由他」眾生皆「發願」願生彼界

三國吳・支謙譯《維摩詰經》	姚秦・鳩摩羅什譯《維摩詰所說經》	姚秦・鳩摩羅什譯《維摩詰所說大乘經》	唐・玄奘譯《說無垢稱經》
㊀於是世尊釋迦文告諸衆曰：	㊀爾時釋迦牟尼佛告諸大衆：	㊀爾時釋迦牟尼佛告諸大衆：	㊀爾時世尊釋迦牟尼告諸大衆：

汝等觀是妙樂世界阿閦如來，其土「嚴好」？「菩薩」行淨(修行清淨)？「弟子」(聲聞)清白？ ㊁皆曰： 唯然！已見！	汝等且觀妙喜世界無動如來，其國「嚴飾」(莊嚴淨飾)？「菩薩」行淨(修行清淨)？「弟子」(聲聞)清白？ ㊁皆曰： 唯然，已見！	汝等且觀妙喜世界無動如來，其國「嚴飾」(莊嚴淨飾)？「菩薩」行淨(修行清淨)？「弟子」(聲聞)清白？ ㊁皆曰： 唯然，已見！	汝等「神仙」，普皆觀見妙喜世界無動如來「莊嚴佛土」？及諸「菩薩、聲聞」等耶？ ㊁一切咸言： 世尊！已見！ ㊂時無垢稱即以「神力」，化作種種「上妙天花」及「餘末香」，與諸大衆，令散「供養」釋迦牟尼、無動如來(及)諸「菩薩」等。
㊃願受如是「淨妙佛土」，諸菩薩皆欲追學阿閦如來「菩薩所行」。	㊃佛言： 若菩薩欲得如是「清淨佛土」，當學無動如來「所行」之道。	㊃佛言： 若菩薩欲得如是「清淨佛土」，當學無動如來「所行」之道。	㊃於是世尊復告大衆： 汝等「神仙」，欲得成辦如是功德「莊嚴佛土」為「菩薩」者，皆當隨學無動如來，本所修行諸「菩薩行」。
㊄其於是「見」彼阿閦如來佛土者，「十四」姟(同「垓」，經云十萬曰億，十億曰兆，十兆曰京，十京曰姟)人，起「無上正真道意」，皆「願生」妙樂世界。	㊄(維摩詰以神力)「現」此妙喜國時，娑婆世界「十四」那由他(nayuta)人，發「阿耨多羅三藐三菩提心」，皆「願生」於妙喜佛土。	㊄(維摩詰以神力)「現」此妙喜國時，娑婆世界「十四」那由他(nayuta)人，發「阿耨多羅三藐三菩提心」，皆「願生」於妙喜佛土。	㊄其無垢稱以「神通力」，「示現」如是妙喜界時，「堪忍土」中有「八十四」(據梵文原意作「十四」)那庾多(nayuta)數諸「人天」等，同發「無上正等覺心」，悉願當生妙喜世界。
㊅佛即「記」說： 是輩皆「當生」妙樂土。	㊅釋迦牟尼佛即「記」之曰： 「當生」彼國！	㊅釋迦牟尼佛即「記」之曰： 「當生」彼國！	㊅世尊咸記： 皆「當往生」無動如來所居佛土。

㊆又當來「化」我此忍世界(娑婆世界)。	㊆時妙喜世界於此國土(娑婆世界)所應「饒益」(豐饒助益)。	㊆時妙喜世界於此國土(娑婆世界)所應「饒益」(豐饒助益)。	㊆時無垢稱以「神通力,」「移取」如是妙喜世界、無動如來諸菩薩等,為欲「饒益」(豐饒助益)此界(娑婆世界)有情。
㊇一切「化」已,(維摩詰以神力)當復還彼(妙喜世界)。	㊇其事訖已,(維摩詰以神力)還復本處(妙喜世界),舉衆皆「見」。	㊇其事訖已,**維摩詰仍以「右手」送歸本處**(妙喜世界),舉衆皆「見」。	㊇其事畢已,(維摩詰以神力)還置本處(妙喜世界),彼此分離,兩衆皆「見」。

【十二~12】若「手」得是經典者,便為已得法寶之藏。若能「書、持」此經,其室即如同有「如來」住。底下約有十種不可思議功德

三國吳・支謙譯《維摩詰經》	姚秦・鳩摩羅什譯《維摩詰所說經》	姚秦・鳩摩羅什譯《維摩詰所說大乘經》	唐・玄奘譯《說無垢稱經》
㊀佛問舍利弗:汝已見妙樂世界阿閦如來?	㊀佛告舍利弗:汝見此妙喜世界及無動佛不?	㊀佛告舍利弗:汝見此妙喜世界及無動佛不?	㊀爾時世尊告舍利子:汝已觀見妙喜世界無動如來菩薩等不?
㊁(舍利弗言)如是!世尊! ㊂見彼土人,一切「淨好」。	㊁(舍利弗言)唯然,已見!世尊! ㊂㊃願使一切衆生得「清淨土」,如無動佛。	㊁(舍利弗言)唯然,已見!世尊! ㊂㊃願使一切衆生得「清淨土」,如無動佛。	㊁舍利子言:世尊!已見! ㊂願諸有情,皆住如是「莊嚴佛土」。 ㊃願諸有情,成就如是福德智慧圓滿功德,一切皆似無動如來。
㊄(願諸有情能)皆得「神足」(神通具足)如維摩詰。	㊄(願諸有情能)獲「神通力」,如維摩詰。	㊄(願諸有情能)獲「神通力」,如維摩詰。	㊄願諸有情,皆當獲得「自在神通」如無垢稱。

㉖我(舍利弗)等，世尊！快得「善利」，得與是輩「正士」(維摩詰)相見(親近)，與之「從事」(供養)。	㉖世尊！我(舍利弗)等快得「善利」，得見是人(維摩詰)，親近「供養」。	㉖世尊！我(舍利弗)等快得「善利」，得見是仁(維摩詰)，親近「供養」。	㉖世尊！我(舍利弗)等善獲勝利，瞻仰親近如是「大士」(維摩詰)。
❶在在人人，聞是法者，快得「善利」。誰聞是語，而不好信。	❶其諸衆生，若今現在，若佛滅後，聞此「經」者，亦得「善利」。況復聞已，「信解、受持、讀誦、解說」，如法修行。	❶其諸衆生，若今現在，若佛滅後，聞此「經」者，亦得「善利」。況復聞已，「信解、受持、讀誦、解說」，如法修行。	❶其諸有情，若但聞此殊勝「法門」，當知猶名「善獲勝利」，何況聞已，信解、受持、讀誦、通利、廣為他說，況復方便「精進修行」。
❷如有「手」執，翫習諷讀，是為得「佛行念」。	❷若有「手」得是經典者，便為已得「法寶之藏」。	❷若有「手」得是經典者，便為已得「法寶之藏」。	❷若諸有情，「手」得如是殊勝法門，便為獲得「法珍寶藏」。 ❸若諸有情，「信解」如是殊勝法門，便為紹繼(嗣紹繼承)「諸佛相續」。
❹❺❻如有「諷起」是經法者，為受「正法」，為捨「衆道」，為「如來」到其「舍」。	❹若有「讀誦」，解釋其義，如說修行，即為諸佛之所「護念」。	❹若有「讀誦」，解釋其義，如說修行，則為諸佛之所「哀愍、護念」。	❹若諸有情，「讀誦」如是殊勝法門，便成菩薩，與「佛」為伴。
	❺其有供養「如是人」者，當知即為供養於「佛」。	❺其有供養「如是人」者，當知則為供養於「佛」。	❺若諸有情，受持如是殊勝法門，便為攝受「無上正法」。
	❻其有「書、持」此	❻其有「書、持」此	❻若有供養，學此

	經卷者，當知其「室」，即有「如來」。	經卷者，當知其「室」，即有「如來」。	法者，當知其「室」，即有「如來」。
❼❽若「究(研究)、暢(通達)」書，「隨是」法說，而敬事者，是為得「佛福施」，得「大法智」。	❼❽若聞是經能「隨喜」者，斯人即為取「一切智」。	❼❽若聞是經能「隨喜」者，斯人**則**為**趣**「一切智」。	❼若有「書寫、供養」如是殊勝法門，便為攝受「一切福德、一切智智」。 ❽若有「隨喜」如是法門，便為施設「大法祠祀」(能圓滿法施之祠會)。
❾❿其以此經「四句頌教」，為同學說，是為已得「記莂(授記)」，為得「法樂」，已甚解矣。	❾❿若能「信解」此經，乃至「一、四句偈」，為他說者，當知此人，即是受「阿耨多羅三藐三菩提記」。	❾若能「信解」此經，乃至「一、四句偈」，為他說者，當知此人，**即為「大法施主」。** ❿**若能「恭敬、瞻仰、信解、諦觀」此經，是人即為**受「阿耨多羅三藐三菩提記」者。	❾若以如是殊勝法門「一、四句頌」為他演說，便為已逮「不退轉位」。 ❿若善男子，或善女人，能於如是殊勝法門，「信解、忍受、愛樂、觀察」，即於「無上正等菩提」已得「授記」。

法供養品第十三

【十三～1】釋提桓因云：若有「受持、讀誦」如說修行者，我當「與諸眷屬」供養給事於汝。底下約有十種不可思議功德

三國吳・支謙譯《維摩詰經》	姚秦・鳩摩羅什譯《維摩詰所說經》	姚秦・鳩摩羅什譯《維摩詰所說大乘經》	唐・玄奘譯《說無垢稱經》
【法供養品第十三】	【法供養品第十三】	【法供養品第十三】	【法供養品第十三】
於是天帝釋(Śakra-Devānām-indra 天帝釋、帝釋天、天主、因陀羅、即俗謂「玉皇大帝」)白佛言： 多福哉！世尊！得近如來文殊師利者，雖百千聞，未有若此「純法」化者也。	爾時釋提桓因(Śakra-Devānām-indra 天帝釋、帝釋天、天主、因陀羅、即俗謂「玉皇大帝」)於大眾中白佛言： 世尊！我雖從佛及文殊師利聞百千經，未曾聞此不可思議，自在神通，決定「實相」經典。	爾時釋提桓因(Śakra-Devānām-indra 天帝釋、帝釋天、天主、因陀羅、即俗謂「玉皇大帝」)於大眾中白佛言： 世尊！我雖從佛及文殊師利聞百千經，未曾聞此不可思議，自在神通，決定「實相」經典。	爾時天帝釋(Śakra-Devānām-indra 天帝釋、帝釋天、天主、因陀羅、即俗謂「玉皇大帝」)白佛言： 世尊！我雖從佛及妙吉祥聞多百千法門差別，而未曾聞如是所說「不可思議自在神變」解脫法門。
❶以宿曾聞是法「不疑」故，使其人得此「法乘」，能「受持、誦」。況我面值(當面值遇)，應心與合！諸受此者，吾無所違。	❶如我解佛所說義趣，若有眾生聞是「經法」，「信解、受持、讀誦」之者，必得是法「不疑」，何況如說修行？	❶如我解佛所說義趣，若有眾生聞是「經法」，「信解、受持、讀誦」之者，必得是法「不疑」，何況如說修行？	❶如我解佛所說義趣，若諸有情，聽聞如是所說法門，「信解、受持、讀誦、通利」，廣為他說，尚為「法器」(正法的根器)，決定「無疑」。何況精勤「如理修習」？
	❷斯人即為閉眾	❷斯人即為閉眾	❷如是有情，關閉

	「惡趣」，開諸「善門」。	「惡趣」，開諸「善門」。	一切「惡趣險徑」，開闢一切「善趣」夷塗(平坦的道路)。
❸若一切見，「軌跡」不離諸佛者。	❸常為諸佛之所「護念」。	❸常為諸佛之所「護念」。	❸常見一切「諸佛菩薩」。
❹於諸彼轉，其已得勝。	❹降伏「外學」。	❹降伏「外學」。	❹降伏一切「外道他論」。
❺為降「衆魔」，而來體「道」。	❺摧滅「魔怨」。	❺摧滅「魔怨」。	❺摧滅一切「暴惡魔軍」。
❻道意「佛念」，其人必得。	❻修治「菩提」(道)，安處「道場」，履踐「如來」所行之跡。	❻修治「菩提」(道)，安處「道場」，履踐「如來」所行之跡。	❻淨「菩提道」，安立「妙覺」，履踐「如來」所行之路。
❼持是法者，吾(天帝釋;玉皇大帝)與「官屬」，當助安之。	❼世尊！若有「受持、讀誦」如說修行者。我(天帝釋;玉皇大帝)當與「諸眷屬」供養給事！	❼世尊！若有「受持、讀誦」如說修行者。我(天帝釋;玉皇大帝)當與「諸眷屬」供養給事！	❼復言：世尊！若諸有情，「聽聞」如是所說法門，「信解、受持」乃至精勤「如理修習」。我(天帝釋;玉皇大帝)當與其「一切眷屬」，恭敬供養是「善男子、善女人」等。
❽在所「墟聚、國邑」，有以是「法教」勸說者。吾與「官屬」共詣其所。	❽所在「聚落、城邑、山林、曠野」，有是經處。我亦與「諸眷屬」，聽受法故，共到其「所」(處所)。	❽所在「聚落、城邑、山林、曠野」，有是經處。我亦與「諸眷屬」，聽受法故，共到其「所」(處所)。	❽世尊！若有「村城、聚落、國邑、王都」，「受持、讀誦、開解、流通」此法門處。我亦與其「一切眷屬」，為聞法故，共詣其「所」(處所)。

❾其「未樂」之天人。吾當起其樂。 ❿必以「喜樂」，而「營護」法。	❾其「未信」者，當令生「信」。 ❿其「已信」者，當為「作護」。	❾其「未信」者，當令生「信」。 ❿其「已信」者，當為「作護」。	❾諸「未信」者，當令其「信」。 ❿諸「已信」者，如法「護持」，令無障難。

【十三～2】若善男子、善女人「受持、讀誦、供養」是經者，即為供養「去、來、今」佛

三國吳・支謙譯《維摩詰經》	姚秦・鳩摩羅什譯《維摩詰所說經》	姚秦・鳩摩羅什譯《維摩詰所說大乘經》	唐・玄奘譯《說無垢稱經》
㊀佛言： 善哉！善哉！天帝(天帝釋；玉皇大帝)！吾(如來)代汝喜。	㊀佛言： 善哉！善哉！天帝(天帝釋；玉皇大帝)！如汝所說，吾(如來)助爾喜。(據梵文原意作「如來隨喜天帝釋所說的種種妙言」)	㊀佛言： 善哉！善哉！天帝(天帝釋；玉皇大帝)！如汝所說，吾(如來)助爾喜。	㊀爾時世尊告天帝釋： 善哉！善哉！如汝所說，汝今乃能「隨喜」如來所說如是微妙法門。(據梵文原意作「如來隨喜天帝釋所說的種種妙言」)
㊁是諸「去、來、現在」佛得道者，皆說是法。	㊁此經廣說「過去、未來、現在」諸佛不可思議(之)「阿耨多羅三藐三菩提」(法)。	㊁此經廣說「過去、未來、現在」諸佛不可思議(之)「阿耨多羅三藐三菩提」(法)。	㊁天帝！當知！「過去、未來、現在」諸佛，所有無上正等菩提，皆於如是所說法門「略說開示」。
㊂若是天帝！欲得供養「去、來、現在」諸佛世尊。當受是法，持誦自清，宣示同學。	㊂是故，天帝！若「善男子、善女人」，「受持、讀誦、供養」是經者，即為供養「去、來、今」佛。	㊂是故，天帝！若「善男子、善女人」，「受持、讀誦、供養」是經者，**則**為供養「去、來、今」佛。	㊂是故，若有諸「善男子」或「善女人」，聽聞如是所說法門，「信解、受持、讀誦、通利、廣為他說、書寫、供養」，即為供養「過去、未來、現

			在」諸佛。
㊃正使天帝！三千大千世界，如來滿中，譬如「甘蔗、竹蘆、稻麻、叢林」，甚多無數，皆為如來。	㊃天帝！正使三千大千世界，如來滿中，譬如「甘蔗、竹葦、稻麻、叢林」。	㊃天帝！正使三千大千世界，如來滿中，譬如「甘蔗、竹葦、**芝麻、紫降**、叢林」。	㊃又天帝釋！假使三千大千世界，滿中如來，譬如「甘蔗」及「竹葦、麻稻、山林」等。
㊄有「賢者子、賢者女」，於「一劫」、若「百劫」。敬之、事之、奉之、養之。一切施安，進諸所樂。	㊄若有「善男子、善女人」，或「一劫」、或「減一劫」(據梵文原意作「一劫的剩餘，即指一劫之餘」)，恭敬尊重，讚歎供養，奉諸所安。	㊄若有「善男子、善女人」，**或以「一劫」、或以「數劫」**，恭敬尊重，讚歎供養，奉諸所安。	㊄若「善男子」或「善女人」，經於「一劫」，或「一劫餘」，恭敬尊重，讚歎承事。以諸天人，一切上妙安樂「供具」，一切上妙安樂「所居」，奉施供養。
㊅至諸佛般泥曰，一一等意，穿「地藏骨」，立七寶塔，周於「四方」，彌滿佛界，高至「梵天」施設蓋幡。	㊅至諸佛滅後，以一一「全身舍利」，起七寶塔，縱廣一「四天下」，高至「梵天」，表剎(據梵文原意作「柱子或旗杆」)莊嚴。	㊅至諸佛滅後，以一一「全身舍利」，起七寶塔，縱廣一「四天下」，高至「梵天」，表剎(據梵文原意作「柱子或旗杆」)莊嚴。	㊅於諸如來般涅槃後，供養一一「全身舍利」，以七珍寶起「窣堵波」(stūpa 塔)，縱廣量等「四洲世界」。其形高峻，上至「梵天」，表柱(據梵文原意作「柱子或旗杆」)輪盤，香花幡蓋。眾珍伎樂，嚴飾(莊嚴淨飾)第一。
㊆為諸佛別造「塔」，皆於「一劫」、若「百劫」，供養「眾華、眾香、眾蓋、幢幡、伎樂」。	㊆以一切「華香、瓔珞、幢幡、伎樂」，微妙第一，若「一劫」、若「減一劫」(據梵文原意作「一劫的剩餘，即指一劫之餘」)，而供養之。	㊆以一切「華香、瓔珞、幢幡、**妓樂**」，微妙第一，若「一劫」、**若「數劫」**，而供養之。	㊆如是建立，一一如來七寶莊嚴「窣堵波」(stūpa 塔)已，經於「一劫」，或「一劫餘」。以諸天人，一切上妙「花鬘、燒香、塗香、

			末香、衣服、幡蓋、寶幢、燈輪、衆珍、伎樂」種種供具。恭敬尊重，讚歎供養。

【十三～3】諸佛菩提皆從「法」生，以「法」供養，乃能合「菩提之相」

三國吳・支謙譯《維摩詰經》	姚秦・鳩摩羅什譯《維摩詰所說經》	姚秦・鳩摩羅什譯《維摩詰所說大乘經》	唐・玄奘譯《說無垢稱經》
㊀云何？天帝！此人植福，能增多不？	㊀天帝！於意云何，其人植福，寧為多不？	㊀天帝！於意云何，其人植福，寧為多不？	㊀於意云何？是善男子或善女人，由此因緣，獲福多不？
㊁曰： 多矣！世尊！彼之福祐(福德護祐)，不可稱說，億百千劫！	㊁釋提桓因言： 多矣！世尊！彼之福德，若以百千億劫，說不能盡。	㊁釋提桓因言： **甚多**！世尊！彼之福德，若以百千億劫，說不能盡。	㊁天帝釋言： 甚多！世尊！難思！善逝！百千俱胝「那庾多」(nayuta)劫，亦不能說其福聚量。
㊂佛告天帝： 當以知是「賢者子、賢者女」，受此「不思議門」所說法要，「奉持、說者」，福多於彼。	㊂佛告天帝： 當知是「善男子、善女人」，聞是「不可思議」解脫經典，「信解、受持、讀誦、修行」，福多於彼。	㊂佛告天帝： 當知是「善男子、善女人」，聞是「不可思議」解脫經典，「信解、受持、讀誦、修行」，福多於彼。	㊂佛告天帝： 如是！如是！吾今復以「誠言」語汝。若「善男子」或「善女人」，聽聞如是「不可思議自在神變」解脫法門，「信解、受持、讀誦、宣說」，所獲福聚，甚多於彼！
㊃所以者何？ 「法」生佛道，「法」出諸佛。	㊃所以者何？ 諸佛「菩提」皆從此(法)生。	㊃所以者何？ 諸佛「菩提」皆從「**法**」生。**以**「**法**」	㊃所以者何？ 諸佛「無上正等菩提」從此(法)生故，

		供養，乃能合「菩提相」。	唯「法供養」乃能「供養」，如是法門，非以「財物」。
㊄其能供養此「正法」者，非思欲施輩，當以知此。	㊄「菩提之相」不可限量，以是因緣，福不可量。	**㊄若以世間「財寶」供養，欲於「菩提相」合，無有是處。**	㊄天帝！當知！「無上菩提」功德多故，供養此法，其福甚多。

【十三～4】大莊嚴世界中有藥王如來及寶蓋轉輪聖王

三國吳・支謙譯 《維摩詰經》	姚秦・鳩摩羅什譯 《維摩詰所說經》	姚秦・鳩摩羅什譯 《維摩詰所說大乘經》	唐・玄奘譯 《說無垢稱經》
㊀佛告天帝： 有昔過去無央數劫，不可稱計，時世有佛名俾ㄆˋ沙闍羅耶(漢言藥王)如來、至真、等正覺、明行成為、善逝、世間解、無上士、道法御、天人師號、佛、世尊。	㊀佛告天帝： 過去無量阿僧祇劫，時世有佛，號曰藥王如來、應供、正遍知、明行足、善逝、世間解、無上士、調御丈夫、天人師、佛、世尊。	㊀佛告天帝： 過去無量阿僧祇劫，時**此**有佛，號曰藥王如來、應供、正遍知、明行足、善逝、世間解、無上士、調御丈夫、天人師、佛、世尊。	㊀爾時世尊告天帝釋： 乃往過去不可思議、不可稱量、無數大劫，有佛出世名曰藥王如來、應、正等覺、明行、圓滿善逝、世間解、無上丈夫、調御士、天人師、佛、世尊。
㊁其世界名大清，劫曰淨除。彼時，天帝！藥王如來壽「三十劫」，其「弟子衆」(聲聞眾)凡「三十六億」姟ㄍㄞ(同「垓」，經云十萬曰億，十億曰兆，十兆曰京，十京曰姟)，菩薩「十二億」。	㊁世界名大莊嚴，劫曰莊嚴，佛壽二十小劫。其聲聞僧「三十六億」那由他(nayuta)，「菩薩僧」有「十二億」。	㊁世界名大莊嚴，劫曰**嚴淨**，佛壽二十小劫。其聲聞僧「三十六億」那由他(nayuta)，「菩薩僧」有「十二億」。	㊁彼佛世界名曰大嚴，劫名嚴淨，藥王如來壽量住世「二十中劫」。其「聲聞僧」有「三十六」俱胝「那庾多」(nayuta)數，其菩薩衆「十二」俱胝。

㊂是時有「轉輪聖王」，名曰寶蓋，王有七寶，主「四天下」。	㊂天帝！是時有「轉輪聖王」，名曰寶蓋，七寶具足，主「四天下」。王有「千子」，端正勇健，能伏怨敵。	㊂天帝！是時有「轉輪聖王」，名曰寶蓋，七寶具足，主「四天下」。王有「千子」，端正勇健，能伏怨敵。	㊂時有「輪王」名曰寶蓋，成就七寶，主「四大洲」，具足「千子」，端嚴勇健，能伏他軍。
㊃「五劫」奉事藥王如來。率其官屬，施諸所安(sukha-dāna 施安；能施予眾生安樂)。	㊃爾時寶蓋與其眷屬(據梵文原意作「寶蓋供養藥王如來及其眷屬隨眾們」)，供養藥王如來，施諸所安(sukha-dāna 施安；能施予眾生安樂)，至滿「五劫」。	㊃爾時寶蓋與其眷屬，供養藥王如來，施諸所安(sukha-dāna 施安；能施予眾生安樂)，至滿「五劫」。	㊃時王寶蓋與其眷屬(據梵文原意作「寶蓋供養藥王如來及其眷屬隨眾們」)，滿「五中劫」，「恭敬、尊重、讚歎、承事」藥王如來。以諸天人，一切上妙安樂「供具」，一切上妙安樂「所居」，奉施供養。
㊄至「五劫」中，聖王寶蓋召其「千子」而告之曰：汝等已見如來，當共奉事，施以所安。	㊄過「五劫」已，告其「千子」：汝等亦當如我，以深心供養於佛。	㊄過「五劫」已，告其「千子」：汝等亦當如我，以深心供養於佛。	㊄過「五劫」已，時寶蓋王告其「千子」：汝等當知！我已供養藥王如來，汝等今者亦當如我奉施供養。
㊅於是「千子」聞父王命，皆以安和。	㊅於是「千子」受父王命，	㊅於是「千子」受父王命，	㊅於是「千子」聞父王教，歡喜敬受，皆曰：善哉！
㊆復至「五劫」，供養藥王如來，并其官屬，	㊆供養藥王如來，復滿五劫，	㊆供養藥王如來，服滿五劫，	㊆一切協同，滿五中劫，與其眷屬「恭敬、尊重、讚歎、承事」藥王如來。
㊇一切「施安」(sukha-dāna 能施安樂，能	㊇一切「施安」(sukha-dāna 能施安樂，能	㊇一切「施安」(sukha-dāna 能施安樂，能	㊇以諸人天，一切上妙安樂「供

給與聽法者饒益身心輕安之樂，又能息滅諸界之災癘疾病等障難)。	給與聽法者饒益身心輕安之樂，又能息滅諸界之災癘疾病等障難)。	給與聽法者饒益身心輕安之樂，又能息滅諸界之災癘疾病等障難)。	具」，一切上妙安樂「所居」，奉施供養。

《法華經》的漢譯本相關資料

《法華經》的漢譯，以吳•支謙在孫權 黃武二年，至孫亮 建興二年(西元223-253)這段期間，翻譯「譬喻品」的別譯**《佛以三車喚經》**(缺本)為嚆矢(事物的開始)，其後陸續有「六次」的「全譯本」，及數次的「部份翻譯本」。

據《開元釋教錄》卷十一及卷十四，本經先後經「六譯」，有「三存」與「三佚」，若依翻譯年代順序，即：

❶**《法華三昧經》**六卷。吳・支疆梁接(Kalasivi，正無畏)於孫亮 五鳳二年(公元255)譯。
❷**《薩芸芬陀利經》**六卷。西晉・竺法護於秦始元年(公元265)譯(前譯本)。
❸**《正法華經》**十卷。西晉・竺法護於西晉武帝 太康七年(公元286)譯(後譯本)。➔存
❹**《方等法華經》**五卷。東晉・沙門支道根於咸亨元年(公元335)譯。
❺**《妙法蓮華經》**七卷(後世改八卷)。姚秦・鳩摩羅什於弘始八年(公元406)譯。➔存
❻**《添品妙法蓮華經》**七卷。隋・闍那崛多、達摩笈多於仁壽元年(公元601)譯。➔存

以上譯本中，現存的只有竺法護(後譯本)、羅什、闍那崛多等三譯。在這三個譯本中，

①**《正法華經》**又名**《方等正法華經》**，由西晉・竺法護譯出。共有十卷、二十七品，是現存三個譯本中「最早譯出」的。
②其次譯出的是鳩摩羅什所譯的**《妙法蓮華經》**(簡稱《妙法華經》)有八卷、二十七品。
③繼之再譯出的是隋・闍那崛多與達摩笈多譯出的**《添品妙法蓮華經》**。

《法華經》之所以有上述譯本品卷的差別，主要是各自依據的底本不同。
①**《正法華經》**是根據「梵文貝葉經」翻譯的。
②**《妙法蓮華經》**則是根據「西域」的「龜茲文本」翻譯的。
③隋•仁壽元年(西元601)，闍那崛多及達摩笈多二人，是根據從印度傳來的梵文

貝葉經，對羅什所譯的《妙法華經》重新作了校訂，此即是後來的**《添品妙法蓮華經》**。

這三種譯名之所以不同，是因為**《法華經》**的梵名為「**薩達摩芬陀利迦蘇多覽**」，其中「**薩**」有種種意義，竺法護取「**正**」的意思，鳩摩羅什及闍那崛多則取「**妙**」的意思，而所謂「**添品**」只是「增補」的意思。

依據「**添品**」的序所敘述：羅什的譯本中，缺了最初的【藥草喻品】前半段、【法師品】最初部份，及【提婆品】、【普門品】的偈頌。因此闍那崛多依據請來的「貝葉本」，加以增補，故稱為**《添品妙法蓮華經》**。

現存三譯的內容，互有出入，**《妙法蓮華經》**最精簡，**《添品妙法蓮華經》**為其次，**《正法華經》**則最為詳盡。

此三種譯本，流傳於日本、中國者，以羅什的《妙法蓮華經》為主，除因為羅什的譯本較為流暢外，也因羅什的門下弟子，如僧叡等，爭相講說此經。之後又有法雲、智者、吉藏等諸大師加以注釋的關係。而其他二譯本，大都只作為「比較」的研究資料而已。（可參果濱《漢譯《法華經》三種譯本比對暨研究(全彩本)》。2013 年 9 月初版。萬卷樓圖書股份有限公司發行。ISBN：978-957-739-816-1）

《正法華經・卷第六・藥王如來品第十》與《維摩詰經・法供養品第十三》的比對(學界普遍認爲竺法護譯的《正法華經》第十品的「前部內容」是混入了《維摩詰經》的〈法供養品〉內容)

大莊嚴世界中有藥王如來及寶蓋轉輪聖王

竺法護譯 《正法華經》 （公元 286） 註：竺法護於公元303 年譯有《維摩鞊經》，今不存。	支謙譯 《維摩詰經》 (公元 222~253 年譯)	鳩摩羅什譯 《維摩詰所說大乘經》 （龍藏本） (公元 1735～1738 元集)	玄奘譯 《說無垢稱經》 (公元 650 譯畢)
㊀佛告諸比丘：道法「一(佛乘)」等，無有「二乘」，謂「無上正真道」。「往古、來、今」無有	㊀佛告天帝(Śakra-Devānām-indra 天帝釋、帝釋天、天主、因陀羅、即俗謂「玉皇大帝」)：	㊀佛告天帝：	㊀爾時世尊告天帝釋：

兩正，猶如眾流四瀆ㄉㄨˊ(古代長江、黃河、淮河、濟水的合稱)，歸海合為一味。如日所照，靡不周遍，未曾增減。 若族姓子(善男子)！欲至「正覺」，解(脫)無「三塗(苦)」，(及無)「去、來、今」者，當學受持《正法華經》「分別空慧」，無「六度想」。 不以「花香、伎樂」供養為供養也。當了「三(解)脫」至「三達智」(三事通達無礙之智明，❶宿命智證明❷生死智證明❸漏盡智證明)無極(pāramitā 波羅蜜)之慧，乃為供養。所以者何？			
㊁乃昔久遠劫難稱限，爾時有佛，號藥王如來、至真、等正覺、明行成為、善逝、世間解、無上士、道法御、天人師，為佛、眾祐。	㊁有昔過去無央數劫，不可稱計，時世有佛名俾沙闍羅耶(漢言藥王)如來、至真、等正覺、明行成為、善逝、世間解、無上士、道法御、天人師號、佛、世尊。	㊁過去無量阿僧祇劫，時此有佛，號曰藥王如來、應供、正遍知、明行足、善逝、世間解、無上士、調御丈夫、天人師、佛、世尊。	㊁乃往過去不可思議、不可稱量、無數大劫，有佛出世名曰藥王如來、應、正等覺、明行、圓滿善逝、世間解、無上丈夫、調御士、天人師、佛、世尊。
㊂世界名大淨，劫曰淨除。藥王如	㊂其世界名大清，劫曰淨除。彼	㊂世界名大莊嚴，劫曰嚴淨，佛	㊂彼佛世界名曰大嚴，劫名嚴淨，

來壽「二十中劫」，諸「聲聞」眾「三十六億」，「菩薩大士」有「十二億」。	時，天帝！藥王如來壽「三十劫」，其「弟子眾」凡「三十六億」姟ㄍㄞ（同「垓」，經云十萬曰億，十億曰兆，十兆曰京，十京曰姟），菩薩「十二億」。	壽二十小劫。其聲聞僧「三十六億」那由他(nayuta)，「菩薩僧」有「十二億」。	藥王如來壽量住世「二十中劫」。其「聲聞僧」有「三十六」俱胝那庾多(nayuta)數，其菩薩眾「十二」俱胝。
㊃時「轉輪王」，名曰寶蓋，典主(掌管;統理)「四域」。王有「千子」，端正(同「正」)勇猛，有「七寶聖臣」，降伏怨敵。	㊃是時有「轉輪聖王」，名曰寶蓋，王有七寶，主「四天下」。	㊃天帝！是時有「轉輪聖王」，名曰寶蓋，七寶具足，主「四天下」。王有「千子」，端正勇健，能伏怨敵。	㊃時有「輪王」名曰寶蓋，成就七寶，主「四大洲」，具足「千子」，端嚴勇健，能伏他軍。
㊄其王(寶蓋轉輪聖王)供養藥王如來，具足「五中劫」。(寶蓋)與眷屬俱，一切「施安奉敬」藥王。	㊄「五劫」奉事藥王如來。率其官屬，施諸所安(sukha-dāna 施安;能施予眾生安樂)。	㊄爾時寶蓋與其眷屬(據梵文原意作「寶蓋供養藥王如來及其眷屬隨眾們」)，供養藥王如來，施諸所安(sukha-dāna 施安;能施予眾生安樂)，至滿「五劫」。	㊄時王寶蓋與其眷屬(據梵文原意作「寶蓋供養藥王如來及其眷屬隨眾們」)，滿「五中劫」，「恭敬、尊重、讚歎、承事」藥王如來。以諸天人，一切上妙安樂「供具」，一切上妙安樂「所居」，奉施供養。
㊅過「五劫」已，(寶蓋轉輪聖王)告其「千子」： 吾已「供侍」(藥王)如來，若等亦當順遵前緒(前人之事業)。	㊅至「五劫」中，聖王寶蓋召其「千子」而告之曰： 汝等已見(藥王)如來，當共奉事，施以所安。	㊅過「五劫」已，告其「千子」： 汝等亦當如我，以深心供養於(藥王)佛。	㊅過「五劫」已，時寶蓋王告其「千子」： 汝等當知！我已供養藥王如來，汝等今者亦當如我奉施供養。
㊆於時「千子」聞父王教。	㊆於是「千子」聞父王命，皆以安	㊆於是「千子」受父王命。	㊆於是「千子」聞父王教，歡喜敬

	和。		受，皆曰：善哉！
㊇復以「五劫」供養藥王如來。	㊇復至「五劫」，供養藥王如來，并其官屬，	㊇供養藥王如來，服滿五劫。	㊇一切協同，滿五中劫，與其眷屬「恭敬、尊重、讚歎、承事」藥王如來。
㊈進以「上妙」(精妙最好的供養)，不違所安(所應予之安樂；喜好)。	㊈一切「施安」(sukha-dāna 能施安樂，能給與聽法者饒益身心輕安之樂，又能息滅諸界之災癘疾病等障難)。	㊈一切「施安」(sukha-dāna 能施安樂，能給與聽法者饒益身心輕安之樂，又能息滅諸界之災癘疾病等障難)。	㊈以諸人天，一切上妙安樂「供具」，一切上妙安樂「所居」，奉施供養。

【十三～5】空中有「天」，承佛神力，對寶蓋轉輪聖王之子月蓋曰：「法」供養才是最為殊勝的

三國吳・支謙譯《維摩詰經》	姚秦・鳩摩羅什譯《維摩詰所說經》	姚秦・鳩摩羅什譯《維摩詰所說大乘經》	唐・玄奘譯《說無垢稱經》
㊀(於一千太子中)第一太子(寶蓋轉輪聖之子)，名曰善宿，獨坐自念： 寧有供養，殊(勝)過此者？	㊀(於一千太子中)其王一子(寶蓋轉輪聖之子)，名曰月蓋，獨坐思惟： 寧有供養，殊(勝)過此者？	㊀(於一千太子中)其王一子(寶蓋轉輪聖之子)，名曰月蓋，獨坐思惟： 寧有供養，殊(勝)過此者？	㊀(於一千太子中)時一王子(寶蓋轉輪聖之子)，名為月蓋，獨處閑寂，作是思惟： 我等於今，如是慇重「恭敬、供養」藥王如來。頗有其餘「恭敬、供養」最上、最勝；過於此不？
㊁(此時)空中有「天」，承「佛聖旨」，應曰： 正士(月蓋)！「法之供養」勝諸供養。	㊁(此時)以「佛神力」，空中有「天」曰： 善男子(月蓋)！「法之供養」，勝諸供	㊁(此時)以「佛神力」，空中有「天」曰： 善男子(月蓋)！「法之供養」，勝諸供	㊁(此時)以「佛神力」，於上空中，有「天」發聲，告王子曰： 月蓋！當知！諸供

㊂(月蓋)即問： 何謂「法之供養」？ ㊃天曰： 何不行問藥王如來？佛當為汝解說「法之供養」。	養。 ㊂(月蓋)即問： 何謂「法之供養」？ ㊃天曰： 汝可往問藥王如來，當廣為汝說「法之供養」。	養。 ㊂(月蓋)即問： 何謂「法之供養」？ ㊃天曰： 汝可往問藥王如來，當廣為汝說「法之供養」。	養中，其「法供養」最為殊勝。 ㊂(月蓋)即問： 云何名「法供養」？ ㊃「天」答月蓋： 汝可往問藥王如來：「世尊！云何名法供養？」佛當為汝廣說開示。

《正法華經・卷第六・藥王如來品第十》與《維摩詰經・法供養品第十三》的比對(學界普遍認爲竺法護譯的《正法華經》第十品的「前部內容」是混入了《維摩詰經》的〈法供養品〉內容)

空中有「天」，承佛神力，對寶蓋轉輪聖王之子月蓋曰：法供養最為殊勝

竺法護譯《正法華經》	支謙譯《維摩詰經》	鳩摩羅什譯《維摩詰所說大乘經》(龍藏本)	玄奘譯《說無垢稱經》
㊀(於一千太子中)彼一太子名曰善蓋，閑居獨處，靜然思念： 我等今者供養(藥王)如來，寧有殊特(殊絕奇特之法)，(能)超(越)彼者乎？	㊀(於一千太子中)第一太子，名曰善宿，獨坐自念： 寧有供養，殊(勝)過此者？	㊀(於一千太子中)其王一子，名曰月蓋，獨坐思惟： 寧有供養，殊(勝)過此者？	㊀(於一千太子中)時一王子，名為月蓋，獨處閑寂，作是思惟： 我等於今，如是慇重「恭敬、供養」藥王如來。頗有其餘「恭敬、供養」最上、最勝；過於此不？
㊁(此時)承(藥王)佛「威神」，(時)虛空有「天」(神)，而語之(善蓋太子)曰： 今族姓子(月蓋)！豈	㊁(此時)空中有「天」，承「佛聖旨」，應曰： 正士(月蓋)！「法之供養」勝諸供養。	㊁(此時)以「佛神力」，空中有「天」曰： 善男子(月蓋)！「法之供養」，勝諸供	㊁(此時)以「佛神力」，於上空中，有「天」發聲，告王子曰： 月蓋！當知！諸供

欲知耶？有「法供養」(乃)最尊無極。 ㊂(月蓋)又問曰：何謂「法之供養」？ ㊃天(神)曰：爾當往問藥王如來，普當為若(你)分別說之。	㊂(月蓋)即問：何謂「法之供養」？ ㊃天曰：何不行問藥王如來？佛當為汝解說「法之供養」。	養。 ㊂(月蓋)即問：何謂「法之供養」？ ㊃天曰：汝可往問藥王如來，當廣為汝說「法之供養」。	養中，其「法供養」最為殊勝。 ㊂(月蓋)即問：云何名「法供養」？ ㊃「天」答月蓋：汝可往問藥王如來：「世尊！云何名法供養？」佛當為汝廣說開示。

【十三～6】宣「無常、苦、空、無我、寂滅」等諸法，名為「法供養」。底下約有18條

三國吳・支謙譯《維摩詰經》	姚秦・鳩摩羅什譯《維摩詰所說經》	姚秦・鳩摩羅什譯《維摩詰所說大乘經》	唐・玄奘譯《說無垢稱經》
㊀於是太子善宿即起行詣藥王如來，稽首佛足，而問：	㊀即時月蓋王子行詣藥王如來，稽首佛足，却住一面，白佛言：	㊀即時月蓋王子行詣藥王如來，稽首佛足，却住一面，白佛言：	㊀王子月蓋聞「天」語已，即便往詣藥王如來。恭敬慇懃，頂禮雙足，右遶三匝，却住一面，白言：
㊁「法之供養」為法見者，是何謂也？	㊁世尊(藥王佛)！諸供養中，「法供養」勝。云何名為「法之供養」？	㊁世尊(藥王佛)！諸供養中，「法供養」勝。云何名為「法之供養」？	㊁世尊(藥王佛)！我聞一切諸供養中，其「法供養」最為殊勝，此「法供養」，其相云何？
㊂藥王佛言：「法供養」者，如佛所說眾經，奧藏深邃之言。諸世所歸，非為難受、難見之輩。以無「憍慢」，微妙無像，其義夷易。	㊂(藥王)佛言：善男子(月蓋)！「法供養」者，謂：諸佛所說深經，一切世間難信難受，微妙難見，清淨無染，非但「分別思惟」之所能得。	㊂(藥王)佛言：善男子(月蓋)！「法供養」者，**諸佛所說深經**，一切世間難信難受，微妙難見，清淨無染，非但「分別思惟」之所能得。	㊂藥王如來告王子曰：月蓋！當知！「法供養」者，謂：於諸佛所說經典，微妙甚深，似甚深相。一切世間，極難信受，難度難

			見。幽玄(幽深玄妙)細密，無染了義(清淨無染的眞實了義)，非分別知。
❶(諸佛深經爲)「菩薩篋ㄑㄧㄝˋ(藏物之箱)藏」修至「諸持」，經印所封，非無道理。	❶(諸佛深經爲)「菩薩法藏」所攝，(能以)「陀羅尼印」印之。	❶(諸佛深經爲)「菩薩法藏」所攝，(能以)「陀羅尼印」印之。	❶(諸佛深經爲)「菩薩藏」攝，(爲)「總持」經王，(爲)佛印所印。
❷其輪清淨，入「六度無極」(六度波羅蜜)。	❷(能令眾生)至「不退轉」，成就「六度」。	❷(能令眾生)至「不退轉**法輪**」，成就「六度」。	❷(能)分別開示(令眾生)「不退法輪」，六(度)到彼岸，由斯而起。
❸可善取學(三十七)「道品法」淨，入「正」之事。	❸(能)善分別義(據梵文原意作「能攝受所攝受者」)，順(三十七)「菩提法」，(能隨入)衆經之上。	❸(能)善分別義(據梵文原意作「能攝受所攝受者」)，順(三十七)「菩提法」，(能隨入)衆經之上。	❸(能)善攝一切「所應攝受」，(三十七)「菩提分法」正所隨行，「七等覺支」親能導發，辯說開示。
❹為下「大悲」，建于「大悲」，離諸「大見」。	❹(能)入「大慈悲」，離衆「魔事」及諸「邪見」。	❹(能)入「大慈悲」，離衆「魔事」及諸「邪見」。	❹(能)大慈大悲，拔濟引安諸有情類，遠離一切「見趣、魔怨」。
❺覩本「緣起」，「非人、非命、非女、非男」。	❺(能)順「因緣」法，「無我、無人、無衆生、無壽命」。	❺(能)順「因緣」法，「無我、無人、無衆生、無壽命」。	❺(能)分別闡揚甚深「緣起」，辯「內無我、外無有情」。於二中間(指內與外之間)，無「壽命」者、無「養育」者，畢竟無有「補特伽羅性」(pudgala 人、眾生、數取趣)。

❻如「空、無相、無願、無為」。	❻(能修學)「空、無相、無作、無起」。	❻(能修學)「空、無相、無作、無起」。	❻(能修學)「空、無相、無願、無作、無起」相應。
❼「道地」之行，「法輪」之際。	❼能令衆生坐於「道場」，而轉「法輪」。	❼能令衆生坐於「道場」，而轉「法輪」。	❼能引「妙覺」，能轉「法輪」。
❽天人百千，所共歎譽。	❽(能爲)「諸天、龍神、乾闥婆」等，所共歎譽。	❽(能爲)「諸天、龍神、**藥叉、阿修羅、迦樓羅、緊那羅、摩睺羅伽**、乾闥婆」等，所共歎譽。	❽(能爲)「天龍、藥叉、健達縛」等，咸共「尊重、稱歎、供養」。
❾「法藏」多度，含受衆人。	❾能令衆生入「佛法藏」。	❾能令衆生入「佛法藏」。	❾(能)引導衆生「大法供養」，圓滿衆生「大法祠祀」。
❿明宣「諸佛菩薩道行」。	❿(能)攝諸「賢聖」一切智慧，(能)說「衆菩薩所行之道」。	❿(能)攝諸「賢聖」一切智慧，(能)說「衆菩薩所行之道」。	❿(於)一切聖賢悉皆攝受，(能)開發一切「菩薩妙行」。
⓫為入「有義」法之正要。	⓫(能)依於「諸法實相」之義。	⓫(能)依於「諸法實相」之義。	⓫(能於)「真實法義」之所歸依，「最勝無礙」由斯而起。
⓬下於「無常、苦、空、非身」。	⓬(能)明宣「無常、苦、空、無我、寂滅」之法。	⓬(能)明宣「無常、苦、空、無我、寂滅」之法。	⓬(能)詳說諸法「無常」，有「苦、無我、寂靜」，發生四種法「嗢拕南」(udāna 法句;印;總攝;標相。此指「四法印」之義)。
⓭「戒」無所犯，	⓭能救一切「毀禁」衆生。	⓭能救一切「**慳吝、毀禁、瞋恚、懈怠、散亂、惡見**」衆生。	⓭遣除一切「慳貪、毀禁、瞋恨、懈怠、妄念、惡慧、驚怖、一切

			外道邪論、惡見執著」。 ⓮(能)開發一切有情「善法增上」勢力。
⓯一切彼轉，見為「怖畏」，師仰諸佛。	⓯(對)諸魔、外道及貪著(煩惱&境界)者，能使(此類眾生)怖畏(遠離及斷除之)，(並能獲)諸佛賢聖所共稱歎。	⓯(對)諸魔、外道及貪著(煩惱&境界)者，能使(此類眾生)怖畏(遠離及斷除之)，(並能獲)諸佛賢聖所共稱歎。	⓯(能)摧伏一切「惡魔軍衆」，(能獲)諸佛聖賢共所稱歎。
⓰覩夫「生死」，而不與同現「滅度」。	⓰(能)背「生死苦」，示「涅槃樂」，十方三世諸佛所說。	⓰(能)背「生死苦」，示「涅槃樂」，十方三世諸佛所說。	⓰能除一切「生死大苦」，能示一切「涅槃大樂」，三世十方諸佛共說。
⓱⓲「安習」如是「像」，衆經微言，分別惟觀而以受法。	⓱若(能)聞如是等經，「信解受持、讀誦」。	⓱若(能)聞如是等經，「信解受持、讀誦」。	⓱於是經典，若樂「聽聞、信解、受持、讀誦、通利」，思惟觀察甚深義趣，令其顯著施設安立。分別開示，明了現前。
	⓲(能)以「方便力」為諸衆生，分別解說，顯示分明，守護法故。	⓲(能)以「方便力」為諸衆生，分別解說，顯示分明，守護法故。	⓲(能)復廣為他「宣揚辯說」，「方便」善巧，攝護正法。
是為「法之供養」。	是名「法之供養」。	是名「法之供養」。	如是一切名「法供養」。

《正法華經‧卷第六‧藥王如來品第十》與《維摩詰經‧法供養品第十三》的比對(學界普遍認爲竺法護譯的《正法華經》第十品的「前部內容」是混入了《維摩詰經》的〈法供養品〉內容)

宣「無常、苦、空、無我、寂滅」等諸法，名為「法供養」。底下約有１８條

竺法護譯《正法華經》	支謙譯《維摩詰經》	鳩摩羅什譯《維摩詰所說大乘經》(龍藏本)	玄奘譯《說無垢稱經》
㊀善蓋即起，(往)詣藥王如來所，稽首于地，白藥王如來曰：	㊀於是太子善宿即起行詣藥王如來，稽首佛足，而問：	㊀即時月蓋王子行詣藥王如來，稽首佛足，却住一面，白佛言：	㊀王子月蓋聞「天」語已，即便往詣藥王如來。恭敬慇懃，頂禮雙足，右遶三匝，却住一面，白言：
㊁「法之供養」(即指)奉順典者，為何謂乎？	㊁「法之供養」為法見者，是何謂也？	㊁世尊！諸供養中，「法供養」勝。云何名為「法之供養」？	㊁世尊！我聞一切諸供養中，其「法供養」最為殊勝，此「法供養」，其相云何？
㊂世尊(藥王)告曰： 「法之供養」者，順(從)若如來所說經典，深妙優奧(優雅奧絕)，開化(開示教化)一切世間人民，「難受、難見」，出家捨利(名利)。	㊂藥王佛言： 「法供養」者，如佛所說眾經，奧藏深邃之言。諸世所歸，非為「難受、難見」之輩。以無「憍慢」，微妙無像，其義夷易。	㊂佛言： 善男子(月蓋)！「法供養」者，謂：諸佛所說深經，一切世間「難信、難受」，微妙難見，清淨無染，非但「分別思惟」之所能得。	㊂藥王如來告王子曰： 月蓋！當知！「法供養」者，謂：於諸佛所說經典，微妙甚深，似甚深相。一切世間，極難「信受」，「難度、難見」。幽玄細密，無染了義，非分別知。
❶(諸佛深經能為)志求「菩薩諸篋(藏物之箱)」之藏，(於)曠邈(遼闊幽遠)處中，(能)以「總持	❶(諸佛深經為)「菩薩篋藏(藏物之箱)」修至諸持，經印所封，非無道理。	❶(諸佛深經為)「菩薩法藏」所攝，(能以)「陀羅尼印」印之。	❶(諸佛深經為)「菩薩藏」攝，(為)「總持」經王，(為)佛印所印。

印」而印之。			
❷精進力行(竭力實踐)「不退轉輪」，現於「六度無極(pāramitā 波羅蜜)」之慧。	❷其輪清淨，入「六度無極」(六度波羅蜜)。	❷(能令眾生)至「不退轉法輪」，成就「六度」。	❷(能)分別開示(令眾生)「不退法輪」，六(度)到彼岸，由斯而起。
❸慇懃攬攝(攬執攝持)「佛之道品」(三十七道品；通往涅槃之種種品類道法)，「不起法忍」(無生法忍)，開入(開啓悟入)正典。	❸可善取學(三十七)「道品法」淨，入「正」之事。	❸(能)善分別義(據梵文原意作「能攝受所攝受者」)，順(三十七)「菩提法」，眾經之上。	❸(能)善攝一切「所應攝受」，(三十七)「菩提分法」正所隨行，「七等覺支」親能導發，辯說開示。
❹於諸「群生」，設「大慈哀」，降伏「魔兵」，離諸「法見」。	❹為下「大悲」，建于「大悲」，離諸「大見」。	❹(能)入「大慈悲」，離眾「魔事」及諸「邪見」。	❹大慈大悲，拔濟引安諸有情類，遠離一切「見趣、魔怨」。
❺(能)覺了演暢「十二因緣」，「無我、無人、非壽、非命」。	❺(能)覩本「緣起」，「非人、非命、非女、非男」。	❺(能)順「因緣」法，「無我、無人、無眾生、無壽命」。	❺(能)分別闡揚甚深「緣起」，辯「內無我、外無有情」。於二中間(指內與外之間)，無「壽命」者、無「養育」者，畢竟無有「補特伽羅性」(pudgala 人、眾生、數取趣)。
❻志「空、無願、無想」之法。	❻(能修學)如「空、無相、無願、無為」。	❻(能修學)「空、無相、無作、無起」。	❻(能修學)「空、無相、無願、無作、無起」相應。
❼不由眾行，處于「道場」而轉「法輪」。	❼「道地」之行，「法輪」之際。	❼能令眾生坐於「道場」，而轉「法輪」。	❼能引「妙覺」，能轉「法輪」。
❽勸諸「天、龍、	❽(能為)天人百千，	❽(能為)「諸天、龍	❽(能為)「天龍、藥

揵沓和」等，莫不樂仰。	所共歎譽。	神、藥叉、阿修羅、迦樓羅、緊那羅、摩睺羅伽、乾闥婆」等，所共歎譽。	叉、健達縛」等，咸共「尊重、稱歎、供養」。
❾(能)開闡「法藏」，(能)護諸賢聖。	❾(於)「法藏」多度，(能)含受眾人。	❾能令眾生入「佛法藏」。	❾(能)引導眾生「大法供養」，圓滿眾生「大法祠祀」。
❿(能)宣揚顯布「諸菩薩行」。	❿(能)明宣「諸佛菩薩道行」。	❿(能)攝諸「賢聖」一切智慧，說「眾菩薩所行之道」。	❿一切聖賢悉皆攝受，開發一切「菩薩妙行」。
	⓫為入「有義」法之正要。	⓫(能)依於「諸法實相」之義。	⓫「真實法義」之所歸依，「最勝無礙」由斯而起。
⓬究竟眾苦，「無我」非身。	⓬下於「無常、苦、空、非身」。	⓬(能)明宣「無常、苦、空、無我、寂滅」之法。	⓬詳說諸法「無常」，有「苦、無我、寂靜」，發生四種法「嗢拕南」(udāna 法句;印;總攝;標相。此指「四法印」之義)。
⓭群生「違禁」，立以所便。	⓭(能於)「戒」無所犯。	⓭能救一切「慳吝、毀禁、瞋恚、懈怠、散亂、惡見」眾生。	⓭(能)遣除一切「慳貪、毀禁、瞋恨、懈怠、妄念、惡慧、驚怖、一切外道邪論、惡見執著」。
			⓮(能)開發一切有情「善法增上」勢力。
⓯(對)眾魔、異道，墮「顛倒見」，貪倚(貪著)「有為」，	⓯(能於)一切彼轉，見為「怖畏」，師仰諸佛。	⓯(對)諸魔、外道及貪著(煩惱&境界)者，能使(此類眾生)	⓯(能)摧伏一切「惡魔軍眾」，(能獲)諸佛聖賢共所稱

(令此類眾生能)常懷「怖懅」(羞愧;懼怕)。而為(諸佛)諮嗟(讚歎)。		怖畏(遠離及斷除之),(並能獲)諸佛賢聖所共稱歎。	歎。
⑯諸佛之德,使滅「生死」,慰除所「患」,而見「安隱無為」之事,「去、來、今」佛所歎如是。	⑯(能)覩夫「生死」,而不與同現「滅度」。	⑯(能)背「生死苦」,示「涅槃樂」,十方三世諸佛所說。	⑯能除一切「生死大苦」,能示一切「涅槃大樂」,三世十方諸佛共說。
⑰而割判(辨別;判斷)了(解)「微妙色像」,「總持」崖底(《一切經音義・卷十六》云:崖底➔《說文》山高邊也),諸法「法忍」。	⑰⑱(能)「安習」如是「像」,眾經微言,分別惟觀而以受法。	⑰若(能)聞如是等經,「信解受持、讀誦」。	⑰於是經典,若樂「聽聞、信解、受持、讀誦、通利」,思惟觀察甚深義趣,令其顯著施設安立。分別開示,明了現前。
⑱(能)開道(開宣講道)宣布,闡發「諸器」,「權便」所義,將養「正法」。		⑱(能)以「方便力」為諸眾生,分別解說,顯示分明,守護法故.	⑱復廣為他「宣揚辯說」,「方便」善巧,攝護正法。
是為「法之供養」。	是為「法之供養」。	是名「法之供養」。	如是一切名「法供養」。

【十三~7】觀「十二因緣」及「四依止」等,無有盡相,不復起見,名為「最上法之供養」。底下約有13條

三國吳・支謙譯《維摩詰經》	姚秦・鳩摩羅什譯《維摩詰所說經》	姚秦・鳩摩羅什譯《維摩詰所說大乘經》	唐・玄奘譯《說無垢稱經》
又族姓子!「法供養」者:			復次月蓋!「法供養」者,謂:
①為聞「法」生	①又於諸法,(能)	①又於諸法,(能)	①於諸法如法「調

「法」。	如說修行。	如說修行。	伏」，及於諸法。(能)如法「修行」。
②「法轉」成「緣起」，「隨順」離諸「際見」。	②(能)隨順「十二因緣」，離諸「邪見」。	②(能)隨順「十二因緣」，離諸「邪見」。	②(能)隨順「緣起」，離諸「邪見」。
③為如「不生」，不起「法忍」。	③(能)得「無生忍」。	③(能)得「無生忍」。	③(能)修習「無生」，不起「法忍」(同「無生法忍」一詞)。
④非「身」、非「人」，	④決定無「我」、無有「衆生」，	④決定無「我」、無有「衆生」，	④(能)悟入「無我」及「無有情」。
⑤為上「因緣」，「無違、無受」。	⑤而於「因緣」果報「無違、無諍」。	⑤而於「因緣」果報「無違、無諍」。	⑤於諸「因緣」，「無違、無諍」，不起異議。
⑥如「無所諍」以捨「我、作」。	⑥(能)離諸「我、所」。	⑥(能)離諸「我、所」。	⑥離「我、我所」，無所攝受。
⑦而依於「義」，不以嚴好，以隨聖典。	⑦(能)依於「義」，不依「語」。	⑦(能)依於「義」，不依「語」。	⑦(能)依趣於「義」，不依於「文」。
⑧而依於「慧」，不為「文飾」，處處入義。	⑧(能)依於「智」，不依「識」。	⑧(能)依於「智」，不依「識」。	⑧(能)依趣於「智」，不依於「識」。
⑨而依於「經」，不習「非義」，以所懷「戢ㄓ」(懷藏;約束)。	⑨(能)依「了義經」，不依「不了義經」。	⑨(能)依「了義經」，不依「不了義經」。	⑨(能)依趣「了義」所說契經，終不依於「不了義」說世俗經典，而生「執著」。
⑩而依於「法」，不用「人」所見。	⑩(能)依於「法」，不依「人」。	⑩(能)依於「法」，不依「人」。	⑩依趣「法性」，終不依於「補特伽羅」(pudgala 人、眾生、數取趣)，見「有所得」。
⑪(能)得諸法(而)無「受」，(能)入「無處所」。	⑪(能)隨順「法相」，(入)無所「入」，無所「歸」(無有真實的	⑪(能)隨順「法相」，(入)無所「入」，無所「歸」(無有真實的	⑪(能)如其「性相」，悟解諸法。(能)入無「藏攝」(「藏

	依止居處)。	依止居處)。	攝」據梵文原意作「住處、執藏」),(亦能)滅「阿賴耶」(梵文 ālaya 音譯作「阿賴耶」,其本義是指「住處、執著、執藏」。「滅阿賴耶」是指「斷滅所依止之居處與執著」。故此處之「阿賴耶」並非是專指第八意識)。
⑫滅於「不明」,滅於「行」。滅於「識、名色、六入、更樂痛、愛、受、有、生、老死苦」一切已滅,如是滅。	⑫(於)「無明」畢竟滅故,「諸行」亦畢竟滅。乃至「生」畢竟滅故,「老死」亦畢竟滅。	⑫(於)「無明」畢竟滅故,「諸行」亦畢竟滅。乃至「生」畢竟滅故,「老死」亦畢竟滅。	⑫(能)息除「無明」乃至「老死」。息除「愁歎、憂苦、熱惱」。
⑬如是觀「十二因緣」起,以「不可盡」而受微妙,人所視見,而以「不視」。	⑬(能)作如是觀,「十二因緣」,無有「盡相」,不復起「見」。	⑬(能)作如是觀,「十二因緣」,無有「盡相」,不復起「見」。	⑬觀察如是「十二緣起」,無盡引發,常所引發。願諸有情,捨諸「見趣」。
是族姓子!名為「無上法之供養」。	是名「最上法之供養」。	是名「最上法之供養」。	如是名為「上法供養」。

《正法華經・卷第六・藥王如來品第十》與《維摩詰經・法供養品第十三》的比對(學界普遍認為竺法護譯的《正法華經》第十品的「前部內容」是混入了《維摩詰經》的〈法供養品〉內容)

觀「十二因緣」及「四依止」等,無有盡相,不復起見,名為「最上法之供養」。底下約有13條

竺法護譯《正法華經》	支謙譯《維摩詰經》	鳩摩羅什譯《維摩詰所說大乘經》(龍藏本)	玄奘譯《說無垢稱經》

	又族姓子(月蓋)！「法供養」者：		復次月蓋！「法供養」者，謂：
①設於諸經，志在「法忍」。	①為聞「法」生「法」。	①又於諸法，(能)如說修行。	①於諸法如法「調伏」，及於諸法如法「修行」。
②(能)敷陳典籍，而順反復。演訓其要，無諸「邪見」。	②(能隨)「法轉」成「緣起」，「隨順」離諸「際見」。	②(能)隨順「十二因緣」，離諸「邪見」。	②(能)隨順「緣起」，離諸「邪見」。
③無所從「生」，不起「法忍」。	③為如「不生」，不起「法忍」。	③(能)得「無生忍」。	③(能)修習「無生」，不起「法忍」。
④無「我」、無「人」。	④非「身」、非「人」，	④決定無「我」、無有「眾生」，	④悟入「無我」及「無有情」。
⑤入諸「因緣」，無瞋、不諍。	⑤為上「因緣」，「無違、無受」。	⑤而於「因緣」果報「無違、無諍」。	⑤於諸「因緣」，「無違、無諍」，不起異議。
⑥(能)無所「訟訴」，無我、無壽。	⑥(能)如「無所諍」，以捨「我、作」。	⑥(能)離諸「我、所」。	⑥(能)離「我、我所」，無所攝受。
⑦循執「句義」，而無「識」著。	⑦而依於「義」，不以嚴好，以隨聖典。	⑦(能)依於「義」，不依「語」。	⑦(能)依趣於「義」，不依於「文」。
⑧「慧」無放逸，將御「心識」，住無所住。	⑧而依於「慧」，不為「文飾」，處處入「義」。	⑧(能)依於「智」，不依「識」。	⑧(能)依趣於「智」，不依於「識」。
⑨(能)識理指趣，因導「非義」，淘汰通流，諸所「倚」法。	⑨而依於「經」，不習「非義」，以所懷「戢ㄓˊ」(懷藏;約束)。	⑨(能)依「了義經」，不依「不了義經」。	⑨(能)依趣「了義」所說契經，終不依於「不了義」說世俗經典，而生「執著」。
⑩(能)不造見人，恃怙ㄏㄨˋ(如父母般的依靠)「真諦」。	⑩而依於「法」，不用「人」所見。	⑩(能)依於「法」，不依「人」。	⑩(能)依趣「法性」，終不依於「補特伽羅」(pudgala人、眾生、數取趣)，見「有所得」。

⑪(雖)如「法」所歸，(而仍)無著、無入。	⑪(雖)得諸法(而)無「受」，(能)入「無處所」(無有眞實的依止居處)。	⑪(能)隨順「法相」。(能)無所「入」，無所「歸」(無有眞實的依止居處)。	⑪如其「性相」，悟解諸法。(能)入無「藏攝」(「藏攝」據梵文原意作「住處、執藏」)，(亦能)滅阿賴耶(梵文 ālaya 音譯作「阿賴耶」，其本義是指「住處、執著、執藏」。「滅阿賴耶」是指「斷滅所依止之居處與執著」。故此處之「阿賴耶」並非是專指第八意識)。
⑫斷諸「倚著」，滅諸無黠ㄒㄧㄚˊ(聰慧)，生老病死，悉為除屏。	⑫滅於「不明」，滅於「行」。滅於「識、名色、六入、更樂痛、愛、受、有、生、老死苦」一切已滅，如是滅。	⑫(於)「無明」畢竟滅故，「諸行」亦畢竟滅。乃至「生」畢竟滅故，「老死」亦畢竟滅。	⑫息除「無明」乃至「老死」。息除「愁歎、憂苦、熱惱」。
⑬(能)觀「十二緣」而不可盡，覩諸「住(正)見」，不隨「顛倒」。	⑬(能)如是觀「十二因緣」起，以「不可盡」而受微妙，人所視見，而以「不視」。	⑬(能)作如是觀，「十二因緣」，無有「盡相」，不復起「見」。	⑬(能)觀察如是「十二緣起」，無盡引發，常所引發。願諸有情，捨諸「見趣」。
是為族姓子(月蓋)！「法之供養」。	是族姓子(月蓋)！名為「無上法之供養」。	是名「最上法之供養」。	如是名為「上法供養」。

【十三～8】月蓋聞藥王如來說法後，得證「柔順忍」，即解「寶衣」嚴身之具而供養藥王佛

三國吳・支謙譯《維摩詰經》	姚秦・鳩摩羅什譯《維摩詰所說經》	姚秦・鳩摩羅什譯《維摩詰所說大乘經》	唐・玄奘譯《說無垢稱經》

㊀如是！天帝！太子善宿從藥王佛聞「法供養」，便得「順忍」(anulomikī-dharma-kṣānti 思惟柔順忍，慧心柔軟，已能隨順眞理。初、二、三地爲信忍，四、五、六地爲順忍，七、八、九地爲無生忍。又八地以上皆爲無功用地)。(月蓋)即解「寶衣」，以覆(藥王)佛上，而言曰： ㊁余(月蓋)以「堪任」於如來滅後，奉受正法，作「法供養」，擁護是道。惟願(藥王)如來「加哀」(加佑哀憐)竪立，令我得降「魔怨」，取佛「正法」。 ㊂彼(藥王)佛知其「內性」，即說曰：末後，汝(月蓋)當守護「法城」。	㊀佛告天帝：王子月蓋！從藥王佛聞如是法，得「柔順忍」(anulomikī-dharma-kṣānti 思惟柔順忍，慧心柔軟，已能隨順眞理。初、二、三地爲信忍，四、五、六地爲順忍，七、八、九地爲無生忍。又八地以上皆爲無功用地)。(月蓋)即解「寶衣」嚴身之具，以供養(藥王)佛，白佛言： ㊁世尊(藥王佛)！如來滅後，我(月蓋)當行「法供養」，守護「正法」。願以(藥王佛之)威神加哀(加佑哀憐)建立，令我得降伏魔怨，修菩薩行。 ㊂(藥王)佛知其「深心所念」，而記之曰：汝(月蓋)於末後，守護「法城」。	㊀佛告天帝：王子月蓋！從藥王佛聞如是法，得「柔順忍」(anulomikī-dharma-kṣānti 思惟柔順忍，慧心柔軟，已能隨順眞理。初、二、三地爲信忍，四、五、六地爲順忍，七、八、九地爲無生忍。又八地以上皆爲無功用地)。(月蓋)即解「寶衣」嚴身之具，以供養(藥王)佛，白佛言： ㊁世尊(藥王佛)！如來滅後，我(月蓋)當行「法供養」，守護「正法」。願以(藥王佛之)威神加哀(加佑哀憐)建立，令我得降伏魔怨，修菩薩行。 ㊂(藥王)佛知其「深心所念」，而記之曰：汝(月蓋)於末後，守護「法城」。	㊀佛告天帝：王子月蓋！從藥王佛聞說如是「上法供養」，得「順法忍」(anulomikī-dharma-kṣānti 思惟柔順忍，慧心柔軟，已能隨順眞理。初、二、三地爲信忍，四、五、六地爲順忍，七、八、九地爲無生忍。又八地以上皆爲無功用地)。(月蓋)即脫「寶衣」諸莊嚴具，奉施供養藥王如來，白言： ㊁世尊(藥王佛)！我(月蓋)願於佛般涅槃後，攝受「正法」，作「法供養」，護持正法。唯願(藥王)如來，以「神通力」哀愍加威，令得無難，降伏魔怨。護持正法，修菩薩行。 ㊂藥王如來既知月蓋「增上意樂」，便記之曰：汝(月蓋)於如來「般涅槃」後，能護「法城」。

《正法華經・卷第六・藥王如來品第十》與《維摩詰經・法供養品第十三》的比對(學界普遍認爲竺法護譯的《正法華經》第十品的「前部內容」是混入了《維摩詰經》的〈法供養品〉內容)

月蓋聞藥王如來說法後，得證「柔順忍」，即解「寶衣」嚴身之具而

供養藥王佛

竺法護譯《正法華經》	支謙譯《維摩詰經》	鳩摩羅什譯《維摩詰所說大乘經》（龍藏本）	玄奘譯《說無垢稱經》
㊀王子善蓋！從藥王佛聞「法供養」，應時逮(及;到)得「柔順法忍」(anulomikī-dharma-kṣānti 思惟柔順忍，慧心柔軟，已能隨順眞理。初、二、三地爲信忍，四、五、六地爲順忍，七、八、九地爲無生忍。又八地以上皆爲無功用地)。(月蓋)即脫「身衣」以覆(藥王)佛上，白世尊曰：	㊀如是！天帝！太子善宿從藥王佛聞「法供養」，便得「順忍」(anulomikī-dharma-kṣānti 思惟柔順忍，慧心柔軟，已能隨順眞理。初、二、三地爲信忍，四、五、六地爲順忍，七、八、九地爲無生忍。又八地以上皆爲無功用地)。(月蓋)即解「寶衣」，以覆(藥王)佛上，而言曰：	㊀佛告天帝：王子月蓋！從藥王佛聞如是法，得「柔順忍」(anulomikī-dharma-kṣānti 思惟柔順忍，慧心柔軟，已能隨順眞理。初、二、三地爲信忍，四、五、六地爲順忍，七、八、九地爲無生忍。又八地以上皆爲無功用地)。(月蓋)即解「寶衣」嚴身之具，以供養(藥王)佛，白佛言：	㊀佛告天帝：王子月蓋！從藥王佛聞說如是「上法供養」，得「順法忍」(anulomikī-dharma-kṣānti 思惟柔順忍，慧心柔軟，已能隨順眞理。初、二、三地爲信忍，四、五、六地爲順忍，七、八、九地爲無生忍。又八地以上皆爲無功用地)。(月蓋)即脫「寶衣」諸莊嚴具，奉施供養藥王如來，白言：
㊁唯加「聖恩」，建立我(月蓋)志，(藥王)如來滅後，願護正法，興「法供養」，降魔怨敵，將迎後法。	㊁余(月蓋)以「堪任」於(藥王)如來滅後，奉受正法，作「法供養」，擁護是道。惟願(藥王)如來「加哀」(加佑哀憐)竪立，令我得降「魔怨」，取佛「正法」。	㊁世尊(藥王)！(藥王)如來滅後，我(月蓋)當行「法供養」，守護「正法」。願以(藥王佛之)「威神」加哀(加佑哀憐)建立，令我得降伏魔怨，修菩薩行。	㊁世尊(藥王)！我(月蓋)願於佛般涅槃後，攝受「正法」，作「法供養」，護持正法。唯願(藥王)如來，以「神通力」哀愍加威，令得無難，降伏魔怨。護持正法，修菩薩行。
㊂時(藥王)佛知「心」，然其末世，(月蓋)當護「法城」。	㊂彼(藥王)佛知其「內性」，即說曰：末後，汝(月蓋)當守護「法城」。	㊂(藥王)佛知其「深心所念」，而記之曰：汝(月蓋)於末後，守護「法城」。	㊂藥王如來既知月蓋「增上意樂」，便記之曰：汝(月蓋)於(藥王)如來「般涅槃」後，能護「法城」。

【十三～9】寶蓋轉輪聖王即寶焰如來，寶蓋之「千子」即賢劫中「千佛」，月蓋比丘即釋迦佛之前生也

三國吳・支謙譯《維摩詰經》	姚秦・鳩摩羅什譯《維摩詰所說經》	姚秦・鳩摩羅什譯《維摩詰所說大乘經》	唐・玄奘譯《說無垢稱經》
㊀於是善宿從見世尊，以「家」之信，「捨家」受道，勤修德本。	㊀天帝！時王子月蓋，見法清淨，聞佛「授記」，以信「出家」，修習善法。	㊀天帝！時王子月蓋，見法清淨，聞佛「授記」，以信「出家」，修習善法。	㊀時彼王子(月蓋王子)得聞「授記」，歡喜踊躍。即於藥王如來住世聖法教中，以「清淨信」，棄捨「家法」，趣於「非家」(出家)。
㊁(月蓋)「精進」不久，即立善法，起「五神通」，得入「諸道」之持，不斷「辯才」。	㊁(月蓋)「精進」不久，得「五神通」，逮(到達)「菩薩道」，得「陀羅尼」，無斷「辯才」。	㊁(月蓋)「精進」不久，得「五神通」，具「菩薩道」，得「陀羅尼」，無斷「辯才」。	㊁(月蓋)既「出家」已，勇猛「精進」，修諸善法，勤修善故。「出家」未久，獲「五神通」。至「極究竟」，得「陀羅尼」，無斷「妙辯」。
㊂(月蓋)遂於世尊(藥王佛)「般泥洹」後，以「智慧」力，至滿「十劫」，(皆轉)藥王如來所轉(之)「法施」，隨而分布(分散流布)。	㊂(月蓋)於(藥王)佛「滅」後，以其所得「神通、總持、辯才」之力，滿「十小劫」，(皆轉)藥王如來所轉(之)「法輪」，隨而分布(分散流布)。	㊂(月蓋)於(藥王)佛「滅」後，以其所得「神通、總持、辯才」之力，滿「十小劫」，(皆轉)藥王如來所轉(之)「法輪」，隨而分布(分散流布)。	㊂藥王如來「般涅槃」後，(月蓋)以其所得「神通、智力」，經「十中劫」，隨轉(藥王)如來所轉(之)「法輪」。
㊃於時善宿比丘化「千億人」，使立「大道」。	㊃月蓋比丘以守護法，勤行精進，即於此身，(度)化「百萬億人」於「阿耨多羅三藐三菩提」，(皆令證)立「不退轉」。	㊃月蓋比丘以守護法，勤行精進，即於此身，(度)化「百萬億人」於「阿耨多羅三藐三菩提」，(皆令證)立「不退轉」。	㊃月蓋苾芻滿「十中劫」，隨轉「法輪」，護持「正法」。勇猛精進，安立百千俱胝(之)有情，(皆)令於「無上正等菩提」，(獲)得「不退

			轉」。
㈤(月蓋亦教化)「十四」姟ㄍㄞ(同「垓」，經云十萬曰億，十億曰兆，十兆曰京，十京曰姟)人，解「弟子乘」(聲聞乘)，餘無量人，得生「天上」。	㈤(月蓋亦教化)「十四」那由他(nayuta)人，深發「聲聞、辟支佛」心，(有)無量衆生，得生「天上」。	㈤(月蓋亦教化)「十四」那由他(nayuta)人，深發「聲聞、辟支佛」心，(有)無量衆生，得生「天上」。	㈤(月蓋)教化「十四」那庾多(nayuta)衆生，令於「聲聞、獨一覺(緣覺)」乘，心善調順，方便引導無量有情，令生「天上」。
㈥如是天帝！在昔異時，王寶蓋者。	㈥天帝！時王寶蓋，豈異人乎？	㈥天帝！時王寶蓋，豈異人乎？	㈥佛告天帝：彼時寶蓋轉輪王者，豈異人乎？勿生疑惑，莫作異觀！
㈦㈧於今得佛，名寶成如來，其太子善宿者，則吾是也。其餘諸子，於是「賢劫」，皆得如來至真等正覺。此「賢劫」中，「千佛」興者是也，從鳩留先(Krakucchanda-buddha 拘留孫佛)，為始作佛，至樓由(Rudita)如來為最後得。	㈦今現得佛，號寶炎如來，其王「千子」，即賢劫中「千佛」是也。從迦羅鳩孫馱(Krakucchanda-buddha 拘留孫佛)，為始得佛，最後如來號曰樓至(Rudita)。	㈦今現得佛，號寶焰如來，其王「千子」，即賢劫中「千佛」是也。**過去**迦羅鳩孫馱(Krakucchanda-buddha 拘留孫佛)，**等四佛，餘者相繼而出**，最後如來號曰樓至(Rudita)。	㈦所以者何？應知即是寶焰如來，其王「千子」，即賢劫中有「千菩薩」次第成佛，最初成佛名迦洛迦孫馱如來(Krakucchanda-buddha 拘留孫佛)，最後成佛名曰盧至(Rudita)，四已出世，餘在「當來」。
	㈧月蓋比丘，即我(釋迦如來之前)身是。	㈧月蓋比丘，**則**我(釋迦如來之前)身是。	㈧彼時護法月蓋王子，豈異人乎？即我(釋迦如來之前)身是。
㈨如是，天帝！當知此要，昔者我身，於諸如來行「法供養」，得為上化、	㈨如是，天帝！當知此要，以「法供養」，於諸供養為上、為最、第一、	㈨如是，天帝！當至此要，以「法供養」，於諸供養為上、為最、第一、	㈨天帝！當知我說一切於諸佛所設供養中，其「法供養」最尊、最勝、

為長化、為願化、為無上、無比之化。 ㊉是故天帝！當以知，此「法之供養」，供養於佛。	無比。 ㊉是故天帝！當以「法之供養」，供養於佛。	無比。 ㊉是故天帝！當以「法之供養」，供養於佛。**以「法」恭敬供養，於諸恭敬供養為上，為「最第一、無比」。**	最上、最妙、最為無上。 ㊉是故天帝！欲於佛所設供養者，當「法供養」，無以「財物」。

《正法華經・卷第六・藥王如來品第十》與《維摩詰經・法供養品第十三》的比對(學界普遍認爲竺法護譯的《正法華經》第十品的「前部內容」是混入了《維摩詰經》的〈法供養品〉內容)

寶蓋轉輪聖王即寶炎如來，寶蓋之「千子」即賢劫中千佛，月蓋比丘即釋迦佛也

竺法護譯《正法華經》	支謙譯《維摩詰經》	鳩摩羅什譯《維摩詰所說大乘經》(龍藏本)	玄奘譯《說無垢稱經》
㊀佛告比丘：王子善蓋，因佛現在，以「家」之信，「出家」為道。	㊀於是善宿從見世尊，以「家」之信，「捨家」受道，勤修德本。	㊀天帝！時王子月蓋，見法清淨，聞佛「授記」，以信「出家」，修習善法。	㊀時彼王子(月蓋王子)得聞「授記」，歡喜踊躍。即於藥王如來住世聖法教中，以「清淨信」，棄捨「家法」，趣於「非家」(出家)。
㊁(月蓋)常「精進」學，興諸德本，不久成就，立「五神通」，總持「辯才」，無能斷截。	㊁(月蓋)「精進」不久，即立善法，起「五神通」，得入「諸道」之持，不斷「辯才」。	㊁(月蓋)「精進」不久，得「五神通」，逮「菩薩道」，得「陀羅尼」，無斷「辯才」。	㊁(月蓋)既「出家」已，勇猛「精進」，修諸善法，勤修善故。「出家」未久，獲「五神通」。至「極究竟」，得「陀羅尼」，無斷「妙辯」。
㊂(月蓋於藥王)佛	㊂(月蓋)遂於(藥王)	㊂(月蓋)於(藥王)佛	㊂藥王如來「般

「滅度」後，(以其所得之)「神通、總持、(十)力、(四)無所畏」即皆具足。於「十中劫」，(皆轉)藥王如來所說(之)「經法」，為轉法輪。	世尊「般泥洹」後，以(其所得之)「智慧」力，至滿「十劫」，(皆轉)藥王如來所轉(之)「法施」，隨而分布(分散流布)。	「滅」後，以其所得「神通、總持、辯才」之力，滿「十小劫」，(皆轉)藥王如來所轉(之)「法輪」，隨而分布(分散流布)。	涅槃」後，(月蓋)以其所得「神通、智力」，經「十中劫」，隨轉(藥王)如來所轉(之)「法輪」。
㊃善蓋比丘護正法故，於一世中，(度)化「千億人」，悉發無上正真道意，而「不退轉」。	㊃於時善宿比丘(度)化「千億人」，使立「大道」。	㊃月蓋比丘以守護法，勤行精進，即於此身，(度)化「百萬億人」於「阿耨多羅三藐三菩提」，(皆令證)立「不退轉」。	㊃月蓋苾芻滿「十中劫」，隨轉「法輪」，護持「正法」。勇猛精進，安立百千俱胝(之)有情，(皆)令於「無上正等菩提」(獲)得「不退轉」。
㊄(月蓋亦教化)「十四」載人，(令)立「聲聞、緣覺」地，(有)不可計人，得生「天上」。	㊄(月蓋亦教化)「十四」姟[gāi] (同「垓」，經云十萬曰億，十億曰兆，十兆曰京，十京曰姟)人，解「弟子乘」(聲聞乘)，(有)餘無量人，得生「天上」。	㊄(月蓋亦教化)「十四」那由他(nayuta)人，深發「聲聞、辟支佛」心，(有)無量眾生，得生「天上」。	㊄(月蓋亦)教化「十四」那庾多(nayuta)眾生，令於「聲聞、獨一覺(緣覺)」乘，心善調順，方便引導無量有情，令生「天上」。
㊅(月蓋)比丘！欲知時王寶蓋，豈將異乎？	㊅如是天帝！在昔異時，王寶蓋者。	㊅天帝！時王寶蓋豈異人乎？	㊅佛告天帝：彼時寶蓋轉輪王者，豈異人乎？勿生疑惑，莫作異觀！
㊆今現在佛，寶焰如來、至真、等正覺是。其王「千子」，此賢劫中「千佛」興者是。拘樓秦如來(Krakucchanda-buddha	㊆㉑於今得佛，名寶成如來，其太子善宿者。則吾是也。其餘諸子，於是「賢劫」，皆得如來至真等正覺。此「賢劫」中「千佛」	㊆今現得佛，號寶炎如來，其王「千子」，即賢劫中「千佛」是也。過去迦羅鳩孫馱(Krakucchanda-buddha 拘留孫佛)，等四佛，	㊆所以者何？應知即是寶焰如來，其王「千子」，即賢劫中有「千菩薩」次第成佛，最初成佛名迦洛迦孫馱如來(Krakucchanda-buddha

拘留孫佛)，為始，最後成者名曰欣樂(Rudita)。	興者是也，從鳩留先(Krakucchanda-buddha 拘留孫佛)，為始作佛，至樓由(Rudita)如來為最後得。	餘者相繼而出，最後如來號曰樓至(Rudita)。	拘留孫佛)，最後成佛名曰盧至(Rudita)，四已出世，餘在「當來」。
㊇太子善蓋，今我(釋迦如來之前)身是。		㊇月蓋比丘，即我(釋迦如來之前)身是。	㊇彼時護法月蓋王子，豈異人乎？即我(釋迦如來之前)身是。
㊈是故當知，一切所供，無過(沒有超過)「法供養」，「去、來、今」佛皆從是出。	㊈如是，天帝！當知此要，昔者我身，於諸如來行「法供養」，得為上化、為長化、為顚化、為無上、無比之化。	㊈如是，天帝！當至此要，以「法供養」，於諸供養為上、為最、第一、無比。	㊈天帝！當知！我說一切於諸佛所設供養中，其「法供養」最尊、最勝、最上、最妙、最為無上。
㊉若「族姓子、族姓女」，欲得供養十方諸佛，即當受持《正法華經》，「持諷、誦讀」，宣示一切。分別一乘，無有二乘道。	㊉是故天帝！當以知，此「法之供養」，供養於佛。	㊉是故天帝！當以「法之供養」，供養於佛。以「法」恭敬供養，於諸恭敬供養為上，為「最第一、無比」。	㊉是故天帝！欲於佛所設供養者，當「法供養」，無以「財物」。

囑累品第十四

唐・玄奘《稱讚大乘功德經》

爾時佛告德嚴華言……

菩薩寧當棄捨身命，不應棄捨大菩提心，發起趣求二乘作意。

若諸菩薩勸諸有情，捨菩提心趣二乘地，若諸菩薩勸諸有情，捨菩提心造諸惡業，俱墮地獄受諸劇苦。

菩薩寧守大菩提心，造五無間受地獄苦，終不棄捨大菩提心，而欲趣求預流果證。

菩薩寧守大菩提心，百千大劫受地獄苦，終不棄捨大菩提心，而欲趣求一來果證。

菩薩寧守大菩提心，受傍生身或作餓鬼，終不棄捨大菩提心，而欲趣求不還果證。

菩薩寧守大菩提心，造十惡業墮諸惡趣，終不棄捨大菩提心，而欲趣求無生果證。

菩薩寧守大菩提心，入大火坑救諸含識，終不棄捨大菩提心，而同怯賊投涅槃界。

……

時德嚴華聞佛說已，重請佛言：何謂大乘？此大乘名為目何義？

世尊告曰：善哉！善哉！汝能樂聞大乘功德，諦聽諦聽，善思念之。吾當為汝分別解說。

❶此大乘名所目諸義，此乘綜攝，籠罩弘遠無所遺漏，故曰大乘。

❷此乘功德甚深微妙，過諸數量，故曰大乘。

❸此乘堅固，虛妄分別不能傾動，故曰大乘。

❹此乘真實，窮未來際無有斷盡，故曰大乘。

❺此乘寥廓，該羅法界，邈無邊際，故曰大乘。

❻此乘如海，吞納蘊積功德寶聚，故曰大乘。

❼此乘如山，作鎮區域，邪徒不擾，故曰大乘。

❽此乘如空，包含一切情非情類，故曰大乘。

❾此乘如地，普能生長「世、出世」善，故曰大乘。

❿此乘如水，等潤一切，令無枯槁，故曰大乘。

⓫此乘如火，焚滅諸障，令無餘習，故曰大乘。

⓬此乘如風，掃除一切生死雲霧，故曰大乘。

⓭此乘如日，開照群品，成熟一切，故曰大乘。

⓮此乘如月，能除熱惱，破諸邪暗，故曰大乘。

⓯此乘尊貴，天龍八部咸所敬奉，故曰大乘。

⓰此乘恒為諸「健達縛」歌詠讚美，故曰大乘。

⓱此乘恒為「四王、梵釋」禮敬尊重，故曰大乘。

⑱此乘恒為諸「龍神」等敬事防守，故曰大乘。
⑲此乘恒為一切菩薩精勤修學，故曰大乘。
⑳此乘任持諸佛聖種，展轉增盛，故曰大乘。
㉑此乘圓滿，具大威德，映奪一切，故曰大乘。
㉒此乘周給一切有情，令無匱乏，故曰大乘。
㉓此乘威力猶如藥樹，救療眾病，故曰大乘。
㉔此乘能害一切有情諸煩惱賊，故曰大乘。
㉕此乘能轉無上法輪，饒益一切，故曰大乘。
㉖此乘微妙甚深祕密，不可宣說，故曰大乘。
㉗此乘神用，紹三寶種，能使不絕，故曰大乘。
㉘此乘能顯「世俗」勝義理趣「究竟」，故曰大乘。
㉙此乘能顯諸菩薩行，無不具足，故曰大乘。
㉚此乘能顯佛地功德，無不備悉，故曰大乘。
㉛此乘利樂一切有情，盡未來際，故曰大乘。
㉜此乘至功，能建大義，妙用無盡，故曰大乘。
㉝此乘幽玄，下劣意樂不能信受，故曰大乘。
㉞此乘平等，增上意樂，方能信受，故曰大乘。
㉟此乘廣大，下愚不測，而為輕笑，故曰大乘。
㊱此乘尊高，上智能達，常所寶翫，故曰大乘。
㊲此乘超過獨覺乘等，最上無比，故曰大乘。

【十四～1】佛囑彌勒：未來世中，若有善男子、善女人等發心樂於大法，若不聞此經，則失諸善根利益

三國吳・支謙譯《維摩詰經》	姚秦・鳩摩羅什譯《維摩詰所說經》	姚秦・鳩摩羅什譯《維摩詰所說大乘經》	唐・玄奘譯《說無垢稱經》
【囑累彌勒品第十四】 ㊀彼時佛告彌勒菩薩言： 彌勒！是名為無數億劫「習佛道品」，汝隨分布(分散流布)，受是像經，佛	【囑累品第十四】 ㊀於是佛告彌勒菩薩言： 彌勒！我今以是無量億阿僧祇劫所集「阿耨多羅三藐三菩提」法，付囑於	【囑累品第十四】 ㊀於是佛告彌勒菩薩言： 彌勒！我今以是無量億阿僧祇劫所集「阿耨多羅三藐三菩提」法，付囑於	【囑累品第十四】 ㊀爾時佛告慈氏菩薩： 吾今以是無量無數百千俱胝「那庾多」(nayuta)劫所集「無上正等菩提」所流大

所建立。如來滅後，廣傳此道。	汝。如是輩經，於佛滅後末世之中，汝(彌勒菩薩)等當以「神力」，廣宣流布於「閻浮提」，無令斷絕。	汝。如是輩經，於**我**滅後末世之中，汝(彌勒菩薩)等當以「神力」，廣宣流布於「閻浮提」，無令斷絕。	法，付囑於汝。如是經典，佛「威神力」之所住持，佛「威神力」之所加護。汝(彌勒菩薩)於如來般涅槃後，五濁惡世，亦以「神力」住持攝受，於「贍部洲」廣(《一切經音義》云：南贍ㄕㄢˋ部洲，「時染」反，去聲……正梵音云：贍ㄕㄢˋ謨……贍部，音如譫ㄓㄢ音)令流布，無使隱滅。
(貳)所以者何？後世得者，「族姓子、族姓女、天龍、鬼神、揵沓和」，當下德本，其於前生，已作無上「正真道行」。	(貳)所以者何？未來世中，當有「善男子、善女人」及「天龍、鬼神、乾闥婆、羅剎」等，發「阿耨多羅三藐三菩提心」，樂于「大法」。	(貳)所以者何？未來世中，當有「善男子、善女人」及「天龍、鬼神、乾闥婆、羅剎」等，發「阿耨多羅三藐三菩提心」，樂于「大法」。	(貳)所以者何？於未來世，有「善男子」或「善女人」，「天龍、藥叉、健達縛」等，已種無量殊勝善根，已於無上正等菩提，心生趣向「勝解廣大」。
(參)而未得聞受此法者，聞是輩經(《維摩詰所說經》)，必甚「愛樂」，當頂受此佛之要道。	(參)若使不聞如是(《維摩詰所說經》)等經，則失「善利」(善根利益)。如此輩人，聞是等經，必多「信樂」，發希有心，當以頂受。	(參)若使不聞如是(《維摩詰所說經》)等經，則失「善利」(善根利益)。如此輩人，聞是等經，必多「信樂」，發希有心，當以頂受。	(參)若不得聞如是(《維摩詰所說經》)經典，即當退失「無量勝利」。若彼得聞如是經典，必當「信樂」，發希有心，歡喜頂受。
(肆)又汝彌勒！當「利」是輩諸族姓子，於時當為「布現」是經文。	(肆)隨諸眾生，所應得利，而為廣說。	(肆)隨諸眾生，所應得利，而為廣說。	(肆)我今以彼諸「善男子、善女人」等，付囑於汝。汝(彌勒菩薩)當護念，令無障難，於是經典「聽

			聞修學」，亦令如是所說法門「廣宣流布」。

【十四～2】新學菩薩好於「雜句文飾」。久學菩薩則不畏「深義」，能如實能入

三國吳・支謙譯《維摩詰經》	姚秦・鳩摩羅什譯《維摩詰所說經》	姚秦・鳩摩羅什譯《維摩詰所說大乘經》	唐・玄奘譯《說無垢稱經》
㊀菩薩有二印，何謂二？	㊀彌勒當知！菩薩有二相(據梵文原意作「印」)。何謂為二？	㊀彌勒當知！菩薩有二相(據梵文原意作「印」)。何謂為二？	㊀慈氏當知！略有二種菩薩「相印」。何等為二？
㊁有憙「雜句嚴飾」(莊嚴寶飾)之印。	㊁一者，好於「雜句文飾」之事。	㊁一者，好於「雜句文飾」之事。	㊁一者，信樂種種「綺飾(綺麗妝飾)文詞」相印。
㊂有入「深法妙化」之印。	㊂二者，不畏「深義」，「如實」能入。	㊂二者，不畏「深義」，「如實」能入。	㊂二者，不懼「甚深法門」，如其「性相」，「悟入」相印。
㊃彼若好憙「雜句飾」者，當知是為「阿夷恬(nava-yāna-saṃprasthita 新發意)」菩薩輩也。	㊃若好「雜句文飾」事者，當知是為「新學」(nava-yāna-saṃprasthita;ādikarmika 新發意)菩薩。	㊃若好「雜句文飾」事者，當知是為「新學」(nava-yāna-saṃprasthita;ādikarmika 新發意)菩薩。	㊃若諸菩薩，尊重信樂「綺飾(綺麗妝飾)文詞」，當知是為「初學」(nava-yāna-saṃprasthita;ādikarmika 新發意)菩薩。
㊄若得是深經，「書(書寫)、受(受持)、廣行」，不以數數有「畏」。	㊄若於如是「無染、無著」甚深經典，無有「恐畏」。	㊄若於如是「無染、無著」甚深經典，無有「恐畏」。	㊄若諸菩薩於是甚深「無染、無著」，「不可思議自在神變」解脫法門微妙經典(據梵文原意作「消除種種二重對立的詞句」)，無有「恐畏」。
㊅聞之能傳，當	㊅能入其中，聞	㊅能入其中，聞	㊅聞已「信解、

知是菩薩為「久修梵行」。	已「心淨」，「受持、讀誦」，如說修行，當知是為「久修道行」。	已「心淨」，「受持、讀誦」，如說修行，當知是為「久修道行」。	受持、讀誦」，令其「通利」，廣為他說。如實「悟入」，精進修行。得「出世間」清淨信樂，當知是為「久學」菩薩。

【十四～3】新學菩薩有「四緣」能自我「減毀傷損」，不能獲得甚深「法忍」

三國吳・支謙譯《維摩詰經》	姚秦・鳩摩羅什譯《維摩詰所說經》	姚秦・鳩摩羅什譯《維摩詰所說大乘經》	唐・玄奘譯《說無垢稱經》
㊀復有四事，「阿夷恬」(nava-yāna-saṃprasthita;ādikarmika 新發意)用「空耗」(空勞耗損)。何謂四？	㊀彌勒！復有二法，名「新學」(nava-yāna-saṃprasthita;ādikarmika 新發意)者，不能「決定」於甚深法。何等為二？	㊀彌勒！復有二法，名「新學」(nava-yāna-saṃprasthita;ādikarmika 新發意)者，不能「決定」於甚深法。何等為二？	㊀慈氏當知！略由「四緣」(據梵文原意作「二緣」)，「初學」(nava-yāna-saṃprasthita;ādikarmika 新發意)菩薩為自「毀傷」(減毀傷損)，不能獲得甚深法忍？
㊁所未聞經，聞之「驚疑」，不作「勸助」。	㊁一者，所未聞深經，聞之「驚怖生疑」，不能「隨順」。	㊁一者，所未聞深經，聞之「驚怖生疑」，不能「隨順」。	㊁何等為四？一者，初聞昔所未聞甚深經典，「驚怖疑惑」，不生「隨喜」。
㊂專增為「亂」，「吾未曾聞，此從何來(這經是從何處來的)？」	㊂毀謗「不信」，而作是言：「我初不聞，從何所來(這經是從何處來的)？」	㊂毀謗「不信」，而作是言：「我初不聞，從何所來(這經是從何處來的)？」	㊂二者，聞已「誹謗」輕毀，言是經典「我昔未聞，從何而至(這經是從何處來的)？」
㊃若族姓子！甚解深法，樂說微妙，不從「受習」，	㊃二者，若有護持解說如是深經者，不肯「親近、	㊃二者，若有護持解說如是深經者，不肯「親近、	㊃三者，見有「受持、演說」此深法門善男子等，不樂

雖近「不敬」。	供養、恭敬」。	供養、恭敬」。	「親近、恭敬、禮拜」。
㊄專於中作「毀行」。	㊄或時於中說其「過惡」。	㊄或時於中說其「過惡」。	㊄四者，後時(據梵文原意作「中間、有時」)「輕慢、憎嫉、毀辱、誹謗」。
㊅是為「四」，「阿夷恬(nava-yāna-saṃprasthita 新發意)」為「空耗」(空勞耗損)，不得至深「法忍」。	㊅有此二法，當知是為「新學」(nava-yāna-saṃprasthita;ādikarmika 新發意)菩薩，為自「毀傷」(滅毀傷損)，不能於深法中，「調伏」其心。	㊅有此二法，當知是「新學」(nava-yāna-saṃprasthita;ādikarmika 新發意)菩薩，為自「毀傷」(滅毀傷損)，不能於深法中，「調伏」其心。	㊅由是「四緣」(據梵文原意作「二緣」)，「初學」(nava-yāna-saṃprasthita;ādikarmika 新發意)菩薩為自「毀傷」(滅毀傷損)，不能獲得甚深「法忍」。

【十四～4】已信解「深法」之菩薩，亦有「四緣」能自我「滅毀傷損」，不能速證「無生法忍」

三國吳・支謙譯《維摩詰經》	姚秦・鳩摩羅什譯《維摩詰所說經》	姚秦・鳩摩羅什譯《維摩詰所說大乘經》	唐・玄奘譯《說無垢稱經》
㊀又彌勒！有二行，菩薩雖「解深法」，猶以「空耗」(空勞耗損)。	㊀彌勒！復有二法，菩薩雖「信解深法」，猶自「毀傷」(滅毀傷損)，而不能得「無生法忍」。	㊀彌勒！復有二法，菩薩雖「信解深法」，猶自「毀傷」(滅毀傷損)，而不能得「無生法忍」。	㊀慈氏當知！略由四緣(據梵文原意作「二緣」)，「信解甚深法門」菩薩，為自「毀傷」(滅毀傷損)，不能速證「無生法忍」。
㊁何謂二？習在「邊」(相當於「十信位」，此菩薩初發心，若生於邊地及邪見家，既不能度人，且自敗壞善根)方，不恒其「行」，檀智「蔑人」。	㊁何等為二？一者，輕慢「新學」(nava-yāna-saṃprasthita;ādikarmika 新發意)菩薩，	㊁何等為二？一者，輕慢「新學」(nava-yāna-saṃprasthita;ādikarmika 新發意)菩薩，	㊁何等為四？一者，輕蔑ꞏ「發趣大乘」未久修行(之)「初學」(nava-yāna-saṃprasthita;ādikarmika 新發意)菩薩。
㊂「不受、不	㊂而不「教誨」。	㊂而不「教誨」。	㊂二者，不樂「攝

誦」，亦不「追求」。 ㊃自有甚解，學「深法」者，則以「輕慢」。 ㊄貪「濁」懷「嫉」，不能「納人」，亦不「法施」。 ㊅是為二。雖解「深法」，猶以「空耗」(空勞耗損)，不能疾近，不起「法忍」。	㊃二者，雖信解「深法」，而「取相分別」。 ㊅是為二法。	㊃二者，雖信解「深法」，而「取相分別」。 ㊅是為二法。	受、誨示、教授、教誡」。 ㊃三者，甚深廣大學處，不深「敬重」。 ㊄四者，樂以世間「財施」攝諸有情。不樂「出世」清淨「法施」。 ㊅由是四緣(據梵文原意作「二緣」)，「信解甚深法門」菩薩，為自「毀傷(減毀傷損)，不能速證「無生法忍」。

【十四～5】彌勒菩薩云：善男子、善女人求大乘者，當令手得此經，受持、讀誦、為他廣說。此皆是彌勒「神力」之所建立

三國吳・支謙譯《維摩詰經》	姚秦・鳩摩羅什譯《維摩詰所說經》	姚秦・鳩摩羅什譯《維摩詰所說大乘經》	唐・玄奘譯《說無垢稱經》
㊀於是彌勒菩薩白佛言： 未曾有！唯然，世尊！至於如來之善言，吾當遠離「如此之惡」。 ㊁以護如來無數億劫「道品之習」。	㊀彌勒菩薩聞說是已，白佛言： 世尊！未曾有也！如佛所說，我當遠離「如斯之惡」。 ㊁奉持如來無數阿僧祇劫所集「阿耨多羅三藐三菩提法」。	㊀彌勒菩薩聞說是已，白佛言： 世尊！未曾有也！如佛所說，我當遠離「如斯之惡」。 ㊁奉持如來無數阿僧祇劫所集「阿耨多羅三藐三菩提法」。	㊀慈氏菩薩聞佛語已，歡喜踊躍，而白佛言： 世尊！所說甚為希有！如來所言甚為微妙！如佛所示，菩薩「過失」，我當悉皆「究竟遠離」。 ㊁如來所有無量無數百千俱胝「那庾多」(nayuta)劫所集「無上正等菩提」所

			流「大法」，我當「護持」，令不「隱滅」。
㊂若賢者子(善男子)，心入是輩經者，(我彌勒)當令「手」得，忽所「念取(念力而取)」。若「念、受持」如是輩經，「傳示」同學，「廣說」分明。	㊂若未來世「善男子、善女人」求「大乘」者，(我彌勒)當令「手」得如是等經，與其「念力」，使「受持、讀誦、為他廣說」。	㊂若未來世「善男子、善女人」求「大乘」者，(我彌勒)當令「手」得如是等經，與其「念力」，使「受持、讀誦、為他廣說」。	㊂若未來世，諸「善男子」或「善女人」，求學「大乘」，是真法器(正法的根器)。(彌勒)我當令其「手」得如是甚深經典，與其「念力」，令於此經「受持、讀誦、究竟、通利、書寫、供養、無倒(無顛倒)修行、廣為他說」。
㊃其時，世尊！得如是經，樂憙相傳者。當知此輩菩薩為彌勒所建立也。	㊃世尊！若後末世，有能受持讀誦、為他說者，當知皆是彌勒「神力」之所建立。	㊃世尊！若後末世，有能受持讀誦、為他說者，**當知是**彌勒「神力」之所建立。	㊃世尊！後世於是經典，若有「聽聞、信解、受持、讀誦、通利、無倒(無顛倒)修行、廣為他說」。當知皆是我「威神力」住持加護。
㊄佛言： 善哉！善哉！ ㊅彌勒！如來代喜，善說是言。	㊄佛言： 善哉！善哉！ ㊅彌勒！如汝所說，佛助爾喜。	㊄佛言： 善哉！善哉！ ㊅彌勒！如汝所說，佛助爾喜。	㊄世尊告曰： 善哉！善哉！ ㊅汝為「極善」，乃能「隨喜」如來善說(據梵文原意作「如來隨喜和贊同彌勒之所說」)，「攝受護持」如是正法。

【十四～6】在在處處若有此經卷，有人讀誦解說，四天王當詣其所而擁護此人

三國吳・支謙譯《維摩詰經》	姚秦・鳩摩羅什譯《維摩詰所說經》	姚秦・鳩摩羅什譯《維摩詰所說大乘經》	唐・玄奘譯《說無垢稱經》
㊀於是一切菩薩等，俱共同出聲言：	㊀於是一切菩薩合掌白佛：	㊀於是一切菩薩合掌白佛：	㊀爾時會中所有此界及與他方諸來菩薩，一切合掌，俱發聲言：
㊁如來「滅」後，我等在所佛土，當來於此，分布(分散流布)佛道。	㊁我等亦於如來「滅」後，十方國土，廣宣流布「阿耨多羅三藐三菩提法」。	㊁我等亦於如來「滅」後，十方國土，廣宣流布「阿耨多羅三藐三菩提法」。	㊁世尊！我等亦於如來「般涅槃」後，各從他方，諸別世界，皆來至此。護持如來所得「無上正等菩提」所流「大法」，令不「隱滅」，廣宣「流布」。
㊂示諸同學，以其所樂。	㊂復當開導「諸說法者」，令得是經。	㊂復當開導「諸說法者」，令得是經。	㊂若「善男子」或「善女人」，能於是經「聽聞、信解、受持、讀誦、究竟通利、無倒修行、廣為他說」。我當「護持」，與其「念力」，令無障難。
㊃爾時「四天王」白佛言：在所，世尊！「墟聚、國邑」，有行如是深經法者。吾當率諸「官屬」，詣「講法所」，為「護講法」。	㊃爾時「四天王」白佛言：世尊！在在處處，「城邑、聚落、山林、曠野」有是經卷，「讀誦、解說」者。我當率諸「官屬」，為「聽法」故，往詣其所，擁護其人。	㊃爾時「四天王」白佛言：世尊！在在處處，「城邑、聚落、山林、曠野」有是經卷，「讀誦、解說」者。我當率諸「官屬」，為「聽法」故，往詣其所，擁護其人。	㊃時此衆中「四大天王」，亦皆合掌，同聲白佛：世尊！若有「村城、聚落、國邑、王都」如是法門所流行處。我等皆當與其「眷屬」并「大力將」，率諸軍衆，為「聞法」故，往詣其所。護持如是「所說法門」及能「宣

			說、受持、讀誦」此法門者。
㊄百「由旬」內(yojana)，當令一切聞見「講法」，令無「伺求」(窺伺尋求者)得其便者。 (唐・義淨《根本說一切有部百一羯磨・卷三》云：「由旬」者……當十二里。又如《藏漢佛學詞典》云：一「逾繕那」，約合二十六市里許，即13公里。又據現代緬甸馬雜湊尊者在參訪印度聖地時，根據注釋書的資料，如菩提伽耶至王舍城距離為5由旬。菩提樹距離菩提伽耶約為3「伽浮他」(gavut)。王舍城和那爛陀寺距離1由旬。最後根據實際距離得出：1由旬應為8英哩，即約12.872公里，故100由旬應為1287公里)	㊄(周邊四)面百「由旬」(yojana)，令無「伺求」(窺伺尋求者)得其便者。	㊄(周邊四)面百「由旬」(yojana)，令無「伺求」(窺伺尋求者)得其便者。	㊄於「四方面」，百「踰繕那」(yojana)，皆令安隱，無諸障難。無有「伺求」(窺伺尋求者)得其便者。

【十四～7】佛囑阿難受持是經，廣宣流布

三國吳・支謙譯《維摩詰經》	姚秦・鳩摩羅什譯《維摩詰所說經》	姚秦・鳩摩羅什譯《維摩詰所說大乘經》	唐・玄奘譯《說無垢稱經》
㊀彼時佛告賢者阿難： 取是經法，奉持誦說，以布現人。	㊀是時佛告阿難： 受持是經，廣宣流布。	㊀是時佛告阿難： 受持是經，廣宣流布。	㊀爾時世尊復告具壽阿難陀曰： 汝應受持如是法門，廣為他說，令其流布。

㊁阿難言： 唯！當受是經，布現衆人要者。 ㊂世尊！當何名斯經？亦當云何奉持之？ ㊃佛告阿難： 是經名為《維摩詰所說》，亦名為《不可思議法門》之稱，當奉持之。 ㊄佛說經已，莫不勸受，尊者維摩詰、文殊師利為上首，衆「菩薩、大弟子(大聲聞)、一切魔衆」，聞佛所說，皆大歡喜。	㊁阿難言： 唯然！我已受持要者。 ㊂世尊！當何名斯經？ ㊃佛言： 阿難！是經名為《維摩詰所說》，亦名《不可思議解脫法門》，如是受持。 ㊄佛說是經已，長者維摩詰、文殊師利、舍利弗、阿難等，及諸「天人、阿修羅、一切大衆」，聞佛所說，皆大歡喜，作禮而去。	㊁阿難言： **唯**！我已受持要者。 ㊂世尊！當何名斯經？ ㊃佛言： 阿難！是經名為《維摩詰所說》，亦名《不可思議解脫法門》，如是受持。 ㊄佛說是經已，長者維摩詰、文殊師利、舍利弗、阿難等，及諸「天人、阿修羅、一切大衆」，聞佛所說，皆大歡喜，**信受奉行**。	㊁阿難陀曰： 我已受持如是法門。 ㊂世尊！如是所說法門，其名何等？我云何持？ ㊃世尊告曰： 如是名為《說無垢稱不可思議自在神變解脫法門》，應如是持。 ㊄時薄伽梵說是經已，無垢稱菩薩、妙吉祥菩薩、具壽阿難陀及餘菩薩、「大聲聞衆」，幷諸「天人、阿素洛」等，聞佛所說，皆大歡喜，信受奉行。

附：從《維摩詰經》中探討須菩提與維摩詰有關「乞食對話」之研究

計　版面配置　參考資料　郵件　校閱　檢視　ACROBAT

內文　新細明體 (本文　12

從《維摩詰經》中探討須菩提與維摩詰有關「乞食對話」之研究

全文摘要

本篇論文名為〈從《維摩詰經》中探討須菩提與維摩詰有關「乞食對話」之研究〉，
將從「漢譯」《維摩詰經》的　　題材，四個譯本是：三國吳・支
謙譯《維摩詰經》、姚秦・鳩　　經》、姚秦・鳩摩羅什譯《維摩詰
所說大乘經》(龍藏本)、唐・玄　　再加上「梵文今譯」的黃寶生《梵
漢對勘維摩詰所說經》。近年　　勘」與「梵文新譯」佛經書籍日益
增多，這對「解讀」佛經上來　　如果僅以「梵文今譯」的現代白話
佛經來閱讀的話，又嫌太過　　」的學術比對價值，難以獲得「圓
滿」的法義。故本論文另參考　　同的《樂瓔珞莊嚴方便品經》、《順
權方便經》作綜合比對，再參　　著疏，預計將須菩提與維摩詰「乞
食對話」中的深義做更完整清　　決有關須菩提的「前世今生、捨貧
從富乞食」等諸多故事與維摩詰高深的「平等無二」義理。

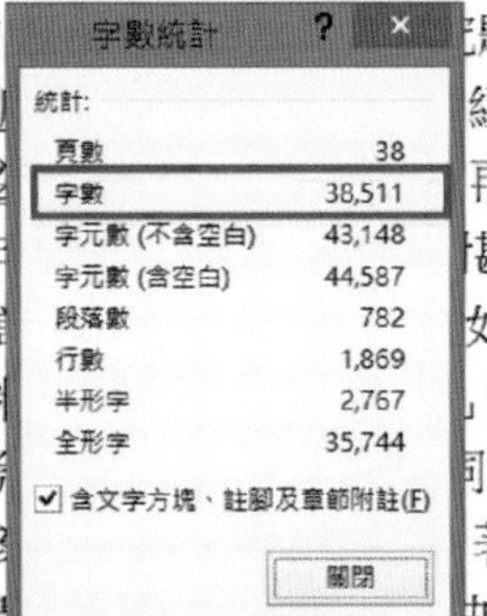

關鍵詞：

《維摩詰經》、《樂瓔珞莊嚴方便品經》、《順權方便經》、須菩提、乞食

分頁符號

全文摘要

本篇論文名為〈從《維摩詰經》中探討須菩提與維摩詰有關「乞食對話」之研究〉，將從「漢譯」《維摩詰經》的四個譯本作主要的研究題材，四個譯本是：三國吳・支謙譯《維摩詰經》、姚秦・鳩摩羅什譯《維摩詰所說經》、姚秦・鳩摩羅什譯《維摩詰所說大乘經》(龍藏本)、唐・玄奘譯《說無垢稱經》，再加上「梵文今譯」的黃寶生《梵漢對勘維摩詰所說經》。近年來有關佛經的「梵漢對勘」與「梵文新譯」佛經書籍日益增多，這對「解讀」佛經上來說的確是有幫助的，但如果僅以「梵文今譯」的現代白話佛經來閱讀的話，又嫌太過精簡，失去「以經解經」的學術比對價值，難以獲得「圓滿」的法義。故本論文另參考與須菩提乞食故事相同的《樂瓔珞莊嚴方便品經》、《順權方便經》作綜合比對，再參考古德的《維摩詰經》著疏，便能將須菩提與維摩詰「乞食對話」中的深義做更完整清楚的解釋，並試圖解決有關須菩提的「前世今生、捨貧從富乞食」等諸多故事與維摩詰高深的「平等無二」義理。

關鍵詞：

《維摩詰經》、《樂瓔珞莊嚴方便品經》、《順權方便經》、須菩提、乞食

一、前言

在釋迦佛的弟子中，一般皆以舍利弗(Śāriputra)、目犍連(Mahā-Maudgalyāyana)、須菩提(Subhūti)、摩訶迦葉(Mahā-kāśyapa)為佛的四大弟子。例如《大智度論》中云：「五千比丘中，上有千餘上座……何以止說此四人名？答曰：是四比丘，是現世無量福田。舍利弗是佛右面弟子；目揵連是佛左面弟子；須菩提修無諍定，行空第一；摩訶迦葉行十二頭陀第一。世尊施衣『分坐』，常深心憐愍眾生。佛在世時，若有人欲求今世果報者，供養是四人，輒得如願。是故，是多知多識比丘及四眾，讚般若波羅蜜。」[1]

但在《法華經》卷二的〈信解品〉與卷三的〈授記品〉中，則又以摩訶迦葉、須菩提、目犍連、迦旃延等為四大聲聞弟子，原本的舍利弗被換成是迦旃延。如《妙法蓮華經》云：「爾時慧命須菩提、摩訶迦旃延、摩訶迦葉、摩訶目揵連，從佛所聞未曾有法，世尊授舍利弗阿耨多羅三藐三菩提記，發希有心，歡喜踊躍。」[2]

另外在《增壹阿含經》的「十不善品」中所記載如來的「四大聲聞」，已受佛之敕而不入涅槃，並永住世間護持教法，饒益有情。其中大迦葉尊者則入雞足山(Kukkuṭapāda-giri)，待彌勒菩薩出世後方取滅度。這四大聲聞中的名單只有迦葉一人在內，其餘都是新名單。如云：「堪任遊化，智慧無盡，眾德具足。云何為四？所謂大迦葉比丘(Mahā-kāśyapa)、君屠鉢漢比丘(Kuṇḍa-dhāna，君屠缽歎、君徒般歎)、賓頭盧比丘(Piṇḍola-bhāradvāja)、羅云比丘(Rāhula)。汝等『四大聲聞』要不般涅槃，須吾法沒盡，然後乃當般涅槃。」[3]而在《增壹阿含經》的「聲聞品」中的「四大聲聞」則又改為「是時，四大聲聞集在一處，而作是說……尊者大目揵連、尊者迦葉、尊者阿那律、尊者賓頭盧。」[4]迦葉尊者又出現，但舍利弗、須菩提都不見。

《寶星陀羅尼經》中也有出現四大聲聞眾，但迦葉尊者不在名單內，換成了富樓那尊者，如云：「爾時，世尊以神通力，令此街道百由旬量，廣博嚴淨而為示現。時舍利弗北面而坐，大目揵連西面而坐，富樓那南面而坐，須菩提東面而坐，四人住處共半由旬。」[5]

從上述引用的經典可得知佛的四大弟子並無明確準則，仍有各種「異說」，但須

---

1 參《大智度論》卷 40〈歎度品 5〉。詳 CBETA, T25, no. 1509, p. 354, c。迦葉尊者是年高德卲的長老上座，佛陀還曾經要讓「半座」給他，可見他在僧團的地位是多麼崇高，如《雜阿含經》中云：「爾時，世尊知諸比丘心之所念，告摩訶迦葉：善來！迦葉！於此『半座』，我今竟知誰先出家，汝耶？我耶？彼諸比丘心生恐怖，身毛皆竪，並相謂言：奇哉！尊者！彼尊者摩訶迦葉，大德大力，大師弟子，請以『半座』」。詳 CBETA, T02, no. 99, p. 302, a。

2 參《妙法蓮華經》卷 2〈信解品 4〉。詳 CBETA, T09, no. 262, p. 16, b。

3 參《增壹阿含經》卷 44〈十不善品 48〉。詳 CBETA, T02, no. 125, p. 789, a。

4 參《增壹阿含經》卷 20〈聲聞品 28〉。詳 CBETA, T02, no. 125, p. 647, a。

5 參《寶星陀羅尼經》卷 3〈魔王歸伏品 3〉。詳 CBETA, T13, no. 402, p. 549, c。

菩提決定是佛弟子中最熱門最有名的人物之一，他是「解空第一」的尊者，同時也在《維摩詰經》中扮演過重要的角色。《維摩詰經》是一部「**彈偏斥小、歎大褒圓**」[6]的大乘經典，主旨不外乎「平等無二、不二法門、生佛平等、生死涅槃平等」等諸多「實相」義理。這些義理其實在其餘的大乘經典中也很常見，例如：《大乘理趣六波羅蜜多經》云：「**生死、涅槃等無二，其性不壞無造作。**」[7]如《大寶積經》云：「**若諸經中有所宣說『厭背生死、欣樂涅槃』，名『不了義』。若有宣說『生死、涅槃』二無差別，是名『了義』。**」[8]或如《大方廣佛華嚴經》云：「**能了達『生死、涅槃』無二無別，而常善巧饒益眾生。**」[9]又如《大乘入楞伽經》云：「**諸聲聞畏生死妄想苦，而求涅槃，不知『生死、涅槃』差別之相，一切皆是妄分別有，無所有故。**」[10]……等眾多經典。

在《維摩詰經》中，佛陀曾派十大弟子去慰問維摩詰(Vimala-Kīrti)的疾病，分別是「智慧第一」的舍利弗、「神通第一」的大目犍連、「頭陀第一」的大迦葉、「解空第一」的須菩提、「說法第一」的富樓那彌多羅尼子、「論義第一」的摩訶迦旃延、「天眼第一」的阿那律、「持律第一」的優波離、「密行第一」的羅睺羅、「多聞第一」的阿難。其中須菩提的內容排序在第四位，十大弟子中只有大迦葉與須菩提與「乞食」的法義有關。在《摩訶僧祇律》中佛曾說在未轉「法輪」之前，應該要先轉「食輪」，如云：「**佛住舍衛城，乃至佛言……有二種輪『法輪、食輪』，食得『食輪』已，乃『轉法輪』。**」[11]為何佛那麼重視應該要先「轉食輪」呢？因為佛在《增壹阿含經》中說：「**一切眾生皆由『食』得存，無食便喪。**」[12]沒有了「食」就只能喪命，所以「食輪」大於「法輪」。但如果佛陀為不同的大乘根機眾生說法，也有可能改成是「法輪」大於「食輪」的順序。

有關大迦葉與須菩提這二位尊者「乞食」的相關論文研究，前人也曾寫過，例如劉元如[13]的〈學習《維摩詰經》的一點體會--關於迦葉與須菩提乞食的不同〉、果儒法師的〈《維摩詰所說經・弟子品》考論〉……等。筆者本篇論文名為〈從《維摩詰經》中探討須菩提與維摩詰有關「乞食對話」之研究〉，將從「漢譯」的四個譯本，三國吳・支謙(約公元 222~253 年譯)譯《維摩詰經》、姚秦・鳩摩羅什(譯於公元 406 年)譯《維摩詰所說經》、姚秦・鳩摩羅什譯《維摩詰所說大乘經》(龍藏本，約於公元 1735～1738 年集)、唐・玄奘(譯於公元 650 年)譯《說無垢稱經》，加上「梵文今譯」的黃寶生《梵漢對勘維摩詰所說經》(中國社會科學出版社出版。2011 年 10 月)，再參考與須菩提乞食故事相同的《樂瓔珞莊嚴方便品經》、《順權方便經》作綜合比對，另參考大量古德的《維摩詰經》著疏。以如此豐富的研究材料作基礎，相信一定可以將須菩提與維摩

---

[6] 上述二句出處請參閱明・傳燈《維摩經無我疏》卷 2。詳 CBETA, X19, no. 348, p. 604, c。
[7] 參《大乘理趣六波羅蜜多經》卷 1〈歸依三寶品 1〉。詳 CBETA, T08, no. 261, p. 868, a。
[8] 參《大寶積經》卷 52〈般若波羅蜜多品 11〉。詳 CBETA, T11, no. 310, p. 304, b。
[9] 參《大方廣佛華嚴經》卷 7〈入不思議解脫境界普賢行願品〉。詳 CBETA, T10, no. 293, p. 691, a。
[10] 參《楞伽阿跋多羅寶經》卷 1〈一切佛語心品〉。詳 CBETA, T16, no. 670, p. 486, c。
[11] 參《摩訶僧祇律》卷 35。詳 CBETA, T22, no. 1425, p. 511, a。
[12] 參《增壹阿含經》卷 13〈地主品 23〉。詳 CBETA, T02, no. 125, p. 613, a。
[13] 作者為中國人民大學，2001 年博士生。文章可於網路上搜尋到全文。

詰「乞食對話」的深義做更完整清楚的解釋。

本論文撰寫的標題如下：

一、前言

二、須菩提的前世今生

三、「捨貧從富」與「捨富從貧」乞食

1、大迦葉的「捨富從貧」乞食

2、須菩提的「捨貧從富」乞食

四、須菩提乞食與維摩詰的對話研究

1、第一段

2、第二段

3、第三段

4、《維摩詰經》與《樂瓔珞莊嚴方便品經》、《順權方便經》綜合比對

五、結論

參考文獻

二、須菩提的前世今生

須菩提的漢字或寫成須菩提，[14]其實「湏」古同「須」字。須菩提是梵文「Subhūti」的譯音，或譯作蘇部底、藪浮帝、蘇部底、蘇補底、須扶提、須浮帝、修浮帝、浮帝、須楓、湏菩提。譯義則為「善實、善業、善吉」。但也有譯為「空生」的，如唐・慧琳(737－820)《一切經音義》云：

> 善業，梵言須菩提，或云藪浮帝，或言蘇部底。此譯云善實，或云善業，或云善吉，皆一義也。言空生者。晉沙門康法邃《雜譬喻經》云：舍衛國有長者，名鳩留，產生一子，字須菩提，有自然福報，食器皆空，因以名焉。所欲即滿，後遂出家，得阿羅漢道是。[15]

《一切經音義》中提到康法邃抄集眾經所撰的《雜譬喻經》[16]中有舍衛國鳩留生子為須菩提的故事，其實在現存的二卷《雜譬喻經》共「六十一則」故事中，並沒有這個須菩提的內容，應該是已遺失的內容，而且近代多篇學術論文都認定《雜譬喻經》的作者並非康法邃抄撰，也不是康僧會所作。[17]

---

14 如唐・輸波迦羅譯《蘇悉地羯羅經》卷 2〈除一切障大灌頂曼荼羅法品 31〉云：「次右阿難，次左湏菩提」。詳 CBETA, T18, no. 893a, p. 623, c。或如唐・慧苑《一切經音義(第 1 卷-第 15 卷)》卷 3 云：「梵言湏菩提」。詳 CBETA, C056, no. 1163, p. 861, a。

15 參《一切經音義》卷 10。詳 CBETA, T54, no. 2128, p. 364, b。

16 參《出三藏記集》卷 2 云：「《譬喻經》十卷(舊錄云《正譬喻經》十卷)。右一部。凡十卷。晉・成帝時。沙門康法邃。抄集眾經，撰此一部」。詳 CBETA, T55, no. 2145, p. 10, a。

17 參見梁曉虹〈從語言上判定《舊雜譬喻經》非康僧會所譯〉。中國語文通訊。1996 年 12 月第 40 期。頁 63。

須菩提被譯為「空生」或「善吉」，最早應該是來自隋・智顗(538～597)《金剛般若經疏》與隋・慧遠(523～592)《維摩義記》的資料。如智顗《金剛般若經疏》云：

須菩提翻空生，亦名善吉。或云東方青龍陀佛。[18]

如慧遠《維摩義記》中云：

外國正名為須浮帝。傳者音殊，名須菩提。其須浮帝，此名善吉，亦曰空生。初生之日，家物悉空，故名空生。其人於佛弟子之中，解空第一。[19]

須菩提既名為「空生」，其實應該有三種「空」的意思，第一是當時的相命師占卦後說此兒是「唯善唯吉」的「善吉」，因為一生下來，家中的「庫藏器皿」全部都忽然不見了，所以名為「空生」。如隋・智顗《維摩經略疏》云：「以生時家宅皆空，因名空生。家宅皆空，即表長成『解空』之相。」[20]又如唐・宗密述的《金剛般若經疏論纂要》云：「須菩提有三義譯。謂善吉、善現、空生。生時室空。解空之善瑞現矣。相師占云：唯善唯吉。」[21]

第二是須菩提在大眾中乃是「解空第一」與能入「無諍三昧定」。如《佛說阿羅漢具德經》云：「復有聲聞，常行布施，而能不滅，解空第一，須菩提苾芻是。」[22]如《賢愚經》云：「是師弟子，名須菩提，廣智多聞，解空第一。」[23]《大寶積經》中更說：「成就智慧如舍利弗、解空第一如須菩提、苦行超倫如大迦葉，即令如是諸大聲聞共盡知見求彼菩薩。」[24]又如《大方等大集經菩薩念佛三昧分》云：「我諸聲聞大弟子中，解空第一則須菩提其人也。」[25]《金剛般若波羅蜜經》則云：「須菩提言……世尊！佛說我得『無諍三昧』，人中最為第一。」[26]《中阿含經》亦云：「須菩提族姓子，以『無諍』道，於後知法如法。」[27]

第三是須菩提喜說「空法」，所修的法都以「空」為主。如《增壹阿含經》云：「恒樂空定，分別空義，所謂須菩提比丘是。志在空寂，微妙德業，亦是須菩提比丘。」[28]又如《楞嚴經》云：「須菩提……白佛言：我曠劫來心得無礙，自憶受生如恒河沙，

---

[18] 參隋・智顗《金剛般若經疏》卷 1。詳 CBETA, T33, no. 1698, p. 76, c。
[19] 參隋・慧遠《維摩義記》卷 2〈弟子品 3〉。詳 CBETA, T38, no. 1776, p. 450, c。
[20] 參隋・智顗《維摩經略疏》卷 4〈弟子品 3〉。詳 CBETA, T38, no. 1778, p. 618, c。
[21] 參唐・宗密述・宋子璿治定《金剛般若經疏論纂要》卷 1。詳 CBETA, T33, no. 1701, p. 157, c。
[22] 參《佛說阿羅漢具德經》卷 1。詳 CBETA, T02, no. 126, p. 831, c。
[23] 參《賢愚經》卷 6〈月光王頭施品 30〉。詳 CBETA, T04, no. 202, p. 396, a。
[24] 參《大寶積經》卷 102〈緣起品 1〉。詳 CBETA, T11, no. 310, p. 575, b。
[25] 參《大方等大集經菩薩念佛三昧分》卷 4〈神變品 3〉。詳 CBETA, T13, no. 415, p. 842, c。
[26] 參《金剛般若波羅蜜經》卷 1。詳 CBETA, T08, no. 235, p. 749, c。
[27] 參《中阿含經》卷 43〈根本分別品 2。詳 CBETA, T01, no. 26, p. 703, c。
[28] 參《增壹阿含經》卷 3〈弟子品 4〉。詳 CBETA, T02, no. 125, p. 558, b。

初在母胎，即知空寂，如是乃至十方成空，亦令眾生證得空性，蒙如來發，性覺真空，空性圓明，得阿羅漢，頓入如來寶明空海，同佛知見，印成無學，解脫性空，我為無上。」[29]

至於智顗曾說：須菩提或云東方青龍陀佛。其實這個說法的來源也是莫衷一是，例如唐・智雲(未詳生卒日)《妙經文句私志記》云：「言見龍陀本者，真諦(499～569)三藏云：須菩提是東方世界青龍陀佛來此，影響釋尊(釋迦佛)，此則互說。記云：有引《大寶積》云身子(舍利弗)成佛，號金龍陀，未檢。[30]」而唐・湛然(711～782)所述的《法華文句記》也說：「真諦(499～569)云：須菩提是東方青龍陀佛。有引《大寶積》云：「舍利弗成佛號金龍陀」，未檢」[31]意思就是說須菩提是青龍陀佛再來的，而舍利弗則是金龍陀古佛再來的，但其實來源資料都是「未檢」。[32]這兩位都是來輔助釋迦牟尼佛的教化，當其左右手的人。[33]至於源頭都指向隋・真諦(499～569)大師，但檢視真諦所有的著作，也沒有出現「金龍陀」與「須菩提」的關係。而唐・宗密(780～841)在其所述的《金剛經疏記科會》中則說須菩提「古佛」的傳說是來自《西域記》，如云：「《西域記》云：是東方青龍陀佛，影響釋迦之會。示跡聲聞，發揚空理。十方諸佛，法皆爾也。」[34]如果這個《西域記》是指《大唐西域記》的話，則玄奘(602～664)的《大唐西域記》中根本沒有出現過「青龍陀」三個字。所以須菩提或說是「東方青龍陀古佛」來的，答案仍與古人的說法一樣--未檢。

隋・吉藏(549～623)大師的《金剛般若疏》著作中更引用了大量有關須菩提的故事。如云：

> 須菩提者，此人本迹其事難知。三藏(指真諦大師)云：是本東方世界青龍陀佛，影嚮能仁(釋迦佛)，為弟子化(指須菩提原為青龍陀如來，但此世轉為釋迦佛的弟子，受釋迦佛的教化)，其猶文殊之例也(指文殊菩薩為過去七佛之師)。或有經云：此(須菩提)是「化人」，《攝大乘論》明身子(舍利弗)是「化人」，善吉猶為其例。
>
> 又經云：是舍衛國長者之子，位登「遺顏」。[35]言「遺顏」者，法身菩薩過「阿鞞」[36]之位也。復云：是舍衛國內有婆羅門，名曰鳩留。其人無子，祈天神。天神云：汝家大富，無堪生者，因見一大德天(即三十三天的一位天神，名為須菩提)，下詑 (告

[29] 參《大佛頂如來密因修證了義諸菩薩萬行首楞嚴經》卷 5。詳 CBETA, T19, no. 945, p. 126, b。

[30] 參唐・智雲(未詳生卒日)《妙經文句私志記》卷 3。詳 CBETA, X29, no. 596, p. 198, a。

[31] 參唐・湛然述《法華文句記》卷 1〈釋序品〉。詳 CBETA, T34, no. 1719, p. 160, c。

[32] 舍利弗是古金龍陀佛再來，最早是出自隋・智顗大師的《妙法蓮華經文句》卷 5〈釋譬喻品〉：「云身子(舍利弗)久成佛，號金龍陀」。詳 CBETA, T34, no. 1718, p. 64, a。

[33] 如宋・道威《法華經入疏》卷 1 云：「如須菩提本是東方青龍陀佛。舍利弗本是金龍陀佛。迹輔釋迦之化，示作聲聞」。詳 CBETA, X30, no. 600, p. 6, c。

[34] 參唐・宗密述、宋・子璿《金剛經疏記科會》卷 4。詳 CBETA, X25, no. 491, p. 415, a。

[35] 「遺顏」二字應為梵語的 avinivartanīya 的簡略譯音，完整音譯作為「阿惟越致、阿鞞跋致、阿毘跋致」，即指「不退轉、無退、必定」的一種菩薩階位。

[36] 「阿鞞」即「阿鞞跋致」的簡稱，就是梵文的 avinivartanīya，完整音譯則為「阿惟越致、阿鞞跋致、阿毘跋致」，即指「不退轉、無退、必定」的一種菩薩階位。

知)生其家。兒既長大，令父母請佛還家(指請佛至家來供養)，後送佛反於祇洹，即得羅漢果。
復有經說：(須菩提)昔為白衣(居士)人，(曾)見沙門乞食不得，(造成)「空鉢」而反，(須菩提)因以食與之(沙門)，後得「十劫」常生天中，故其人福德，深厚無比。
又言：是淨音嚮王太子，如此等說，多出福報《雜譬喻經》。
須菩提者，翻為善業，亦言善學，舊云善吉。善吉與善財生異。何者？善財生時，七寶踊現，故名善財。須菩提生時，舉室皆空。父母疑怪，請問相師。相師云：唯善唯吉，故名善吉。又云空生，即從生時受稱。其人內祕菩薩行，外現聲聞，位高可崇，故呼為「長老」也。[37]

吉藏《金剛般若疏》引用須菩提的故事云「多出福報《雜譬喻經》」，但其實現存《雜譬喻經》中都沒有這些資料，唯獨淨音嚮王太子故事的確是來自《增壹阿含經》的經文資料，主要是說往昔有一國王，名曰清淨音響王，但為了兒子而求諸外道天神，最終有一位「三十三天」的天神兒子名須菩提，下轉到人間，為清淨音響王作子，亦同名為須菩提。如經云：

昔有國王名曰清淨音響……爾時，音響聖王無有子息……自歸諸天、龍、神、日、月、星辰，自歸釋、梵、四天王、山神、樹神……願求福，使我生息……今三十三天，有天子名須菩提，今有五瑞……當降神下，應與王作息。但年壯盛時，必當出家學道，修無上梵行……時音響王召諸外道梵志群臣，使令占相……諸婆羅門報曰……今生太子，世之殊特，昔為天子，名須菩提，今尋前號，名須菩提……須菩提復作是念：我今當斷此羅網，出家學道。是時，須菩提觀此「五受陰身」……觀此「五陰身」已……即於座上得「辟支佛」。[38]

隋・吉藏的《法華玄論》又云：「餘經云：須菩提本是青龍陀佛。又經云：是『阿維顏』，[39]『阿維顏』者，十地頂人也。」[40]

其實唐・圓測(613～696)《解深密經疏》也曾懷疑有關須菩提的種種記載，因為他也認為有些都是「未見誠文，或相傳……」的「不確定」資料來源。如云：

言善現者，若具梵音，名脩浮吼底……無著《論》(指無著菩薩所造的《金剛般若論》與《金剛般若波羅蜜經論》)中名為善吉。笈多(？～619)所翻直本《般若》(指由隋・達磨笈多譯的《金剛般若論》與《金剛般若波羅蜜經論》)，名為善實。真諦(499～569)《金剛波若》(指《金剛般若波羅蜜經》)記云：東方世界青龍陀佛，於此影響也，廣如彼記。又相傳云：自有經

---

[37] 參隋・吉藏《金剛般若疏》卷 2。詳 CBETA, T33, no. 1699, p. 100, a。
[38] 參《增壹阿含經》卷 49〈非常品 51〉。詳 CBETA, T02, no. 125, p. 814, c。
[39] 「阿維顏」梵語譯作 avinivartanīya，完整的音譯則為「阿惟越致、阿鞞跋致、阿毘跋致」，即指「不退轉、無退、必定」的一種菩薩階位。
[40] 參隋・吉藏《法華玄論》卷 5。詳 CBETA, T34, no. 1720, p. 401, c。

文，位登「阿鞞跋致」[41]地(然未見誠文，或相傳云婆羅門子，祈天而生，生始長大，又請延佛，為設大會，送佛祇園，返獲羅漢。或云是淨音嚮王太子)。[42]

約三國時期(184～280)失譯人名的《分別功德論》中說，[43]須菩提有二位，第一是「王者種」，就是從「他化自在天」轉世到人間出家修行的天須菩提。原本天須菩提雖然出家，但不願意接受釋尊所教導的「麁衣惡食」修行方式，欲索求「諸寶房舍」來住，後來阿難到波斯匿王所借了很多「富貴裝具」來給天須菩提住，結果才住一晚，他思惟了「四諦聖理」後，就在「後夜」即得「四果羅漢」而能「飛行」。如《分別功德論》中云：

> 五百弟子中，有兩須菩提：一王者種、一長者種。天須菩提出王者種。所以言「天」者，五百世中，常上生「化應聲天」[44]、下生「王者家」，食福自然，未曾匱乏……時佛約勅諸比丘：夫為道者，皆當約身守節，麁衣惡食，草蓐為床，以大小便為藥。此比丘(指天須菩提)聞佛切教，心自思惟：吾生豪貴，衣食自然，宮殿屋舍，雕文刻鏤，金銀床榻……猶不盡吾意，況當著「五納服」耶？……阿難……即往至(波斯匿)王所，種種坐具、幡蓋華香，及四燈油，事事嚴飾，皆備具足。此比丘(指天須菩提)便於中「止宿」。(天須菩提)以適本心，意便「得定」，思惟「四諦」，至於「後夜」，即得「羅漢」，便「飛騰虛空」……阿難白佛：天須菩提已得羅漢，今飛在虛空。佛語阿難……或從「好衣」得道、或從「五納弊惡」而得道者，所寤在心，不拘形服也。以是言之，天須菩提著「好衣第一」也。[45]

《分別功德論》中記載佛弟子有從「五納弊惡」中而證果，而須菩提則從富貴的「食衣住行」中而證四果羅漢，後便有神通能「飛騰虛空」。其實在大乘經中記載須菩提的「廣大神通」則有更精彩的描述，如《大方等大集經》中的〈菩薩念佛三昧分〉中說：

> 尊者須菩提，善修「無諍行」，於一切法已到彼岸。有大威德，具足神通，或能為是不思議變……我念一時入於三昧，如此三千大千世界弘廣若斯，置「一毛端」往來旋轉，如「陶家輪」(古印度燒製陶瓦器之家，將「土坯」、泥坯」置於「車輪轉盤」的器具上，只要手或腳輕觸「輪盤」，就能運轉自如，常喻為「易如反掌、輕舉無礙、輪轉不停」意)，當爾之時，無一眾生有驚懼心，亦不覺知「己之所處」……

---

41 「阿鞞跋致」梵語為 avinivartanīya，完整音譯為「阿惟越致、阿鞞跋致、阿毘跋致」，即指「不退轉、無退、必定」的一種菩薩階位。

42 參《解深密經疏》卷 3。詳 CBETA, X21, no. 369, p. 229, a。

43 據方一新〈《分別功德論》翻譯年代考〉一文指出：《分別功德論》是一部失譯經，舊附後漢錄。但其中的被動句、疑問句、佛經譯名、普通語詞表明，這部經的風格和魏晉時期的譯經相近，最早也只能是三國時期(184～280)的譯經。詳方一新〈浙江大學西溪校區漢語史研究中心 310028〉。中圖分類號：H109.2 文獻標識碼：A。收稿日期：2002-08-25。

44 梵名為 Para-nirmita-vaśa-vartin，音譯作「他化自在天、他化樂天、他化自轉天、化應聲天」。

45 參《分別功德論》卷 5。詳 CBETA, T25, no. 1507, p. 47, c。

> 如此三千大千世界寬廣如是，我能以口「微氣一吹」皆令散滅，復令其中所有眾生「不驚不迫、無往來想」。阿難！我於爾時在世尊前，已曾示現如是「神通」……我今能以如此三千大千世界，其間所有一切眾生，皆悉安置「一指節端」，上至「有頂」(非想非非想處天)，然後還來，住於本處，令彼眾生「寂然無聲」，不相逼迫，無往返想。
> 阿難！我念一時「宴坐三昧」，見彼東方現前則有「六萬」諸佛，如是南西北方、四維上下無量無邊百千世界，各有六萬諸佛世尊，昔所未見今皆見知。
> 阿難！我於彼時住「閻浮提」，以是「定心」，復發「神力」，至須彌頂天帝釋邊。撮取一掬「栴檀末香」，往彼無量諸世界中，供養向時爾許如來應供等正覺，彼彼世界諸眾生等，皆悉明了……時彼天人、梵、魔、沙門、婆羅門、阿修羅等，見聞是，已身毛皆竪，發希有心得未曾有，作如是言：甚為希有！實未曾覩如是大事，乃至世尊諸弟子等，尚有如是勝妙神通大威德力，何況諸佛所有三昧神通境界？而可思量？而可宣說？
> 46

第二是「長者種」，這是從《撰集百緣經》卷十的〈諸緣品〉中「九一」則的「須菩提惡性緣」來的，也就是須菩提的前世曾因「惡性、瞋罵」而轉世為五百世的龍，最終轉世到舍衛國婆羅門家，最終才成為為釋迦佛的弟子，所以須菩提便有「惡性須菩提」的稱呼。《撰集百緣經》的內容是說須菩提曾在迦葉佛的時代為一名修行的「比丘」，後來因出「惡言瞋恚」而轉世為龍，受毒龍身達五百世。如經云：

> 此賢劫中，波羅奈國有佛出世，號曰迦葉。於彼法中有一比丘……便出惡罵：汝等佷戾，狀似毒龍。作是語已，尋即出去。以是業緣，五百世中，受「毒龍身」。[47]

這位比丘做了五百世的毒龍身，後來求救於「示現比丘形」的釋迦佛，最終轉世為婆羅門家作字，名叫負梨(Bhūti)，但還是有瞋恚的習性存在，最後被佛所教化，然後再隨佛出家修道，證得「四果阿羅漢」。如經云：

> 爾時世尊，初始成佛，便欲教化諸「龍王」故，即便往至須彌山下現「比丘」形，端坐思惟。時有金翅鳥王，入大海中捉一小龍……時彼小龍命故未斷，遙見「比丘」端坐思惟，至心求哀，尋即命終，生舍衛國婆羅門家，名曰負梨(Bhūti)。端政殊妙，世所希有，因為立字，名須菩提。年漸長大，智慧聰明，無有及者；唯甚惡性，凡所眼見人及畜生，則便「瞋罵」……時須菩提……見佛世尊……佛即為說「瞋恚」過惡……墮在地獄……或作龍蛇羅剎鬼神，心常含毒，更相殘害。

---

46 參《大方等大集經菩薩念佛三昧分》卷 4〈神變品 3〉。詳 CBETA, T13, no. 415, p. 842, c。與上述內容類似的經文亦可詳見《菩薩念佛三昧經》卷 2〈神通品 3〉。詳 CBETA, T13, no. 414, p. 804, a。

47 參《撰集百緣經》卷 10〈諸緣品 10〉。詳 CBETA, T04, no. 200, p. 250, b。

> 時須菩提，聞佛世尊說是語已，心驚毛豎，尋自悔嘖，即於佛前，懺悔罪咎，豁然獲得「須陀洹果」……鬚髮自落，法服著身，便成沙門。精懃修習，得「阿羅漢果」……五百世中，受「毒龍身」。心常含毒，觸嬈眾生。今雖得人，宿習不除，故復生瞋。佛告諸比丘：欲知爾時勸化「比丘惡口罵者」，今須菩提是。由於爾時供養僧故，今得值我，出家得道。[48]

從上面相關資料來看，「天須菩提」與「須菩提」這兩位確定是完全不同的人。[49]

到了南宋•法雲所編的《翻譯名義集》中也說：「釋門有二須菩提。」[50]一是「解空須菩提」，主要是依據《增壹阿含經》與同本異譯的《須摩提女經》[51]來的。二是「天須菩提」，也是依據了《增壹阿含經》的內容，如云：「喜著好衣，行本清淨，所謂天須菩提比丘是。」[52]

釋迦牟尼佛在講《法華經》時，世尊為眾弟子們授記成佛，須菩提是屬於「迴心大乘」之「俱解脫大阿羅漢」，但須菩提被授記成佛的時劫，卻是十大弟子中的最遲、最久遠者。這主要是因須菩提宿世的瞋心習氣，加上眾生不喜樂與須菩提親近，須菩提亦不喜與眾生親近，故其眾生緣並不好，所以須菩提攝受眾生的功德就會大為減損，故須菩提成佛的時間就需要經過非常久遠的時劫方能成就。如《法華經》中佛陀授記須菩提將來成佛的佛號是名相如來，經云：

> 是須菩提，於當來世，奉覲三百萬億那由他佛，供養恭敬，尊重讚歎，常修梵行，具菩薩道。於最後身、得成為佛，號曰名相如來……劫名有寶，國名寶生……佛壽十二小劫，正法住世二十小劫，像法亦住二十小劫。其佛常處虛空為眾說法，度脫無量菩薩及聲聞眾。[53]

三、「捨貧從富」與「捨富從貧」乞食

世尊在經典上訶斥過須菩提與大迦葉在「乞食」時，曾經犯下「心不均平」的故事，如《楞嚴經》所云：「如來世尊，訶須菩提及大迦葉為阿羅漢，心不均平。」[54]這二位大阿羅漢的特色是「大迦葉是捨富從貧乞食，須菩提則是捨貧從富乞食」。其實這樣的觀點在其餘經典中的記載並不一致。底下先說大迦葉乞食究竟是否真的是「捨

---

48 參《撰集百緣經》卷 10〈諸緣品 10〉。詳 CBETA, T04, no. 200, p. 250, a。

49 參隋•灌頂《大般涅槃經疏》卷 30〈迦葉品 24〉云：「天須菩提，非今解空須菩提」。詳 CBETA, T38, no. 1767, p. 210, c7。

50 參南宋•法雲《翻譯名義集》卷 1。詳 CBETA, T54, no. 2131, p. 1063, c。

51 參《增壹阿含經》卷 22〈須陀品 30〉。詳 CBETA, T02, no. 125, p. 663, a。及《須摩提女經》卷 1。詳 CBETA, T02, no. 128b, p. 840, c。

52 參《增壹阿含經》卷 3〈弟子品 4〉。詳 CBETA, T02, no. 125, p. 558, a。

53 參《妙法蓮華經》卷 3〈6 授記品〉。詳 CBETA, T09, no. 262, p. 21, a。

54 參《大佛頂如來密因修證了義諸菩薩萬行首楞嚴經》卷 1。詳 CBETA, T19, no. 945, p. 106, c。

富從貧」？

1、大迦葉的「捨富從貧」乞食

若從譯經的時代來看，最早出現大迦葉尊者的本願是要度化「窮人」，所以有著「捨富從貧」的習慣，如：失譯人，附後漢錄《雜譬喻經》云：

昔佛在天王釋，數下供養三尊，唯摩訶迦葉獨不肯受。何以故？本願但欲度貧窮人故。[55]

與此年代相當的三國・吳・支謙(公元 222~253 年譯經)《佛說維摩詰經》云：

迦葉白佛言：我不堪任詣彼問疾。所以者何？憶念我昔於貧聚而行乞，時維摩詰來謂我言：如賢者，有大哀，捨大姓，從貧乞。[56]

東晉・僧伽提婆(Saṃghadeva。約 365～391 譯經)譯《增壹阿含經》云：

女復以偈報曰：頭陀行第一，恒愍貧窮者，如來與半坐，最大迦葉是。[57]

姚秦・竺佛念(約公元 399～416 譯經)譯《出曜經》云：

爾時尊者大迦葉在耆闍崛山中，然大迦葉生長豪族，身體柔軟，食則甘細(美味細緻;精緻之食)，不曾麤𪍿[58]，意所開化，多愍貧窮。[59]

劉宋・佛陀什(Buddhajīva。公元 423 年到中國揚州譯經)共竺道生(355～434)譯《彌沙塞部和醯五分律》中更清楚的說明迦葉的確有著「捨富從貧乞」的習性，如云：

時大迦葉從「貧家」乞食，釋提桓因作是念：今大德迦葉從貧家乞，我今當作方便，使受我食。即於迦葉乞食之次，作一貧窮織師，在機上織。[60]

劉宋・求那跋陀羅(394～468 年)譯《佛說摩訶迦葉度貧母經》中則云：

是時摩訶迦葉獨行教化到王舍城，常行大哀，福於眾生，捨諸豪富，而「從貧

---

[55] 參《雜譬喻經》卷 2。詳 CBETA, T04, no. 205, p. 508, a。

[56] 參《佛說維摩詰經》卷 1〈弟子品 3〉。詳 CBETA, T14, no. 474, p. 522, a。

[57] 參《增壹阿含經》卷 22〈須陀品 30〉。詳 CBETA, T02, no. 125, p. 663, b。

[58] 《考聲》云：「𪍿，大麥也。俗亦呼青稞[illegible] 為𪍿。」參《一切經音義》卷 31。詳 CBETA, T54, no. 2128, p. 512, a。

[59] 參《出曜經》卷 9〈戒品 7〉。詳 CBETA, T04, no. 212, p. 657, b。

[60] 參《彌沙塞部和醯五分律》卷 7。詳 CBETA, T22, no. 1421, p. 53, b。

乞」。[61]

元魏・慧覺(約公元 445 年譯經)譯《賢愚經》亦云：

摩訶迦葉，清儉知足，常行頭陀，愍諸廝賤，賑濟貧乏。[62]

從上述的經典來看，大迦葉從小生長在「豪門貴族」中，所吃的食物都是精緻的美食，所以他後來出家修道，就修「頭陀苦行」，專度「貧窮」人家，但同樣由東晉・僧伽提婆(Saṃghadeva。約公元365～391譯經)所譯的《增壹阿含經》中仍有不同的記載，就說大迦葉在修頭陀時，在乞食時是「不擇貧富」的。如經云：

爾時，尊者大迦葉住「阿練若」，到時「乞食」，不擇貧富，一處一坐，終不移易，樹下，露坐……爾時，尊者大迦葉食後，便詣一樹下禪定。[63]

在佛的大弟子當中，不只是大迦葉有「捨富從貧」的觀念，連大目犍連、舍利弗、阿那律等三位尊者，也曾經為了貧窮的百姓而接受他們的「施食」。如《賢愚經》云：

爾時國中，有一婆羅門，居貧窮困，乏於錢穀……便行問人：今此世間，作何等行，令人現世蒙賴其福？有人答言……如來復有四尊弟子，摩訶迦葉、大目犍連、舍利弗、阿那律等斯四賢士，每哀「貧乏」，常行福利，苦厄眾生。汝今若能以信敬心，「設食供養」此諸賢士，則可現世稱汝所願。[64]

從《賢愚經》中可得知「從貧」而乞食的行為應該不限於大迦葉一人而已，所有佛陀的大弟子們，也都會有為了「憐愍貧窮者」而刻意去接受他們的供養。

2、須菩提的「捨貧從富」乞食

關於須菩提的「捨貧從富乞食」問題就比較曖昧不明了，因為經文找不到「明確」的經文證據。在前面一節「須菩提的前世今生」中已經提到須菩提有二位，第一是從「他化自在天」轉世到人間出家修行的天須菩提。[65]第二是須菩提前世曾因「惡性、瞋罵」而轉世為五百世的龍，最終轉世到舍衛國婆羅門家，然後才成為釋迦佛的弟子[66]。所有的經文都沒有明確指出須菩提俗家或前世曾經是「貧窮」的記載，因此造成他這世是「捨貧從富乞食」的行為。

---

[61] 參《佛說摩訶迦葉度貧母經》卷 1。詳 CBETA, T14, no. 497, p. 761, c。

[62] 參《賢愚經》卷 6〈月光王頭施品 30〉。詳 CBETA, T04, no. 202, p. 395, c。

[63] 參《增壹阿含經》卷 5〈壹入道品 12〉。詳 CBETA, T02, no. 125, p. 570, a。

[64] 參《賢愚經》卷 3〈差摩現報品 19〉。詳 CBETA, T04, no. 202, p. 370, a

[65] 參《分別功德論》卷 5。詳 CBETA, T25, no. 1507, p. 47, c。

[66] 參《撰集百緣經》卷 10〈諸緣品 10〉:「世」(CBETA, T04, no. 200, p. 250, b。

在元朝普瑞法師所撰的《華嚴懸談會玄記》中曾提及須菩提過去世曾作「貧人」，因沒有施飯給「辟支佛」，「辟支佛」便教育度化他，但他馬上生起瞋心，來世便遭受九十一劫的「剝皮地獄」之苦。後來轉世又出家修道才成為四果阿羅漢，因為他擔心向「貧人乞食」會擾民，所以此世便有了「捨貧從富」的乞食習慣。如云：

> 《鏡幽記》引《開玄鈔》[67]云：須菩提過去生中作「貧人」，時世飢饉，(須菩提)不施「辟支佛」飯，聖者強化(於是辟支佛聖者便強加度化他)，(須菩提)乃起「瞋心」。恠(古同「怪」)辟支佛，(後來)佛(辟支佛)現神通，騰身而上，(於)虛空而住，(須菩提)便生悔心。(須菩提)為此因緣，九十一劫墮「剝皮地獄」，從地獄出，承懺悔力，得值遇佛，乃至出家修道證「阿羅漢果」，(此)即前生所為「譏嫌聖者」(指辟支佛)，(而)獲大苦果。我(須菩提)今身是羅漢，若向「貧人」乞，恐嬈𠲿貧故，如我前生，所以「捨貧從富」也。[68]

元朝普瑞法師《華嚴懸談會玄記》中說須菩提過去生中曾為「貧人」，這個說法是由《鏡幽記》引用公哲述、志蘊刪補的《金剛般若經開玄鈔》來的，但《金剛般若經開玄鈔》的資料又從那裡來呢？因為《藏經》是沒有這個記載的。唯一有的記載是須菩提自己曾說他往昔曾於「福田所，生一惡念」，這個「福田所」其實就是指他曾遇見「辟支佛」的那段因緣，但因為沒有接受「辟支佛」的教化，反而對聖者生起「瞋心」惡念，後來因此墮「大地獄」的事情。如北涼・曇無讖(385～433)譯《大般涅槃經》中所記載的：

> 須菩提者，住虛空地，凡欲入城求乞飲食，要先「觀人」。若有於己生「嫌嫉心」，則止不行。乃至極飢，猶不行乞。何以故？
> 是須菩提常作是念：我憶往昔於「福田所」，生一「惡念」，由是因緣墮大地獄受種種苦。我今寧飢，終日不食。終不令彼於我「起嫌」，墮於地獄，受苦惱也。[69]

從《大般涅槃經》中可知道須菩提寧可讓自己飢餓，也不要讓「施者」對自己生出一點「嫌棄」的惡念，但《大般涅槃經》中並沒有說到須菩提前世曾經是「貧人」的內容，也看不出有與「捨貧從富乞食」的相關內容。

除了普瑞《華嚴懸談會玄記》中說《鏡幽記》引用了《金剛般若經開玄鈔》(來源不明不可考)的「捨貧從富」內容外，另外有明確出現須菩提是「捨貧從富」的內容，應該可追溯到東晉・僧肇(384～414)《注維摩詰經》，如云：

---

[67] 此指公哲述、志蘊刪補的《金剛般若經開玄鈔》。參閱高麗的義天禪師(1055～1101 年，約中國的遼代)所編《新編諸宗教藏總錄》卷 1。詳 CBETA, T55, no. 2184, p. 1170, c。

[68] 參元・普瑞集《華嚴懸談會玄記》卷 33。詳 CBETA, X08, no. 236, p. 341, c8。

[69] 參北涼・曇無讖(385～433)《大般涅槃經》卷 16〈梵行品 8〉。詳 CBETA, T12, no. 374, p. 459, b。或參劉宋・慧嚴(363～443)《大般涅槃經》卷 15〈梵行品 20〉。詳 CBETA, T12, no. 375, p. 701, c。

肇曰：須菩提以長者「豪富」自恣，多懷「貪恪」，不慮「無常」。今雖快意，後必貧苦……若於食等，諸法亦等。諸法等者於食亦等。以此行乞乃可取食耳。曷為「捨貧從富」，自生異想乎？[70]

從僧肇的《注維摩詰經》中已經出現「捨貧從富」四個字，而且這四個字就是指向須菩提一人。注解天親菩薩《金剛般若波羅蜜經論》的《金剛仙論》是由北魏・菩提流支(Bodhiruci，於公元 508 年攜梵本佛經)所翻譯的，這部《金剛仙論》也有出現「捨貧從富」四個字，但並沒有說這與須菩提是有關的。如云：

於其城中次第「乞食」者……若入城時，搖鈴為拭，各自別行，不相雜合。今言次第者，城內四姓中，不「捨貧從富」，又不「棄賤從貴」，故云「次第乞食」。[71]

與《金剛仙論》同年代翻譯的隋・慧遠（523～592）《大乘義章》中也有「棄貧從富」的字樣，但也與須菩提無關。如云：

凡愚貪味，棄貧從富。小乘悲狹，捨富從貧。上行之類，離貪去狹，「等慈」眾生。不簡「貧富」，次第等乞。[72]

到了隋・智顗(538～597)說、唐・湛然(711～782)略的《維摩經略疏》就明顯指出須菩提是「捨貧從富」的乞食方式。如云：

善吉(須菩提)行「空三昧」，不以「門閣重深」難求為妨。若置上供，空無分別，未足動習，故「捨貧從富」[73]

同一時代的隋・吉藏(549～623)的《維摩經義疏》也跟著說：

一者迦葉「捨富從貧」，善吉(須菩提)「捨貧從富」，悉乖平等之道，故俱被呵。所以「捨貧從富乞」者，富貴嬌恣，不慮「無常」。今雖快意，後必貧苦。愍其迷惑，仍就乞食。以不得越家故，次入其舍。因被呵也。[74]

從上述經論來看，只有劉宋・慧嚴(363～443)譯《大般涅槃經》卷 15〈梵行品〉，或北涼・曇無讖(385～433)譯《大般涅槃經》卷 16〈梵行品〉的記載較為明確，[75]就是須菩提說自己要「乞食」時，都先「觀人」，就是觀察眾生的根機與念頭，如果有施

---

70 參東晉・僧肇《注維摩詰經》卷 3〈弟子品 3〉。詳 CBETA, T38, no. 1775, p. 350, a。

71 參《金剛仙論》卷 1。詳 CBETA, T25, no. 1512, p. 802, b。

72 參隋・慧遠《大乘義章》卷 15。詳 CBETA, T44, no. 1851, p. 764, c。

73 參隋・智顗說、唐・湛然略《維摩經略疏》卷 4〈弟子品 3〉。詳 CBETA, T38, no. 1778, p. 618, c。

74 參隋・吉藏《維摩經義疏》卷 3〈弟子品 3〉。詳 CBETA, T38, no. 1781, p. 940, a。

75 該段經文請參閱北涼・曇無讖(385～433)《大般涅槃經》卷 16〈梵行品 8〉。詳 CBETA, T12, no. 374, p. 459, b。或參劉宋・慧嚴(363～443)《大般涅槃經》卷 15〈梵行品 20〉。詳 CBETA, T12, no. 375, p. 701, c。

主會對出家人在乞食時產生「嫌嫉心」的話，則寧可讓自己飢餓至極，也不去跟這個施主乞食。至於須菩提有沒有「捨貧」而專「從富乞食」的「純佛經原典」記載？答案是不明確的，而《楞嚴經》也只說「**如來世尊，訶須菩提及大迦葉為阿羅漢，心不均平。**」[76]經文中並沒有再詳加論說須菩提是不是有「捨貧」或「從富」的內容？所以「捨貧從富」四個字應該是後人對經典上的「論疏」揣測，加上欲與大迦葉「捨富從貧」形成對比之下所描述出來的內容。例如《佛說除蓋障菩薩所問經》中就明確的說，佛弟子在乞食時，絕不可「棄捨貧窮」的百姓而只向「富人家」乞食，如經云：

> 所行乞食依其次第，終不「棄捨貧寠ㄐ 之舍」而「從富乞」，謂於婆羅門、剎帝利、長者、居士、諸大族舍，從一至一次第行乞，所獲飲食知量止足。[77]

四、須菩提乞食與維摩詰的對話研究

須菩提乞食與維摩詰的對話是出自《維摩詰經》的「弟子品第三」內容，這部份也是本論文最重要的核心內容，底下再把它拆成三小段來解讀。

1、第一段

首先我們以四個譯本加上黃寶生重譯的《梵漢對勘維摩詰所說經》來比對這段文字，如下所示：

三國吳．支謙譯 《維摩詰經》	姚秦．鳩摩羅什譯 《維摩詰所說經》	姚秦．鳩摩羅什譯 《維摩詰所說大乘經》	唐．玄奘譯 《說無垢稱經》
公元 222~253 年譯	公元 406 年譯畢	公元 1735～1738 年集	公元 650 譯畢
時維摩詰取我鉢盛滿飯，謂我言： 設使賢者！ 於食「等」者，諸法得「等」。 諸法「等」者，得衆施「等」。 如是行乞，為可取彼。若賢者！	時維摩詰取我鉢盛滿飯，謂我言： 唯，須菩提！ 若能於食「(平)等」者，諸法亦「(平)等」。 諸法「(平)等」者，於食亦「(平)等」。 如是行乞，乃可取食。若須菩提！	時維摩詰取我鉢盛滿飯，謂我言： 唯，須菩提！ 若能於食「(平)等」者，諸**佛性**亦「(平)等」。 諸**佛性**「(平)等」者，於食亦「(平)等」。 如是行乞，乃可取食。若須菩提！	時無垢稱為我作禮，取我手鉢盛滿美食，而謂我言： 尊者善現！ 若能於食以平等性，而入一切法平等性。以一切法平等之性，入于一切佛平等性。其能如是，乃可取食。尊者善現！

---

[76] 參《大佛頂如來密因修證了義諸菩薩萬行首楞嚴經》卷 1。詳 CBETA, T19, no. 945, p. 106, c。

[77] 參《佛說除蓋障菩薩所問經》卷 13。詳 CBETA, T14, no. 489, p. 738, b。

(1)不絕「婬怒癡」，亦不與俱。	(1)不斷「婬怒癡」，亦不與俱。	(1)不斷「婬怒癡」，亦不與俱。	(1)若能不斷「貪恚愚癡」，亦不與俱(亦不被彼所染)。
(2)一切常，若不知己「身」(身見)，已得「一行」為非不明。	(2)不(破)壞於「身」(身見)，而(能)隨「一相」。(既能不壞五蘊之「身見」，又能進入最高的「一相」涅槃之道)	(2)不(破)壞於「身」(身見)，而(能)隨「一相」。(既能不壞五蘊之「身見」，又能進入最高的「一相」涅槃之道)	(2)不(破)壞「薩迦耶見」(sat-kāya-dṛṣṭi 有身見；僞身見；身見)，(而能)入「一趣道」。
(3)非趣有「愛」，非得「明(慧明)、度(度脫)」。	(3)不滅「癡愛」，起於「明(慧明)、脫(解脫)」。	(3)不滅「癡愛」，**起於「解脫」**。	(3)不滅「無明」，幷諸有「愛」，而起「慧明」及以「解脫」。
(4)亦非「極罪」(五逆重罪相)正解已解。	(4)(能)以「五逆相」(五逆重罪相)而得解脫。	(4)(能)以「五逆相」(五逆重罪相)而得解脫。	(4)能以「無間」(五逆重罪相)平等法性，而入「解脫」平等法性。
(5)不解、不縛。 (6)不「四諦」見，非不見「諦」。 (7)不得道。	(5)亦不解、不縛。 (6)不見「四諦」，非不見「諦」。 (7)非得果，非不得果。	(5)亦不解、不縛。 (6)不見「四諦」，非不見「諦」。 (7)非得果，非不得果。	(5)無脫、無縛。 (6)不見「四諦」，非不見「諦」。 (7)非得果。
(8)不凡人，不凡法語。 (9)不為真，非不真。 (10)一切無法行，離法之想。	(8)非凡夫，非離凡夫法。 (9)非聖人，非不聖人。 (10)雖成就一切法，而離諸法相。 乃可取食。	(8)非凡夫，非離凡夫法。 (9)非聖人，非不聖人。 (10)雖成就一切法，而離諸法相。 乃可取食。	(8)非「異生」，非離「異生」法。 (9)非「聖」，非「不聖」。 (10)雖成就一切法，而離諸法想。 乃可取食。

底下錄自黃寶生《梵漢對勘維摩詰所說經》。中國社會科學出版社。2011年10月。頁73-74。

離車族維摩詰取過我的鉢，盛滿美食，對我說道：

尊者須菩提啊，如果你隨「食物平等性」進入「諸法平等性」，隨「諸法平等性」進入「佛法平等性」，那麼，你就接受這份食物吧！
尊者須菩提啊！
(1)如果你不摒棄貪瞋癡，又不與他們同住。
(2)如果你不破壞「有身」(指存在的身體，即有身見)，又依隨「一行道」(唯一的道路，指可依隨一行道，而不執著有身)。
(3)不摧毀「無知」和對生存的「貪求」，又產生「知識」和「解脫」。
(4)隨「無間」(指五種無間業)平等性入「平等解脫」(入定與解脫)。
(5)無「解脫」，也無「束縛」。
(6)不見「四聖諦」，也非不見「諦」。
(7)(8)不獲「果位」，也非依隨「凡夫」。
(9)不是「聖者」，也不是「非聖者」。
(10)不依隨「一切法」，而達到「一切法」。

從上述經文的歸納可得知，維摩詰首先强調乞食的「平等無二」之性，如果能在乞食上獲的「平等無二」，則進一步就可獲得「諸法平等無二」之境。龍藏版的《維摩詰所說大乘經》則譯作「**諸佛性亦等**」，其意同於「諸佛法性亦平等無二」之理。如果能獲得「諸法平等無二」之境的人，則他將可獲得「佛法平等無二」之境(參玄奘譯本)。能具有這樣境界的人才能夠去「乞食」，才能給眾生帶來「福田」。接下來維摩詰又舉了十個相同性質的「大乘菩薩境界」義理來對須菩提開示，底下用左右兩邊的表格來標示。左邊是翻成的白話文。右邊是欲彰顯大乘「平等無二」之理。

勉勵須菩提要學習十點的境界	欲彰顯大乘「平等無二」之理
(1)能不斷「貪瞋癡」，但也不染「貪瞋癡」。	顯「斷三毒」與「不斷三毒」乃處在「不即不離、平等無二」之境。
(2)能不破壞任何的「身見」(sat-kāya-dṛṣṭi 有身見;偽身見;身見)，但又能進入最高的「一相」涅槃之道。	顯「身見」與「一相之涅槃」乃處在「不即不離、平等無二」之境。
(3)能不壞滅「無明、癡愛」等十二因緣，但又能生起獲得所有的智慧光明與解脫。	顯「十二因緣」的生死流轉與「智慧解脫」乃處在「不即不離、平等無二」之境。
(4)能從「五逆重罪」中獲得「解脫平等」。	顯「五逆重罪」與「解脫」乃處在「不即不離、平等無二」之境。
(5)無真實的解脫，亦無真實的繫縛。	顯「繫縛」與「解脫」乃處在「不即不離、平等無二」之境。
(6)能不見「四聖諦」，但也不是完全離開「四聖諦」	顯「四聖諦」與「非四聖諦」乃處在「不即不離、平等無二」之境。
(7)看似無獲得任何「果位」，但也不是離開「果位」，也不是完全沒有獲得任何的「果位」	顯「果位」與「非果位」乃處在「不即不離、平等無二」之境。

(8)看似不是屬於「凡夫」，但也不是完全離開「凡夫」	顯「凡夫」與「非凡夫」乃處在「不即不離、平等無二」之境。
(9)看似不是屬於「聖人」，但也不是完全離開「聖人」，也不是完全沒有修證到「聖人」階位。	顯「聖人」與「非聖人」乃處在「不即不離、平等無二」之境。
(10)能成就一切諸法，但又能遠離一切諸法，不執著於一切諸法。	顯「成就諸法」與「遠離諸法」乃處在「不即不離、平等無二」之境。

上述十條看似簡單，但對於「二乘聲聞羅漢們」來說，的確還是要再繼續加強修行，才能達到大乘菩薩「不即不離[78]、平等無二[79]」之境。以上十條中仍有幾條需再做更細的討論與研究。

如第(1)條，經云「不斷婬怒癡，亦不與俱。」指能不斷「貪瞋癡」，但也不染「貪瞋癡」，亦即顯出「斷三毒」與「不斷三毒」乃處在「不即不離、平等無二」之境。類似這種道理在大乘經典中是很常見的經文，例如《大寶積經》云：

「貪欲」即「佛道」。自性「無差別」，於「貪」無所染。一切諸「佛道」，當於「煩惱」求……如是「供養貪」，即為「供養佛」……是人能了知「瞋恚」即「佛道」……如是「供養瞋」，亦為「供養佛」……是人能了知「愚癡」即「佛道」。自性「無差別」，於「癡」無所染。若如實了知「癡性」之邊際，是則修佛道。[80]

例如《諸法無行經》云：

「貪欲」即是「菩提」，何以故？知「貪欲」"實性"(貪欲的「實性」乃不可得，非內外中間，無實自性也)，說名「菩提」。是故一切諸佛皆成就「貪欲」(從觀照「貪欲乃無實自性」中而獲成就也，底下皆同此理)；名「不動相」。[81]

同《諸法無行經》又云：

若有人分別「貪欲、瞋恚、癡」，是人去佛遠，譬如「天與地」。「菩提」與「貪欲」，

---

[78] 「不即不離」句，請參《方廣大莊嚴經》卷5〈音樂發悟品 13〉云：「譬如種子，能生於牙，牙與種子，不即不離。從於無明，能生諸行，無明與行，亦復如是。不即不離，體性空寂。」詳 CBETA, T03, no. 187, p. 568, b。

[79] 「平等無二」句，請參《增壹阿含經》卷39〈馬血天子問八政品 43〉云：「諸佛無彼此，諸結永已除。平等無二心，此是佛法義。」詳 CBETA, T02, no. 125, p. 762, c。或參《大方廣佛華嚴經》卷31〈十迴向品 25〉云：「了諸世間，及一切法，平等無二，離一切著。」詳 CBETA, T10, no. 279, p. 168, c。或參《大方等大集經》卷12云：「一切諸法平等無二，是善思惟，能觀平等，是正見故。」詳 CBETA, T13, no. 397, p. 77, b。

[80] 參《大寶積經》卷34。詳 CBETA, T11, no. 310, p. 191, a。

[81] 參《諸法無行經》卷2。詳 CBETA, T15, no. 650, p. 757, a。

是一而非二。皆入「一法門」,「平等」無有異。凡夫聞怖畏,去佛道甚遠。
貪欲「不生滅」,不能令心惱。若人有「我心」及有「得見者」,是人為「貪欲」,將入於地獄。
「貪欲」之「實性」,即是「佛法性」。佛法之「實性」,亦是「貪欲性」。是二法「一相」,所謂是「無相」。若能如是知,則為「世間導」。[82]

《大方等大集經》中亦云:

「不了義經」者,訶諸「煩惱」。「了義經」者,讚「白淨法」。
「不了義經」者,說「生死苦惱」。「了義經」者,「生死、涅槃」一相無二。[83]

所以「斷煩惱」是屬於「不了義經」的內容,而「轉煩惱」,或「煩惱不可得」,或「煩惱與菩提平等無二」才是屬於「了義經」的內容。這也是《維摩詰經》要說「不斷婬怒癡,亦不與俱」的最高「了義」道理。

如第(2)條,經云「不壞於身,而隨一相」,這個身是指吾人的「五蘊身相」,屬於「有身見」,進而執著「我」與「我所」。小乘行者認為要破壞「身見」才能獲得涅槃的「一相」道;而大乘菩薩則不需破壞「身見」,因為「身見」與「涅槃」乃「平等無二」之性,若能「轉身見」,當下即是「涅槃一相」。如隋・吉藏《維摩經義疏》云:

小乘人謂:「壞」五陰身,然後隨「涅槃」一相。今明「身」即「一相」,不待壞而隨也。[84]

經文中的「一相」二字,黃寶生《梵漢對勘維摩詰所說經》譯作「一行道」,但底下有註明「一行道」是:「唯一的道路,指可依隨一行道,而不執著有身。」而與須菩提乞食故事相同的《樂瓔珞莊嚴方便品經》則譯作「汝不起身見,得一道心」。[85]玄奘《說無垢稱經》則譯作「一趣道」,[86]支謙《維摩詰經》則譯為「一行」。[87]若就「一趣道」的字面解釋,通常都是指向大乘菩薩道最高的「實相」義,如《大寶積經》云:「我若略說菩薩道者,則唯有一趣道善巧。」[88]或《菩薩瓔珞經》所云:「有利根法門,菩薩得此法門者,聞一趣道,立不退轉。」[89]但若據經文後面的「菩薩品」維摩詰對善德長者子介紹何謂「法施之會」?其中有一段便說:「知一切法,不取不捨,入一相門。」[90]可見如果對一切法能達到「不取不捨」,就是入「一相門」或「一正理門」(玄

---

[82] 參《諸法無行經》卷 2。詳 CBETA, T15, no. 650, p. 759, c。
[83] 參《大方等大集經》卷 29。詳 CBETA, T13, no. 397, p. 205, b。
[84] 參隋・吉藏《維摩經義疏》卷 3〈弟子品 3〉。詳 CBETA, T38, no. 1781, p. 940, c。
[85] 參《樂瓔珞莊嚴方便品經》卷 1。詳 CBETA, T14, no. 566, p. 937, a。
[86] 參《說無垢稱經》卷 2〈聲聞品 3〉。詳 CBETA, T14, no. 476, p. 562, b。
[87] 參《佛說維摩詰經》卷 1〈弟子品 3〉。詳 CBETA, T14, no. 474, p. 522, b。
[88] 參《大寶積經》卷 53〈般若波羅蜜多品 11〉。詳 CBETA, T11, no. 310, p. 313, a。
[89] 參《菩薩瓔珞經》卷 10〈賢聖集品 29〉。詳 CBETA, T16, no. 656, p. 89, c。
[90] 參《維摩詰所說經》卷 1〈菩薩品 4〉。詳 CBETA, T14, no. 475, p. 543, c。

奘譯本)。[91]所以「一相門」可借喻為諸法最高的「實性、一性、無相」之門，這可從《大般若波羅蜜多經》中去理解這個「一相」的意思，經云：

> 如是！以一切法，一性非二。善現當知！諸法一性，即是「無性」，諸法「無性」即是「一性」，如是諸法「一性」。「無性」是本「實性」，此本「實性」即是「一相」，所謂「無相」……諸法本性，唯一無二。善現當知！諸法「本性」即「非本性」，此「非本性」即是「本性」，能如是知，即能遠離「一切執」。[92]

在《維摩詰經》的〈弟子品〉中也有與「不壞於身，而隨一相」相同的觀點，如〈入不二法門品〉的經義云：

> 「見身」實相者，不起「見身(身見)」及「見滅身(身見滅)」，「身(身見)」與「滅身(身見滅)」；無二無分別。於其中「不驚、不懼」者，是為入「不二」法門。[93]

另外在《諸法無行經》也同樣的說一切諸佛也是「安住」在「身見」中，並沒有要「斷身見」，因為只要能通達「身見」是「無生、無起、無性」的話，就能從「身見」中獲得成就。如經云：

> 文殊師利！云何是事，名不動相？世尊！一切諸佛安住「身見」性中，於一切法中「不退、不畏、不動」，畢竟安住。以「不住」法故，通達知「身見」無生、無起、無性故。是故一切諸佛皆成就「身見」，名「不動相」。[94]

如第(3)條，經云「不滅癡愛，起於明、脫」。玄奘本作「不滅無明，并諸有愛，而起慧明及以解脫」。意思是指能不壞滅「無明、癡愛」等十二因緣，但又能生起獲得所有的「智慧光明」與「解脫」。經文的「明」字，黃寶生《梵漢對勘維摩詰所說經》則譯作「知識」，玄奘本作「慧明」。雖然從梵文原典的角度來翻譯是作「知識」，但筆者認為玄奘本的「慧明」二字用的更好，因為「慧明」一語是指「智慧光明」的意思，讚嘆佛的智慧，或者贊嘆比丘的智慧，如《長阿含經》中云：「云何為慧？佛言：若比丘以三昧心，清淨無穢，柔軟調伏，住不動處，乃至得三明，除去『無明』，生於『慧明』，滅於闇冥，生大法光，出漏盡智。」[95]從經文可得知修行是要需要除去「無明」才能獲得「慧明」，這是小乘的教理；但大乘菩薩則是「轉無明為慧明」，進而達到「無明」與「慧明」是「平等無二」的境界。「慧明」也常代表諸佛的智慧，如《大薩遮尼乾子所說經》云：「一切諸如來，說於智慧力，猶如夏中日，亦如世間燈，能竭

---

91 參《說無垢稱經》卷 2〈菩薩品 4〉。詳 CBETA, T14, no. 476, p. 567, a。

92 參《大般若波羅蜜多經(第 401 卷-第 600 卷)》卷 545〈清淨品 8〉。詳 CBETA, T07, no. 220, p. 803, a。

93 參《維摩詰所說經》卷 2〈入不二法門品 9〉。詳 CBETA, T14, no. 475, p. 551, b。

94 參《諸法無行經》卷 2。詳 CBETA, T15, no. 650, p. 757, a。

95 參《長阿含經》卷 15。詳 CBETA, T01, no. 1, p. 96, c。

煩惱海，照除無明闇……生死黑闇中，『慧明』能度彼。」[96]如《法華經》:「世尊慧燈明，我聞授記音，心歡喜充滿，如甘露見灌。」[97]又如《華嚴經》云:「慧燈破諸闇……普度群生靡有餘，此慧燈者之解脫。」[98]

如第(4)條，經云:「以五逆相，而得解脫」，這種觀點在大乘經中到處都是，例如《摩訶般若波羅蜜經》中佛陀就對須菩提說:「佛告須菩提：世諦故，分別說有果報，非第一義。第一義中不可說因緣果報。何以故？是第一義實無有相、無有分別亦無言說。」[99]也就是從「世俗諦」的角度來看，有真實的「五逆重罪」，但從「第一義諦」來說，就算「五逆重罪」也是如「夢幻泡影」般的不可得，如《大般涅槃經》中所云:

> 眾生狂惑，凡有四種：
> 一者、貪狂(貪名貪利之狂、貪財貪色之狂)。
> 二者、藥狂(吃藥後所生的副作用之狂、或吃錯藥所感招的狂)。
> 三者、呪狂(因持邪咒而導致瘋狂、或被下邪咒、或被下詛咒，或因持佛咒但貪「境界」而引發之狂)。
> 四者、本業緣狂(天生下來即狂，例如先天即有智障者，當然就會造一點惡業，這是他先天帶來的)。
> 大王！我弟子中，有是四狂，雖多作惡，我終不記是人「犯戒」。是人所作，(皆)不至「三惡」，若還得心(獲得原本的「清淨真心」)，亦不言犯(戒)……
> 大王！如人酒醉，(竟然)逆害其母，既醒寤已，心生悔恨，當知是(殺)業，亦不得報(並非是百分之百一定會得受業報)！王今「貪醉」(指貪圖「王位名利」之醉狂)，非本心作，若非本心(此並非是你原本的「清淨真心」所會作出來的事)，云何得罪？
> 大王！譬如幻師，四衢道頭，「幻作」種種，男女、象馬、瓔珞、衣服。「愚癡」之人，謂為「真實」，「有智」之人，知「非真有」。殺亦如是，凡夫謂「實」，諸佛世尊知其「非真」。[100]

所以「五逆重罪之性」與「涅槃解脫之性」，這二性站在大乘最高的「實相」義上來說都是「平等無二」的，誠如永嘉大師所說的「夢裏明明有六趣，覺後空空無大千。」[101]亦如《大方廣圓覺修多羅了義經》所云:「生死與涅槃，凡夫及諸佛，同為空花相。思惟猶幻化，何況詰虛妄？」[102]

在《維摩詰所說經》的〈佛道品〉中，維摩詰就說:「若菩薩行於非道，是為通

---

[96] 參《大薩遮尼乾子所說經》卷 2〈一乘品 3〉。詳 CBETA, T09, no. 272, p. 324, a。
[97] 參《妙法蓮華經》卷 4〈授學無學人記品 9〉。詳 CBETA, T09, no. 262, p. 30, b。
[98] 參《大方廣佛華嚴經》卷 72〈入法界品 39〉。詳 CBETA, T10, no. 279, p. 392, b。
[99] 參《摩訶般若波羅蜜經》卷 24〈四攝品 78〉。詳 CBETA, T08, no. 223, p. 397, b。
[100] 參《大般涅槃經》卷 20〈梵行品 8〉。詳 CBETA, T12, no. 374, p. 483, c。
[101] 參《永嘉證道歌》卷 1。詳 CBETA, T48, no. 2014, p. 395, c。
[102] 參《大方廣圓覺修多羅了義經》。詳 CBETA, T17, no. 842, p. 916, a。在《圓覺經》中亦有相同的經義，如云:「始知眾生本來成佛，生死、涅槃猶如昨夢。善男子！如昨夢故，當知生死及與涅槃；無起、無滅、無來、無去。」詳 CBETA, T17, no. 842, p. 915, a。

達佛道。」[103]及「佛說婬怒癡性即是解脫」。[104]這個行於「非道」包括了「外道、不了義道、五惡、十惡、三毒」……等。雖然小乘經典認定行於「非道」是不可能解脫的，如《別譯雜阿含經》上說：「行於非道，不名乘出，不至菩提，是壞敗法，無有一法可恃怙者。」[105]但在大乘經典，就算是「五逆重罪」的「非道」亦是不可得的，「生死」與「涅槃」本無差別。例如《思益梵天所問經》云：「若菩薩起『二相』發菩提心，作是念：『生死與菩提異，邪見與菩提異，涅槃與菩提異。』是則不行菩提道也。」[106]如《大乘理趣六波羅蜜多經》云：「生死與涅槃，本性皆平等。」[107]如《大乘本生心地觀經》云：「生死、涅槃本平等，成就有情離分別。[108]如《大般若波羅蜜多經》云：「生死、涅槃相俱不可得。常、無常相俱不可得。」[109]

底下第(5)到第(10)，因文義明顯簡單，故省去不再深論。

2、第二段

維摩詰訶罵須菩提「乞食」的問題在第二段開始就顯的較難理解，古來著疏與現代相關書籍皆各有不同的見解。底下先以四個譯本加上黃寶生重譯的《梵漢對勘維摩詰所說經》來比對這段文字，如下所示：

三國吳・支謙譯 《維摩詰經》	姚秦・鳩摩羅什譯 《維摩詰所說經》	姚秦・鳩摩羅什譯 《維摩詰所說大乘經》	唐・玄奘譯 《說無垢稱經》
(若能)不見佛、不聞法。	若須菩提！(若能)不見佛、不聞法。	若須菩提！(若能)不見佛、不聞法，**不敬僧**。	若尊者善現！(若能)不見佛、不聞法、不事僧。
是亦有(外道六)師： ①不蘭迦葉	彼外道六師： ①富蘭那迦葉	彼外道六師： ①富蘭那迦葉	彼外道六師： ①滿迦葉波。

---

103 參《維摩詰所說經》卷 2〈佛道品 8〉。詳 CBETA, T14, no. 475, p. 549, a。

104 參《維摩詰所說經》卷 2〈觀眾生品 7〉。詳 CBETA, T14, no. 475, p. 548, a。

105 參《別譯雜阿含經》卷 11。詳 CBETA, T02, no. 100, p. 451, b。

106 參《思益梵天所問經》卷 3〈行道品 11〉。詳 CBETA, T15, no. 586, p. 54, b。

107 參《大乘理趣六波羅蜜多經》卷 9〈般若波羅蜜多品 10〉。詳 CBETA, T08, no. 261, p. 908, a。

108 參《大乘本生心地觀經》卷 7〈波羅蜜多品 8〉。詳 CBETA, T03, no. 159, p. 324, b。

109 參《大般若波羅蜜多經(第 1 卷-第 200 卷)》卷 59〈讚大乘品 16〉詳 CBETA, T05, no. 220, p. 332, c。「生死」與「涅槃」是「平等無二」的經義在大乘經中非常的多，再例舉如《大方廣佛華嚴經》云：「生死及涅槃，二皆不可得。虛誑妄說者，生死、涅槃"異"。迷惑賢聖法，不識無上道」。如《大方廣佛華嚴經》云：「有諍說生死，無諍即涅槃，生死及涅槃，二俱不可得」。如《楞伽阿跋多羅寶經》云：「大慧！一切法無二，非於涅槃彼生死(並非在涅槃法中另有一個生死法)，非於生死彼涅槃(並非在生死法中另有一個涅槃法)……如涅槃、生死，一切法亦如是」。以上分別詳見 CBETA, T09, no. 278, p. 443, c。T10, no. 279, p. 83, a。T16, no. 670, p. 489, a。

(Pūraṇa-kāśyapa) ②摩訶離瞿耶婁 (Maskarī-gośālī-putra) ④阿夷耑基耶今離 (Ajita-keśakambala) ⑤波休迦旃先 (Kakuda-kātyāyana) ③比盧特 (Sañjaya-vairaṭī-putra) ⑥尼犍子 (Nirgrantha-jñāta-putra) 等，	(Pūraṇa-kāśyapa) ②末伽梨拘賒梨子 (Maskarī-gośālī-putra) ③刪闍夜毘羅胝子 (Sañjaya-vairaṭī-putra) ④阿耆多翅舍欽婆羅 (Ajita-keśakambala) ⑤迦羅鳩馱迦旃延 (Kakuda-kātyāyana) ⑥尼犍陀若提子 (Nirgrantha-jñāta-putra) 等，	(Pūraṇa-kāśyapa) ②末伽梨拘賒梨子 (Maskarī-gośālī-putra) ③刪闍夜毗羅胝子 (Sañjaya-vairaṭī-putra) ④阿耆多翅舍欽婆羅 (Ajita-keśakambala) ⑤迦羅鳩馱迦旃延 (Kakuda-kātyāyana) ⑥尼犍陀若提子 (Nirgrantha-jñāta-putra) 等，	(Pūraṇa-kāśyapa) ②末薩羯離瞿舍離子 (Maskarī-gośālī-putra) ③想吠多子 (Sañjaya-vairaṭī-putra) ④無勝髮 (Ajita-keśakambala) ⑤羯犎迦衍那 (Kakuda-kātyāyana) ⑥離繫親子， (Nirgrantha-jñāta-putra)
又賢者！彼(外道六)師(之)說。	(以上外道六師皆)是汝之師。	(以上外道六師皆)是汝之師。	(以上外道六師皆)是尊者師。
(汝皆能)倚為道，從是師者。	(汝皆能)因其(外道六師而)出家。(若)彼(六)師所墮，汝亦隨(之而)墮，(而無有異心)。乃可取食。	(汝皆能)因其(外道六師而)出家。(若)彼(六)師所墮，汝亦隨(之而)墮，(而無有異心)。乃可取食。	(汝皆能)依之出家。(若)彼六師墮，(則)尊者亦(隨之而)墮，(而無有異心)。乃可取食。
底下錄自黃寶生《梵漢對勘維摩詰所說經》。中國社會科學出版社。2011 年 10 月。頁 75。 如果你不見到佛，不聽到法，不侍奉僧團，而有六位導師，他們是富蘭那迦葉、末伽梨拘賒梨子、刪闍夜毘羅胝子、阿耆多翅舍欽婆羅、迦羅鳩馱迦旃延、尼犍陀若提子。 尊者你拜他們為師，隨他們出家，這六位導師走向那裡，尊者須菩提你也走向那裡。			

從上面四個版本可得知所謂的「不見佛、不聞法，不敬僧」或「不事僧」究竟要作何解？很多注解都把這三句話連上底下的「外道六師」，也就是這「外道六師」都是「不見佛、不聞法，不敬僧」的人。例如東晉・僧肇(公元 384～414)的《注維摩詰經》云：

若能同彼六師不見佛不聞法，因其出家，隨其所墮，而不以為異者，乃可取食也。此蓋窮理盡性，極無方之說也。[110]

後面的唐・道掖(約 760～804)《淨名經集解關中疏》(主要針對僧肇之《注維摩詰經》十卷加以刪補之作)也作同樣的說法，如云：「同彼六師不見佛不聞法。」[111]及唐・湛然(711～782)《維摩經疏記》亦云：「六師既不見佛、不聞佛法，善吉(須菩提)亦然，與彼何別？」[112]

但如果從黃寶生《梵漢對勘維摩詰所說經》來看是譯成「如果你不見到佛，不聽到法，不侍奉僧團，而有六位導師，他們是……」看起來所謂的「不見三寶」與這「外道六師」並不是連慣起來的字句。這點在早期隋・智顗(538～597)的《維摩經文疏》中就已將「不見三寶」與「外道六師」切開來理解，如云：

有三意。一約不見佛、不聞法問。二約同六師問。三結令取食。
一約不見佛、不聞法問者：一切眾生心識不定，若遇邪緣即成外道邪魔，若遇正緣即成佛法聖眾。善吉(須菩提)既不見法身佛，不聞無作四諦法，即是「不見佛、不聞法」也……今善吉(須菩提)既不見「大乘三德之佛」，又不聞「摩訶衍三教說、三種四諦之法」。師即是「不見佛、不聞法」。[113]

經文的「不見佛、不聞法，不敬僧」是獨立的一段經文，意即指「不執著、不求取於佛；不執著、不求取於法；不執著、不求取於僧。」這在《佛說維摩詰經》的〈諸法言品〉有明確的經文可佐證，云：「夫求法者，不著佛求，不著法求。」[114]玄奘本的《說無垢稱經》亦云：「若於諸法，乃至涅槃，少有貪染，是求貪染，非謂求法。」[115]而《佛說菩薩行方便境界神通變化經》中也有同樣的說明，云「夫求法者，不著佛求，不著法求，不著僧求。」[116]

如果我們再檢視與須菩提乞食故事相同的姚秦・曇摩耶舍譯《樂瓔珞莊嚴方便品經》，亦可發現「不見佛、不聞法，不敬僧」確實是「獨立」的經文義理，如經云：「汝不見(不執;不著)佛、不聞於法、不親近僧，受於此食。」[117]唐・大珠 慧海(約為 709~788)也曾對《維摩詰經》這段經文作出相同的解釋，如云：

心外求佛，名為外道。有物可施，不名福田。生心受供，墮三惡道。
汝若能「謗於佛」者，是「不著佛求」。

---

110 參東晉・僧肇《注維摩詰經》卷 3〈弟子品 3〉。詳 CBETA, T38, no. 1775, p. 350, c。
111 參唐・道掖《淨名經集解關中疏》卷 1〈弟子品 3〉。詳 CBETA, T85, no. 2777, p. 459, a。
112 參唐・湛然《維摩經疏記》卷 2。詳 CBETA, X18, no. 340, p. 905, b。
113 參隋・智顗《維摩經文疏》卷 13。詳 CBETA, X18, no. 338, p. 560, a。
114 參《佛說維摩詰經》卷 1〈諸法言品 5〉。詳 CBETA, T14, no. 474, p. 526, c。
115 參《說無垢稱經》卷 3〈不思議品 6〉。詳 CBETA, T14, no. 476, p. 570, b。
116 參《佛說菩薩行方便境界神通變化經》卷 3。詳 CBETA, T09, no. 271, p. 312, c。
117 參《樂瓔珞莊嚴方便品經》卷 1。詳 CBETA, T14, no. 566, p. 937, a。

「毀於法」者，是「不著法求」。
「不入眾數」者，是「不著僧求」。
終不得滅度者，智用現前。若有如是解者，便得法喜禪悅之食。[118]

唐・大珠禪師對《維摩詰經》的解釋亦相同於《大寶積經》的觀點，如經云：「若有所求則有染著，若有所染則有貪愛，若有所愛彼則有生，彼若有生是則有愛，若有所愛，終不於中而有出離」及「若有所求，乃至涅槃，亦名惡欲」[119]。這種「無所執求」的道理在《佛說無希望經》中也有詳細的說明，如云：「諸法如是，無路、無徑，亦無邪、正，猶如虛空……『不學』聲聞，『不志』緣覺，『不著』諸佛。無上大乘諸法如是。」[120]大乘經典總是勉勵我們不學小乘，但亦不著大乘、亦不執佛法僧三寶，若能達此意境就是真實的「無上大乘法」。

在「不見三寶」的經文後還有「外道六師」的經文，單就經文的字面意思是說：如果須菩提你可以跟隨這「外道六師」一起出家修道，如果這六師墮落邪道，你也能跟著一起墮落邪道而沒有「差別」；若能達此「平等無二」的聖境，那就可以乞食了。反觀黃寶生《梵漢對勘維摩詰所說經》的譯文很簡單，只有「尊者你拜他們為師，隨他們出家，這六位導師走向那裡，尊者須菩提你也走向那裡」這一段話。

如果要再詳加闡述這段經文的義理，則如僧肇(公元 384～414)《注維摩詰經》中所說：「邪正雖殊，其性不二。豈有如來獨尊，而六師獨卑乎？」[121]也就是豈有「佛法僧」的如來三寶是獨「尊」；而「外道六師」為獨「卑」？諸佛無上大乘佛法的究竟觀點是：能處於「佛法僧」中而「不著、不執」；相對的，亦能處於「外道六師」中而「不離、不墮」。如果能同彼「外道六師」之修，甚至能跟隨「外道六師」而出家，亦能隨著「外道六師」而一同墮落，而自己仍能「不動於心」，亦不以為「有異」者，如此則已達「邪正平等」最高佛智聖境之心。古來著解《維摩詰經》者亦多作相同之說，例如明・傳燈《維摩經無我疏》云：

悟諸法實相，無「是、非是」故也。夫觀法，至於諸法實相，無「是、非是」。則一槩平等，無佛之可見、法之可聞。亦不見有「六師」之「可捨」。「邪法」之「可破」矣……今之圓頓，既觀「平等」，則「六師」既墮，而須菩提不妨「亦墮」。蓋未有因等(因是相等)，而果不等(果是不相等)者。故曰：彼師所墮，汝亦隨墮也。此皆約修惡即性惡，即惡而惡，即邪而邪，不必改移。言似「逆」而恒「順」，道惟大而智融。[122]

另一部的《維摩經抄》亦云：「凡夫、二乘，捨邪求正。『二相分別』未亡，而還

[118] 參《景德傳燈錄》卷 28。詳 CBETA, T51, no. 2076, p. 441, c。
[119] 以上兩段話乃出自《大寶積經》卷 60 及卷 88。詳 CBETA, T11, no. 310, p. 347, a，及 502, c。
[120] 參《佛說無希望經》卷 1。詳 CBETA, T17, no. 813, p. 777, b。
[121] 參東晉・僧肇《注維摩詰經》卷 3〈弟子品 3〉。詳 CBETA, T38, no. 1775, p. 350, c。
[122] 參明・傳燈《維摩經無我疏》卷 5。詳 CBETA, X19, no. 348, p. 638, c。

墮耶？未契『真空』不應取食。大乘真門，離於分別，分別既離，『邪、正』一如，故無邪可『捨』，無正可『歸契』。此通途乃可取食。[123]」

明・傳燈《維摩經無我疏》中認為經文出現「彼師所墮，汝亦隨墮」的字句，看起來是很奇怪的一種「逆向」說法，其實大乘菩薩的修行很多也是採取這樣的方式，可以「即惡」而修，進而成就「非善、非惡」的最高境界，如《維摩詰所說經》的〈佛道品〉中就說：「譬如高原陸地，不生蓮華，卑濕淤泥乃生此華……煩惱泥中，乃有眾生起佛法耳……當知一切煩惱，為如來種。譬如不下巨海，不能得無價寶珠。如是不入煩惱大海，則不能得一切智寶。」[124]除了《維摩詰經》的經文外，相同的義理也出現在《佛說華手經》云：「是故佛智名為『無等』，餘無及故。復次是智，等無『邪、正』，故名『平等』。」[125]及《阿差末菩薩經》云：「以邪等正、以正等邪，邪正無二，無所悕望、悉無所行。於一切法逮致自然，其相究竟猶如虛空，是謂為法。」[126]

所以《維摩詰經》上的「因其出家，彼師所墮，汝亦隨墮」經文很難令人生信的，就像水中要出火，或者火中要出水一樣令人難信，但這畢竟就是大乘佛法「不可思議」的最高境界啊！如《思益梵天所問經》所云：

> 此法一切世間之所難信，譬如「水」中出「火」，「火」中出「水」，難可得信。如是「煩惱」中有「菩提」，「菩提」中有「煩惱」，是亦難信。[127]

3、第三段

底下是維摩詰訶罵須菩提「乞食」內容的尾聲了，我們把這部份歸納為第三段。先以四個譯本加上黃寶生重譯的《梵漢對勘維摩詰所說經》來比對這段文字，如下所示：

三國吳・支謙譯《維摩詰經》	姚秦・鳩摩羅什譯《維摩詰所說經》	姚秦・鳩摩羅什譯《維摩詰所說大乘經》	唐・玄奘譯《說無垢稱經》
(1)(如果你的修行是)為住諸見，為墮「邊際」，(就)不及「佛處」。 (2)為歸「八難」，	(1)若須菩提！(如果你的修行是)入諸「邪見」，(就)不到「彼岸」。 (2)(若)住於「八	(1)若須菩提！(如果你的修行是)入諸「邪見」，(就)不到「彼岸」。 (2)(若)住於「八	(1)若尊者善現！(如果你的修行是)墮諸「見趣」，而不至「中邊」。 (2)(若)入「八無

123 參《維摩經抄》卷 1〈弟子品 3〉。此抄著無載明作者，但標示為：佛蘭西國民圖書館藏燉煌本, P.2275。詳 CBETA, T85, no. 2773, p. 426, c。

124 參《維摩詰所說經》卷 2〈佛道品 8〉。詳 CBETA, T14, no. 475, p. 549, b。

125 參《佛說華手經》卷 6〈求法品 20〉。詳 CBETA, T16, no. 657, p. 172, a。

126 參《阿差末菩薩經》卷 5。詳 CBETA, T13, no. 403, p. 604, c。

127 參《思益梵天所問經》卷 1〈解諸法品 4〉。詳 CBETA, T15, no. 586, p. 39, c。

為在「眾勞」。	難」，(就)不得(獲證)「無難」。	難」，(就)不得(獲證)「無難」。	暇」，(就)不得(獲證)「有暇」。
(3)不信之垢，不得離「生死之道」。	(3)(若)同於「煩惱」，(就一定會遠)離清淨法。	(3)(若)同於「煩惱」，(就一定會遠)離清淨法。	(3)(若)同諸「雜染」，(就一定會遠)離於清淨。
(4)然其於衆人，亦為他人想。若賢者！為他人想如彼者，則非「祐除」(給予；賜予)也。	(4)汝(所謂已獨)得「無諍」三昧，(則)一切衆生亦(可)得是定。(那麼)其(布)施(於)汝者，(則)不名「福田」。(因爲二乘者，仍有法執，無法至「平等無二」之境)	(4)汝(所謂已獨)得「無諍」三昧，(則)一切衆生亦(可)得是定。(那麼)其(布)施(於)汝者，(則)不名「福田」。(因爲二乘者，仍有法執，無法至「平等無二」之境)	(4)若諸有情所得(之)「無諍」，尊者亦得(所謂的「無諍」之法)。(如此布施於汝者)而不名為「清淨福田」。
(5)(6)其施賢者，為還衆魔共一手；作衆勞侶。	(5)(如此則)供養汝者，(亦將會)墮三惡道。(因爲二乘無法至「平等無二」之境)	(5)(如此則)供養**均**者，(亦將會)墮三惡道。(因爲二乘無法至「平等無二」之境)	(5)諸有「布施」尊者之食，(亦將會)墮諸惡趣。
	(6)(汝若能)為與「衆魔」共一手；作諸勞侶(塵勞伴侶)。汝(若能)與「衆魔」及諸「塵勞」，(平)等無有異。	(6)(汝若能)為與「衆魔」共一手；作諸勞侶(塵勞伴侶)。汝(若能)與「衆魔」及諸「塵勞」，(平)等無有異。	(6)而以尊者，(若能)為與「衆魔」共連一手，將諸煩惱作其伴侶。(因爲)一切「煩惱」自性，即(等同)是尊者(之)自性。
(7)於一切人，若影想者，其作如謗諸「佛」、毀諸「經」。	(7)(汝無法修至「平等無二」之境，則)於一切衆生而(生)有「怨心」，(甚至造)謗諸「佛」、毀於「法」(之罪業)。	(7)(汝無法修至「平等無二」之境，則)於一切衆生而(生)有「怨心」，(甚至造)謗諸「佛」、毀於「法」(之罪業)。	(7)(汝無法修至「平等無二」之境，則)於諸有情(生)起「怨害想」，(甚至)謗于諸「佛」，(或)毀一切「法」。
(8)不依「衆」(僧數)，終不得「滅度」矣。	(8)(汝終)不入(菩薩賢聖之)衆數(僧數)，(亦)終不得(證)「滅度」。	(8)(汝終)不入(菩薩賢聖之)衆數(僧數)，(亦)終不得(證)「滅度」。	(8)(汝終)不預(入菩薩賢聖之)僧數，畢竟無有(證)「般涅槃」時。
當以如是，行取乞	汝若如是，乃可取	汝若如是，乃可取	若如是者，乃可取

耶。	食。 (若能自知「不修學大乘平等無二之法，會招致種種過失」，則可以取此飯食也)	食。 (若能自知「不修學大乘平等無二之法，會招致種種過失」，則可以取此飯食也)	食。
底下錄自黃寶生《梵漢對勘維摩詰所説經》。中國社會科學出版社。2011 年 10 月。頁 76。 (1)朋友啊，你陷入一切「邪見」，不達到「兩邊中間」(指超越二邊而達到中道)。 (2)你身處八難，缺乏「機遇」(有幸而生為人道，並能逢佛出世)。 (3)你充滿煩惱，不得清淨。 (4)一切眾生「無淨」(不爭論或不爭鬥)，尊者你也「無淨」，布施不因你而「淨化」。 (5)你讓那些「施與尊者你食物者」墮入惡道。 (6)你與一切「魔羅」聯手，你與一切「煩惱」結伴，煩惱的本性成為你的本性。 (7)你對一切眾生懷有惡意，你毀謗一切佛，你詆毀一切佛法。 (8)你不入「僧團」，你最終也不入「涅槃」。 這樣，你就接受這份食物吧！			

從上面四個版本可得知黃寶生《梵漢對勘維摩詰所説經》是屬於「梵文」直譯方式，但如果要再詳加闡述這段經文的義理，則可解釋為：

(1)須菩提如果你的修行是：只要入了「邪見」，就不能到達解脫彼岸的「正見」。意即若你能通達「邪與正平等無二」之境，就可以取此飯食。
(2)如果住在「八處」處，就無法獲證「無難」處。意即若你能通達「八難與無八難平等無二」之境，就可以取此飯食。
(3)如果同住在「煩惱」處，就一定會遠離「清淨法」。意即若你能通達「煩惱與清淨平等無二」之境，就可以取此飯食。
(4)如果你認為只有自己能獨得「無諍三昧」的話，那麼所有的眾生亦可得此「無諍三昧」了。那麼布施給你的人，就無法獲得真正清淨的福田與功德。意即若你能通達「自他平等、定心無二、[128]性本平等」之境，就可以取此飯食。
(5)如果你無法達到「自他平等、定心無二、性本平等」之境，那供養你的人，就無法獲得「清淨的功德」，甚至會因此墮落「三惡道」去。
(6)如果您可以與「眾魔」共連成一手，而且把所有的「煩惱塵勞」都當作你的伴侶，並且達到所有外在的「眾魔、煩惱塵勞」；都與你內心「清淨自性」是「平等無異」的，那你就可以取此飯食了。
(8)你既然無法達到「平等無二」之境，則將讓一切眾生在「法義」上產生「怨心」，甚至會造「毀謗大乘成佛」與「諸法實相義」的罪業。
(8)你既然無法達到「平等無二」之境，最終不能入「菩薩賢聖」之僧數，亦無法獲得

128 「定心無二」句，指一切眾生皆能得「定心」而無二無別。據《維摩經略疏》卷 4〈弟子品 3〉云：
復次諸「六師」等皆得「深禪」，並有「慈心」，從「禪定」起，香塗、刀割，心無異念，此與善吉「無諍」何殊？詳 CBETA, T38, no. 1778, p. 622, b。

大乘最高的「大般涅槃」境。
如果你能自知「不修學大乘平等無二之法，會招致種種的過失」的話，則可以取此飯食了。

底下將再逐一詳細解釋這段文意，例如第(1)句說：只要入了「邪見」，就不能到達解脫彼岸的「正見」，這樣的修行是不符大乘「平等無二」之理的，如《諸法無行經》所云：「邪見與菩提，皆等無有異。但以名字數，語言故別異。若人通達此，則為近菩提。」[129]東晉・僧肇(384～414)《注維摩詰經》也如是云：

> 「惑者」以邪見為邪，彼岸為正。故「捨」此邪見，「適」彼岸耳。邪見、彼岸，本性不殊。曷為「捨邪」而欣「彼岸」乎？……既入其理，即為「彼岸」，無復「彼岸」之可到。[130]

僧肇的意思也認為「邪見、彼岸」這二者，其本性是「不殊」的，根本不必為了進入「彼岸」而去「捨邪」。就算已進入「彼岸」者，其實亦無「真實可得」的「彼岸」可證。再如隋・吉藏(549～623)的《維摩經義疏》亦作相同的見解，如云：

> 既入「邪見」，則不到「彼岸」。所以作此呵者，或人以「邪見、正見」為二；「彼岸」與「此岸」相乖。故今明「入諸邪見」，「邪、正」不二，彼此無別。若達「不二平等」，「邪見」即是「正見」。不到彼岸，即是到也。[131]

無載明作者的《維摩經疏》亦云：

> 見汝今不能「入邪、住八難、同煩惱」等「無諍」，乃至「不取滅」。以是義故，知汝「未得空無諍三昧」，以未知，故返教呵也……小乘以「邪見」為邪，「彼岸」為正，故捨此「邪見」，還到「彼岸」。大乘之士，知「邪見」性空，云何出離？「涅槃」寂滅，云何可到？[132]

至於筆者所譯的第(2)與第(3)的內容，其義理皆類似於前面所舉的「著疏」內容，故不再詳舉。

如第(4)句筆者譯作：如果你認為只有自己能獨得「無諍三昧」的話，那麼所有的眾生亦可得此「無諍三昧」了，那麼布施給你的人，就無法獲得真正清淨的福田與功德。須菩提雖已證得「無諍三昧」，但站在大乘諸法實相的深義上來說，所有眾生皆

---

[129] 參《諸法無行經》卷 2。詳 CBETA, T15, no. 650, p. 760, a。

[130] 參東晉・僧肇《注維摩詰經》卷 3〈弟子品 3〉。詳 CBETA, T38, no. 1775, p. 351, b。

[131] 參隋・吉藏《維摩經義疏》卷 3〈弟子品 3〉。詳 CBETA, T38, no. 1781, p. 941, b。

[132] 參《維摩經疏卷第三・第六》卷 3〈弟子品 3〉。無載明作者，但標示為：佛蘭西國民圖書館藏燉煌本, P.2049。詳 CBETA, T85, no. 2772, p. 386, c。

是「自他平等、定心無二」的，所以並沒有只能有須菩提「獨得三昧」，而眾生永遠無法「得」的道理。如《大般涅槃經》就說：「欲界眾生，一切皆有『初地味禪』，若修、不修，常得成就，遇因緣故，即便得之。」[133]《大般涅槃經》又說：

> 善男子！一切眾生具足三定，謂上、中、下。
> 上者：謂「佛性」也，以是故言：一切眾生悉有「佛性」。
> 中者：一切眾生具足「初禪」，「有因緣」時，則能修習，若「無因緣」則不能修。
> 　　因緣二種：一謂火災，二謂破欲界結，以是故言一切眾生悉具「中定」。
> 下定者：「十大地」中「心數」定也，以是故言：一切眾生悉具「下定」。
> 一切眾生悉有佛性，(但為)「煩惱」覆，故不能得見(佛性)。「十住」菩薩雖(能明)見「一乘」，(而仍)不知「如來」是(不生不滅之)「常住」法，以是故言「十地」菩薩雖見「佛性」而(仍尤)不明了。

下面再舉隋・吉藏《維摩經義疏》對這段經文的說明，如云：

> 善吉(須菩提)之與群生，性常自一。苟為善吉(須菩提)獨得？而群生不得乎？故今「不得」同「得」，「得」同「不得」。「得、不得」，不二。「自他平等」也。[134]

《維摩經義疏》強調「得」與「不得」乃是「無二無別」的一種「自他平等」，而僧肇的《注維摩詰經》則云：「善吉(須菩提)……內既『無諍』，外亦善順群心，令無『諍訟』，得此定名『無諍三昧』也……須菩提若得此定，眾生無有不得之者也。」[135]無載明作者的《維摩經疏卷》亦同云：「善吉(須菩提)與群生，空理平等。何為善吉獨得『無諍』，而群生不得乎？此明『性本平等』，故云眾生亦得也。」[136]所以第(4)句的整個完整函義即指：若你能通達「自他平等、定心無二、性本平等」之境，就可以取此飯食。

如第(5)句筆者譯作：如果你無法達到「自他平等、定心無二、性本平等」之境，那供養你的人，就無法獲得「清淨的功德」，甚至會因此墮落「三惡道」去。這句話較容易理解，例如東晉・僧肇(384～414)《注維摩詰經》解釋說：

> 苟施「邪見」之人，則致「邪見」之報，而墮在「三惡道」也。報以「邪見」者，言「無福田」也。既「無福田」，何有可名哉？[137]

供養具有「邪見」的人(邪見的定義指無法做到「平等無二」之境者)，也會感招到邪見的報應，將來也有可能墮在「三惡道」的。如《大智度論》即云：「『邪見』罪重故。

---

133 參《大般涅槃經》卷 25〈光明遍照高貴德王菩薩品 10〉。詳 CBETA, T12, no. 374, p. 516, c。
134 參隋・吉藏《維摩經義疏》卷 3〈弟子品 3〉。詳 CBETA, T38, no. 1781, p. 941, c。
135 參東晉・僧肇《注維摩詰經》卷 3〈弟子品 3〉。詳 CBETA, T38, no. 1775, p. 351, c。
136 參《維摩經疏卷第三・第六》卷 3〈弟子品 3〉。無載明作者，但標示為：佛蘭西國民圖書館藏燉煌本, P.2049。詳 CBETA, T85, no. 2772, p. 387, a。
137 參東晉・僧肇《注維摩詰經》卷 3〈弟子品 3〉。詳 CBETA, T38, no. 1775, p. 351, c。

雖『持戒』等，身口業好，皆隨『邪見』惡心……『邪見』人亦如是，雖持戒、精進，皆成惡法。」。[138]《正法念處經》亦云：「汝『邪見』愚癡，癡羂所縛人，今墮此『地獄』，在於大苦海，『惡見』燒福盡，人中最凡鄙。」[139]與《維摩詰經》有「相同義理」的《順權方便經》也說如果不願意修學「平等無二」之行，將來也會因此墮地獄的，如云：

又此世人多有自大(之心)，(放)棄(修學)斯「平等」(平等無二之心)，緣(由)是之故，(將來可能)故墮「地獄」。不以清淨(所以不可以用這種「不清淨的心」去受供養)，(必須)心懷「篤信」而受「分衛」。[140]

與《順權方便經》同本譯異的《樂瓔珞莊嚴方便品經》亦云：

大德須菩提！如是應供「平等受食」，世所難遇。若(有)「憍慢」故，許(硬許可為)是「平等」，(如此所謂的)清淨受供，(則將)墮於地獄。[141]

如第(6)句筆者譯作：如果您可以與「眾魔」共連成一手，而且把所有的「煩惱塵勞」都當作你的伴侶，並且達到所有外在的「眾魔、煩惱塵勞」；都與你內心「清淨自性」是「平等無異」的，那你就可以取此飯食了。這句話主要是強調「外魔」與「自性、諸佛」或「實相」是平等無二的。如《首楞嚴三昧經》云：「魔界無有定法可示，佛界亦無定法可示，魔界佛界，不二不別。」[142]而唐・道掖(約 760～804)《淨名經集解關中疏》(主要針對僧肇之《注維摩詰經》十卷加以刪補之作)也解釋說：

魔王者，誘人入生死也。法王者，化人住涅槃也。若「生死、涅槃」，性平等者。「魔、佛」二化，同一手也。既曰：為同等無異也。[143]

隋・吉藏(549～623)的《維摩經義疏》則另將「諸法實相」與「魔之本性」畫上等號，如云：「然『魔』與『實相』不異。既與『魔』一，不異，則與『實相』不異。」[144]所以在《勝天王般若波羅蜜經》上就說，如果菩薩在坐道場時，有魔來擾亂，只要不生瞋心，則一剎那間都能與「般若」相應的，經云：「菩薩摩訶薩坐道場時，魔來為亂，亦不生瞋，一剎那心與『般若』波羅蜜相應。」[145]

如第(7)句筆者譯作：你既然無法達到「平等無二」之境，則將讓一切眾生在「法

---

138 參《大智度論》卷 63〈信謗品 41〉。詳 CBETA, T25, no. 1509, p. 506, b。
139 參《正法念處經》卷 6〈地獄品 3〉。詳 CBETA, T17, no. 721, p. 29, c。
140 參《順權方便經》卷 2〈假號品 4〉。詳 CBETA, T14, no. 565, p. 929, a。
141 參《樂瓔珞莊嚴方便品經》卷 1。詳 CBETA, T14, no. 566, p. 937, b。
142 參《佛說首楞嚴三昧經》卷 2。詳 CBETA, T15, no. 642, p. 639, c。
143 參《淨名經集解關中疏》卷 1〈弟子品 3〉。詳 CBETA, T85, no. 2777, p. 459, c。
144 參《維摩經義疏》卷 3〈弟子品 3〉。詳 CBETA, T38, no. 1781, p. 941, c。
145 參《勝天王般若波羅蜜經》卷 4〈現相品 7〉。詳 CBETA, T08, no. 231, p. 709, c。

義」上產生「怨心」，甚至會造「毀謗大乘成佛」與「諸法實相義」的罪業。這意思是說「二乘」行者如果停留在「自了生死」，沒有發大乘成佛心，如此則是殘害眾生的「大乘法身慧命、斷佛種子」，這種「自了生死」的法義對「大乘成佛法義」上來說就是一種「怨讎」之法，如隋•智顗(538～597)的《維摩經文疏》就詳細解釋說：

> 言於一切眾生而有「怨心」者，如人墮坑落壍，或犯王法。一人有力而不救之，是為「大怨」。二乘「自免生死」，遂不能拔濟眾生，恣其輪迴諸苦，是「眾生之怨」也……教化眾生「入二乘」，破壞眾生「大乘根」，斷佛種子，故云「有怨心」也。又害一切眾生「大乘法身慧命」，及善法眷屬也。所謂害「智度母、善根父、法喜妻、善心誠實男、無緣慈悲女」，豈非善法之「怨讎」也。[146]

明•傳燈《維摩經無我疏》更從「煩惱本性」與「菩提本性」無二無別的「大乘」立場去解釋，為何不入大乘的人就會造下「毀謗佛法」的罪名，如云：「若以『煩惱即菩提』言之，即謂之『歸於佛、讚於法、入眾數』，得滅度可也。今以『煩惱即煩惱、菩提即菩提』……既不歸依，即謂之『謗於佛、毀於法、不入眾數』，終不得滅度也。」[147]反觀黃寶生《梵漢對勘維摩詰所說經》的譯文很簡單，只有「你對一切眾生懷有惡意，你毀謗一切佛，你詆毀一切佛法。」所以筆者認為如果要將佛經的義理解釋清楚的話，應採「以經解經」外加參考古德著疏，如此便能將深奧的經文做出最圓滿的詮釋。

如第(8)句筆者譯作：你既然無法達到「平等無二」之境，最終不能入「菩薩賢聖」之僧數，亦無法獲得大乘最高的「大般涅槃」境。此段文意較容易理解，但智顗《維摩經文疏》認為「不入眾數」即指不入「圓教四十二賢聖數」，[148]因為「小乘的涅槃」行者是不能獲「大般涅槃常樂我淨」的滅度的。如云：

> 經云「不入眾數」者……即不得入「圓教」四十二賢聖數也……經言「終不得滅度者」，計有「小乘涅槃」，終不得「大涅槃」常樂我淨之滅度。[149]

《淨名經集解關中疏》也說：「『實相』無見……故『不入眾數』，『寂滅』無得。」[150]所以如果沒有達到「大乘平等無二」的「實相」之境，不了解「不修學大乘平等無二之法，會招致種種的過失」的話，是無法讓施主獲得「真實的供養與功德福田」的。如《樂瓔珞莊嚴方便品經》所云：「大德須菩提！如是應供『平等受食』，世所難遇」。[151]亦如《淨名經集解關中疏》所云：「若能如是，住『真平等』。此『真應供』，乃可取食。」

---

[146] 參《維摩經文疏》卷 13。詳 CBETA, X18, no. 338, p. 563, a。

[147] 參《維摩經無我疏》卷 5。詳 CBETA, X19, no. 348, p. 639, c。

[148] 此指「大乘菩薩」修行階位中之「三賢」(十住、十行、十迴向)、十聖(十地)及二聖(等覺、妙覺)，合稱「四十二賢聖」。

[149] 參《維摩經文疏》卷 13。詳 CBETA, X18, no. 338, p. 563, b。

[150] 參《淨名經集解關中疏》卷 1〈弟子品 3〉。詳 CBETA, T85, no. 2777, p. 459, c。

[151] 參《樂瓔珞莊嚴方便品經》卷 1。詳 CBETA, T14, no. 566, p. 937, b。

152

以上已將須菩提與維摩詰的對話內容做詳細的分析，至於經文後面有關「一切諸法，如幻化相，汝今不應有所懼也……一切言說，不離是相，至於智者，不著文字，故無所懼。何以故？文字性離，無有文字，是則解脫」[153]等內容是屬於容易理解的經文，故本論文不再細論這段文義。

4、《維摩詰經》與《樂瓔珞莊嚴方便品經》、《順權方便經》綜合比對

《順權方便經》(Strīvivarta-vyākaraṇa-sūtra)，又稱《順權方便品經》、《轉女身菩薩經》、《轉女菩薩所問授決經》，為西晉・竺法護(Dharmarakṣa，約公元 265～308 年譯經)所譯。與之同本譯異的有《樂瓔珞莊嚴方便品經》，這是由姚秦・曇摩耶舍(Dharma-yaśas，約公元 405 年~418 譯經)所譯。《順權方便經》重點在於釋尊之弟子須菩提與一名「大乘女菩薩」之間的對答，內容係闡明「大乘平等無二」的「諸法實相」義。其實西晉・竺法護譯曾於公元 303 年翻譯過《維摩鞊經》(今已不存)，故《順權方便經》全經與《維摩經》的思想有甚多相同之處。

底下將三國吳・支謙譯《維摩詰經》、姚秦・鳩摩羅什譯《維摩詰所說經》、唐・玄奘譯《說無垢稱經》的經文排列如下，後面再加上西晉・竺法護譯《順權方便經》及姚秦・曇摩耶舍譯《樂瓔珞莊嚴方便品經》，總共五個版本。除了《順權方便經》與《樂瓔珞莊嚴方便品經》沒有分段落外，其餘的《維摩詰經》都分成三個段落的排版方式。

筆者已經將《順權方便經》與《維摩詰經》中有「相同義理」的部份用「黃色醒目提示」作標示。讀者可以很清楚看見在這五部經中的「對話內容」，那些是相同接近的內容。

三國吳・支謙譯《維摩詰經》 ➔公元 222~253 年譯經
1 設使賢者！於食「等」者，諸法得「等」。諸法「等」者，得衆施「等」。如是行乞，為可取彼。若賢者！ (1)不絕「婬怒癡」，亦不與俱。 (2)一切常，若不知己「身」(身見)，已得「一行」為非不明。 (3)非趣有「愛」，非得「明(慧明)、度(度脫)」。 (4)亦非「極罪」(五逆重罪相)正解、已解。

152 參《淨名經集解關中疏》卷 1〈弟子品 3〉。詳 CBETA, T85, no. 2777, p. 459, c。

153 參《維摩詰所說經》卷 1〈弟子品 3〉。詳 CBETA, T14, no. 475, p. 540, c。

(5)不解、不縛。
(6)不「四諦」見，非不見「諦」。
(7)不得道。
(8)不凡人，不凡法語。
(9)不為真，非不真。
(10)一切無法行，離法之想。

2

(若能)不見佛、不聞法。是亦有(外道六)師：①不蘭迦葉、②摩訶離瞿耶、③婁阿夷耑基耶、④今離波(Ajita Kesakambala)、⑤休迦旃先、⑥比盧特尼犍子等。又賢者！彼(外道六)師(之)說。(汝皆能)倚為道，從是師者。

3

(如果你的修行是)為住諸見，為墮「邊際」，(就)不及「佛處」。
為歸「八難」，為在「衆勞」。
不信之垢，不得離「生死之道」。
然其於衆人，亦為他人想。若賢者！為他人想如彼者，則非「祐除𧶠」(給予；賜予)也。
其施賢者，為還衆魔共一手；作衆勞侶。
於一切人，若影想者，其作如謗諸「佛」、毀諸「經」。
不依「衆」(僧數)，終不得「滅度」矣。
當以如是，行取乞耶。

姚秦・鳩摩羅什譯《維摩詰所說經》➔公元 406 年譯畢

1

唯，須菩提！若能於食「(平)等」者，諸法亦「(平)等」。諸法「(平)等」者，於食亦「(平)等」。如是行乞，乃可取食。若須菩提！
(1)不斷「婬怒癡」，亦不與俱。
(2)不(破)壞於「身」(身見)，而(能)隨「一相」。(「五蘊身相」本爲一相，故不待「壞」也)
(3)不滅「癡愛」，起於「明(慧明)、脫(解脫)」。
(4)(能)以「五逆相」(五逆重罪相)而得解脫。
(5)亦不解、不縛。
(6)不見「四諦」，非不見「諦」。
(7)非得果，非不得果。
(8)非凡夫，非離凡夫法。
(9)非聖人，非不聖人。
(10)雖成就一切法，而離諸法相。
乃可取食。

2

若須菩提！(若能)不見佛、不聞法。彼外道六師：①富蘭那迦葉、②末伽梨拘賒梨子、③刪闍夜毘羅胝子、④阿耆多翅舍欽婆羅、⑤迦羅鳩馱迦旃延、⑥尼犍陀若提子等。(以上外道六師皆)是汝之師。(汝皆能)因其(外道六師而)出家。(若)彼(六)師所墮，汝亦隨(之而)墮，(而無有異心)。乃可取食。

3

若須菩提！(如果你的修行是)入諸「邪見」，(就)不到「彼岸」。
(若)住於「八難」，(就)不得(獲證)「無難」。
(若)同於「煩惱」，(就一定會遠)離清淨法。
汝(所謂已)得「無諍」三昧，(則)一切眾生亦(可)得是定。(那麼)其(布)施(於)汝者，(則)不名「福田」。(因為二乘者，仍有法執，無法至「邪正平等」之境)
(如此則)供養汝者，(亦將會)墮三惡道。(因為二乘無法至「邪正平等」之境)
(汝則將)為與「眾魔」共一手；作諸勞侶(塵勞伴侶)。汝與「眾魔」及諸「塵勞」，(平)等無有異。
(汝無法修至「邪正平等無二」之境，則)於一切眾生而(生)有「怨心」，(甚至造)謗諸「佛」、毀於「法」(之罪業)。
(汝終)不入(菩薩賢聖之)眾數(僧數)，(亦)終不得(證)「滅度」。
汝若如是，乃可取食。
(若能自知「不修學大乘平等無二之法，會招致種種過失」，則可以取此飯食也)

唐・玄奘譯《說無垢稱經》➔公元 650 譯畢

1

尊者善現！若能於食以平等性，而入一切法平等性。以一切法平等之性，入于一切佛平等性。其能如是，乃可取食。尊者善現！
(1)若能不斷「貪恚愚癡」，亦不與俱(亦不被彼所染)。
(2)不(破)壞「薩迦耶見」(sat-kāya-dṛṣṭi 有身見;偽身見;身見)，(而能)入「一趣道」。
(3)不滅「無明」，并諸有「愛」，而起「慧明」及以「解脫」。
(4)能以「無間」(五逆重罪相)平等法性，而入「解脫」平等法性。
(5)無脫、無縛。
(6)不見「四諦」，非不見「諦」。
(7)非得果。
(8)非「異生」，非離「異生」法。
(9)非「聖」，非「不聖」。
(10)雖成就一切法，而離諸法想。
乃可取食。

2

若尊者善現！(若能)不見佛、不聞法、不事僧。彼外道六師：①滿迦葉波、②末薩羯離瞿舍離子、③想吠多子、④無勝髮、⑤羯犎迦衍那、⑥離繫親子。(以上外道六師皆)是尊者師。(汝皆能)依之出家。(若)彼六師墮，(則)尊者亦(隨之而)墮，(而無有異心)。乃可取食。

3

若尊者善現！(如果你的修行是)墮諸「見趣」，而不至「中邊」。
(若)入「八無暇」，(就)不得(獲證)「有暇」。

(若)同諸「雜染」，(就一定會遠)離於清淨。
若諸有情所得(之)「無諍」，尊者亦得(所謂的「無諍」之法)。(如此布施於汝者)而不名為「清淨福田」。
諸有「布施」尊者之食，(亦將會)墮諸惡趣。
而以尊者，(將)為與「眾魔」共連一手，將諸煩惱作其伴侶。(因爲)一切「煩惱」自性，即(等同)是尊者(之)自性。
(汝無法修至「邪正平等無二」之境，則)於諸有情(生)起「怨害想」，(甚至)謗于諸「佛」，(或)毀一切「法」。
(汝終)不預(入菩薩賢聖之)僧數，畢竟無有(證)「般涅槃」時。
若如是者，乃可取食。

西晉・竺法護譯《順權方便經》➔約公元 265～308 年譯經

時彼女人自入其舍出「百味食」，謂須菩提：
賢者受斯「分衛」供具。
(1)勿以懷欲、亦莫離欲。乃應服食。
(1)勿懷怒癡、亦勿與俱。勿離塵勞，亦莫與俱。
假使賢者須菩提！(3)不斷「苦集」，不造「盡證」惟道之行。乃受「分衛」。
(4)亦不奉行「四意止、四意斷、四神足、五根、五力、七覺意、八正道行」。乃受「分衛」。
(5)若不以「明」，亦非「無明」而造立證。
「行、色名、識、六入習」，更「痛、愛、取、有、生、老、病、死」無大苦患。合與不合，無有識著，漏盡意解。若干「名色」無有形像。
以度「三界」，超越「六情」。曉了空行，志存脫門。習無所生，而無妄想。不得痛痒，而所志願。
證於脫門，以暢本無。不逮愛欲，不念所受。亦無所生，已無所生。了諸所生，分別有無。老病無言，曉十二品。如是應受「分衛」之業。
(6)若使賢者，不隨凡夫，無賢聖俱，(平)等法不斷。乃應受食。
(7)若不有生，亦無終沒，行空之業。(平)等於「貪婬、瞋恚、愚癡」，亦等於「空」。乃應受食。
(8)若以賢者，不越凡地，不處賢聖。若無光炎，亦不闇昧。不度所生，不得生死，不至滅度。言不誠信，亦無虛妄。乃應受食。
(9)於諸所盡，而無所盡。不合不散。於「陰」諸「種」，衰入不動。以無所著，行寂禪思。常於衆生，心不懷害。遊一切法，而無所縛。乃應受食。
(10)所以本時「出家」已得，成就如法，等施出家學業。亦以斯等，得至滅度。乃應受食。
⓫若須菩提！行空無義，無欲之業，順從空矣。不勤行空，甚宜衆祐。乃應受食。
⓬若以興發衆祐之想，輒隨欺詐，不從大聖。若使賢者不畢「衆祐」，亦不耗損。奉行法義，無有進退。乃應受食……
又此世人多有自大(之心)，(放)棄(修學)斯「平等」(平等無二之心)，緣(由)是之故，(將來可能)故墮「地獄」。不以清淨(所以不可以用這種「不清淨的心」去受供養)，(必須)心懷「篤信」而

受「分衛」。[154]

姚秦・曇摩耶舍譯《樂瓔珞莊嚴方便品經》➔約公元 405 年~418 譯經

爾時是女，即入家中，持「百味食」來，語大德須菩提：

大德須菩提！(1)非離欲、非不離欲。非離於瞋、非不離瞋。非離於癡、非不離癡。非離結使、非不離結使。汝受此食。

大德須菩提！(2)汝汝不知「苦」、不斷於「集」，不證於「滅」、不修「道」者。受於此食。

大德須菩提！(3)汝若不修於「四念處」，不修「四正勤」，不修「四如意足」，不修「五根」，不修「五力」，不修「七覺」，不修「八聖道」。汝受此食。

大德須菩提！(4)汝不起「身見」，(亦能)得「一道心」。受於此食。

大德須菩提！(5)汝滅「無明」，證「明」解脫。

進於諸「行」，證於「無為」。

不行於「識」，更無有「生」，得於解脫。

不增長「名色」，過於三界。

「六入」非入，知「空解脫」。

不受於「觸」，修「無相」解脫。

不見「受」故，證「無願」解脫。

無有「愛」故，知解於「如」。

「取」不動故，知於「無生」。

知「有」非集，知「生」無生，知「老死」無去。

知「十二緣」(乃)無生、無貪。汝受此食。

大德須菩提！(6)汝「不見(不執;不著)佛、不聞於法、不親近僧」。受於此食。

大德！(7)若知「五逆」，等同「法性」。受於此食。

大德！(8)不此命終(能不在此處命終)，非餘處生(亦能不至餘處受生)。受於此食。

大德！(9)若「貪」平等，同(於)「無諍」平等。若「瞋」平等，同(於)「無諍」平等。若「癡」平等，同(於)「無諍」平等。受於此食。

大德！(10)汝不過(不越過)「凡夫地」，(亦)不成(不成就)「聖地」。受於此食。

大德！(11)汝不從「明」入「明」。不墮「生死」，亦不「涅槃」。又「不實語」，亦「不妄語」。受於此食。

大德！(12)汝盡「無盡」，不分別「無盡」。於「陰、界、入」亦不動搖。思「無所依」，又「無諍訟」。於諸衆生，而無所礙。於一切法，心無繫縛。受於此食。

大德！(13)汝所為出家，不得是法(不執著是法。兩者不即不離)。受於此食。

大德！(14)汝「出家」願，不是願入「涅槃」。受於此食。

若大德須菩提！(15)(證得)「無諍」，(則)地獄亦(屬)「無諍」。

大德須菩提！(16)(若)不取「應供」。受於此食。

---

[154] 以上內容皆參見《順權方便經》卷 2〈假號品 4〉。詳 CBETA, T14, no. 565, p. 928, c。

大德須菩提！(17)若人於汝起「應供」(之)想，是人(則等同)誹謗於須菩提。
大德！(18)汝非(真實之)「應供」，亦不「畢施」(畢竟之布施)，不住「應供」。
大德！若成此法，受於此食……
大德須菩提！如是應供「平等受食」，世所難遇。若(有)「憍慢」故，許(硬許可爲)是「平等」，(如此所謂的)清淨受供，(則將)墮於地獄。[155]

五、結論

本論文已達三萬八千多字，故將在此做個重點式的「總結」。在本論的「須菩提的前世今生」一節中充滿諸多與須菩提相關的神奇與傳說，但其實記載有關須菩提的《雜譬喻經》中並沒有這些內容，甚至《雜譬喻經》的作者也並非康法邃抄撰，也不是康僧會所作。[156]

而隋・吉藏(549～623)大師的《金剛般若疏》著作中更引用了大量有關須菩提的故事，後人唐・圓測(613～696)《解深密經疏》中也懷疑有關須菩提的種種記載都是「未見誠文，或相傳……」[157]的「不確定」資料來源。至於隋・智顗(538～597)曾說：「須菩提或云東方青龍陀佛」一事，在唐・智雲(未詳生卒日)的《妙經文句私志記》中已云「未檢。」[158]連唐・湛然(711～782)《法華文句記》中也說：「未檢」[159]意思就是說須菩提是青龍陀佛再來的相關資料都是屬於「未檢」的。[160]

關於須菩提的「捨貧從富」資料來源也有一堆的揣測，若從劉宋・慧嚴(363～443)譯《大般涅槃經》卷 15〈梵行品〉，或北涼・曇無讖(385～433)譯《大般涅槃經》卷 16〈梵行品〉的經文來看，[161]須菩提前世或今生都不是「貧人」，也看不出有與「捨貧從富乞食」的相關內容。但從東晉・僧肇(384～414)的《注維摩詰經》中已經出現「捨貧從富」四個字，而且這四個字就是指向須菩提一人。須菩提的「捨貧從富」四個字應該是後人對經典上的「論疏」揣測，加上欲與大迦葉「捨富從貧」形成對比之下所描述出來的內容。

大迦葉尊者的本願就是要度化「窮人」，所以他一直有著「捨富從貧」的習慣，資

---

155 以上內容皆參見《樂瓔珞莊嚴方便品經》卷 1。詳 CBETA, T14, no. 566, p. 937, b。

156 參見梁曉虹〈從語言上判定《舊雜譬喻經》非康僧會所譯〉。中國語文通訊。1996 年 12 月第 40 期。頁 63。

157 參《解深密經疏》卷 3。詳 CBETA, X21, no. 369, p. 229, a。

158 參唐・智雲(未詳生卒日)《妙經文句私志記》卷 3。詳 CBETA, X29, no. 596, p. 198, a。

159 參唐・湛然述《法華文句記》卷 1〈釋序品〉。詳 CBETA, T34, no. 1719, p. 160, c。

160 舍利弗是古金龍陀佛再來，最早是出自隋・智顗大師的《妙法蓮華經文句》卷 5〈釋譬喻品〉:「云身子(舍利弗)久成佛，號金龍陀」。詳 CBETA, T34, no. 1718, p. 64, a。

161 經文出處請參閱北涼・曇無讖(385～433)《大般涅槃經》卷 16〈梵行品 8〉。詳 CBETA, T12, no. 374, p. 459, b。或參劉宋・慧嚴(363～443)《大般涅槃經》卷 15〈梵行品 20〉。詳 CBETA, T12, no. 375, p. 701, c。

料證據如《雜譬喻經》[162]、《增壹阿含經》[163]、《出曜經》[164]、《彌沙塞部和醯五分律》[165]、《佛說摩訶迦葉度貧母經》[166]、《賢愚經》[167]……等所云。但同樣的《增壹阿含經》中仍有不同的記載，就說大迦葉在修頭陀時，在乞食時是「**不擇貧富**」的。[168]而且佛的大弟子當中，不只是大迦葉有「捨富從貧」的觀念，連大目犍連、舍利弗、阿那律等三位尊者，也曾經為了貧窮的百姓而接受他們的「施食」。

本論文將「須菩提乞食與維摩詰的對話內容」分成三小段來詳細研究，加上四個《維摩詰經》譯本與「梵文今譯」、古德著疏、藏經資料，在交叉比對、引用分析、以經解經後，確實能將須菩提的「乞食」法義做更清楚的詮釋。例如《維摩詰經》的「**不見佛、不聞法。彼外道六師**」這段經文，研究後才發現「不見三寶」與這「外道六師」並不是連慣起來的字句，經文的「**不見佛、不聞法，不敬僧**」是獨立的一段經文，意即指「不執著、不求取於佛；不執著、不求取於法；不執著、不求取於僧。」這在姚秦・曇摩耶舍譯《樂瓔珞莊嚴方便品經》皆可發現「**不見佛、不聞法，不敬僧**」確實是「獨立」的經文義理。

維摩詰對須菩提開示「乞食」的義理，句句都是導向大乘最高「不即不離、平等無二」的境界，並且不斷的教誨須菩提說：如果你無法達到「自他平等、定心無二、性本平等、佛魔無二」之境，那供養你的人就無法獲得「清淨的功德」，甚至會因此墮落到「三惡道」去；相對的，如果你能自知「不修學大乘平等無二之法，會招致種種的過失」的話，則可以取此飯食了。透過本篇論文的層層論述之下，相信對「須菩提乞食與維摩詰的對話內容」應可獲得更多圓滿的法義內容。

參考文獻

（底下皆從 CBETA 電子佛典集成 April 2016 中所檢索）

1. 三國吳・支謙譯《維摩詰經》。
2. 姚秦・鳩摩羅什譯《維摩詰所說經》。
3. 姚秦・鳩摩羅什譯《維摩詰所說大乘經》(龍藏本)。
4. 唐・玄奘譯《說無垢稱經》。
5. 黃寶生《梵漢對勘維摩詰所說經》。中國社會科學出版社出版。2011 年 10 月。
6. 《樂瓔珞莊嚴方便品經》。
7. 《順權方便經》。

---

[162] 參《雜譬喻經》卷 2。詳 CBETA, T04, no. 205, p. 508, a。
[163] 參《增壹阿含經》卷 22〈須陀品 30〉。詳 CBETA, T02, no. 125, p. 663, b。
[164] 參《出曜經》卷 9〈戒品 7〉。詳 CBETA, T04, no. 212, p. 657, b。
[165] 參《彌沙塞部和醯五分律》卷 7。詳 CBETA, T22, no. 1421, p. 53, b。
[166] 參《佛說摩訶迦葉度貧母經》卷 1。詳 CBETA, T14, no. 497, p. 761, c。
[167] 參《賢愚經》卷 6〈月光王頭施品 30〉。詳 CBETA, T04, no. 202, p. 395, c。
[168] 參《增壹阿含經》卷 5〈壹入道品 12〉。詳 CBETA, T02, no. 125, p. 570, a。

8. 後秦・僧肇撰《維摩詰所說經注》十卷。(《大正藏》第三十八冊)
9. 隋・智顗撰《維摩經玄疏》六卷。(《大正藏》第三十八冊)
10. 隋・智顗撰《維摩經文疏》二十八卷。(《卍續藏》第二十七、二十八冊)
11. 唐・湛然刪略《維摩經文疏》而成《維摩經略疏》十卷。(《大正藏》第三十八冊)
12. 宋・智圓就《略疏》而另作《維摩經略疏垂裕記》十卷。(《大正藏》第三十八冊)
13. 隋・吉藏撰《維摩經義疏》六卷。(《大正藏》第三十八冊)
14. 隋・吉藏撰《維摩經略疏》五卷。(《卍續藏》第二十九冊)
15. 隋・吉藏撰《淨名玄論》八卷。(《大正藏》第三十八冊)
16. 隋・慧遠撰《維摩經義記》四卷或八卷。(《大正藏》第三十八冊)
17. 唐・窺基撰《說無垢稱經疏》六卷或十二卷。(《大正藏》第三十八冊)

果濱其餘著作一覽表

一、《大佛頂首楞嚴王神咒・分類整理》(國語)。1996 年 8 月。大乘精舍印經會發行。書籍編號 C-202。

二、《生死關全集》。1998 年。和裕出版社發行。➔ISBN：957-8921-51-9。

三、《楞嚴經聖賢錄》(上冊)。2007 年 8 月。萬卷樓圖書股份有限公司發行。➔ISBN：978-957-739-601-3。《楞嚴經聖賢錄》(下冊)。2012 年 8 月。萬卷樓圖書股份有限公司發行。➔ISBN：978-957-739-765-2。

四、《《楞嚴經》傳譯及其真偽辯證之研究》。2009 年 8 月。萬卷樓圖書股份有限公司發行。➔ISBN：978-957-739-659-4。

五、《果濱學術論文集(一)》。2010 年 9 月。萬卷樓圖書股份有限公司發行。➔ISBN：978-957-739-688-4。

六、《淨土聖賢錄・五編(合訂本)》。2011 年 7 月。萬卷樓圖書股份有限公司發行。➔ISBN：978-957-739-714-0。

七、《穢跡金剛法全集(增訂本)》。2012 年 8 月。萬卷樓圖書股份有限公司發行。➔ISBN：978-957-739-766-9。

八、《漢譯《法華經》三種譯本比對暨研究(全彩本)》。2013 年 9 月初版。萬卷樓圖書股份有限公司發行。➔ISBN：978-957-739-816-1。

九、《漢傳佛典「中陰身」之研究》。2014 年 2 月初版。萬卷樓圖書股份有限公司發行。➔ISBN：978-957-739-851-2。

十、《《華嚴經》與哲學科學會通之研究》。2014 年 2 月初版。萬卷樓圖書股份有限公司發行。➔ISBN：978-957-739-852-9。

十一、《《楞嚴經》大勢至菩薩「念佛圓通章」釋疑之研究》。2014 年 2 月初版。萬卷樓圖書股份有限公司發行。
➔ISBN：978-957-739-857-4。

十二、《唐密三大咒・梵語發音羅馬拼音課誦版》(附贈電腦教學 DVD)。2015 年 3 月。萬卷樓圖書股份有限公司發行。➔ISBN：978-957-739-925-0。【260 x 135 mm】規格(活頁裝)

十三、《袖珍型《房山石經》版梵音「楞嚴咒」暨《金剛經》課誦》。2015 年 4 月。萬卷樓圖書股份有限公司發行。➔ISBN：978-957-739-934-2。【140 x 100 mm】規格(活頁裝)

十四、《袖珍型《房山石經》版梵音「千句大悲咒」暨「大隨求咒」課誦》。2015 年 4 月。萬卷樓圖書股份有限公司發行。➔ISBN：978-957-739-938-0。【140 x 100 mm】規格(活頁裝)

十五、《《楞嚴經》原文暨白話語譯之研究(全彩版)》(不分售)。2016 年 6 月。萬卷樓圖書股份有限公司發行。➔ISBN：978-986-478-008-2。

十六、《《楞嚴經》圖表暨註解之研究(全彩版)》(不分售)。2016 年 6 月。萬卷樓圖書股份有限公司發行。➔ISBN：978-986-478-009-9。

十七、《《楞嚴經》白話語譯詳解(無經文版)-附:從《楞嚴經》中探討世界相續的科學觀》。2016 年 6 月。萬卷樓圖書股份有限公司發行。➔ISBN：978-986-478-007-5。

十八、《《楞嚴經》五十陰魔原文暨白話語譯之研究-附:《楞嚴經》想陰十魔之研究》。2016 年 6 月。萬卷樓圖書股份有限公司發行。➔ISBN：978-986-478-010-5。

十九、《《持世經》二種譯本比對暨研究(全彩版)》。2016 年 6 月。萬卷樓圖書股份有限公司發行。➔ISBN：978-986-478-006-8。

二十、《袖珍型《佛說無常經》課誦本暨「臨終開示」(全彩版)》。2017 年 8 月。萬卷樓圖書股份有限公司發行。➔ISBN：978-986-478-111-9

二十一、《漢譯《維摩詰經》四種譯本比對暨研究(全彩版)》。2018 年 1 月。萬卷樓圖書股份有限公司發行。➔ISBN：978-986-478-129-4

二十二、《敦博本與宗寶本《六祖壇經》比對暨研究(全彩版)》。2018 年 1 月。萬卷樓圖書股份有限公司發行。

二十三、《果濱學術論文集(二)》。2018 年 1 月。萬卷樓圖書股份有限公司發行。

二十四、《從佛典中探討超薦亡靈與魂魄之研究》。2018 年 1 月。萬卷樓圖書股份有限公司發行。

⌘大乘精舍印經會。地址：台北市漢口街一段 132 號 6 樓。電話：(02)23145010、23118580

⌘和裕出版社。地址：台南市海佃路二段 636 巷 5 號。電話：(06)2454023

⌘萬卷樓圖書股份有限公司。地址：臺北市羅斯福路二段 41 號 6 樓之 3。電話：(02)23216565・23952992

果濱佛學專長

一、漢傳佛典生死學。二、梵咒修持學(含《蘇婆呼童子請問經》)。三、楞伽學。**四**、維摩學。**五**、般若學(《金剛經》+《大般若經》+《文殊師利所說般若波羅蜜經)。**六**、十方淨土學。**七**、佛典兩性哲學。**八**、佛典宇宙天文學。**九**、中觀學(《中論》二十七品+《持世經》)。**十**、唯識學(唯識三十頌+《成唯識論》)。**十一**、楞嚴學。**十二**、唯識腦科學。**十三**、敦博本六祖壇經學。**十四**、佛典與科學。**十五**、法華學。**十六**、佛典人文思想。**十七**、《唯識双密學》(《解深密經+密嚴經》)。**十八**、佛典數位教材電腦。**十九**、華嚴經科學。二**十**、般舟三昧學。二**十**一、佛典因果學。二**十**二、如來藏學(《如來藏經+勝鬘經》)

國家圖書館出版品預行編目(CIP)資料

漢譯《維摩詰經》四種譯本比對暨研究(全彩版) / 果濱 編撰. － 初版. －
臺北市 : 萬卷樓, 2018.01
面 ; 公分
全彩版
ISBN 978-986-478-129-4(精裝)
1.經集部
221.721 107001282

ISBN 978-986-478-129-4

漢譯《維摩詰經》四種譯本比對暨研究(全彩版)

--附：從《維摩詰經》中探討須菩提與維摩詰有關「乞食對話」之研究--

2018 年 1 月初版 精裝(全彩版) 定 價 ：新台幣 1400 元

編 撰 者：陳士濱(法名：果濱)
現為宏國德霖科技大學通識中心專任教師

發 行 人：陳滿銘
出 版 者：萬卷樓圖書股份有限公司
編輯部地址：106 臺北市羅斯福路二段 41 號 9 樓之 4
電話：02-23216565
傳真：02-23218698
E-mail：wanjuan@seed.net.tw
萬卷樓網路書店：http://www.wanjuan.com.tw
發行所地址：106 臺北市羅斯福路二段 41 號 6 樓之 3
電話：02-23216565
傳真：02-23944113
劃撥帳號：15624015
承 印 廠 商 ：中茂分色製版印刷事業股份有限公司

新聞局出版事業登記證局版臺業字第 5655 號